COLLECTION

DE

DOCUMENTS INÉDITS

SUR L'HISTOIRE DE FRANCE

PUBLIÉS PAR LES SOINS

DU MINISTRE DE L'INSTRUCTION PUBLIQUE.

DEUXIÈME SÉRIE.

Par un arrêté en date du 18 décembre 1885, M. Tamizey de Larroque, membre du Comité des travaux historiques et scientifiques, a été chargé de publier, dans la collection des Documents inédits de l'Histoire de France, les *Lettres de Peiresc*.

Par le même arrêté, M. Léopold Delisle, Président de la Section d'histoire et de philologie du Comité, a été nommé commissaire responsable de cette publication.

LETTRES DE PEIRESC

PUBLIÉES

PAR

PHILIPPE TAMIZEY DE LARROQUE,

CORRESPONDANT DE L'INSTITUT,
MEMBRE NON RÉSIDANT DU COMITÉ DES TRAVAUX HISTORIQUES ET SCIENTIFIQUES.

TOME QUATRIÈME.

LETTRES DE PEIRESC À BORRILLY, À BOUCHARD ET À GASSENDI.

LETTRES DE GASSENDI À PEIRESC.

1626-1637.

PARIS.

IMPRIMERIE NATIONALE.

—

M DCCC XCIII.

AVERTISSEMENT.

La première série de la *Correspondance de Peiresc* contient en trois volumes près de cinq cents lettres, presque toutes originales, adressées aux frères Dupuy. La seconde série renfermera en trois volumes aussi plus de six cents lettres, également toutes originales à peu près, adressées à l'antiquaire Boniface Borrilly, à l'humaniste Jean-Jacques Bouchard, au philosophe Pierre Gassendi, à Denis Guillemin, prieur de Roumoules, à l'helléniste Luc Holstenius, à l'archéologue Claude Menestrier, à Reginald de Fabri, père de Peiresc, à Claude de Fabri, son oncle, à Palamède de Fabri, sieur de Valavez, son frère.

Nous ne nous occuperons ici que des lettres écrites à Borrilly, à Bouchard et à Gassendi, une brève analyse des autres devant être donnée en tête de chacun des deux tomes suivants.

Les lettres à Borrilly, au nombre d'une quarantaine (13 septembre 1630-12 août 1632) ont été écrites pendant le séjour de Peiresc en sa maison de campagne de Belgentier, où il s'était réfugié à cause de la peste et des troubles qui régnaient dans la ville d'Aix. Ces lettres sont, en quelque sorte, la continuation de la causerie quotidienne à laquelle se livraient, depuis plusieurs années, les deux concitoyens, les deux confrères, les deux amis. Naturellement les antiquités, dont ils raffolaient l'un et l'autre, y tiennent une large place, et cette partie de la correspondance du grand archéologue fournit de curieux détails sur deux des plus beaux cabinets de la Provence, le sien et celui de son infatigable

AVERTISSEMENT.

émule[1]. Nous disons émule, et non rival, car on sera touché de l'affectueuse générosité avec laquelle, bien différents de ces jaloux et mesquins collectionneurs qui préfèrent leurs richesses à leurs amis, Peiresc et Borrilly se donnaient joyeusement l'un à l'autre les objets auxquels ils attachaient le plus de prix[2].

Les lettres à Bouchard (19 mars 1631-5 juin 1637), un peu plus nombreuses que les lettres à Borrilly, les dépassent généralement en étendue et aussi en importance. Comme l'ancien hôte de Peiresc à Belgentier[3] habita, tout ce temps, l'Italie, vivant au milieu de la cour romaine, fréquentant la bibliothèque des Barberini et la bibliothèque du Vatican, on devine tout ce que Peiresc avait à lui demander au sujet des hommes, au sujet des événements, surtout au sujet des livres et des manuscrits. Cette correspondance, que complétera, dans le tome suivant, la correspondance avec deux autres érudits, qui résidaient à Rome en même temps que

---

[1] Voir sur Borrilly et sur son cabinet le fascicule XVIII des *Correspondants de Peiresc* (Aix en Provence, 1890, in-8° de 72 pages). J'ai l'intention de consacrer, plus tard, une étude spéciale au cabinet de Peiresc. Voir mon programme à cet égard dans une note des *Petits mémoires de Peiresc* (Anvers, 1889, p. 61).

[2] Quelques extraits de ces documents ont été publiés dans le *Magasin encyclopédique* d'avril 1796 et réimprimés en 1815 (*Lettres inédites de M. de Peiresc*, publiées par le président Fauris de Saint-Vincens, correspondant de l'Institut, Paris, de l'imprimerie de J.-B. Sajou, in-8° de 23 pages). En rapprochant du texte reproduit ici ces extraits où non seulement l'orthographe et le style ont été rajeunis, mais où le sens même a parfois été altéré et travesti, on reconnaîtra que rien ne ressemble moins à la leçon fournie par les autographes, que la copie imprimée par Fauris de Saint-Vincens. C'est le terrain solide d'un côté et, de l'autre côté, le sol mouvant. C'est le vin pur et généreux d'une part, et, d'autre part, le vin frelaté. Ne reprochons pas à mon devancier un tort qui n'était pas le sien : c'était le tort de l'époque où il vivait. L'usage semblait autoriser l'*arrangement* des textes et tout éditeur croyait avoir le droit d'agir à sa guise et à sa fantaisie.

[3] Voir les récits et descriptions de Bouchard dans son *Voyage de Paris à Rome en 1630* publié à la suite de ses *Confessions* (Paris, 1881, in-8°, p. 126-132). Pour ceux qui n'auraient pas à leur disposition l'étrange livre, devenu très rare, je dirai qu'ils retrouveront tout le savoureux morceau dans le fascicule III des *Correspondants de Peiresc* (Paris, 1881, à l'*Appendice*, n° VI, sous ce titre : *Une visite de Bouchard à Peiresc*, p. 71-80).

AVERTISSEMENT.

Bouchard, et que nous venons de nommer, Holstenius et Menestrier, ajoute beaucoup de choses à ce que nous savions des relations de Peiresc avec l'Italie. Des particularités piquantes y sont mêlées à des indications précieuses pour l'histoire littéraire, et dans le vaste ensemble des lettres de Nicolas-Claude de Fabri, les pages écrites à Bouchard ne sont pas celles qu'on lira avec le moins de profit et d'agrément. Mais la partie la plus attachante de ce volume est sans contredit le recueil des cent et une lettres adressées à Gassendi du 7 avril 1626 au 4 mai 1637, et le recueil des cinquante-neuf lettres du futur professeur au Collège de France (25 avril 1626-30 avril 1637)[1]. Aucun de ceux qui jetteront les yeux sur ces documents n'ignore combien les deux compatriotes s'aimèrent toujours, avec quel dévouement Peiresc protégea Gassendi en toutes ses entreprises scientifiques, quelle pieuse reconnaissance, à son tour, ce dernier témoigna constamment à son bienfaiteur, qu'il assista filialement à son lit de mort et dont il ne cessa, dès qu'il l'eut perdu, d'honorer la mémoire par ses discours et par ses écrits. Cette mutuelle affection, si profonde de part et d'autre, donne un charme singulier aux lettres qu'échangèrent, pendant dix années, les deux vaillants chercheurs et où, grâce à la variété et à l'étendue de leurs connaissances, ils traitent toutes sortes de sujets, comme ils le faisaient de vive voix, en étudiant ensemble tantôt le beau ciel étoilé de la Provence, du haut de l'observatoire dont était surmontée la maison de Fabri à Aix, tantôt la botanique et les autres branches de l'histoire naturelle parmi les myrtes et les orangers de Belgentier. Il serait superflu d'insister sur l'attrait et sur la

[1] Suivant l'excellent conseil que m'a donné le Comité des travaux historiques, je publierai, sans les séparer les unes des autres, les lettres échangées entre Peiresc et Gassendi, de sorte que le fil de la correspondance ne soit pas à tout moment rompu, et qu'au lieu de deux longs monologues successifs, on trouve ici, ce qui est plus naturel et ce qui est plus intéressant, le dialogue même de deux amis.

valeur d'une telle correspondance, et il suffira de dire, pour la louer dignement, qu'elle met admirablement en lumière les diverses qualités de deux des plus nobles cœurs et des plus grands esprits qui aient honoré le xviie siècle.

Philippe TAMIZEY DE LARROQUE.

Pavillon Peiresc, à Larroque, près Gontaud, 30 décembre 1892.

LETTRES DE PEIRESC

À B. BORRILLY.

I

À MONSIEUR, MONSIEUR BORRILLY,

NOTAIRE ROYAL ET SECRETAIRE ORDINAIRE DE LA CHAMBRE DU ROY,

À AIX.

Monsieur,

J'ay receu la vostre par nostre laquay, avec le memoire du R. P. Jean, où il y a à dire quelque chosette, et dont je vous remercie bien fort, comme aussy des vers de Mʳ Billon[1], et de la peine que vous avez prinse pour Mʳ Fabrot[2], qui se resouldra de se rendre là au plus tost, s'il n'y est desjà à cez heures icy. Au reste vous avez peur que j'aye perdu la memoire de voz medailles de cuyvre que Mademoiselle de Blacas[3] m'est venüe demander aujourd'huy, à qui je les eusse incontinant faict bailler si j'eusse esté bien asseuré de les trouver dans mon estude[4]. Mais la confusion qui y est encores et la presse que j'avois pour aultre chose m'en a faict dispencer pour à cette heure. Tant y a que vous pouvez bien vous asseurer qu'elles ne sont pas perdües, et que au pix aller j'en seray le porteur moy mesmes, Dieu

---

[1] Sur le poète Thomas de Billon, voir une note dans le tome I des *Lettres de Peiresc aux frères Dupuy*, p. 404.

[2] Sur le jurisconsulte Annibal Fabrot, natif d'Aix comme Billon, et grand ami de Peiresc, voir la *Table* alphabétique des trois tomes du recueil qui vient d'être cité, où son nom se retrouve si souvent mentionné.

[3] L'insuffisance des indications données par Peiresc ne permet pas de reconnaître l'identité de cette personne au milieu des femmes qui en assez grand nombre ont porté le nom de *Blacas* pendant les trente premières années du xviiᵉ siècle.

[4] Cabinet de travail.

aydant, ne croyant pas que vous y veuilliez estudier maintenant que vous avez tant d'aultres meilleures occupations, sur quoy je finiray demeurant,

Monsieur,

vostre trez humble et obligé serviteur,
DE PEIRESC.

A Beaugentier, ce 13 septembre 1630[1].

II

À MONSIEUR, MONSIEUR BORRILLY,
NOTAIRE ROYAL ET SECRETAIRE ORDINAIRE DE LA CHAMBRE DU ROY,

A AIX.

Monsieur,

J'ay receu la vostre du 17me avec le dessein de l'espée antique d'Avignon que j'ay trouvé fort beau et fort semblable à celle que vous m'avez veu. J'estime que ce sera une bonne acquisition, et à laquelle je n'espargnerois pas la valleur de la moustre ne de la sonnerie que vous dictes. Mais j'estime qu'il seroit bon de ne faire pas porter dans Aix cette piece, maintenant qu'il semble qu'il n'y ayt rien d'asseuré dans cette pauvre ville[2], si Dieu n'a pitié des gents de bien, que l'on faict passer pour aussy coulpables que les plus meschants à l'appetit du moindre mot qu'en veuille dire quelqu'un de ceux qui leur peuvent estre mal affectionnez sans s'enquerir si c'est par calomnie ou non et s'il y a apparance quelqu'onque de verité[3]. Dieu par sa saincte grace,

---

[1] Bibliothèque nationale, fonds français, vol. 15205, fol. 1. Autographe.

[2] Il s'agit des troubles causés à Aix par l'établissement des élus, troubles dont il est souvent question dans le tome II des *Lettres de Peiresc aux frères Dupuy*.

[3] Allusion aux injustices dont Peiresc fut personnellement victime de la part de quelques-uns de ses concitoyens. Voir à ce sujet *Une lettre de Peiresc à son relieur Corberan*, écrite de Belgentier quelques jours après la présente lettre, c'est-à-dire le 28 octobre (*Annuaire-Bulletin de la Société de l'Histoire de France*, t. XXVI, 1890, p. 121-126).

qui void le plus profond des cœurs, sçaict bien qui sont les coulpables du mal dont on se plainct, et le descouvrira tost ou tard, et fera voir l'innocence de ceux qui ont tousjours preferé les interests du public aux leurs propres et particuliers, comme nous avons faict toute nostre vie[1]. Ce qui nous faict esperer que comme il nous a daigné preserver de la maladie[2], il nous preservera encores, s'il luy plaict, de la main de noz ennemys. Que s'il en avoit disposé aultrement, nous sommes tous à sa mercy, sa volonté soit faicte, nous aurons au moings cette consolation, que si pour noz peschez Dieu nous veult chastier, au moings ne sera ce pas pour avoir desservy le public, ne faict tort à nostre essiant à ame qui vive, ne doubtant pas qu'il ne le face paroistre tost ou tard. Mais comme il nous a voulu donner des biens et des commoditez, il est raisonable qu'il les nous puisse oster quand bon luy semble aussy bien que les persones des parents et des amys, et que la propre santé de noz corps. Depuis avoir escript cecy, j'ay veu les lettres que vous escrivent Messieurs de Zanobis[3] et Rostagny[4], il fauldroit voir l'em-

---

[1] C'est ce que Peiresc redit avec plus de développements dans sa remarquable lettre à Simon Corberon: «Jusques à ce qu'il aye pleu à Dieu faire descouvrir la verité et recognoistre l'artifice et la malignité de quelque particulier ennemy de nostre maison, qui nous a jeté sus une si grande calomnie que celle que l'on nous veut imputer pour nous rendre suspectz dans le monde, et nous faire perdre la reputation que nous y avons acquise de gentz de bien, en servant un chascun quand nous l'avons peu, et principalement le public, pour lequel seul nous avons travaillé quasi toute nostre vie, sans vouloir quasi considerer noz intherestz particuliers», etc.

[2] C'est-à-dire de la peste qui ravageait alors la ville d'Aix et toute la Provence.

[3] Voir sur les Zanobis, qui ont habité Avignon au XVIe siècle et Pernes au XVIIe, le *Dictionnaire biographique du département de Vaucluse* par le docteur Barjavel. Rappelons que le manuscrit autographe du *Discours des guerres de la comté de Venayscin et de la Provence*, de Louis de Perussis, que possède l'Inguimbertine de Carpentras, et qui provient de la bibliothèque de Peiresc, avait été donné à ce dernier par un «sieur Zanobis» d'Avignon, probablement le même qui est mentionné dans la présente lettre. Voir à ce sujet une note du fascicule VIII des *Correspondants de Peiresc*, le cardinal Bichi (p. 32).

[4] Voir le *Dictionnaire biographique du département de Vaucluse*, au sujet de la famille *Rostaing* ou *Rostagni* qui, dès le XIIe siècle, jouissait dans le Comtat Venaissin d'une grande consideration. Le docteur Barjavel, qui renvoie ses lecteurs au Nobiliaire de Pithon Curt, rappelle que cette famille a fourni, en 1275, un évêque au diocèse de Carpentras, à la fin du XVe siècle un jugemage à cette dernière ville, au commencement du XVIe siècle (1509) un conseiller

preinte de cette graveure de Zenobia¹. Je vous r'envoye les dictes lettres, ayant retenu le desseing, que je vous r'envoyeray aussy quand vous vouldrez, et vous felicite vostre cassette nouvelle, mais j'estime qu'en ce temps il seroit bon de ne pas faire de monstre des choses rares, pour ne faire venir envie à quelqu'un d'entreprendre de vous faire quelque tort. Sur quoy je finis demeurant,

Monsieur,

vostre trez humble serviteur,
DE PEIRESC.

A Beaugentier, ce 19 octobre 1630².

III

À MONSIEUR, MONSIEUR BORRILLY,
SECRETAIRE ORDINAIRE DE LA CHAMBRE DU ROY,
À AIX.

Monsieur,

J'ay receu l'extraict que vous m'avez envoyé de ce testament qui estoit demeuré en arriere, dont je vous remercie trez humblement, comme aussy des honnestes offres que vous y adjoustez pour Mgr le cardinal Barberin³, et des nouvelles de l'archevesché de Mr de Cavaillon⁴, à qui je crois qu'elle sera fort bien employée⁵, et encores plus la

au parlement de Provence, Bertrand de Rostaing, mort en 1518, etc.

¹ A sainte Zénobie on avait essayé de rattacher la famille Zanobis. Voir l'article déjà cité du *Dictionnaire* du docteur Barjavel.

² Fonds français, vol. 15205, fol. 3. Autographe. Cette lettre a été publiée par le président Fauris de Saint-Vincens à la page 5 du recueil cité dans l'*Avertissement*, mais non seulement l'orthographe en a été modernisée, le texte même a été dénaturé, tronqué. Toute la fin du document manque à partir de : *Depuis avoir escript cecy.*

³ Le cardinal François Barberini, dont il est question plus de cent fois dans les trois volumes des *Lettres de Peiresc aux frères Dupuy*.

⁴ L'évêque de Cavaillon était alors Fabrice de la Bourdaisière qui siégea de 1616 à 1646 (voir *Gallia Christiana*, t. I, col. 957) et qui ne fut point appelé, par conséquent, à l'archevêché dont Borrilly avait parlé à son correspondant.

⁵ Le mot *archevêché* était alors du féminin, comme nous l'avons remarqué, au sujet du mot *évêché*, dans le recueil des *Lettres de Peiresc aux frères Dupuy*.

vice legation qui debvroit suyvre bien tost si voz nouvelles sont bien vrayes[1]. Nous vous servirons quand nous le pourrons en revanche de tant d'excez de bonne volonté. Mais je plains bien la perte de voz six pistoles, et plaindrois encores davantage celle de vostre monstre si vous l'aviez confiée à si mauvaises mains, et m'estonne que M[r] le Prieur vostre cher filz[2] qui est sur les lieux n'ayt eu moyen de vous esclaircir de tout cela. Vous sçaviez bien d'aultres nouvelles que vous ne nous avez pas voulu dire, mais le temps les fera penetrer encores plus loing qu'icy. Je prie à Dieu qu'il donne à un chascun ce qui luy fault et principalement à ce pauvre païs, et qu'il vous tienne en sa saincte garde, estant,

Monsieur,

vostre trez humble et obligé serviteur,

DE PEIRESC.

A Beaugentier, ce 19 novembre 1630[3].

IV

À MONSIEUR, MONSIEUR BORRILLY,
SECRETAIRE ORDINAIRE DE LA CHAMBRE DU ROY,
À AIX.

Monsieur,

J'ay receu voz deux despesches du 20 et 21me, ensemble les extraicts dont je vous remercie trez affectueusement et les ciseaux que je vous renvoye avec tous les remerciments bien humbles qui y peuvent eschcoir[4]. Et tout aultant que si j'y eusse trouvé de quoy rassaisier

---

[1] Les nouvelles données par Borrilly n'étaient pas plus vraies pour la vice-légation que pour l'archevêché.

[2] Sur ce fils de Boniface Borrilly, l'abbé Michel Borrilly, prieur de Ventabren, voir le fascicule XVIII des *Correspondants de Peiresc*, p. 11.

[3] Fonds français, vol. 15205, fol. 5. Autographe.

[4] Phrase ainsi reproduite par F. de Saint-Vincens dans le *post-scriptum* d'une lettre qu'il date du 18 août 1632 (p. 22): «J'oubliois de vous remercier des ciseaux que vous m'avez envoyé, que je vous rap-

grandement toute ma curiosité, y ayant trouvé tout plein d'aultres inscriptions que vous ne m'aviez pas cottées, car vous ne me parliez que de celle qui est sur le fourreau et laissiez les deux aultres qui sont gravées sur le fer[1] en cez termes ESTIMÉS LE VOVLOIR, POVR VOVS SERVIR. Mais je ne m'estonne pas que cez lettres ayent eschappé à vostre veüe, puisqu'elle vous avoit mal servy au reste que vous m'aviez escript des couleurs de l'armoirie qui y est peinte, car vous disiez que les quatre quantons de la croix rouge estoient d'argent, et toutefoys ils sont d'or, et ne disiez pas que sur ledict escusson d'or y a un chef rouge avec la croix blanche de Malte, de sorte qu'il ne fault pas en aller chercher l'interpretation en Angleterre comme nous faisions, ne plus loing que de quelque bon chevalier de Malte françois qui vivoit il y a environ une centaine d'années, lequel avoit vraysemblablement faict faire cez ciseaux, pour en faire present à sa mere, pour ne dire sa maistresse ou sa g[arce]. Si le reste de la gayne ne s'estoit perdu on y eut veu la representation de quelque medaille à l'antique ou de quelque teste d'empereur d'or en champ d'azur. Tant est que c'est tousjours une belle piece de cabinet et que je vous conseille de garder cherement, pour l'amour de la main d'où vous la tenez. Si le pauvre feu Mr Templery[2] estoit en vie, je crois qu'il en auroit eu grande

---

porterai.» Dans la collection Peiresc de la Méjanes, t. II (n° 1020 du catalogue général des manuscrits), on trouve (fol. 364, sous la date du 18 novembre 1630) une autre lettre à Borrilly relative à des ciseaux. En voici les premières lignes : «Je vous felicite l'aquisition des ciseaux que vous me descrivez, que j'estime pouvoir estre que bien beaux, encores que les armoiries ne s'accordent pas bien avec celles de Mᵐᵉ Laura (qui n'estoient pas autres que celles de Sade).»

[1] Passage ainsi réduit à sa plus simple expression par F. de Saint-Vincens (*loc. cit.*) : «J'y ai trouvé sur le fer une inscription dont vous ne me parlez pas; elle est en ces termes : *Estimés le vouloir pour vous servir*. Je m'estonne que ces lettres aient eschapé à votre vue; au reste, sur la moitié du fourreau qui reste, sont des armoiries qui sont une croix rouge avec quatre *cartons* (sic) d'or....» Résumer ainsi un texte, c'est le défigurer. Ce n'est plus traduire, c'est trahir.

[2] Sur l'archéologue Jean Templery, voir une note du tome I des *Lettres de Peiresc aux frères Dupuy*, p. 592. Templery était mort dans les premières semaines du printemps de 1628, comme nous l'apprend, le 14 avril, Peiresc en ces termes (*ibid.*) : «Il est mort cez jours cy un antiquaire

envie, car il en cherchoit de si longs qu'ils peussent coupper une feuille de papier d'un seul coup, ainsin que ceux la sembleroient pouvoir faire. Il me reste à vous remercier comme je faicts des anagrammes de Mʳ de Foresta[1] et de l'aultre livre de la peste. Bien marry de n'avoir de quoy vous envoyer quelque bonne revanche de tant de tesmoignages de vostre bonne volonté et de tant de peine que vous donnez à voz gents, qui est ce que je crains leur devoir estre bien importun, en touts cez extraicts, et qui me faisoit desirer d'y faire employer quelque aultre pour leur soulagement. Car pour l'ortographe de l'escritture, il n'est poinct de besoing de s'en pener, attendu qu'elle ne change pas la substance du discours qui ne laisse pas d'estre tousjours bien aisé à entendre. Et c'est tout ce que l'on y doibt desirer. Mʳ Grange m'avoit dict qu'il vous en trouveroit quelqu'un, en quoy il me feroit sans doubte un singulier plaisir, et je ne vous demeurois pas moings redevable et à voz gents. Et vous supplie de le mettre à l'espreuve, et de me commander librement en eschange comme,

Monsieur,

vostre trez humble et obligé serviteur,
DE PEIRESC.

A Beaugentier[2], ce 22 novembre 1630.

Mʳ Lombard[3] vous dira le desplaisir où nous sommes de la maladie dont a esté attainte une maison dans Cuers[4] depuis deux jours. Or c'est

nommé le sieur Templery, le plus excellent homme pour restaurer les médailles antiques et aultres reliques de l'antiquité que j'eusse jamais veu. »

[1] On ne sait rien de ce faiseur d'anagrammes. J'ai vainement cherché ses jeux d'esprit et même son nom dans les registres de la collection Peiresc à Carpentras.

[2] Le nom est écrit en abrégé *baug*.

[3] Jean Lombard était l'intendant de la maison de Peiresc, son homme d'affaires. On le trouve souvent mentionné, ainsi que Mᵐᵉ Lombard, sa femme, dans la correspondance de son maître. Voir aussi sur ce dévoué serviteur de Peiresc et, auparavant, du père de ce dernier, divers passages de Gassendi en la biographie de son ami (édition de la Haye, 1651, p. 187, 201, 367).

[4] Chef-lieu de canton du département du Var, arrondissement de Toulon, à 21 kilomètres de cette ville.

que de bonne fortune personne n'estoit allé d'icy durant 4 ou cinq jours que les pluyes n'avoient poinct cessé[1].

V

À MONSIEUR, MONSIEUR BORRILLY,
SECRETAIRE ORDINAIRE DE LA CHAMBRE DU ROY,
À AIX.

Monsieur,

Je vous ay accusé la reception de vostre despesche du 17 octobre par le sieur Fressière de Rheims, avec la lettre de M. le président du Chaine[2] à qui je faicts responce. J'ay aussy receu la vostre du 3me et suis marry de n'avoir veu le jeune peintre d'Anvers[3] que vous dictes avoir tant gouverné[4]. Vous nous debvriez bien escrire son nom, et le temps à peu prez qu'il disoit avoir veu travailler le sieur Ant. Vandyk, que je sçay estre bien vaillant homme en sa profession et grandement prixsé[5], vous remerciant de l'advis. Pour les monnoyes du roy Jean, je pense en avoir de plus de trente ou quarante differentes sortes. Si vous poulsez sur de la cire d'Espagne celle que l'on vous a monstrée, je jugeray bien tost si c'est rien qui nous soit incogneu. Bien vous

---

[1] Fonds français, vol. 15205, fol. 7. Autographe.

[2] C'était Jean-Baptiste du Chaine, fils du président Louis du Chaine, le grand ami de Guillaume du Vair et le dévoué serviteur du roi Henri IV pendant les troubles de la Ligue. La mère de J.-B. du Chaine était Anne de Bausset et sa femme Claire de Foresta.

[3] C'était un peintre du nom de Fredeau, comme nous le verrons dans une des lettres suivantes.

[4] C'est-à-dire avec lequel vous dites avoir eu tant d'entretiens, tant de causeries. Je me suis déjà accusé (*corrections et additions*, t. III) d'avoir donné un sens beaucoup trop large au mot *gouverner*, en déclarant (*Lettres de Peiresc aux frères Dupuy*, t. I, p. 1, note 1) que le mot signifiait « avoir soin de quelqu'un, lui faire fête ».

[5] L'illustre Van Dyck, au moment où Peiresc lui décernait ce double éloge, était âgé de trente et un ans. J'ai rappelé (tome I des *Lettres aux frères Dupuy*, p. 734) qu'il naquit à Anvers le 22 mars 1599. Peiresc devait bien une aussi honorable mention au grand artiste qui avait fait de lui un si beau portrait.

puis je asseurer que ce n'est pas à mon advis un sold comme vous dictes, et que je suis tousjours,
Monsieur,
vostre bien humble et obligé serviteur,
DE PEIRESC.

A Beaugentier, ce 20 décembre 1630.

On avoit laissé esgarer la lettre de Mʳ Rostagny sans que je l'eusse veüe, je suis bien aise qu'on l'ayt retrouvée pour la vous renvoyer. S'il estoit homme assez courtois pour cela, il fauldroit le prier de nous laisser voir son trebuchet[1], pour voir si c'est aultre chose differante de tant d'aultres que nous avons, si non il luy en fault demander un petit desscin à peu prez de la mesure, et pour l'horeloge si une sonnerie de prix honneste suffiroit, je ne la voudrois avoir espargnée[2].

. VI

À MONSIEUR, MONSIEUR BORRILLY,
SECRETAIRE ORDINAIRE DE LA CHAMBRE DU ROY,
À AIX.

Monsieur,

J'ay receu voz lettres du 24 et 25ᵐᵉ avec l'extraict du mariage de Jaques Rosier dont je vous remercie trez affectueusement, comme de tant d'aultres bons offices que vous ne cessez de me rendre sans que nous sçaichions nous en revancher à demy de ce que nous debvrions. Ce sera Dieu aydant quand nous en aurons de meilleurs moyens, estant

---

[1] C'est-à-dire une balance ancienne.

[2] Fonds français, 15205, fol. 9. Autographe. Un fragment de cette lettre, publié par Fauris de Saint-Vincens (page 6 du recueil cité plus haut) a été tiré seulement du *post-scriptum* et encore est-il écourté. En revanche l'éditeur y a ajouté une phrase sur les balances antiques et une autre phrase sur un mémoire relatif au pape Jean XXII. On retrouvera cette dernière phrase dans la lettre suivante (n° VI), d'où elle avait été extraite ou, pour mieux dire, arrachée on ne sait pas pourquoi.

bien marry de n'avoir icy les volumes de la vie des peintres, que je vous eusse envoyez de bon cœur[1]. Mais je ne songeois pas à les emporter et pour remedier à ce deffault, j'escripts un mot à Mʳ du Perier qui en a un exemplaire[2], que je vous ay prié d'aller voir les vies de voz *Marcello Venusti* et *Prospero Bresciano*[3], comme si ce n'estoit que pour ma curiosité, de sorte que vous ne debvrez pas faire de difficulté de l'aller voir pour l'amour de moy comme je vous en prie, et de luy porter ma lettre pour voir lesdictes vies, dont vous nous ecrirez par aprez ce que vous y pourrez rencontrer qui sera à vostre goust. Quant au memoire que vous m'envoyastes du Pape Jean XXII, que l'on a creu avoir esté archevesque d'Aix[4], je le chercheray et le vous envoyeray, mais je ne pense pas qu'il soit trop asseuré, parce que plusieurs ont escript qu'il avoit esté evesque d'Aqs[5], et puis d'Avignon[6], mais non pas archevesque d'Aix; toutefoys je m'en rapporte, et ne laisray pas de le vous envoyer pour M. Paullet, à qui je vouldrois rendre meilleur service comme à vous. La malvoisie ne se mettra poinct en perce que vous n'en ayez et pour Madame et pour vous, n'en soyez pas en peine[7]. Au reste comme vous m'avez faict un singulier plaisir de m'envoyer ce

---

[1] Il s'agit là du célèbre recueil de Giorgio Vasari : *Le vite de' più excellenti pittori, scultori ed architetti*, etc. La première édition est de Florence, 1550, petit in-4°. Une édition plus répandue, probablement celle que possédait Peiresc, fut donnée à Florence en 1568, en 3 volumes in-4°. Voir, sur d'autres éditions de cet ouvrage classique, le *Manuel du libraire*, t. V, p. 1096.

[2] Le conseiller Du Périer, fils de l'archéologue François, avait dû trouver le Vasari dans le riche cabinet de son père, mort en 1623 avec la réputation d'un des plus zélés collectionneurs de la Provence. Le goût de la curiosité, comme on l'a dit, était héréditaire dans la famille Du Périer.

[3] Le peintre Marcello Venusti, né à Mantoue, fut un des meilleurs élèves de Perino del Vaga. Prospero Bresciano fut un sculpteur qui, né à Brescia, vécut à Rome et mourut sous le pontificat de Sixte-Quint, dans la maison de l'archéologue Fulvio Orsini, grand protecteur et ami des artistes.

[4] Jean XXII (Jacques d'Euse) ne fut jamais archevêque d'Aix.

[5] Jean XXII ne fut jamais évêque de Dax.

[6] Jacques d'Euse fut évêque d'Avignon de 1310 jusqu'à son élection (7 août 1316). Avant d'occuper le siège épiscopal d'Avignon, le futur Jean XXII avait été évêque de Fréjus (1300-1310).

[7] Sur le vin de Malvoisie que Peiresc aimait à offrir à ses amis, voir le recueil que j'ai publié sous le titre de *Petits mémoires de Peiresc* (Anvers, 1889, p. 27, note 1).

mariage de Jaques Rosier avec Pierre [peut-être Pierrette] Guiran, fille d'Honoré Guiran et de Catherine, vous me feriez bien encores plus de plaisir si vous me pouviez faire voir le vray surnom de cette Catherine, femme d'Honoré Guiran, soit par leur mariage, ou par le testament de l'un ou l'aultre qui sont possible dans voz escritures, si vous y faictes bien chercher, et par mesme moyen je desirerois qu'on regardast si on n'y trouveroit poinct le mariage ou le testament d'une aultre Catherine, mere dudict Jaques Rosier qui estoit vraysemblablement desjà morte lors dudict mariage de son filz Jacques l'an 1483 et du 26 septembre. Et toutefoys elle vivoit encores l'an *1482*, le 19 août, lors du testament d'Estienne Rosier son mary, que vous m'avez faict voir. Car je vouldrois bien estre asseuré de la maison d'où elle estoit sortie, comme aussy d'une *Madeleine*, femme de Jean Gastinel, qui vivoit en mesme temps. Et si n'en trouvez rien dans voz escritures, il fauldroit faire chercher leurs mariages ou testaments chez voz amys qui peuvent avoir des vieilles escritures, et en un besoing y employer Mʳ Jusberty[1], qui le feroit volontiers pour l'amour de moy. Excusez moy, je vous supplie, et en tirez vostre revanche comme de,

Monsieur,

vostre trez humble et obligé serviteur,

DE PEIRESC.

Ce 28 decembre 1630[2].

---

[1] Voir sur la famille Jusbert, éteinte vers le milieu du xvııᵉ siècle, après avoir donné plusieurs consuls à la ville d'Aix en 1511, 1581, 1596. *Les Rues d'Aix* par Roux-Alpheran (t. I, p. 443).

[2] Fonds français, 15205, fol. 11. Autographe. Voir, à l'*Appendice*, une lettre de Peiresc à Borrilly, du 17 janvier 1631, tirée de l'Inguimbertine de Carpentras où elle est conservée à l'état de copie.

VII

À MONSIEUR, MONSIEUR BORRILLY,
SECRETAIRE ORDINAIRE DE LA CHAMBRE DU ROY,
À AIX.

Monsieur,

J'ay receu vostre pacquet du 18me avec celuy de Rome joinct aux medailles, dont je vous prie de faire mes remerciments à Mr Mimault qui me l'a apporté, et dont je me tiens son obligé, et me revancheray en son endroict et au vostre quand je le pourray. Vous m'avez bien faict venir la salive en bouche quand vous m'avez mandé l'exactesse[1] dont usoit Mr Jusberty non seulement aux petites instructions dont je l'avois prié, mais aussy au recueil des monnoyes ou de leur cours et valeur durant tant d'années. Ce qui merite bien de n'estre pas perdu ou supprimé non plus que l'honneur et l'advantage de celuy qui s'est attaché à ce labeur, et pour le rendre plus accomply il y fault joindre ce que j'ay recueilly des ordonnances qui en ont esté faictes, non seulement en cette province, mais aussy en celles de noz voisins dont nous imitions les especes, ou dont ils imitoient les nostres. Et puis comparer le tout avec les pieces mesmes dont vous sçavez que j'ay un grand nombre et une grande diversité qui pourra donner grande lumiere aux observations de Mr Jusberty, comme les siennes pourront faire à ce que j'en ay assemblé. C'est pourquoy il luy fault donner courage de ne pas demeurer en si beau chemin[2], et cependant je luy escripts un mot à l'advance que vous luy pourrez rendre et l'asseurer que je

---

[1] Fauris de Saint-Vincens (page 7 du recueil déjà plusieurs fois cité) a remplacé *exactesse* par *exactitude* et a supprimé tout ce qui précède la phrase qui commence ainsi : *Vous m'avez bien fait venir la salive en bouche.*

[2] Voici comment Fauris de Saint-Vincens transforme et dénature ce passage (p. 8) : « Et s'il peut faire une incursion sur les monnoyes ou medailles de Marseille, il marchera en beau chemin, quoique non encore bien battu. Cette rivale de Rome et fille de la Grèce, Marseille, poussoit dans un temps bien avant l'art du dessin et des arts. » F. de Saint-Vincens a supprimé tout le reste du paragraphe.

suis bien acquis à luy et aux siens, et qu'il m'employe librement si je le puis servir. Je regrette bien la perte du pauvre Mr le Presidant Aymar[1], pour l'amour principalement de Madame la Presidante sa femme, qui meritoit plus de bonheur que cela[2], et pour l'amour du public et de la compagnie, laquelle y perdra beaucoup. Car c'estoit un trez honneste homme et qui commençoit à faire honneur au païs. Il sembloit avoir de la santé et de l'embonpoint pour enterrer bien du monde. Ce doivent bien estre de grands advertissements à ceux qui sont plus infirmes et plus incommodez de leur santé qu'il n'avoit jamais esté. Il fauldra vouloir ce qu'il plairra à Dieu.

Si j'eusse eu de la graine que vous me demandiez du laurier rose blanc pour Madame de St Jean ma cousine, je n'aurois pas manqué de vous en envoyer, mais vous sçavez que l'année passée nous la laissasmes perdre par inadvertance, le vent l'ayant emportée en deux ou trois jours, tant elle est legere, sans que nous fussions apperceus de sa maturité[3]. Cette année elle n'a pu meurir surprinse du froid anticipé, mais il y a encores quelques gousses sur l'arbre, qui pourroient meurir si le temps se r'addoucit, auquel cas vous en aurez incontinant; mais vous pouvez asseurer Madame de St Jean que j'en veux faire anter sur du laurier rose rouge, et que si tost que j'en auray faict race je luy en donneray ce qu'elle vouldra, estant tout desvoüé à son service et de toute sa maison[4], et sur ce je demeureray,

Monsieur,

vostre bien humble et obligé serviteur,
de Peiresc.

A Beaugentier, ce 21 janvier 1631.

---

[1] Il s'agit ici de François d'Aymar, baron de Château-Renard, sieur de Sainte-Catherine, etc., président en la Cour des comptes, frère d'Honoré d'Aymar, sieur de Moutsallon, président à mortier au parlement d'Aix.

[2] Anne d'Albi, dame de Brès.

[3] Voici ce que devient cette phrase dans l'édition *corrigée* de F. de Saint-Vincens (p. 8) : «Vous sçavez que j'ay pris à singulier gré le laurier rose, blanc, double et triple; il vient ici à merveille comme je l'ay expérimenté cet esté dernier; la graine en est si légère que le vent me l'a presque toute emportée sans que nous [nous] fussions apperçus de sa naturalité (*sic*).»

[4] Ces dernières lignes ont été supprimées

Vous pourrez dire à Mʳ Jusberty, qu'au mariage que vous m'avez envoyé de Delphine Gastinel avec Jean de l'Evesque, son frere Gaspard Gastinel luy constitua une dot certaine pour touts droicts, et specialement fit comprendre les legats que luy avoient faict Jean Gastinel et Madeleine ses pere et mere, de sorte que les testaments de l'un ou de l'autre pourroient esclaircir ce que nous demandions de la famille de cette Madeleine si ils se trouvent chez les notaires¹.

VIII

À MONSIEUR, MONSIEUR BORRILLY,
SECRETAIRE ORDINAIRE DE LA CHAMBRE DU ROY,

À AIX.

Monsieur,

J'ay receu voz deux lettres du 24 avec celle de Mʳ Jusberty et ses memoires, qui m'ont bien donné du plaisir, dont je vous remercie trez affectueusement, et des offres qu'il vous plaict me faire de faire faire des extraits ou abregez de ce qui y pourroit estre de ma curiosité. C'est pourquoy si les protocolles se trouvent en mains d'honnestes gents et traictables, je seray bien aise de prendre extraict de quelques uns à prix moderé. Si non je me contenteray de l'abregé, où ne soient pas obmis les noms et qualitez des personnes contractantes ou disposantes, et de leurs parents soit ascendants ou descendants. Entr'aultres je vouldrois bien avoir ceux qui seront cottez au memoire cy joinct et suis bien aise que vous ayez trouvé les memoires de Mʳ de Maulvans² cap-

---

par F. de Saint-Vincens qui leur a substitué un passage sur les «beaux chats d'Ancyre ou Angoury» acclimatés par Peiresc.

¹ Fonds français, 15205, fol. 12. Autographe.

² M. le marquis de Lagoy possède dans ses riches collections un *Recueil de pièces manuscrites touchant l'histoire de Provence pendant le XVIᵉ siècle*. La pièce n° 3 du tome II de ce recueil est intitulée : *Journalier sommaire pour servir de mémoires en ma charge d'assesseur d'Aix, procureur du pays, ès années 1590 et 1591*, par Jean Barcillon, sieur de Mauvans. Ces mémoires occupent les pages 93 à 147. On lit en tête cette note de Roux-Alpheran : «Jean Barcillon, sieur de Mauvans, asses-

pables de le satisfaire. Je ferois bien aultre chose que cela quand il est question de vous faire plaisir et service ou à voz amys. Commandez seulement et dictes à Mr Gauchier, qu'il escrive aux marges de son roolle seulement ce dont il se pourra souvenir, car de renvoyer pour le tout aux registres de l'archevesché, je sçay bien que les dicts registres ne montent pas trop hault. Au reste il est arrivé un accident au paradour de Chaullan[1] qui est un peu suspect, bien qu'il ne soit pas asseurement de la maladie, le corps du mort s'estant trouvé fort roide et sans bubon. Mais je crains bien que cela ne laisra pas de nous oster l'entrée au moings du costé de Toulon, car pour Messieurs d'Aix, je ne sçay s'ils vouldront estre si scrupuleux, puis que quand ce seroit peste formelle, elle n'est qu'à demy lieüe d'icy en une maison qui fut incontinant assiegée par 4 gardes de ce lieu cy dez le premier soubçon de la maladie, sans y avoir souffert aulcune communication, non plus que Messieurs de Marseille dernierement que la maladie regrilla[2] dans le logis du Lyon sur leur grand chemin. Nous y avons mis les meilleurs ordres que nous avons peu et cez Messieurs en feront ce qu'il leur plairra, tandis que je demeureray,

Monsieur,

vostre trez humble et obligé serviteur,
DE PEIRESC.

A Beaugentier, ce 26 janvier 1631.

seur d'Aix lors de l'entrée du duc de Savoie en cette ville, a dressé ce mémorial des principaux événements arrivés depuis le 18 novembre 1590 jusqu'au 9 avril 1591. Il fut depuis conseiller en la Cour des comptes, et mourut à Aix en 1619. » A la même famille appartenait l'auteur de la *Critique du nobiliaire de Provence*, qui vivait un siècle plus tard et dont l'ouvrage fit tant de bruit.

[1] Le nom de *paradour*, *paradou* ou *paraire* était jadis donné en Provence aux nombreux moulins à foulon que faisaient mouvoir nos moindres rivières, et dans lesquels s'apprêtaient les draps communs destinés à vêtir les habitants de la campagne. Le foulon de Chaullan devait être situé sur les bords de l'Arc ou de la Torse, peut-être au lieu connu aujourd'hui sous le seul nom de Paradou, près de la Pioline. Il est, d'ailleurs, probable qu'il faut lire *Chailan*, au lieu de *Chaullan*. Les Chailan étaient une ancienne famille d'Aix, à laquelle appartenait le célèbre poète provençal Fortuné Chailan, l'auteur du *Gangui*. (Communication de M. Léon de Berluc Perussis.)

[2] C'est-à-dire germa de nouveau, re-

J'avois oublié de vous accuser la reception du playdoyer dont je remerciay David[1], et du paquet du P. Minuty[2], qui le receut de la main de Henry, l'homme de cuisine que vous cognoissez. Excusez moy de cette obmission[3].

IX

À MONSIEUR, MONSIEUR BORRILLY,
SECRETAIRE ORDINAIRE DE LA CHAMBRE DU ROY,

À AIX.

Monsieur,

J'ay receu les vostres du 13 et du 15 de ce moys avec le petit memoire de Catherine Spifame et de Berengue Ceppede, dont je vous

poussa. Voir sur cette expression une note du tome III des *Lettres de Peiresc aux frères Dupuy*, aux *Additions et corrections*.

[1] Sur l'imprimeur Étienne David, voir le tome II des *Lettres de Peiresc aux frères Dupuy*, p. 670. F. de Saint-Vincens dit, en une note de la page 4 de son *Recueil*, que « la famille David exerce la librairie et l'imprimerie à Aix, depuis près de deux cents ans, avec beaucoup de distinction ». Il donne là un extrait d'une lettre de Peiresc à Borrilly, du 7 mars 1630, dont l'original ne nous a pas été conservé. Je ne cite qu'avec inquiétude et méfiance ce document dans lequel Peiresc prie Borrilly « d'intercéder auprès de M. le consul, votre frère, pour que le pauvre David, imprimeur, ne perde pas sa place d'imprimeur en la maison de ville, ce qui a fait moins de tort à lui qu'aux consuls, à cause de tant de services de son père et de lui. » Peiresc ou, pour parler plus prudemment, le prétendu Peiresc ajoute ceci: « Vous sçavez que toutes les fois qu'il a été question d'imprimer de bons ouvrages en françois, il s'y est prêté à ma considération; que plusieurs de nos auteurs et jurisconsultes qui, dans notre province, eussent mieux aimé écrire en latin qu'en françois, sçachant mieux la première langue que l'autre, ayant, d'après mes sollicitations, composé et écrit en françois, David m'a souvent fort aidé à corriger tant le fond que le style desdits ouvrages, tant avant l'impression qu'en corrigeant les épreuves : il a donc acquis des droits à la gratitude des gens lettrés comme vous. » Toute cette tirade me semble, tant pour le *fond* que pour le *style*, aussi suspecte que possible.

[2] Sur le père Théophile Minuti, de l'ordre des Minimes, voir le *Testament de Peiresc* publié à la suite de la notice de M. Léopold Delisle sur *Un grand amateur français au XVIIe siècle* (Toulouse. 1889, p. 30).

[3] Fonds français, 15205, fol. 14. Autographe.

remercie trez affectueusement, regrettant vostre peine et celle de Mr Jusberty, de qui je tascheray de recognoistre le travail au moings mal qui me sera possible, et pour vous je ne désespere pas de trouver un jour de quoy me revancher sinon de tout ce que je vous puys debvoir, au moings de quelque partie suffisante de contenter une courtoisie telle que la vostre. Et pour la semonce que me faictes de la continuation de voz faveurs, c'est la verité que je ne seray pas marry d'avoir un jour l'extraict de ce testament de Berengue Ceppede de l'an 1486 du 6 may pour voir quels aultres enfans elle a eus de ses deux mariages. Mais cela n'a poinct de haste et pourra bien attendre que nous puissions retourner à Aix. Bien vouldrois je que vous eussiez faict chercher ce que vous pourrez trouver en voz repertoires de cette Macdelaine Bottine et des aultres de la famille s'il y en a rien dont je vous escrivis l'aultre jour, et si par occasion vous rencontrez des articles concernant la famille de Guéran et celles de Gaufridi et de Boyson, il suffiroit d'un peu de memoire de ce que rencontrerez.

Au reste nous vous remercions bien humblement mon frère et moy de vos compliments de condoléance sur le decez de la petite Louyse[1], et prions Dieu qu'il nous preserve et tous les vostres de tout subject de desplaisir et de mescontentement et qu'il luy plaise disposer parmy cez calamitez et apprehensions publiques toutes choses à la paix et au soulagement du pauvre peuple, ne pouvant assez déplorer à mon gré les malheurs qu'il a fallu essuyer de la peste et puis de touts cez mouvements, et louant infiniment la voye que l'on a choisie des stations et prières publiques, lesquelles seront sans doubte plus utiles que les armes, et les difficultez de se soubsmettre à la disposition et bonté du Roy absolument. Dieu benira, s'il lui plaict, les bonnes

---

[1] Palamède de Fabri avait eu cinq enfants : 1° Catherine, née en 1606 ; 2° Claude, né en 1607, baptisé à la Madeleine, le 6 août ; 3° Claire, née en 1608 ; 4° Suzanne, née en 1618 ; 5° Louise, née en 1623, baptisée à la Madeleine le 7 septembre. C'est évidemment de cette dernière qu'il est question dans la lettre de Peiresc. *La petite Louyse* mourut à sept ans et demi. Son acte d'inhumation n'est pas relevé dans les manuscrits de Clapiers ; la nièce de Peiresc mourut sans doute à Belgentier, où toute la famille était réunie depuis plusieurs mois.

intentions et exhaulcera les vœux des gents de bien. Et je finiray demeurant,

Monsieur,

vostre trez humble et trez obligé serviteur.

DE PEIRESC.

A Beaugentier, ce 17 febvrier 1631.

Si vous jugiez que nous ou les nostres vous peussions rendre aulcun service, disposez librement, je vous supplie, et de nous et de nostre maison ainsin que bon vous semblera.

La santé est trez bonne icy grâces à Dieu, et à Toullon encores quoy qu'on ayt sceu dire au contraire. Comme aussy à Cuers qui est desjà bien avant en la seconde quarantaine de santé. A Ières le mal est fort appaisé et la premiere quarantaine se commance[1].

X

À MONSIEUR, MONSIEUR BORRILLY,
SECRETAIRE ORDINAIRE DE LA CHAMBRE DU ROY,

À AIX.

Monsieur,

Vous n'estes pas seul en la perte de feu Mr le premier presidant d'Oppede que Dieu absolve[2]; toute nostre compagnie et toute la province et particulièrement nostre pauvre ville y ont une si grande part qu'ils s'en ressentiront peult estre aussy longtemps que peuvent avoir de vie ceux qui ont eu le bien de sa cognoisçance. Pour moy je n'ay pas moings de peine de m'en resouldre que vous, et vous puis jurer

---

[1] Fonds français, 15905, fol. 16. Autographe.

[2] Sur Vincent-Anne de Forbin Maynier, baron d'Oppède, qui était à la tête du parlement de Provence depuis le 30 mars 1621 et qui mourut à Avignon le 17 février 1631,

voir (*passim*) les trois tomes des *Lettres de Peiresc aux frères Dupuy*. Nous retrouverons le nom de ce personnage à presque toutes les pages du volume qui sera spécialement consacré à la correspondance de Peiresc avec Palamède de Fabri, sieur de Valavez.

que ce malheur me rebutte aultant du monde que tous les aultres que nous avons esprouvez depuis cez dernieres calamitez et desordres publiques et crains fort que ce coup inopinément survenu ne soit une marque que nous ne sommes pas au bout de noz maulx, et que Dieu n'a pas encor appaisé son ire et que nous n'avons pas encores bien recogneu noz peschez. C'est pourquoy nous avons grand besoing d'en avoir la repentance et contrition requise, aux fins qu'il veuille avoir pitié de nous, et retirer ses fléaux. Comme je le supplie très instamment de vouloir faire, et de vous donner et à tous les bons amys et serviteurs du pauvre deffunct assez de force pour en supporter la perte et à moy assez de moyen de vous rendre la correspondance de tant cordialle amitié que vous me tesmoignez et de vous rendre des effects de mon service assez dignes de l'honneur que vous me faictes de me tenir comme je suis,

Monsieur, pour

vostre trez humble et obligé serviteur,
DE PEIRESC.

A Beaugentier, ce 22 febvrier 1631[1].

XI

À MONSIEUR, MONSIEUR BORRILLY,
SECRETAIRE ORDINAIRE DE LA CHAMBRE DU ROY.
À AIX.

Monsieur,

J'ay receu vostre longue lettre du 4me concernant la visite de Mgr le Prince[2] en vostre cabinet, que j'avois desja apprinse de la bouche de mon frère, et y avois prins grand plaisir[3]. Je vous en felicite de tout

---

[1] Fonds français, 15205, fol. 18. Autographe.

[2] Henri II de Bourbon, prince de Condé, né le 1er septembre 1588, mort le 26 décembre 1646.

[3] Je n'ai pas songé à mentionner cette visite du père du grand Condé, à côté du récit de la visite de Louis XIII au même cabinet, dans ma notice sur le collectionneur et la collection, en tête du fascicule XVII des *Correspondants de Peiresc*.

mon cœur, et vouldrois qu'il vous eust laissé ou qu'il vous envoyast non seulement son portraict que vous dictes qu'il vous a promis, mais quelque pièce bien exquise et précieuse, et qui meritast bien d'y tenir le rang qu'il faudroit pour venir d'une telle main[1]. Nous n'avons pas eu de nouvelles de la galère qui porte Mgr le cardinal de Bagny[2] à Rome avec M^r le Prothonotaire vostre filz, si ce n'est du lundy matin qu'elle partit de Savone pour aller à Gênes estant partie trois jours devant de Toullon. Je ne manqueray pas de vous faire part des aultres que je pourray apprendre, et de vous servir en toutes aultres occurrances que je pourray, estant de tout mon cœur,

Monsieur,

vostre trez humble et obligé serviteur,
DE PEIRESC.

A Beaugentier, en haste et sans pouvoir respondre ponctuellement à vostre lettre. ce 8 avril 1631[3].

XII

À MONSIEUR, MONSIEUR BORRILLY,
SECRETAIRE ORDINAIRE DE LA CHAMBRE DU ROY.

À AIX.

Monsieur,

Je respondis l'aultre jour à voz dernières, et receus hier de la part de M^r le Jeune des Heures enluminées dont il avoit chargé M^r le Presidant de Gallifet[4] qui me les fit tenir icy, lesquelles je vous destinay

---

[1] Malheureusement pour Borrilly cette main n'était pas très généreuse et celui qui obtint, à la suite des plus cupides et des plus honteuses démarches, la confiscation des domaines de son malheureux beau-frère, le duc de Montmorency, aima toujours mieux prendre que donner.

[2] Sur le cardinal Jean-François Bagni, voir les *Lettres de Peiresc aux frères Dupuy*, passim, et principalement t. I, p. 612, t. II, p. 210.

[3] Fonds français, 15205, fol. 20. Autographe.

[4] Alexandre de Gailifet, sieur du Tholonet, était fils d'Artus-Alexandre et de Madeleine Ferrel; il épousa, en 1614, Lucrèce

incontinant pour les joindre à tant d'aultres plus belles que vous avez pour leur servir de lustre, bien marry qu'elles ne soient plus belles et plus riches. Elles sont venues soubs une mienne enveloppe, ou adressées directement à moy, sans aulcune apparance d'adresse à vous, mais neantmoings, voyant que par un billet qui s'est trouvé dedans, M' le Jeune dict en avoir veu d'aultres à celuy à qui il entend que son billet soit adressé, je pense qu'il veuille plus tost entendre de vous que de moy, qui n'en ay pas de pareilles comme vous, ce que je n'ay pas creu vous debvoir dissimuler. Mais soit que j'y eusse du droict ou non, tousjours vous sont elles bien legitimement acquises, car je vous donne de bon cœur tout le droict que j'y pouvois pretendre, et demeure à jamais,

Monsieur,

vostre trez humble et obligé serviteur,
DE PEIRESC.

À Beaugentier, ce 14 avril 1631[1].

XIII

À MONSIEUR, MONSIEUR BORRILLY,
SECRETAIRE ORDINAIRE DE LA CHAMBRE DU ROY,
À AIX.

Monsieur,

J'ay receu vostre pacquet pour Rome que je feray tenir par la première commodité. Je vous remercie bien fort de ce pied de vase de verre que j'ay trouvé fort jolly; si le vase eust esté entier, je l'eusse estimé une bien belle pièce, mais tel qu'il est,

---

de Trichaud, et, la même année, fut pourvu de l'office de président aux enquêtes du parlement d'Aix, son beau-père, Pierre de Trichaud, ayant résigné ledit office en sa faveur. Les seigneurs du Tholonet ont fourni quatre présidents de père en fils à la Chambre des enquêtes, deux au xviie siècle, deux au xviiie.

[1] Fonds français, 15205, fol. 22. Autographe.

je vous en suis bien obligé et crois bien m'en pouvoir revancher comme.

Monsieur,

vostre trez humble serviteur,
DE PEIRESC.

A Beaugentier, ce 26 avril 1631[1].

XIV

À MONSIEUR, MONSIEUR BORRILLY,
SECRÉTAIRE ORDINAIRE DE LA CHAMBRE DU ROY.

À AIX.

Monsieur,

J'ay eu la vostre, et suis bien ayse que vous soyez allé faire le beau voyage d'Arles[2], croyant que vous n'en reviendrez pas sans beaucoup gaigner, quand ce ne seroit que le cœur de M' l'Archevesque qui est si précieux[3], et puis vous trouverez sans doubte d'aultres singularitez de vostre goust. J'ai achepté[4] icy des sandales de deux momies fort bigearres[5] avec les clouds dorez et quelques medailles et graveures antiques, du sieur Pelissier, qui ne nous voulut pas vendre les cailloux d'amethiste et vouldroit bien l'avoir faict. Il est vrayment fort honneste homme et fort traictable depuis son retour de ce dernier voyage du Levant. Il ne tardera pas, je m'assure, de vous aller voir. Je n'ay

---

[1] Fonds français, 15205, fol. 29. La lettre est de la main d'un secrétaire.

[2] Pour des archéologues tels que Peiresc et Borrilly, le voyage d'Arles ne pouvait être qu'un beau voyage.

[3] Cet archevêque était Jean Jaubert de Barrault, qui siégea de décembre 1631 au 30 juillet 1643. Voir sur ce prélat, qui eut d'excellentes relations avec Peiresc, comme l'atteste Gassendi (liv. V, p. 475), le tome III des *Lettres aux frères Dupuy*, p. 23.

[4] À partir de cette phrase, la présente lettre a été publiée par F. de Saint-Vincens (p. 9), mais avec de nombreuses incorrections. L'infidèle éditeur fait dire à Peiresc : «j'ai acheté *à Toulon* des sandales,» etc. Or Peiresc a écrit très distinctement : «j'ay achepté *icy*,» c'est-à-dire à Belgentier.

[5] *Bigearres* pour *bizarres*, forme que l'on retrouve souvent dans la correspondance avec les frères Dupuy. Mon devancier a lu *bigearrées*, comme si Peiresc avait voulu parler de momies *bigarrées*.

poinct de nouvelles de Rome si ce n'est que noz gents estoient encores en quarantaine mais gaillards; vous pouvez croire que si j'en ay d'aultres je ne manqueray pas de vous en donner incontinant[1]. Je ne vous ay demandé le dessain que de la rangée des dents du crocodyle; si vous faictes portraire davantage, vous embarrasserez le peintre inutilement, et reculerez d'aultant ma curiosité de le voir, qui pouvoit estre contentée sur le champ. Quand on envoye ce qui est demandé il suffit[2]. Et sur ce je finis demeurant,

Monsieur,

vostre trez humble et obligé serviteur,

DE PEIRESC.

A Beaugentier, ce 27 may 1631[3].

XV

À MONSIEUR, MONSIEUR BORRILLY,

SECRETAIRE ORDINAIRE DE LA CHAMBRE DU ROY,

À AIX.

Monsieur,

J'ay receu voz deux lettres du 3 et 6me avec le griffonnement du crocodyle dont je vous remercie la peine. Vous estes trop ceremonieux de n'avoir pas voulu escrire vous mesmes à Mr Fredeau sur qui je ne pense pas avoir plus de credit que vous, et de qui je n'ay pas retiré depuis que vous estes hors d'icy aultre chose que le portraict de quelques citrons bigearres[4] que je luy fis peindre ce moys de febvrier,

---

[1] Tout ce passage, depuis : *et vouldroit bien l'avoir faict*, a été supprimé par F. de Saint-Vincens.

[2] Ici le précédent éditeur a annexé un passage qui commence ainsi : «Si vous avez faict ouvrir votre momie, je vous en blasme bien fort.» On retrouvera plus loin (lettre XXX) le véritable texte qu'a transposé et enjolivé F. de Saint-Vincens.

[3] Fonds français, 15205, fol. 26. Autographe.

[4] F. de Saint-Vincens, qui a reproduit (p. 11) un court fragment de cette lettre qu'il a soudé à un fragment d'une autre lettre, donne cette variante : «Je n'ai pu encore retirer de lui autre chose que le portrait de quelques citrons et *bigarrés d'espèces irrégulières*.»

estant si affesandé[1] du costé de Toullon, qu'il n'y a pas de moyen de le gouverner. C'est pourquoy il ne fault pas doubter que si les RR. PP. capucins luy font un party où il puisse trouver son advantage il ne les aille servir[2], comme il a faict d'aultres sans que j'y doibve pretendre aulcun interest, d'aultant qu'il ne travaille nullement pour moy. Et crois qu'il seroit bon de ne perdre pas de temps de l'accapparer, d'aultant que si M⟨r⟩ de Lyon[3] vient à ce moys de septembre, comme il l'escript, pour s'en aller à Rome, il pourroit bien l'emmener quant et luy[4] plus tost que le cardinal de Bagny. Je luy donneray advis de vostre bonne volonté en son endroict. Mais il sera bon que ces PP. luy escrivent eux mesmes.

Au reste il ne fault poinct prendre les choses si à coeur comme vous faictes, vous donneriez trop d'advantage à voz envieux. Vostre cabinet estoit si recommandé[5] avant que la S⟨te⟩ Elisabeth y fust, qu'il ne diminuera pas de reputation à la mesure que vous pensez. Cependant je ne laisse pas de vous estre fort estroitement obligé de tant de belles offres reiterées. Et vouldrois vous pouvoir servir et recompancer à l'esgal de ce que merite un si grand excez de bonne volonté que le vostre[6]. S'il fut venu faulte de moy à ce dernier accident, vous eussiez eu vostre part de ma despouille en sorte qu'y eussiez trouvé de contentement. Mais je ne me desdis pas de faire à l'advance quelque chose de plus que vous ne pensez. Vous ne nous avez rien dict de la bonne nouvelle du deslogement des trouppes de la ville d'Aix, dont nous nous

---

[1] F. de Saint-Vincens a imprimé : « étant si *eschaudé* du côté de Toulon, qu'il n'y a pas moyen de le gouverner. »

[2] Phrase ainsi travestie (p. 11) : « Les PP. Capucins de Toulon le font travailler autant qu'il en a envie. » C'est l'*affirmation* substituée à la *conjecture* et la *réalité* mise à la place de l'*espérance*.

[3] Le cardinal Alphonse de Richelieu, frère du grand ministre. Voir sur ce personnage, qui avait occupé le siège d'Aix pendant trois années (1626-1629), les trois tomes des *Lettres de Peiresc aux frères Dupuy*.

[4] C'est-à-dire : avec lui.

[5] Cet éloge fait par un aussi grand connaisseur que Peiresc mérite d'être joint à tous les autres éloges donnés aux collections de Borrilly.

[6] On voit une fois de plus que Borrilly par sa générosité était, à la différence de beaucoup de riches collectionneurs, vraiment digne de la belle collection qu'il avait le bonheur de posséder.

sommes grandement resjouys, esperants que comme c'est une marque de la cessation de l'ire de Dieu, toutes cez petites menasses de peste n'auront pas de progrez Dieu aydant, et je finiray demeurant,

Monsieur,

vostre trez humble et obligé serviteur,
DE PEIRESC.

A Beaugentier, ce 8 juin 1631.

Depuis avoir escript, j'ay receu des lettres de Rome du 24 may, d'un de mes amys qui m'escript que le secrétaire du cardinal Bagny luy avoit porté un pacquet pour moy, lequel il avoit trouvé si gros qu'il ne s'estoit osé dispencer de le mettre à la poste, et le reservoit pour le bailler à un bon P. Trinitaire qui s'en vient à Aix, et doibt partir dans quelques jours. Je m'imagine que ce sera là que nous trouverons des lettres pour vous de Mʳ le Prothonotaire[1] et possible de Mʳ de Cavaillon[2], et de plusieurs aultres de la trouppe, de sorte qu'il fauldra avoir patience que ce bon P. arrive. J'envoye de ses lettres qui estoient en mon pacquet au R. P. Hierosme de la Trinité, qui sçaura possible plus precisement le temps que celui là devoit partir de Rome[3].

XVI

À MONSIEUR, MONSIEUR BORRILLY,
SECRETAIRE ORDINAIRE DE LA CHAMBRE DU ROY,
À AIX.

Monsieur,

J'ay receu la vostre du 13, avec la lettre de Mʳ le Prothonotaire et ce beau poisson, que j'ay recogneu estre si je ne me trompe celuy mesmes que j'avois aultres foys donné à feu Mʳ Templery quand je revins d'Italie[4]. Aussy est ce de la mesme nature de pierre que les

---

[1] Le fils déjà mentionné de Boniface Borrilly.

[2] L'évêque Fabrice de la Bourdaisière.

[3] Fonds français, 15205, fol. 27. Autographe.

[4] Un fragment de cette lettre a été incor-

aultres qui me sont demeurez, venus du mont de St Jean de la Rogna. Et suis d'advis que vous le reteniez en vostre cabinet¹, puisque j'en ay d'aultres venus du mesme lieu, vous asseurant que je vous en ay la mesme obligation que si je l'avois accepté, seulement le garderay je icy quelque temps pour l'amour de vous, à cause que les miens n'y sont pas, jusques à ce qu'on en aye trouvé de par delà quelqu'un des miens, pour les monstrer conjoinctement avec les petrifications d'icy. Je suis bien aise que le tesmoignage publique de Mr de Saulcour², touchant la recommandation que Mr le Prince luy avoit faict de vous seul, soit venu si à propos pour faire crever l'envie; il ne fault que laisser faire au benefice du temps, et avoir patience pour venir à bout de tout cela. Je ne sçay si vous pourrez jouyr de Mr Fredeau, je luy avois escript et envoyé la lettre que vous m'escrivez, mais on m'a mandé qu'il est allé à Regusse, où Mr Grimaud luy a donné et à 3 ou 4 aultres peintres une grande besoigne à sa chappelle³. Il estoit à la Ciotat⁴ l'aultre jour où l'on a adressé ma lettre pour la luy faire tenir. Je seray marry qu'il ne fasse la banniere de Corpus Domini, mais possible qu'aprez l'ouvrage de Regusse, il s'y pourra mettre; sur quoy je finiray demeurant,

Monsieur,

vostre trez humble et trez obligé serviteur.

DE PEIRESC.

A Beaugentier, ce 16 juin 1631⁵.

poré par F. de Saint-Vincens (p. 13) dans une lettre datée du 10 septembre 1671. Voici quelle métamorphose y subit le texte : «Il me vient un regret, car je ne sçais si je vous ai remercié de ce beau poisson que M. votre fils m'a envoyé; je l'ai reconnu estre cette mesme pétrification que j'avois autrefois donné à M. Templery quand je revins d'Italie.»

¹ Le cabinet de Borrilly contenait, entre autres curiosités d'histoire naturelle, un grand nombre de pétrifications singulières, comme on peut le voir dans l'inventaire publié à la suite des lettres du collectionneur à Peiresc (fascicule n° XVII, déjà mentionné).

² Maximilien de Belleforière, seigneur de Soyecourt, que l'on prononçait Saucourt.

³ Ragusse était une terre et seigneurie (département actuel du Var), qui, après avoir appartenu à la maison de Castellane, fut érigée en marquisat (novembre 1649) en faveur de Gaspard de Grimaud.

⁴ Chef-lieu de canton du département des Bouches-du-Rhône, arrondissement de Marseille, à 35 kilomètres de cette ville.

⁵ Fonds français, 15205, fol. 29 Autographe.

XVII

À MONSIEUR, MONSIEUR BORRILLY,
SECRETAIRE ORDINAIRE DE LA CHAMBRE DU ROY,
À AIX.

Monsieur,

J'ay receu à Beaugentier les deux petites medailles d'or que vous aviez baillées à mon frere avec cette pierre noire enchassée dont l'une des medailles est bien gentile et de celles de mon goust, et partant d'un notable augment[1] à mes obligations en vostre endroict, dont je vous rends mille trez humbles remerciments, ayant prins plaisir de voir la lettre de M⁽ʳ⁾ le Prothonotaire vostre filz, croyant qu'il vous escrira la mesme chose concernant les singularitez qui le ravissent à tous moments[2]; sans cela je la vous envoyerois, car je crois bien que vous y prendriez autant et plus de plaisir que moy, et puis que je m'en suis advisé, si je l'avois icy je la vous envoyerois encores à tout hazard. Mais ce sera à mon retour à Beaugentier; cependant je vous prieray de faire estat de moy comme,

Monsieur, de

vostre trez humble et trez obligé serviteur,
DE PEIRESC.

A Montrieu[3], ce jour de la Feste Dieu 1631.

Le sieur Benoict Pelissier m'a escript d'Aix, qu'il croyoit qu'il y eust moyen de recouvrer encores sa grenade d'amethiste d'un Suisse mort en Levant, à qui il l'avoit vendüe ou troquée; s'il vous a veu, je crois

---

[1] Pour *augmentation*. Voir, à la fin du tome III des *Lettres de Peiresc aux frères Dupuy*, la liste des mots qui, comme celui-ci, ont été l'objet d'une note de l'éditeur.

[2] Nous avons vu que le fils de Boniface Borrilly était alors à Rome.

[3] La chartreuse de Montrieu était toute voisine de la maison de campagne de Peiresc, qui allait souvent passer quelques heures dans ce monastère, surtout les jours de fête.

que ce sera vous qui luy en aurez parlé. J'ay envoyé vostre lettre à Mr Fredeau à la Ciottat; s'il en estoit party pour Regusse on la luy fera tenir [1].

XVIII

À MONSIEUR, MONSIEUR BORRILLY,
SECRETAIRE ORDINAIRE DE LA CHAMBRE DU ROY,

À AIX.

Monsieur,

J'ay receu voz trois medailles d'or [2] et n'ay pas peu lisre ce que je pensois au dernier mot du revers qui a deux figures. C'est pourquoy je la vous renvoye avec l'une de ses compagnes, en ayant retenu une aultre selon la liberté que vous m'en avez donnée, laquelle j'ay remplacée d'une que je viens de recepvoir de Bordeaux, bien marry qu'elle ne soit plus digne de tenir la place de l'aultre. Mais ce ne sera qu'en attendant qu'il m'en tombe en main quelque meilleure que je vous renvoyeray tant plus volontiers. Cependant vous garderez celle la s'il vous plaist et je vous demeureray trez obligé de voz continuelles faveurs et de l'offre de vostre vase de verre qu'il n'est poinct besoing de m'envoyer, estant marry d'avoir si longtemps gardé voz aultres vases et cuilliers que j'espere vous renvoyer au premier jour, Dieu aydant, estant tousjours,

Monsieur,

vostre trez humble et trez obligé serviteur,

DE PEIRESC.

A Beaugentier, ce xii juillet 1631 [3].

---

[1] Fonds français, 15205, fol. 31. Autographe.

[2] Au sujet des médailles d'or que possédait le notaire numismate, voir l'inventaire de son cabinet dans le fascicule XVIII des *Correspondants de Peiresc*, p. 29-32.

[3] Fonds français, 15205, fol. 33. De la main d'un secrétaire.

XIX
À MONSIEUR, MONSIEUR BORRILLY,
SECRETAIRE ORDINAIRE DE LA CHAMBRE DU ROY,
À AIX.

Monsieur,

Je receus par Corberan [1] vostre paquet du 9 aoust fort proprement cachetté et bien conditionné [2], où je trouvay le livre ms. de plain chant du Roy Charles II dont je vous remercie trez humblement et comme de chose que vous avez trez bien jugé estre fort de mon goust à cause de ce tittre [3]. Mais je n'y trouvay poinct cette figure que vous disiez envoyer ensemble d'un dieu Penate à teste de chien [4], et Corberan ne m'en a sceu donner aulcune raison, disant qu'on ne luy a baillé de vostre part que le seul pacquet qu'il m'a apporté, et qu'il fault que vostre homme ait oublié d'y joindre ladicte figure. Mais j'ay esté fort desplaisant d'entendre qu'on ayt violé de la sorte le respect qu'on debvoit à vostre cabinet, et que ce soit un ecclesiastique [5]. Vous voyez comme il m'en a mal prins de confier trop librement la clef du mien à un homme quoyque familier qui me volla si traistreusement [6]. Je ne vous conseille poinct de confier jamais la vostre à persone, mais je ne serois pas d'advis pourtant que vous le prinssiez tellement à coeur que

---

[1] Simon Corberan, le relieur et l'homme de confiance de Peiresc, avait été laissé par ce dernier à Aix pour garder une maison qui, ainsi qu'un musée, contenait tant de choses précieuses. (Voir la lettre déjà citée de Peiresc à son relieur Corberan, 1890.) Quand la situation de la ville d'Aix devint plus calme, Corberan put aller rejoindre son maître à Belgentier et lui apporter ce qui lui avait été confié par les amis de l'exilé.

[2] F. de Saint-Vincens, qui a donné le commencement de cette lettre (p. 10), a omis les six mots qui suivent la date du 9 août.

[3] Mon devancier n'a pas reproduit les cinq derniers mots.

[4] Toute cette partie de la lettre, jusqu'à la fin, manque dans l'édition de F. de Saint-Vincens.

[5] Nous ne connaissions pas l'acte d'indélicatesse dont avait été victime le collectionneur Borrilly.

[6] Peiresc est souvent revenu, dans sa correspondance, sur ce sujet si douloureux pour lui. Voir notamment le tome I des *Lettres aux frères Dupuy*, p. 9, 13.

vous en soyez malade comme vous dictes, car il vault mieux vivre sans ce peu qu'on vous a desrobé, et se fault resjouyr de ce que la chose ne va pire, et loüer Dieu de ce qui est eschappé de telles mains ; bien vouldrois je cognoistre le pelerin[1] pour ne m'y laisser attrapper moy mesmes et pour ayder à luy faire rendre gorge si je pouvois. J'ay aussy receu vostre aultre lettre du mesme jour par mon neveu de Meaux[2] et ay esté bien aise d'apprendre ce qu'on vous mande de la venüe de Mgr le cardinal de Lyon, et crois qu'elle servira pour r'ajuster toutes choses et vous faire triompher de l'envie de ceux qui vous ont faict redemander son tableau. Mais je ne crois pas la venüe de cet aultre seigneur qu'on vous a dict, si aultre chose n'arrive, non plus que la nouvelle qu'on vous a donnée de Vaulriaz, car mon neveu ne me l'auroit pas dissimulée et seroit malaisé qu'il ne l'eust pas sceüe dans une si petite ville que celle là. Pour l'Italie il est vray qu'on n'y a poinct de honte de demander la mancia[3] et dans les maisons des plus grands, ce sont les gaiges et advantures de leurs vallets, estant malaisé de rien voir qu'il ne couste de l'argent par ce moyen. Et c'est pourquoy vous avez veu parfoys que des seigneurs Allemans advertis de cette coustume avoient voulu en user de mesmes chez vous, et quand voz vallets en auroient accepté quelque petite estraine, je ne trouve pas qu'il y eust tant de danger, au moings envers des estrangers qui le font de leur mouvement sans le leur demander. Mais vous estes trop noble et trop splendide pour souffrir que voz vallets soient moings liberaulx et scrupuleux que vous en cela. Tant est que je vous suis bien redevable du libvre manuscript que m'avez envoyé, lequel je feray couvrir de maroquin bien proprement pour l'honneur de nostre bon Roy Charles II qui n'estoit pas moings benet que le bon Roy René en son temps[4], car

---

[1] Nous avons déjà trouvé l'expression familière connoitre le pèlerin dans le tome III des Lettres aux frères Dupuy, p. 556.

[2] Boniface Flotte, sieur de Meaux, lieutenant en la sénéchaussée au siège de Draguignan.

[3] L'étrenne.

[4] F. de Saint-Vincens ajoute (p. 10) : «lequel avoit toujours à sa suite deux ou trois enlumineurs ou peintres en mignature.»

le Roy Charles Ier son père[1], quand il eut la nouvelle de sa prinse sur la mer, dict tout hault qu'il ne le regrettoit poinct et qu'on ne luy avoit prins prisonnier qu'un prebstre qui ne faisoit qu'empescher ou servir d'obstacle à ses genereux et belliqueux desseins[2]. Sur quoy je finis en attendant le moyen de pouvoir user de quelque revanche de vos bienfaicts, estant de tout mon coeur,

Monsieur,

vostre trez humble et obligé serviteur,
DE PEIRESC.

A Beaugentier, ce xi aoust 1631[3].

XX

À MONSIEUR, MONSIEUR BORRILLY,
SECRETAIRE ORDINAIRE DE LA CHAMBRE DU ROY,
À AIX.

Monsieur,

Bien vous soit la venüe de Mr le Prothonotaire vostre cher filz, qui vous a creu[4], et arriva hier au soir icy bien sain et saulve, gras comme un moine, mais d'une si bonne humeur que vous ne le cognoistrez plus, non sans un grand regret d'avoir si peu veu l'Italie, et avec juste raison, ayant voulu preferer voz commandements à toutes aultres considérations, ce qui luy doibt donner tant plus de credit à l'advenir si l'occasion se presentoit d'y retourner en meilleure saison. Mais pour vous faire faire un peu de penitance de la grande mortification que

---

[1] Variante de F. de Saint-Vincens : « père dudit Charles II ».

[2] Ici mon devancier ajoute bravement (p. 11) les particularités suivantes : « Neantmoins il gouverna bien doulcement et humainement ses subjects, de quoi nous devons luy sçavoir gré, ainsi qu'à notre bon Roi René, qui de plus avoit bien fort le goût et l'intelligence des arts libéraux, sciences et poésies. Et à peine il sçut que le Quintilien trouvé à Basle étoit paru, qu'il en écrivit à un sien ami et correspondant en Italie, pour en avoir, cherchant à introduire dans notre pays de bonnes estudes et de bons maistres. »

[3] Fonds français, 15205, fol. 35. Autographe.

[4] C'est-à-dire qui a répondu à votre appel.

luy avez faicte en le rappellant si tost, nous l'avons retenu icy jusques à ce qu'il ayt de voz nouvelles, pour voir si vous auriez le courage de le venir voir comme vous disiez, et comme nous le souhaiterions, si vous en rencontrez le temps propice, et cependant Mademoiselle de Borrilly, qui est cause de son retour[1], l'attendra un peu davantage, et exercera un peu plus de patiance. Je le trouve si changé, si discret, et si cappable de se bien conduire tout seul, que je ne ferois plus de difficulté de luy en laisser prendre la liberté. Et n'estoit la maladie qui est en plusieurs villes d'Italie, je plaindrois grandement son retour si anticipé. Mais puisqu'il a si bien apprins le chemin, il pourra mieux prendre son temps en une aultre occasion. Et aprez vous avoir réiteré les félicitations de voz contentements, je finiray demeurant,

Monsieur,

vostre trez humble et trez obligé serviteur,

DE PEIRESC.

De Beaugentier, ce 21 aoust 1631[2].

XXI

À MONSIEUR, MONSIEUR BORRILLY,

SECRETAIRE ORDINAIRE DE LA CHAMBRE DU ROY,

À AIX.

Monsieur,

Je n'ay peu escrire à ce matin par le retour de vostre garçon, à mon grand regret; ce mot n'est que pour me conjouyr encor un coup avec vous de l'heureux retour de M^r le Prothonotaire chez vous. Et vous remercier de la continuation de vos honestetez, bien marry de n'avoir merité les remerciments que vous me faictes. Il fault que le

---

[1] C'était donc l'impatience maternelle qui avait abrégé le voyage de l'abbé Borrilly au delà des monts. Boniface Borrilly avait épousé Honorade de Blanc, comme je l'ai rappelé dans l'*Avertissement* du fascicule XVII des *Correspondants de Peiresc* (p. 4).

[2] Fonds français, 15205, fol. 37. Autographe.

Saint Pierre martyr[1] ne bouge du païs où il est sur peyne de souffrir un aultre martyre, s'il passoit en aultres mains que les vostres qui en sont les plus dignes. Je suis resolu plustost de le demander impudamment, et nous verrons qui sera plus effronté ou moy de le demander ou les aultres de me le refuser, quand tout creveroit[2]. Vous avez faict acte meritoire de despartir vostre saint Sebastian si noblement comme vous avez faict dont je vous remercie comme l'un des interessez au bien public de nostre pauvre ville[3]. Mais je suis bien obligé à Mad⁶ de Borrilly de la bonne opinion qu'elle a de moy et du bien qu'elle me rend pour le mal que je luy voulois faire si vous fussiez venu jusques icy. Le bon naturel se monstre bien où il est. Au reste les remerciments que vous me faictes de la medaille d'or m'obligent infiniment, mais si ne les debvez vous pas touts à moy tout seul, car ce n'est que par vostre moyen ou des vostres que je l'avois recouvrée, auxquels vous en devez sçavoir partie du bon gré et la meilleure. Cependant je vous prie de m'entretenir tousjours en voz bonnes graces comme,

Monsieur,

vostre trez humble et bien obligé serviteur,
DE PEIRESC.

A Boysgency, ce 28 noust 1631[4].

XXII

À MONSIEUR, MONSIEUR BORRILLY,
SECRETAIRE ORDINAIRE DE LA CHAMBRE DU ROY,
À AIX.

Monsieur,

Je reccus hier soir par M⁻ Lombard vostre lettre du 8ᵐᵉ avec les trois

---

[1] Quelque tableau représentant le supplice de saint Pierre.

[2] Véritable cri du cœur, où éclate toute la passion du collectionneur.

[3] Borrilly avait sans doute donné son tableau de Saint Sébastien à quelque église de la ville d'Aix. C'était, en ces temps si calamiteux, une sorte d'offrande expiatoire de ce bon citoyen, un *ex-voto*.

[4] Fonds français, 15205, fol. 39. Autographe.

medaillettes[1] de Constantinople, et un escargot de marbre d'Alexandrie dont je vous remercie bien humblement. Mr Peladan[2] estoit avec moy quand vostre precedante lettre me fut rendüe. Je n'eus de luy qu'une patere de cuivre, et l'une de ses medailles d'or d'Honorius qui avoit la barbe et un petit sequin d'or, ensemble sa monnoye d'argent qui est de Louys XII comme Roy de Naples, et non de Saint Louys. Il me monstra ses deux camayeulx, dont je tiens l'un moderne et l'aultre est antique, mais il le tenoit à trop hault prix pour n'estre qu'une Meduse dont il vouloit cent francs[3]. Il avoit quelques graveures, mais le feu y estoit aussy[4], de sorte que je n'en voulus poinct. Il ne me monstra pas son Gordian, car je l'eusse achepté, si je l'eusse trouvé légitime[5]; il promet de revenir aprez vendanges, mais je ne l'attends pas pourtant. Et vous remercie bien fort des advis dont il vous plaict me faire part, estant de tout mon cœur,

Monsieur,

vostre trez humble et obligé serviteur,

DE PEIRESC.

De Beaugentier [en abrégé], ce 10 septembre 1631.

Il me tarde de voir venir Mgr le Cardinal de Lyon pour l'amour de vous[6] principalement[7].

---

[1] Diminutif que nous n'avions pas encore rencontré, ce me semble, dans la correspondance de Peiresc.

[2] Voir plus loin une note sur ce personnage appelé Paladon par F. de Saint-Vincens.

[3] F. de Saint-Vincens a ainsi arrangé cette phrase (p. 12): «... ses deux camayeux, dont celuy qui est antique ne représente qu'une Méduse; il en vouloit cent francs, aussi ne le puis-je pas.»

[4] C'est-à-dire : le prix en était excessif.

[5] Phrase ainsi raccourcie et dénaturée par F. de Saint-Vincens (p. 12) : «J'eusse achepté son Gordian s'il me l'eusse montré.»

[6] Boniface Borrilly avait les meilleures relations avec le cardinal Alphonse de Richelieu, lequel fut un des bienfaiteurs de son cabinet. Voir à ce sujet les pages 71, 72 du fascicule XVIII des *Correspondants de Peiresc.*

[7] Fonds français, 15205, fol. 41. Autographe. — Cette lettre a été imprimée par F. de Saint-Vincens (p. 12), avec adjonction de divers fragments d'autres lettres, notamment du passage de la lettre n° XVI du présent recueil relatif au poisson pétrifié envoyé d'Italie à Peiresc par le protonotaire Borrilly.

XXIII

À MONSIEUR, MONSIEUR BORRILLY,
SECRETAIRE ORDINAIRE DE LA CHAMBRE DU ROY,

A AIX.

Monsieur,

Vous avez tout pouvoir sur moy pour voz amys aussy bien que pour vous. J'ay baillé à Mʳ Fabri, vostre parent et bon voisin[1], non seulement les deux lettres qu'il me demandoit, mais encores sept ou huict aultres que je crois ne luy debvoir pas estre du tout inutiles s'il s'en veult servir[2]. Et desirerois bien pouvoir davantage quand il s'agira de vostre contantement ou de ceux qui vous appartiennent et que vous aimez, commandez seulement en toute liberté et authorité.

J'ay receu les petites medailles dont vous l'aviez chargé et dont je vous remercie trez humblement, principalement de la petite monoye d'argent, qui m'avoit donné dans la visière[3] quand je la tenois par le revers, mais lorsque je la tournay du costé de la teste, je n'y trouvay que le *volto santo*[4] de Luques, mais il est vray que c'est la plus ancienne que j'aye veu de cette sorte là, et que je garderay volontiers pour l'amour de vous en attendant d'aller voir vostre vieux consul nouvellement remis au jour et tiré des tenebres. Mais il en fauldroit savoir le nom. Il y avoit longtemps que je n'avois eu de voz lettres dont je commençois d'estre en peine, et croyois que fissiez de si longs arrérages pour avoir plus à dire quand Mʳ l'Ange vous ameneroit comme il m'en faisoit donner de grandes espérances. Mais je me doubte bien que le

---

[1] C'est le personnage dont il est question dans l'*Avertissement* du fascicule XVIII des *Correspondants de Peiresc* (p. 7) : «M. Fabry, son nepveu et son héritier, le porte dans ses armes (fameux baudrier de Louis XIII).» Les descendants de ce neveu de l'antiquaire ont porté jusqu'à notre temps le double nom de *Fabri-Borrilly*.

[2] Lettres de recommandation à l'occasion de quelque procès.

[3] Voir sur cette expression, qui signifie *séduire, tenter*, à la fin du tome III des *Lettres de Peiresc aux frères Dupuy*, la liste des mots et locutions dignes de remarque.

[4] *Volto*, visage, face. Il s'agit de la sainte face.

froid aura rallenty la challeur de sa bonne volonté en cela, vray est que je ne seray pas moings son serviteur pour cela nom plus que le vostre trez humble et trez obligé,

DE PEIRESC.

A Beaugentier, ce 10 novembre 1631[1].

XXIV

À MONSIEUR, MONSIEUR BORRILLY,
SECRETAIRE ORDINAIRE DE LA CHAMBRE DU ROY,
À AIX.

Monsieur,

Vous aviez raison de vous plaindre de m'avoir escript, car j'ay receu aujourd'huy vostre lettre dattée du 1ᵉʳ octobre, il est vray que j'estime qu'il y ayt de l'equivoque pour le 1ᵉʳ novembre, elle estoit demeurée embarrassée dans une boitte que je n'avois pas ouverte avec d'aultres, dont je vous prie m'excuser. Je suis marry de n'avoir veu Mʳ le lieutenant criminel de Lyon[2], vous lui deviez persuader de s'advancer jusques icy où je l'eusse receu le mieux qu'il m'eust esté possible et luy eusse monstré ma dent qu'on presupposoit estre de geant, mais je la tiens estre d'éléphant et pour m'en asseurer mieux je portay ma main dans la gueulle de l'elephant pour toucher et empoigner les siennes internes que je trouvay de forme toute pareille. On me l'a envoyée de Tunis, d'où j'estime qu'il peult avoir recouvré la sienne[3]. Au reste je vous felicite l'acquisition des habillements du Roy Charles IIIᵐᵉ dont vous debvez faire grand cas, et vous remercie bien

---

[1] Fonds français, 15205, fol. 43. Autographe.

[2] Passage incorporé dans la lettre composite publiée par F. de Saint-Vincens sous la date du 1ᵉʳ septembre (p. 12). A partir des mots : *Je suis marry*, une phrase a été laissée de côté par cet éditeur : *vous luy deviez persuader*, jusqu'à : *qu'il m'eust esté possible*.

[3] Voir le fascicule XV des *Correspondants de Peiresc*, *Thomas d'Arcos*, p. 10. On trouvera d'autres détails sur ce sujet dans les lettres de Peiresc à Thomas d'Arcos destinées à un des volumes qui suivront celui-ci.

humblement de voz offres, ne vous en ayant pas moings d'obligation que si je les avoys acceptées. Mais si j'avoys cela ou rien de semblable, je le vous donneroys incontinant, ne regrettant que l'excès de voz honnestetez et le peu de moyens que j'ay d'user de revanche. M^r le prothonotaire est sorty de Gênes bien à poinct, car on dict que la peste y faict bien du progrez[1], possible pour avoir esté tenüe cachée comme à Nice depuis longtemps; sur quoy je prie à Dieu qu'il vous tienne tous en sa sainte garde et me donne des moyens de vous tesmoigner à bonnes enseignes que je suis,

Monsieur,

vostre trez humble et trez obligé serviteur,
DE PEIRESC.

A Beaugentier [en abrégé], ce 14 novembre 1631[2].

XXV

À MONSIEUR, MONSIEUR BORRILLY,
SECRETAIRE ORDINAIRE DE LA CHAMBRE DU ROY,
À AIX.

Monsieur,

Pendant mon voyage de Toulon, où je me suis trouvé surprins de ma suppression d'urine, plus importune que de coustume, laquelle m'y a retenu plus de huict ou neuf jours, je n'ay peu respondre et satisfaire à mon debvoir envers mes amys, et particulièrement à vous, Monsieur, dont je vous prie me vouloir excuser. Maintenant que je suis de retour en ce petit lieu de repos et que j'y ay retrouvé la disposition de ma santé aussy bonne qu'auparavant, ou assez bonne pour m'en contenter à ma mode, je n'ay pas voulu manquer de vous feliciter comme je faicts, de l'acquisition que vous avez nouvellement faicte de cez

---

[1] Peiresc a écrit à la marge cette phrase : «Messieurs de Toulon luy ont osté l'entrée.»

[2] Fonds français, 15205, fol. 44. Autographe.

belles figures de Jean Bologne¹ qui ne pouvoient tomber en meilleures mains que les vostres. Vous remerciant trez humblement de tant d'honnestes offres qu'il vous plaict me faire sans que je les aye meritées, et surtout de ce que vous me promettez comme homme de parole de nous venir voir à cez festes. En quoy vous nous obligerez infiniment, et nous ferez bien de l'honneur. Vous y serez tousjours le trez bien venu, et encores plus si vous ammenez M⁶ le prothonotaire vostre cher filz.

Je n'ay pas trouvé avec vostre dernière lettre les vers de M⁶ Billon sur voz belles conquestes². Il fault qu'on ayt oublié de les y joindre. Je n'ay rien trouvé de vostre goust en mon voyage de Toullon et y ay veu M⁶ le marquis de Narmoustier³, mais je ne l'ay peu gouverner à souhaict dans mon mal qui à peine me donnoit quelques heures de relasche à chasque jour pour aller faire un peu de cour tandis que M⁶ⁿ le Mareschal y a esté, ce qui m'a bien apporté de la mortification. Mais vous sçavez que je m'accoustume facilement à la souffrance de mes maulx. J'espère pourtant encores assez de santé pour vous pouvoir bien servir un jour et les vostres et vous tesmoigner combien je me tiens obligé d'estre toute ma vie,

Monsieur,

vostre trez humble et trez obligé serviteur,

DE PEIRESC.

A Beaugency [en abrégé], ce 10 décembre 1631.

J'oubliois de vous feliciter les deux medailles d'or; si vous venez à cez festes⁴, nous les verrons entre voz mains s'il vous plaict⁵.

---

¹ Les *belles figures* de Jean dit de Bologne, le grand sculpteur que Douai donna à l'Italie, ne sont pas mentionnées dans l'*Inventaire du cabinet* de Borrilly.

² Le poète Billon a mis souvent sa facile muse au service de Borrilly. Voir diverses pièces de lui dans les deux recueils publiés par ce dernier, *le baudrier du sacre de Lonys le juste XIII de ce nom* (Aix, 1623, in-4°) et l'*Ostreomyomachie* (Aix, 1629, in-4°).

³ Sur le marquis de Noirmoutier, beau-fils du maréchal de Vitry, le gouverneur de la Provence, voir les *Lettres de Peiresc aux frères Dupuy* (*passim*).

⁴ Les fêtes de Noël.

⁵ Fonds français, 15205, fol. 46. Autographe.

XXVI

À MONSIEUR, MONSIEUR BORRILLY,
SECRÉTAIRE ORDINAIRE DE LA CHAMBRE DU ROY,

À AIX.

Monsieur,

J'ay receu la vostre[1] et vous remercie de tant de tesmoignages de bonne volonté, vous felicitant le beau coutelas que vous avez eu du marquis de Canillac[2] qui ne peut pas estre de quatre centz ans s'il ressemble celluy de la pucelle d'Orléans qui n'est pas de plus de deux cens ans[3]. Si Monsieur le marquis vous eust dict que c'estoit l'espée de Raymond de Touraine il l'eust bien mieux peu faire croire puisqu'il est de ses ancestres[4] que toutes ces aultres philosophies[5] sur ces petits pertuitz que vous dictes dont je n'avois jamais ouy parler[6]. Quant à ces deux statües, leur matière et l'escripture qu'elles portent, aussy bien que le lieu d'où elles viennent[7], n'est point incompatible à une

---

[1] Voir cette lettre dans le fascicule XVIII des *Correspondants de Peiresc* (p. 25-28); elle est datée du 6 janvier 1632.

[2] Sur Jacques de Timoléon de Beaufort-Montboissier, marquis de Canillac, voir une note de la page 26 du fascicule consacré à *Boniface Borrilly*.

[3] L'imprudent Borrilly n'avait pas hésité à croire aux *quatre cents ans* du coutelas dont le marquis de Canillac lui avait fait présent.

[4] F. de Saint-Vincens (p. 145) abrège, d'une part, et augmente, d'autre part, ainsi cette phrase : «Je le crois plutôt l'épée de Raymond de Turenne qui est des ancêtres du marquis, *et qui fit bien du mal au pays les dernières années du xiv° et premières du xv° siècle.*»

[5] Raisonnements. Le mot est employé par Peiresc avec une nuance de dédain.

[6] Le marquis de Canillac avait donné des huit trous de son coutelas cette singulière explication, que l'arme avait appartenu à un général qui, «aux entrées des villes la portoit et que à chacun de ces trous y mettoit des devises de plusieurs couleurs en signe de victoire». F. de Saint-Vincens (p. 14) ose attribuer à Peiresc cette opinion indigne d'un aussi judicieux archéologue : «ces petits pertuis qui sont sur la lame sont singuliers, il aura voulu marquer les batailles où il s'est trouvé.» Quel démon poussait F. de Saint-Vincens à travestir aussi gravement la pensée de Peiresc?

[7] Sur ces statues venues d'Alep, voir, dans le fascicule XVIII des *Correspondants de Peiresc*, la première partie de la lettre à laquelle répond celle-ci (p. 25-26).

plus grande antiquité que l'ordinaire, mais le mal est que ce sont choses si difficilles à deschiffrer qu'il n'y a pas de plaisir à achepter de ces choses là qui soit comparable à celuy que l'on a d'achepter des choses qui se puissent deschiffrer, c'est pourquoy ces choses là dans Rome et dans Venise et partout où elles peuvent estre en commerce ne sont pas en si grand prix que les aultres antiquitez, ce qui vous pourra servir d'advis en cas qu'elles fussent trop cheres, car sy elles estoient à prix tollerable, je ne serois pas d'advis de les laisser eschapper. Sur quoy je me recommande à voz bonnes graces estant,
Monsieur,

vostre trez humble et trez obligé serviteur,

DE PEIRESC.

A Beaugentier, ce 8 [janvier] au soir 1632[1].

XXVII

À MONSIEUR, MONSIEUR BORRILLY,
SECRETAIRE ORDINAIRE DE LA CHAMBRE DU ROY,

À AIX.

Monsieur,

Ç'a esté avec beaucoup de regret que j'ay laissé couller tant de temps sans vous escrire pour vous remercier de la continuation de voz bienfaicts aussy bien que de voz bonnes graces, mais j'avois le second doigt de la main droicte si mal accommodé d'un pannaris que pour peu que je m'efforçasse de prendre la plume le mal se rengregeoit, et pensois en avoir jusques à Pasques, mais graces à Dieu j'en ay esté quitte à meilleur marché, et bien que je le tienne encores bandé, je n'ay peu me tenir de vous escrire ce mot par la commodité de ce laquay, pour ne pas differer davantage les remerciments que je vous doibs de tant de jolies curiositez et particulierement de ce vieux seau de cire en quoy

[1] Fonds français, 15205, fol. 73. De la main d'un secrétaire.

certainement vous avez bien rencontré mon goust predominant. Je vous renvoye la boitte de M⁰ de Montcony¹ dont je n'ay retenu que ledict seau avec les plombs puisque ce n'est pas vostre goust, et y ay remis vostre escu de l'empire, ayant gardé une coupple de ces petites noixsettes des Indes, n'ayant encores eu gueres de loisir d'examiner les medaillettes et les graveures. Mais pour la pierre estoillée, si bien il s'en trouve où les estoilles sont plus apparantes et plus proportionnées, je ne laisse pas de faire cas de celle la et vous en remercie trez affectueusement. J'ay veu la lettre que vous escript ledict sieur de Montcony et ce que vous me mandez de cette medaille du Prince et Princesse d'Orange, laquelle je n'ay poinct veue qu'il me souvienne, et si ce n'est chose tant de vostre goust possible toucheroit elle un jour le mien, car j'ay une suitte d'une vingtaine de differentes especes de monnoye des Princes d'Orange, mais si elle n'a pas de proportionable poids aux monnoyes du temps, possible ne seroit ce pas chose qui peusse appartenir à telle suitte. Il la fauldroit faire pezer contre des quarts d'escu ou aultres especes courantes. L'escu de Genes n'est pas si grande chose ne si rare qu'il s'en faille tant mettre en peine. L'empreinte ne laisroit pas de nous servir si besoing estoit aussy bien que l'original. Celuy que vous dictes du Franc à pied seroit bien plus considerable, si les pieces en sont bien r'adjustées, car ceux que j'avoys me furent desrobez comme vous sçavez. J'avois tant de regret de ne pouvoir fournir à M⁰ le Prothonotaire vostre filz ou à M⁰ de Cavaillon, une coppie de la remonstrance aux Genevoys que l'ayant demandée à divers curieux, l'un me l'a envoyée et incontinant je l'ay faict transcrire par M⁰ Magas, bien marry que la maladie de mon homme l'ayt empesché de l'escrire de sa main, parce qu'elle eust esté un peu mieux². Je croys qu'elle sera

---

¹ S'agit-il là du célèbre voyageur Balthazar de Montconys, né à Lyon en 1611, mort dans la même ville, le 28 avril 1665? Peut-être, si l'on considère l'âge qu'aurait eu alors le voyageur, une vingtaine d'années seulement, vaut-il mieux croire qu'il est question en ce passage de son père ou d'un autre de ses parents.

² Peiresc n'avait donc qu'un seul secrétaire? On lui a souvent attribué un trop grand train de maison.

achevée à temps pour la pouvoir joindre à la presente, et sur ce, je finiray demeurant,

Monsieur,

vostre trez humble et obligé serviteur,
DE PEIRESC.

De Beaugentier, ce 15 febvrier 1632.

Je vous remercie et vous sçay fort bon gré des caresses et de la bonne assistance que vous avez faicte au sieur Janon qui ne se peult assez loüer de vostre bonne chere, non plus que Mr le consul Gussin des belles heures que vous avez envoyées à Mademoiselle sa femme [1].

XXVIII

À MONSIEUR, MONSIEUR BORRILLY,
SECRETAIRE ORDINAIRE DE LA CHAMBRE DU ROY,

À AIX.

Monsieur,

J'avois toujours oublié de vous dire que le sieur Peladan [2] m'avoit

---

[1] Fonds français, 15205, fol. 48. Autographe.

[2] Je dois à M. Georges Maurin qui a été pour moi un si excellent collaborateur dans le fascicule des *Correspondants de Peiresc*, consacré à Samuel Petit, la note suivante sur Peladan, d'autant plus précieuse que l'archéologue a été très négligé par les biographes nîmois et qu'il n'a pas même trouvé place, quoique collectionneur distingué, dans le *Dictionnaire des amateurs français du xviie siècle*, par Edmond Bonnaffé. «Isaac Peladan, fils de Virgile Peladan, négociant, appartenait à la religion réformée. La date de sa naissance est inconnue; on peut la placer approximativement aux alentours de l'année 1579, où, à cause de la peste, les registres de l'état civil protestant sont assez mal tenus. Isaac Peladan fut d'abord marchand, puis, en 1630, il s'associa avec l'architecte Guichard Baudan pour les travaux de la reconstruction de la cathédrale de Nîmes. Les registres du chapitre nous le montrent demandant à tout moment des acomptes. Il resta célibataire; par un codicille du 28 mai 1640, il lègue à ses neveux Antoine et Jacques Jaufret et, à leur défaut, à l'antiquaire le conseiller Gaillard Guiran, «toutes et chascunes les medailles d'or et d'argent antiques et modernes luy appartenant», au conseiller au présidial J. de Lagrange «tous les tableaux à huile qui sont dans la maison». Isaac Peladan mourut en 1648. Mes recherches dans les registres consistoriaux m'ont appris qu'il appartenait au parti modéré dans l'église de Nîmes.» A la suite

parlé de l'envie qu'il avoit d'un Aurelius d'or que vous aviez. Si ce vous

de la communication du savant académicien de Nîmes, je crois devoir reproduire une curieuse lettre de Peladan, écrite le 29 mars 1647, à J.-M. Suarez, évêque de Vaison, où l'on trouvera la mention de deux ouvrages manuscrits probablement perdus, un sur les antiquités de Nîmes, l'autre sur les fleurs :

« Monseigneur,

« Quant à vostre despart d'Avignon, il vous a pleu me donner advis d'offrir à M⁺ le cardinal François Barberin la dedicace de mon livre des antiquités de Nismes, bien qu'estranger, puisque Nismes est colonie Romaine, apres vostre reffus, que son Eminence refusa aussi pour estre offert par un huguenot, que si j'eusse esté catholique son Eminence l'eusse receu à tres-grand honneur. je fis à ce reffus diverses consideration : (pour?) les hommes de sçavoir la religion ne doibt pas (estre) d'empechement, par exemple, Rulman estoit huguenot, il dedia à M. le Cardinal Bain [c'est-à-dire Bagni], nonce du feu pape, le plan de ses œuvres meslées; Bartas aussi estoit huguenot, il dedia à M⁺ de Pibrac qui estoit chancellier du Roy Henri (roy de Pologne et de France), le Triomphe de la foy, et partie de sa Sepmaine, et pour n'aller pas si loing M⁺ Petit ne dedia il pas sa derniere œuvre à feu M⁺ de Peyresc, conseiller au Parlement d'Aix, et abbé? Cella ne luy debvoit pas faire reffuser cet offre, non plus l'aprehension de la despense, car mon intention estoit de luy faire promesse de ne luy demander rien et faire à perfection tous les fraits qui estoient necessaires, faire graver au burin sur le cuivre toutes les planches au nombre de huictante, faire imprimer le discours, et laisser à la discretion de Son Eminence ce peu qu'elle eust voulu me donner, d'autant que chaque ouvrier est digne de son salaire, comme dit l'Ecriture. Il me semble que c'est un offre assez avantageux. Mais, Monseigneur, voici ce que je desirois qu'il pleust à son Eminence me donner de mon livre des fleurs cent pistoles pour m'ayder à faire faire les planches, et les petits commancements, car pour les autres grands sujects j'ay vendu une petite maison que j'avoy dans Nismes deux cens pistoles. Si mon livre eust esté achevé lorsque feu M⁺ de Fiat [d'Effiat], intendant des finances, passa à Nismes, accompagnant le feu Roy, il m'en donnoit trois cens pistoles; les fermiers des Gabelles m'en ont offert deux cens pistoles, pour en faire present à la Royne mère, qu'elle ayme sur toutes choses, mais chaque chose a son temps, aujourd'huy cent pistoles me seront beaucoup plus favorables, et advantageux que lors trois cens, pour le grand besoing que j'ay d'argent, et le grand desir de mettre en lumière mon labeur. Si, Monseigneur, vous pouviez operer envers ce seigneur [le cardinal F. Barberini] de me donner cent pistoles du livre, je croiroy estre Roy des fortunes humaines, et vous seroy si obligé que jamais je n'oblieroy ce bienfaict; on m'a fait esperer de recouvrer Poldo [Jean Poldo de Albenas, *Discours historial de l'antique cité de Nîmes*, 1560, in-f⁰]. sur les antiquités, et si l'occasion m'obligeoit de vous aller voir le porterois, avec le livre de Gothino (?) que je vous ay donné de tout mon cœur pour me desobliger [c'est-à-dire être moins votre obligé] dauttant, ce qu'atandant.

« Je suis tousjours, Monseigneur, vostre tres humble et tres obligé serviteur,

« Peladan. »

« De Nismes, ce 24 May 1647. »

(Rome, *Bibl. Barberini*, X, 411-153.)

estoit chose indifferante je vous prieroys volontiers de me le faire voir à vostre commodité et me tenir tousjours,

Monsieur, pour

vostre trez humble serviteur,
DE PEIRESC.

A Beaugentier, ce 9 mars 1632[1].

XXIX

À MONSIEUR, MONSIEUR BORRILLY,
SECRETAIRE ORDINAIRE DE LA CHAMBRE DU ROY,
À AIX.

Monsieur,

Je me suis trouvé si pressé ces jours icy que je n'ay peu vous respondre à mon grand regret, ne vous remercier comme je faict bien humblement et affectueusement de voz deux belles medailles tant de Marc Aurele que du Prince d'Orange auxquelles j'ay bien prins du plaisir. Il fauldra trouver des moyens de revanche en attendant voz commandements. Et puisqu'il vous plait je ne refuseray pas la veüe d'une coupple de voz vieux registres où j'auray veu dans une heure tout ce que ce bon homme ne peult trouver depuis tant de temps. A quoy il ne fera que se morfondre inutilement à ce que je puis comprendre, et s'amusera à deschiffrer touts les actes l'un aprez l'aultre au lieu qu'il n'y a qu'une seule parole à voir en ceux qui peuvent servir des moys de septembre, octobre, janvier, mars, avril. Si la commodité se presente de voiture nous aurons incontinant vue de tout cela sans plus tourmenter ce pauvre homme à qui le temps est si cher, et je vous seray tousjours tant plus redevable comme,

Monsieur,

vostre trez humble et trez obligé serviteur,
DE PEIRESC.

A Beaugentier, ce 23 mars 1632[2].

---

[1] Fonds français, 15205, fol. 50. Autographe. — [2] Fonds français, 15205, fol. 52. Autographe.

XXX

À MONSIEUR, MONSIEUR BORRILLY,
SECRETAIRE ORDINAIRE DE LA CHAMBRE DU ROY,
À AIX.

Monsieur,

Je vous remercie de voz graines de mellon que nous essayerons encores pour l'amour de vous. Je vous remercie aussy de l'advis que vous m'avez donné du livre du sieur Advocat de Meaux[1], à qui j'escrips conformement à ce que vous avez trouvé bon. Il vaudra mieux qu'il reçoive ma lettre de vostre main que de toute aultre, puisqu'il s'estoit ouvert à vous de ses intentions. L'aultre livre de Boece contenu au mesme billet n'est pas grande chose qui vaille[2]; toutesfois s'il ne le tenoit pas en si grande estime il n'y auroit pas de danger de le prendre aussy en eschange. Le mal de mon bras m'a enfin laissé tout à faict, et sans que mes hemorroides m'ont un peu incommodé, maintenant j'estois tout à faict guery, sur quoy je vous baise les mains et demeure,

Monsieur,

vostre trez humble et trez obligé serviteur,

DE PEIRESC.

A Beaugentier, ce 20 avril 1632.

Vous n'avez rien faict qui vaille d'avoir laissé ouvrir vostre mommie; ce que je ne vous eusse jamais conseillé aprez avoir veu comme il m'en avoit mal prins à moy[3]. Je vous felicite vostre nouveau tableau et vous

---

[1] Il s'agit d'un livre non pas composé par le sieur Advocat de Meaux, mais bien possédé par lui et qu'il voulait céder à quelque amateur.

[2] Probablement ce n'était qu'un de ces petits traités que le philosophe Boèce composa en si grand nombre. Voir le *Manuel du libraire* (t. I, p. 1032-1040).

[3] Voici comment ce passage a été imprimé par F. de Saint-Vincens (p. 9, sous la date du 27 mai 1631) : «Si vous avés faict ouvrir vostre momie, je vous en blasme bien fort; vous sçaviez que je m'étois repenti de ce que j'avois laissé ouvrir une des miennes ces années passées.» Suivent ces développements que l'on chercherait en vain dans

remercie bien fort de voz offres. Je voudrois qu'il fust encores plus beau au centuple pour vostre contentement [1].

XXXI

À MONSIEUR, MONSIEUR BORRILLY,
SECRETAIRE ORDINAIRE DE LA CHAMBRE DU ROY,

À AIX.

Monsieur,

J'ay receu vostre lettre avec la balle de plomb dont je vous remercie ensemble de la continuation de voz bonnes graces que je tascheray de meriter au mieux qu'il me sera possible, vous remerciant des bonnes nouvelles qu'il vous a pleu me donner tant du bon accueil que vous a faict Mr l'Archevesque d'Aix [2] que des tesmoignages qu'il vous a donnez du souvenir de Monseigneur le Cardinal de Lyon, dont vous nous pourrez faire sçavoir le destail quand il vous plaira, quelque repugnance que vostre modestie y puisse apporter. Au reste, je vous felicite l'acquisition [3] de tant de florins d'or [4]. S'il y a de la difference entr'eulx, il s'y en pourroit rencontrer quelqu'un de curieux [5]. Au

---

le texte de Peiresc : «A present que nous sçavons à quoi nous en tenir sur l'interieur de ces sortes de corps embaulmés, nous n'ignorons pas que les chairs internes et externes n'y sont point conservées ni desséchées, mais enterrées, qu'il n'y reste que quelques ossements en dedans, avec de la poix ou de la terre noire propre à ces pays.» etc. Ici plus que partout ailleurs, F. de Saint-Vincens s'amuse à faire parler Peiresc et j'ajouterais, si le mot n'était pas trop familier, à faire poser le lecteur.

[1] Bibliothèque nationale, fonds français, 15205, fol. 54. De la main d'un secrétaire.

[2] C'était Louis de Bretel qui siégea de 1630 à 1645. Ce prélat est plusieurs fois mentionné dans les *Lettres de Peiresc aux frères Dupuy*.

F. de Saint-Vincens, qui a supprimé tout le commencement de cette lettre jusqu'au présent paragraphe, a cru devoir corriger comme vicieuse (p. 15) la locution employée par Peiresc et qui était alors très usitée, lui faisant écrire ceci : Je me felicite *de* l'acquisition.

[3] Addition de F. de Saint-Vincens : *que vous avés faite* (p. 15).

[4] Addition du même : *dont je m'accomoderai* (p. 16). Après ces mots on trouve une addition beaucoup plus considérable, sorte de variation sur un thème banal : «Voyés s'il vous plaist, à quel point de richesse et de

reste, Mr de Meaux de Marseille m'a faict responce et m'a envoyé les papiers qu'il avoit de la genealogie de Lascaris que je luy ay desjà rendus ayant prins grand plaisir de les voir, dont je vous ay de l'obligation aussy bien qu'à luy[1]. Je n'ay rien veu d'imprimé concernant la mort de Casault[2] que ce que Mr de Nostradamus en a escript[3] et Mr du Vair dans ses œuvres en la harangue funebre de Libertat[4]; sy je savois à peu prez à quel dessain Mr d'Ampus[5] desire d'en estre informé, je verrois sy dans mes memoires je pourrois rien rencontrer qui servisse à son dessein et serois infiniment ayse de luy rendre service[6]. Sur quoy je finiray aprez vous avoir dict que mon mal commance à prendre party, Dieu mercy, et que je suis et seray à jamais,

Monsieur,

vostre trez humble et obligé serviteur,
DE PEIRESC.

A Beaugentier, ce 2 may 1632[7].

gloire le commerce avoit amené Florence, et combien peu le commerce y nuysoit au progrès des arts, puisque c'est par là qu'ils ont, pour ainsi parler, commencé à se reproduire et à s'épandre dans le reste de l'Europe. Les plus belles monnoyes d'or sont fabriquées, » etc.

[1] F. de Saint-Vincens a supprimé la phrase relative à la généalogie de Lascaris.

[2] F. de Saint-Vincens a ajouté le prénom et a imprimé : *Charles de Casaux*. Tout le monde sait que ce consul de Marseille, ardent ligueur, voulait livrer cette ville à l'Espagne et qu'il fut assassiné par un Corse, Pierre de Bayon de Libertat, qui ouvrit ensuite les portes de la ville à l'armée royale (17 février 1596).

[3] Dans l'*Histoire et chronique de Provence* (1614, in-f°).

[4] On trouve cette harangue, toute remplie et animée d'un grand souffle patriotique, parmi les *actions et traités oratoires* qui occupent les cent premières pages de l'édition de 1619 des *OEuvres complètes de Guillaume du Vair* (Paris, Pierre Billaine, in-f°).

[5] C'était le marquis Henri de Castellane d'Ampus, qui avait épousé en 1613 Marie de Brancas-Villars, dame d'honneur de la reine de France.

[6] Phrase ainsi défigurée par F. de Saint-Vincens (p. 16) : «Ce n'est pas que je ne croie qu'il n'y eut bien des particularités à en dire que l'on apprendroit dans des mémoires manuscrits du temps, et si je savois à peu près à quel dessein M. d'Ampus desire en estre informé, je verrois», etc. Suit (p. 17) une addition d'une vingtaine de lignes sur deux gobelets antiques, sur un trépied, sur les registres prêtés par Borrilly et que Peiresc s'excuse de garder si longtemps.

[7] Fonds français, 15205, fol. 56. De la main d'un secrétaire.

XXXII

À MONSIEUR, MONSIEUR BORRILLY,
SECRETAIRE ORDINAIRE DE LA CHAMBRE DU ROY,

À AIX.

Monsieur,

Il y a longtemps que je suis en arrerages envers vous, mais j'ay usé en cela de la liberté que vous m'en avez donnée par vostre derniere lettre par laquelle vous me dispensiez de vous respondre, jugeant bien la difficulté que j'aurois de m'acquitter de mon debvoir envers mes amys à l'issue de ceste maladie qui m'avoit si longtemps empesché d'escripre, mais aprez avoir satisfaict aux compliments plus pressants si falloit-il tost ou tard revenir à nostre debvoir et vous remercier comme je faicts trez humblement de ce petit pot de bronze que vous m'envoyastes dernièrement qui n'est pas antique, mais il semble pouvoir servir à l'assortiment des aultres de pareille figure quoy que plus grosse que vous m'envoyastes l'année passée, mais je ne les ay pas encores peu retrouver pour m'en asseurer. Cependant sy ne fault il pas vous celler l'acquisition que j'ay faicte pendant ma maladie de deux gobeletz d'argent antiques qui s'emboittent l'un dans l'aultre, où il y a des petites moulleures et des lettres grecques qui marquent la mezure de leur contenance, chose que je n'avois jamais veüe en tous mes voyages et qui est des plus curieuses qui me fussent encores tombées en main aussy bien que le Treppier (sic) dont je suis aussy fier dans le goust que j'y trouve[1] comme quand vous avez recouvré quelque peinture d'excellente main, où vous trouvez plus de goust que vous ne feriez en cela, mais non pas plus que moy. Au reste je suis bien marry d'avoir tant gardé voz registres, mais je tombay malade deux

---

[1] F. de Saint-Vincens, qui a reproduit ce paragraphe, à partir du mot *cependant* (p. 17, lettre du 2 mai 1632), a imprimé : *dans le goût qui s'y trouve*. Il s'agit là du fameux trépied trouvé à Fréjus, dont Peiresc s'est occupé avec amour dans plusieurs de ses lettres et dans une dissertation spéciale.

jours aprez leur arrivée, et depuis ma maladie je n'ai pas quasi peu me recognoistre[1], n'y ayant pas plus de trois ou quatre jours que je suis bien quitte de fiebvre tant la nuict que le jour, encores avois je esté contraint de quitter le vin cez jours cy, dont je me suis tres bien trouvé, Dieu mercy, et espere vous pouvoir rendre encores d'assez bonnes preuves que je suis de tout mon coeur,

Monsieur,

vostre trez humble et trez obligé serviteur,
DE PEIRESC.

A Beaugentier, ce 3ᵉ juing 1632[2].

XXXIII

À MONSIEUR, MONSIEUR BORRILLY,
SECRETAIRE ORDINAIRE DE LA CHAMBRE DU ROY,
À AIX.

Monsieur,

J'ay receu vostre lettre d'hier par le laquay de mon frere en responce d'une des miennes dernieres, ensemble les deux plomps que vous y aviez joincts dont je vous remercie trez affectueusement, ayant esté bien ayse que l'imposition du nom de cette vieille espée se soit trouvée tout à vostre goust[3] et à celui de Monsieur le marquis de Canillac. Ostez vous de l'esprit qu'il ait jamais esté faict des figures antiques de pierre foudre, non plus que des collonnes[4], et crois que si les deux

---

[1] Phrase ainsi modifiée par F. de Saint-Vincens (p. 17) : « Mais ma santé a été si mauvaise depuis quelque temps, et l'est tellement que je ne suis pas encore quitte de fièvre », etc.

[2] Fonds français, 15205, fol. 58. Original. De la main d'un secrétaire.

[3] F. de Saint-Vincens fait commencer ainsi cette lettre (p. 17): « Je suis bien aise que le nom de cette vielle épée dont vous me parliés se soit trouvé tout à votre goût. » Le nom imposé par Peiresc à cette épée était, comme nous l'avons vu, celui d'épée de Raymond de Turenne.

[4] Borrilly se montre parfois un antiquaire bien crédule et l'on voit avec quelle autorité Peiresc redresse les fausses appréciations de son confrère.

figures dont on vous a parlé ont esté payées 400 escus comme on vous a voulu dire, il ne faudra pas crier au larron apres ce marchand[1] là qui pourroit bien n'en estre pas trop bon marchand pour les considerations que je vous ay touchées si devant, lesquelles diminuent grandement le prix de telles figures à comparaison des aultres qui viennent de meilleure main et d'aultres endroits moins esloignés de nostre commerce et plus susceptibles de noz interpretations[2]. Il se faudra contenter d'en avoir un griffonnement s'il est loisible d'y pretendre. Au reste je vous felicite les habitudes[3] que vous commancez de prendre avec Monsieur l'evesque de Grenoble que j'ay eu l'honneur de cognoistre de fort longue main[4] et de recognoistre qu'il est fort curieux principallement des plantes des jardinages[5], aussi bien que d'avoir de cabinets bien enrichis, mais je ne sçay pas encores si sa curiosité passe plus avant et jusques aux antiquailles et aultres singularitez de la nature et de l'art. J'ay eu de ses lettres ces jours passez où il me donne barres sur le subject des fruits de son verger, mais j'espere pourtant bien d'avoir encore quelque chose de son goust à y joindre. La piece

---

[1] Variante de F. de Saint-Vincens (p. 18) : « Après l'acheteur. »

[2] F. de Saint-Vincens a supprimé, dans cette phrase, les trois lignes comprises entre les mots *comparaison* et *plus susceptibles*.

[3] Variante du premier éditeur : *des habitudes*.

[4] Pierre Scarron siégeait depuis l'année 1621. On a eu le tort de prolonger son épiscopat jusqu'en l'année 1670. Les auteurs du *Gallia Christiana*, qui n'ont pas connu la date précise du décès de Scarron, proposent celle du 8 février 1668 : *obiit, ut ferunt, 8 februarii 1668* (t. XVI, col. 256). Nic. Chorier fait mourir le prélat un an plus tôt, en mars 1667. On mentionne dans le beau *Catalogue de la bibliothèque du baron James de Rothschild* (t. I, p. 196. art. 358) une *oraison funèbre de messire Pierre Scarron, evesque et prince de Grenoble, prononcée dans l'église cathédrale de Notre-Dame de Grenoble le 18 février 1668, par le R. P. Nicolas de Dijon, capucin* (Grenoble, 1668, in-4°). Le savant rédacteur du *Catalogue* croit que la date indiquée par Chorier doit être la bonne, car l'évêque de Grenoble, ajoute-t-il, était déjà enterré depuis longtemps quand son oraison funèbre fut prononcée.

[5] Je publierai, dans les lettres de Peiresc à divers, une de ses lettres à *Monsieur l'evesque et prince de Grenoble, conseiller du Roy en ses conseils d'Estat*, du 2 février 1633, pour le remercier de lui avoir envoyé des chartes et des plantes, deux des choses que le correspondant du prélat aimait le mieux au monde.

que vous dictes avoir esté donnée à Monsieur le Mareschal[1] sera vraysemblablement quelque piece de plaisir comme les gets plus tost que de monnoye publique ainsi que je m'asseure que vous l'aurez bien tost recogneu si vous la voyez. Je pensois vous avoir accusé la reception et par mesme moyen vous en avoir rendu les bien humbles remerciements que je vous debvois de ce beau papier de Florence qu'il vous a pleu me despartir, encores ne sçay je si ne s'est point perdu quelque lettre mienne à vous aussi bien qu'une de celles que j'escrivois à mon frere que celluy qui s'en estoit chargé a, je m'asseure, laissé tomber par le chemin d'icy à Aix. Mais il n'y aura pas grand perte pourveu que vous en acceptiez mes excuses comme je vous en prie et de me commander librement comme,

Monsieur,

vostre trez humbie et obligé serviteur,
DE PEIRESC.

A Beaugentier, ce 15 juin 1632[2].

XXXIV

À MONSIEUR, MONSIEUR BORRILLY,
SECRETAIRE ORDINAIRE DE LA CHAMBRE DU ROY,
À AIX.

Monsieur,

J'ay receu voz deux despesches du 18e et 20e de ce mois, ensemble un vaze de marbre gris et noir, mais non pas le couvercle que j'y pensois trouver eu esgard à ce que vous m'en escripviez, y ayant seulement un caillou capable de servir de bouchon plus tost que de couvercle qui n'est pas de mesme matiere comme vous avez creu, car c'est de marbre

---

[1] Le maréchal de Vitry, gouverneur de Provence, dont il est si souvent question dans la correspondance de Peiresc avec les frères Dupuy et dont il sera si souvent question aussi dans la correspondance de Peiresc avec Palamède de Fabri, sieur de Valavez.

[2] Fonds français, 15205, fol. 60. De la main d'un secrétaire.

vert et noir qui ne monstre pas d'avoir guieres plus de façon que la simple rondeur que la nature luy a donnée dans le cours des rivieres ou torrentz où il peut avoir esté traisné longtemps[1]. Mais je ne vous en ay pas moins d'obligation de la bonne volonté que sy le vase estoit accomply et assorty de son vray couvercle[2], attendant de le vous renvoyer au premier jour, Dieu aydant, avec les remerciements que je doibs. Je ne verray point M⁽ʳ⁾ Peyssonel[3] que ne luy face les reproches de son indeube jactance de liberalité puisqu'elle estoit si venale. Il me dict en mesme temps qu'il avoit donné à M⁽ʳ⁾ de Bandolle et au filz de M⁽ʳ⁾ le conseiller Ollivier[4] le choix de toutes ses medailles, ce qui me faict croire que ç'aura esté comme à vous en bien payant. Pour le moins vous debvoit il dire combien de temps il l'avoit gardé à peu prez et s'il ne sçavoit point en quel lieu il avoit esté trouvé ou de quel païs il estoit venu et s'il n'avoit point esté apporté de Levant. Je pensois vous avoir veu[5] de certains petits escuellons de jaspe ou d'agathe dont j'ay veu aultrefois grande quantité en plusieurs cabinetz qui ne sont pas de plus grande contenance que de deux ou trois plaines cuilliers d'eau, dont je ne sçavois pas lors l'usage auquel cela pouvoit avoir servy et pensois que la pluspart n'eussent esté faictz que pour servir de couppes à des sallieres tant je les voyois petitz, mais à ceste heure, sy

[1] Cette fin de phrase a été supprimée par F. de Saint-Vincens (p. 19) et remplacée par une autre phrase que nous retrouvons un peu plus loin, dans la dernière lettre à Borrilly (du 12 août 1632).

[2] Variante (*ibid.*) : «Je ne vous en suis pas moins reconnoissant, ainsi que cette petite pierre à broyer.» etc.

[3] Quelque membre de la famille provençale qui a produit tant d'hommes distingués, notamment l'archéologue Charles de Peyssonnel, membre de l'Académie des inscriptions, mort en 1757, et son frère, Jean-André, le célèbre voyageur, membre de l'Académie des sciences, mort en 1759. Le *Peyssonel* ici nommé fut un des correspondants de Peiresc. Voir une lettre de lui à ce dernier dans le manuscrit 9542 du fonds français. F. de Saint-Vincens a supprimé le passage relatif à Peyssonei.

[4] Sur le conseiller Jean-Pierre d'Olivier ou d'Olivari et sur sa famille, voir divers passages du recueil des *Lettres de Peiresc aux frères Dupuy*, notamment t. I, p. 71, 77, 78, etc.

[5] *Sic.* Mot mis par inadvertance pour *parlé, entretenu.* La faute a été respectueusement reproduite par F. de Saint-Vincens (p. 19).

j'en rencontrois qui fussent antiques, possible[1] y trouverois je de quoy fonder quelque jollie observation. Sy vous avez mesmes des cuilliers qui tiennent quelque chose de la façon des anciens soit qu'ils soient de marbre ou de jaspe ou de christal ou de verre[2], je prendray plaisir d'en examiner la contenance, et sy les volleurs ne les vous ont retenuz, il me semble vous en avoir veu deux ou trois de pierre verte comme de la presme d'esmeraude[3] que je verrois[4] volontiers s'il ne vous estoit incommode[5] sauf de les vous renvoyer avec vostre vase, vous priant d'excuser l'importunité de mes libertez[6]. Je vous remercie trez humblement du soing que vous avez eu de mener l'homme que je vous avois recommandé à son commerce [en abrégé] et vous serviray en revanche quand je le pourray. Le P. Theophile[7] m'a envoyé un dessein de la figure de bronze dont on vous a parlé, laquelle est de si goffe[8] main qu'elle ne touchera pas, je m'asseure, vostre curiosité quelque extravagance qu'il y aye en certaines lettres grecques qui y sont gravées en divers endroictz. Je vous remercie encores des honnestes offres de vostre cycle, mais je crains bien que ce soit chose moderne, puisque vous dictes qu'il y a des flammes sur le calice et que l'escripture est en lettres hebraïques ordinaires, car les vrays cycles sont en lettres samaritaines. Je n'ay point sceu deviner[9] en lisant la lettre que vous escript Bontemps

---

[1] Le mot *possible* a été négligé dans la version de F. de Saint-Vincens.

[2] F. de Saint-Vincens ajoute : *ou de cuivre* (p. 70).

[3] F. de Saint-Vincens a imprimé : *de la prisme d'emeraude*. Voir sur l'expression *presme d'emeraude* une note du tome II des *Lettres de Peiresc aux frères Dupuy*, p. 304.

[4] Variante du premier éditeur : que je *reverrois*.

[5] Ces cinq mots ne se trouvent pas dans le texte *arrangé* par F. de Saint-Vincens.

[6] Même observation pour ces derniers mots. La phrase suivante a été également supprimée par F. de Saint-Vincens

jusqu'aux mots : *je vous remercie encore*.

[7] Il s'agit là du père Théophile Minuti si souvent mentionné dans les lettres de Peiresc et dans celles de ses correspondants.

[8] Grossière. Cette expression figure souvent dans les trois tomes des *Lettres de Peiresc aux frères Dupuy*.

[9] Cette phrase n'a pas été admise dans le recueil de F. de Saint-Vincens : elle y est remplacée (p. 21) par une phrase sur les vases qu'avait «feu M. Templery» et sur «un certain petit vase d'argent» que M. de Saint-Jean avait donné à Borrilly. On retrouvera en tête de la lettre suivante le texte estropié par F. de Saint-Vincens.

de quelle pierre il vous veult parler et m'imagine que ce soit quelque morceau de pierre isade; vous en pouvez mieux juger que nous; tant est que je sçay fort bon gré à ce bon cocher de s'estre ainsy souvenu de vous; faictes luy mes recommandations quant vous luy escriprez et me commandez tousjours librement,

Monsieur, comme

vostre trez humble et trez obligé serviteur,
DE PEIRESC.

A Beaugentier, ce 26 juin 1632[1].

XXXV

À MONSIEUR, MONSIEUR BORRILLY,
SECRETAIRE ORDINAIRE DE LA CHAMBRE DU ROY.
À AIX.

Monsieur,

Depuis vous avoir escript m'estant souvenu des vases de feu Monsieur Templery, dont je voudrois bien avoir examiné et comparé la contenance avec les miens, je me suis dispensé de prier M^r le Recepveur son filz d'aggréer qu'on me les puisse apporter icy à la charge que je les luy renvoyeray par voye bien asseurée comme j'espere de le faire sans qu'ilz reçoivent aulcun dommage par ce transport, mais je n'ay pas voulu que ma lettre luy fusse rendüe sans que M^r le Prieur de Roumoules[2] praigne vostre advis au préalable sur ce subject, car si vous estimez que ce fusse chose qu'il n'eusse pas agreable, j'aymerois beaucoup mieux me passer du contentement que j'en attendz; c'est pourquoy je vous prie de voir la lettre que je luy en escriptz et de dire librement au dict sieur Prieur de Roumoules sy vous estimez que la chose soit faisable ou non avec son bon gré et non aultrement. En un

[1] Fonds français, 15205. fol. 62. De la main d'un secrétaire. — [2] Denis Guillemin, dont le nom est plusieurs fois mentionné dans les *Lettres de Peiresc aux frères Dupuy*.

besoing sy vous trouviez bon de le pressentir à l'advance le dict sieur Prieur de Roumoules luy pourroit rendre par aprez plus librement ma lettre selon la disposition que vous y auriez trouvée[1]. Vous m'avez aultresfois monstré un certain petit vase d'argent que Monsieur de St Jehan vous avoit donné, lequel je reverrois encores volontiers[2] en ceste occurence, et je vous asseure qu'il vous sera fort fidellement renvoyé et restitué avec l'aultre petit vase de marbre que j'ay desja receu de vostre part et avec les aultres petitz escuellons et cuilliers de jaspe ou aultre pierre precieuse ou d'ivoire ou de vieux cuivre que vous y pourrez joindre, estant marry de vous donner toute ceste incommodité, mais Dieu me fera s'il luy plaist la grace de m'en pouvoir revancher quelque jour et de vous pouvoir servir comme,

Monsieur,

vostre trez humble et trez obligé serviteur,

DE PEIRESC.

À Beaugentier, ce 27 juin 1632[3].

XXXVI

À MONSIEUR, MONSIEUR BORRILLY,
SECRETAIRE ORDINAIRE DE LA CHAMBRE DU ROY,
À AIX.

Monsieur,

Vous recepvrez ceste lettre par un des gentilzhommes de la maison du cardinal Barberin, chanoine de Bezançon, nommé le sieur Menestrier[1], l'un de mes meilleurs et plus anciens amis, lequel estoit venu

---

[1] Tout ce long paragraphe a été ainsi inexactement résumé par F. de Saint-Vincens (p. 21): «Je voudrois que vous le demandiez à son fils pour moi.»

[2] Tout ce qui suit a été laissé de côté par F. de Saint-Vincens.

[3] Fonds français, 15205, fol. 64. De la main d'un secrétaire.

[1] Sur Claude Ménestrier, voir le tome II des *Lettres de Peiresc aux frères Dupuy*, p. 309.

sur les galleres du pape et m'a faict l'honneur de demeurer icy avec moy trois sepmaines ou un mois durant lequel temps j'ay prins un grand plaisir à l'honneur de son entretien à cause de la grande cognoissance qu'il a de toutes sortes de bonnes curiositez et surtout de tout ce qu'il y a de meilleur en l'antiquité, ne cognoissant aujourd'huy personne vivante qu'en aye plus de notice que luy. Je vous supplie de luy faire la plus favorable reception que vous pourrez pour l'amour de son merite et pour l'amour de moy, car vous m'obligerez beaucoup plus en sa personne si vous en trouvez des moyens que vous ne scauriez faire en la mienne propre et je tascheray de vous rendre toute la revanche qu'il vous plaira d'en tirer de moy et de vous tesmoigner en tout et partout que je suis et seray à jamais inviolablement.

Monsieur,

vostre trez humble et trez obligé serviteur,

DE PEIRESC.

De Boisgentier, ce 3e aoust 1632[1].

XXXVII

À MONSIEUR, MONSIEUR BORRILLY,
SECRETAIRE ORDINAIRE DE LA CHAMBRE DU ROY.

À AIX.

Monsieur,

J'ay receu vostre lettre et ay esté bien ayse d'apprendre l'acquisition que vous venez de faire de ceste teste coiffée d'une si longue creste comme vous dictes, que je ne scaurois concepvoir sans la voir, mais je me doubte bien que vous voulez que je l'aille voir sur les lieux en vous reportant voz cuilliers et voz vases qui m'ont bien donné de l'entretien agreable dans ma solitude, ce qui augmente de tant plus mon obligation en vostre endroict de n'avoir pas voulu attendre que je les

[1] Fonds français, 15205, fol. 66. De la main d'un secrétaire.

aille voir chez vous¹. Mais je vous conseille bien de faire retirer et sauver tout ce que pourrez des os de ce serpant ou aultre animal quel que il puisse estre dont il faudra examiner la figure en son temps si Dieu nous faict la grace d'en avoir la veue. Mais si c'est chose qui ne soit pas tant dans vostre curiosité, je vous prie de croire qu'elle est grandement de la mienne et que je ne seray pas bien en repos que je n'aye veu ceste creste si extraordinaire comme vous dictes, sur quoy je demeure,

Monsieur,

vostre trez humble et trez obligé serviteur,
DE PEIRESC.

A Boisgencher, ce 8 aoust 1632².

XXXVIII

À MONSIEUR, MONSIEUR BORRILLY,
SECRETAIRE ORDINAIRE DE LA CHAMBRE DU ROY,

A AIX.

Monsieur,

Je viens de recevoir la vostre du xie avec la boitte, ne pouvant vous rendre d'assez dignes remerciementz en premier lieu du bon accueil que vous avez faict à Monsieur Menestrier avec de si honnestes offres que je vous en demeureray à jamais redevable³, comme aussy de ce squelette que vous m'avez envoyé, lequel merite bien d'estre examiné de plus prez et comparé aux aultres os s'il s'en peut trouver pour juger de quel animal ce peut estre, car pour un serpent il y a fort peu d'ap-

---

[1] A la place de cette dernière phrase, F. de Saint-Vincens a imprimé ceci (p. 21): «J'en ai bien saisi les mesures exactes et en ai remarqué qui doivent ne se rapporter qu'à des mesures dénommées par les Romains, etc».

[2] Fonds fr., 15205, fol. 68. Autographe.

[3] F. de Saint-Vincens, après avoir supprimé tout le commencement de la lettre, reproduit assez exactement (p. 19, sous la date du 26 juin 1632) ce qui suit jusqu'au mot *comparaison*.

parence, les dents ne se pouvant nullement accorder[1], ce qui me faict craindre que ce ne soit quelque race de l'oultre[2] ou d'herisson, ce qui me rendra plus curieux dezormais d'en rechercher quelque teste pour en faire la comparaison. Monsieur Menestrier vous a dict vray que la pierre noire estoit un poidz antique qui avoit esté faict pour le poidz d'une livre[3], mais elle se trouve un peu courte pour la comparer à sa juste proportion, ce qui peut estre advenu par le trop long usage qui en a diminué comme des testons qui sont trop uzez et lissez et par consequent trop courtz, mais je ne vous en demeure pas pour tant moins redevable ensemble de l'autre petite pierre à broyer et de tous les aultres excez d'honnesteté dont vous comblez tous mes amis aussy bien que moy et dont nous rendrons un jour la revanche si Dieu nous faict la grace de le pouvoir comme je n'en desespere pas et de vous tesmoigner tost ou tard à bonnes enseignes que je suis tout à vous sans aulcune reserve et que vous pouvez disposer de moy et par consequent de tout ce qui en peut dependre comme,

Monsieur, de

vostre trez humble et trez obligé serviteur,

DE PEIRESC.

A Beaugentier, ce XII aoust 1632[4].

---

[1] Mon devancier a mis sous ce passage la note que voici : «Ceci prouve que Peiresc avoit déjà conçu qu'il falloit surtout s'attacher aux dents, comme le caractère le plus certain pour connoître les animaux.»

[2] C'est-à-dire *loutre*.

[3] Dans la version de F. de Saint-Vincens (p. 19), le nom de Menestrier a disparu et la *pierre noire* a été métamorphosée en un *vase de marbre gris et noir*. Il est vrai que la pierre reparaît un peu plus loin et que la méprise ne se continue pas.

[4] Fonds français, 15205, fol. 70. Autographe.

APPENDICE.

LETTRE DE PEIRESC À BORRILLY.

Monsieur,

J'ay receu la lettre que m'avez escripte pour accompagner celle que vous escripvit Mʳ de Mauvans que je seray bien ayse de servir en tout ce que je pourray quand il luy plairra de m'employer, et pour venir à ce qu'il desire du temps precis que la Royne Jeanne espousa Jacques infant de Maiorque, tous les escripvains sont d'accord que ce fut en l'année 1363. Mais pour y regarder de plus prez aulcuns ont remarqué que le Roy Louys de Tarante, son second mary, deceda le 26 may 1362[1], qu'en mesme temps ledict Jacques de Maiorque se saulva des prisons de Barcelone où le Roy d'Aragon le retenoit, et l'alla voir elle à Naples, où il fut trez bien receu d'elle, et n'attendit pour l'espouser si ce n'est que l'an de viduité du Roy Louys fusse expiré, de sorte qu'il fault que les nopces se soient faictes dans la fin du mois de may ou au commancement de juin de ladicte année 1363[2]. Qu'il ayt esté jamais en Provence les autheurs n'en ont pas faict de mention et ne se tint guieres prez d'elle d'aultant qu'elle ne le voulut pas laisser couronner Roy, ni regner, ains seulement luy donna la qualité de duc de Calabre, dont il se picqua, et s'en alla retrouver son père en Hespagne, d'où il envoya une cinquantaine de volumes de beaux livres à la dicte Royne Jeanne, lesquelz furent debtenus quelque temps à Aix dans les Archives[3]. Il mourut l'an 1368 ayant été faict prisonnier au chasteau de Burgos le mois d'octobre precedent.

---

[1] D'après l'*Art de vérifier les dates* (*Chronologie historique des rois de Naples*, édition de 1819, t. XVIII, in-8°), Louis de Tarente serait mort un jour plus tôt, le 25 mai 1362.

[2] Les auteurs de l'*Art de vérifier les dates* n'indiquent point le jour précis des troisièmes noces de la veuve d'André de Hongrie et de Louis de Tarente et se contentent de dire (p. 336) : «Le mariage, conclu le 14 décembre 1362, se fit l'an 1363, environ un an après la mort de Louis de Tarente.» C'est donner raison à Peiresc mettant le mariage à la fin de mai ou au commencement de juin.

[3] Je suppose que pour un bibliophile tel que Peiresc cet envoi à Aix de cinquante beaux volumes fut un des plus mémorables événements du règne de Jacques d'Aragon.

Quant à ce Nicolas, seneschal de Provence, je me doubte que M⁽ʳ⁾ de Maulvans ayt prins quelque equivoque en la datte. Car elle ne peut pas estre de l'an 1425, attendu que Pierre d'Acigné fut seneschal de Provence depuis l'an 1404 jusques en l'an 1427 vers Pasques auquel temps à peu prez il deceda. Et luy fut subrogé Pierre de Bellavalle.

Bien y a-t-il un seneschal de Provence nommé Nicolas Spinelli de Naples ou Nicolas de Neapoli qui estoit grand chancellier de Sicile et seneschal de l'an 1370 jusques en 1376. A qui succeda Foulques d'Agoul l'an 1377, comme ce Nicolas Spinelly avoit succédé à Raymond d'Agoul en la mesme charge[1]. Si M⁽ʳ⁾ de Maulvans nous faisoit voir les chartres dont il se veut servir, possible luy pourrions nous donner d'autres meilleurs advis selon le dessein qu'il peult avoir de s'en servir. Il ne tiendra qu'à luy. Vous l'en pouvez asseurer de ma part et me tenir vous mesmes,

Monsieur,

pour vostre, etc.

A Beaugentier, ce 17 janvier 1631[2].

---

[1] On voit combien Peiresc possédait de précis renseignements sur les sénéchaux de Provence. N'oublions pas qu'il avait étudié avec prédilection l'histoire de son pays natal et qu'il avait eu l'intention d'écrire cette histoire d'après les documents les plus authentiques réunis en si grand nombre dans sa bibliothèque.

[2] Bibliothèque d'Inguimbert, à Carpentras. Collection Peiresc, reg. XLI, t. II, fol. 74. Copie.

LETTRES DE PEIRESC

À J.-J. BOUCHARD.

I

À MONSIEUR, MONSIEUR DE FONTENAY,
À TOLLON.

Monsieur,

J'oubliay hier en escrivant à Mʳ de Bonnaire, de le faire souvenir d'une petite priere que je luy avois cy devant faicte en faveur de Mʳ le prieur du Barroux[1], pour raison de quoy je luy ay escript encor au mot, que je vous supplie joindre aux autres lettres dont il vous a pleu vous charger[2]. J'oubliay encores de vous dire que si par hazard lorsque vous aborderez en Italie, vous appreniez qu'il y eusse de la maladie dans Rome (ce que Dieu ne veuille) ou que pour quelque autre subject vous voulussiez vous en retourner sans voir cez messieurs, il n'y auroit pas de danger de leur envoyer leurs lettres à touts, soubz une enveloppe à Monseigneur l'eminentissime cardinal Barberin, de qui les secretaires les feroient tenir, à cause que comme vous vistes, je leur parlois de leurs affaires quasi à touts, oultre ce que j'estois obligé de leur dire de vostre persone. Toutefoys je laisse le tout à vostre pru-

---

[1] Le prieuré du Barroux était situé dans la commune actuelle de ce nom (département de Vaucluse, arrondissement d'Orange, canton de Malaucène).

[2] D'après le registre de la correspondance de Peiresc (Bibliothèque nationale, nouvelles acquisitions françaises, n° 5169), le 15 novembre 1630, furent envoyées de Belgentier à Rome, par l'intermédiaire de «M. de Fontenay Bouchard», des lettres au cardinal Barberin, au cardinal Bentivoglio, à Suarez, Holstenius, J. B. Doni, l'abbé de la Berchère, Menestrier, de Bonnaire, etc. Voir le récit de Bouchard dans le *Voyage de Paris à Rome*, à la suite des *Confessions*, p. 128.

dence, et vous supplie me vouloir conserver en l'honneur de voz bonnes graces, demeurant,

Monsieur,

vostre trez humble et trez obligé serviteur,

DE PEIRESC.

Tournez, je vous prie, cette feuille.

Si vous passez à Florence[1] je crois bien que vous ne vouldrez pas manquer de voir *le s*[r] *Galileo*[2] et quand mesmes les soupçons de la maladie de la Toscane vous empescheroient de le voir, vous vouldrez vous enquerir, je m'asseure, *de l'estat de la santé de ce personage et des œuvres* qu'il avoit en main, dont je vous supplie trez humblement de me vouloir faire entendre ce que vous en aurez appris, et *particulierement concernant le livre du flux et reflux de la mer* où il avoit grandement travaillé, et qu'on disoit devoir estre imprimé à Pasques dernieres[3]. Que si cela avoit esté faict, et qu'il s'en peusse recouvrer une coupple d'exemplaires, vous nous obligeriez infiniment de nous ayder à les recouvrer en blanc, plustost que reliez, et les baillant à Mr de Bonnaire il r'embourceroit le prix, et trouveroit commodité de nous les faire tenir seurement par amys, ou par les barques des Martigues ou de Marseille, soubs les adresses de Mr de Gastines à Marseille, et

---

[1] Bouchard alla directement de Toulon à Civita-Vecchia et à Rome. Parti de Toulon le 3 décembre, il resta treize jours sur mer, fit quarante-huit jours de quarantaine à Civita-Vecchia et n'entra dans Rome que le 3 février 1631.

[2] Si Bouchard ne vit pas Galilée en 1630, il le vit trois ans plus tard, comme nous l'apprend une lettre très curieuse qu'il écrivit « à Messieurs Dupuy » le 18 juin 1633 et que j'ai eu le plaisir de publier, d'après une copie de la bibliothèque d'Aix en Provence, dans le fascicule III des *Correspondants de Peiresc*, p. 55-59. On y trouve ce remarquable éloge de Galilée : « C'est le vieillard le plus sage, le plus éloquent et le plus venerable que j'aye jamais veu, et qui a eu sa façon et en ses termes je ne sçay quoy de ces philosophes anciens. »

[3] Bouchard parle des *Dialoghi del flusso e reflusso* dans la lettre (p. 58) que je viens de citer. Voir sur cet ouvrage, dont le véritable titre est celui-ci : *Dialogo sopra i duo sistemi del mondo* (Florence, 1632, in-4°), divers passages des *Lettres de Peiresc aux frères Dupuy*, notamment t. I, p. 586, 596, 662; t. II, p. 284, 289, 375, 386, etc.

de Mr Chaudi au Martigues, et du cappitaine Amiel, à Toullon, ou bien de Mr Chabert[1]. Et pour simples lettres, quand il vous plairroit m'honorer de voz commandements, le dict sieur de Bonnaire vous deschargera la peine de nous les faire tenir, si ce n'est que vous aymiez mieux les adresser *All' Mre Stefano Mercante general delle poste* à Gênes, qui est honneste homme de mes amys, lequel les recevra volontiers, et me les fera tenir par les ordinaires d'Avignon ou par la voye de la mer et adresses de Tollon. Excusez moy de tant d'importunité, et imputez la à vos trop honnestes semonces reiterées[2].

Monsieur de Fontenay Bouchard se souviendra, s'il luy plaict, estant à Rome, de rechercher dans la Bibliothèque vaticane et autres; s'il y a de bien vieux mss. du *Code de l'empereur Justinien*, qui soient de bonne marque, et où les gloses ne soient pas, ou pour le moings si amples comme elles sont d'ordinaire.

S'il y a quelque bon exemplaire du *Code Théodosian*, qui fusse bien complect et de bonne marque.

De voir en la *Bibliothèque* de Mgr l'eminentissime cardinal Barberin un exemplaire des *Pandectes mss.*, qu'on dict estre fort ancien, lequel feu Mr Hieronymo Aleandro luy fit vendre, et sçavoir dire s'il est du tout sans gloses, ou s'il y en a seulement quelqu'une et de verifier sur iceluy à son loisir, comment se trouve couché par escript le §[3] *Neratius*[4] *3 de la loy 3* au titre *de Acquirend. vel amittend. possess.* attendu les

---

[1] Bouchard raconte (*Voyage de Paris à Rome*, p. 118) que le prieur de la Vallette et le chanoine de Bargemont lui avaient donné des lettres « adressantes à un juge de Tolou, nommé Chabert, qui le mèneroit à M. de Peiresc [à Belgentier] ». Il ajoute (p. 125) qu'il reçut de ce juge « toutes les courtoisies imaginables, l'ayant mesme fait souper et coucher chez luy ».

[2] Bibliothèque de l'École de médecine de Montpellier, vol. H 271, fol. 205. Autographe. Le mémorandum qui suit cette lettre, et qui est également autographe, occupe le feuillet 206. Ni lettre, ni mémorandum ne sont datés. On a inscrit au dos de la lettre par erreur : décembre 1636. La lettre écrite par Peiresc à l'hôte qui venait de le quitter et qui attendait à Toulon l'heure de son embarquement doit être de la seconde quinzaine de novembre 1630.

[3] Ici un signe qui veut dire : le paragraphe.

[4] Neratius Priscus, qui a eu l'honneur d'être cité dans les livres des *Pandectes*, vivait sous Trajan. Aulu-Gelle fait mention de ce jurisconsulte (l. IV, c. IV). On a sur lui deux monographies allemandes, l'une

difficultez qu'il y a sur le texte des Pandectes florentines en cet endroict là. Que s'il y a quelque vice de clerc ou manquement de l'escrivain, je désirerois d'en voir la copie de tout le paragraphe *prout jacet*[1] en l'original, sans rien corriger, afin de laisser plus de liberté aux conjectures qui peuvent se faire pour la correction. M{^r} Suarez[2] le vous fera voir volontiers, je m'asseure, pour l'amour de son serviteur et le vostre.

De Peiresc.

II

À MONSIEUR, MONSIEUR DE FONTENAY BOUCHARD,
À ROME[3].

Monsieur,

J'ay receu vostre lettre qu'il vous a pleu m'escrire de Rome en datte du 12 de febvrier[4], mais non aulcune des precedantes que vous accusez et vous asseure que j'ay esté infiniment aise d'apprendre par ce que vous m'en escrivez, aussy bien que par les lettres de M{^r} Holstenius, et de M{^gr} le cardinal mesmes[5], le favorable accueil qu'il vous a faict, selon qu'il estoit deub à vostre merite et à vostre rare sçavoir, dont je vous felicite de tout mon cœur, et me tardera fort d'entendre que suyvant les honnestes offres de mondict seigneur le cardinal vous ayez esté aussy bien receu dans la Bibliothèque vaticane et dans la sienne propre, comme il se pouvoit esperer du bon ordre que Son Eminence

---

de 1756 (Iéna), l'autre de 1788 (Leipzig), citées dans la *Nouvelle biographie générale*.

[1] Tel qu'il est couché.

[2] On sait que le futur évêque de Vaison était alors bibliothécaire du cardinal Fr. Barberini.

[3] On apprendra son logis chez M{^r} de Bonnaire. [Sur l'enveloppe.]

[4] Cette lettre ne nous a pas été conservée.

La première de celles que j'ai pu recueillir est du 18 février 1633 (fascicule III des *Correspondants de Peiresc*, p. 9-11). Que de lettres perdues de février 1631 à février 1633! Bouchard dut, pendant les deux premières années de son séjour à Rome, écrire plus de vingt fois à son protecteur, sinon par reconnaissance, du moins par intérêt.

[5] Francesco Barberini.

y avoit mis, à qui je n'ay pas manqué d'en rendre promptement les remercimentz que je doibs, puisque vous avez voulu que j'y participe, encore que vostre seule vertu[1] fusse plus que bastante pour vous faire obtenir tout ce que vous pouviez souhaicter. Je me suis grandement resjouy aussy de voir que vous ayez trouvé M⁺ Holstein et le R. P. Dom du Puy si favorables comme vous dictes, et si portez à vous assister de leurs bons advis et services et de vous communiquer leurs estudes et plus nobles occupations, ne doubtant pas que vous ne trouviez pareille disposition en toutz autres galantz hommes et qu'ils ne se tiennent toutz bien honorez de vostre bienveillance.

J'ay eu grand regret de voir le retardement du voyage de M⁺ Holstein en Levant[2], et que cependant il ayt perdu l'occasion de s'entretenir sur les mss. Platoniques qui luy estoient destinez, lesquels j'eusse trez volontiers envoyez dez lors que vous allastes embarquer[3], comme je les envoye maintenant sur la galere qui porte Mᵍʳ le cardinal de Bagni. Mais je pensois mieux faire, et ne le pouvois lors honnestement pour ne contrevenir aux ordres que j'en avois de la part mesmes dudict sʳ Holstein. Oultre qu'à ne vous rien celer, j'eusse esté merveilleusement aise que la friandise desdicts mss. eust peu induire ledict sʳ Holstein à se venir embarquer icy, plustost qu'ailleurs pour son dict voyage de Levant, afin qu'en y voyant cez livres, nous y eussions le bien de le voir aussy luy mesmes et de le gouverner un petit, n'esperant pas hors d'une telle occasion de jouyr jamais d'un si grand bien et contentement, car quoyqu'il en puisse croire ou dire je tiens pour tout asseuré que tost ou tard il fera ce voyage et que Mᵍʳ le cardinal Patron n'en a pas moings d'envie que luy, voire que le retardement

---

[1] La *vertu* de Bouchard! Ce mot fera sourire tous ceux qui ont lu les *Historiettes* de Tallemant des Réaux et surtout l'abominable récit publié par Isidore Liseux sous le titre de : *Les confessions de Jean-Jacques Bouchard*.

[2] Holstenius avait eu le projet d'aller fouiller les bibliothèques des monastères du mont Athos pour en rapporter une cargaison de manuscrits grecs.

[3] On lit dans le *Voyage de Paris à Rome* (p. 129) que Peiresc montra à son visiteur «quantité de commentaires grecs manuscrits sur Platon, qu'il vouloit envoyer à Holstenius».

de la partance de Mr le conte de Marcheville luy servira beaucoup à ce dessein, luy donnant le loysir d'achever son affaire d'Allemagne.

Je ne manqueray pas voyant icy ledict sr de Marcheville, comme l'on nous le faict esperer, de luy parler de vous, Monsieur, et de vostre vertu nompareille[1] aux termes que je doibs et que je pourray fournir, et de vous bailler aultant de lettres qu'il vous plairra, pour Son Excellence et pour tout autre de ma cognoissance, comme je n'ay pas manqué d'en parler desja icy à Mgr le cardinal de Bagni selon vostre dessein, qui voulut voir la lettre que Mgr le cardinal Barberin m'avoit escripte où estoit faicte si honorable mention de vous et crois qu'il s'employera trez volontiers pour vous. Il emmene de Paris quant et luy Mr Naudé que vous cognoissez, et qui vous honore grandement[2], lequel luy a esté baillé par Mr Selton[3]. Je pense que si vous l'eussiez voulu attendre à Paris ou à Lyon, il n'auroit voulu avoir aulcun autre que vous, Monsieur. Mais il ne laisra pas de vous estre tousjours bon patron, ainsin qu'il m'en a asseuré, et qu'il contribueroit toute son authorité pour faire valloir vostre vertu et vostre erudition. J'espere l'en entretenir encores davantage avant son embarquement, et vouldrois bien vous pouvoir rendre de meilleur service.

Quant à ces grands bruictz que font courir les Espagnols de par delà, ils se reduisent à si peu de chose, que tout a fleschy devant Mgr le Prince[4], tant en Languedoc et Daulphiné qu'en ce païs de Provence, où il a tenu les Estatz et selon son pouvoir a accommodé toutes choses à 15 cent mille livres payables en 5 ans, moyennant

---

[1] En appelant *nompareille* la *vertu* de Bouchard, Peiresc lance involontairement la plus sanglante épigramme contre celui qui, non content d'avoir été le plus vil des débauchés, a encore eu le cynisme de raconter et presque de glorifier toutes ses turpitudes.

[2] Bouchard a souvent mentionné Gabriel Naudé dans ses lettres. Voir sur leurs cordiales relations une longue note du fascicule III des *Correspondants de Peiresc*, p. 10.

J'ai cité là un sonnet de Bouchard bien peu connu en l'honneur des *Considérations politiques sur les coups d'État*, offert à son ami pour ses étrennes, car il est daté de « ce premier de l'an 1639 ».

[3] Je regrette de ne pouvoir rien dire de ce premier protecteur de l'auteur du *Mascurat*. Tallemant des Réaux ne l'a pas connu, ce qui me console un peu de ne pas le connaître.

[4] Henri de Bourbon, prince de Condé.

quoy toutes nouveaultez sont revocquées, et en suitte de ce il est venu dans Aix, où son armée fut receüe dez hier fort paisiblement, et il la renvoye du costé de la frontiere de la conté de Roussillon, afin que si l'Espagnol pense brouiller, il trouve de la besoigne plus proche. Les aultres provinces du Daulphiné et du Languedoc sont pareillement fort calmes, et rien n'y bransle. On fera quelque petit chastiment pour la forme d'aulcuns de ce peuple qui avoit voulu brouiller, et puis ce sera tout, et je demeureray tousjours,

Monsieur,

vostre trez humble et trez obeissant serviteur,

DE PEIRESC.

A Boysgency, ce 19 mars 1631 [1].

III

À MONSIEUR, MONSIEUR DE FONTENAY BOUCHARD,
À ROME.

Monsieur,

Les voyes de la mer, avec lesquelles nous nous estions promis de vous donner de noz nouvelles, en deffault des ordinaires d'Avignon qui nous avoient manqué, nous ont trompé deux ou troys foys par les bruicts de l'interruption du commerce plus rigoureuse que devant et par le retour mesmes de quelques uns de ceux par qui nous avions escript, lesquels n'ont point esté receus à Genes non plus qu'à Civitta Vecchia, et n'y ont pas mesmes peu obtenir la prattica [2]. Enfin je pense qu'on se commencera de rasseurer de là les monts aussy bien que deça, estant venu une des galeres du pape, qui a prins port sans difficulté à Tollon et à Marseille, par le retour de laquelle j'espere d'escrire aux amys, et ay voulu commancer par vous, Monsieur, comme celuy à qui j'ay des plus insignes obligations, ne pouvant assez admirer la

[1] Bibliothèque de l'École de médecine de Montpellier, vol. H 271, fol. 207. Autographe. — [2] L'autorisation d'entrer.

patience et la peine que vous avez prinse à me transcrire cet alphabet du caractère de ce Terence si ancien, ce §¹ Neratius des Pandectes de l'Eminentissime cardinal Barberin, et cez inscriptions dont ce bon homme de la Chesnée² vous donna la courvée, en quoy vous m'avez certainement bien obligé, vous estant rendu si exacte et si punctuel comme vous avez faict en tout, dont je vous remercie de toute mon affection, marry de ne vous pouvoir rendre la pareille, ne la recognoissance que meriteroient toutz ces bons offices.

J'ay prins grand plaisir de voir vostre advis sur ce Terence conforme à celuy de Mr Holstenius. Et si vous y retournez, je vous prie de tirer encor un peu d'alphabet ou d'eschantillon, c'est à dire quelques mots de ce qui se peult trouver escript en majuscule, dans le second exemplaire où sont les figures des masques ou larves comiques, et si vous aviez assez de loisir et de patience pour prendre tout le tiltre *prout jacet* de l'un et de l'autre exemplaire, et encores celuy du Virgile plus ancien, je vous en aurois une singulière obligation, me souvenant d'y avoir veu, si je ne me trompe, un certain *feliciter* que je serois bien aise de revoir, et que j'ay retrouvé en un livre du temps de Constantius, fils de Constantin le Grand, qui me faisoit juger du temps à peu prez que les larves et figures avoient esté primitivement desseignées en ce Ms. là, d'où pourroient avoir esté coppiez plusieurs autres, et si je ne craignois d'abuser de vostre honnesteté, je vous prierois encor de la coppie bien figurée du caractere de ceste inscription du palais de Cesi que vous avez trouvé si semblable à celuy de ce Terence Ms.

Monsieur Holstenius m'escript qu'il avoit transcript certains fragments d'un autheur allegué dans Photius de la navigation de la mer Rouge, dont il tenoit trez ancien l'exemplaire. Je m'asseure que vous l'aurez veu et si jugez qu'il vallust la peine de prendre l'eschantillon du

---

¹ Ici un signe qui veut dire : paragraphe.

² J'ai vainement cherché un peu partout, surtout dans deux recueils où l'on trouve le plus de choses sur les *curieux* du xviie siècle, les *Mémoires* de l'abbé de Marolles et le *Dictionnaire des amateurs français* de M. Ed. Bonnaffé, le nom de l'épigraphiste que Peiresc appelle le *bon homme de la Chesnée*.

caractere jusques à un mot ou deux, je les verrois trez volontiers, si c'est en majuscule, comme si vous rencontrez quelque autre Ms. grec en majuscule que vous estimiez bien ancien, je me promets pareille faveur de vous.

On m'avoit une foys voulu faire acroire que M\gr l'Eminentissime cardinal de Bagni avoit quelques fragments originaulx du concile de Chalcedoine, mais je ne sçay si cela est bien certain. Il vous sera bien aisé de vous en esclaircir, et s'il y avoit rien de notable, vous nous en ferez part, je m'asseure.

Mais que direz-vous de mon indiscretion de vous donner de la peine en choses si basses et si eslognées de la sublimité de vostre genie[1] ? Je vous supplie de m'en excuser, et l'imputer à voz trop honnestes offres, qui m'en font ainsin abuser dont je vous demande pardon.

Je ne m'estonne poinct que touts cez Messieurs de delà vous ayent faict si bon accueil, et qu'ils vous ayent si volontiers aggregé en leur belle academie des Humoristes, et communiqué leurs bibliothèques et plus precieuses escrittures et curiositez, qu'il ne fault imputer qu'aux rayons qu'ils ont veu paroistre et que vous n'avez peu cacher de vostre grand genie, quoyque vous puisse suggerer vostre modestie au contraire. Bien m'estonnerois-je s'ils n'avoient peu recognoistre les grandes parties qui sont en vous.

L'Eminentissime cardinal Barberin ne m'a rien touché de la proposition que voz amys luy avoient faicte pour vous, et pouvez bien croire que je ne me serois pas espargné à la replique comme l'autre foys qu'il m'en avoit mandé ce que je vous escrivis en mesme temps, si je ne me trompe, et que j'ay faict transcrire pour le joindre icy de peur d'y avoir failly cy devant, par où vous pourrez juger de la bonne disposition qu'il y avoit lors, mais il fault si peu [de] chose pour mettre ces gents là, sinon en ombraige, au moings en des doubtes qui leur ostent le moyen de s'oser resoudre, que j'y crains beaucoup plus de difficulté que je ne vouldrois pour vostre contentement. Et bien que je

---

[1] Peiresc est décidément par trop poli.

ne doubte poinct que l'esclat de vostre erudition si eminante ne vous peust attirer assez d'envie de ceux qui pourroient prendre interest en vostre reception chez lui, je ne sçay s'ils auroient assez de front pour vous y rendre des mauvais offices, voyants en quel predicament vous estes prez de luy et craindrois davantage *l'obstacle du péché originel de la Nation*, de peur de se trouver obligé, en vous recevant vous, de recevoir quelque Espagnol en contreschange pour maintenir la parité et neutralité, car j'ay veu que venant legat en France, il s'excusa de mener un bon religieux qu'il estimoit infiniment, *à cause seulement qu'il estoit de l'estat de Venize, de sorte que si la chose ne reussit*, je croys fermement que vous la pourrez imputer à cela seul, plustost qu'à toute autre sorte d'ombraige que vous pourriez prendre. Car telles consequances sont beaucoup plus considerées en ce siecle qu'aux autres precedantz. Et si bien il a Mr Suarez, il est né subject du St Siege dans Avignon, ce qui exclut la consequance.

Pour Mgr l'Eminentissime cardinal de Bagni, il peult avoir une autre sorte de respect, sur ce que vous estiez desja tant cogneu de par delà avant son arrivée, et particulièrement à la Cour, qu'il pourroit craindre qu'on y prinsse à mauvaise part, qu'il se fust dispencé de recevoir un personage qui meritoit d'estre receu par eux-mesmes, principalement s'il avoit peu apprendre que vous vous y fussiez offert et que l'on vous y eust laissé tant soit peu d'esperance de reception. Car certainement ce seroit une espece de reproche aux autres, si ce n'est qu'il fust venu d'eux de vous reveler le subject de leur excuse tel que je me le suis imaginé, et qu'en ce cas vous les eussiez faict prier d'agreer que vous prinsiez party chez tel autre cardinal qu'il leur plairroit vous prescrire. Et ainsin vous porteriez vostre descharge et celle de celuy qui vous recevroit. Hors de cela je pense que vous ferez bien de ne vous donner à personne, puisqu'on sçait que vous n'y pretendiez que la seule protection sans entretien, afin de ne donner subject à personne de vous sçavoir mauvais gré, et cela diminuera encores *le subject des envies sur vous, et vous laisra plus en liberté si la fantaisie vous prenoit à bon essient de passer en Constantinople.*

Nous n'avons pas eu le bien de nous aboucher avec M⁰ le comte de Marcheville par mon indisposition et par autres affaires de sa charge qui luy rompirent son pelerinage de la Ste Baulme, et à moy l'esperance que j'avois de le gouverner icy comme l'autre foys. Ce qui m'empescha de le pouvoir entretenir de vostre vertu bien à souhaict. Mais il se passa de grands compliments entre nous. Je luy envoyay mon frere de Vallavez par trois foys, à sa venue, à son embarquement, et une autre entre deux durant son sesjour à Marseille, de sorte que quand vous serez tout resolu à ce voyage, je pense que mes lettres pourront facilement sur ce seigneur là tout ce que je m'en puis promettre, bien que vostre merite n'ayt que faire d'autre intercession. Vous n'aurez qu'à me commander absolument comme je vous en supplie et conjure de tout mon cœur, et de me pardonner si je vous escripts trop librement mes advis et mes sentiments, la longue practique que j'ay en cez païs la m'ayant faict cognoistre leur humeur et la mezure à laquelle on les peult mesurer[1], et vostre desbonnaireté m'ayant faict croire que vous ne trouverez pas mauvaise ma franchise, encores que je discoure contre vos vœux, ne sçaichant flatter personne comme je ne prends pas plaisir de l'estre, et m'asseurant que vous me vouldrez tousjours tenir, quoy qui puisse arriver, comme je vous en faicts trez humble instance,
Monsieur,

vostre trez humble et trez obeissant serviteur,
DE PEIRESC.

A Boysgency, ce 5 septembre 1631[2].

Je vous recommande trez instamment M⁰ d'Arene, donneur de la presente[3].

---

[1] A rapprocher des instructions et recommandations données de vive voix par Peiresc à Bouchard au sujet de sa manière de vivre à la cour de Rome. *Voyage de Paris à Rome*, p. 128.

[2] La date de la lettre est engagée dans la couture du manuscrit, se trouvant à la marge, tout à fait dans le pli. De plus une petite déchirure a emporté l'année. On lit encore : «Be..caire [Beaucaire] ce... sept...» En tête de la lettre, marge droite, une autre main a écrit : «5 sett^bre 1631.»

[3] Ce gentilhomme provençal est plusieurs fois mentionné dans les *Lettres aux frères*

Je ne manquay pas de faire tenir à Mʳ le prieur de la Valette tout ce que vous luy adressiez[1] qui me respondit qu'il avoit envoyé vostre lettre à Mʳ Gassendi. Je faicts une recharge pour vous à Mʳ l'abbé de la Berchere[2], et vous prie maintenant de vous rendre mon intercesseur envers luy. Si vous allez à Florence, je vous prie de revoir encores le §[3] Neratius, esperant que vostre *peine ne nous sera pas inutile tout à faict*. J'ay apprins de certains gentilhommes florentins qui passèrent icy la semaine passée, que le livre du Galilée du flux et reflux est soubs la presse, qu'il y en avoit un tiers d'imprimé lors de leur despart, et que le libraire se promettoit de l'avoir achevé à la Toussains. Ils m'en dirent tout plein de *jolies particularitez qu'ils en avoient veües aux feuilles ja imprimées. Cela sera bon à voir en son temps. Il est par dialogues* et disputes pour et contra sans rien resouldre de la mobilité de la terre et autres problèmes et n'est qu'en italien.

Ce garçon qui vous disoit estre filz de Mʳ de Courmes n'est que filz de sa sœur et n'avoit garde de m'estre venu voir, parcequ'il est fuitif pour avoir voulu assassiner par derriere à coup de pistolets un gentilhomme nostre allié qui a tué fort honorablement et justement le pere de ce garçon, qui tira son pistolet à brusle pourpoinct dans les rains de ce pauvre gentilhomme, lequel demeura blessé de 7 postes. Mais

---

Dupuy. Afin d'éviter de nombreuses répétitions, disons, du reste, une fois pour toutes que l'on trouvera le plus souvent dans la *table* des trois premiers volumes de cette correspondance le nom des personnages qui figurent dans les lettres de Bouchard et qui ont été déjà l'objet d'une note qu'il est inutile de reproduire.

[1] Bouchard a parlé de l'abbé Joseph Gaultier avec de grands éloges (*Voyage de Paris à Rome*, p. 117), racontant qu'après avoir soupé, en arrivant à Aix, «à l'hostellerie de la *Mule*, il fut porter les lettres de Gassendi au prieur de la Vallette, pour lors grand vicaire de l'archevesque; vénérable vieillard fort versé aux sciences, principalement en l'astrologie [Bouchard a voulu dire l'astronomie], et qui tesmoigne, dans la franchise et simplicité de sa conversation, la sincérité et générosité de ses sentiments.»

[2] Ce devait être un fils de J.-B. Le Goux, seigneur de la Berchère, premier président au parlement de Bourgogne, marié le 10 octobre 1592 avec Marguerite Brulart, et c'était certainement un parent de Charles Le Goux de la Berchère qui fut docteur de Sorbonne, évêque de Lavaur, archevêque d'Aix, d'Albi, de Narbonne.

[3] Nous avons déjà vu qu'il faut traduire ce signe par le mot paragraphe.

il en est reschappé heureusement. Ce garçon est si mal né que tous ses parents le desadvouent pour parent et l'ont banny de chez eux, pas un ne luy ayant voulu bailler retraicte après ce dernier coup. Gardez qu'il ne vous affronte ou voz amys et ne croyez [ici une ligne déchirée] en matière de secours, s'il n'a de mes lettres de vous[1].

IV

À MONSIEUR, MONSIEUR DE FONTENAY BOUCHARD,
À NAPLES.

Monsieur,

Je ne faisois que sortir du lict, aprez une trez longue et griefve maladie quand le neveu du sʳ d'Arene m'apporta vostre despesche du 14 mars qu'on luy avoit baillée à Rome à son retour de Naples où il me dict vous avoir veu fort gaillard, et en trez bonne disposition[2], et souvenance de vostre serviteur, dont je vous suis trop redevable aussy bien que de la peine que vous avez daigné prendre à me transcrire cez rares pieces tant des vieux Mss. de Terence et de Virgile que de cette inscription du palais de Cesi, et de ces Mss. grecs de l'auteur de la navigation de la mer Erythrée et des evangiles de Sᵗ Chrysostome que je tiendray entre les plus precieuses reliques que j'aye de la meilleure antiquité, bien desireux de vous pouvoir servir en revanche et bien

---

[1] Bibliothèque de l'École de médecine de Montpellier, vol. H 271, fol. 210. Autographe.

[2] M. Lucien Marcheix, sous-bibliothécaire de l'École nationale des beaux-arts, a l'intention de publier, d'après le manuscrit autographe que possède la bibliothèque à laquelle il est attaché, la relation du voyage de Bouchard à Naples en 1632. Voir une très intéressante note analytique du futur éditeur à la suite de mon édition du testament de J.-J. Bouchard (*Deux testaments inédits*. Alexandre Scot, 1616, J.-J. Bouchard, 1641. — Tours, 1886, in-8°, p. 16). Du résumé des impressions de voyage si bien donné là par M. Marcheix, on rapprocherait avec plaisir et profit une *Notice sur un manuscrit inédit de J.-J. Bouchard* insérée par M. Eugène Muntz dans la *Revue critique* du 2 janvier 1882 (p. 14-16).

honteux d'en avoir eu si peu de moyen jusques à present. Cependant je vous en remercie de tout mon cœur et des relations qu'il vous a pleu me faire tant de la representation de St Alexis à l'antique, laquelle meritoit bien d'estre faicte devant vous¹, plustost que de tout autre, que de tout ce qui regardoit voz interets, auxquels je prends toute la part que je doibs, louant grandement vostre generosité, de n'avoir poinct voulu vous engager en des servitudes si mal compatibles à l'humeur françoyse et à la profession que vous faictes de tant de franchise et de tant d'assuidité aux meilleures estudes, qui n'y sont guieres compatibles, estimant que vous avez choisy la meilleure part quand vous vous estes arresté à celle de spectateur, plustost que d'acteur, vous pouvant asseurer que c'estoient les regrets du pauvre feu Mgr le garde des sceaux Du Vair, tant qu'il demeura en cette charge, de ce qu'il se trouvoit engaigé à l'un des personages de la Tragedie, et qu'il avoit perdu toute la liberté et commodité de la vie qu'il savouroit si doucement en ce païs, d'où il n'estoit que simple spectateur du train de la Cour, comme d'une comedie beaucoup plus agreable à voir de loing, que quand on s'y voit embarrassé dedans.

J'ay trouvé plus estranges les deffaults de correspondance que vous avez rencontrez en la persone du s^r S.² qu'en celle de son maistre, veu les fascheuses affaires que les grands ont souvent dans la teste, qui ne leur permettent pas de respondre comme ce seroit leur intention à toutes ces demandes qu'on leur faict, tant sont fortes les imaginations des grandes affaires qui travaillent et traversent souvent leur esprit comme leurs desseins. Ayant plusieurs foys veu ledict s^r Du Vair si abstract³, qu'il ne me cognoissoit presque pas encores qu'il me respondisse. Et toutefoys *il me faisoit la faveur de m'aymer beaucoup plus*

---

¹ Sur cette représentation de Saint Alexis, due à l'initiative d'un des princes de l'Église les plus éclairés de tout le xviie siècle, le cardinal Fr. Barberini, voir les *Lettres de Peiresc aux frères Dupuy*, t. III, p. 348.

² L'initiale désigne Suarez, bibliothécaire du cardinal Fr. Barberini. Suarez se montrait fort hostile à son compatriote. Avait-il, plus clairvoyant que Peiresc, deviné toute l'indignité morale de Bouchard?

³ Le *Dictionnaire* de Littré rappelle qu'au xviie siècle, à côté d'*abstrait* on disait aussi *abstract*.

que je ne valoys. Je veux dire que si vous aviez envie d'estre courtisan, il ne falloit pas se rebutter par ces froideurs, ains les prendre comme la probation en ce mestier, et possible estoit-ce à ce dessein qu'on le faisoit afin d'esprouver si vous auriez assez de patience pour excuser toutes ces incommoditez, et particulièrement l'empire de telles gents, qu'ils n'estimeroient du tout rien s'il n'estoit absolu, et à l'espreuve de toute sorte de froideur voire de rebut. C'est pourquoy je n'ay pas trouvé si estrange ce proceder, comme vous avez faict, et estime que vous ferez mieux de n'en rien laisser paroistre, en aulcun temps, que si en le marquant vous y blessiez quelqu'un de tel qualibre, estant certain que les grands ont bien à essuyer des incommoditez et des desgoutz, sans oser le demonstrer, et à souffrir souvent de leurs serviteurs des manquements qu'on ne s'imagineroit pas. Le s[r] Menestrier, qui est maintenant icy, m'a dict avoir veu beaucoup de foys que Mgr le cardinal Barberin aimoit mieux donner au cavalier del Pozzo[1] des curiositez qu'on luy apportoit, que de les consigner aux officiers de sa maison, daultant que quand il les vouloit revoir il n'avoit point de difficulté de les trouver incontinant ez mains dudict sieur cavalier de ce que[2] s'il les falloit faire apporter par ses officiers, avant qu'ils eussent trouvé leurs clefs, ou qu'ils se fussent accordez entre eux de la preseance en cez ministeres, avec les jalousies qui les rongent la pluspart, le pauvre seigneur avoit tant languy qu'il avoit perdu la commodité de veoir ce qu'il desiroit, et bien souvent la volonté[3], par où vous pouvez comprendre que l'usaige de ses livres ne peult estre guieres libre aux estrangers, puisqu'il ne l'est pas à luy mesmes toutes et quantes foys il en a affaire, de quoy j'ay grande compassion.

---

[1] Dans le document cité plus haut, Bouchard donne au cavalier del Pozzo un triple éloge qu'il accompagne d'une remarque assez inattendue dans un testament (p. 6) : «Cassiano Puteali, viro nobilissimo eruditissimo et humanissimo, quæ tria raro simul habitant,» etc. Bouchard, pour le récompenser de ses bons offices, laisse à ce généreux et fidèle ami ses livres, ses instruments, tables et fragments antiques, ses médailles, etc.

[2] C'est-à-dire : *tandis que*.

[3] L'anecdote est piquante et fait penser au mot célèbre : plus on a de serviteurs, plus on est mal servi.

Quant à ce que vous me demandez de mes livres et de mon cabinet, je seroys bien empesché de vous en rendre ce compte que vous en attendiez parce que je n'ay que fort peu de pieces qui puissent tomber dans vostre estime, et ne les ay jamais redigées par l'ordre qu'il y fauldroit, ayant gardé fort peu de livres Mss.[1], desquels je n'ay jamais faict de difficulté de me priver, quand il a esté question d'en servir le public ou les gents de lettres qui en pouvoient mieux profitter que moy dans mes infirmitez. Mes antiquailles et autres curiositez n'ont jamais esté inventoriées[2], et n'en vallent possible pas la peine, si ce n'estoit pour servir aux personnes qui y prennent un goust particulier, qui ne se rencontre pas seulement dans les livres sans une longue practique, trop penible et indigne des esprits sublimes comme le vostre, qui sçavent prendre de meilleures occupations. Il fauldroit vous tenir et gouverner à loisir, pour voir si l'object des choses qu'on vous monstreroit pourroit toucher vostre goust, auquel cas tout seroit tousjours à vostre disposition absolue.

Des livres d'Italie je n'en ay pas de si grand assortiment que Mr du Thou[3], et n'ay jamais faict dresser de rolle de mes livres, mais je tascheray pour l'amour de vous de faire faire celuy des livres de ce païs là, aussytost que je seray à Aix, Dieu aydant, qui sera cette automne, marry que vous n'y pourrés pas trouver la satisfaction que vous vous en pourriez promettre, mais si vous desirez vous en servir au dessein

---

[1] Le catalogue des manuscrits de la bibliothèque de Carpentras dressé, en 3 volumes grand in-8° par M. Lambert, et dont un volume tout entier est rempli par la liste des manuscrits de Peiresc, montre combien était modeste le possesseur de tant de trésors.

[2] Ce travail fut fait plus tard sous le titre que voici : *Inventaire des medailles, gravures, pierres pretieuses et poids antiques du cabinet de feu M. de Peiresc* (sans date), dans le volume 9534 du fonds français, à la Bibliothèque nationale. Je reproduirai, en l'annotant et le complétant, cet inventaire dans une étude développée que je voudrais consacrer, plus tard, aux *Collections de Peiresc*.

[3] Il est possible que la bibliothèque de Messieurs de Thou fût encore mieux fournie de livres italiens que celle de Peiresc, mais cette dernière était singulièrement riche en ouvrages imprimés de l'autre côté des Alpes, comme on le verra dans le catalogue que j'en donnerai quand j'écrirai l'histoire et la description des collections formées par le plus ardent des curieux.

que vous me mandez il fauldroit vous adresser à Messrs Du Puy, qui vous peuvent fournir ce que vous cherchez beaucoup plus accomply que moy, et du soir au lendemain, car les inventaires sont touts dressez.

Au reste je vous remercie trez humblement des bons offices que vous m'avez voulu rendre envers Mr de la Berchere et en la personne du s^r d'Arene, regrettant les importunitez que vous avez receues de luy ou pour luy et pour la fascheuse affaire qui luy survint bien malheureusement.

La relation que vous me faictes esperer du mont Vesuve me tiendra en grande impatiance[1], pour la confiance que j'y prendray, surtout je vous supplie de verifier, s'il est possible, si la montagne a revomy (par sa gueulle principale, ou autre par où elle vomissoit des flammes) aulcune portion de l'eau de la mer, qui sembloit s'estre engouffrée dans ses abysmes enflammez lorsqu'elle se retira de ses bords, ou bien si les inondations des eaux qu'elle causa ne vindrent que du passage et desgorgement des rivieres dans la mer que le Vesuve pouvoit avoir rebouschez avec ses cendres, en sorte que l'eau remontast en arriere ou à contremont des rivieres petit à petit. Car il y a des gents qui ont soubstenu que la montagne avoit revomy de l'eau par ses gueules, aussy bien que des flammes, et de la matiere bruslante et fluide comme metail ou bitume. Or pour s'en esclaircir il fauldroit faire marquer precisement l'heure de la retraicte de la mer et l'heure que les inondations commancerent, et si elles se firent precipitamment ou non, estimant que ce soit une des plus notables remarques qui se puissent faire, et des plus dignes de vostre recherche, si ce n'est qu'il vous pleust d'y adjouster encores s'il est vray qu'on ayt mesuré avec quelques bons instruments de mathematique jusques à quelle haulteur montoient dans l'air vers le ciel, les nües et ruisseaux de cendres

---

[1] Voir, sur l'embrasement du Vésuve, une lettre de Bouchard, du 18 février 1633, dans le fascicule III des *Correspondants de Peiresc*, p. 9. Bouchard fit bien attendre à un homme de si «grande impatience» la relation qu'il lui promettait déjà en juillet 1632 et qu'il ne lui envoya que sept mois plus tard.

que vomissoit cette montagne et à quelle proportion par dessus la haulteur ordinaire des nües. Excusez-moy de cette peine et croyez que si Mgr le cardinal de Lyon[1] ou autre grand de ma cognoissance passe en Italie, je vous y rendray les offices et services fidelles que je doibs comme,

Monsieur,

vostre trez humble et trez obeissant serviteur,

DE PEIRESC.

A Boysgency, ce 14 juillet 1632[2].

V

À MONSIEUR, MONSIEUR DE FONTENAY BOUCHARD,
À ROME OU À NAPLES[3].

Monsieur,

Escrivant à Monsieur Holstenius à ce coup cy, je n'ay pas voulu que ce fust sans vous salluer comme je faicts trez humblement, et me r'amentevoir en l'honneur de vos bonnes graces. Je le prie d'une petite faveur, pour collationner un petit passage du Marcellus V. l. de Medicamentis et de Remius Fannius concernant cez petits bordereaux qu'ils ont escript de Ponderibus et Mensuris, au cas qu'il s'en trouve quelques exemplaires mss. soit dans la Vaticane, ou dans quelque autre de cez belles Bibliothèques, tant de Rome que de Florance, ou Venize lorsque vous y passerez, et à Naples mesmes si par hazard vous y en aviez rencontré[4]. Surtout je desirerois avoir extraict *prout jacet*

---

[1] Alphonse de Richelieu, le frère du grand ministre.

[2] Bibliothèque de l'École de médecine de Montpellier, vol. H 271, fol. 212. Autographe.

[3] Recommandé à la courtoisie de M. de Bonnaire. [Note mise sur l'enveloppe.]

[4] Sur Marcellus, Fannius et en général sur les recherches de Peiresc relatives aux poids et mesures de l'antiquité, voir, outre les *Lettres à Dupuy*, les lettres de Bouchard et celles de Claude de Saumaise, notamment la lettre de Bouchard du 16 juillet 1633 (p. 18-20 du fascicule III) et la lettre de Saumaise, du 22 janvier 1633 (p. 12-27 du fascicule V).

sur les mss. tant du texte grec que du latin, des paroles qui regardent les mesures que Marcellus appelle CHEME, CLYSCION, COTYLOS, COTYLVS TRIVNCIARUS, CYATHVS, COCHLEARIVM, IECTHE, KOTUAE, KYAΘOC, et pareillement dans le Fannius celles qui regardent les mesmes sortes de mesures dont il a faict mention, et ce qui est du MYSTRVM, de la CYANÉ, et du COCHLEARE. Que si d'advanture vous trouviez en cherchant autre chose quelques pieces mss. tant du Dioscoride, du Galien, et de Cleopatras, où ils font mention des susdictes mesures, et de l'Epiphanius, et autres Grecs et Latins anciens qui ont traicté cette matiere, je vous auroys une insigne obligation, s'il vous plaisoit d'en faire extraire les passages bien exactement sur tout pour les nombres ou notes *prout jacet* aux originaux concernant les susdictes mesures, et particulierement le META MYCTPOV, et le COCLEARE, ou la LIGVLA et autres moindres mesures. Vous aurez bien du subject de blasmer mon indiscretion à vous endosser de si importunes courvées, mais je sçay que vous y prenez plaisir et e feray tout mon possible pour m'en revancher par toute sorte de services qu'il vous plairra tirer de moy.

Au reste nous avons veu sur la Gazette que depuis peu le mont Vesuve a recommancé de vomir ses flammes et ses cendres, et qui plus est quantité d'eau, qui est principalement ce qui me sembloit avoir plus de besoing d'esclaircissement que tout le reste, à cause que les premieres frayeurs avoient chassé le monde si loing qu'il sembloit qu'il n'y eusse aulcun tesmoing oculaire de ce regorgement des eaux, pour estre assuré si la naisçance de leurs ruisseaux estoit fort basse aux racines de la montaigne, ou s'il en est descendu de bien hault, comme les ruisseaux de feu ou de matiere coulante et embrasée. Desirant de sçavoir punctuellement si à cette foys icy l'embrasement de ce mont avoit esté precedé par grandes pluyes ou inondations, ou par tremblement de terre qui se fusse ressenty sur la mer, surtout s'il n'y a paru aulcune retraicte des ondes marines auprez des bords, comme l'autre foys. Et s'il avoit regné des vents de syroc ou contraires, pour juger si aulcune cause extrinseque pouvoit avoir rien contribué à ce nouvel embrasement. Ne doublant poinct qu'il ne se soit trouvé des gents plus hardis que l'autre foys, qui auront observé quelque chose de plus prez, dez endroicts qu'on sçavoit n'avoir pas esté attaincts par les precedants ravages, et que vous aurez eu la curiosité de vous en enquerir soigneusement, et de nous en mander un jour un peu de relation à vostre comodité, comme je vous en supplie.

Je suis attendant les ordres que vous me vouldrez donner concernant vostre peregrination orientale, d'où Mᵣ le comte de Marcheville m'escript du 16 septembre, qu'il a souffert fort impatiemment que le sᵣ de Chastueil qu'il avoit emmené d'icy luy soit enfin eschappé pour aller passer quelques moys dans le mont Liban [1]. Mais il se promet d'aller bientost faire un voyage en la Terre Saincte, et de l'aller prendre de haulte lutte pour le r'amener en Constantinople avec luy [2]. Je m'asseure qu'il sera infiniment aise de vous y tenir, si vous continuez en ce dessain, auquel je ne suis pas neanmoings resolu de vous induire, au contraire je vous en desmouvroys trez volontiers si je pouvoys, pour les grands perils qu'il y fault passer et les incommoditez inesvitables, qu'il ne fault point esprouver tant qu'on s'en peult deffendre.

On m'escript de Paris que Mᵣ Rigault est bien avant de l'édition de ses notes sur tout le Tertullien [3], que Mᵣ Du Chat entreprend l'édition du Gallien grec et latin [4], le P. Sirmond advance fort la sienne du

---

[1] François de Galaup-Chasteuil, le Solitaire du mont Liban. Voir le fascicule XVII des *Correspondants de Peiresc* (Digne, 1890), où l'on trouvera beaucoup de renseignements sur le voyage fait par le picux et savant orientaliste en compagnie du comte de Marcheville.

[2] François de Galaup-Chasteuil ne devait jamais revenir à Constantinople. Il l'avait, du reste, annoncé en ces termes dans une lettre du 11 septembre 1632 adressée à son frère, le procureur général (p. 29 du fascicule qui vient d'être cité): «Il croit [l'ambassadeur Marcheville] dans un ou deux ans de venir en ces quartiers et me ramener à Constantinople, mais c'est chose assez esloignée de mon esprit.»

[3] Les œuvres complètes de Tertullien furent publiées par Nicolas Rigault en 1639 (in-f°). Voir sur les éditions suivantes le *Manuel du libraire* (t. V, col. 729).

[4] Ce *Gallien* a-t-il jamais paru? Les bibliographes ne le mentionnent pas, et, d'autre part, les biographes ne disent rien de Du Chat.

Theodoret[1], et Mr Le Jay sa grande Bible Archiroyale, où le P. Morin met le Pentateuque Samaritain[2]. Mr Gassendy est arrivé à Digne chez luy avec ses livres et papiers[3], et s'est remis sur son Epicure, tout resolu de ne point cesser son travail, qu'il n'y ait mis la derniere main entre cy et Pasques[4], dans lequel temps il sera bien eslogné de toutes occasions de divertissements. Mr de Mezeriac en Bresse a son Apollodore tout prest à voir le jour[5], et fort advancé son Plutarque, où il a trouvé des merveilles à glaner aprez tant d'autres[6]. Quelque jour vous tiendrez le day à vostre tour, et nous honorerez de voz commandements quand il vous plaira comme celuy qui est et sera inviolablement,

Monsieur,

vostre trez humble et trez obeissant serviteur,

DE PEIRESC.

A Aix, ce 2 décembre 1632[7].

---

[1] Le P. Sirmond, tout en *avançant fort* son édition des œuvres de Théodoret, ne la termina qu'en 1642 (Paris, 4 vol. in-f°).

[2] La *Bible polyglotte* de Guy-Michel Lejay, commencée en 1628, ne devait être achevée qu'en 1645. Il est souvent question de cette œuvre monumentale dans les *Lettres de Peiresc aux frères Dupuy*, et nous en retrouverons de fréquentes mentions dans les volumes qui suivront celui-ci, car Peiresc s'intéressa toujours beaucoup à la noble entreprise de Lejay.

[3] On voit dans les *Documents inédits sur Gassendi* (1877, p. 15) qu'au mois d'octobre 1632 ce philosophe *retourne en Provence*, qu'en décembre il *observe l'éclipse à Digne* et qu'il prolongea pendant plusieurs années son séjour en Provence.

[4] Les travaux de Gassendi ne commen-

cèrent à paraître qu'en 1646 et la publication s'en continua en 1647 et 1649.

[5] Que d'espérances trompées! l'*Apollodore* de l'académicien Claude-Gaspard Bachet. sieur de Mezeriac ou mieux Meyzeria, qui était *tout prêt à voir le jour*, ne l'a jamais vu.

[6] Les observations sur Plutarque du savant helléniste n'ont été publiées qu'en petite partie et plus d'un siècle après sa mort. Pour Bachet comme pour tous les érudits qui viennent d'être mentionnés, voir la *Table des Lettres de Peiresc aux frères Dupuy*. On trouvera souvent le nom du commentateur de Plutarque dans la partie du présent volume qui contiendra la correspondance de Peiresc et de Gassendi.

[7] Bibliothèque de l'École de médecine de Montpellier, vol. H 271, fol. 214. Autographe.

VI

À MONSIEUR, MONSIEUR DE FONTENAY BOUCHARD,
À ROME.

Monsieur,

Selon vostre desir Monsieur Hugon, premier Aulmosnier, et Monsieur Videl[1], premier secretaire de l'Ambassade de Mgr le duc de Crequi[2], vous rendront touts les bons offices necessaires auprez de S. Exc^{ce} pour vous faire advoüer du nombre de ceux de sa suitte et de son train, en telle qualité qui vous puisse estre sortable. Et seront bien aises d'avoir l'honneur de vous cognoistre, et de vous servir en tout ce qu'ilz pourront et selon que le merite vostre vertu et vostre rare erudition. Comme reciproquement je m'asseure que serez infiniment aise de les honnorer et servir l'un et l'autre selon les rares merites de leur profunde doctrine et de leurs loüables curiositez, et de les introduire chez les meilleurs amys que vous avez acquis de par delà, dont je me tiendray infiniment redevable en mon propre, par le service trez humble que je leur ay voüé, et pour les insignes obligations que je leur ay. Vous suppliant de tout mon cœur de leur faire cognoistre l'honneur que vous me faictes de m'aymer plus que je ne vaulx, en leur

---

[1] Louis Videl, né à Briançon en 1598, mort à Grenoble en 1675, fut successivement secrétaire des ducs de Lesdiguières, de Créquy et du maréchal de l'Hôpital. Voir l'article que son compatriote Rochas lui a consacré dans la *Nouvelle biographie générale*. Contentons-nous de rappeler que l'on doit à Videl un curieux roman (*Le Mélante, amoureuses aventures du temps*, Paris, 1624, in-8°) et un excellent livre d'histoire (*La vie du conestable de Lesdiguières, depuis sa naissance jusqu'à sa mort*, Paris, 1638, in-f°). Videl et ses compagnons de voyage sont mentionnés dans une lettre de Bouchard à Peiresc, du 16 juillet 1633, qui est une réponse à la présente lettre (fascicule III des *Correspondants de Peiresc*, p. 12). Voir une plaisante anecdote sur Videl à propos de son roman, dans les *Historiettes* de Tallemant des Réaux (t. III, p. 248-249).

[2] Charles de Créquy, prince de Poix, duc de Lesdiguières, pair et maréchal de France, présenta ses lettres de créance au pape Urbain VIII le 25 juillet 1633.

rendant ce qui leur est si légitimement deub, et de me tenir tousjours,

Monsieur,

pour vostre trez humble et trez obeyssant serviteur.

DE PEIRESC.

A Aix, ce 9 may 1633¹.

VII

À MONSIEUR, MONSIEUR DE FONTENAY BOUCHARD,
À ROME.

Monsieur,

Depuis celle que je vous escrivis cez jours passez, et dont Messrs Hugon et Videl se voulurent conjoinctement charger, j'ay eu l'honneur de voir icy Monsieur de Boissieu, gentilhomme des meilleures maisons, et des mieux alliées du Daulphiné, qui est doué des plus dignes parties d'erudition, de valleur et d'honnesteté que puisse avoir aulcun autre de sa condition², dont je ne doubte pas que vous ne soyez bientost amoureux, et que vous ne me sçaichiez bon gré de l'occasion que je vous donne par cette adresse, et de le voir possible un peu plustost, et avec un peu plus de confiance que vous n'eussiez faict. Il sera trez aise d'avoir le bien de vostre cognoissance, aussy bien que vous de la sienne et je prendray grande part à voz reciproques contentementz et bons

---

¹ Bibliothèque de l'École de médecine de Montpellier, vol. H 271, f° 216. Autographe.

² Sur Denys Salvaing de Boissieu, né au château de Vourey (Dauphiné) le 21 avril 1600, mort dans le même château le 10 avril 1683, voir la monographie de M. de Terrebasse : *Relation des principaux événements de la vie de Salvaing de Boissieu* (Lyon, 1850, in-8°). Pendant son séjour à Rome, et depuis son retour, dans diverses hautes situations (conseiller d'État, ambassadeur à Venise, premier président de la Chambre des comptes de Dauphiné), Boissieu justifia les grands éloges de Peiresc qui ne vécut pas assez longtemps pour admirer la description des merveilles du Dauphiné (1638). l'*Histoire du chevalier Bayard* (1651), surtout le beau et mémorable travail : *De l'usage des fiefs* (1664), le chef-d'œuvre du savant auteur.

offices, que vous luy pourrez rendre à cet abord, dont je vous auray toute l'obligation qui y peult eschcoir et vous serviray toute ma vie, Monsieur,

comme vostre trez humble et trez obeissant serviteur,

DE PEIRESC.

A Aix, ce 13 may 1633¹.

VIII

À MONSIEUR, MONSIEUR DE FONTENAY BOUCHARD,
À ROME.

Monsieur,

Je n'ay pas receu de lettre vostre depuis celle du moys de febvrier qui accompagnoit les exemplaires du livre de M⁰ Naudé², que je ne manquay pas de faire tenir incontinant à leur adresse, comme je le vous manday aussytost, vous ayant depuis escript diverses foys par ceux qui accompagnoient M⁰ le duc de Crequi et auparavant. N'ayant pas oublié ce qu'il vous pleut me mander concernant M⁰ de Nouailles³ envers lequel s'il passe par icy comm'on l'attend cette automne, je feray tous les efforts à moy possibles pour vous rendre le service que vous desirez, et y employeray la faveur de M⁰ le mareschal de Vitry⁴, si je puys, et de touts ceux dont je me pourray adviser, comme j'en avoys desja faict donner quelque attainte à M⁰ le duc de Crequi, mais comme il ne pouvoit pas dire de vouloir faire là de grand sesjour, et qu'il avoit

---

¹ Bibliothèque de l'École de médecine de Montpellier, vol. H 271, fol. 217. Autographe.

² *Bibliographia politica* (Venise, 1633, in-12).

³ Le comte de Noailles, le futur ambassadeur de la cour de France auprès de la cour de Rome. Nous retrouverons plusieurs fois dans les lettres suivantes le nom de ce diplomate, auquel Bouchard fut recommandé non seulement par Peiresc, mais aussi par Chapelain. Voir une note à ce sujet dans le fascicule III des *Correspondants de Peiresc*, p. 4.

⁴ Nicolas de l'Hospital, maréchal de France, alors gouverneur de Provence.

afforce gentz de lettres prez de luy, la place n'y sembloit pas en estat d'estre remplye, c'est pourquoy je m'adressay à eux mesmes pour voir s'ils vous y vouldroient procurer l'employ en asseurance pour vous obliger, comme ils en tesmoignoient une passion particuliere et bien ardante.

Nous avons icy M^r l'abbé du Til filz de M^r le president du Til en la chambre des comtes de Paris, qui y est desja venu à l'advance pour y attendre Mr de Nouailles. C'est un trez galant gentilhomme, et grandement vertueux et courtoys, que je tascheray de mesnager pour le vous acquerir à l'advance, ayant desja de grandes habitudes avec ledict sieur de Noüailles, où je me promets de le faire agir Dieu aydant, attendant de meilleurs ressorts. Car de mon chef je n'y ay habitude quelquonque que je l'achepteroys bien cherement à cette heure pour vous y pouvoir servir à souhaict. Et ose bien me promettre que quoy qu'il en puisse arriver il vous apparoistra tousjours qu'il n'y aura rien esté obmis de mon petit pouvoir et de mon industrie que je souhaicteroys bien plus grande et plus puissante à ce coup si faire se pouvoit pour l'amour de vous.

Au reste j'ay receu de la part de Mr Holstenius un extraict d'un opuscule *de Ponderibus* tiré d'un si ancien ms. que j'en faics un grand capital. Et croys bien que comme vous disiez, la trop grande abondance vous a comme esblouys et osté le choix, au lieu de faciliter vos recherches. Et le bon Mr Holstenius est si diverty ailleurs que malaisement pourra il perdre à cela le temps qu'il y fauldroit mettre. C'est pourquoy je vous supplie, si vous avez quelques heures à perdre, de faire un jour un peu d'indice de toutes les pieces de cette matiere que vous y rencontrerez afin que sur iceluy je puisse voir ce qui paroistra plus sortable à mon dessein, comme j'ay faict de celles de la bibliothèque du roy. Mais si vous y en rencontrez d'autres de bien ancienne escritture quelles que ce puissent estre, je payeray volontiers les fraiz du coppiste, quand il n'y auroit à proffitter que la simple correction d'un nombre, ou d'un charactere, affecté à designer une certaine mesure. Principalement s'il y a quelque vieil exemplaire du Nicandre et des fragments de cette matiere qu'on a imprimez derriere, j'en feroys encores plus volontiers la despance, et vous supplie de ne pas espargner ma bource en cela, s'il vous plaict, dont M^r d'Espiots fournira les fraiz que vous ordonnerez ou Mr de Bonnaire.

Pour le Vesuve j'ay apprins depuis peu qu'en Æthiopie sur les confins de l'empire Turquesque en veüe de Suachem sur la mer rouge, il s'est ouvert une gueule de feu qui a faict les mesmes ravages et desolations du païs à l'entour à deux ou troys lieues loing, et quasi en mesme temps que celle du Vesuve, dont j'ay envoyé demander une relation des jours precis du commencement et progrez et des noms des lieux dont je vous feray part en son temps, et seray à jamais,

Monsieur,

vostre trez humble et trez obeissant serviteur,

DE PEIRESC.

A Aix, ce 13 juillet 1633[1].

IX

À MONSIEUR, MONSIEUR DE FONTENAY BOUCHARD,
À ROME.

Monsieur,

N'ayant pas de temps pour un grand entretien parce que le passage de l'ordinaire presse, ayant apprins par les dernieres lettres de Messrs Du Puy ce que vous desirez de moy, je me suis trouvé un peu empesché à cause des advis qu'on nous a donnés de la subrogation de Mr Holstenius à la charge de la bibliotheque de l'Eminentissime cardinal Barberin. Mais d'aultant que l'advis ne venoit que d'un moyne, qui ne le circonstantioit pas assez et que je n'ay pas creu que vous eussiez de dessein d'entrer en competance avec luy, au cas qu'il y eust du dessein, j'ay escript selon voz intentions le plus ardament que

[1] Bibliothèque de l'École de médecine de Montpellier, vol. H 271, fol. 21. Autographe.

j'ay peu, au cas neantmoings que l'on n'y voulust pas employer ledict sr Holstenius ne autre des domestiques actuels de ce prince, contre lesquels il n'est pas loisible ne quasi honneste à une ame franche et honneste comme la vostre, de disputer rien de semblable, m'asseurant que la lettre ne laisra pas de faire son effect si elle en peult estre capable, et qu'elle vous conservera et à moy par mesme moyen l'observance du respect qui est deub aux domestiques d'un tel prince, par touts ceux qui ne le sont pas, et qui neantmoings sont ou pencent estre advouez pour ses serviteurs. Si vous ne la voulez donner vous mesmes, Mr le cavalr Del Pozzo le fera volontiers, je m'asseure, et de bonne grace, ou bien Mr le conte de Chasteau Villain[1] puisqu'ils sont de voz amys. Et si j'ay de meilleur moyen de vous servir vous pouvez croire que je ne m'y espargneray jamais, et que vous me trouverez tousjours absolument et sans reserve qui ne soit inesvitable comme à ce coup,

Monsieur,

vostre trez humble et trez obeissant serviteur,

DE PEIRESC.

A Aix, ce 28 juillet 1633[2].

X

À MONSIEUR, MONSIEUR DE FONTENAY BOUCHARD,
À ROME.

Monsieur,

J'ay receu depuis le partement du dernier ordinaire de Lyon à Genes deux despesches vostres venües ensemble du 16 juillet et 13 aoust, par la derniere desquelles vous revoquez l'ordre que vous me donniez par

---

[1] François-Louis, comte de Château-Villain, est mentionné dans la lettre de Bouchard du 13 juillet 1633 (p. 13 du fascicule III). Il avait épousé Anne d'Aquaviva, fille du duc d'Atric. Voir la généalogie de la maison de Château-Villain mise par André du Chesne à la fin de son *Histoire de la maison de Dreux*.

[2] Bibliothèque de l'École de médecine de Montpellier, vol. H 271, fol. 22. Autographe.

la premiere concernant vos pretentions à la charge de bibliothecaire de S. Em^ce pour laquelle je vous avoys desja envoyé une despesche expresse sur ce que Messrs Du Puy m'avoient donné à cognoistre du desir que vous en aviez, croyant bien que vous aurez eu mes lettres plustost que moy les vostres et que vous y aurez trouvé une bonne partie de ce que vous desiriez que je luy disse, et n'auroys pas manqué de luy en faire une recharge dans mes autres lettres ordinaires à Son Em^ce sans que vous aymez mieux tenter au prealable vostre establissement chez Mr de Nouailles, auquel pourtant je ne voys gueres d'apparence, puisque M^r vostre pere et M^r le baron de Magalas, qui poursuit de s'allier à vous[1], n'en ont retiré aulcune response sur l'instance qu'ils luy en ont faicte à Paris. Car j'estime que cez seigneurs veullent avoir l'estat de leur maison tout faict avant que partir du Royaulme. Et de mon chef je n'ay pas grande esperance d'y pouvoir rien operer, n'ayant pas l'honneur d'estre cogneu de luy que je scaiche. Toutesfoys nous n'y espargnerons rien si nous le pouvons voir à son passage, et aprez il sera possible encor assez à temps d'escrire de rechef au cardinal Barberin pour son employ. Car il n'y a gueres d'apparance qu'il veuille remplir cette place tant que M^r l'evesque de Vaison sera en cour de Rome et par consequent chez Son Em^ce. Que si vous voyiez que l'affaire pressast, et que l'humeur vous en revinst, je ne pense pas que vous debviez faire difficulté de faire rendre la lettre que j'ay escritte à Son Em^ce sur ce subject, encores que ce soit tout exprez pour vous, car elle ne laisroit pas de faire aultant d'effect à mon advis, que si c'estoit

---

[1] Bouchard avoit écrit à Peiresc (lettre plusieurs fois citée déjà du 16 juillet 1633, fascicule III, p. 15): «Le baron de Magalas, qui est cousin de M. de Nouailles, recherche à cette heure que je parle, ma sœur en mariage.» Je crois devoir reproduire ici les renseignements fournis sur ce point, en 1881, par l'éditeur des *Correspondants de Peiresc* : «Henriette Bouchard, qui, si l'on en croyait la relation de son misérable frère, aurait été sa complice dans quelques-unes de ses intrigues, n'épousa pas M. de Magalas; elle se maria deux fois, comme nous l'apprend M. P. Paris d'après les dossiers du cabinet des titres (*Historiettes*, t. VII, p. 162): d'abord avec Gaspard du Lac de Chemerolles, sieur de Courbanton, ensuite avec Charles de Saint-Quentin, gouverneur de Bourbourg.»

parmy d'autres affaires, car cez lettres courent fortune d'estre long temps toutes clozes sur leur tapis, faulte de loisir de les lire. Et quand vous sçavez qu'une lettre est pour vostre affaire, vous la pouvez faire porter en temps et lieu opportun, auquel il la puisse lire. Que si l'une et l'autre condition vous manquoient, et que vous partiez au voyage de Constantinople, je ne manqueray pas d'escrire à M[r] le comte de Marcheville, toutes et quantes foys il vous plaira. Et pense que les lettres de ce bon père Hiacynthe[1] seront encores plus puissantes que les miennes sur son esprit pour vous faire trouver le plus favorable accueil que vous sçauriez desirer chez eux. Mais pour vous faire donner de l'entretien j'en doubte grandement, principalement pour les miennes, car il a bien eu des affaires sur les bras, et il avoit mené d'icy des gents dont il ne fut pas marry de se descharger, si je ne me trompe, ce que je dis à vous confidament, et vous prie que ce ne soit qu'entre nous deux pour vous monstrer seulement la franchise de mon naturel. Il vauldroit bien mieux avant que vous embarquer à un si long et dangereux voyage, d'attendre la responce qu'il pourroit faire sur cela au bon P. Hiacynthe afin de ne vous pas mettre en mer sans biscuit.

Je croys bien que si vous faictes le voyage, il ne vous sera pas malaisé de flatter un peu le patriarche Cyrille[2], et d'acquerir ses bonnes graces en sorte que vous puissiez mettre le nez dans ses libvres mss. et par son intercession dans bien des monasteres du Mont Athos, qui meriteroit un voyage exprez et un sesjour considerable, auquel je croys bien que M[r] l'ambassadeur vous assisteroit volontiers et de sa faveur et de son credit. J'en ay bien peu, mais encores auroys-je courage de vous faire fournir quelque partie, pour vous en prevaloir en une si bonne occasion, sans qu'il fust de besoing de recourir à d'autres. Mais

---

[1] Dans la lettre dont il vient d'être question, Bouchard s'était ainsi exprimé (p. 15): « Le P. Hyacinthe, capucin, qui fait les affaires du P. Joseph, et qui est fort de mes amis, m'ayant assuré que sur les lettres que je porteray de sa part à M. l'ambassadeur Marcheville, qu'il me donnera entretien chés soy tant que je voudray. »

[2] Cyrille Lucar, patriarche de Constantinople, plusieurs fois mentionné dans les *Lettres de Peiresc aux frères Dupuy*.

ce ne seroit pas jamais sans regret des dangers que vostre persone pourroit courrir de par de là à touts moments parmy des peuples si barbares et si desfiants. Vous en userez comme il vous plaira.

Il me reste à vous remercier, comme je faictz trez humblement, des bons offices que vous avez daigné rendre à Messrs de Boissieu, Videl et Hugon (auxquels je ne prends pas moings de part qu'eux), et des nouvelles des livres du sr Leo Allatius, Cremonin, Spinelli, Camilli, Gravina, et Thomas Vaira de l'histoire de Naples[1], lequel nous avons interest de voir quand il sera en vente, à cause que les roys de Naples durant 300 ans ont esté noz comtes de Provence la pluspart.

Mr Gassend avoit veu la crisis contre le pauvre Erycius Puteanus[2] il y a assez long temps, mais nous ne vous sommes pas moins redevables de vostre bonne volonté, comme je m'asseure qu'il le vous tesmoignera, quand il respondra à vostre pacquet lequel je luy ay faict tenir seurement. Mais je ne vous sçaurois exprimer combien je vous suis redevable de la recherche que vous avez daigné faire dans le Vatican de touts cez petits fragments de Ponderibus et Mensuris, lesquels ne seroient pas de grande coustance à faire transcrire s'il est loisible, je veux dire les anciens qui sont de si peu de feuillets. Ils se pourroient touts mettre dans une coupple de cahiers escripts en des feuilles de papier à peu prez de la grandeur de cette feuille, et y cotter les nombres des volumes d'où ils seront extraictz en teste de chascun pour y avoir recours en cas de besoing de conferer quelque mot ou quelque note particuliere, et quand on y joindroit le Volusius Metianus[3], il est de si

---

[1] Sur ces divers écrivains, voir, outre les *Lettres de Peiresc aux frères Dupuy*, les *Lettres de Bouchard à Peiresc* et celles de Gabriel Naudé au même (fascicule XIII, 1887). Je rappellerai seulement, au sujet du premier nom de cette liste, que Bouchard, dans son testament, a très honorablement mentionné Leo Allatius, l'appelant « Græcorum hujus sæculi eruditissimo et optimo ». Avec ce témoignage doublement flatteur Bouchard laissa au bibliothécaire du Vatican les portraits du pape Urbain VIII et des deux cardinaux Barberini.

[2] L'humaniste Van de Putte au sujet duquel je me contenterai de renvoyer aux *Lettres de Peiresc aux frères Dupuy*.

[3] Volusius (Lucius), surnommé Metianus, fut un jurisconsulte contemporain de l'empereur Antonin, qui le protégea beaucoup, comme nous l'apprend Julius Capitolinus.

peu de feuillets qu'il n'y auroit pas grand danger, pour peu que le coppiste soit soigneux de bien imiter les notes et qu'il vous plaise de cotter de quelle antiquité à peu prez est ce ms. car les diverses leçons pourroient bien secourir l'edition qui en a besoing en plusieurs lieux où elle semble fort incorrecte.

Quant à ces *Collectanea Angeli Colotii*[1], je n'en serois pas si friand, si ce n'est de ses experiances comme je crois qu'il y en aye plusieurs, et qu'il ayt examiné plusieurs vases antiques et faict portraire divers monuments de l'antiquité. Que si vous ne jugiez pas qu'il y eust trop de difficulté de les faire transcrire bout à bout, je n'y plaindrois pas la despence, mais je vouldroys tousjours estre nanty des autres opuscules anciens, avant que tenter la transcription de celuy-là. Mr de Bonnaire fera fournir par Mr d'Espiots tout ce que vous ordonnerez pour le coppiste et je vous serviray partout où vous me commanderez comme,

Monsieur,

vostre trez humble et trez obligé serviteur,

DE PEIRESC.

A Aix, ce 21 septembre 1633.

Le livre trouvé au corps d'une mommie est de feuillets d'anciens papyrus, escripts de caracteres hieroglyphiques touts pareils à ceux des obelisques où il se void des taureaux et autres animaulx, et mesmes des figures humaines ensemble d'autres plus menus caracteres comme de la table Bembine du Pignorius[2], mais point de lettres grecques. Si Monsieur le cavalier P° Della Valle nous laissoit voir son dictionnaire[3], il en auroit, comme j'espere, de la satisfaction toute autre qu'il

---

[1] Ange Colocci, né on ne sait trop en quelle année dans la Marche d'Ancône, fut évêque de Nocera et mourut à Rome le 1er mai 1549. Ginguené (*Biographie universelle*) déclare que ses ouvrages sont plus nombreux qu'importants. Voir une mention de Colocci à la page 19 du fascicule III.

[2] Lorenzo Pignoria. Voir le recueil des *Lettres de Peiresc aux frères Dupuy* où il est question de cet antiquaire dès les premières pages (t. I, p. 3 et 4).

[3] Le voyageur Pietro della Valle et le dictionnaire copte manuscrit qu'il avait rapporté de ses voyages en Orient, et dont il était le très jaloux possesseur, sont souvent mentionnés dans les *Lettres aux frères Dupuy*.

ne pense, mais j'en attends un du Cayre, qui arrivera possible aussy tost et croys que le public tirera bien du fruict de la communiquation de toutes ces pieces, Dieu aydant. Vous m'obligerez bien fort de m'entretenir en l'honneur de ses bonnes graces, et de l'asseurer que s'il veult caution de son livre, je la luy feray bailler telle qu'il jugera pouvoir estre de mon credit et que son libvre luy sera fort fidelement rendu, ne pretendant pas le garder plus de deux moys tout au pix, et esperant de luy en pouvoir un jour confier d'autres des plus rares que je puisse avoir, s'il nous tesmoigne d'en vouloir des nostres[1].

XI

À MONSIEUR, MONSIEUR DE FONTENAY BOUCHARD,
À ROME.

Monsieur,

Je reccus hier au soir une despesche du 12 novembre venüe par conterolleur de chez Mʳ de Crequy, lequel je n'ay pas veu, pour ne m'estre rencontré chez nous à mon grand regret, car j'eusse bien prins du plaisir à luy demander de voz nouvelles, mais en revanche, j'eus l'honneur d'entretenir une bonne heure Mʳ de Sᵗ Aman[2], avec une consolation nompareille, ce qui ne fut pas sans parler de vous, avec les eloges d'honneur que merite vostre vertu et vostre candeur, comme aussy du venerable P. Dom Du Puy[3], et des bons offices que vous

---

[1] Bibliothèque de l'École de médecine de Montpellier, vol. H 271, fol. 223. Autographe.

[2] Il s'agit là du futur académicien, Marc-Antoine de Gérard, sieur de Saint-Amant. Voir sur le séjour du poète à Belgentier les *Lettres de Peiresc aux frères Dupuy*. Le bon Peiresc fut enthousiasmé de son hôte qui mettait dans ses récits de voyage la verve spirituelle qui étincelle dans sa *Rome ridicule* et dans son *Poète crotté*.

[3] Voir dans le testament de Bouchard (p. 6) l'hommage rendu à Christophe du Puy, «virum nobilem et doctum». Le testateur, en souvenir des bienfaits reçus du prieur de la chartreuse de Rome, laissa à ce monastère tout l'argent qu'il possédait : *lego universam pecuniam quam nunc Romæ habeo*. Rien ne pouvait être plus agréable à l'aîné des frères Dupuy qu'un tel legs qui lui permettait de continuer la décoration de sa chère chartreuse, déjà embellie par ses soins avec un filial amour.

m'aviez rendus l'un et l'autre auprez de ce gentilhomme, qui m'ont procuré le bien de sa cognoissance, que je ne sçauroys assez prixser, mais je crains qu'il m'aura trouvé bien eslogné des termes auxquels vous luy aviez parlé de moy, et bien indigne de la bonne opinion que vous luy aviez faict concevoir, s'il ne se paye de ma bonne volonté aultant et plus que des effects, parmy mes foiblesses qui n'en peuvent guieres produire.

Quant au subject de vostre lettre j'ay esté marry que vostre pacquet ne soit arrivé un jour plus tost, car je l'auroys peu envoyer par l'ordinaire à M⁰ de Digne[1] à Paris où il s'est acheminé. Il fauldra attendre le prochain. Cependant je me suis dispancé de l'envoyer à M⁰ Gassend à Digne, sur l'opinion que j'ay prinse, puisque vous l'adressiez en ce lieu là, qu'il y pouvoit avoir des lettres pour luy, à celle fin qu'il en ouvre l'enveloppe pour les prendre, et me r'envoye le reste qui appartiendra à M⁰ de Digne pour le luy faire tenir par la poste, croyant bien qu'il aye ce credit la auprez de luy et davantage, et que vous n'aurez pas dezagreable que j'aye prins cette liberté, puisque nous en avions le loisir, en attendant la commodité de l'ordinaire et que vous tesmoignez tant d'amitié envers M⁰ Gassend, jugeant par la forme du pacquet que vous y aurez mis les mesmes petits livretz que vous m'avez daigné despartir tant de la bibliographie politique de M⁰ Naudé[2] et de son action de grâces[3], que de cette Republique de S⁰ Marino, dont

---

[1] Raphaël de Bologne, qui siégea de 1628 à 1653, et qui fut le protecteur et l'ami de Gassendi, est souvent mentionné dans les *Lettres de Peiresc aux frères Dupuy* et dans les *Lettres de Bouchard*. Sur le séjour de ce prélat à Rome en 1632-1633, j'ai cité (page 14 du fascicule III des *Correspondants de Peiresc*) les indications fournies par le *Gallia Christiana* (t. III, col. 1135). Cf. mon petit recueil des *Lettres inédites de Jacques Gaffarel* (Digne, 1886, in-8°, p. 8).

[2] Naudé, dans une lettre écrite de Padoue à Peiresc le 16 juin 1633, disait (page 20 du fascicule XIII déjà cité) : « Ma bibliographie aussy commence de rouller soubs presse et quant elle sera achevée je donneray ordre que vous en ayez des premiers affin d'en recepvoir vostre jugement. »

[3] Cette *action de grâces* du nouveau docteur venait de paraître en une plaquette intitulée : *Gratiarum actio habita in collegio Patavino pro Philosophiæ et Medecinæ laurea ibidem impetrata anno 1633 die 25 Maii. Cum faustis amicorum acclamationibus.* (Venise, 1633, in-8°.)

nous n'avions pas encores veu la premiere piece ne M‍ʳ Gassend ne moy[1]. C'est pourquoy je vous en remercie trez humblement, et ne manqueray pas d'en remercier ledict s‍ʳ Naudé la premiere foys que je lui escriray, comme je vous remercie aussy trez affectueusement de la continuation que vous me promettez de vos bons offices, et dont vous m'avez donné de si dignes premices, tant envers le s‍ʳ Pietro Della Valle que autres, pour raison de quoy je tascheray de faire mon proffit des bons advis qu'il vous plaict me donner, et feray solliciter à Paris la restitution de son Pentateuque, comme il est trez juste et raisonable, laquelle ne seroit pas à faire, je m'asseure, s'il l'eusse faict passer par mes mains, comme il l'avoit tesmoigné desirer. Mais le P. Bertin, à qui il l'avoit consigné, eut quelque jalousie de moy, puisqu'il ne voulut pas que j'en eusse la veüe seulement à son passage par Boysgency, bien que c'eust esté par mon moyen que ledict s‍ʳ P⁰ Della Valle avoit consenty à la communication de son livre, de quoy je ne voulus pas pourtant me formaliser, de peur d'interrompre le fruict qui pouvoit revenir au public de la publication de cette piece. Mais à cette heure que je voids qu'ils tardent tant de la rendre, je veux en poursuyvre la restitution pour conserver le credit de la nation parmy les estrangers. Il est veritable que ledict s‍ʳ P⁰ della Valle avoit employé le P. Thomas de Novarra, cordelier, à l'entreprinse de l'edition de son dictionnaire cophte, mais il est mort, et je ne pense pas qu'il se fust mis en peine d'en imprimer autre chose que le simple alphabet avec l'assemblage que j'ay veu de quelques syllabes, et un petit pseaulme de David dont il avoit faict imprimer le texte, mais il n'avoit pas encore osé y joindre aulcune version, tant il estoit encores esloigné d'une cognoissance entiere de cette langue. C'est pourquoy ces Mess‍ʳˢ sont encores bien esloignez de par delà de cette entreprinse qui est plus grande encores qu'ils ne pensent et qu'ils ne disent et digne d'y employer les plus doctes hommes du siècle, estant trez veritable qu'il y fault toutes les qualitez que re-

---

[1] *Dell' origine e governo della Republica di S. Marino breve relatione di Matteo Valli secretario e cittadino de essa Republica*, avec préface latine de Naudé adressée à son ami F. de la Mothe-le-Vayer. (Padoue, 1633, in-4°.)

quiert le sieur Della Valle, et beaucoup d'autres qui se trouveront plustost de deça que de delà les Monts, quelque esperance qu'il en aye peu concevoir, et ne suis poinct resolu de cesser mes instances en leur endroict, s'ils ne m'en veulent exclure tout à plat, quelque esperance que je puisse avoir de recouvrer des pieces pareilles aux leurs, quand mesmes je les auroys desja receües, pour me conserver ce moyen de les faire collationner les unes aux autres avant que les mettre soubs la presse, et vous me ferez un singulier plaisir d'embrasser toute sorte d'occasions que vous rencontrerez de m'entretenir aux bonnes graces du sʳ Pᵒ Della Valle, et de luy faire cognoistre combien je l'estime et l'honnore, et le plaisir que j'auroys de le pouvoir servir et luy rendre quelque digne revanche de l'affection qu'il luy a pleu me tesmoigner.

Je seray attendant ce que vous pourrez arracher des traictez de Ponderibus et Mensuris du Vatican, me recognoissant infiniment redevable à vostre desbonnaireté, du soing que vous avez daigné en prendre sur vous, aussy bien que de l'advis des pieces antiques du cabinet du feu cardinal Borghese[1], mais puisque Mʳ Holstenius ne le sʳ Menestrier n'ont peu en avoir la veüe, je ne pense pas que j'en puisse esperer aulcune communication. Et de faict j'avoys desiré quelque examen d'une seule piece en forme de Trepied, que je n'ay peu obtenir du vivant de ce personage, encores qu'il eusse tesmoigné quelque inclination à me faire plaisir, ayant prins excuse que la piece ne se trouvoit poinct encores qu'elle eust esté veüe peu de temps auparavant, ce que j'imputoys à la jalousie de ceux qui en pouvoient avoir la garde, plus tost qu'à autre chose. Et Dieu sçaict si ceux qui auront succedé à ce cabinet seront plus accostables et plus traictables!

C'est la mode en ce païs là de ceux qui veulent tenir en plus de reputation leurs œuvres d'en faire imprimer un si petit nombre d'exemplaires, que les curieux soient constrainctz de les payer au quadruple de leur valleur, pour en avoir, et quand on a cet advis, il s'en fault pourvoir dez le commencement, avant que ce petit nombre soit dis-

[1] Scipion Caffarelli-Borghèse, neveu du pape Paul V, fut revêtu de la pourpre romaine le 18 juillet 1605 et mourut le 2 octobre 1633 à l'âge de cinquante-sept ans.

tribué. C'est pourquoy je ne doubte pas qu'il ne me soit bien difficile à present d'avoir jamais un exemplaire de cette histoire de Naples de Thomas Vaira dont vous me faictes feste, si ce n'est par grand hazard, qu'il s'en trouve à revandre quelque exemplaire de ceux qui ont esté distribuez les premiers[1]. Et vous m'obligerez bien d'y tenir la main à cause que je suis obligé d'avoir tout ce qui se peult en cette matiere pour la meslange de nostre histoire avec celle de Naples.

Nous n'avons encor icy aulcunes nouvelles certaines de la venüe de Mr de Nouailles, pour juger du temps de son passage, mais nous sçavons bien que M^r le mareschal de Vitry l'attend en bonne devotion et en ung besoing nous tascherons de le faire agir pour vous, attendu que je n'ay aulcunes habitudes avec luy. Cependant puisque vous l'avez ainsin desiré, j'escripts à l'Eminentissime cardinal Barberin, en remerciment de l'intercession qu'il vous a promise envers l'Eminentissime cardinal Antoine, son frere. Bien marry qu'il ne vous ayt employé à l'intendance de sa bibliothèque et qu'il ayt mis en cette place un homme d'une profession si differente et si mal compatible à celle de la culture des bons livres. Il semble qu'il y ait de la fatalité en ce monde pour empescher que ceux qui ont de quoy vivre ne se sçaichent pas traicter et que ceux qui ont ou peuvent avoir des livres n'en veuillent pas user, ne faire user ceux qui s'en pourroient le plus dignement acquitter. Mais ç'a esté de tout temps que l'on s'en est plaint, et pense qu'on sera tousjours en la mesme peine pour nous faire trouver la chose meilleure, quand il arrive quelque succez plus conforme aux souhaits des galants hommes, lesquels je vouldrois bien voir accomplys, en vostre digne employ, et y pouvoir contribuer de quoy vous faire croire de combien bon cœur je suis,

Monsieur,

vostre trez humble et trez obeissant serviteur,
DE PEIRESC.

A Aix, ce 15 décembre 1633.

---

[1] Quoique si rare, l'ouvrage de Th. Vaira n'est pas indiqué dans le *Manuel du libraire*.

J'envoye presentement à l'Eminentissime cardinal Barberin les premieres feuilles du second volume des anciens historiens françoys de l'edition de Mʳ du Chesne[1] qui est soubs la presse. Et d'aultant qu'il m'avoit promis des extraicts de troys chroniques anciennes de sa bibliotheque des siècles de la race de Charlemaigne, des monasteres de Subiaco et deux autres abbayes des environs, j'escripts à Son Emᶜᵉ que vous ferez volontiers le choix et la transcription de ce qu'il y aura dans ces troys volumes qui regarde la France ou les affaires de cez princes françois, et avec cette occasion je le prie de les vous faire mettre en main, pour soulager d'aultant Mʳ de Vaison à cette heure que sa prelature l'occupe davantage, et le remercie de l'intercession qu'il vous promet envers son frere, avec supplication d'achever l'affaire et de vous fournir cet employ sur l'occasion de sa protection[2].

XII
À MONSIEUR, MONSIEUR DE FONTENAY BOUCHARD,
À ROME.

Monsieur,

Je respondis à vostre derniere despeche plus d'un mois y a, et taschay de satisfaire à ce que vous me commandiez selon qu'il me fut possible. Nous attendons à cette heure Mʳ de Nouailles avec un peu plus d'asseurance que nous n'avions faict jusques à present, parce qu'on nous mande de Paris qu'il avoit prins congé de Messʳˢ les Ministres. Je ne manqueray poinct de vous faire rendre icy auprez de luy tous les bons offices que je pourray par Mᵍʳ le Mareschal de Vitry, et de vous y servir tout le mieux que je pourray, comme en toute autre chose où

---

[1] *Historiæ Francorum scriptores coëtanei*, etc. Paris, Cramoisy, in-fol. Le *Manuel du libraire* place la publication des cinq volumes de ce beau recueil entre 1636 et 1649. On voit que le tome II commençait déjà à être imprimé à la fin de 1633.

[2] Bibliothèque de l'École de médecine de Montpellier, vol. H 271. fol. 224. Autographe.

vous me daignerez commander. Cependant je vous envoye une lettre de Mʳ Gassend, et de son ordre je vous faicts l'addresse d'un sien pacquet pour faire tenir, s'il vous plaict, par quelque voye asseurée au sʳ Galilée en main propre, s'il est possible, soit qu'il ayt eu la permission de se retirer chez luy, ou bien qu'il soit encores à Sienne chez Mʳ l'Archevesque, où Mʳ de Sᵗ Amand me dict l'avoir veu en revenant de ce païs[1]. Et s'il trouve bon de vous respondre, et adresser sa responce aux lettres cy joinctes de ses amys, vous me les pourrez faire tenir, s'il vous plaict, soubs les enveloppes du sʳ Caval. del Pozzo. Et si c'estoit chose de plus gros volume que des lettres, il faudroict se servir des adresses de Mʳ de Bonnaire, du sʳ Guillaume d'Espiots, et du sʳ de Gastines par lesquels le tout me sera fidèlement envoyé, et par moy à M. Gassendi[2]. Sur quoy je finis et demeure

Monsieur,

vostre trez humble et trez obeissant serviteur,
DE PEIRESC.

A Aix, ce 27 janvier 1634.

Si vous n'avez faict travailler à transcrire cet opuscule de l'Aristarchus Samius de differentiis solis et lunæ, il ne sera plus besoing de le faire, s'il vous plaict, car on me le transcript d'ailleurs, et vous prie de donner le mesme advis à Mʳ Naudé, à qui je ne puis escrire presentement, afin qu'il ne s'en mette en peine de son costé nomplus. Que si cela estoit desjà transcript, ne laissez pas de me l'envoyer, car je ne seray pas marry d'en pouvoir faire faire la collation sur l'aultre que l'on m'envoye d'ailleurs[3].

---

[1] Savait-on que le poète Saint-Amant avait eu l'honneur de voir Galilée à l'archevéché de Sienne? Je ne trouve aucune mention de cette visite ni dans les œuvres de l'académicien, ni dans les notices de ses biographes. On trouvera plus de détails sur les communications de Saint-Amant relatives à Galilée dans deux lettres de Peiresc à Gassendi, vers la fin du présent volume.

[2] *Sic*. Ainsi dans la même lettre Peiresc écrit une fois *Gassend*, et une autre fois *Gassendi*, le tout très lisiblement.

[3] Bibliothèque de l'École de médecine de Montpellier, H 271, fol. 228. Autographe.

XIII

A MONSIEUR, MONSIEUR DE FONTENAY BOUCHARD,
A ROME.

Monsieur,

Suyvant ce que vous m'aviez ordonné je n'ay pas voulu manquer de vous tenir adverty de ce que m'a escript Mʳ l'Evesque de Vaison de la part de l'Emᵐᵉ Cardᵃˡ patron, en responce de ce que j'avoys requis à S. Emᶜᵉ pour vostre employ, et de ce que je luy en ay escript par replique avec la presente despesche. Que si je pouvois contribuer de mon sang pour vostre satisfaction plus entiere, je vous asseure que je ne l'y espargnerois nullement, et que je suis tout à faict à vostre service, sans reserve quelquonque d'aulcune chose qui me puisse estre loisible. Nous n'avons encore aulcunes nouvelles bien certaines du temps de la venüe de Mʳ de Nouailles, et je seray en grande impatience jusques à tant que j'entende que vous ayez esté effectivement receu à l'employ que vous pouvez desirer en ce païs là, le plus conforme à vos merites qu'il sera possible, estant de tout mon cœur,

Monsieur,

    vostre trez humble et trez obligé serviteur.
       DE PEIRESC.

A Aix. ce 22 février 1634.

Depuis avoir escript, je viens d'apprendre tout presentement qu'il est arrivé un aumosnier de Mʳ le comte de Nouailles, qui a dict à l'oreille à quelque sien amy que son maistre vouloit passer incogneu, n'estimant pas que Mʳ le Mareschal de Vitry veuille aller au devant de luy pour le traicter en Ambassadeur comme il presuppose luy estre deub, et qu'il se veult embarquer à Marseille incontinant que le temps le luy permettra. De façon qu'à ce compte nous n'aurons pas le bien de voir icy ce seigneur, dont j'auray un extreme regret pour l'amour de vous, et que mes infirmitez ne me puissent permettre de l'aller voir à Marseille, et pour comble de malheur mon frère de Vallavez, qui y exerce la charge de vighier cette année, et qui eusse peu en quelque façon suppleer à mon deffault, se trouve engagé à un voyage pour une quinzaine de jours, par commandement de mondict seigneur le Gouverneur, durant lesquels je crains bien que Mr de Nouailles ne nous eschappe. Ce que j'y trouve de pix est cette semence de malentendu entre luy et Mgr nostre Gouverneur, lequel je pensoys faire agir envers luy en vostre faveur. Car je n'y ay du tout poinct d'habitude de mon chef, tellement que si cela va de longue, je ne voys pas qu'il me reste aulcun moyen de vous y servir à mon trez grand regret, dont je vous crie mercy, et ne sçauroys qu'y faire de plus. Que si la proposition de l'Eminentissime cardinal Barberin pouvoit reussir, je n'y plaindroys du tout rien, estimant qu'en toute façon auriez vous bien de la peine de vous rien promettre de bien solide auprez de cet Ambassadeur puisque les parents que vous avez à Paris, avec toutes leurs habitudes chez luy, n'y ont sceu rien advancer de bien formel et bien precis, comme il eust esté à desirer.

Ce 24 febvrier.

Mr l'Evesque de Vaison m'ayant escript deux lettres de mesme datte dont l'une (que je vous envoye cy joincte) est que des chefs que l'Eminentissime Cardinal patron luy avoit commandé de m'escrire principalement, ce semble, pour l'amour de vous et de ce qui vous pouvoit concerner, comme s'il en avoit voulu faire la lecture à S. Em. avant que me l'envoyer, sans y rien mesler de ce qu'il avoit à m'escrire en son particulier en response de mes lettres, qu'il a mis en feuille et en un pacquet à part, où il m'accuse aussy pour vostre regard sa precedente lettre, je luy ay pareillement escript deux lettres separées, et vous envoye coppie de celle qui vous touche, afin que s'il en vouloit monstrer l'original à son maistre, il le puisse faire sans luy rompre la teste des autres chefs qui le peuvent toucher luy en son particulier[1].

---

[1] Bibliothèque de l'École de médecine de Montpellier, H 271, fol. 234. Autographe. Au folio 232 se trouve la lettre en italien écrite par Peiresc au cardinal François Barberini et dont il parle à Bouchard. Cette lettre est du 23 février 1634.

XIV

À MONSIEUR, MONSIEUR DE FONTENAY BOUCHARD,
À ROME.

Monsieur,

Depuis la reception de vostre despesche du xi febvrier, avec les cahiers transcripts du Vatican dont je vous suis bien redevable, et dont je vous respondray par le prochain un peu plus à loisir Dieu aydant, nous avons eu le bien de voir icy aujourd'huy Mgr le comte de Nouailles, avant qu'il en soit party pour Marseille, et aprez un discours de diverses persones de lettres de grand merite en ce siecle, je vous ay mis sur le tapis, pour tascher de recognoistre s'il estoit en bonne disposition de vous employer ou favoriser. Aussytost il a tesmoigné l'estime qui luy avoit esté faicte de vostre merite et de vostre [vertu], et qu'il en feroit encores davantage dezhormais aprez l'approbation qu'on en faisoit icy. J'ay adjousté ce que je sçavoys de vostre passion particuliere à son service et combien vous vous tiendriez honoré d'estre employé chez luy. Il a reparty avec des termes de compliments fort honnestes et fort obligeants, mais sans rien determiner pour vostre employ, dont je n'ay pas lors osé faire de plus grande instance. J'avoys M^r d'Ampus (qui l'a fort gouverné en Avignon)[1] et mon frere de Vallavez (avec qui il avoit d'assez grandes habitudes depuis la tenüe des derniers Estats Generaulx)[2], lesquels vous y ont rendu quant et moy touts les bons offices et touts les services qu'il estoit possible. Enfin comme je prenoys congé de S. Exc^{ce} il m'a tiré à part pour me faire de grandes offres de son honnesteté pour mon regard, dont je luy ay rendu touts les compliments et actions de graces que j'ay peu, mais je l'ay conjuré d'agreer que j'en receusse les effects en vostre persone, s'il y avoit moyen de vous admettre à son service. Il m'a lors demandé si je sçavoys bien à quoy vous pouviez estre propre. Je luy ay dict tout ce que j'en

---

[1] Le gentilhomme comtadin dont il a été question plus haut (lettres à Borrilly). — [2] Les États généraux de 1614.

pouvoys sçavoir au moings mal qu'il m'a esté possible, et lors luy ay nommé non seulement le R. P. Hyacynthe, et Mʳ le baron de Magalas, mais aussy les sieurs de Murat¹, d'Audiguier² et de Luzarches Il s'est incontinent ressouvenu des instances qui luy en avoient esté faictes par le P. Hyacynthe et par ledict b[aron] de Magalas, aussy bien que de Mʳ vostre pere, mais des autres il ne m'en a rien dict expressement, ouy bien du grand concours qu'il y avoit eu en cour de ceux qui luy avoient esté presentez pour l'exercice de la charge de secretaire et de la peine où il s'estoit trouvé, et où il en estoit encores. Il m'a encores demandé si je pensoys que vous peussiez bien vous charger du travail des lettres missives, et si vous possediez bien la langue de ce païs là. Je luy en ay dict ce que je pouvoys et vouldroys bien avoir eu de meilleur moyen de m'acquiter dignement de cet office, m'ayant certainement faict cognoistre tout plein de bonne volonté pour vous, mais aussy un peu de regret que cela n'eust esté poursuyvy et determiné avant son depart de la Cour, qui est ce qui me faict le plus apprehender qu'on ne l'aye faict engager de parole de quelque autre costé, aprez quoy j'ay creu qu'il y eust eu de l'incivilité de le presser davantage, de crainte de faire anticiper quelque responce d'exclusion, estimant qu'il valloit mieux laisser faire au temps une partye de ce qui y reste et que possible la veüe de vostre persone et l'essay qu'il en pourroit faire vous y donneroient plus d'ouverture que nous ne pensons, principalement si vous vous estes acquis de par delà quelque reputation de flegma que

---

¹ Il s'agit d'Antoine de Murat, lieutenant général en la sénéchaussée d'Auvergne et au présidial de Riom, conseiller d'État en juin 1610. Voir le *Moréri* de 1759 qui ajoute qu'il mourut à Riom, qu'il fut enterré dans l'église de Saint-Amable et que sa famille est représentée à Riom par celle des sieurs Chabrols qui descendent de Catherine de Murat, sa sœur.

² Je suppose que Peiresc veut parler de Pierre d'Audiguier, neveu du romancier Vital d'Audiguier, seigneur de la Menor. Il ne peut être question ici de ce dernier écrivain, car il avait été assassiné déjà depuis plusieurs années au faubourg Saint-Germain, non en 1630, comme on l'a souvent dit, mais en 1625, comme l'atteste Guillaume Colletet qui lui avait consacré une si curieuse notice dans ses *Vies des poètes françois*, notice dont quelques fragments nous ont été conservés par le bibliographe A.-A. Barbier, dans l'article *Audiguier* de l'*Examen critique et complément des Dictionnaires historiques les plus répandus* (1820, in-8°).

les Italiens desirent tant à ceux de nostre nation, pour les rendre plus agreables aux negociations.

Que si vous ne songiez poinct à un employ formel de present en la fonction de secretaire, ains que vous vous contentassiez d'une place honoraire pour vacquer tousjours aux belles-lettres et aux meilleurs livres, je ne pense pas qu'il ne vous fusse fort aisé d'entrer chez luy sans obstacle quelquonque. Et par aprez vous verriez tout à loisir d'essayer si vous pourriez vous astreindre à un labeur si differant de celuy de la lecture des bons livres anciens.

Il a prins à son service Mr Bourdelot en qualité de medecin qui est bien jeune[1], mais neantmoings trez bien versé en la theorie de la science dont il faict profession et en la cognoissance des bonnes lettres de toute sorte, avec une rare et bien recommandable curiosité et modestie. J'estime que si vous avez du moyen de l'obliger vous le ferez volontiers, car il le merite, et que les habitudes que vous pourrez prendre avec luy ne vous nuyront pas, ains que vous y trouverez une digne correspondance et peult estre bien utile quelque jour. C'est tout ce que je vous puis dire dans la presse où nous sommes presentement de crainte que le beau temps ne fasse mettre les galeres à la voille dez demain. C'est pourquoy je finiray par la continuation de mes vœux pour vostre prosperité conforme à ce que merite vostre vertu, et que le vous souhaitent voz plus fideles serviteurs du nombre desquels sera toute sa vie,

Monsieur,

vostre trez humble et trez obeissant serviteur,
DE PEIRESC.

A Aix, ce 18 mars 1634[2].

---

[1] Pierre Michon, dit l'abbé Bourdelot, n'avait alors que vingt-quatre ans, étant né le 2 février 1610. Ce correspondant de Peiresc figure souvent dans les *Lettres aux frères Dupuy*. Bouchard était déjà très lié avec lui quand il en fit ce bel éloge, car il raconte (*Voyage de Paris à Rome*, p. 82), qu'avant son départ pour l'Italie, «il print un régime de vivre en ces climats chauds que lui composa exprès son bon ami Bourdelot le médecin».

[2] Bibliothèque de l'École de médecine de Montpellier, H 271, fol. 235. Autographe.

XV

À MONSIEUR, MONSIEUR DE FONTENAY BOUCHARD,
À ROME.

Monsieur,

Vous aurez cette lettre de la main de Mr Bourdelot, qui a desja l'honneur, je m'asseure, d'estre cogneu de vous aussi bien que M^r son oncle [1], et leur erudition singuliere, avec tant de merite, et d'autres recommandables parties, qui leur ont acquis tant d'amys et serviteurs, entre lesquels si bien je suys des moyndres en moyen de meriter l'honneur qu'il y a pour moy, je ne cederoys pas facilement à d'autres en devotion toute entiere à leur service, et en cette qualité vous ne les sçauriez obliger que je n'y praigne la part que je doibs, vous suppliant de l'agreer ainsi que de leur faire cognoistre par vostre bonne correspondance à l'estime qu'ils font de vostre vertu, que quoyque je ne soys pas digne de cette intervention, ce neantmoings ma consideration ne desroge pas à l'amitié que vous leur portez, et qu'elle y contribue tout ce qui y peult escheoir de ma part, à tout le moings pour ma satisfaction particuliere.

J'ay prins un indicible plaisir à gouverner ici quelque petite heure à la desrobee ce jeune gentilhomme, et vouldroys bien avoir peu jouyr un peu plus à souhaict d'une si doulce conversation, mais encores estoit ce trop de bonheur pour moy, qui ne pouvoys meriter cet honneur et advantage, dont je loue Dieu de tout mon cœur, le suppliant de luy estre propice en ce voyage et de me fournir des occasions de vous pouvoir moustrer par mes services, comme à eux, que je suis de toute mon affection,

Monsieur,

vostre trez humble et trez obeissant serviteur,
DE PEIRESC.

A Aix, ce 18 mars 1634.

---

[1] Jean Bourdelot, l'éditeur de Lucien, d'Héliodore et de Pétrone, eut, comme son neveu, l'honneur d'être en correspondance vec Peiresc qui cite souvent son nom en écrivant aux frères Dupuy et à ses autres amis.

Je ne vous doibs pas celer que Mgr l'Ambassadeur m'a tesmoigné d'avoir eu de trez bonnes relations de vostre merite et d'avoir des grandes inclinations d'honorer vostre vertu[1].

XVI

À MONSIEUR, MONSIEUR DE FONTENAY BOUCHARD,
À ROME.

Monsieur,

J'avoys faict retenir ce duplicata de la lettre que je vous escrivis par les galeres[2], pensant le vous pouvoir envoyer par la poste, et par voye plus briefve, mais si le temps leur a esté aussy favorable en chemin qu'à leur depart, vous en aurez long-temps y a receu l'original, depuis l'expedition duquel sur ce que Mr le comte de Nouailles me tesmoigna en partant le desir qu'il eust eu d'avoir des nouvelles d'Italie avant son embarquement, l'ordinaire d'Avignon estant revenu de Genes le mesme jour, je prins volontiers l'occasion (pour l'amour de vous plustost que par envie que j'eusse de me faire de feste, et pour m'acquerir quelque habitude plus particuliere qui m'ouvrit d'autres moyens de vous servir auprez de S. Exce) de luy faire part des nouvelles qu'il m'avoit apportées de la revolte et mort de Valstain[3], dont il me sceut

---

[1] Bibliothèque de l'École de médecine de Montpellier, H 271, fol. 236. Autographe.

[2] Le duplicata de la lettre du 18 mars 1634, que l'on vient de lire sous le n° XV.

[3] Albert-Venceslas-Eusèbe de Walstein ou Wallenstein fut assassiné par l'ordre de l'empereur Ferdinand à Egra, au moment où il allait se réfugier chez les Suédois. Le comte de Nouailles remercia ainsi Peiresc de lui avoir transmis avec tant d'empressement cette grave nouvelle : «Monsieur, vous me tesmoignés trop d'affection et je vous suis infiniment redevable du soin que vous avés voulu prendre de me faire part des bonnes nouvelles que vous avés receues de Gennes, veritablement si importantes que j'aurois bien du regret de n'en avoir pas esté informé avant mon embarquement. Cette courtoisie, Monsieur, me faict esperer que vous continuerés lorsque je seray arrivé à Rome d'où je ne manqueray point de vous escrire fort souvent et vous offrir à toutes les occasions le credit et la faveur qu'un ambassadeur de France y peut avoir, duquel vous pouvés disposer absolument et le croire, Monsieur, vostre tres humble serviteur. Noailles. Marseille, ce 22 mars 1634.» La lettre autographe de l'ambassadeur, envoyée par Peiresc à

si bon gré qu'il me voulut honorer, en partant de Marseille, de la lettre que vous trouverez cy joincte, et dont les protestations me furent aussy confirmées par lettre de Mʳ Bourdelot qui m'y voulut rendre un trez bon office en entretenant son maistre un jour qu'il avoit prins medecine[1], avec la liberté permise à ceux de sa vocation. Je pensoys vous envoyer aussy sa lettre, mais je l'ay laissé esgarer sur ma table, non sans quelque regret, d'aultant que j'eusse desiré de vous faire apparoir de sa bonne volonté en mon endroict en cette rencontre que j'avoys affectée pour acquerir plus de moyen de vous servir en chose que vous desiriez si passionement, car sans vostre consideration je me seroys bien gardé de m'ingerer si avant en cette cognoissance. Je pensoys vous pouvoir escrire sur des extraits du Vatican, mais le courrier d'Avignon vient de me surprendre tellement qu'il fault clorre sans l'arrester, et je demeure,

Monsieur,

vostre trez humble et trez obeissant serviteur,

DE PEIRESC[2].

A Aix, ce 7 avril 1634.

Bouchard, est conservée dans la bibliothèque de l'École de médecine de Montpellier, au folio 291 du volume 271. Noailles, qui promettait à Peiresc de lui écrire *fort souvent*, tint-il sa promesse? Je n'ai retrouvé qu'une seule lettre adressée de Rome par l'ambassadeur à Peiresc. Cette lettre, qui appartient au fonds français de la Bibliothèque nationale (vol. 9537, fol. 93), a été publiée par M. Luigi Amabile dans son grand ouvrage sur Campanella (t. II, 1887, p. 229). J'en donne ici la reproduction : «Monsieur, le P. Campanella ayant par l'assistance que nous luy avons donnée, évité les hasards qu'il conroit en ce pays par la supercherie des Espagnols et trouvé moyen de s'en aller en France, il a ordre de vous voir, en passant, et vous assurer de mon service. Le sieur Bourdelot vous escrit si amplement les merites de ce personnage, que je ne vous en diray rien par celle-cy. — De Rome, 3 novembre, 1634.» M. Amabile (en la même page), a rapproché de ce billet les lignes suivantes adressées à son frère Charles de Noailles, évêque de Saint-Flour, par le protecteur de Campanella : «Vous verrés bientost à Paris un des plus sçavants hommes du siècle nommé le Père Campanella que les Espagnols ont martyrisé à Naples en une longue et rigoureuse détention et qu'ils vouloient perdre encore aujourd'huy parce qu'il a le cœur françois.»

[1] S'il m'était permis d'emprunter à Voltaire une de ses spirituelles plaisanteries, je citerais ici le *mollia fandi tempora*.

[2] Bibliothèque de l'École de médecine de Montpellier, vol. H 271, fol. 240. Autographe.

XVII

À MONSIEUR, MONSIEUR DE FONTENAY BOUCHARD,
À ROME.

Monsieur,

L'anticipation du passage de l'ordinaire d'Avignon, de plus d'un jour et demy, ne m'ayant pas donné le moyen de vous r'escrire, en response de vostre derniere du 8 may, je le faicts maintenant par la voye de Lyon quoyque plus longue que celle de Genes, parcequ'elle est plus frequente, car il fauldroit attendre un moys entier pour escrire par le suyvant ordinaire d'Avignon. J'ay donques à vous rendre mille trez humbles remerciments du soing et de la peine qu'avez prins à me faire extraire cez chroniques de Farfa et de St Vincent de Vulturne [1] que j'ay receues fort bien conditionnez par la voye de Marseille, conjoinctement avec le St Cyrille Ms. de Mr Holstein, depuis le temps mesmes que le courrier d'Avignon estoit ceans pour prendre mes lettres, par qui j'en accusay seulement la reception à la desrobée, à Mr de Bonnaire, qui m'en avoit faict l'adresse, et à M^r l'Evesque de Vaison, lequel je suppliay de vous faire mes excuses, de ma surprinse, mais je ne manquay pas pourtant de le remercier cependant des bons offices qu'il vous avoit rendus auprez de l'Eminentissime cardinal Patron, à qui j'en touchay aussy quelque chose. Et lorsque j'apprendray les effects de la parole qu'il vous a donnée en partant pour Castel Gandolfo, je redoubleray toutes mes petites forces pour l'amour de vous et de tout ce qui regardera voz interests, en son endroict, et de touts les siens. Et n'oublieray pas nomplus d'en remercier comme je doibs M^r le cavalier del Pozzo qui est la fleur des bons amys [2].

Le bon P. dom du Puy n'a peu mesme se tenir de prendre part en

---

[1] Sur ces chroniques, et sur la chronique de Subiaco, dont il va être question un peu plus loin, voir plusieurs passages du tome III des *Lettres aux frères Dupuy*.

[2] Charmante expression qui mérite d'être rappelée dans tous les éloges de ce cavalier del Pozzo en qui le cœur fut à la hauteur du talent.

vostre employ, et de m'en tesmoigner beaucoup plus de bon gré que je n'en sçauroys meriter, dont je luy suys infiniment redevable, en qualité de vostre serviteur comme je le suis sans reserve, voyant bien en cela quelle est la cordiale affection qu'il vous porte. Il me mande que par Genes je debvois recevoir des lettres de Mʳ Holstein que je n'attends que dans 15 jours par le retour de l'ordinaire d'Avignon. Et croys bien que vous y tiendrez le tapis principalement, et qu'il n'aura pas manqué, s'il a peu, de contribuer à vostre introduction dans la famille de Son Eminence pour y acquerir un tel amy et collegue comme vous. Esperant que par la mesme voye je pourray avoir d'autres nouvelles plus fraisches de vostre affaire, et qu'à cez heures, elle aura esté conclüe, au retour de la Cour dans Rome, avec ces festes. Ce qui me fera demeurer en grande impatiance durant cette quinzaine. Louant grandement vostre resolution à la Sottane puisque vous preniez ce party, et la sage conduicte avec quoy vous avez mesnagé non seulement voz amys, mais ceux mesmes qui pouvoient avoir d'autres pensées que de vous y servir, qui est tout le secret plus necessaire à vivre en ce païs la. Aultrement il fauldroit estre en continuelle lutte, au lieu d'advancer son chemin, et soyez asseuré que je ne me dispenseray poinct d'escrire de vostre affaire, ne à Rome, ne à Paris, en autres termes que ceux que vous me prescrivez, desirant vous complaire en tout et par tout, sans reserve aulcune de rien qui me puisse estre loisible, ce que les effects vous tesmoigneront mieux que les paroles, quand j'en auray les moyens et les occasions.

Au reste, vous m'avez faict un singulier plaisir de laisser payer par Mʳ de Bonnaire le coppiste de cez chroniques, pour esviter l'obligation des domestiques de cez grands, de faire article dans les contes de leur despance, où il fallusse mettre mon nom. Et m'obligerez bien fort d'en user tousjours ainsin. Mais il fault que je vous die que j'attendoys plus impatiemment celle de Subiaco en quelque façon que les autres, à cause de la retraicte de Sᵗ Benoist, dont il y pouvoit avoir quelque chose de plus que le commun, et que cette consideration peurroit avoir attiré quelque predilection, ou veneration plus particuliere de noz princes de la seconde race en ce lieu là, puisqu'ils avoient tant de pieté et d'inclination à tout cet ordre. Et me suis estonné de n'en rien trouver en voz cahiers, d'aultant que ç'avoit esté la premiere piece dont on m'avoit faict feste et vous supplie d'en faire une exacte perquisition dans la bibliotheque de Son Eminence puisque vous y avez de l'accez, et si le voyage sur les lieux se propose de rechef, d'accepter tant plus librement la courvée pour l'amour de moy, s'il ne vous est incommode, estimant que puisque Son Eminence en est maintenant l'abbé, comme on m'a dict, vostre voyage n'y sçauroit jamais estre inutile, et vous n'y sçauriez avoir qu'une fort favorable reception. Et malaisement en reviendrez vous sans y trouver quelque fragment digne de payer vostre peine. Mais songez surtout à conserver vostre santé, pendant le voyage, principalement durant les chaleurs.

Je vous rends graces des favorables correspondances que Mr Bourdelot a trouvées prez de vous et de la protection que vous avez entreprinse du louable travail de Mr Rigault, ensemble du soing qu'avez daigné prendre des lettres du pauvre Galilée, que je plains grandement. J'ay receu l'Aristarchus de la part de Mr Holstein, vous priant m'excuser de la peine que je vous en donnoys, et de l'omission que j'avoys faicte de vous escrire dez le commancement, ce que je pensois neantmoins avoir faict.

Quant à cez cahiers de Ponderibus et Mensuris que vous m'avez daigné faire extraire du Vatican, j'espere d'en faire mon proffit beaucoup mieux qu'on ne le jugeroit de prim'abbord, mais je n'en ay peu faire l'examen pendant les occupations du palais, ayant differé à noz prochaines vacations dans lequel temps j'attends encore quelque chose sur cette matiere de la part de Mr de Saulmaise. Et s'il ne vous estoit trop incommode de me faire transcrire encores cez memoires que vous aviez cottez en vostre bordereau du volume $\frac{441}{5245}$ en la page 201 de mensuris Agrorum aliarumque rerum, que vous avez obmis en voz extraictz, je ne m'en servirois possible pas moins que des autres. Voire ne serois je pas marry d'avoir en un petit cahier à part les six pages que vous dictes avoir faict obmettre, du S. EVCHERIVS DE VARIIS VO-

CABVLIS, encores que ce ne soit de la matière des poids et mesures, pour y pouvoir recognoistre les dictions du siecle de l'autheur et en pouvoir mieux fonder la conjecture de son temps. C'est derriere le Volusius Mecianus, au volume 3852. Mais surtout il n'y a rien que je plaigne davantage que ce qui manque de ce M. IVNIVS NYPSVS au volume 4498. Car cet autheur semble estre du temps de Trajan, et grandement intelligent de ce qu'il entreprend de traicter. Estant grand dommage que les suittes s'en soient perdües, où pouvoient estre les aultres mesures et proportions plus importantes. Je ne regrette que vostre importunité en cette fascheuse perquisition.

Et si vostre coppiste vouloit entreprendre, à condition honneste et en bloc, toutes cez memoires et collections d'Angelus Colotius sur cette matiere, puisqu'il n'y a pas plus de deux à trois cents feuilletz d'escritture, en touts cez troys volumes cottez par les nombres 5394, 5395 et 3906, y comprins mesmes l'evesque alemand de Wormes[1] qui a traicté la mesme matiere, en ce mesme dernier volume 3906, je n'y plaindrois pas 10 ou 12 escuz ou environ, pour voir tout. Puis mesmes que vous aviez une foys trouvé à propos de les faire transcrire. Mais si cela vous debvoit apporter aulcune incommodité, ou un trop fascheux divertissement de meilleures affaires, j'aymerois beaucoup mieux m'en passer, vous suppliant d'excuser la peine que je vous donne si souvent pour des choses si basses et si indignes d'interrompre voz serieuses occupations, et de me commander en revanche, comme,

Monsieur,

vostre trez humble et trez obeissant serviteur,

DE PEIRESC.

A Aix, ce 5 juin 1634.

Du 6 juin. — Je vis hier les deux chroniques de Farfa et de St Vincent, et y trouvay tout plein de bons indices de trez anciennes et curieuses origines, fort honorables pour la France, dont beaucoup de

---

[1] Voir sur ce point la page 19 du fascicule III des *Correspondants de Peiresc* (lettre du 16 juillet 1634, laquelle répond à celle-ci).

galants hommes se pourront grandement prevaloir, et en faicts les actions de graces à Son Eminence les plus humbles et affectueuses que je puis, avec priere de vouloir interposer son authorité pour nous faire avoir encores la chronique de Subiaco, et vous commander d'y aller faire un voyage exprez le plus tost que vous pourrez, si les meilleures et plus dignes occupations que cela empescheut M⁻ l'Evesque de Vaison d'estre de la partie. Car M⁻ du Chesne m'ayant escript qu'il faict un second volume des memoires de la IIme race, je vouldroys bien qu'il fist la dedicace à Son Eminence pour prendre plus d'occasion de luy rendre les remerciments et eloges que merite sa personne, et l'honneur qui en peut redonder à la France, et seroit bien meilleur que cez troys pieces fussent ensemble en teste de ce volume là, puisque ledict second volume n'est desja qu'un appendice du premier. Et vous supplie de vouloir prendre les fraiz de vostre voyage audict lieu de Subiaco, et pour vous et pour un homme, s'il vous plaict, et mesmes pour vostre coppiste, si le jugez à propos, de la main de M⁻ de Bonnaire ou de M⁻ Despiots, pour ne rejecter cette despence, s'il est possible, sur des comptes des argentiers de Son Eminence[1].

XVIII

À MONSIEUR, MONSIEUR DE FONTENAY BOUCHARD,
À ROME.

· Monsieur,

Ayant apprins par une lettre de M⁻ l'Evesque de Vaison du 2 de ce moys par le dernier ordinaire de Genes, que vous aviez eu la parole de Son Eminence, je n'ay pas voulu manquer de m'en conjouyr de rechef avec vous, comme je le faicts du meilleur de mon coeur, priant Dieu qu'il dirige voz louables intentions et actions meritoires, en sorte que vous y trouviez la recognoissance que vous souhaictent voz servi-

---

[1] Bibliothèque de l'École de médecine de Montpellier, vol. H 271, fol. 242. Autographe.

leurs plus affidez, et qu'il vous garentisse des traicts de l'envie qu'il vous
fauldra essuyer, en sorte que les effects en soient vains de sa part. A quoy
vous avez besoing, surtout à ce commancement, d'aller avec une
merveilleuse reserve et retenue, et de vous contenter de la subsistance
quasi toute seule, plustost que de vouloir vous advancer tant soit peu
au delà du lieu ou de l'estat auquel vous vous trouverez appellé. Car
on ne sçauroit marcher trop doucement, quand il est question de s'insinüer aux bonnes graces de ces Mess⁽ʳˢ⁾ qui aiment tant de leur naturel
la moderation toute contraire aux promtitudes de l'humeur de nostre
nation. Et quelque sorte d'employ que l'on vous veuille donner, l'accepter avec tout l'honneur et reverance possible, sans tesmogner d'en
affecter d'autre plus grand, ou plus digne, sans occasion fort opportune, et comme née inopinement, comme je m'asseure que vous le
sçaurez bien mieux practiquer et faire valloir par modestie beaucoup
mieux qu'il ne m'appartient de le vous dire, et que je ne sçaurois faire
aussy, vous suppliant d'excuser en cecy la liberté que je me donne de
m'ingerer à cez petits advis, par infirmité mienne, de ne sçavoir mesurer mes amys à une aulne moings foible que la mienne propre,
quoyque je ne doubte nullement de la force de vostre esprit et que
vous n'avez nul besoing de tels advertissements. Mais c'est principalement la naive bonté de vostre naturel qui me faict de la peur et de
l'apprehension, que d'autres gents plus artificieux ne praignent sur
vous trop d'advantage, si vous allez trop confidament avec un chascun,
estant bien necessaire de bien cognoistre vostre monde avant que
d'y prendre de confiance plus grande que le commun, et bien peser
les advis qui vous pourront estre suggerez aulcunes foys pour vous
fournir de la matiere d'achoppement, si vous n'y prenez garde de bien
prez, avant que de vous descouvrir et d'agir, soit pour vous ou pour
aultruy. Surtout esvitez toute sorte de prinses et de rupture avec qui
que ce puisse estre, de quelle condition qu'il soit, principalement entre
ceux de la famille, et dissimulez plustost toute sorte de mauvais offices,
dont vous pourrez pretandre cause d'ignorance, d'où qu'ils viennent,
et quelque certitude que vous en ayiez, attendant que vous soyiez si

bien estably que vous soyiez du tout hors d'attainte, auquel cas il seroit plus loisible de se declarer et de s'en faire à croire.

Au reste j'ay inesperement rencontré en fouillant parmy mes papiers une lettre que Mr de Saulmaise m'escrivoit autresfoys, concernant l'exemplaire dont s'estoit servy feu M^r della Scala, pour restaurer le texte grec de son Eusebe, et l'extraire ou distinguer d'avec celuy du Georgius Syncellus et du Cedrenus[1], que j'ay creu que vous ne seriez pas marry de voir, vous en ayant faict coppier tout ce qu'il me mandoit à ce propos là, pour en prendre les advantages que vous jugerez à propos. C'estoit du temps que je faisois la recherche d'un exemplaire du Syncellus que je fis chercher jusques dans l'Escurial, mais il ne s'en trouva rien qui eusse de commancement plus hault que celuy que vous m'avez veu escript par Andreas Darmarius qui n'est que depuis Pompée[2]. Que s'il estoit de besoing possible auroys-je le courage de luy demander ce qu'il en a conferé et corrigé et pense qu'avec vostre consideration, nous aurions peult estre le credit d'en obtenir non seulement la communication, mais aussy la disposition et faculté de le joindre à vostre edition. Vous y pourrez adviser et me mander vostre advis là dessus, car puisque vous n'avez du Georgius Syncellus que de Pompée en bas, il vauldroit encores mieux emprunter le commancement de ce MS. qui a esté fourré dans le Cedrenus, si je ne me trompe, que si la piece est imperfecte d'une si grande partie de son commencement. J'en attendray vos ordres et si ne vouliez pas qu'on agist envers Mr de Saulmaise à cause des subjects d'aversion que peult fournir le climat où vous estes[3], il fauldra tascher de tirer de la Bibliothèque du Roy ce qui se pourra, avec le secours de ce que M^r della Scala en a imprimé dans son Eusebe. Je vouldroys avoir

---

[1] Voir au sujet de Joseph Scaliger, de ses travaux sur Eusèbe et des recherches de Saumaise sur les auteurs byzantins, les *Lettres de Peiresc aux frères Dupuy*, passim.

[2] Bouchard, dans son *Journal*, a oublié de nous dire que son hôte lui avait montré à Belgentier la transcription faite par le célèbre calligraphe grec.

[3] Allusion à l'hostilité qu'un huguenot tel que Saumaise devait infailliblement trouver dans le pays d'outre-mont.

moyen de vous rendre quelque meilleur service, estant de tout mon coeur,

Monsieur,

vostre trez humble et trez obeissant serviteur,
DE PEIRESC.

A Aix, ce 28 juin 1634.

Entretenez moy tousjours tant que vous pourrez aux bonnes graces de Mʳ l'Evesque de Vaison, à qui nous sommes si obligés l'un et l'aultre, et en celles de Mʳ le cavalᵣ del Pozzo, de Mʳ Holstein, et de Mʳ Bourdelot, sans oublier Mʳ Doni et Mʳ le cavalᵣ Pietro della Valle, nomplus que le bon P. dom du Puy.

[*Sur un billet séparé.*]

Monsieur,

Excusez la liberté de vostre serviteur qui croiroit de commettre une trop lourde faulte et trop mal pardonable, vous estant ce qu'il vous est, s'il avoit manqué de vous advertir qu'un de voz amis et des miens m'a donné advis que l'on avoit desja dict chez vous que vous alliez trop viste[1], et que vous suyviez des conseils qui vous nuiroient, dont on estimoit estre fort expediant que vous eussiez quelque notice. C'est pourquoy je vous ay escript aux termes que vous verrez ma lettre estre conceue, à celle fin que si vous la monstrez à quelqu'un de vos amys confidants, persone ne puisse prendre de l'ombraige que j'aye affecté de vous tenir cez propos par aulcun ordre. Mais vous profiterez, s'il vous plaict, l'advis et le mesnagerez en sorte que vous n'en faciez rien paroistre que persone puisse prendre pour soy, demeurant dans des termes generaulx[2].

---

[1] On reprochait à Bouchard de se laisser trop entraîner par la *furia francese*. — [2] Bibliothèque de l'École de médecine de Montpellier, vol. H 271, fol. 245. Autographe.

XIX
À MONSIEUR, MONSIEUR DE FONTENAY BOUCHARD,
À ROME.

Monsieur,

J'ay receu vostre despesche du 21 juillet et y pensoys respondre par le dernier ordinaire d'Avignon à Genes qui passa vendredy, mais je fus un peu surprins de son passage, et destourné par des visites bien importunes, puisqu'elles m'osterent le moyen de vous rendre ce petit debvoir, lequel manquement a esté la cause que je feray Dieu aydant ce jourd'huy une autre despesche à Rome par la voye de Lyon pour l'amour de vous, que j'eusse remise au passage de l'ordinaire d'Avignon du moys prochain. Il fault donc que je vous die que je n'ay poinct receu vostre despesche du 23 juin, que vous disiez avoir apprestée pour le Minime et puis baillée au sieur Menestrier, de qui je receus des lettres du 30 juin et 2 juillet, mais il n'y en avoit poinct des vostres avec. Il est vray qu'il me mandoit qu'il m'avoit appresté une caisse de Medailles et anticailles, pour l'envoyer par Civita Vecchia, laquelle n'est pas encore arrivée, ne possible partie de là, et si vostre pacquet estoit accompagné d'aulcun libvret, il pourroit bien l'avoir mis dans la dicte caisse au lieu de me l'envoyer par la poste. Si vous eussiez marqué le temps precis auquel vous luy avez remis voz lettres, j'eusse mieux jugé de ce qui en est, car veritablement par les ordinaires du moys d'aoust tant de Genes que de Lyon, j'ay receu afforce lettres de Rome de divers amys, mais il n'y en avoit poinct de la part dudict sieur Menestrier, quoy qu'il eusse accoustumé d'estre assez exacte d'escrire par tous les ordinaires puis quelque temps. Ce qui me faisoit apprehender qu'il n'ayt esté malade, ou qu'il ne soit allé faire quelque voyage là aux environs, car je ne pense pas que l'on n'eusse voulu retenir aulcune de mes lettres.

Je vous remercie des tesmoignages de bonne volonté que vous me donnez tant pour le recouvrement des memoires de Subiaco, que pour les traictez Mss. de la Vaticane dont je vous ay bien de l'obligation. Vous pourrez asseurer Son Eminence que M⁷ du Chesne luy desdiera un volume des Historiens de Charlesmagne qui ont escript en Italie, où il mettra en teste les Croniques de Farfa, Saint Vincent et Subiaco. si nous l'avons, et y joindra le Luitprandus, le Leo Ostiensis, et autres dont nous ne pouvons pas nous passer, et qu'il fault emprunter de là les monts. Et qu'il m'envoyera sa dedicace, avant que la faire imprimer, laquelle j'envoyeray à Rome au prealable. Mais je vous supplie de n'y perdre poinct de temps, à cette automne, pour ne retarder davantage l'edition qui chaume aprez cela depuis quelques jours. Il est vray qu'il y est survenu un autre pretexte de l'impos nouvellement mis sur le papier à dix francs pour Rome, lequel a faict besser toutes les presses de l'Université par les saisies et contremarquement de tout le papier qui s'y est trouvé en estat, qui est arrivé jusques à quarente mille rames. Et me mande t'on que les supposts de la pauvre université courent les rues pour mendier l'entretien de leurs exemptions anciennes, ou quelque moderation. Mais s'ils eussent eu cez memoires de Subiaco, possible auroient ils commancé ce volume auparavant tout ce desordre. Et suis bien marry que M⁷ l'Evesque de Vaison, qui m'en avoit faict feste, les aye laissé confondre de la sorte parmy d'autres choses si differantes de son subject, puisque dez lors mesmes qu'il en avoit la memoire fraische je l'avoys comme faict engager de parolle de le faire contribuer au public par Son Eminence.

Quant au Georgius Syncellus, si M⁷ de Saulmaise a prins la peine de le transcrire tout de bout à autre, je croys bien qu'il ne seroit pas impossible de l'avoir de ses mains comme de celles de M⁷ Haultin[1]. Mais j'en doubte fort, car relisant les termes de sa lettre, il semble qu'il se soit contenté de conferer tout ce que Scaliger en avoit faict tirer. Et pour M⁷ Haultin je suis bien asseuré qu'il ne l'a pas sceu lire tout entier, car il m'avoit fort pressé de m'enquerir si dans l'Escurial et dans Rome il n'y en avoit pas quelque exemplaire qui commançast

---

[1] Sur ce docte conseiller au Châtelet de Paris, voir les *Lettres de Peiresc aux frères Dupuy* et les *Lettres de Bouchard à Peiresc, passim*.

au dessus de Pompée, ne se soussiant guieres de ce qui estoit au dessoubs de ce temps là, parce qu'il avoit d'autres exemplaires fort lisibles et fort nettement escripts et bien corrects. Je luy offris aussy le mien qui est de ce mesme temps là seulement, et luy fis envoyer les commancementz tant du Georgius que du Theophanes, mais il ne s'en soussia gueres.

Je crains fort, si Mr Saulmaise a prins la peine de transcrire tout le Syncellus, qu'il n'aye dessein de le faire imprimer luy mesme, auquel cas il seroit bien difficile de le luy arracher. Mais s'il n'avoit pas ce dessein, je pense qu'il seroit plus aisé de le vaincre. Enfin, puisque vous le voulez, je tenteray s'il nous le vouldroit confier. Et s'il le nous laissoit à discretion, je seroys bien tousjours d'advis de chercher quelque moyen de luy laisser quelque part de l'honneur qu'il y pourroit pretendre. Car de le luy desrober tout, j'y feroys bien du scrupule. N'estimant pas qu'il aye tant à horreur ce que vous apprehendez nomplus qu'il ne seroit pas expediant de le traicter trop mal sur ce subject si de bonne foy il se rend à vostre desir. Je n'y oublieray rien de ma petite industrie pour vostre service et satisfaction.

Au reste, comme les habitudes que j'avoys affectées avec Mgr l'Ambassadeur pour l'amour de vous, n'y sembloient plus necessaires, je ne m'estoys pas mis en grande peine de les entretenir, la foiblesse de ma santé ne me laissant guieres esperer de moyens de les meriter par mes services. Mais les recommandations que vous m'avez faictes de la part de Son Excellence m'ont engagé à l'en remercier puisque vous y estiez meslé, et luy fis une despesche pour cet effect par le dernier ordinaire d'Avignon[1], ayant prins occasion de luy envoyer un chetif livre, qui nous estoit nouveau, et qu'il avoit interest de voir, si desja il ne l'avoyt, comme j'estime qu'il le debvoit avoir receu, auquel cas vous luy ferez mes excuses à la premiere veue. Ayant apprehendé que des lettres de simples compliments à des personnes si relevées ne fussent

[1] Cette lettre ne se retrouve pas dans les registres de minutes de la bibliothèque de Carpentras, registres où l'on chercherait vainement, du reste, toute autre lettre de Peiresc au comte de Noailles.

trop à charge, venants de telle part que la mienne où il n'escheoit aulcune sorte de necessité de commerce ne d'habitude.

Je vous remercie des compliments qu'il vous a pleu faire de ma part à tant de braves hommes, et specialement envers M⁽ʳ⁾ l'Evesque de Vaison, que je n'ay pas manqué de remercier des bons offices qu'il vous a rendus et qu'il continue tousjours de vous rendre, comme je l'ay conjuré de le faire, et d'en prendre la revanche sur moy qu'il luy plaira tirer de mon service.

M⁽ʳ⁾ Gassend vous escrivit, la semaine passée, par l'ordinaire d'Avignon et me promit de vous faire mes excuses, sa lettre estant allée soubs l'enveloppe de M⁽ʳ⁾ Bourdelot dans le pacquet de M⁽ᵍʳ⁾ l'Ambassadeur. Vous me ferez grande faveur de me conserver en l'honneur de son souvenir aux occurances et de touts cez autres Messieurs et de me tenir tousjours,

Monsieur,

pour vostre, etc.

A Aix, ce 10 septembre 1634[1].

XX

À MONSIEUR, MONSIEUR DE FONTENAY BOUCHARD,
À ROME.

Monsieur,

Je fus si pressé lors du passage du dernier ordinaire que j'oubliay de vous envoyer ce que vous me demandiez du commancement et fin de mon Ms. de Georgius et du Theophanes, qui sera cy joinct, et de vous accuser la reception de vostre lettre du 23 juin qui est enfin arrivée dans une caisse de vases où je ne sçay comment on l'avoit engagée. Vous remerciant trez humblement des tesmoignages que vous me donnez tousjours plus grands de l'honneur de vostre bienveillance

[1] Bibliothèque de l'École de médecine de Montpellier, vol. H 271, fol. 244. Autographe.

que je tascheray de mieux meriter à l'advenir, si je le peus, que par le passé, ayant esté bien aise d'apprendre tout ce qu'il vous a pleu nous enseigner par vostre lettre.

Au reste j'ay demandé à Mⁱ de Saulmaise son extraict dudict Georgius Syncellus et autres continuateurs. Et cela s'est rencontré tout à poinct en luy respondant à la demande qu'il m'a faicte cez jours cy de l'un de mes Mss. que je luy ay envoyé et dont il tesmoignoit avoir bien grande envie. De sorte qu'il sera malaisé qu'il me puisse esconduire de celuy qui vous faict besoing, et ay creu qu'il valloit mieux ne vous pas nommer que nous ne tenions la piece, de crainte qu'il ne fisse les difficultez qui s'y pourroient rencontrer, comme elles feroient peult estre; au cas contraire, nous en attendrons la responce et je demeureray,

Monsieur,

vostre, etc.

A Aix, ce 9 octobre 1634.

Mⁱ l'Evesque de Vaison me mande que la chronique de Subiaco est peu de chose, mais telle qu'elle est, je seroys bien aise de la voir, s'il est loisible, et que vous n'oubliez pas ce petit voyage là, quand vous pourrez y donner un coup d'esperon, à celle fin que ce n'aye pas esté en vain que l'on a attendu quelque chose [1].

XXI

À MONSIEUR, MONSIEUR DE FONTENAY BOUCHARD,
À ROME.

Monsieur,

Vous recevrez cette lettre de la main du sieur Malian de Remiremont en Lorraine, docteur en medecine de nostre université de cette ville

---

[1] Bibliothèque de l'École de médecine de Montpellier, vol. H 271, fol. 249. Autographe.

d'Aix¹, où il a faict la plus part de ses estudes et acquis une trez honorable reputation de son sçavoir et de sa curiosité nom pareille pour la cognoissance des plantes et autres raretez de la nature. Il a desiré, devant que prendre aulcun establissement, d'aller faire un voyage en Italie, et parce qu'il m'a rendu tout plein de bons offices, je ne l'ay peu laisser aller sans l'accompagner de quelques lettres à mes amys et patrons, auxquels il puisse recourir aux occurrances qu'il en pourroit avoir besoing de par delà. Il desire mesmes d'avoir quelque petite dispence de mariage au 3ᵉ degré, pour l'expedition de laquelle il m'a demandé quelques adresses que je m'assure que vous luy pourrez donner à quelqu'un de voz amys entre cez Messieurs les expeditionnaires, qui la veuille entreprendre avec le soing et le bon mesnage qui y peult estre requis, et où il n'avoit trouvé difficulté quelconque de par deça si la legation d'Avignon eusse peu s'estendre jusques à son païs. Sur lequel il ne semble pas qu'on doive user, maintenant qu'il est entre les mains du Roy, des mesmes rigueurs qu'on y exerçoit auparavant, et s'il estoit necessaire d'y faire agir Mgr le comte de Nouailles, ambassadeur de Sa Majesté, je croys bien qu'il n'y espargneroit pas son intervention, à vostre priere et de Mr Bourdelot, comme je crois aussy que vous luy despartiriez volontiers vostre favorable intercession, comme je vous en supplie trez humblement, et de vous assurer que je recevray comme faicte à moy mesme toute la bonne adsistance qu'il aura de vous, dont je vous supplie de prendre la revanche en me commandant,

Monsieur,
                                  comme vostre, etc.

A Aix, ce 23 octobre 1634.

J'ay escript à mesmes fins à l'illustrissime cavalier del Pozzo, et à Messrs Bourdelot et Naudé, et eusse volontiers escript à d'autres si

---

¹ Je ne trouve aucune mention du docteur Malian, pas même dans les lettres de son confrère Guy Patin.

Mr Malian m'en eusse donné le loisir, mais il estoit pressé de sa compagnie, et je croy bien que vous luy ferez la faveur de l'introduire et recommander de vostre part et de la mienne, comme je vous en supplie, envers le R. P. Dom Dupuy, l'illustrissime sieur Dony, Mr l'abbé de la Berchere et autres où vous le jugeriez à propos et qui le pourroient ayder à trouver quelque employ de sa vocation soit dans quelque hospital ou maison religieuse, ou aultrement[1].

XXII
À MONSIEUR, MONSIEUR DE FONTENAY BOUCHARD,
À ROME,
RUE FERRATINI, DU COSTÉ DU COURS VOISIN OÙ ESTOIT LE MARQUIS DE PERAUT.

Monsieur,

Je ne sçay si je ne vous avoys poinct cy devant prié, ou bien Mr Holstenius, de me faire transcrire un bordereau ou indice des 1500 epistres du Libanius qui sont en un exemplaire Ms. grec du Vatican, dont nous desirions voir les adresses de chascune et les premiers mots, pour y recognoistre s'il y en a aulcune qui me manque pour l'edition qu'en a preparée Mr Valloys[2], à la suite et si tost qu'il aura achevé l'edition de l'Ammien Marcellin, qui est à cette heure soubs la presse[3], et où il trouve bien de quoy esclaircir par mesme moyen beaucoup de passages de l'Ammien Marcellin qui estoit contemporain. C'est pourquoy l'obligation nous en sera bien plus grande si nous pouvons recevoir plustost que plus tard cette faveur de vous, vous suppliant trez humblement d'y employer quelque copiste un peu exacte et curieux, qui veuille faire ledict inventaire de toutes les dictes epistres, et m'envoyer l'extraict à mesure que vous en retirerez des feuilles. Mr de Bonnaire

---

[1] Bibliothèque de l'École de médecine de Montpellier, vol. H 271, fol. 250. Autographe.
[2] Le *Libanius* ainsi préparé n'a jamais paru.
[3] L'*Ammien Marcellin* ne parut que cinquante ans plus tard, cinq ans après la mort de Henri de Valois (Paris, 1684, in-fol.).

faira payer le tout et je vous serviray en revanche quand je le pourray comme,

Monsieur,

vostre trez humble et trez obeissant serviteur,
DE PEIRESC.

A Aix, ce 7 novembre 1634¹.

XXIII

À MONSIEUR, MONSIEUR DE FONTENAY BOUCHARD,
À ROME.

Monsieur,

Vous verrez la responce que j'ay receüe de Mʳ Saulmaise sur ce que vous desiriez de son extraict du Georgius Syncellus. Sur quoy je me trouve bien empesché de ce que je doibs accepter de ses offres. Car quand j'accepteray les feuillets qu'il offre de coupper de son Eusebe, je ne vois pas que cela vous puisse suffire, pour ce que vous en vouldriez avoir et joindre en teste de vostre volume. Il fauldroit avoir quelque coppiste plus exacte que le commun pour faire transcrire tout ce qu'il pourroit lisre de ce volume si antique et si effacé, et puis en un besoing envoyer la copie telle qu'elle sera joincte à l'original, audict sieur Saulmaise pour l'embarquer à le conserver et suppleer le blanc et les lacunes que le coppiste n'aura sceu lisre. Auquel cas je tascheray d'employer mon credit, et me rendray caultion de la restitution du volume, si j'en puis obtenir l'usage originellement pour l'amour de vous. Sinon ce sera tousjours quelque chose d'avoir le texte qu'en a emprunté Scaliger, le plus correct que faire se pourra, pour en bonifier d'aultant la coppie que vous en pourriez faire extraire. Ce sera à vous à m'en ordonner ce que vous trouverez bon et je suivray punctuellement voz ordres en cela et en toute autre chose. Cependant

¹ Bibliothèque de l'École de médecine de Montpellier, vol. H 271, fol. 251. Autographe.

je tiendray en haleine Mʳ Saulmaise, et ne refuseray pas absolument l'offre de ses corrections sur le texte de Scaliger. Ains les accepteray au cas du besoing seulement, pour estre tousjours sur pieds à les prendre quand vous vouldrez.

Au reste nous n'avons poinct veu icy Mʳ de Vaison, qui passa avant festes en grande haste, par un bien mauvais temps à Sisteron¹, d'où il m'envoya des recommandations et excuses de ce qu'il se hastoit pour faire feste avec ses oüailles, et qu'il ne m'envoyoit poinct les lettres qu'il avoit pour moy. Je luy ay escript incontinant, et en attends encores la responce, m'imaginant que nous ne le verrons que pour aller reconduire le cardinal Bichi lorsqu'il se viendra embarquer pour l'Italie, et lors nous le pourrons gouverner et apprendre des nouvelles de tout vostre monde. Cependant je vous souhaicte la bonne année et augmentation de fortune et de contentement, demeurant,

Monsieur,

vostre, etc.

A Aix, ce 28 decembre 1634.

Je ne vous sceus pas escrire cez jours passez par le sieur Bouche pour le vous recommander tant il fut pressé de partir, mais si vous le voyez, je vous supplie de le favoriser pour l'amour de moy de tout ce que vous pourrez. Il est fort vertueux, fort studieux et fort modeste, et de noz meilleurs amys².

J'escript à l'Eminentissime cardinal Patron et à l'Eminentissime cardinal Antoine, legat, son frere, pour la charge de Viguier d'Avignon qu'ils avoient conferée à Mʳ de Mondevergues, lequel, se voyant moribond, desireroit que son filz la peusse exercer à son deffault³. Mʳ de

---

¹ Chef-lieu d'arrondissement des Basses-Alpes, à 40 kilomètres de Digne.

² Je suppose que le personnage tant vanté par Peiresc n'est autre que l'ami de Gassendi, Honoré Bouche, né à Aix en 1598, mort en la même ville le 25 mars 1671, l'auteur d'un des meilleurs ouvrages dont la Provence ait été l'objet : *Chorographie ou description de Provence, et Histoire chronologique du même pays* (Aix, 1664, 2 vol. in-fol.).

³ M. Léon de Berluc Perussis, dont la famille a été alliée à la famille de Montdevergues, a l'amabilité de me fournir sur le

Bonnaire et le R. P. Maynier[1] vous en pourront donner des instructions. Je vous supplie de vous y employer aux occasions pour l'amour de moy, mais avec ardeur, s'il vous plaict, et de procurer les audiances necessaires au besoing audict Pere Maynier ou autres pour ce subject.

[*S'il vous plaict de tourner.*]

Depuis avoir escript l'ordinaire d'Avignon ayant esté retardé à la semaine prochaine, comme je croys, j'ay receu par Lyon vostre despesche du 24 novembre qui eust esté icy 15 jours y a si elle eust esté envoyée par Genes à l'accoustumée. Et ay par mesme moyen receu celle de Mʳ Naudé, que je seray trez aise de pouvoir servir sans reserve quelconque; si vous voyez la lettre que j'escriptz à l'Eminentissime cardinal Patron de ce jourd'huy 4 janvier vous verrez sur la fin en quels termes je luy parle de Mʳ Naudé et en

père et le fils les excellents renseignements que l'on va lire : « Les deux Montdevergues dont il est question, sont Jérôme de Lopès, sieur de Montdevergues, et François de Lopès, marquis de Montdevergues, le célèbre diplomate, dont M. Girard de Rialle, ministre plénipotentiaire, directeur des archives du Ministère des affaires étrangères, recueille en ce moment la correspondance pour la publier. La négociation entamée auprès de l'Éminence patronne pour faire passer le bâton de Vignier d'Avignon, des mains de Montdevergues père, aux mains de son fils, ne dut pas aboutir, car en 1636 le titre de Vignier et la qualité de gentilhomme de la chambre qui s'y trouvait, semble-t-il, attachée, appartiennent à Gaspard de Perussis, beau-frère de Jérôme de Lopès. Les Perussis étaient, d'ailleurs, destinés à hériter des Montdevergues : le 24 novembre 1674 (notaire Blanc, à l'Isle), François de Perussis, sieur de Montdevergues, conseiller du Roi en ses conseils, héritier de François de Lopès, lieutenant général en Dauphiné, faisait une donation à la Chartreuse de Bonpas (Archives des Bouches-du-Rhône, insinuations d'Arles, XIV, 1275). Ce François était le propre fils de Gaspard, et fut vignier comme lui, l'an 1658. Jeanne de Perussis, sa tante, veuve de Montdevergues le père, acquit, après la mort de celui-ci, la baronnie de Bardes en Provence, et la légua audit François de Perussis, qui en fit hommage à la Chambre des comptes d'Aix le 3 février 1673. Cette branche des Perussis Montdevergues est actuellement représentée par le comte de Caritat de Perussis, bourgmestre de Lanaken en Limbourg belge, et par le marquis de Montalet Alais, ancien conseiller général du Gard, au château de Potelières, près Saint-Ambroix. »

[1] Sur le bénédictin provençal Dom Maynier, voir les *Lettres de Peiresc aux frères Dupuy.*

toucheray encore un mot à l'illustrissime cavalier del Pozzo, et vos memoires de Subiaco que j'ay esté bien aise de voir, mais ils m'ont bien faict regretter la peine que vous en avez prins. Ce qui me faict apprehender pour le voyage de Mont Cassin et de la Cava[1] dont vous me parlez, et dont je regretteroys bien que vous eussiez eu la courvée, si vous n'en deviez tirer de meilleures instructions. Et neantmoings je vouldroys bien que vous y peussiez rencontrer quelque piece bien digne de vous faire rendre des eloges proportionnez à l'honneur que vous y pourriez procurer pour la France, comme si vous y rencontriez des autheurs chronologistes qui nous enseignassent, comme ceux de Farfa et de St Vincent, quelque chose de nostre histoire dont la memoire fusse perdüe.

Je n'ay pas encores eu responce de la lettre de bienvenue que j'avoys envoyée à Mr l'Evesque de Vaison. Il aura esté si occupé à son entrée pontificale et aux felicitations et compliments de presence, qu'il n'aura peu songer à ceux qui estoient plus loing. Je n'ay pas mesmes receu des lettres qu'il a dict avoir à moy vraysemblablement du cardinal de Bagny puisqu'il l'est allé voir chez luy et de Mr Naudé. Possible que ses hardes et valises ne l'ont pas peu suyvre, car il passa à Sisteron avec fort petit train à cheval, venant de passer les Alpes. Et je croys qu'il laissa son train derriere.

Vous n'avez rien trouvé que je ne vous en eusse predict une bonne partie, et suys bien aise que vous vous soyez si bien payé. Si je le voys je croys bien qu'il m'en parlera et voz advis sont venus opportunement pour me fournir des repliques necessaires. Mais possible que l'apprehension de cette affaire nous a desrobé cette entreveüe, pour ne se trouver si descontenancé. Il fault tousjours estre prest à toutes cez traverses et autres plus grandes et loüer Dieu quand on en eschappe à si bon marché. Surtout gardez vous bien de rompre avec Mr Holstein, et y laissez plustost de voz interests tout ce que vous y pourrez

---

[1] Deux des monastères les plus célèbres possédés en Italie par l'ordre de Saint-Benoît, l'un et l'autre dans l'ancien royaume de Naples, le premier à 80 kilomètres de cette dernière ville, le second à 4 kilomètres de Salerne.

lascher, car il vous fault maintenir avec luy voulust il ou non, si vous m'en croyez, et aller tousjours au devant de toutes les occasions de le servir, sans attendre qu'il vienne à vous, ne pouvant assez trouver d'indignation pour le traict de la proposition du Georgius Syncellus afin de vous commettre l'un contre l'autre.

Je me suis plaint de ce que M⁰ Valoys a laissé le petit fragment du Syncellus de mon volume des Eclogues qui n'est pas imprimé nomplus que le Jo. Malela, mais il s'est excusé sur ce qu'il n'y avoit pas des choses bien notables, comme en effect ce n'est pas grande fritture. Je le vous feray transcrire sitost que j'auray recouvré mon Ms. mais M⁰ Valoys ne l'a pas encor remis à M⁰ Petit (comme je l'en avoys prié), lequel entreprend le Josephe et acheve maintenant d'imprimer à Paris un grand volume in-folio des loyx Attiques chez Morel [1].

Je n'escriray point à ce coup à Son Eminence de vostre voyage du Subiaco, ne de vostre persone et de ce qu'il tesmoigne vouloir vous contribuer du costé de Bretaigne, pour n'accumuler tout d'un coup trop de recommandations, attendu que celle de M⁰ Naudé ne se pouvoit pas differer commodement et encores moings celle de ce M⁰ de Mondevergues, comme sera la vostre qui sera tout aussy bonne pour l'ordinaire prochain, à quoy je n'ay garde de faillir Dieu aydant.

J'envoyay hier au bon P. Campanella vostre lettre avec tout plein d'autres que j'avoys receues en mesmes temps pour luy. Il ne s'arresta icy que dix ou douze jours durant lesquels nous le gouvernasmes fort à souhaict M⁰ Gassendy et moy [2]. Il ne se voulut pas laisser surprendre de la rigueur de l'hyver sans aller sallüer le Roy et les ministres, où il a esté fort bien receu et logé au faubourg S⁰ Honoré dans le couvent de ceux de son ordre en quartier à part. On luy faict

[1] Sur Samuel Petit et ses ouvrages voir, sans parler des *Lettres aux frères Dupuy*, le fascicule spécial qui lui est consacré dans la série des *Correspondants de Peiresc* (n° XIV, Nimes, 1887).

[2] Voir sur le séjour de Campanella à Aix le double récit de Peiresc, *Lettres aux frères Dupuy*, et de Gassendi (*Vie de Peiresc*, livre V, p. 425-427).

esperer beaucoup, et la patience luy fera, je m'asseure, avoir quelque chose.

Je serviray trez volontiers Mr Valeran, dont le merite est si celebre, en tout ce qui pourra dependre de mon foible credit auprez de Mgr l'Eminentissime cardinal de Lyon à son passage [1], mais comme il a declaré son maistre de chambre le commandeur de Videville, frere du comte de Videville, gouverneur de Montelymar, qui est une branche de la famille du marquis de Bressieux, je ne vois pas que persone autre puisse pretendre à cette charge en chef. Nous verrons s'il la vouldroit partager pour son soulagement [2].

XXIV

À MONSIEUR, MONSIEUR DE FONTENAY BOUCHARD,
À ROME,

EN LA COUR DE L'EMINENTISSIME CARDINAL BARBERIN.

Monsieur,

J'escriray à Mr Rigault et à cez Messrs de Paris, pour tenter si l'original de Syncellus pourra sortir de là pour passer les monts, et pense que si l'on offre la revanche de quelque piece du Vatican au besoing, que la chose sera fort faisable. En un besoing nous y ferons intervenir un commandement du Roy. Et pense que Mr de Thou sera bien aise de rendre ce service à S. Em^{ce} et de chercher toutes les voyes possibles pour sa descharge et pour tesmoigner en cela sa devotion envers Son Em^{ce}. En un besoing l'offre du volume des 1500 epistres de Libanius pour l'edition qui s'en prepare à Paris, seroit une sorte d'arres de bonne volonté cappable de frapper un coup tel qu'on le desire. Je pense que Messrs du Puy seront bien aises aussy d'y trouver de quoy faire voir combien ils se tiennent redevables aux honnestetez de S. Em^{ce}.

---

[1] Valeran, comme Bouchard, vivotait à Rome, attendant toujours un emploi qui ne venait jamais.

[2] Bibliothèque de l'École de médecine de Montpellier, vol. II 271, fol. 252. Autographe.

Vous l'en pouvez asseurer et que pour mon chef il ne tiendra jamais à moy nom plus qu'en toute autre chose que je ne tasche de le servir de tout mon petit credict, et sur ce je finis demeurant,

Monsieur,

vostre trez humble et trez obeissant serviteur,

DE PEIRESC.

A Aix, ce dernier decembre 1634[1].

XXV

À MONSIEUR, MONSIEUR DE FONTENAY BOUCHARD,
À ROME.

Monsieur,

Je ne manquay d'escrire à Mr Rigault de la grace que demandoit l'Eminentissime cardinal Barberin pour le Syncellus, et par mesme moyen en escrivis aussy à Mr de Thou et à Mr de Saint Saulveur du Puy. Je suis attendant la responce sur ce subject des deux premiers. Cependant Mr du Puy m'a escript ce qu'il vous en a mandé à peu prez, dont j'ay esté un peu mortifié, et à ne vous pas mentir, je ne voys pas que le pretexte que pregnent cez officiers de la Chancellerie de refuser les graces que bon leur semble en France, à cause de leurs pretentions pour la Lorraine, soit recepvable contre Mr du Puy pour son expedition, si ce n'est que les choses fussent esgales et generales, et qu'on volust refuser absolument toutes expeditions en France, auquel cas ils seroient peult estre bien tost prins au mot. Et quand pour toutz autres on vouldroit pretendre occasion de negative, la vertu de Mr de Saint Saulveur sembloit devoir prevaloir, et estre hors de toute sorte de consequance et je croys qu'il en fauldroit dire quelque mot à Son Eminence, le plus reveremment et discretement que faire se pourra. Je faisois estat de luy en escrire presentement, mais il est survenu quelque autre chose qui me fera possible differer jusqu'au prochain ordi-

---

[1] Bibliothèque de l'École de médecine de Montpellier, vol. H 271. fol. 253. Autographe.

naire que j'auray la responce de cez autres Messieurs. Cependant je vous diray que Mʳ du Puy m'a faict une difficulté sur ce que vous avez demandé l'extraict de tout le volume indifferamment du Georgius Syncellus, et toutefoys que ce seroit une grande descharge de temps et de despence, si vous vous contentiez de ce qu'il y a au commencement du volume, auparavant le temps de Pompée, auquel commancement les autres exemplaires du mesme autheur qui se trouvent en si grand nombre dont quelqu'un s'y pourroit conferer pour abreger matiere (*sic*). Mais je ne sçay qui en vouldroit prendre la peine sur les lieux. C'est pourquoy je luy ay respondu que j'estoys d'advis qu'on vous envoyast ce commancement là, qui supplée le deffault des autres Mss. aussytost qu'il seroit transcript, pour vous donner moyen de gaigner temps, sauf de transcrire le reste plus à loisir, si vous persistez à le desirer comme je pense que vous le vouldrez, puisque le copiste qu'on y employe le sçaict mieux lisre qu'on n'eust pensé, et qu'il s'y pourra trouver de bonnes corrections attendu l'antiquité du Ms. C'est celuy mesmes qui a transcript les Astronomes grecs que j'envoyay dernierement à Mʳ Holstenius, et je me resoulds de demander à Mʳ Saulmaise les fueilletz de ses corrections qu'il m'avoit offerts, où vous pourrez bien juger si ce coppiste aura sceu lisre aussy bien que luy.

J'ay receu par la voye de Lyon vostre despesche du 18 decembre, et consequamment le cahier du commencement de l'indice des Epistres de Libanius dont je vous remercie trez humblement et du soing qu'il vous plaict avoir de me faire transcrire le reste par ce grec, et les memoires d'Angelus Colotius par ce garçon de Troyes, qui dict avoir escript pour moy en cette ville, dont il est mal aisé que je me souvienne sans en sçavoir le nom. Celuy qui est maintenant à mon service est Champenoys et a nom Parrot[1], mais il ne se souvient nomplus que

---

[1] Gassendi (livre VI de la Vie de Peiresc, p. 547) le mentionne ainsi : «fidissimus patientissimusque Franciscus Parrotus». Peiresc laissa à son secretaire Parrot une somme de 500 livres pour le récompenser de ses bons services (*Testament* du 22 juin 1637, publié par nous à la suite de l'étude de M. Léopold Delisle sur *Un grand amateur français du xviiᵉ siècle* (Toulouse, 1889, p. 31).

moy d'avoir veu icy aulcun sien parent depuis dix ans et davantage. Tant est que je ne puis que loüer grandement vostre bon mesnage et vostre zelle à me faire expedier plustost que plus tard. Mais j'ay un peu de regret que l'Eminentissime cardinal Patron ne tienne à importunité la peine de presenter un memorial au pape pour faire porter l'autographe de l'autheur chez vous, m'en remettant du tout à vostre bonne et absolüe direction et disposition, soit que vous bailliez 12 ou 15 escus pour la coppie de tout ce gros volume, dont vous pourrez prendre l'argent de M⁺ d'Espiotz ou bien le luy faire bailler sur un billet de M⁺ de Bonnaire pour vostre descharge.

Je ne trouve pas estrange que le nombre 442 que vous aviez cotté pour le volume de medecine se soit trouvé faultif par equivoque, mais je m'estonne que ne l'ayiez peu retrouver sur les mesmes indices sur lesquels vous l'aviez rencontré lors de vostre premiere recherche que vous fistes en compagnie de M⁺ Holstenius, lequel vous y fourniroit possible de rechef quelque adresse, ou bien le sieur Leo Allatius, s'il est de vostre cognoissance, car il a une grande routtine, à ce que j'entends, dans les livres de la Vaticane, et possible vous pourroit il fournir quelque autre bonne adresse d'autres anciens ouvrages grecs ou latins en cette matiere, non seulement dans la Vaticane, mais ailleurs.

Au reste nous avons admiré la rigueur de cette bulle de residance, et seroys bien marry qu'elle interrompist le voyage de l'Eminentissime cardinal de Bagny en vostre cour et le benefice qui en peult redouder au bon M⁺ Naudé. A temps l'Evesque dont estoit question s'en est retiré, vous asseurant que j'ay bien eu du regret d'entendre que vostre mutuelle mezintelligence soit venue à de plus grandes ruptures que je me l'estoys imaginé. Et desirant que vous me teniez tousjours,

Monsieur,

pour vostre, etc.

A Aix, ce 31 janvier 1635.

Je vous rends mille trez humbles graces du bon accueil que vous avez daigné faire au sieur de Remery Maillan¹ et vous en suis bien redevable².

XXVI

À MONSIEUR, MONSIEUR DE FONTENAY BOUCHARD,
À ROME.

Monsieur,

Je ne pensoys pas avoir le moyen de vous escrire de cet ordinaire tant je m'estoys trouvé pressé d'aller un jour plustost que nous ne croyions au devant de l'Em.ᵐᵉ cardinal de Lyon³. Mais le mauvais temps qui s'est mis sus et qui se renforce, nous faisant doubter s'il aura peu passer la riviere de Durance, nous a faict resouldre de monter à cheval un peu plus tard, pour attendre si nous en aurons aulcune certitude. Cependant j'ay bien voulu proffiter ce peu de temps inesperé pour vous escrire et à quelques autres et pour vous accuser la reception et remercier trez humblement, comme je le faicts du meilleur de mon cœur, de la continuation de l'honneur de vostre souvenir, et de voz soings non seulement à m'envoyer cez cahiers du catalogue des Epistres de Libanius que j'ay veu trez volontiers, mais de me procurer cez troys volumes du Colotius, que j'attendray en bonne devotion puisqu'il vous plaict. Si M.ʳ Hullon⁴ m'adresse vostre pacquet il vous sera fort seurement envoyé. M.ʳ du Puy m'escript que le coppiste du S.ᵗ Cyrille travaille incessamment à la copie de vostre Georgius Syncellus.

---

¹ C'est évidemment le même personnage qui a été appelé plus haut (lettre XXI) «le sieur Malian de Remiremont».

² Bibliothèque de l'École de médecine de Montpellier, vol. H 271, fol. 254. Autographe.

³ On sait que Peiresc avait les meilleures relations avec le cardinal Alphonse de Richelieu, qu'il avait eu pour archevêque et pour voisin pendant trois années (1626-1629).

⁴ Hullon, prieur de Cassan en Languedoc, était le frère utérin de Bouchard, étant le fils d'un premier mari de Catherine Noyan, mère de l'auteur des *Confessions*. Voir sur Hullon ces mêmes *Confessions* (p. 5 à 65). Voir aussi les *Lettres de Peiresc aux frères Dupuy*, à la Table.

17.

Vous m'avez tout resjouy de la bonne nouvelle que m'avez donnée de la bonne disposition des affaires pour la chaire de la Sapiance[1]. J'entends que le pape a donné l'Evesché de Rieti à l'Eminentissime cardinal de Bagni, au lieu de celle de Cervia, de sorte que n'estant qu'à deux journées de la cour, il y pourra estre à toutes heures.

Vous m'avez fait grand plaisir de m'advertir de cette belle reputation du martyre de Ste Theodora en musique, dont il nous tardera bien qu'il s'imprime quelque chose, car nous ne sçavons poinct encores en France practiquer ces sortes de musique sur le theatre, que j'ay autrefoys trouvées excellantes en Italie[2].

J'ay receu un exemplaire de la Roma Sotteranea[3], de la liberalité de Son Em^{ce}, et bien que je ne l'aye peu voir que bien mal posement en cette conjoncture, si est ce que j'ay trouvé de trez belles gentilesses à mon gré. Et pense que ce sera une ouverture à d'autres suppléments des usaiges de la primitive église qui ne pourront estre que de trez grand fruict.

Les vers que vous dictes du s^r de Grammont[4] ne sont pas en mon exemplaire, n'y en ayant que d'un Picus, un Lippa et un autre[5], qui ne vont pas de l'air dudict s^r de Grammont[6]. Je n'oublieray pas de parler

---

[1] Chaire qu'on voulut donner à Gabriel Naudé qui la refusa. Voir la lettre de Bouchard à Peiresc, du 24 juin 1635 (fascicule III des *Correspondants de Peiresc*, p. 37). Voir aussi plus loin la lettre de Peiresc à Bouchard, du 31 octobre 1635 (n° XXXIII).

[2] Peiresc dans ses lettres aux frères Dupuy, à propos de l'opéra de Saint-Alexis que fit représenter le cardinal François Barberini, rappelle à quelles belles fêtes poético-musicales, célébrées en l'honneur du mariage de Henri IV avec Marie de Médicis, il assista, pendant son séjour en Italie (1600).

[3] L'immortel ouvrage d'Ant. Bosio (Rome, 1632, grand in-f°).

[4] Il s'agit là du poète provençal Scipion de Grammont qui lui aussi était allé chercher fortune à Rome où il passa la plus grande partie de sa vie. On trouve souvent son nom dans les *Lettres aux frères Dupuy*.

[5] Peiresc avait reçu un exemplaire incomplet, car les vers latins de Grammont (*Grandimonte*) en l'honneur du monument élevé par les savantes mains de Bosio s'étalent dans les deux premières pages du livre (non numérotées).

[6] La postérité a donné raison au dédain de Peiresc pour Picus, pour Lippa et pour le troisième poète qu'il ne daigne pas même nommer. Un juste oubli enveloppe œuvre et ouvriers. Scipion de Grammont était bien supérieur à ses concurrents et même dans les poésies de circonstances et qui lui étaient commandées, il montre un talent qui,

de Mr Valeran à l'Eminentissime cardinal de Lyon et de le servir tant pour son merite que pour l'amour de vous et de tant d'autres braves hommes qui sont de ses amys partout où il me vouldra commander.

Si vous allez voir le Capitole, je vous prie de bien remarquer la forme des lettres numerales de l'inscription de la colonne de Duillius particulierement aux notes des millenaires ⊖ et en celle du D tant en icelle (s'il y en a, comme il s'en trouve en quelques exemplaires ou coppies), qu'aux fragments des Fastes Capitolins, et de remarquer, s'il vous plaict, si pour le nombre quinquagenaire, ils ne diversifient poinct la note de la lettre L tantost ainsin qu'un L renversé et tantost quasi comme un V ou un Y grec, ainsin qu'il se void en une inscription que l'Appian a transcrit d'un marbre contre le clocher de Cori entre Terracina et Gaeta[1] où je vous supplie de l'observer exactement si vous y passiez de hazard pour aller à Mont Cassin ou à Naples.

Le sr Evesque de Vaison se porte fort bien dans son diocese; j'en ay receu des lettres depuis peu, et aujourd'huy mesmes un certain manuscrit en vieux françoys et le livre du P. Scheiner de Arte delineandi[2] avec la machine pour le mettre en practique que je luy renvoyeray au premier jour, Dieu aydant, après l'avoyr veu un peu plus à loysir et je demeure,

Monsieur,

vostre trez humble et trez obeissant serviteur,

DE PEIRESC.

A Aix, ce 28 febvrier 1635.

Mandez-moy, je vous prie, les tiltres et les qualitez que le sr Gio.

---

comme le reconnaît Peiresc, n'était pas vulgaire. Je voudrais qu'un bon travailleur provençal étudiât la vie et les publications très nombreuses de Scipion de Grammont, qui écrivit en français aussi purement qu'en latin.

[1] Cori est à 13 kilomètres sud-est de Velletri.

[2] Sur le P. Scheiner, voir, outre le recueil Backer-Sommervogel (tome III), divers passages des *Lettres de Peiresc aux frères Dupuy* signalés à la *Table*.

Bat. Doni¹ peult avoir plus agreables et le nom de la rue ou cartier où il se tient².

XXVII

À MONSIEUR, MONSIEUR DE FONTENAY BOUCHARD,
À ROME.

Monsieur,

Je ne doubte pas que vous apparoissant du merite et de la vertu de Monsieur de la Ferté, aumosnier ordinaire du Roy³, et à luy de la vostre, vous ne soyez incontinant portez reciproquement à touts les offices d'honneur et d'amitié qui y peuvent escheoir, et qu'il n'aye de bien meilleures addresses que les miennes. Mais ayant sceu le desir particulier qu'il a de faire offre de son service à l'Eminentissime cardinal Barberin et à l'illustrissime cavalier del Pozzo, je luy ay baillé de mes lettres qu'il a tesmoigné desirer tant pour l'un que pour l'autre, et ay creu que vous vous employeriez volontiers (comme je vous en supplie et conjure de tout mon cœur) pour l'introduire vers ledict sieur cavalier del Pozzo, et par le moyen d'iceluy faire procurer quelque particuliere audiance de l'Eminentissime cardinal Patron, en quoy vous

---

[1] Doni figure dans le testament de Bouchard (p. 7): il laisse par moitié à Doni et à Ascanio Filomarino sa collection de portraits des savants pour qu'ils puissent en décorer leurs livres. On trouve souvent le nom de Doni dans les *Lettres de Peiresc aux frères Dupuy*, ainsi que dans les *Lettres de Jean Chapelain*.

[2] Bibliothèque de l'École de médecine de Montpellier, vol. H 271. fol. 255. Autographe.

[3] Emery-Marc de la Ferté devint évêque du Mans en 1637 et siégea jusqu'en 1648. On peut consulter sur ce prélat deux ouvrages d'un genre bien différent, le *Gallia Christiana* (t. XIV) et les *Historiettes* de Tallemant des Réaux (t. II). Tallemant, dans l'Historiette consacrée au cardinal de Richelieu (t. II, p. 30, 31) donne de très piquants renseignements sur la nomination faite *proprio motu* par Louis XIII de son aumônier comme évêque du Mans, à l'insu du tout-puissant ministre. Ce chroniqueur revient (t. V. p. 156) sur «l'Evesque du Mans, celuy à qui le feu Roy avoit eu l'audace de donner cet evesché sans en parler au cardinal de Richelieu».

ne m'obligerez pas moings que ce gentilhomme, pour la cognoissance qui m'a esté donnée de sa vertu et pieté singuliere, et de tout plein d'autres grandes parties qui le rendent fort recommandable, en ce siècle, et en l'aage où il est, auquel il excelle desja en la predication, à ce que j'entends, et se contient dans une innocence de mœurs nompareille. Ce qui m'a ravy en admiration, et faict desirer trez ardamment de luy pouvoir rendre quelques bonnes preuves de mon service, et de ma devotion, ayant creu vous faire plaisir de vous donner une si honorable addresse, quand mesmes vous l'auriez d'autre meilleure main que la mienne, et que vous ne trouveriez pas mauvais que je prinse part aux faveurs que vous luy daignerez despartir, comme je la desire prendre en touts ses interests et qu'il vous plaise vous servir librement de moy en revanche comme,

Monsieur,

de vostre, etc.

A Aix en haste, ce 8 mars 1635¹.

XXVIII

À MONSIEUR, MONSIEUR DE FONTENAY BOUCHARD.

À ROME,

EN LA COUR DE L'EMINENTISSIME SEIGNEUR CARDINAL BARBERIN.

Monsieur,

Je n'ay pas manqué de rendre à la vertu de M⁰ Valeran et à ses merites touts les tesmoignages d'honneur et de veneration dont j'ay peu m'acquitter envers l'Eminentissime seigneur cardinal de Lyon, et touts les meilleurs offices dont je me suis peu adviser, et vouldroys bien luy avoir peu rendre aultant d'effects de mon humble service, comme je luy en croyoys debvoir pour satisfaire non seulement à l'honneur de voz commandements, mais à mes inclinations portées d'assez longue

¹ Bibliothèque de l'École de médecine de Montpellier, vol. H 271, fol. 258. Autographe.

main à son service par le renom de son honnesteté et de son zeelle envers la France. Mais je n'ay pas esté assez heureux pour cela. Ayant neantmoings trouvé Mgr le cardinal de Lyon fort bien informé des rares parties et recommandables qualitez qui sont en sa personne, et tout plein de disposition de faire plus si les occasions s'en presentent opportunes avec le temps. Car pour le present il a pourveu à toutes les charges de son train, et specialement à celle dont vous m'aviez parlé, qui a esté remplie de la persone de M^r le Commandeur de Videville, que Mr Valeran aura peu voir en la cour de Rome plus de dix ans, persone de haulte extraction, et qui desja avoit esté dans de fort honorables employs tant à Rome qu'ailleurs, et jusques en la cour d'Espagne, pour les interests de son ordre ou du moings de ceulx de sa nation qui en sont, lequel avoit de longue main de grandes habitudes tant chez son Eminence que chez l'Eminentissime cardinal Duc son frere. De sorte que de luy rien faire partager ou roigner des fonctions de la charge qui luy a esté conferée il n'y a apparence quelconque, si cela ne venoit de luy mesmes, qu'il l'eusse desiré pour s'en descharger sur aultruy de telle portion que bon luy sembleroit. Auquel cas il fauldroit s'approcher de luy, et prendre des habitudes avec luy assez grandes, pour y acquerir la confiance et liberté de luy en faire les ouvertures à luy mesmes, et en tenir de sa main ce qu'il trouveroit bon d'en despartir. Et je ne sçay si Mr Valeran se vouldroit soubsmettre à cela, ne s'il seroit bien raisonable qu'il le fist. Nomplus que s'il pourroit s'accommoder à son humeur qui n'est pas des plus ployables du monde, à ce peu que j'en ay peu recognoistre dans les deux ou troys foys que j'ay eu le bien de le voir.

Au reste il fault que je vous dise encores une petite chosette qui demeurera, s'il vous plaict, entre nous, sçavoir est que le nom que porte Mr Valeran quoyque trez honorable à mon advis pour la reputation qu'il a acquise soubs iceluy, faict neantmoins un peu de tort à la fiance, qu'on prendroit possible plus librement de luy, ou qui seroit defferée à sa persone, s'il avoit changé de nom pour faire cesser l'homonymie qu'il y peult avoir avec un autre de mesme nom qui s'estoit rendu si celebre sur les theatres, quelques annees y a[1], et ne fauldra pas trouver si estrange ce petit scrupule, en la persone d'un homme de sa condition (qui peult si facilement se servir de quelque nom de terre, ou de benefice, s'il y a de l'incompatibilité avec sa profession); puisque nous avons veu en noz jours que non seulement l'Eminentissime cardinal Duc fit scrupule, estant secretaire d'Estat, de signer du nom de sa famille comme l'avoient prattiqué touts ses predecesseurs, mais que l'Eminentissime cardinal son frere a mieux aymé retenir le nom de son Archevesché que de reprendre celuy de sa famille, à cause de l'homonymie qu'on y pouvoit trouver avec celuy d'un homme de differante religion, quoyque celebre en sa profession[2], nonobstant que le nom de la famille eust esté honoré de si haultes alliances comme il a esté monstré par des livres faicts exprez à ce dessein. Encor ne scay-je s'il n'y a rien eu de stipulé pour ce regard, lors de l'octroy du bonnet.

Si vous luy en parlez, je vous prie que ce soit soubs toutes les precautions possibles et necessaires, pour me faire excuser de la liberté de vous en parler. Car je ne vouldroys pour rien du monde luy avoir despleu, desirant qu'il me tienne pour son trez humble et fidele serviteur comme je le suys du meilleur de mon cœur. Mais j'eusse creu faire un trop grand manquement, si je vous eusse dissimulé une chose si cappable de nuire, en plus grandes occurances, à un personnage de si rare merite et dont le remede me semble si aisé, laissant à vostre

---

[1] A. Jal, qui, dans son *Dictionnaire de biographie et d'histoire*, s'est tant occupé des artistes dramatiques, n'a rien dit de Valeran. Tallemant des Réaux l'a ainsi mentionné dans le chapitre sur *Mondory ou l'Histoire des principaux comediens françois* (t. VII, p. 170): « Agnan a esté le premier qui ayt eu de la reputation à Paris... Depuis, vint Valeran, qui estoit un grand homme de bonne mine; il estoit chef de la troupe; il ne sçavoit que donner à chascun de ses acteurs, et il recevoit l'argent luy-mesme à la porte. Il avoit avec luy un nommé Vautray, que Mondory a veu encore, et dont il faisoit grand cas.... » Paulin Paris (p. 179) nous apprend qu'avant 1608, le comédien Valeran était déjà fameux à l'hôtel de Bourgogne, d'où il passa dans la troupe du Marais, ajoutant qu'on croit qu'il mourut vers 1632. Le savant commentateur cite sur Valeran le *Journal* de Pierre de l'Estoile et les *Mémoires* de l'abbé de Marolles.

[2] Peiresc veut parler de Philippe de Mornay, seigneur *Du Plessis*, habituellement appelé *Du Plessis* et homonyme ainsi des *Du Plessis*, seigneurs de Richelieu.

bonne discretion et disposition de vous servir de l'advis en la maniere que vous jugerez plus compatible, et vous suppliant de faire estat de mon service, et de ma devotion toute entiere, puisque je veux estre toute ma vie,

Monsieur,

vostre trez humble et trez obeissant serviteur,

DE PEIRESC.

A Aix, ce 8 mars 1635 [1].

XXIX

À MONSIEUR, MONSIEUR DE FONTENAY BOUCHARD,
À ROME.

Monsieur,

J'envoyay par le dernier ordinaire de Genes à l'Eminentissime cardinal Patron deux tragédies de la façon de Mr Grotius [2], que je venois de recevoir par la poste de Paris sur le poinct mesmes que le courrier de Genes estoit ceans. Aussy les envoyay-je en blanc sans les pouvoir faire relier, et sans y avoir rien peu lisre que le tiltre et manday à ces Messrs de Paris de m'en pourvoir d'un autre exemplaire pour remplacer celuy là que j'avoys faict passer les monts, comme ils ont faict, mais ils m'ont adverty qu'ayant dict à Mr Grotius que j'avoys faict passer les monts à ce sien ouvrage, il tesmoigna beaucoup de regret que je n'eusse laissé aller les deux tragédies toutes seules, sans les autres poemes qu'on y a reimprimez sans son adveu, et lesquels il vouldroit bien avoir retenus et corrigez en tout plein de choses qui ne le satisfont pas maintenant. Ce que je n'impute pas moings aux sentiments de religion (dont je luy ay ouy tenir des discours fort esloignez de l'opinias-

---

[1] Bibliothèque de l'École de médecine de Montpellier, vol. H 271, fol. 259. Autographe.

[2] Hug. Grotii tragœdiœ Sophompaneas, et Christus patiens, et sacri argumenti alia (Amsterdam, 1635, in-4°). Les tragédies de Grotius sont plusieurs fois mentionnées dans les *Lettres de Peiresc aux frères Dupuy.*

treté huguenotte)[1], qu'à ceux du style ou de la qualité des conceptions et de l'art. C'est pourquoy ayant receu un second exemplaire je l'ay faict relier, et me suis resolu de l'envoyer à Son Eminence, vous priant de retirer le premier (qui n'aura possible pas si tost esté relié, ne leu jusques à ce poinct là) et en faire part à l'Eminentissime cardinal de Bagni, si le trouve bon, et d'en retrancher toutes cez sylves qui sont jointes aux tragédies pour ne paroistre pas en ce païs là, s'il est possible, tandis que l'autheur tasche de les supprimer et possible de faire paroistre un jour qu'il a changé d'advis. Vous ferez œuvre trez meritoire, et dont je me tiendray particulierement vostre obligé, estant tousjours,

Monsieur,

vostre trez humble et trez obeissant serviteur,
DE PEIRESC[2].

[Sur un feuillet séparé :]

Si ce volume est desjà relié et qu'on se soit aperceu de ces poemes qui sont parmy les sylves subjects à censure, ne laissez pas de monstrer confidament la petite lettre que je vous escripts sur ce subject pour faire tousjours paroistre en quelque façon la bonne disposition de Mr Grotius à desadvouer les propositions contenues, et possible d'en soubstenir d'autres plus conformes au debvoir, et si l'on veult retirer l'un et l'autre exemplaire pour avoir ces sylves, où il y a de bonnes pensées en beaucoup de lieux, je laisse le tout à vostre prudence et vous supplie de me donner advis de ce qu'y aurez peu negocier. Je n'escripts rien à l'Eminentissime cardinal Bagni de ce livre afin que vous le puissiez envoyer, ou ne l'envoyer pas s'il y escheoit[3].

[1] Cette déclaration d'un témoin auriculaire est bien importante. Peiresc avait vu Grotius à la Haye, en 1606, comme le raconte Gassendi (livre II, p. 128) et il l'avait revu à Paris, quand cet homme d'État s'y réfugia, après s'être échappé de la prison où l'avaient enfermé (1619) ses adversaires politiques et religieux.

[2] Bibliothèque de l'École de médecine de Montpellier, vol. H 271, fol. 268. Autographe. La lettre n'est pas datée, mais elle fut envoyée avec celle du 30 août 1635 que l'on va lire sous le n° XXX.

[3] *L. cit.*, fol. 269. Autographe.

XXX

À MONSIEUR, MONSIEUR DE FONTENAY BOUCHARD,
À ROME,
EN LA COUR DE L'EMINENTISSIME SEIGNEUR CARDINAL BARBERIN.

Monsieur,

Je n'ay pas receu de lettres vostres depuis celles du 5me may, bien ay je eu advis de la part de Mr de Bonnaire que par un marinier de Martigues nommé patron Guillem Gaultier, il m'avoit envoyé quelques petits fagots de libvres entre lesquels y en avoit un de vous, ce me semble, que j'ay creu estre la coppie des memoires de Colotius, et vraysemblablement ce n'a pas esté sans y joindre quelque autre lettre vostre. Mais toutes ces allées et venües de l'armée navale n'ont pas laissé assez de liberté à patron Gaultier pour luy laisser continuer son voyage jusques en ce païs. Nous avions mesmes creu une foys que l'on l'eusse prins et mis à la chaine et que nos livres fussent perdus, mais depuis le filz dudict Gaultier est venu par terre jusques à Tollon, où M^r le theologal de Garnier l'a tenu dans sa maison malade une 15e de jours, et par luy nous avons sceu que son pere estoit demeuré à Livorne ou à Genes, et que ce n'estoit que luy seul qui ayant pensé faire plus de chemin que son pere, et s'estant mis sur une autre barque, fut prins et menassé de la chaine, dont il fut garenty par un passeport qu'il avoit de l'Ambassadeur d'Espagne et un autre de l'Eminentissime cardinal Barberin. Mais ce n'a pas esté sans peine, car il fallut envoyer exprez à Rome, et avoir de nouveaux ordres pour sa delivrance.

Je vous avoys donques accusé cy devant voz dernieres lettres et commancé à vous remercier, comme je faicts encores trez humblement, de la peine que vous aviez prins à me cotter toutes les lettres numerales, tant des Fastes que de la colonne de Duillius, où j'ay trouvé un peu estrange que la note de Θ soit tousjours traversée d'une raye qui la traverse de droicte à gauche, et vouldroys bien vous supplier, si vous y retournez une seconde foys, de vouloir regarder partout où vous pourrez, et faire que l'on baille une eschelle à quelqu'un de voz gentz et une bougie, pour monter partout où il y en aura des fragments, et verifier si reglement partout cette note est tousjours traversée de la sorte ou non.

L'on nous escript de Paris que Mr de Saulmaise avoit eu tout contentement des nouveaux curateurs de l'academie de Leyden, nonobstant les brigues de sa partie, et qu'il avoit obtenu troys moys de congé pour s'en venir en France mettre ordre à ses affaires plus pressantes, de sorte que je crains bien que les lettres que je luy avoys escriptes pour avoir ses collations ou diverses leçons des passages du Syncellus, ne l'ayent manqué par les chemins. Mais je feray une recharge pour l'attendre à Paris, et le prieray de vouloir conferer tout ce qu'il pourra de vostre coppie sur l'original. Je ne suis marry que de ce que maintenant touts les cahiers en doivent estre à Rome, et ne sçay si vous les nous vouldrez renvoyer, ce que je feroys pourtant si j'estois à vostre place, pour estre conservez sinon par Mr de Saulmaise, au moings par Mr Valoys, qui s'estoit desja offert à moy pour quelque chose de pareil, et ne doubte pas qu'au deffault de Mr de Saulmaise, il ne s'attache trez volontiers à cet ouvrage quoyque penible, et qu'il n'y trouve du fruict à tout le moings sur la fin, ou sur la continuation, pour son Ammian, et de faict par une lettre que j'ay en dernier lieu receüe de luy il s'offre en parolles formelles de vous servir en la collation du Syncellus et du Theophanes et qu'il la fera trez volontiers, ce que je ne manqueray pas d'accepter. Il se loüe grandement de la peine que vous avez prinse de conferer pour l'amour de luy quelques passages de son Ammian sur le Ms. du Vatican, dont il s'est si bien trouvé qu'il vouldroit bien qu'il vous pleust d'en conferer quelques autres, mais parceque le nombre en est un peu grand il n'osoit vous en donner une seconde courvée plus penible que la premiere et s'est adressé à moy pour vous en supplier, comme je faicts de bon cœur, scaichant trez bien que vous ne le ferez pas mal volontiers, et tant plus vous y trouverez de besoigne, tant plus aurez vous de droict de l'employer à la collation du Syncellus, ne regrettant si ce n'est que cela n'a esté faict avant que d'en envoyer, mais à quelque chose malheur aura esté bon, parceque vous aurez eu moyen de les lisre de bout à autre, et tandis que vous travaillerez à la version de la derniere partie, vous nous pouvez envoyer le volume entier par l'ordinaire de Genes sous l'enveloppe de l'Eminentissime cardinal patron et l'adresse du sieur Gir. Spinola, general delle poste, qui me le fera tenir fort seurement, et moy à Paris par noz ordinaires, esperant que dans trois semaines ou environ il pourra faire ce voyage de Rome à Paris par icy fort souvent. Et si de bonne fortune M⁰ de Saulmaise se rencontre à Paris en ce temps là, il est homme pour en faire la collation selon son offre, ou du moings pour en conferer quelques feuilles avec M⁰ Valoys pour luy faire mieux cognoistre la maniere du caractere et des abreviations.

Que si lorsque vous aurez collationné les passages de l'Ammian, vous m'en adressez les diverses leçons, je les feray pareillement tenir au sieur Valloys, et tascheray de faire valloir voz peines selon leur merite, pour l'engager tousjours de tant plus à vostre service au Syncellus. Et seray bien aise de voir en passant la collation de tout ce qu'il y a de texte grec inseré dans le texte latin d'Ammian concernant les obelisques.

Au reste je vous remercie bien fort des caresses et bons offices que vous avez daigné rendre à M⁰ l'abbé de la Ferté, et à touts cez autres galants hommes de la suitte de M⁰ le cardinal de Lyon. Et vous en suis infiniment redevable. Comme aussy de la souvenance que vous avez de l'inscription de Cori, si vous y repassez quelque jour, et de ce qui restoit des fragments *de Ponderibus* au Vatican, sur vos premiers bordereaux, estimant que le sieur Leo Allatius vous en donneroit possible plus d'adresses, s'il vouloit, que touts autres, ayant bouquiné comme il a voulu tout le Vatican à plaisir de fort longue main. Nous attendrons en bonne devotion cez epistres socratiques dont vous nous donnez si bonne esperance [1], et desirerons que ce soit bientost et à

---

[1] Ces épîtres (*Socratis, Antisthenis, Aristippi, Simonis, Xenophontis, Æschinis, Platonis, Phædri, et aliorum Socraticorum epistolæ*) ne parurent qu'en 1637 (Paris, in-4°). Voir ce qu'en avait écrit Bouchard à Peiresc, le 24 juin 1635 (fascicule III, p. 36).

son contentement. Et vouldroys bien le pouvoir servir, le voyant si bien intentionné envers le public et les bonnes lettres dont il a tant merité.

Il nous tardera bien aussy que Mr Doni veuille mettre soubs la presse tant de belles choses qu'il a desja bien advancées, concernant la musique des anciens dont vous me parlez [1]. Vous aurez là maintenant Mr Dormalius, chanoine de Liege, trez honneste homme et trez bontif, qui a bien estudié au grec [2], lequel s'en va vers Mr Holstenius en intention de seconder ses bonnes intentions pour ses estudes dans les anciens Grecs. Il a grand ascendant sur son esprit, et je vous conseille de l'accoster et servir en ce que vous pourrez, car je vouldroys bien qu'il eust peu vous bien r'adjuster par ensemble ne vous pouvant exprimer combien je regrette que vous ne viviez en plaine intelligence selon mes premiers souhaicts. La grande vertu et rare erudition de ce personnage meritant de ne pas considerer, quand il y auroit quelque humanité en luy à desirer. Pour moy quelque silence qu'il y ayt de sa part, je ne me sçauroys rebutter ne taire ne empescher de le servir du meilleur de mon cœur, l'assiduité de l'estude rendant ce monde là plus austere et plus saulvage qu'il ne fauldroit certainement, mais il n'y a rien aussy de si pardonnable, que cette ferocité qui est si naturelle, et qui ne se domte que par l'assiduité des offices d'aultruy, à quoy je ne plains jamais ne mon temps ne ma peine. Sur quoy je finiray en vous advouant que si Mgr le cardinal de Lyon eust aussy bien passé en Italie sur l'hyver comme par l'esté, possible me seroys je laissé emmener, auquel cas ce n'eust pas esté sans embarquer Mr Gassend, quant et moy, mais le froid fust bien grand à son passage par icy, et oultre que j'en fus malade, je craignys l'incommodité du chauld à venir, mais j'eusse trop faict d'empeschement et d'importunité à mes amys, qui en

---

[1] Le *De præstantia musicæ veteris* ne parut qu'en 1642 (Florence, in-4°). Mais, en 1635, Doni publia un ouvrage en italien sur la musique (Rome, in-4°). Voir sur ce dernier ouvrage le fascicule III des *Correspondants de Peiresc* (p. 39).

[2] Sur Henri Dormalius, voir les *Lettres de Peiresc aux frères Dupuy*, passim. Conférer les *Lettres de Bouchard à Peiresc* (p. 39).

ont esté quittes daultant. Conservez moy tousjours en l'honneur de voz bonnes graces comme,

Monsieur,

vostre, etc.

A Aix, ce 30 aoust 1635[1].

XXXI

À MONSIEUR, MONSIEUR DE FONTENAY BOUCHARD,
À ROME,
EN LA COUR DE L'EMINENTISSIME SEIGNEUR CARDINAL BARBERIN.

Monsieur,

Le dernier ordinaire de Genes m'apporta avec les lettres courantes du 2 mars plusieurs despesches anterieures entre lesquelles j'eus la vostre du 6 febvrier où je fus bien ayse d'apprendre ce que vous aviez operé pour l'affaire de Mr de Mondevergues dont je vous remercie trez humblement et de la continuation de tant de bons offices dont vous me comblez en la persone de mes amys, comme en la mienne, de quoy je vous seray toute ma vie redevable, aussy bien que de ce que vous promettez au bon Mr Bouche, et des feuilles grecques du Libanius qu'il vous a pleu me faire transcrire, et que vous continuez en d'autres ouvrages, marry d'avoir si peu de moyen de vous en rendre aulcune digne revanche. Surtout vous m'avez infiniment obligé des bons advis contenus en vostre derniere dont je tascheray de faire mon proffit à l'advenir plus exactement que je ne l'avoys observé.

S. Em^{ce} m'a escript de l'affaire du s^r Naudé en termes que j'en conçois fort bonne esperance, car ces Messrs n'ont pas de coustume de respondre d'une affaire qui n'est pas à leur goust.

J'escriray à Mr Saulmaise pour ses notes du Syncellus. Il travaille à la milice Romaine par commandement du prince Maurice[2] et l'escript

---

[1] Bibliothèque de l'École de médecine de Montpellier, H 271, f°s 267-270. Autographe.

[2] Voir à ce sujet le fascicule V des *Correspondants de Peiresc* (Dijon, 1882), p. 32.

en françoys pour l'usage mesme de S. Ex^ce. La coppie de l'homme du s^r Aubert s'advance fort à ce que j'en apprends, et fauldra faire conferer sur icelle ce que nous avons dudict s^r Saulmaise pour voir comment il s'en sera peu desmesler, et selon ce qui en reuscira, il fauldra agir, et coucher du reste de nostre petit credit, plustost que de manquer de vous rendre service à souhaict si nous le pouvons.

Il y a des années entieres que je n'ay poinct de lettre de la part de Mr Holstenius, et n'ay garde de m'en plaindre sçaichant que ce luy seroit du temps trop mal employé, le desrobant à de si dignes entretiens que les siens ordinaires. Je ne doubte pas pourtant de la continuation de l'honneur de sa bienveillance.

Pour Mr Valeran vous avez veu ce que je vous en ay escript par la voye de Lyon depuis le passage de l'Em^me cardinal de Lyon. Le commandeur de Videville estoit à la suitte de S. Em^ce bien resolu de poursuyvre jusques au bout son voyage et continuer l'exercice de sa charge, qui n'estoit pourtant pas trop au goust de ceux de la suitte et de la famille (cela entre nous). Mais le temps accommode beaucoup de choses pour difficiles qu'elles soient, et je demeureray,

Monsieur,

vostre trez humble et bien obeissant serviteur,

DE PEIRESC.

A Aix, ce 30 mars 1635[1].

XXXII

À MONSIEUR, MONSIEUR DE FONTENAY BOUCHARD,
À ROME.

Monsieur,

J'ay receu vostre lettre du 5me encor à temps pour vous en accuser la reception, mais non pas pour vous respondre si à loisir que si elle

---

[1] Bibliothèque de l'École de médecine de Montpellier, vol. H 271, fol. 261. Autographe. Je laisse de côté un petit billet autographe, du 4 avril 1635 (fol. 265) dans lequel Peiresc annonce seulement à Bouchard l'envoi d'un paquet.

fusse venüe par la voye de Genes. Mais il l'eust fallu avoir escripte un jour plus tost, pour venir avec celle de Mr de Bonnaire quinze jours y a. C'est pourquoy vous m'excuserez si je ne puis respondre punctuellement à touts les chefs. Seulement vous diray-je que j'envoye 4 autres cahiers du Syncellus et que j'escripray à Mr de St Saulveur de faire transcrire le restant de l'autheur selon vostre desir, et demanderay à Mr de Saulmaise ses cahiers, estimant que Mr Valoys prendra volontiers la peine de collationner touts les passages que vous vouldrez, comme vous avez faict pour luy de ceux de son Marcellin, pour lequel il est en peine de trouver un imprimeur[1]. Je vous remercie des notes numerales tant des Fastes que de l'inscription de Duillius, où il n'y a rien de la primitive antiquité, car elle avoit esté restaurée, comme dict Pline.

J'escripts un mot à Mr Valeran, et vous remercie des advis en matiere de livres, demeurant de tout mon cœur,

Monsieur,

vostre, etc.
DE PEIRESC.

A Aix en haste, ce dernier may 1635[2].

XXXIII

À MONSIEUR, MONSIEUR DE FONTENAY BOUCHARD,
À ROME.

EN LA COUR DE L'EMINENTISSIME CARDINAL BARBERIN.

Monsieur,

Lorsque je n'attendois plus le patron Guill. Gaultier, il est enfin arrivé et m'a rendu vostre lettre du 24 juin, le 25 octobre. Le principal

---

[1] Nous avons vu que, soit faute d'imprimeur, soit pour une autre cause, l'Ammien Marcellin devint une publication posthume.

[2] Bibliothèque de l'École de médecine de Montpellier, vol. H 271, fol. 266. Autographe.

est que s'il y a eu quattre moys de temps perdu, à tout le moings vostre despesche est saulvee, vous remerciant trez humblement de la peine qu'y avez daigné prendre. Je m'estois imaginé que j'y trouveroys quelque chose du propre labeur d'Angelus Colotius et de ses sentiments particuliers en cette matiere, ou de son estude. Mais je n'y en ay pas trouvé un feuillet ou deux tout au plus; ce ne sont qu'extraicts par luy tirez de divers Mss. qui ont depuis esté imprimez la pluspart. Il y a en tout une trenteine de feuilles divisées en dix cahiers qui reviennent à vingt sols la feuille, dont le coppiste n'a pas subject de se tenir mal satisfaict, le grec ne coustant gueres davantage. Mais je pense que l'autographe n'estant pas si minutté monstroit plus grand volume. Et quoy qu'il en soit je ne plains pas cet argent et ne vouldroys pas estre à voir ce que c'estoit, parceque je m'y fusse imaginé toute autre chose, dont je suis bien satisfaict de me voir esclaircy.

Pour les autres petits opuscules grecs de ponderibus et mensuris, avant que les faire transcrire, pour n'entreprendre un ouvraige sans necessité et utilité, s'il estoit possible d'en voir un bordereau, possible s'y en trouveroit-il quelque piece qui en vauldroit la peine. Il pourroit[1], je m'asseure, plus facilement que tout autre dresser ledict bordereau, le tout luy ayant assez souvent passé par les mains. J'en ay mesmes desja reveu quelques pieces, que Mr Holstenius m'avoit transcriptes de sa grace. Mais je faicts scrupule de consciance, de faire perdre du temps à cez vetilles, par des persones de la qualité tant de Mr Holstenius et dudict sieur Leo Allatius, que de la vostre. Le bon Mr Dormalius, s'il n'a des affaires à poursuyvre en cour, est si patiant que possible en prendroit il encores bien volontiers la courvée pour l'amour de moy.

Quant au Syncellus, j'ay grand regret que Mr de Saulmaise soit revenu en France sans qu'il aye receu mes lettres, concernant les corrections qu'il avoit faictes de ce que feu M^r della Scala en avoit inseré dans son Eusebe. Mais la faulte n'est pas de son costé, nomplus que du

---

[1] *Il,* c'est-à-dire le copiste dont il a été question un peu plus haut.

mien, car il ne luy manque pas de bonne volonté. C'est que vous m'avez quasi tousjours escript par des voyes si longues, que voz lettres me sont venües aussy peu fraisches bien souvent que cette derniere foys ou peu s'en fault. Et Mgr l'Eminentissime cardinal patron qui avoit daigné m'en toucher un mot, ne le fist pas si tost aussy, de sorte que quand j'en ay escript à Mr de Saulmaise, il estoit desja prest à partir, et mes lettres n'y ont peu arriver à temps, ou se sont rencontrées entre celles d'un courrier ordinaire à qui toutes les despesches furent vollées, quelques jours avant le partement dudict sieur de Saulmaise. Vous verrez ce qu'il m'en escript, dont j'envoye l'extraict à Son Eminence et le regret qu'il en a, et combien volontiers il s'offre à le collationner sur l'original bout à bout. Il ne tiendra qu'à vous de nous renvoyer les cahiers, à cette heure que les avez touts receus. Et nous vous aurons bien tost faict guarir tout le mal que le coppiste y peult avoir faict. Je vous en avois desja dict mes sentiments quelque temps y a, et si m'avez creu, vous vous serez resolu de me l'envoyer par le prochain ordinaire qui doibt partir de Rome, cette semaine ou la suyvante. Sinon vous y penserez encores mieulx à cette heure que vous verrez les offres de Mr de Saulmaise pour cet ouvraige qui sont encores plus dignes d'acceptation que celles du bon Mr Valloys.

J'ay depuis peu servy Mr de Saulmaise en une chose grandement de son goust, car à sa priere j'ay faict venir du Levant un exemplaire bien complet de tout l'Ebenhytar des plantes en arabe [1], où est inseré tout le Dioscoride et tout le Theophraste, dont il a desja bien faict son proffit, ayant fort estudié en cez langues orientales où il descouvre des merveilles, et de quoy reparer toutes les faultes et les lacunes du texte grec, et luy ay rendu encores d'autres services et bons offices dont il me tesmoigne une gratitude bien grande, et un grand desir de me rendre quelque bonne correspondance, que je vouldroys bien mieux employer à vostre service qu'à mes propres interests. Il m'a depuis peu

---

[1] Ibn-Beïthar, surnom d'Abdallah ben-Ahmed, médecin et botaniste, mort à Damas, au milieu du XIIIe siècle. Voir la lettre de Saumaise à Peiresc, du 7 novembre 1635 dans le fascicule V, p. 37.

faict transcrire un Erasmus Oricius de l'ancienne musique pour l'usage de Mʳ Doni, lequel il a apporté de Hollande en venant à Paris pour l'amour de moy, Mʳ Golius[1] luy ayant liberalement fourny l'original à cet effect, et Mʳ de Sᵗ Saulveur l'a remis à mon frere de Vallavez pour me le faire tenir par la premiere commodité d'amy, esperant qu'il ne tardera gueres, y ayant afforce courriers en cour pretz à estre r'envoyez en ce païs icy, de sorte que j'espere que Mʳ Doni aura bientost de quoy en passer son envie, si je ne me trompe.

Reste l'affaire de Sᵗ Leons de Mʳ de Sᵗ Saulveur[2], laquelle a eu plus de malheur que de manquement de justice, quelque differance qu'on aye voulu faire des priorez conventuels aux priorez simples ou aux abbayies, car comme aux abbayies le prioré claustral y est tousjours regulier, aussy le pratique t'on aux priorez conventuels, ce qui saulve tout le mystere, et au bout du compte il y a aultant à dire d'un costé que d'aultre, la differance n'estant qu'aulx simples noms. Il fault remettre le tout au benefice du temps. Cependant je finiray demeurant.

Monsieur,

vostre, etc.

A Aix, ce 31 octobre 1635.

Je vouldroys bien avoir des coguoissances en Bretaigne qui vous peussent estre bien utiles, mais je n'y en ay poinct du tout, l'eslognement estant si grand de nostre province à celle là. Et Mʳ de Sᵗ Saulveur m'a escript, ce me semble, que Mʳ Hullon y avoit mis bon ordre long temps y a, durant le temps que voz lettres ont esté sur la mer de sorte qu'à cez heures mes offices vous y seroient en toute façon inutiles.

Mᵍʳ l'Eminentissime cardinal m'escript qu'il a receu le second exemplaire des Tragedies de Mʳ Grotius relié, et qu'il avoit ordonné qu'on vous remit l'autre exemplaire que je luy avoys envoyé en blanc, de sorte

---

[1] Sur l'orientaliste Jacques Golius (de la Hoyo) voir les *Lettres de Peiresc aux frères Dupuy*, les *Lettres de Saumaise à Peiresc*, etc.

[2] Il est bien souvent question dans les *Lettres de Peiresc aux frères Dupuy*, du prieuré de Saint-Léons qu'il s'agissait de faire obtenir à Jacques Dupuy, déjà prieur de Saint-Sauveur.

que vous aurez eu moyen de le faire envoyer de ma part à Mgr l'Eminentissime cardinal de Bagni suivant la priere que je vous en avoys faicte.

Je vous supplie de vous faire rendre (si ja faict n'a esté, comme l'Eminentissime cardinal patron me l'escript) l'exemplaire non relié des Tragedies de Mr Grotius, que j'envoyé (*sic*) le premier à Son Eminence, puisqu'il en a receu un autre relié proprement, et d'en tirer touts les autres vieux recueils de vers, que l'auteur veult supprimer, pour envoyer, s'il vous plaict, les Tragedies à l'Eminentissime cardinal de Bagni, et supprimer ou brusler les autres vers. Vous ne m'obligerez pas tout seul en ce faisant, car l'autheur le recevra à singuliere faveur de vous.

Son Eminence ne m'a jamais rien escript concernant le refus que le sieur Naudé fit de la profession qu'on luy avoit procurée à la Sapiance. Bien m'avoit elle escript auparavant le desir qu'elle avoit de l'y faire grattifier, et que l'estude public fust honoré des travaulx d'un si galant homme, en quoy il luy faisoit bien de l'honneur. Et bien que certainement on luy fisse un peu de tort de luy bailler la moindre, où il n'y a pas de quoy vivre, si est ce qu'il me semble qu'il eust bien du tort aussy de son costé de l'avoir faict demander sans en estre mieux informé de la modicité des appoinctements. Car puisqu'il avoit demandé l'alternative, il la devoit aprez accepter, ou il ne devoit demander que celle seulement où il trouvoit mieux son compte, comme je ne me sceus pas tenir de luy en dire un mot[1].

XXXIV

À MONSIEUR, MONSIEUR DE FONTENAY BOUCHARD,
À ROME.

Monsieur,

Je vous diray quoyque bien à la haste que le dernier ordinaire de Genes m'apporta, la semaine passée, vostre lettre du 2me novembre

---

[1] Bibliothèque de l'École de médecine de Montpellier, vol. H 271, fol. 273. Autographe.

avec le gros volume entier du Syncellus fort bien conditionné, lequel vint si à propos, que je le fis partir hier d'icy en poste pour Paris, où il arrivera du jourdhuy en huict jours pour le plus tard, soubs l'enveloppe d'un secretaire d'Estat, de sorte que Mʳ de Saulmaise se trouvera encores là pour en faire la collation sur celuy de la bibliothecque du Roy, avant son voyage de Bourgogne qu'il avoit remis à ces festes. Je luy en escrivis et à Mʳ Valoys pour y observer ce que vous desiriez n'ayant peu y joindre pour lors mon exemplaire du Theophanes, parce que le volume est trop gros, car il contient aussy le Syncellus depuis Pompee jusques au commencement de Theophanes qui y est entier, mais non le supplement de Leon. Mais je l'envoyeray par la premiere commodité opportune. Cependant vous avez tousjours le principal de la main de Mʳ Saulmaise, et Mʳ Valoys fera par aprez le Theophanes, si Mʳ de Saulmaise estoit party. Et aprez je vous feray tenir le tout avec toultes les precaultions que j'y pourrois adjouster pour la seurté principalement de la voitture tant des uns que des autres. Vous en pouvez asseurer Son Eminence à laquelle j'ay prins occasion de donner un coup d'esperon[1] pour haster l'edition de vostre ouvrage.

J'ay faict esperer à Mʳ Valoys ce que vous me promettez de son Ammian Marcellin par le prochain ordinaire. Que si vous ne l'aviez faict, moustrez l'exemple de la diligence que vous desirez en aultruy. Je n'ay pas receu une lettre que me dictes avoir escripte le 8 octobre par Mʳ Aultain, qui aura vraysemblablement prins autre routte, ou faict du sesjour en chemin. Je verroys volontiers la coppie dont vous me faictes feste d'une lettre interceptée du sʳ Grottius au chancelier Oxenstiern, et vous remercie trez humblement des offices que vous luy avez charitablement prestez auprez de Son Emᶜᵉ sur le subject de ses Sylves et autres petits poemes dont j'avoys creu que la chose eusse succedé un peu plus à souhaict. Car Son Eminence m'avoit escript en accusant la reception du 2ᵉ exemplaire relié des Tragedies qu'il avoit commandé qu'on vous remist le premier non relié. Mais à ce que je voys ce com-

[1] Il y aurait là quelque irrévérence pour un prince de l'Église transformé en indolent coursier, mais il ne faut pas regarder de trop près aux métaphores.

mandement ne fut pas executé sur le champ, puisqu'il trouva le loisir de le revoir et d'y recognoistre la differance du contenu de l'un à l'autre à quoy j'ay certainement un peu de regret, mais puisqu'il s'en estoit recogneu, il ne falloit plus vous opiniastrer à le retirer, ains falloit suyvre les termes du billet que je vous en avoys faict à part, et luy en faire lecture ingenüment pour luy faire voir la bonne foy et disposition de ce personage. Ce qui pouvoit suffire aulcunement pour sa descharge et pour la mienne, car au bout du compte, il n'y a qu'un poeme principalement ou deux tout au plus, où il eusse du regret d'avoir laissé eschapper des libertez qui ne luy plaisent plus comme alors. C'est pourquoy Son Em^{ce} desire cez petites pieces dans sa bibliotheque. Vous ne les luy scauriez refuser, attendu mesmes qu'il y en a de trez bonnes et bien dignes d'en faire cas, et qui seront mesme du goust de S. Em. et possible de S. S^{té}. La derniere entre autres pour Mr de Thou est bien gentile. Vous pouvez donques les luy rendre, s'il vous plaict; et me tenir tousjours,

Monsieur,

pour, etc.

A Aix, ce 5 decembre 1635.

La balle de livres de Son Eminence est en chemin. J'y suyvray voz ordres au mieulx que je pourray. Je pensois escrire à Mr Bourdelot de qui j'ay faict rendre la lettre à M^r le prieur Celloni, et en avois faict demander la responce, mais il est encor absent depuis un moys. Et le passage du pedon[1] ordinaire de Genes anticipé d'un jour entier vient de me surprendre, de sorte que je ne le scauroys à mon grand regret, vous suppliant de luy en faire mes excuses trez humbles et au R. P. dom du Puy aussy de qui j'ay receu une lettre trez obligeante.

Ce 6 decembre en haste[2].

---

[1] Messager. — [2] Bibliothèque de l'École de médecine de Montpellier, vol. H 271, fol. 276. Autographe.

XXXV

À MONSIEUR, MONSIEUR DE FONTENAY BOUCHARD,
À ROME,
EN LA COUR DE L'ÉMINENTISSIME SEIGNEUR CARDINAL BARBERINI.

Monsieur,

Le dernier ordinaire qui m'a apporté les despesches de Rome du 8e decembre m'a apporté conjointement la vostre du 9e octobre, accompagnée du petit libvre in-4°, de la seconde partie des Exercitations mathematiques du sieur Camillo Glorioso[1] que vous m'aviez accusé par voz subsequentes, comme en ayant chargé le fils de M. Haultin, lequel nous n'avons pas eu le bien de voir icy, et le general de la poste de Genes m'escript avoir receu le tout par son courrier de Rome. Je vous ay bien de l'obligation de la participation de ce bel ouvrage d'un homme que je prise et estime grandement depuis l'observation qu'il nous a faict voir de la derniere ecclipse de lune tout aultant comme il le merite et vous en remercie trez humblement, vous asseurant que son observation de l'ecclipse sera pour luy donner du nom quelque jour et servira bien à faire valloir ses autres ouvrages que j'envoyeray aux curieux et voudrois bien que vous luy eussiez persuadé ou bien au sieur de Senne, son grand amy et le vostre[2], qu'il doibt estre en-

---

[1] Sur le mathématicien-astronome Jean-Camille Glorioso (né à Naples en 1572, mort en la même ville le 8 janvier 1643), voir les fascicules III (*Bouchard*) et XIII (*Gabriel Naudé*) des *Correspondants de Peiresc*. Bouchard (p. 17) donne une petite notice biographique sur l'ancien professeur de mathématiques à l'université de Padoue, avec lequel il s'était lié à Naples où Glorioso avait pris sa retraite. G. Naudé (p. 37) parle de l'observation de l'éclipse faite par C. Glorioso (lettre du 30 novembre 1635).

[2] C'est Pietro Lasena (Pierre de la Senne), homme de lettres, né à Naples en 1590 d'une famille française, mort à Rome le 3 septembre 1636, grand ami de Bouchard qui a écrit sa biographie (*Petri La Senæ vita, a Joanne Jacobo Bucardo conscripta*, Rome, 1637, in-12). Voir divers curieux détails donnés sur cet écrivain par Bouchard dans une lettre à Peiresc, du 4 avril 1636 (p. 51). Il faut en rapprocher diverses particularités consignées dans une lettre au même de G. Naudé, du 30 novembre 1635 (p. 38-39).

core plus exacte l'année prochaine à l'observation des eclipses du 20 febvrier et du 16 aoust et de la haulteur du soleil au solstice prochain, car il y aura bien des gentz aux aguetz en tous ces temps là en divers lieux du monde, comme il y en a eu lors de la derniere ecclipse du 27ᵉ aoust jusques dans Alep et dans le Caire d'Ægypte, tous lesquelz y procedderont à l'advenir avec un peu plus d'exactesse que par le passé. Mʳ de Saulmaise est chez Mʳ son pere à Dijon, et par disgrace se trouva party de Paris lorsque vostre coppie du Syncellus y arriva par la poste dont on luy donna incontinant advis pour suyvre ses ordres, de quoy je n'ay pas encores appris la resolution. Cependant Mʳ Rigault qui est revenu de Lorraine a pris la peine de revoir un peu cette coppie, le pauvre Mʳ Vallois s'estant trouvé hors d'estat d'y travailler par une grande defluxion qui a failly de luy faire perdre les yeux au grand regret des honnestes gens. Le texte de son Ammian estoit achevé mais non les notes pour lesquelles il attendoit en bonne devotion les diverses leçons des Mss. du Vatican que vous me faisiez esperer dez le precedent ordinaire, mais les divertissemenz de la cour de Rome ne vous en ont pas laissé ressouvenir. J'espere que nous les aurons par le prochain et en cette bonne esperance, vous souhaittant la bonne année, je demeureray,

Monsieur,

vostre, etc.

A Aix, ce 3 janvier 1636 [1].

XXXVI

À MONSIEUR, MONSIEUR DE FONTENAY BOUCHARD,
À ROME,

EN LA COUR DE L'EMINENTISSIME CARDINAL BARBERIN.

Monsieur,

Ce mot vous servira, s'il vous plaist, d'advis que j'envoye presentement à l'Eminentissime cardinal Barberin une balle de livres qui m'a

---

[1] Bibliothèque de l'École de médecine de Montpellier, vol. H 271, fol. 281. Lettre non autographe et revêtue seulement de la signature de Peiresc.

esté addressée de Paris pour Son Eminence selon les ordres que vous en aviez, dict on, baillez de sa part. Les dicts livres sont distinguez en trois divers fagotz cottez du nom de Son Eminence et du vostre, lesquelz je n'ay poinct faict destacher, m'estant contenté qu'il nous aye apparu par les enveloppes de chascun d'iceulx que grace à Dieu jusques icy il n'y avoit rien eu de mouillé, souhaittant qu'ainsy soit du reste du voyage d'icy à Rôme et que le tout y arrive aussy bien conditionné qu'il est venu jusques icy. J'y ay adjousté un autre petit fagot à part du livre d'Innocent III[1] pour Son Eminence et encores un autre fagot de six exemplaires d'un livre du P. Athanase Kircher que vous aurez, s'il vous plaist, le soing de luy faire tenir seurement[2]. J'ay grand regret de n'avoir peu maintenant trouver d'autres livres plus dignes de la curiosité de Son Eminence pour me prevaloir de cette bonne commodité. L'on m'avoit envoyé cette balle de Paris dans une simple toille de filasse avec un peu de paille si mal conditionnée que c'est merveille que tout ne se soit gasté par les chemins. C'est pourquoy, pour ne courir la mesme fortune, je ne l'ay pas voulu lascher sans la faire couvrir de bonne toille cirée et la remballer le plus proprement qu'il a esté possible, esperant que Dieu la fera arriver à bon port, s'il luy plaist, et je demeureray,

Monsieur,

vostre, etc.
DE PEIRESC.

A Aix, ce 4° janvier 1636[3].

[1] Il s'agit là du célèbre recueil de François de Bosquet, le futur évêque de Lodève et de Montpellier : *Innocentii III epistolarum libri IV*, 1635, in-fol.

[2] Ce devait être le traité intitulé : *Primitiæ gnomicæ catoptricæ hoc est horologiographiæ novæ specularis, in qua*, etc. (Avignon, 1635, in-fol.) sur lequel on peut voir l'article *Kircher* de la *Bibliothèque des écrivains de la compagnie de Jésus* par les pères Backer et Sommervogel. Le *Prodromus Coptus* allait paraître à Rome en 1636 avec une dédicace au cardinal. Rappelons, à ce propos, d'après les savants bibliographes qui viennent d'être cités, que le dictionnaire et la grammaire coptes apportés d'Égypte par Pietro della Valle furent publiés par le docte Kircher dans l'ouvrage intitulé : *Lingua Ægyptiaca restituta, opus tripartitum* (Rome, 1643, in-4°).

[3] Bibliothèque de l'École de médecine de Montpellier, vol. II 271, fol. 277, original (non autographe).

XXXVII

À MONSIEUR, MONSIEUR DE FONTENAY BOUCHARD,
À ROME,
EN LA COUR DE L'EMINENTISSIME CARDINAL BARBERIN.

Monsieur,

J'ay receu la vostre du premier febvrier par l'ordinaire de Genes fort bien conditionnée et accompagnée tant des diverses leçons de l'Ammian (que j'envoyay incontinent à Paris à Mʳ Valois, avec toutes les excuses qu'y peus adjouster de vostre retardement) que du sommaire du traicté du sieur Mascardi, le tout soubs une enveloppe recommandée da palazzo all'illustrissimo s. Gir. Spinola di Genoa, qui s'est rendu soigneux de me le faire seurement tenir, cette voye estant trez bonne et trez asseurée, principalement quand c'est soubs le seau de l'Eminentissime cardinal patron. De qui je n'ay poinct receu de lettres par ledict ordinaire de Genes dernier, ne de la part du sieur cavalier del Pozzo, nomplus que par la voye de Lyon. Jugeant bien que l'appareil de ces comedies magnifiques du carnaval ne permettoit pas de songer à d'autres divertissements moings cappables que ceulx la de capter l'attention. Je vous remercie donc trez humblement de la peine que vous a donnée la collation de tant de passages de cet autheur et du compte particulier qu'il vous a pleu de me donner de tout ce qui s'y estoit passé, et de la patiance qu'il vous y a fallu exercer, vous en demeurant bien redevable en mon particulier, comme j'estime que sera Mʳ Valois. Mʳ Saumaise m'a depuis renouvellé sa parole qu'à ce moys de mars s'en retournant à Paris il collationnera luy mesme la coppie du Syncellus sur l'original de la bibliotheque du Roy, et que s'il sesjournoit davantage à Dijon, il feroit effort pour s'en acquitter là mesmes et y faire envoyer le Ms. ancien. L'on ne vous a pas bien adverty qu'il soit party de Hollande en intention de n'y pas retourner, car au contraire il y est fort engagé, et ne fault pas doubter qu'il ne le face, si ce n'estoit un commandement absolu du Roy qui le luy deffendist. Ce qu'il ne pourroit encores executer patiemment, sans avoir des appointements convenables, à quoy les choses ne sont gueres bien disposées en ce temps. Et la proposition que vous me faictes d'une simple lecture ou chaire à Bologne, ou autre université, ne seroit gueres bien son faict, attendu qu'il n'a pas besoing d'autre occupation que celle que le cours de ses estudes luy peult permettre pour ne pas interrompre les ouvraiges qu'il a en main si cappables d'ayder le public et si preferables à toute sorte de lectures publiques, qui ne vont au bout du compte qu'à bien peu de fruict au prix du reste. Car vous sçavez que là où il est il a les mesmes conditions et descharges que le feu sieur Scaliger, et les mesmes preseances sur toute l'université tant en corps qu'en particulier sur touts les professeurs d'icelle.

J'avoys escript à M⁺ le conseiller de Saumaise, son pere, ancien conseiller au parlement de Dijon, pour m'ayder aux instances que j'ay faictes à M⁺ de Grigny, son filz, de vouloir demeurer au païs chrestien et ne pas repasser la mer pour aller lutter contre le froid et la barbarie, mais avoir un party honneste pour la recognoissance de ses dignes estudes. Il est bien malaisé d'y rien gaigner.

Je vous remercie encores bien humblement de la souvenance que vous avez euc de faire prier le sieur Camillo Glorioso pour l'observation de la derniere eclipse, laquelle nous attendrons en bonne devotion. Et ay faict changer la feuille de ses decades que m'avez envoyée selon les intentions de l'autheur que je vouldroys bien pouvoir servir en digne occasion, et le marquis[1] P[ietr]o Scina, son grand amy. Aussy bien que le sieur Mascardi, pour la debite de son beau libvre selon ses vœux, mais je ne sçay qu'en esperer en la mauvaise conjoncture où nous sommes et n'ayant pas mesmes de grand credit sur les libraires de Lyon. J'y feray pourtant ce que je pourray, et attendray de bonne devotion ce que vous me voulez mander concernant vostre version

---

[1] Le M¹ˢ (sic). Je ne crois pas pouvoir traduire autrement cette abréviation, mais a-t-on jamais parlé ailleurs du marquisat de l'avocat La Sene? Y aurait-il quelque ironie dans le titre donné? Peiresc n'était guère un railleur et surtout il ne se serait pas permis une mauvaise plaisanterie dans une lettre adressée à un ami de la victime.

sion de son libvre della congiura delli Fieschi, dont vous ne m'avez poinct encores parlé, ce me semble, en voz precedantes lettres[1]. Mais j'ay tousjours faict grand cas de cet ouvraige, ce qui me faict juger que le Traicté qu'il a maintenant soubs la presse, ne pourra estre que trez bien receu et que l'academie de l'Eminentissime cardinal de Savoye soubs sa direction ne pourra que reussir fort honorable et fort utile au public[2].

Quant à l'affaire de St Leons, j'en suis si rebutté, que je ne vous en sçauroys exprimer le sentiment de mon desplaisir, et de ma honte et confusion, d'y avoir perdu ma peine et mes instantes remonstrances, sçaichant comme l'on a vesquu et comme l'on vid encores dans cette cour là. Et que les affaires de cette nature n'y sont difficiles que quand on le veult ainsin, ne manquant nomplus de raisons que d'exemples de ce qui s'y est practiqué depuis tant de siecles, et des occasions de s'y tenir si ce n'est qu'on vouslust entrer en d'autres reformes plus generales et plus necessaires que celle-là.

Je vous sçay bon gré de vostre bonne volonté d'y favoriser voz amys et serviteurs, mais je crains qu'à le prendre de cet air là, vous n'empiriez l'estat de l'affaire, laquelle passera sans doubte avec le temps et la patiance, quand on s'y sera bien exercé et battu sur la perche. Et quand on ne songera plus à toutes ces difficultez, qui n'eussent pas seulement esté mises en avant, s'il ne se fust parlé d'abord de gratification de la taxe, et si on l'eusse laissé aller dans le cours ordinaire en payant ric à ric. Sur quoy je finis et demeure,

Monsieur,

vostre, etc.

DE PEIRESC.

A Aix, ce 6 mars 1636[3].

---

[1] Sur Augustin Mascardi et son livre : *Dell' arte historica trattati V* (Rome, 1636, in-4°), voir divers passages des *Lettres de Jean Chapelain* et des *Lettres de Peiresc aux frères Dupuy*.

[2] La traduction de Bouchard parut à Paris chez Camusat en 1639, in-8°. L'original avait été publié à Venise en 1637, in-4°. Voir sur la traduction de Bouchard, qui obtint fort peu de succès, d'après Chapelain et Tallemant des Réaux, le fascicule III des *Correspondants de Peiresc* (*Avertissement*, p. vi, note 2).

[3] Bibliothèque de l'École de médecine de Montpellier, H 271, fol. 278. Autographe.

XXXVIII
À MONSIEUR, MONSIEUR DE FONTENAY BOUCHARD,
À ROME.

Monsieur,

Encores que par le dernier ordinaire de Genes je ne peusse vous escrire je ne laissay pourtant de vous obeir et servir, d'escrire à Paris pour l'edition de vostre Theophanes et pour la recherche des Mss. où est sa vie, et j'ay eu responce de M^r de St Saulveur que pour ces Mss. on estoit aprez d'en faire la perquisition pour vostre contentement; pour l'edition, qu'il en avoit parlé à Mr Cramoisy, lequel s'estoit enfin resolu de l'entreprendre pourvu que vous luy donniez du temps jusques à l'année prochaine qu'il pourra estre quitte de l'entreprinse de quelques autres pieces qui occupent sa presse, et qu'il pourra avoir faict provision de papier et d'une fonte neufve, pour s'en mieux acquitter, la necessité presente ne souffrant pas que les pauvres libraires voire les plus aisez comme luy puissent se charger comme ils souloient autrefoys de besoigne. Il m'escript mesmes de vous en avoir desja escript, de sorte que je ne vous en pourray pas dire davantage, ne contribuer grand chose à vostre service pour ce regard.

Quant à Mr Haultin je ne pense pas non plus qu'il vous y veuille nuire puisqu'il en a parlé si franchement à M^r vostre frere, ne que Mr Rigault le veuille flatter en cela[1], ou retarder vostre louable entreprinse. La question sera que le s^r Cramoisy vous veuille tenir parole bien punctuellement, de quoy je doubteray jusques à ce que je voye l'effect, et que les presses commancent à rouller pour vous à bon essiant, n'y ayant guieres d'asseurance à toutes ces promesses de libraires à cause des autres pieces de gentz plus pressants et importuns qui surviennent d'ordinaire et les empeschent de pouvoir s'acquitter des promesses plus envieillies.

Je vouldrois estre sur les lieux pour vous servir plus à souhaict,

---

[1]. Rappelons que Nicolas Rigault était le beau-frère du conseiller Haultin.

mais vous vous contenterez de ma bonne volonté, s'il vous plaict, Monsieur, laquelle vous sera tousjours entierement desvouée, et me pardonnerés si je ne puis vous entretenir plus à plein, estant pressé fort extraordinairement et demeurant,

Monsieur,

vostre trez humble et trez obeissant serviteur,

DE PEIRESC.

A Aix, ce 6 juin 1636.

Sur le subject de ces prelatures je ne vous sçaurois donner d'autre meilleur conseil que celuy que je vous vois prendre pour y parvenir, le traicté de Messrs vos parents estant le plus prompt moyen de touts et le plus asseuré, sçaichant bien que le P. Des Landes ne se souciera guieres d'une crosse s'il trouve son contentement ailleurs. Pour Mr de Digne, il est encore en cour où Messrs vos parents le pourroient sonder[1]. Mais entre vous et moy je ne pense pas qu'il songe à se deffaire de la sienne, si ce n'est que vous trouvassiez de quoy luy bailler des recompenses en autres benefices equivalents, qui vous cousteroient quasi de peine plus que la piece et vaudroient consequamment davantage. La femme de Mr de Saumaise estant tombée malade des fievres lorsqu'il estoit prest à partir pour s'en retourner à Paris, il a esté constraint de differer. J'en suis mary pour le retardement du Syncellus, mais il ne tardera plus guieres, Dieu aydant[2].

XXXIX

À MONSIEUR, MONSIEUR DE FONTENAY BOUCHARD,
À ROME.

Monsieur,

J'ay receu la vostre du 4 juillet, où j'ay esté bien ayse d'apprendre le bon estat de vostre santé et de voz affaires, et l'agreable divertissement

---

[1] J'ai omis de dire que Raphaël de Bologne figure dans les *Confessions* de Bouchard — (un bien mauvais lieu pour un évêque!) — sous le titre de *le Pontife* (p. 63, 64, 83).

[2] Bibliothèque de l'École de médecine de Montpellier, H 271, fol. 284. Autographe.

que vous avez trouvé pour cet esté dans cez epigrammes grecs non imprimez, ne doubtant poinct qu'il ne s'en puisse tirer de trez bonnes notices. Mʳ de Saumaise est à Paris, mais si pressé de son partement que je suis en apprehension qu'il ne puisse pas achever entierement la collation du Syncellus qu'il a pourtant entreprins à ce que j'entends, esperant qu'il se fera violance pour achever. J'escripray à Mʳ de Saint Saulveur pour le secours que vous desirez de la vie du Theophanes, puisque vous le desirez, encores que ce soit inutilement puisque vous y avez tout pouvoir et authorité absolue.

Je n'ay du tout poinct d'habitude avec le P. Deslandes, ne avec aulcun que je sçaiche estre bien de ses amys, et en matiere de moynes là où est l'interest, c'est un passeport qui surpasse toute sorte d'amitié et de cognoissance. Il le faut gaigner par ce bout là, et quand vous me manderez les nouvelles de la negociation de Messʳˢ vos parents, trez volontiers j'escriray à l'Eminentissime cardinal patron, mais avant cela vous me pardonnerez, s'il vous plaist, si je m'en excuse, car il sembleroit que je demandasse vostre congé, et que vous fussiez desja las de le servir, ce qui est contre les regles de la Cour. Et ne pense pas nom plus que vous lui fassiez plaisir, si vous le mettez en peine d'en parler à Mᵍʳ le cardinal de Lyon, si ce n'estoit en quelque occasion presante et pressante, les recommandations generales estant de fort peu de consideration au monde en ce siècle, où l'on ne faict plus comme autresfoys que le premier venu emportoit les benefices demandez, on garde les eveschez vacants des 3 et 4 moys avant que les remplir. Mʳ Godeau, qui a esté domestique de l'Em. c[ardinal] Duc[1]. n'a eu que l'evesché de Grace de 4,000 libvres, et une pension sur

---

[1] Les biographes ont-ils su qu'Antoine Godeau avait été attaché à la maison du cardinal de Richelieu? Tallemant des Réaux, dans l'historiette spéciale qu'il consacre au prélat-académicien, se contente de noter que Godeau était très bien vu du cardinal de Richelieu (p. 232) : «Ses ouvrages plaisoient si fort à Son Eminence, qu'on disoit chez luy, pour dire : voyla qui est admirable : *Quand Godeau l'auroit fait, il ne seroit pas mieux.*»

Cahors de 2,000 libvres, mais tout cela est bien au dessoubs de son merite[1]. Il faut bien avoir de l'heur pour arriver à ces prelatures. Excusez ma liberté et ne laissez pas de me commander comme,

Monsieur,

vostre trez humble et trez obeissant serviteur,

DE PEIRESC.

A Aix, ce 1er aoust 1636[2].

XL

À MONSIEUR, MONSIEUR DE FONTENAY BOUCHARD,

A ROME.

Monsieur,

A ce coup cy je vous donneray les bonnes nouvelles de vostre Syncellus que Mr de Saumaise en a achevé la collation, et que sur des advis que l'on m'en a donné qui sont du 15 de ce moys, il y avoit desja quelques jours qu'il en avoit remis l'exemplaire à Mr de Saint Sauveur pour le me faire tenir, lequel m'escript qu'il tenteroit la voye de Mr le Nonce s'il avoit quelque commodité du courrier extraordinaire pour le faire tenir seurement à Mgr l'Eminentissime cardinal Barberin, si non qu'il attendroit la commodité de quelqu'un de ma cognoissance, car les courriers de par dela sont un peu moins officieux que ceux de deça, mais je luy ai mandé qu'il l'envoye à Lyon soubs l'addresse d'un de mes amys par la voye du messager ordinaire qui ne demeure que 10 jours, et de là on me le fera tenir icy par la poste, car noz courriers ne le refuseront point pour l'amour de moy, et je le

---

[1] Citons encore ici Tallemant des Réaux (p. 232-233) : « L'evesché de Grasse, en Provence, ayant vaqué, il le demanda. Le cardinal ne vouloit point trop qu'il le prist, c'estoit trop peu de chose; il ne vaut que quatre mille livres. Il y joignit Vence de six mille livres, dez qu'il le put, avec une pension de deux mille livres sur Cahors. »

[2] Bibliothèque de l'École de médecine de Montpellier, vol. H 271, fol. 287. Autographe.

vous envoyeray par nostre voye ordinaire de Gencs, esperant que cella ne pourra pas tarder beaucoup, Dieu aydant.

Je ne suis fasché que de ce que mon manuscrit du Theophanes s'est trouvé engagé dans des coffres d'un mien amy, à qui je l'avois recommandé, lequel n'ayant pas faict le voyage de la Cour et ses coffres n'ayant pas esté ouverts, ce livre ne pourra pas estre delivré à temps pour le faire conferer sur le mesme manuscrit du Syncellus de la mesme main de M\r de Saumaise tandis qu'il estoit sur les lieux. Il faudra voir de trouver quelqu'autre qui en puisse prendre la peine, combien que je veux croire que vous n'en aurez pas tant affaire comme de la premiere partye du Syncellus, attendu qu'il s'en trouvoit assez d'exemplaires plus lisibles que ceux de la bibliotheque du Roy, et de faict vous ne vous estes gueres attendu à cella, puisque vous n'avez pas laissé de passer outre en vostre version latine tant du Theophanes que du Leon.

M\r de Saumaise m'escript qu'il a trouvé que le coppiste s'en estoit assez bien acquitté, que neantmoins il estoit necessaire que sa copie fust revene, et que vous le jugeriez bien ainsy quand vous la reveriez. Il me dict de plus qu'il y avoit recogneu des faultes du manuscrit mesme dont il ne s'estoit peu tenir d'en cotter aucunes à la marge de vostre coppie avec ses corrections, ayant faict scrupule de les cotter toutes, pour ne vous pas desrober à l'advance le plaisir de les descouvrir et corriger vous mesmes. Tant est que M\r de Saint Sauveur me mande qu'il se peult dire que cette coppie ne vault pas moins que l'original et que M\r de Saumaise s'est levé plus matin que de coustume durant 15 ou 20 jours pour ne pas manquer de s'acquitter de la promesse qu'il nous en avoit faicte et neantmoins pouvoir vacquer aux autres affaires ordinaires dont il ne voulloit pas interrompre le cours dans l'appareil et la presse de son despart. Voilla ce que j'avois à vous dire sur le principal chef de vostre lettre, qui s'est maintenant confondue par disgrace entre mes papiers, vous suppliant de m'excuser si je laisse quelque chose en arriere involontairement, vous remerciant par un million de fois de la continuation de voz bons offices en l'affaire de Mr de Saint Sauveur qui ne sçauroient estre mieux employez, et sur ce je finiray demeurant,

Monsieur,

vostre trez humble et trez obeissant serviteur,

de PEIRESC.

A Aix, ce 29 aoust 1636[1].

XLI

À MONSIEUR, MONSIEUR DE FONTENAY BOUCHARD,
À ROME.

Monsieur,

Ce mot à la desrobée, car je suis bien incomodé d'une pierre destachée de mes rains puis sammedy au soir et passée deux jours aprez dans la vessie, où je n'en avois jamais tant gardé, sera pour ne laisser aller le Syncellus sans l'accompagner de mes compliments et justes excuses du retardement, Mr de Saumaise s'estant resolu de le collationner, toutes choses laissées, avec tout le soing et l'exactesse possible. Il me mande qu'il a trouvé que le coppiste s'en estoit bien mieux acquitté qu'il n'avoit pensé, mais que la collation en estoit pourtant necessaire, et qu'il y a mesmes corrigé quelque chose du texte du vieil manuscrit que vous ne verrez pas, je m'asseure, moings volontiers que le reste. Il tesmoigne du regret de n'avoir veu le Theophanes pour le collationer de mesmes, et n'est pas encore party, attendant un convoy asseuré. Quant à la vie dudict Theophanes, Mr de Saint Saulveur du Puy a laissé esgarer le memoire que je luy en avois envoyé, et moy vostre lettre sur ce subject, à mon trez grand regret, de sorte qu'il fauldra, s'il vous plaict, le refaire, et me l'envoyer en diligence ou bien à mondict sr du Puy, et specialement en quel moys de l'an le Metaphraste l'a inseré, pour ne donner la peine de le chercher dans une si grande confusion qu'il y a en ces volumes grecs manuscrits de cette nature. Au reste,

---

[1] Bibliothèque de l'École de médecine de Montpellier, vol. H 271, fol. 288. Original mais non autographe.

je loue infiniment vostre moderation sur le subject des prelatures, et vous avois ouy parler en ce sens là, ce me semble, dez lors que j'eus le bien de vous voir à Boisgency, ne vous pouvant dissimuler que je trouvay un peu estrange quand vous ayant veu abandonner pere et mere, et des employs d'importance comme seul masle de vostre maison avec l'esperance d'une notable succession, je vous ay veu changer d'advis et vous mettre en peine d'une autre sorte d'employ où il ne se trouve pas plus de quietude d'esprit que dans le grand monde quoyqu'on s'en puisse imaginer au contraire. La douceur d'une vie dans les lettres est bien autrement friande quand on veut examiner ce qu'il y a de mal aux autres façons de vie [1], car le plus ou le moings de moyens ne sont pas capables de nous contenter, si nous ne nous sçavons arrester à ce qui nous peult suffire, tout le reste n'estant que pour plus de tourment et d'inquietude quand il fault avoir plus de valets. Mais quand les fortunes viennent sans les aller chercher avec bien de la peine, je ne dis pas qu'il faille faire cez recherches. Voilà mon sentiment, avec lequel je seray tousjours,

Monsieur,

vostre trez humble et trez obeissant serviteur,

DE PEIRESC.

A Aix, ce 3 octobre 1636 [2].

XLII

À MONSIEUR, MONSIEUR DE FONTENAY BOUCHARD,
À ROME,
EN LA COUR DE L'EMINENTISSIME CARDINAL BARBERIN.

Monsieur,

Je n'ay poinct eu de lettre vostre par le dernier ordinaire bien que l'Eminentissime cardinal patron m'eust escript que vous aviez eu le

---

[1] Peiresc a bien heureusement montré en ces lignes combien la paisible vie de l'homme d'étude est préférable à toute autre vie, et les conseils qu'il donne à l'ambitieux Bouchard ne sont pas moins empreints d'éloquence que de sagesse. Voir la réponse de Bouchard à ces admirables exhortations (lettre du 6 février 1637, p. 53).

[2] Bibliothèque de l'École de médecine de Montpellier, H 271, fol. 289. Autographe.

Syncellus et que vous m'en escriviez. Celle cy ne sera que pour accompagner celle que j'escripts à vostre bon amy le sieur Franc. de Naya, qui me demandoit le Mercure françoys[1]. Par malheur j'avoys envoyé le mien à Genes à un galant homme qui escript l'histoire courante, et ne s'en trouve pas ici de parfaict. J'escrivis incontinant à Paris pour en avoir un, où il y a eu plus de difficulté de l'avoir bien complect que je n'eusse creu. Mais on m'en promet un pourtant, que je tascheray de luy faire tenir soubs les adresses qu'il fault. Cependant s'il en estoit si pressé, je m'asseure qu'on ne luy refuseroit pas la communication des volumes qui s'en trouveront dans la bibliotheque de l'Ém^{me} cardinal patron si besoing est, et possible que Mr Barclay[2] les pourra avoir et sera bien aise de luy en donner l'usage. J'eusse bien estimé la cognoissance de ce gentilhomme tandis qu'il pouvoit avoir un plus libre commerce en son païs, pour nous esclaircir de mille curiositez qui eussent possible esté aultant de son goust que du nostre, mais pourtant je ne cheriray pas moings l'honneur que vous m'avez procuré de sa cognoissance et le serviray de tout mon cœur partout où je le pourray, demeurant,

Monsieur,

vostre, etc.
DE PEIRESC.

A Aix, ce 5 decembre 1636.

L'on travaille à la collation du Theophanes[3].

---

[1] Au moment où Peiresc écrivait ceci, le *Mercure françois*, suite de la *Chronologie septenaire* de Victor Palma Cayet (laquelle s'étend de 1598 à 1604), venait de passer entre les mains d'Eusèbe Renaudot qui continua ce recueil de 1635 à 1643. Les frères Richer avaient rédigé toute la partie comprise entre 1605 et 1635.

[2] L'abbé Barclay, fils du grand ami de Peiresc, le romancier-poète Jean Barclay. Voir sur le père et le fils les *Lettres de Peiresc aux frères Dupuy*, en attendant le volume où je publierai un assez grand nombre de lettres écrites à l'auteur de l'*Argenis* par celui qui donna chez Buon la première édition de ce récit politico-allégorique.

[3] Bibliothèque de l'École de médecine de Montpellier, vol. H 271, fol. 290. Autographe.

XLIII

À MONSIEUR, MONSIEUR DE FONTENAY BOUCHARD,
À ROME.

Monsieur,

Vous avez bien plus de credict que moy envers Messrs du Puy et Rigault, et puisque vous leur escrivez du Theophanes et de Sainte Irene, vous pouviez bien vous en promettre tout ce qui peult estre à leur disposition. Mais puisque vous voulez absolument que je me joigne à voz requestes, je ne sçaurois vous en esconduire et feray extraire de vostre lettre les instructions que vous m'en donnez pour les leur envoyer au premier jour. Estant bien marry que le Theophanes n'ayt peu passer par les mains de Mr de Saumaise comme le Syncellus, mais le mien est transcript de la propre main d'Andreas Darmarius, Grec de nation, fort docte et fort versé aux bons libvres, dont les coppies sont fort correctes, comme le sieur Holstenius le vous pourra certifier[1]. Et quelque reserv ementale que vous puissiez conserver, si fault-il faire paroistre vostre gratitude envers Mr de Saumaise quand ce debvroit estre soubs autre nom que tourné (sic) ou autre indication propre à luy, afin de conserver credit en autres rencontres plus importantes.

J'ay respondu à vostre sieur Fr. de Noya par le dernier ordinaire, ne l'ayant peu faire plustost, comme je ne le sçaurois à present faire au sieur Gio. Camillo Glorioso à mon grand regret, et j'ay peur qu'il ne me faille enfin laisser en arriere la plus part de mon commerce par lettres avec mes meilleurs amys, me sentant appezantir, et ma santé ne pouvant quasi plus comporter ce petit labeur[2], dont il fauldra bien

---

[1] André Darmarius est plusieurs fois mentionné dans les *Lettres de Peiresc aux frères Dupuy*.

[2] Peiresc, cinq mois avant sa mort, ressentait déjà cette lassitude qui presque toujours précède l'heure du suprême repos.

Bouchard est de ses nombreux correspondants un de ceux avec lesquels il a le plus prolongé ses dernières causeries. Il lui écrivait encore le 5 juin, moins de vingt jours avant sa mort.

qu'on m'excuse et particulierement ceulx qui me portent plus d'affection comme vous, Monsieur, me tenant fort vostre obligé de la courtoisie avec quoy vous avez receu mes chettives pensées et vous conjurant de ne pas relascher de cette constance et de ce courage masle que vous aviez une foys proffessé. Autrement vous ne pourrez pas estre le martyr des Muses, comme vous faisiez estat nomplus que dans la quietude et le contentement qu'y trouvent ceux qui se mocquent de tout ce dont ils se peuvent passer. Sur quoy je finiray en haste demeurant,

Monsieur.

vostre, etc.
DE PEIRESC.

A Aix, ce 8 janvier 1637.

J'envoye au R. P. D. du Puy les preuves de quatre commandes pour le prioré de Saint Leons, après quoy Mr le Dataire ne debvroit avoir plus rien à dire[1].

XLIV

À MONSIEUR, MONSIEUR DE FONTENAY BOUCHARD,
À ROME.

Monsieur,

Nous avons eu le bien de voir icy Mr l'Evesque de Vaison à la suitte de Mgr l'Eminentissime cardinal Bichi, lesquels s'en revont à Rome, et partirent hier de cette ville, Mr de Vaison ayant desiré d'estre porteur d'un mot de lettre mienne à vous, Monsieur, pour gaige des asseurances qu'il m'a données de sa bonne volonté en vostre endroict, et du regret qu'il a eu de la mezintelligence qui s'y estoit autres foys glissée, par les mauvais offices d'un certain jeune homme italien qui s'estoit

---

[1] Bibliothèque de la Faculté de médecine de Montpellier, vol. H 271, fol. 293. Autographe.

meslé de faire de mauvais rapportz de part et d'autre contraires comme il croid non seulement à la verité, mais à voz communs sentimens. Desirant à l'advenir, durant le sesjour qu'il pourra faire à Rome des quattre moys de la dispence ordinaire de residance, ou autrement, de se comporter envers vous en sorte que vous ayez tout subject de vivre avec luy en pleine confiance, m'asseurant que de vostre costé la correspondance y sera toute entiere aussy, comme je vous en prie auttant que je le puys pour vostre commun bien.

Au reste, j'ay receu par le dernier ordinaire de Genes vostre lettre du 6me du moys passé. Il faudra dez hormais quand vous y vouldrez adresser voz lettres hors des enveloppes de l'Eminentissime cardinal patron, que vous les adressiez (non au sieur Gir° Spinola, comme devant, car il n'est plus general des postes), mais au sieur Bartholomeo Fornari, general delle poste de Genoa.

J'ay bien à vous remercier de la compassion que vous prenez de mes infirmitez et foiblesses, et de la surcharge d'occupations qui m'accablent certainement la pluspart du temps et ne me permettent pas de m'acquitter le plus souvent de la centiesme de mon debvoir envers mes amys, et auroys bon besoing qu'ils me voulussent toutz excuser aussy franchement que vous me dictes le vouloir faire, mais leurs interests ne le leur permettent pas (quelque bonne volonté qu'ils en eussent) comme à vous mesmes à ce coup cy que je ne sçaurois pas honnestement me descharger sur aulcun autre de ce que vous desirez de moy, non seulement pour le Theophanes, pour raison de quoy je n'ay rien obmis qui peust dependre de moy envers Messrs Rigault, du Puy, et celluy qui avoit ja coppié le Syncellus, lequel en a achevé la collation sur le manuscrit ancien, avec grand fruict à ce que Mr de Saint Saulveur me mande, que vous recognoistrez par les notes marginales, à qui j'ay mis ordre de faire payer ce que ledict sieur de Saint Saulveur avoit trouvé bon, jugeant de la grandeur du travail par le temps que Mr de Saulmaise avoit employé en la collation dudict Syncellus.

Mais pour l'autre chef de vostre lettre vous m'avez mis en grande peine pour n'avoir aulcunes habitudes avec le R. P. Gordon[1], auquel cas je ne feroys pas difficulté de lui tesmoigner ce que je puis sçavoir de vostre vertu et de voz bonnes mœurs, comme au contraire ne croyant pas mesmes estre cogneu de luy, et n'estant pas de condition ne du rang de ceulx dont le caractere leur peult attribuer la prerogative de s'en faire acroire en telles occurrances, je me doubte qu'il auroit grand subject de trouver estrange que je m'en fusse osé ingerer. C'est aux seuls evesques sacrez que par la practique d'Italie, affectée entre ceux de la compagnie de celuy que vous dictes, appartient le droict de faire des certifications vallables et de pleine foy probatoire, principalement de bonne vie et mœurs. Et ceux qui veullent se faire pourvoir en forme gratieuse en usent encores journellement en France, et s'adressent, à cet effect, à l'evesque diocesain, ou au nonce du pape, ou au vice-légat, ou bien aux prelatz, aulmosniers du Roy, et qui servent actuellement prez de la personne sacrée de Sa Majesté. Que si vous voulez vous en servir en France, pour la nomination du Roy, il vous fault faire une sommaire apprinse et une profession de foy personnelle entre les mains du cardinal comprotecteur de France, et y faire ouyr en tesmoignage les prelatz et personnes qualifiées de vostre cognoissance qui se trouveront sur les lieux, où je vouldroys estre pour deposer la verité de ce que je puis sçavoir de vostre eminante vertu, auquel cas ce seroit sans envie, et sans encourir aulcun reproche de me faire plus de feste qu'il ne m'appartient. En un besoing M⁽ʳ⁾ l'Evesque de Vaison se rendra volontiers un de voz tesmoings, je m'asseure, et je luy en eusse parlé si j'eusse creu que vous eussiez peu gouster cet expediant de faire là vostre information en ceste maniere, et si

---

[1] Le P. Jacques Gordon, né en Écosse (comté d'Aberdeen), fut recteur des collèges de Toulouse et de Bordeaux, confesseur du roi Louis XIII; il mourut à Paris le 17 novembre 1641. Voir *Bibliothèque des écrivains de la Compagnie de Jésus*, par les PP. de Backer et Sommervogel, t. I, in-fol., col. 2208-2209. Bouchard avait parlé à Peiresc de ce protecteur dans sa lettre du 6 février 1637 (p. 53) : il attendait de son influence un évêché en Italie, ne fût-ce, selon son expression, «que quelque petit evesché des plus reculés». On aime à croire que le P. Gordon ne connaissait pas toute l'indignité du candidat.

vous en goustez la proposition et que luy veuillez monstrer cette lettre, je m'asseure qu'il y contribuera de son faict tout ce qui en pourra dependre d'aussy bon cœur que si je l'en avois supplié de vive voix ou par lettre expresse, luy apparoissant par la presente de mes vœux en cela. Vous y pourrés faire ouyr encores vostre P. confesseur et surtout quelques bons pères de voz amys non seulement comme le bon P. Dom Christofle du Puy, mais comme le bon P. Athanase Kircher ou autres de sa Compagnie, m'asseurant que le bon P. Venot ne s'y espargnera pas, s'il a l'honneur de vostre cognoissance que vous acquerrez bien facilement, si ne l'avez desja. Il n'y fauldra pas negliger non plus la deposition de quelques personnes de lettres, quoyque laïques, pour ce qui est de vostre erudition singulière, m'asseurant que Messrs Naudé, Bourdelot et autres ne s'y espargneront pas, et que leur tesmoignage en sera aussy bien receu, qu'il y sera bien seant, voire si Mr Dony, Mr Leo Allatius et autres du païs s'en donnent la peine, la chose pourroit reussir de plus d'esclat. Enfin vous ferez la guerre à l'œuil, et en ce qui pourra dependre de ma bassesse, je n'en seray jamais chiche en vostre endroict et n'espargneray jamais rien à vostre service qui puisse dependre,

Monsieur, de

vostre trez humble et trez obeissant serviteur,
DE PEIRESC.

A Aix, ce 4 mars 1637.

L'Éminentissime cardinal patron m'escript que vous ne luy aviez pas encor remis la note des Epistres de Libanius sur laquelle il auroit faict expedier les ordres de la licence necessaire pour les transcrire du Vatican. Je la vous avois envoyée long temps y a, et fauldra qu'elle soit perdue.

Mr Dormalius feroit volontiers cet office à Mr Valoys et à moy, et ne fera pas difficulté de transcrire tout le volume des 1,500 epistres, lequel il aura plustost faict, je m'asseure, que nous n'aurions faict refaire une seconde fois ledict memoire[1].

[1] Bibliothèque de l'École de médecine de Montpellier, vol. H 271, fol. 297. Autographe. La veille, Peiresc avait écrit de sa propre main à Bouchard un billet ainsi

XLV

À MONSIEUR, MONSIEUR DE FONTENAY BOUCHARD,
À LA COUR DE L'EMINENTISSIME CARDINAL BARBERIN,
À ROME.

Monsieur,

Je vous escripvis par Mʳ l'illustrissime Evesque de Vaison, qui desira de vous rendre de mes lettres, en consequance des tesmoignages qu'il vous rendoit dez icy, de l'estime qu'il faict de vostre vertu et de vostre merite, m'asseurant que vous aurez voulu de vostre costé faire deux pas pour un, et le vaincre de courtoisie si vous pouvez. Nous n'avons pas veu icy Mʳ de Sponde[1], mais s'il passe par icy je ne manqueray pas de luy dire ce que je pourray de vostre valeur non pareille. Puisque vous n'avez pas de souvenance du memoire des Epistres de Libanius, je me doubte que ma lettre se puisse estre esgarée possible icy mesmes par la negligence et besveüe de mon homme qui faict souvent du qui pro quo en fermant les despesches pressées, ou possible de par delà, quand elles y arrivent en temps qu'il fault desmesnager du Vatican ou de Montecauldo que les commiz de la Secretarie laissent aulcunes foys tout plein de petites choses en arriere. Avant que nous en eussions faict refaire un autre, Mʳ Dormalius avoit transcript le volume entier.

Mʳ l'Evesque de Grace vient dans le carrosse de Mʳ l'Evesque de Digne et si la paix estoit, je pense que Mʳ Gassend se laisroit facilement persuader du voyage de Rome. Il a achevé sa philosophie[2], mais

---

conçu (fol. 292): « Vous recevrez cette lettre des mains de Mʳ l'evesque de Vaison Suarez, qui m'a tesmoigné tant de bonne volonté pour vous, que je m'en suis tenu grandement son obligé, et vous conjure d'en faire de mesmes, estimant infiniment sa bonne ntelligence, principalement envers ceux que l'on cognoit desja, demeurant, Monsieur, etc. A Aix, ce 3 mars 1637. »

[1] Sur l'évêque de Pamiers, Henri de Sponde, né à Mauléon (Basses-Pyrénées), le 6 janvier 1558, mort à Toulouse le 18 mai 1643, voir les *Lettres aux frères Dupuy* où divers renseignements sont donnés tant sur sa vie que sur ses relations avec Peiresc.

[2] C'est-à-dire son travail sur la philosophie d'Épicure.

pour la mettre au net, il y a bien encore du temps, car il y supplée tousjours quelque gentilesse.

Je viens de recevoir presentement mon Theophanes appostillé des diverses leçons du manuscrit du Roy où Mr de Saumaise a prins celles du Syncellus. Il est escript de la main d'Andrea Darmario qui estoit des plus curieux Grecs de son temps, et cette collation n'a pas esté inutile, à ce que Mr de Saint Saulveur m'en escript. C'est le coppiste du texte mesmes du Syncellus, que Mr de Saulmaise a reveu, qui a faict ce petit labeur, où il en a eu pour plus de 2 ou 3 moys, car il n'y pouvoit pas mettre tout son temps en un coup.

Je voudroys bien que vous y trouvassiez de quoy me livrer vostre labeur aussy, et quand vous aurez conferé le texte du Darmarius et les diversitez du Royal[1] sur vostre coppie, si vous trouvez bon de me renvoyer mon volume, vous me ferez plaisir, sinon vous pouvez disposer absolument de tout ce qui depend de moy qui suis de bon cœur.

Monsieur,

vostre trez humble et trez obeissant serviteur,

DE PEIRESC.

A Aix, ce 9 avril 1637[2].

XLVI

À MONSIEUR, MONSIEUR DE FONTENAY BOUCHARD,
À ROME,
EN LA COUR DE L'EMINENTISSIME CARDINAL BARBERIN.

Monsieur,

Je n'eus pas moyen par le precedant ordinaire de m'acquitter de mon petit debvoir en vostre endroit et vous respondre à la vostre du 3 avril, dont je vous prie m'excuser, vous asseurant que je deviens meshuy si pesant et si peu de chose m'embarrasse que je ne sçauroys

---

[1] C'est-à-dire du manuscrit de la Bibliothèque du Roi. — [2] Bibliothèque de l'École de médecine de Montpellier, vol. H 271, fol. 289. Autographe.

plus gueres faire de ce que je desireroys le plus. J'ay depuis receu vostre autre despesche du 1 may et ay esté bien aise qu'ayez receu et prins plaisir au Theophanes, et que M⁰ de Vaison vous ayt rendu ma lettre et tesmoigné du gré de vostre visite, m'asseurant qu'il y treuvera et vous rendra toute la bonne correspondance qu'il fault.

M⁰ Godeau n'est pas encor venu nom plus que M⁰ l'Evesque de Digne et les chaleurs sont meshuy trop advancées pour les attendre avant l'automne. Vous aurez sceu la mort du P. Gordon[1], et la subrogation du P. Caussin[2] avec qui je n'ay du tout poinct d'habitudes, nom plus que possible vous mesmes ou voz parentz, de sorte qu'à nouveau faict il faudra nouveau conseil.

Je feray enquerir du P. de Plassan[3], mais nous n'avons gueres de commerce de ce costé là.

Nous avons veu M⁰ Gassend et moy avec plaisir vostre vie du pauvre P. de Sena[4], et vous en remercions trez humblement, et estimons que vostre dessein en cela d'en escrire plusieurs des hommes illustres du temps ne pourra estre que trez bon et trez recommandable. Et surtout la vie de cet heros que vous me nommez, dont je tascheray de recouvrer toutz les memoires que je pourray[5]. Vous aurez cependant les

---

[1] C'était une fausse nouvelle. Le P. Gordon n'était mort que comme confesseur du roi. Peiresc, ayant appris que le P. Gordon était remplacé, crut que c'était pour cause de décès. Nous avons vu qu'il vécut jusqu'à la fin de l'année 1641. On n'a pas su pourquoi le P. Gordon avait été renvoyé du confessionnal de Louis XIII.

[2] Le P. Caussin, né à Troyes en 1583, mort à Paris en 1651, victime de toute sorte d'intrigues, n'exerça les fonctions de confesseur du roi que pendant neuf mois. On sait que ce fut un des féconds écrivains de la Compagnie de Jésus. Aussi a-t-il obtenu une large place (dix colonnes) dans la *Bibliothèque* dressée par ses confrères (t. I, in-folio, col. 1143-1153).

[3] Sur le « prieuré de Plassan au Contat », voir une lettre de l'avide Bouchard à Palamède de Fabri, sieur de Valavez, du 3 septembre 1639 (fascicule III des *Correspondants de Peiresc*, p. 70).

[4] *Petri Lascolæ vita*, a Joanne Jacobo Buccardo conscripta (Rome, 1637, in-12).

[5] Ce héros était Jean de Saint-Bonnet, seigneur de Toiras, maréchal de France, qui avait été tué, l'année précédente, au siège de Fontanette, en Milanais (14 juin 1636). L'amiral Jurien de la Gravière, dans un récent et remarquable ouvrage sur *le Siège de la Rochelle* (Paris, Firmin-Didot,

petitz verz cy-joinctz, croyant que vous aurez veu ce que le jesuiste de Turin a faict de luy d'assez bonne grace[1].

J'avoys redemandé à Mʳ Valloys un second memoire des Epistres de Libanius qui luy manquent, mais il me mande que s'il avoit depuis l'Epistre 1ʳᵉ du 3ᵐᵉ libvre jusques à l'Epistre 189, qui est intitulée ΣΛΕΥΚΩ, c'est à dire depuis la page 222 jusques à la page 243, il auroit toutz les trois premiers libvres des Epistres entiers dont chascun est composé de 300 epistres, et il ne luy en manqueroit quasi plus que le quattriesme libvre entier et le commencement du cinquiesme, mais il a oublié de me mander ce qu'il a du cinquiesme. Cependant il travaille à bon essiant à la version des oraisons du mesme autheur que je luy ay renvoiées cy devant, et me promet de m'adviser du progrès qu'il y fera de temps à aultre.

Mʳ l'archevêque de Thoulouse[2] luy porte un volume manuscrit qu'il a du Libanius, de bonne note, et dont il espere se prevaloir pour la correction du texte de ces oraisons.

Mʳ de Saumaise luy a offert sa coppie de l'Anthologie pour en faire la version. Voyez si vous voulez que je luy mande que vous l'avez desja faicte preste à imprimer[3] ou bien si aymerez mieux vous en descharger

---

1891), a glorifié en plusieurs passages le guerrier qu'admirait Peiresc et dont Bouchard voulait raconter la belle vie (voir notamment p. 203).

[1] *Elogium marescalii de Toiras*, auctore *Ludovico Juglari, societatis Jesu*, s. l., 1636, in-4°. Peiresc appelle le P. Juglaris «jésuite de Turin» parce que ce religieux fut professeur en cette ville, comme on le voit dans le recueil Backer-Sommervogel.

[2] Charles de Montchal, plusieurs fois mentionné dans les *Lettres aux frères Dupuy*.

[3] Avait-on entendu parler de cette traduction de l'Anthologie dont le manuscrit est peut-être conservé à la bibliothèque Barberini et mériterait d'être étudié par un des jeunes critiques qui, sous la plus habile et la plus paternelle des directions, font leur apprentissage d'érudits à l'École française d'archéologie de Rome? J'ai eu, dans les notes que l'on vient de lire, la fréquente occasion de flétrir en Bouchard l'homme cupide, ambitieux, vil esclave de ses passions, l'homme, en un mot, privé de tout sens moral. Mais, si l'on écarte ces souvenirs d'une honte ineffaçable, il faut reconnaître dans l'éditeur de Theophanes un travailleur de grand zèle et de grand savoir, un helléniste consommé, non indigne de rivaliser avec les Allatius et les Holstenius. La mémoire de Bouchard, considéré comme érudit, est déjà protégée par l'estime de Peiresc. Un autre grand savant, M. J.-B. de

et luy laisser faire. Je suis un peu trop pressé maintenant pour vous entretenir davantage et vous prie me commander librement en ce qui me sera loisible pour vostre service, regrettant bien vostre indisposition et priant Dieu qu'il vous tienne en bonne santé et quietude d'esprit et de corps qui est tout le souhaict que je puisse faire pour moy mesme, estant de tout mon cœur,

Monsieur,

vostre trez humble et trez obeissant serviteur.

DE PEIRESC.

A Aix, ce 5 juin 1637[1].

Rossi, dans une lettre qu'il m'écrivait le 22 février 1887, lui donnait ces reconnaissants éloges qui achèvent de le recommander : « Parmi les correspondants de Peiresc dont vous vous êtes occupé, celui qui m'intéresse plus particulièrement est Jean-Jacques Bouchard, car il a été un épigraphiste distingué et ses copies d'inscriptions m'ont beaucoup servi. » Cf. ce que M. de Rossi avait dit des travaux épigraphiques de Bouchard dans son célèbre recueil : *Inscr. Christ. urbis Romœ* (t. I, p. xxii). Une notice sur les manuscrits de Bouchard relatifs à l'épigraphie a été publiée dans le tome VI du *Corpus Inscr. Lat.* de Berlin (p. LIX).

[1] Bibliothèque de l'École de médecine de Montpellier, vol. H 271, fol. 299. Autographe.

LETTRES DE PEIRESC
ET DE GASSENDI.

I

À MONSIEUR, MONSIEUR GASSENDI,
CHANOINE THEOLOGAL EN L'EGLISE CATHEDRALE DE DIGNE,

À DIGNE.

(Avec un libvre.)

Monsieur,

J'ay esté si malheureux qu'une lettre vostre me fut apportée par je ne sçay quel prebstre qui me la rendit assez longtemps y a en plaine rüe, où j'estois assiegé et accablé d'une infinité de gents; je la mis dans mon sein soubs ma sottane, et par disgrace en me deshabillant et tomba par terre dans ma chambre, et me fut de rechef rendüe encores toute close par un des miens peu de jours avant la fin du Parlement où c'est qu'ayant veu le desir que vous aviez de voir le Cleomedes[1], et ayant rencontré ce mesme prebstre en allant au Palais, je luy dis que j'avois un livre à vous envoyer; il me promit de le venir prendre et n'en fit rien. Cependant comme j'attendois qu'il revint, je pense qu'il s'en soit retourné sans plus s'en ressouvenir de sorte que trouvant la commodité de M. Chaillan present porteur qui s'en va à son prieuré, je l'en ay voulu charger, et le prie de le vous faire tenir

---

[1] Mathématicien et astronome grec d'une époque incertaine, selon Th.-Henri Martin (de l'Institut), dans un des excellents petits articles dont il a enrichi le *Dictionnaire de biographie, géographie et histoire* de Bachelet et Dezobry. Le docteur Hoefer, dans la *Nouvelle biographie générale*, dit que cet «ignorant compilateur» est probablement du II° siècle de l'ère chrétienne. Letronne (*Journal des savants* de l'année 1821) croit qu'il est moins ancien que Ptolémée.

seurement à Digne, n'ayant rien qui ne soit entierement à vostre disposition.

Quant aux sallutaires exhortations que vous me faictes de soigner à ma santé, vous avez bien raison, mais je ne suis pas le maistre et tous mes amis n'ont pas la mesme discretion que vous, et me viennent presser de travailler, qui pour l'un qui pour un autre, et Mr de la Garde tout le premier[1], de sorte que si vous luy en faictes un jour du reproche, ce ne sera pas sans cause legitime, et touteffoys vous pensiez que son entremise deubt fortifier vos persuasions. Mais je feray ce que je pourray et Dieu fera le reste, et quoy qu'il arrive de moy, je vous seray tousjours trez acquis, et ne tiendrà qu'à vous de m'employer, comme je vous prie de faire en toute liberté, estant de toute mon affection et sans reserve,

Monsieur,

vostre bien humble et affectionné serviteur.
DE PEIRESC.

D'Aix, ce 7 avril 1626[2].

II

À MONSIEUR, MONSIEUR DE PEYRESC,
CONSEILLER DU ROY EN SA COUR DE PARLEMENT.

À AIX.

Monsieur,

J'ay receu avec la vostre le Cleomedes dont il vous a pleu l'accompaigner. C'avoit esté en moy trop d'indiscretion d'ozer tirer une telle

---

[1] Quelque membre de cette famille provençale de la Garde à laquelle appartenait, comme s'exprime Roux-Alpheraud (*Les rues d'Aix*, t. II, p. 418), le « vertueux André de la Garde, natif de Marseille, qui fut d'abord lieutenant particulier au siège de adite ville et qui devint procureur général au Parlement d'Aix en 1694. Ce magistrat, non moins distingué par son savoir que par sa haute piété, fut le fondateur de l'hôpital des Incurables de cette dernière ville. »

[2] Bibliothèque nationale, fonds français, vol. 9,772, fol. 1, autographe.

piece de vostre bibliotheque, mais ça n'a esté qu'un tesmoinage ordinaire de vostre courtoizie quand vous m'avez voulu contenter nonobstant ma temerité. J'ay desja veu ce livre et je le vous r'envoyerois maintenant si je ne m'estois engagé à Mr Cheylan de le vous r'envoyer par luy mesme. Au reste, cest autheur à mon jugement est tres honneste homme, et il paroist bien en son proceder qu'il est plus ancien que Ptolemée[1]. Je trouve qu'il traitte si disertement les principes de l'Astronomie que selon mon advis il seroit à bon droit preferé à Sacrobosco[2] dans les escholes. Il y a plusieurs belles curiositez que j'y ay remarquées, mais entre autres choses ay-je veu avec plaisir que cest autheur ait faite mention du voyage de Pytheas philosophe de Marseille en l'isle Thule autrement Islant[3]. J'avois passionné de voir cest autheur parce qu'ayant appris qu'il avoit combattue l'opinion qu'on attribue à Epicure que le soleil n'est pas plus grand qu'il paroist, c'est à sçavoir d'un pied de diametre, et sçachant d'ailleurs qu'il avoit esté stoïque ou du moins qu'il avoit soustenus plusieurs dogmes de ceste secte touchant la nature, je m'estois imaginé qu'il auroit sans doute deschiré Epicure à belles dents. Or je n'ay point esté trompé en mon imagination, car je vous puis asseurer que de tant d'autheurs qui

---

[1] Voilà Gassendi en désaccord avec Letronne, qui fut un de nos plus savants et de nos plus sagaces critiques. Répétons que l'époque où vécut Cleomedes reste problématique.

[2] Jean d'Holywood, plus connu sous les noms de Joannes de Sacrobosco, naquit dans le comté d'York et mourut en 1256. Son traité de *Sphæra mundi* (Ferrare, 1472, in-4°) a été l'objet de très nombreuses éditions (soixante-cinq, dit-on). On compte presque autant de commentaires. Cet abrégé de Ptolémée était une sorte de manuel d'astronomie à l'usage des étudiants. Voir l'article de B. Hauréau dans la *Nouvelle biographie générale*, l'article de Daunou dans l'*Histoire littéraire de la France* (t. XIX, p. 1-4).

[3] Pythéas florissait vers le milieu du IV° siècle. On peut citer sur lui un mémoire de Bougainville dans le *Recueil de l'Académie des inscriptions et belles-lettres* (t. XIX), un article de Daunou dans l'*Histoire littéraire de la France* (t. I, p. 71-78), un article de F. Hœfer dans la *Nouvelle biographie générale*, deux ouvrages spéciaux, un de Lelewel (Paris, 1837, in-8°), l'autre de W. Bessel (Gœttingue, 1858, in-8°). Dans le recueil intitulé : *Proportio gnomonis ad solstitialem umbram, observata Massiliæ an. 1636 pro Wendelini voto* (La Haye, 1656, in-4°), Gassendi réhabilita le navigateur marseillais, accusé de mensonge.

mastinent[1] ce pauvre homme à peine en ay-je veu aucun qui le traitte plus mal que cestuy cy. Toutes fois je n'ay pas trouvé qu'il oppose rien à quoy je n'eusse desjà bien paré avant que le voir non seulement en general mais presque en particulier. Mais à quoy lire est-ce que je vous amuse. Pour ce Caelius que je vous avois mis en peine de cercher, j'en suis tousjours aux mesmes peines. Sans doute qu'à ce que j'ay peu comprendre, il doit avoir dites beaucoup de choses à la louange du mesme Epicure. Mais ce n'est point ny Lactance qui semble avoir pris à prix fait de le descrier, ny moins encor Rhodigin[2] qui soit pour soit contre n'en a dit que fort peu de choses en passant. Je ne sçay donc qui ce peut estre si ce n'est cest historien dont Ciceron parle et reparle tant en son premier livre de la divination. Certes cest historien ayant descrite la premiere guerre punique et parlé des choses advenües du temps de Pyrrhus auquel l'opinion d'Epicure commençoit d'estre divulguée tesmoing les discours de Cyneas avec Fabrice joint a ce que Epicurus a vescu et fleury en ce temps la mesme comme a remarqué Aule Gelle[3] oultre ce que nous sçavons que la durée de son eage a esté de la 109 à la 127ᵉ olympiade[4]. Pour ceste raison il pourroit estre que ce Caelius auroit faite quelque mention d'Epicure. Mais quand cella auroit esté, je ne pense point que cest autheur se trouve en nature. J'acheve, Monsieur, de peur de vous estre plus longuement importun. Ce m'est un vice presque naturel que je suis grandement paresseux à mettre la main à la plume et cependant quand je l'ay saisie à peine la puis je quitter. Il faudra peut estre que dores en avant

---

[1] *Mastiner*, c'est réprimander, gourmander, et dans le sens primitif, mordre comme un chien, un *matin*. Voir le *Glossaire* de La Curne de Sainte-Palaye.

[2] Lodovico Ricchieri naquit vers 1450 à Rovigo, l'ancien Rhodigium, d'où son surnom de Rhodiginus, et mourut dans la même ville en 1525.

[3] *Nuits attiques*, livre XVII, chapitre XXI. Voici le passage auquel se rapporte l'indication de Gassendi : «C'est 470 ans après la fondation de Rome que commença la guerre avec Pyrrhus. A ce moment-là Épicure d'Athènes et Zénon de Cittium étaient fameux comme philosophes, et ce moment est celui où C. Fabricius Luscinus et Q. Æmilius Papus étaient censeurs à Rome.»

[4] On s'accorde à faire naître Épicure en 341 avant J.-C. et à le faire mourir en 270.

[1626] ET DE GASSENDI. 181

vous me pardonniez souvent ce dernier defaut car pour le premier il est sans excuse. Ayez s'il vous plaist soin de vostre santé, et si Mr de la Garde n'est sage desormais, je le recommande à fanfreluche¹. Pour moy j'ay defendu à ce porteur de vous rompre aucunement la teste d'une affaire qui sera peut estre rapportée en vostre presence par Monsieur d'Agut², quoy que j'y aye quelque peu d'interest. C'est parce que je ne dezire rien que vostre contentement afin que j'aye le bien de vous voir plus longuement et heureusement vivre à l'advantage des gens de lettre et amateurs de la verité. Encor une fois donc conservez vous, et aimez moy s'il vous plaist qui suis,

Monsieur,

vostre tres obeissant et tres affectionné serviteur,

GASSEND.

A Digne, ce 25 avril 1626³.

III

À MONSIEUR, MONSIEUR GASSENDI,
CHANOINE THEOLOGAL EN L'EGLISE CATHEDRALE DE DIGNE,
À DIGNE.

Monsieur,

J'ay receu vostre lettre du 2 de ce moys depuis mon retour en cette ville d'un petit voyage que j'estois allé faire du costé d'Ieres où elle m'avoit

---

¹ Je ne retrouve cette expression ni dans nos lexiques, ni dans nos vieux auteurs.

² Honoré d'Agut, le collègue de Peiresc au Parlement d'Aix et son ami intime. Il en a été souvent question dans les trois volumes des *Lettres aux frères Dupuy*.

³ Bibliothèque nationale, fonds français, vol. 9536, fol. 196. Autographe. Voir une analyse de ce document dans la *Vie de Pierre Gassendi* par le père Bougerel, 1737, in-12, p. 30-31. C'est la première des lettres de Gassendi à son protecteur et ami mentionnée par le docte Oratorien qui, ne l'oublions pas, eut à sa disposition le dossier complet de la correspondance de son héros avec Peiresc. C'est donc probablement la première de toutes les lettres écrites à ce dernier par son futur biographe. Rappelons, à propos du commencement des relations épistolaires des deux amis, que Peiresc avait alors quarante-six ans et Gassendi trente-huit ans.

esté adressée sans m'y avoir rencontré, et d'où l'on me l'a renvoyée icy; j'ay esté marry d'entendre que l'indiscretion de mes gents m'ayt envié le bien de vous voir avant vostre despart, dont ce seroit à moy de vous faire des excuses, si vous vous payiez de ceste monnoye; mais puisque nous avons si unanimement banny les ceremonies, je ne suis pas d'advis d'en faire davantage sur cela, croyant bien que vous ne doubtez nullement de ma bonne volonté, non plus que je ne doubte poinct de la vostre. Il fault faire les ceremonies de mon costé en vous servant librement, si je le puis, comme je suis bien asseuré que vous ne laisriez pas facilement eschapper aucune occasion de me faire plaisir du vostre.

J'ay veu le formulaire de serment judaïque tiré de voz statuts que j'ay trouvé bien beau, et n'ay trouvé à redire qu'à cette abbreviation que vous avez faicte pour *decem mandata*, et ces « x nomina » et puis « LXX nomina ». Je vouldrois bien que vous eussiez exactement verifié sur l'original la forme des caractères de cette ligne là, pour juger precisement de ce qui y pouvoit estre, et pour avoir la chose plus accomplie, je serois bien aise d'avoir la preface et le premier article de voz statuts, ensemble le dernier et la conclusion pour mieux juger du siecle, tant par le style que par les dattes, s'il y en avoit aulcunes, ou par la mention des Evesques ou Prevosts qui les ont authorisez, dont on peult apprendre le siecle par aultres charthes.

Quant à vostre Fr. Patricius [1], il est d'une edition plus ancienne que le mien de plus de dix ans [2], et soubz un tiltre et distinction bien differants. C'est pourquoy je serois bien aise de les comparer touts deux ensemble, si vous trouvez commodité de me faire tenir le vostre, et je le vous renvoyeray par aprez fort seurement.

Au surplus nous avons gouverné icy quelques jours le bon Pere Lo-

---

[1] François Patrizzi, né à Sienne, fut évêque de Gaëte et mourut en 1494. Voir dans le *Manuel du libraire* (t. IV, p. 440) l'indication de plusieurs éditions de son traité *De institutione reipublicæ libri novem*. La première est de Paris, 1518.

[2] Peut-être Peiresc possédait-il l'édition de 1534 (Paris, in-fol.), postérieure d'une quinzaine d'années à celles de 1518 et 1519. Il existe aussi un écart de plus de dix années entre les éditions de 1567 et 1561, d'une part, et de 1585, d'autre part.

rinus[1], en la compagnie duquel il s'apprend de trez belles choses[2]. Nous n'avons pour le present rien de nouveau. J'estois allé quasi malade à mon voyage, et m'y suis tout refaict, estant revenu beaucoup plus gaillard Dieu mercy que je n'estois, et par consequant plus propre à vous servir comme je le desire, en qualité.

Monsieur,

de vostre, etc.,
DE PEIRESC.

D'Aix, ce 18 juillet 1626[3].

IV

À MONSIEUR, MONSIEUR GASSENDI,
CHANOINE THEOLOGAL EN L'EGLISE CATHEDRALE DE DIGNE,
À DIGNE.

Monsieur,

On m'a apporté à ce soir vostre lettre du jour d'hier avec voz livres de Patricius et de Cardanus[4], et m'a on dit qu'il failloit bailler la response aujourdhuy mesmes dont j'ay eu du regret pour me trouver occupé dans des affaires qui ne me permettent pas seulement

---

[1] Sur le P. J. de Lorini, de la Compagnie de Jésus, voir les *Lettres de Peiresc aux frères Dupuy*, t. II, p. 544.

[2] Gassendi raconte ainsi (*De vita Peireskii*, lib. IV, p. 303-304), la visite de Lorini : «Non omittendum fuisse quoque maguopere exhilaratum consuetudine perhumana Iocobi (*sic*) Lorini e societate Iesu, Psalmorum commentatoris, qui cum prius Roma rediisset, Avenione ad ipsum venit, et autographo quoddam Bellarmini donavit.»

[3] Bibliothèque nationale, fonds français, vol. 12772, fol. 3. Autographe. Sur la contrepartie de ce feuillet 3 Gassendi a noté les titres et les premiers mots de plusieurs statuts synodaux d'Embrun et de Digne.

[4] Jérôme Cardan, sur lequel on peut voir plusieurs passages des trois tomes des *Lettres de Peiresc aux frères Dupuy*. Deux critiques fort distingués, feu Charles Nisard (de l'Institut) et M. A. Favaro, professeur à l'université de Padoue, m'ont reproché d'avoir été trop sévère pour le fécond polygraphe dans une note du fascicule des *Correspondants de Peiresc* consacré à *Gabriel Naudé*. Je désavoue volontiers ce qu'il peut y avoir d'injuste dans mon appréciation.

de lire et de considerer vostre lettre, et les belles observations qui y sont, tant s'en fault que je puisse jetter les ieux sur les livres, mais ce sera pour la premiere comodité. Cependant je n'ay pas voulu differer de vous en accuser la reception et de vous remercier comme je faicts trez humblement de tant honnestes offres que j'ay rencontrées au bas de vostre lettre dont je n'ay garde d'abuser, parce que les livres sont beaucoup mieux employez à vous qui vous en pouvez servir comme il vous plaist que non pas à moy qui n'ay ny la senté, ny le temps, pour y pouvoir vacquer comme il faudroit, mais je vous en ay pas moins d'obligations pourtant, et demeureray à jamais.

Monsieur,

vostre, etc.
DE PEIRESC.

D'Aix, ce 26 juillet 1626[1].

V

À MONSIEUR, MONSIEUR GASSENDI,
CHANOINE THEOLOGAL EN L'EGLISE CATHEDRALE DE DIGNE,
À DIGNE.

Monsieur,

En revenant du Palais, où le procez de Mme de Crequy nous avoit tenuz depuis sept heures jusques aprez midy[2], j'ay trouvé cet honneste homme ceans avec un pacquet du xn, qui demandoit la responce sur le champ, et le cœur me failloit de sorte qu'à grande peine m'a il permis de boire un coup à vostre santé, et aussytost j'ay prins la plume pour vous accuser la reception de vostre despesche, et du seel d'Ambrun dont je vous ay bien de l'obligation et à Mr Castagny, lieutenant particulier,

---

[1] Bibliothèque nationale, fonds français, vol. 12772, fol. 5. La signature seule est de la main de Peiresc.

[2] Toute l'histoire de ce scandaleux procès se déroule dans les *Lettres aux frères Dupuy.* Peiresc est revenu sur le même sujet dans plusieurs autres de ses lettres, notamment dans les lettres à Loménie.

à qui j'en feray mes remerciments si tost qu'il me sera possible, ce porteur estant trop pressé de partir pour ne perdre la commodité de sa compagnie et de ceux qui luy portent ses hardes et sont desja partiz. Cependant vous le pouvez asseurer de mon humble service et que je luy auray une trez grande obligation, s'il me faict part des papiers et memoires du Gapençois, dont j'ay desja quelque chose, mais je crois bien qu'il en aura beaucoup plus, et tascheray de le servir en revanche de tout mon pouvoir et de toute mon affection pour vous; je vous escriray par l'ordinaire de Lyon chez M⁺ Jacquet s⁺ de Fetan¹, et si je ne le pouvois faire aujourd'huy attendu l'heure tarde, je le feray par le prochain ordinaire et adresseray vostre lettre à Paris chez M⁺ du Puy rue des Poitevins prez S⁺ André des Arcs en la maison de M⁺ de Thou où vous serez le bien venu quand vous y aborderez. Je n'ay peu voir voz observations; je les verray entre cy et là et vous en diray mon adviz de l'aurore². Excusez moy cependant et disposez de tout ce qui me concerne comme de celuy qui est,

Monsieur,

vostre, etc.
DE PEIRESC.

D'Aix, ce 14 avril 1628.

J'envoyeray vostre lettre à M⁺ Puteanus³, et luy escriray de l'aurore et au sieur Vendelin⁴ et en Italie⁵.

---

¹ Noms que l'on retrouve bien souvent dans les *Lettres aux frères Dupuy,* comme dans les autres parties de la vaste correspondance qui avait tant besoin des soins particuliers des employés de la Poste.

² L'aurore boréale.

³ Sur Van de Putte, voir le recueil Peiresc-Dupuy, *passim*. Sur les relations de cet érudit avec Gassendi, voir Bougerel, p. 31-32.

⁴ G. Wendelin figure souvent dans le recueil Peiresc-Dupuy et nous retrouverons plusieurs fois le nom de cet astronome dans les pages suivantes. On sait que Peiresc laissa à Gassendi le portrait de leur commun ami Wendelin. Voir (p. 28) le *Testament* déjà cité.

⁵ Bibliothèque nationale, fonds français, vol. 12772, fol. 10. Autographe.

VI

À MONSIEUR, MONSIEUR DE PEIRESC,
À AIX.

Monsieur,

Je vous escrivy par le dernier ordinaire et addressay vostre pacquet avec une enveloppe à Mʳ Jacquet comme vous m'aviez ordonné. Despuis ces Messʳˢ du Puy m'ont fait la faveur de me dire que je n'avois qu'à leur bailler les despesches que je vous voudrois faire parce qu'ils les mettroient dans un pacquet avec les leurs[1]. J'avois promis de le faire ainsi, et leur devois en effect porter ce pacquet dez hier au soir, mais comme je fus destourné et n'eus pas loisir de l'achever, ainsi crains je de ne les aller point voir tantost assez à temps, et qu'il ne me faille faire comme l'autre fois, mais à la bonne heure, puis qu'aussi bien je sçay quel estat Mʳ Jacquet fait de vous. Je vous marquay par ma precedente que j'avois trouvé icy à mon arrivée le pacquet qu'il vous avoit pleu de m'y addresser tant de voz lettres que de celles de Mʳ Valois[2]. Par celle cy je vous donne advis que par l'ordinaire auquel nous craignions qu'il ne fust mesarrivé, et qui n'arriva en effet que le mardy, j'ay despuis receu l'autre dans lequel estoit incluse la lettre de Mʳ Diodati[3]. Je vous donnrois advis du peu de nouvelles que je puis sçavoir si je n'estois asseuré que vous les

---

[1] Bougerel assure (p. 32) que Gassendi arriva à Paris *au milieu de mai*. On voit, d'après ce que ce dernier nous apprend des lettres envoyées déjà à Peiresc par un précédent courrier, qu'il devait être arrivé à Paris au commencement du mois.

[2] Sur Jacques de Valois, trésorier général de France à Grenoble, et astronome amateur, voir (*passim*) le recueil Peiresc-Dupuy. Bougerel a signalé (p. 15) les bonnes relations (antérieures à l'année 1629) de Valois et de Gassendi. Cf. les *Documents inédits sur Gassendi*, 1877, p. 11.

[3] Élie Diodati, qui figure souvent dans le recueil Peiresc-Dupuy, sera souvent mentionné dans la présente correspondance. Ce fut un des meilleurs amis de Gassendi dont il avait fait la connaissance à Grenoble en 1625. Voir Bougerel, p. 27. Ce fut Diodati qui servit de trait d'union entre Galilée et Gassendi (juillet 1625).

scavez trop mieux d'autre part. Ces Messieurs du Puy particulierement me relevent de ceste peine et de vous faire tenir ce qu'on imprime de nouveau. J'ay seulement à vous donner advis d'un petit livre nouveau et d'une invention nouvelle qu'ils n'ont point, c'est de lactibus sive lacteis venis quarto vasorum mesaraicorum genere novo invento Gasparis Asellii, Cremonensis, anatomici Ticinensis dissertatio, Mediolani apud Jo. Bapt. Bidellium, 1627[1]. Il n'y en a que trois copies en ceste ville que M. Naudé a apportées d'Italie dont il a données l'une à M. Riolan[2], l'autre à M. Moreau[3], et la troisiesme qu'il s'est reservée, c'est celle que je n'ay qu'à prest. J'eusse bien dezivé qu'il s'en fust trouvé une pour vous envoyer, mais si vous en desirez, ce n'est qu'un volume d'un doigt in-4°[4], que je sçay que vous pouvez recouvrer d'Italie fort facilement. Pour mon particulier j'ay esté bien aise de voir ceste piece, parce que si bien elle destruit par adventure quelqu'une de mes imaginations[5], toutesfois et je suis tres joyeux de voir qu'un autre approche plus de la verité que moy, parce que ce n'est que me faciliter le chemin à ce que je cerche, et ayant cognoissance de ce qui est desja mis en lumiere, cella me peut empescher de faire quelque incongruité. Et pour vous toucher un mot de ce que c'est et du merite du livre, il ne m'estoit jamais sceu entrer dans la teste que le passage du chyle au foye se fist par l'entremise de ces rameaux de la veine porte qui sont semez par le mezenterre comme servans non seulement à porter du foye la nourriture necessaire à toute ceste

---

[1] In-4° avec quatre figures sur bois et le portrait d'Aselli. La dissertation du professeur de Pavie fut réimprimée à Bâle en 1628 (in-4°) et à Leyde, en 1640 (in-4°). Voir *Manuel du Libraire*, t. I, p. 523-524.

[2] Le docteur Jean Riolan, fils d'autre Jean, également médecin, naquit à Paris vers 1577 et mourut dans la même ville le 19 février 1657.

[3] Sur René Moreau, confrère et ami de Gabriel Naudé, voir le recueil Peiresc-Dupuy,

passim. — [4] C'est en effet plutôt une plaquette qu'un volume, car on n'y compte que 79 pages et 10 feuillets non chiffrés.

[5] C'est-à-dire : quoiqu'elle détruise quelques-unes de mes imaginations. Bougerel, qui analyse la lettre (p. 32-35), a mal compris ce passage et a introduit dans la citation ce contresens : «j'ai été bien aise de voir cet ouvrage, *parce qu'il détruit* quelques-unes de mes imaginations».

region intestinale, dont tous les rayons sont ramplis et rouges de sang vermeil, mais encore à en rapporter des intestins dans le foye, le chyle destiné a estre converty en sang. J'en avois souvent et longuement conferé avec feu M⁰ Merindol[1], et peut estre trouveroit on parmy ses memoires la responce qu'il apprestoit à une lettre de douze ou quinze feuilles que je luy avois escrite sur ce subject quelque temps avant sa mort[2]. J'avois donc imaginé un nouveau passage bien plus commode et compendieux, sçavoir est le canal du pore cholidoque par lequel les medecins veulent seulement que la bile soit deschargée dans les intestins pour servir aux excremens de clystere naturel. Et parce que M⁰ Merindol m'y avoit formé beaucoup de difficultez, je croyois d'y avoir tellement satisfait par ma dite lettre, qui aussi à mon advis se trouveroit encore, que je ne pensois point que mon opinion ne deust estre de quelque consideration parmi les personnes qui seroient sans préoccupation. Or voici aujourdhuy arriver cest Asellius (qui neantmoins comme Copernicus est décédé avant l'impression de son livre) lequel a descouvert une infinité de petites veines semées par ce mezentere et implantées d'un costé au foye et de l'autre aux intestins, desquelles jamais jusques aujourd'huy personne ne s'estoit pris garde, et qui semblent avoir esté destinées à la fonction que je n'avois jamais sceu accorder aux mezeraignes communes. Elles sont blanches et ramplies d'un lait ou substance blanche telle qu'on veut estre celle du chyle, mais elles ne peuvent estre veües ni observées qu'en l'animal encore vivant et quelques heures après qu'on l'a bien faict paistre, c'est à dire quand l'aliment préparé dans l'estomach descend le long des intestins. Cest homme là en a fait tout un monde d'expériences[3] en divers animaulx qu'il a ouverts tous vivans comme

[1] Antoine Merindol, — je reproduis la note de Bougerel (p. 33), — un des quatre médecins du Roi, était très savant, et mourut à Aix, sa patrie, au mois de décembre 1624, âgé de cinquante-quatre ans. Voir sur ce médecin le recueil Peiresc-Dupuy, *passim*.

[2] Bougerel a remplacé *quelque temps avant sa mort* par *la veille de sa mort*.

[3] Quoique Bougerel ait mis ses citations entre guillemets, elles ne sont pas textuelles, et en cet endroit, par exemple, il a abrégé ainsi la phrase (p. 34) : «Asellius a bien fait des experiences».

chiens, chats, agneaulx, porceaulx, vaches, voire mesmes en un cheval achepté exprès pour ne servir qu'a cella, estant bien considerable que d'abord que l'animal expire, ces vases ne laissent point de vestiges d'eux mesmes, et que si l'animal n'est repeu et on ne l'ouvre en une heure convenable, on n'en sçauroit aussi rien voir. Je n'en ay point encore veu l'experience, mais oultre la foy que ce brave homme semble meriter, Mʳ Riolan et autres qui l'ont desja eprouvé m'ont asseuré qu'il n'en faut point pour le doute[1]. Je vous escris toutes ces choses, par ce qu'encore qu'elles peussent sembler à un autre esloignées de vostre curiosité, moy toutesfois qui sçay l'universalité de vostre esprit et de la cognoissance que vous avez de tout ce qu'on peut priser dans ces sciences, j'ay cru que vous ne scauriez estre desplaisant de vous estre amusé à lire ces lignes. A tout le moins jugerez vous que si j'avois quelque chose de mieulx pour vous entretenir, je le ferois très volontiers. Quoy que c'en soit, il vous plaira tousjours de me croire,

Monsieur,

vostre tres obeissant et tres affectionné serviteur,

GASSEND.

De Paris, ce 16 may 1628.

Monsieur Cramoisy[2] n'a point encore receu sa facture. Le pere Petau que je dois aller voir demain luy fait imprimer les œuvres de l'Empereur Julien grec et latin in-4°[3]. Nous y devons voir des epistres

---

[1] Passage ainsi réduit par Bougerel (p. 35) : «Je n'ai point encore fait d'expérience, mais M. Riolan m'a assuré qu'il n'en falloit pas douter.»

[2] Sur le libraire Sébastien Cramoisy (1585-1669), voir le recueil Peiresc-Dupuy, passim.

[3] Voir le recueil Backer-Sommervogel (in-fol., t. II, col. 1898, n° 26). Il y a deux parties dans l'édition de 1630 : la première partie (de 558 pages) est du P. Petau seul ; la seconde (*Juliani imperatoris operum pars secunda*), qui occupe 419 pages, contient les traductions de deux collaborateurs du docte helléniste : *interpretibus Carolo Cantoclaro, supplicum libellorum in curia magistro, et Petro Martino Morentino Navarro.* Le P. Petau a fourni à cette seconde partie les annotations qui remplissent près de 200 pages : *Ad Juliani imp. opera notæ* (p. 243-332) et *Miscellaneæ observationes* (p. 341-419).

et des oraisons qui n'avoient point encore esté imprimées. Ainsi peusse je voir en cette ville la maison où ce grand prince logeoit le soir que pour sa grande frugalité et continence il se trouva si mal[1].

VII

À MONSIEUR, MONSIEUR PEIRESC,
À AIX.

Monsieur,

Je croy que cette voye ici sera plus asseurée que les precedentes. C'est pourquoy je ne me priveray point de vous redire encore une fois

---

[1] Je dois à l'obligeance de mon cher et savant compatriote, M. Ernest Dupuy, inspecteur d'Académie à Paris, la communication suivante, où l'on trouvera une traduction aussi fidèle que possible du récit auquel Gassendi fait allusion. Le passage visé est dans l'opuscule satirique, le Misopogon. L'Empereur ou celui qui parle raconte que, grâce à son régime sévère, il n'a vomi qu'une fois dans sa vie, et il s'amuse à expliquer dans quelles circonstances il passa l'hiver à Lutèce. Suit une description souvent citée de la ville des Parisii et de leur beau fleuve et de leur climat plein de douceur. «Cette année-là l'hiver était plus rude que de coutume : le fleuve charriait de vraies tables de marbre. Vous connaissez la pierre de Phrygie ; c'est à cela que faisaient penser les blocs de glace énormes et accumulés les uns sur les autres : ils arrivaient à faire un passage solide et à jeter un pont sur le courant du fleuve. Dans ces conditions, je redoublai de sévérité pour moi-même, je ne laissai pas chauffer le lieu où j'habitais, à l'aide des foyers [poêles] en usage dans les maisons de ce pays, et quoique j'eusse chez moi toutes les facilités de me procurer la douceur du feu... Je voulais m'habituer à endurer cette température, au lieu de chercher à en adoucir la rigueur par tous les moyens dont je disposais, mais l'hiver prenait plus de force, et le froid redoublait ; je ne défendis plus à mes gens de chauffer la chambre, mais pour éviter de faire sortir des murs toute l'humidité, je fis seulement apporter du feu tout allumé, un simple brasier de charbon. Si peu que ce fût, ce brasier fait sortir des murs de si épaisses vapeurs, que je suis pris d'un sommeil lourd, et que je manque périr d'une suffocation. On m'emporte au dehors ; les médecins me font rendre ce que j'avais mangé ; c'était bien peu de chose, grâce au ciel ; je vomis et je me sens aussitôt mieux. Je passe une nuit assez bonne, et dès le lendemain je peux reprendre les occupations qu'il me plaît. C'est ainsi que, semblable à ce bourru du poète Ménandre, je me rendais la vie dure à moi-même, au pays des Celtes.» — Bibliothèque nationale, fonds français, vol. 9536, fol. 198. Autographe.

la mesme chose. Mʳ Moreau, ayant veu ce que vous m'escriviez du Livre de Mʳ Constantin¹, me dit que vous n'aviez qu'à le nous envoyer par la premiere commodité parce qu'il prendroit le soin de le faire imprimer en ceste ville, et en tout cas à Geneve, ayant dessein de vous en faire l'addresse par une Epistre liminaire. Il adjousta qu'il seroit bon de voir avant toute œuvre la partie imprimée parce que s'il faloit adjouster, retrancher ou changer quelque chose à ce manuscrit, on rapporteroit mieux toutes choses à l'intention de l'autheur. Voyla pour Mʳ Moreau. Pour moy, je dezirerois qu'il vous pleust de m'envoyer quelque chose avec un peu plus de diligence. C'est une copie que je vous pric de faire faire des observations dont je vous laissay un cahier en partant. S'il vous plaist de prendre ce soin, je vous prie sur tout de faire prendre garde qu'on ne se mesconte point aux chifres, et aussi tost que ceste copie sera faite, prendre la peine de me la faire tenir par la premiere commodité que vous en aurez. Je ne vous dois point dissimuler pourquoi c'est. Le P. Mersenne avoit dit quelque chose en ses commentaires sur la Genese qui a pregné et offensé le Sʳ Flud². Cest homme icy en voulant avoir raison a publié et nous avons receu dez ceste foire derniere un volume in-folio tout plein et animé de bile contre ce Pere. Or ce Pere dezirant repartir, a prié quelques uns de ses amis de luy donner leur jugement touchant cest ouvrage. Il m'y a compris, et m'a addressé une lettre par laquelle il me prie de cella, mais prennant pretexte qu'il dezire bien que je luy face part de quelques unes de mes observations. J'ay esté neantmoins si peu prevoyant que je n'en ay point apporté au moins avec leur description particuliere quant à moy³. Il faut donc que pour sa responce

---

¹ Antoine Constantin, médecin provençal mort en 1626, avait composé un livre intitulé : *Brief traité de la pharmacie provençale et familière*, dont la première partie avait été imprimée en 1597. Peiresc désirait que l'ouvrage tout entier fût donné au public.

² Sur le P. Mersenne et sur son antagoniste, Robert Fludd, voir Bougerel (p. 35-36), le recueil Peiresc-Dupuy (*passim*) et le fascicule des *Correspondants de Peiresc* consacré au P. Mersenne, lequel sera très probablement imprimé au moment où on lira ces lignes.

³ C'est-à-dire *avec moi*.

à ceste lettre je vous donne l'importunité de m'en faire tenir ce que j'ay laissé entre vos mains car d'en pouvoir recouvrer chez moy il y a bien moins d'apparence. Pour le surplus je ne sçay si j'y reussiray, je suis neantmoins apres à deschiffrer les mysteres de la caballe de Flud. Je pense d'avoir descouvert que ce n'est tout que pure alchymie dans le dessein du grand œuvre. Il ne me reste que d'en adjuster les flustes. Ce n'est pas là une estude de mon goust, mais il faut complaire à ses amis et je dois estre bien aise de voir serieusement pour une fois à quoy peuvent abboutir tous les secretz de ces pretendus magiciens, cabalistes, alchymistes, freres de la Rose Croix et semblables sortes de gens. Vous en serez un jour le juge. Je suis encore tousjours apres à me resoudre si je changerois le sejour de ce païs icy pour celluy de Provence. Il pourra estre que dans un mois je vous en diray quelque chose de plus particulier. Où que je soye vous m'aimerez s'il vous plaist tousjours puisque et partout et tousjours, je veux estre,

Monsieur,

vostre tres obeissant et tres affectionné serviteur,
GASSEND.

A Paris, ce deuxieme decembre 1628.

Monsieur, estant pressé d'envoyer ceste lettre pour l'enclorre dans le pacquet d'un de mes amis, je vous supplie de faire sçavoir à Monsr de la Vallete que je suis tousjours en bonne santé, et que je le prie d'en donner advis au reste de mes amis et particulièrement à Digne et à mon frère[1]. Si Mr Valois est encore à Aix, il aura aussi s'il vous plaist de mes recommandations. J'attends dans cinq ou six jours une commodité moins pressée de leur escrire, et encore à Messieurs de Perier[2] et

---

[1] C'était Jean Gassendi dont il est ainsi question, au sujet d'une éclipse de soleil (1621), dans le *Journal* qui fait partie des *Documents inédits sur Gassendi* (p. 11): *frater germanus Joannes Gassendus aderat observabatque*. L'éditeur des *Documents* a constaté (note 1) que Jean Gassendi n'est pas une seule fois nommé dans les 500 pages du volume du P. Bougerel.

[2] L'avocat Scipion du Périer, mort en 1666, était le fils de l'ami de Malherbe, François du Périer. Voir le recueil Peiresc-Dupuy (*passim*), le *Testament* de Peiresc, déjà plusieurs fois cité (p. 31-32), etc.

de Gaultier que je vous prie bien humblement vouloir saluër de ma part à la première rencontre. Mʳ vostre frere s'il vous plaist ne sera pas oublié. J'oublie à propos de vous dire quelque chose touchant le voyage de Mʳ Deodaty et particulierement touchant la retraitte de Keppler. Mais ce sera meshuy pour une autre fois. Pour des nouvelles de la prise de la flotte d'Espagne par les Hollandois, des affaires un peu descousues de l'Empereur et autres semblables, c'est chose que vous pouvez sçavoir d'ailleurs. On s'appreste fort icy pour la reception du Roy. Il est a Dorden[1] despuis trois jours avec les Roynes, et ne doit point estre icy que sur la fin de la sepmaine prochaine[2].

VIII

À MONSIEUR, MONSIEUR DE PEYRESC,
ABBÉ DE GUISTRES, CONSEILLER DU ROY AU PARLEMENT DE PROVENCE,

À AIX.

Monsieur,

Arrivant hier au soir de Saint-Germain où j'avois accompagné Mʳ de Digne qui y estoit allé voir le Roy, je trouvay vostre lettre du xivᵉ du mois passé avec ce paquet de Mʳ Galaup[3]. J'avoy bien appris de vos nouvelles un peu plus fraisches par les vostres à Mʳ du Puy, mais ce me fust bien plus de contentement voyant qu'il vous

---

[1] Dourdan (Seine-et-Oise). Louis XIII revenait de la Rochelle, où il avait fait son entrée triomphale le 1ᵉʳ novembre précédent.

[2] Bibliothèque nationale, fonds français, vol. 9356, fol. 201. Autographe. Bougerel a donné l'analyse de cette lettre (p. 35-37). Le nom du mois a été mutilé par le relieur. Il ne reste plus que la fin du nom : mbre. J'ai cru pouvoir attribuer la lettre au mois de décembre plutôt qu'aux mois de septembre et de novembre.

[3] François de Galaup-Chasteuil qui, comme le prieur de la Valette, Gassendi, Peiresc, et tant d'autres Provençaux, s'occupait beaucoup d'astronomie.

avoit pleu de prendre la peine de m'en donner par vous mesme en y joignant celles de Mr de la Valette et de Mr Valois. De mon costé je vois qu'il y a eu assez de malheur. Car si je n'eusse pas laissé de hazarder tousjours quelques lettres à l'ordinaire je compren bien qu'en fin quelques unes seroint arrivées jusques à vous. Là où ayant cerché d'autres occasions je me crains fort d'avoir mal rencontré, puis que vous ne me faites point mention d'avoir receu aucune des miennes par autre voye que de l'ordinaire. C'est donc par l'ordinaire que je vous addresse ou hazarde celle cy, et n'ayant pas loisir de vous entretenir beaucoup, je vous diray seulement deux ou trois choses que je me souvien vous avoir desja repeté en mes precedentes. Si bien ce ne sont que redites, vous n'estes pas homme qui en soyez importuné. L'une et la plus importante c'est qu'il faut, s'il vous plaist, que vous prenniez la peine de faire copier ce cahier d'observations que je vous laissay sur mon despart de Provence, et m'obligiez de me l'envoyer le plus promptement qu'il sera possible. C'est pour satisfaire au Père Mersenne, qui dezire qu'elles soient inscrées en quelque piece qu'il souhaitte de moy. L'autre, que Mr Moreau attend, oultre le livre imprimé de Mr Constantin, la partie manuscrite, estant en dessein de la faire imprimer et de vous en faire la dedication[1]. J'aurois beaucoup d'autres choses à vous dire, mais à faute de loisir, il faut que je les remette à l'ordinaire prochain. Encore cecy ne sera pas peu si par ma bonne fortune il arrive entre voz mains. Je vous avoy marqué quelque chose par mes precedentes de l'apparence qu'il y avoit que je me pourroy accommoder par deça. Je m'advise que si mes lettres vous sont renduës, il ne sera pas necessaire que vous en faciez s'il vous plaist aucun bruit. Je baise

---

[1] Bougerel cite (p. 37) une lettre de Gassendi à Peiresc, du 7 décembre 1628, laquelle ne nous a pas été conservée et où il était encore question de cette édition du livre de Constantin qui ne se fit pas. C'est à cette lettre perdue que se rapportent cette analyse et cet extrait donnés par Bougerel : « Gassendi nous apprend que Moreau croioit que ce fut quelque grand trésor dont on vouloit se prévaloir à son desadvantage : *il en tirera*, dit-il, *tout le fruit qu'il pourra : pour vous, vous devez être tres satisfait de n'avoir rien oublié de ce qui pouvoit regarder, soit la mémoire de Constantin, soit l'honneur du pays.* »

tres humblement les mains à Mr le Baron vostre frere, et demeure tousjours,

Monsieur,

vostre tres obeissant et tres affectionné serviteur,

GASSEND.

Paris, ce 10 [décembre] 1628¹.

¹ Bibliothèque nationale, fonds français, vol. 9536, fol. 140. Autographe.

Je donne ici quelques extraits d'une lettre de Gassendi très longue et presque entièrement consacrée aux choses astronomiques, lettre qui a été citée par Bougerel (p. 62) et qui est conservée dans la collection Peiresc de la bibliothèque de Carpentras (registre LX, intitulé : *Epistolæ clarorum virorum eruditæ*, t. II, fol. 15) :

«...Je ne vous diray rien en ce qui regarde les presages. Je loge ce phenomene au rang des choses purement naturelles, et estime que s'il a esté signe de quelque chose, ce n'a esté que de quelque effect naturel. Je ne veux pas dire que Dieu ne s'en peust servir pour nous signiffier quelque chose d'extraordinaire, mais quoy qu'il en soit, nous n'en avons point de preuve, et estime que Dieu ne se joue point ainsy avec les hommes que de leur proposer des choses à resver et deviner, comme on faict aux petits enfans. Quand il voulut que l'arc-en-ciel fust signe de quelque chose plus que naturelle, il en advertit les hommes. En effect, ce qui regarde leur salut est trop important pour le leur cacher, en faisant seulement mine de leur en vouloir dire quelque chose. Ainsy ce que vous me marquez que quelques uns estiment que par ces cinq soleils est presagé un insigne changement [au gouvernement de] l'Eglise dans les cinq années prochaines, je ne le veux pas contredire comme si j'estois bien asseuré du contraire, mais ces messieurs là me pardonneront bien, si je ne les en crois pas, sans qu'ils y adjoustent une revelation du ciel, et tandis que je me tiendray à ce passage, *a signis cæli nolite metuere*. Certes quand j'y pense, c'est une chose pitoyable de voir que la plus part des gens sçavans se laissent ainsy emporter aux opinions populaires et que ces phenomenes pour arriver rarement leurs jettent aussy bien de la pouldre aux yeux que s'ils n'avoient point au moins vraysemblablement leurs causes dans la nature. Je veux bien que nous en ignorions les causes, comme en effet nous les ignorons et ensemble la façon dont ilz sont produictz, mais si ceste ignorance là nous doibt faire apprehender quelque chose, apprehendons hardiment de tout ce qui est produit en nature, car à vray dire nostre ignorance s'y trouve esgale partout. Que si la plus grande rareté le doibt faire, je trouveray qu'y ayant à craindre partout, et n'y ayant en tout difference que du plus et du moins, il y aura beaucoup plus à craindre en la rare generation des lions qu'en la frequente des lapins. O que j'ay aultresfois admiré l'esprit de Thalès au banquet des Sages, dans Plutarque, d'Anaxagore en la vie de Périclès et autres semblables hommes en des rencontres extraordinaires! Mais quoy, il n'y en a pas à douzaines dans le monde de ceux-là.

«Pour la production de ces mesmes parhélies dont vous demandez aussi mon sen-

IX

À MONSIEUR, MONSIEUR DE PEIRESC,
ABBÉ DE GUISTRES ET CONSEILLER DU ROY AU PARLEMENT DE PROVENCE,
À AIX.

Monsieur,

Je ne vous fais ce mot que pour vous tenir adverty de la continuation de ma tres bonne santé. J'escris cecy hors du logis parce qu'on m'est allé prendre dès avant sept heures pour venir desjeuner et apres aller voir toutes ces magnificences et particulierement les devises et inscriptions preparées pour l'entrée du Roy. Je voulois attendre à demain, mais on m'a dit qu'il y auroit trop de presse. C'est le Père Manchault (sic), principal du college des Jesuites[1], cousin germain de ce brave homme que vous avez cogneu et qui est mort en ces dernieres

timent, je contredirois à ce que je viens de dire si je vous en disois un advis certain. Je n'ay point la vanité de dire que j'en cognoisse la façon et mon humeur aulcunement Pyrrhoniene [ces deux mots, que le copiste n'avait pas su lire, sont de la main de Peiresc] est bien esloignée d'en asseurer quelque chose. Ce que je vous en vay aussi dire tout en beguayant, ne sera que pour vous donner la satisfaction qu'il vous plaist avoir, que je vous en dise peu ou prou, et pour ne vous donner pas subject de croire que je desdaigne vos semonces, si je parois par ce moien ridicule, je seray tousjours au moins officieux, et tesmoignant de la foiblesse en mon esprit j'auray au moins tesmoigné aussy une bonne et constante volonté.

«Pour commencer donc, j'eusse bien desiré que l'observateur eust remarqué encore plusieurs choses, sçavoir est les diametres de tous ces cercles, leur espesseur, la distance des soleils entre eulx, leur grandeur, la disparition du soleil, etc., le vent qu'il faisoit alors, la constitution precedente de l'air, etc.... je dis *etc.* non pas que je n'eusse encores beaucoup de choses à dire, mais pour reserver quelque chose de ces recoins de papier, à vous dire quelque chose d'un autre subject. Je crains mesme d'en avoir plus dict sur celluy là que vous n'eussiez desiré, mais quel remède? Il ne me fasche que de ce qu'escripvant à la haste et pour en vouloir trop dire, je l'auray dict trop confusement pour mon sens, mais je sçay à qui j'escriptz et voila pourquoy j'y vais avec une simplicité nompareille. Enfin, c'est assez de cela, etc.»

De Bruxelles, ce xv juing 1629.

[1] J.-B. de Machault, de la Compagnie de Jésus, né à Paris en 1591, entré au noviciat en 1609, professa les humanités à Bourges, la rhétorique à Paris, fut recteur des collèges de Nevers et de Rouen et mourut à Pontoise, le 22 mars 1640. Voir le recueil Backer-Sommervogel, t. II, col. 934.

guerres du Piedmont, qui a eu la direction de tout ce travail. Je viens de rencontrer un sien frere qui m'a dit comme à l'oreille que le tout sera imprimé dans peu de temps[1]. Cella me soulagera du soin que j'avois fait dessein de prendre de remarquer et d'escrire le tout par le menu pour vous en faire part. Quand l'impression n'en seroit pas faite, ce gentilhomme m'a asseuré qu'il m'en feroit recouvrer une copie manuscrite. L'entrée est remise à apres demain, si le beau temps qui nous rit ce matin[2] pouvoit continuer jusqu'au bout de ce jour-là. Mais on dit qu'il y en aura bien jusqu'à la minuit. La feste en seroit plus belle. Je m'en vay boire à vostre santé apres vous avoir encore reprié d'une des choses contenues en mes precedentes si toutes fois il y en a quelqu'une qui soit arrivée jusqu'à vous, c'est de me faire copier et envoyer promptement, s'il vous plaist, ce cahier d'observations que je vous envoyay de Digne sur mon despart. Une autre fois avec plus de loisir je vous diray pourquoy c'est. Vous ferez, s'il vous plaist, sçavoir de mes nouvelles à mes amis. Le bruit court que le Roy doit estre en campagne dans le xv du mois prochain. Si ce sera pour le Languedoc, pour l'Italie[3] ou pour tous les deux, c'est sur quoy le monde devine. Mais adieu, brebis qui bele[4] etc.

Je suis toujours,
Monsieur,
vostre tres obeissant et tres affectionné serviteur,
Gassend.

Paris, ce 19 decembre 1628[5].

[1] *Éloges et discours sur la triomphante reception du Roy en sa ville de Paris, apres la reduction de la Rochelle, accompagnez des figures, tant des arcs de triomphe, que des autres preparatifs.* Paris, Pierre Rocolet, 1629, in-f° de 180 pages, avec gravures de Melchior Tavernier et Pierre Firens, d'après Abraham Bosse. Le recueil parut sans nom d'auteur. Voir le *Dictionnaire des anonymes de la Compagnie de Jésus*, par le R. P. C. Sommervogel, col. 258.

[2] Expression bien gracieuse et dont on peut rapprocher ce vers d'un contemporain, Théophile de Viau (*Ode sur la paix de l'année 1620*) :

Que le ciel rit à son plaisir.

[3] On sait que ce fut pour l'Italie (Piémont), et que Louis XIII se distingua entre tous à la journée du Pas-de-Suze.

[4] Brebis qui bêle perd sa goulée.

[5] Bibliothèque nationale, fonds français, vol. 9536, fol. 141. Autographe.

X

À MONSIEUR, MONSIEUR DE PEIRESC,
CONSEILLER DU ROY AU PARLEMENT DE PROVENCE,
À AIX.

Monsieur,

Il y a un mois ou bien peu davantage que je vous escrivy de ceste ville[1] sur mon despart pour *la Hollande*. Je ne vous ay point escrit durant tout ce voyage parce que je me reservois tousjours de vous en faire une bien ample relation à mon retour, c'est toutesfois chose qu'à mon grand regret je ne puis point faire maintenant. Je suis arrivé trop tard au matin pour escrire par l'ordinaire, et rencontrant maintenant un coche qui s'en va partir pour Paris, je n'ay pas de loisir assez pour vous dire tout ce que je dezirerois. Pour vous remplir neantmoins sommairement ceste page, je vous diray que d'icy je m'en allay à *Mons*[2] où je vey *le P. Prevost Jesuiste*[3], dont les escrits sur la theologie sont receus avec beaucoup d'applaudissement[4]; il saluë fort le *P. Lorin*; de là par Valenciennes à *Douay*, où je vey les sieurs *Colvarenew*[5], *gardien* et autres professeurs et escrivains, et particulierement le bon M*r Hoius*[6] qui me donna une copie de son *Orthoepeia*[7], et me dit qu'il

---

[1] C'est la lettre écrite de Bruxelles le 15 juin qui vient d'être reproduite en partie dans la dernière note de la lettre VIII, p. 195.

[2] Chef-lieu du Hainaut, à 52 kilomètres de Bruxelles.

[3] Jean le Prevost, né à Arras le 18 mars 1570, entra dans la Compagnie de Jésus le 24 avril 1592, enseigna pendant seize ans la théologie à Douai et à Louvain, vécut quelques années à Rome, où il était censeur des livres, et mourut à Mons le 8 juin 1634.

[4] Le P. le Prevost composa divers commentaires sur les ouvrages de saint Thomas d'Aquin. Voir la liste de ses publications dans le recueil Backer-Sommervogel, édition in-f°, t. II, col. 2145.

[5] Georges Colvener, né à Louvain en 1564, fut prévôt de la collégiale et chancelier de l'université de Douai; il mourut en 1649.

[6] Hoy (André) fut directeur du séminaire d'Arras, puis de l'école de Béthune; il professa le grec, l'éloquence et l'histoire à Douai et publia un certain nombre d'ouvrages de 1587 à 1629.

[7] Était-ce la copie d'un manuscrit qui

avoit eu le bien de disner une fois avec vous passant par ce païs chez Mʳ le president Richardot¹. De là, j'allay voir à *Arras* la fameuse abbaye et bibliotheque de Sᵗ Vaast. J'y vey aussi le *P. Malaperti, Recteur des jesuistes, qui doit faire imprimer un livre de maculis solis*², et attend *seulement que le P. Scheiner*³ (*l'autheur de l'Apelles post tabulam*), qui est maintenant à Rome, *ait publié le sien du mesme sujet*. Passant par *Bethune*, Mʳ de *Gremicourt*, gouverneur de la ville, auquel j'avoy des lettres de recommandation, me tesmoigna qu'il avoit ouy parler de vous et dezira que je vous saluasse de sa part. A Ayre⁴ je vey *le tombeau du Roy Pepin, à Sᵗ Omer* oultre l'abbaye et *Bibliothèque* fameuse *de Sᵗ Bertin je vey les Isles flottantes*⁵. Je m'embarquay à *Calais* pour la Hollande peu d'heures apres que Mʳ *de Chasteauneuf*⁶ *fust party pour Angleterre, qui fust le deuxiesme de ce mois*. Arrivé à la Haye, Mʳ de *Baugy Ambassadeur* m'y feit beaucoup de caresses. Entre autres choses il me dit que c'estoit luy qui vous avoit fait tenir estant à Bruxelles le pacquet des sieurs Puteau⁷ et Vendelin, et comme nous estions à table nous bevions diverses santez, il voulust particulierement boire à la vostre; si vous aviez quelque occasion de luy escrire et trouviez bon de l'en remercier, vous le pourriez faire, m'ayant obligé de me donner plusieurs lettres de recommandation pour l'armée et ailleurs, et ayant deziré que je luy

n'aurait pas été imprimé? Je n'en trouve aucune mention dans les articles sur Hoy du *Dictionnaire* de Moréri, de la *Nouvelle biographie générale*, etc.

¹ Jean Grusset-Richardot, président du conseil d'Artois, un des négociateurs de l'Espagne pour le traité de Vervins, naquit à Champlitte (Haute-Saône) en 1540, et mourut à Arras en 1609. Son fils, Jean, fut évêque de cette dernière ville en 1602 et archevêque de Cambrai de 1610 à 1614.

² Sur le P. Malapert et son livre, voir le recueil Peiresc-Dupuy, *passim*.

³ Sur le P. Scheiner et ses ouvrages d'astronomie, voir le recueil Peiresc-Dupuy, *passim*.

⁴ Aire-sur-la-Lys (Pas-de-Calais). Au même département appartiennent les villes énumérées un peu plus haut et un peu plus bas (Arras, Béthune, Calais, Saint-Omer).

⁵ Nous en trouverons une description détaillée dans la lettre suivante.

⁶ Charles de l'Aubespine, marquis de Châteauneuf, déjà plusieurs fois mentionné dans le recueil Peiresc-Dupuy, ne devait pas rester longtemps en Angleterre: il fut rappelé l'année suivante, pour remplir les fonctions de garde des sceaux.

⁷ C'est-à-dire Van de Putte.

donnasse souvent de mes nouvelles, luy recommandasse mes amis, etc. Je pris congé de luy, fus à *Leyden* deux ou trois jours, et y vey particulierement Mr *Hensius*[1] qui me donna un exemplaire de son *Laus asini* augmenté[2]. J'y vey aussi le bon Mr *Vossius*[3], qui me feit bonne chere, comme feit aussi Mr *Rivet*[4]. Il seroit trop long de vous dire la peine que cez messieurs, et encores les sieurs *Keurnius*[5] et *Worstus*[6] medecins prirent de me faire voir les eglises et tombeaux, *le theatre anatomique où il y a de tres rares choses*, le jardin, etc. *A Amsterdam, le sieur Nicolaus a Wassenaer* medecin[7], qui a correspondance par tout le monde et les plus grandes raretez qu'on luy apporte de tous endroits, *dezira à ma relation de communiquer aussi avec vous si vous l'avez aggreable*; il n'eust point le loisir de vous escrire, mais s'il vous plaisoit de l'obliger de quelqu'une des vostres, je vous asseure que vous n'en seriez jamais que tres satisfait[8]. *C'est luy l'autheur de ces histoires belgiques*

---

[1] Daniel Heinsius, bibliothécaire de la ville de Leyde, a été mentionné dans le recueil Peiresc-Dupuy.

[2] La première édition de l'ironique ouvrage est de 1623 (Leyde, in-4° de 222 pages). La seconde édition a été augmentée d'une troisième partie (*tertia parte auctior*) et de divers morceaux plaisants (*cum aliis festivis opusculis*). Cette édition, due comme la précédente aux Elzévier, est de 438 pages, format in-24.

[3] Gérard-Jean Vossius fut professeur de grec à Leyde et directeur du collège théologique de cette ville avant d'aller occuper une chaire d'histoire à Amsterdam. Sur lui, comme sur presque tous les personnages mentionnés en cette lettre, voir le recueil Peiresc-Dupuy.

[4] Il s'agit là du célèbre théologien calviniste André Rivet, né à Saint-Maixent le 5 août 1573, mort à Bréda le 7 janvier 1651.

[5] Othon Heurnius (Van Heurn) vécut de 1543 à 1601; il professa la médecine et la philosophie à Leyde, et publia divers ouvrages relatifs à ces deux sciences. C'était le fils de Jean Heurnius, qui avait aussi professé la médecine à Leyde et qui avait été médecin de Maurice de Nassau.

[6] C'est l'auteur d'une oraison funèbre de Saumaise, publiée par les Elzévier, et intitulée: *Adolphi Vorsti med. prof. Oratio in excessum illustris viri Claudii Salmasii, principis eruditorum* (Leyde, 1654, plaquette in-4° de 40 pages).

[7] Bougerel (p. 44) lui donne le prénom de *Jacques*, l'appelle *Waëssenaer* et ajoute qu'il « étoit un gentilhomme des plus anciennes maisons du pays, réduit à professer la medecine ». Dans la *Biographie universelle*, le gentilhomme médecin est appelé Jean Nicolas de Wassenaer : on le fait naître à Heusden (Hollande); on le montre « agrégé au collège des médecins d'Amsterdam » et on met sa mort aux environs de l'année 1632.

[8] Je n'ai pas trouvé une seule lettre adressée par Peiresc au docteur Wassenaer.

qui s'impriment en flammand tous les six mois. Quand je luy eus fait voir les parhelies que vous m'aviez envoyez, il en feit faire une copie pour l'inserer dans son histoire du semestre passé; il ne le pourra point faire sans que faisant mention de moy il le face aussi de vous. Le sieur *Gheritsen*, qui le doit tailler, voulust que je luy traçasse un petit discours des causes de ce phænomene pour l'adjouster à la description envoyée de Rome [1], je ne luy peu barbouiller que la mesme chose que je me souvenois de vous avoir escrite. Je compris qu'il la vouloit aussi imprimer en fueille volante. Le sieur *H. Hondius* [2] me feit voir *les livres où sont des chartes de la France*, et le sieur Janssenius me dit que dans peu de mois nous aurions *une nouvelle spere de Copernic*, en laquelle par dessus celle que vous avez *il y auroit l'horizon* et plusieurs autres choses. A *Utrecht* comme à *Rotterdam* je ne trouvay point des gens de lettres de grande reputation; ayant passé par *Middelbourg en Zelande* je ne me souvins jamais que ce fust là la demeure du *sieur Lantsbergius* [3], ainsi à mon grand regret je ne l'ay point veu. A *Dordrecht*, j'avoy desja veu et vey despuis ancore à mon retour de l'armée *le sieur Baeckman le meilleur philosophe que j'aye encore rencontré* [4]. A *Gorckon* il y a *un Maronite qui a des opinions admirables touchant la disposition du monde.* En l'armée M' *de Fresnes Canaye* pour me faire cognoistre le sieur *Albert Girard* [5] celluy *qui a fait*

---

[1] *Parhelia seu soles IV spurii qui apparuerunt Romæ die 20 Martii 1629 et de cisdem epistola ad Henricum Renerium.* L'opuscule a eu plusieurs éditions (Paris, 1630; La Haye, 1656; enfin Lyon, 1658).

[2] Le géographe Hondius venait de publier son célèbre recueil: *Nova et accurata Italiæ hodiernæ descriptio*, orné de beaucoup de cartes et plans.

[3] Bougerel, qui n'a pas connu la présente lettre, n'a mentionné dans la *Vie de Gassendi* ni Lansbergius, ni Hondius, ni divers autres personnages énumérés ici.

[4] Éloge à retenir. J'emprunte aux éditeurs des *OEuvres complètes de Christiaan Huygens* (La Haye, 1890, t. III, p. 477) cette note biographique: «Isaac Beeckman, fils du théologien Abraham Beeckman et de Susanna Van Rhee, naquit vers 1570 à Middelbourg et mourut à Dordrecht le 20 mai 1637. En 1627, il devint recteur et professeur de logique au gymnase de Dordrecht, où il fut le précepteur de Jehan de Witt. Demeurant en 1617 à Breda, il fit la connaissance de René Descartes, d'où résulta une amitié intime.»

[5] Le mathématicien Albert Girard est l'auteur des *Tables des sinus, tangentes et sécantes*, etc. (La Haye, pour Leyde, chez les Elzevier, 1626, in-12, réimprimé en 1629).

r'imprimer le Marolois[1], ingenieur maintenant au camp, luy donna à souper en ma compagnie; au reste *tous ces gens là sont pour le mouvement de la Terre*. Je fus au camp (vous entendez bien que c'est *devant Bois le Duc* [2]) tout dimenche et lundy derniers et en partis le mardy sur les neuf heures. J'eus le loisir et le moyen d'y voir toutes choses, les ouvrages des retranchemens et approches sont nompareils, pour leur façon et grandeur, pour la nature des lieux et le peu de temps qu'on a eu à les randre parfaits. Vous ne verrez point de plan qui vous puisse bien faire imaginer ce que c'en est. En tous ceux que j'ay veu il manque beaucoup de choses. Lundy au soir et la derniere fois que je fus dans les tranchées du cartier du prince d'Orange les François avoient porté leur gallerie à travers le fossé à un pas ou deux piez de la faulse braye[3] du fort Isabelle. J'y fus jusqu'au bout quoyque proche des coups à la longueur de la picque, je fus aussi jusqu'au bout de la gallerie des Anglois, mais elle estoit encore à cinq ou six pas de la face de l'un des bastions du fort St Antoine, qui est sans fausse braye. Estant arrivé icy j'ay ouy dire que le soir un grand fort avoit esté desamparé. Le comte Henry est party depuis cinq ou six jours pour aller joindre les troupes de l'Empereur.

Vostre serviteur,

GASSEND.

De Bruxelles, ce 21 juillet 1629[4].

[1] Les œuvres de Samuel Marolois parurent en 1627 sous ce titre: *Opera geometrica et mathematica* (5 vol. in-fol.). Voir le recueil Peiresc-Dupuy (t. I, p. 631-632).

[2] Sur le siège de Bois-le-Duc, voir le tome II du recueil Peiresc-Dupuy, p. 152.

[3] La braye ou braie était un ouvrage de défense palissadé qu'on plaçait en avant d'une porte ou d'un pont de fortification.

[4] Collection d'Alfred Morrison, esquire, à Londres. Autographe. Cette lettre a été dérobée (probablement par Libri) dans le manuscrit Fonds français 9536, où elle avait été vue par M. Guérard qui lui avait donné la cote 142. Le même M. Guérard, par une note datée du 8 octobre 1853, a constaté l'absence du document inscrit par lui sous le n° 142. Au sommet de la page, qui est de format in-8°, on remarque une petite croix +. Dans un coin au verso, Peiresc a inscrit les indications suivantes:

GASSENDI
21 juillet 1629.
Bruxelles.

De maculis in sole du P. Malapertes Scheiner

le P. LORIN   *Horus*   DOUAY

Le Sr de Goemicourt à Bethune

Le Sr de Baugy, Ambassadeur à la Haye

Nic. Vassenaer, medecin à Amsterdam

Gueriten qui taille en cuyvre

Jansonius, sa nouvelle sphère de Copernicus

XI

À MONSIEUR, MONSIEUR DE PEIRESC,

Monsieur,

Vos lettres receues après ma derniere escrite et celle là particulierement qu'il vous a pleu m'escrire..... [1] 11 de ce mois ont bien guéri mes aprehensions. Le bon Dieu veuille que vous soyez quitte de la maladie pour la peur que vous en avés eüe, et que s'il vous faut faire des quarantaines, vous ne les puissiés point faire en lieu plus sain que dans la ville mesme. J'ay veu ce que Mr d'Agut vous escrit de nostre pauvre ville[2] et particulierement de Mr Taxil[3]. Il semble qu'il donne esperance que le bon Dieu allongera son bras et aura enfin pitié des reliques[4] de ce pauvre peuple. A la mienne volonté que cella soit ainsy et que vous puissiés bientost m'en donner des nouvelles! Ce qui m'a beaucoup rejouy, ça esté de voir par les lettres de Mr d'Agut mesme que le bruit qu'on avoit semé de sa mort se soit trouvé faux. Et une chose qui a beaucoup touché mon sentiment, a esté le soin qu'il vous a pleu luy donner de s'informer si particulierement de l'estat de ce mien amy, mais ce ne sont là que des traits ordinaires de vostre courtoisie et obligeant naturel; et si je n'use point de remerciment, c'est pour ne faire point tousjours ce qu'il me faudroit tousjours faire. Par mes deux dernieres escrites de cette ville depuis mon retour je vous ay donné advis de la reception de mon Epicure. Mr Haligre en avoit encore eu beaucoup plus de soin en son chemin qu'il ne vous avoit promis. Je me suis donné l'honneur de le voir, et le remercier en la compagnie de Mr mon camerade[5], son cousin, qui l'avoit desja aussy

Bukman Phe [abréviation du mot philosophe] Albert Gerard, ingenieur à Bosleduc
Isles flottantes à Saint-Omer
Tombeau de Pepin à Ayre.

[1] Lacune de la copie.
[2] De la ville de Digne.
[3] Sur le chanoine Taxil, auteur de l'oraison funèbre de Gassendi et son successeur dans la charge de prévôt du chapitre, voir le recueil Peiresc-Dupuy.
[4] *Reliques* dans le sens de *restes*.
[5] Ce camarade ou compagnon de voyage était François Luillier.

prevenu et entretenu de moy. Vous pouvés penser si après vostre recommandation il m'a temoigné de l'amitié. Il est maintenant aux champs où il est allé voir M^r le Chancellier, son pere[1]. Avant que de partir il a dessigné quelque partie pour nous voir à son retour plus particulierement. Le Lexicon hebreu dont mon dit camarade vous fait present[2], n'est deu qu'à la seule opinion qu'il a conceu et à l'estat particulier qu'il fait et à bon droit de vostre merite. Je vous puis seulement dire qu'il voudroit bien que ce fut par quelque gage de plus d'importance qu'il peut temoigner et l'estime qu'il fait de vous et la passion qu'il a d'estre conservé en l'honneur de vos bonnes graces. S'il a choisy ce livre là, ça esté pour y avoir quelque part, ayant inspiré le courage au sieur d'Aquin[3] de le faire imprimer par la contribution qu'il a faite à la depanse de l'impression. J'ay dit à Mr du Puy qu'il n'estoit pas necessaire d'en separer, pour vous en faire voir les premieres feuilles, parce que, outre les raisons que vous luy marqués, je vous en avois envoyé quelques unes dès le temps que le livre commençoit à s'imprimer. Avant que partir de Bruxelles pour m'en revenir icy, je vous escrivis sommairement le tour que j'avois fait et une partie de ce que j'avois veu en mon voyage de Hollande. Je pense bien que ma lettre vous aura esté renduë, puisque Mrs du Puy m'ont asseuré de vous l'avoir envoyée. Vous y aurés veu, entre autres choses, que j'estois depuis allé voir ces isles flottantes de St Omer dont vous me faites souvenir par vostre lettre et parce que prevenant le defaut que vous aurés depuis remarqué en ma narration trop succinte, vous desirés que je vous en fasse une plus particuliere relation, je vous en vay brievement dire ce que la memoire m'en suggerera.

---

[1] Sur le chancelier É. d'Aligre et sur sa famille, voir *passim* le recueil Peiresc-Dupuy.

[2] *Dictionarium hebræo-chaldæo-thalmudico-rabbinicum* (Paris, 1629, in-f°).

[3] Philippe d'Aquin naquit à Carpentras, vers la fin du xvie siècle, dans la religion juive; appelé d'abord Mardochée, il reçut le baptême à Aquino (ancien royaume de Naples) et prit le nom de cette ville. Il mourut à Paris en 1650 après avoir publié, outre le dictionnaire déjà cité, divers ouvrages ou opuscules. On connaît sa collaboration active à la Bible polyglotte de Le Jay, laquelle finit de paraître en 1648. Voir le *Dictionnaire bibliographique de Vaucluse*, par le docteur Barjavel, t. I, p. 81.

Tout au bas de la ville de St Omer[1] il y a une plaine marescageuse entourée de petites colines et qui va aboutissant en forme de vallée vers le Nord-Ouest[2] de la ville du costé de la mer. C'est ce que Mr Chifflet[3] veut estre le Portus [Iccius] interior[4]. Cette plaine est entrecoupée d'une infinité des petits canaux qui servent comme des bornes à diverses proprietés toutes presque cultivées et par lesquels les maistres vont avec petits bateaux chacun à la sienne; or aux endroits où ces canaux s'élargissent et font comme des plages de 18, 20, 30, 40 toises en quarré ou autre figure, c'est là où sont ces pretendües isles[5]. Je vous decriray seulement celle en laquelle je coupay un rameau de saule dont je vous vay envoyer un brin par curiosité. Elle est presque en quarré long ayant treize de mes pas de longueur et sept de largeur. Son épaisseur ne me paroissoit pas de plus de trois pieds dont environ l'un estoit eminent sur la surface de l'eau. Elle estoit toute couverte d'une herbe fort épaisse, dont je fis faucher une partie pour en considerer mieux le fonds. Je trouvay que ce fonds n'estoit point terreux comme celuy de nos prairies, mais qu'avec fort peu de terre c'estoit un tissu continuel de racines des susdites herbes, en façon que ce n'estoit là qu'un corps comprimable et spongieux, et qui par sa laxeté et legereté pouvoit facilement surnager. Sa pesanteur estoit neanmoins telle dans la liberté de l'eau[6], que tout ce que je pouvois faire c'estoit en pressant mon bateau contre le bord ferme, de la faire remuer bien lentement avec une perche dont je la poussois. Un gros goujard qui m'y avoit conduit, plus gaillard que moy[7], la con-

---

[1] A partir de ces mots la lettre a été reproduite par Bougerel (p. 41-43), avec de petites modifications.

[2] «Vers le nord-est», selon Bougerel (p. 41).

[3] Sur le médecin antiquaire Jean-Jacques Chifflet, voir le recueil Peiresc-Dupuy.

[4] Ce fut en 1627 que Chifflet publia sa dissertation sur *Portus Iccius Julii Cæsaris*, où il cherche à prouver que ce port était à Mardick. Sa thèse n'a pas été acceptée par les géographes. La phrase sur l'opinion téméraire de Chifflet n'a pas été conservée dans la citation de Bougerel.

[5] Phrase abrégée par Bougerel.

[6] Bougerel, trouvant l'expression trop hardie, a voulu l'édulcorer, disant : «dans l'endroit où l'eau étoit libre».

[7] Le timide Bougerel a encore adouci les expressions *goujard* et *gaillard*, tournant

duisoit par cy par là plus sensiblement en s'en servant comme d'un batteau. Il y avoit une isle voisine presque de mesme grandeur, mais plus ronde. Nous les fismes premierement baiser et, après, passant entre deux, nous les éloignasmes l'une de l'autre d'environ la longueur de nostre batteau. Le fonds de l'eau estoit alors d'environ huit pieds et la plage estoit de quelques vingt toises de longeur et de quelques sept ou huit de largeur. La principale herbe qui y estoit, estoit de cette aulgue [algue] qui est comme une espece de glayeul, et les arbrisaux qui y avoient creu et paroissoient d'avoir esté fort tronsonnés n'estoient que des petits saules dont le tronc n'estoit pas plus gros que deux fois l'épaisseur de mon poulce [1]. J'y coupay un baston et, en l'ebranchant, mis dans un livre que j'avois en la pochette quelques bouts de ramaux l'un desquels estoit celuy que vous trouverés dans cette lettre. Si je vous jugeois d'une autre humeur, je ne m'exposerois point en moquerie pour une si legere curiosité, mais pour vous j'ay creu que vous seriés encore bien ayse de considerer ce petit feuillage, ne fust-ce que parce qu'il vous arrivera de si loin [2]. Je ne vous dis point la satisfaction que j'ay eüe [3] de voir à mon ayse cette rareté [4], les meditations que je faisois quand, assis sur l'herbe, je me voyois emporter comme par un charme [5] avec les arbres voysins [6]. Ce m'est assés de vous avoir simplement recité [7] cette histoire.

Il faut que sur le propos de St Omer, et tandis qu'il m'en souvient, je vous die qu'après que Mr Wittus [8], moine de Saint-Bertin, et le fils de celuy dont est *Historia Britannica*, m'eut fait voir l'eglise et la biblio-

---

ainsi la double difficulté : « Celui qui me servoit de patron, beaucoup plus vigoureux que moi... »

[1] Bougerel résume la dernière partie de la phrase en ces mots : « dont le tronc n'avoit pas plus de deux pouces d'épaisseur ».

[2] Phrase supprimée par Bougerel, quoiqu'elle soit charmante.

[3] Bougerel a cru devoir raccourcir ainsi la première partie de la phrase : « Jugez de la satisfaction que j'avois... »

[4] L'auteur de la *Vie de Gassendi* a substitué *curiosité* à *rareté*.

[5] Bougerel a fait suivre le mot *charme* de l'adjectif *secret*.

[6] Ici s'arrête la citation de Bougerel.

[7] *Réciter* pour *raconter*.

[8] Ce nom, omis dans la copie imparfaite qu'en l'absence du document original je suis obligé de suivre, nous est donné par Bougerel qui a analysé le passage relatif à la visite de « l'abbaye de Saint-Benoît ».

theque de cette fameuse abbaye, il me mena dans sa chambre où, me faisant voir diverses pieces de son travail, il me montra particulierement *Vindicias Childerici regis*. C'est un traitté où il montre tout par pieces authentiques tirées de leurs archives que ce dernier Roy de la premiere race fust veritablement renfermé et porta l'habit dans ce monastere là où nos historiens, comme vous sçavés trop mieux, en parlent si inconstamment et avec si peu de certitude. Une autre piece qui nous touche, ou pour le moins nos voisins du Languedoc, est l'histoire d'un St Bernard qui a esté en ce païs la un vray miroir de penitence, mais l'histoire en seroit trop longue.

Revenant à vostre lettre, j'ay montré à M^r Le Jay ce qu'il y avoit pour luy. Il m'a dit qu'il estoit après de vous faire reponse pour vous remercier de l'honneur que vous luy avés fait en luy escrivant à luy mesme presque les mesmes choses. Je me suis cependant chargé de vous dire qu'il estoit veritablement desja saisi d'un exemplaire arabique de la Bible, mais qu'il eust esté bien aise de pouvoir recouvrer un autre en particulier de Rome pour, en les conferant, avoir plus du plaisir et tirer plus d'asseurance de sa conformité, ou, en cas de defaut, ... [1] diversité pouvoir ou corriger ou donner par ce sujet là les divertissemens necessaires. C'est donc pour cella que vous l'obligerés bien fort si vous luy en pouvés pratiquer le recouvrement, sinon il faira travailler sur l'exemplaire unique qu'il en a. Pour le Samaritain, il l'a bien entier aussy, mais parce qu'il n'en a point de version, il ne songera point à l'imprimer, et en ce qu'il avoit desiré d'avoir le Pentateuque Samaritain de Rome, c'estoit qu'il croyoit pouvoir recouvrer la mesme version avec.

Je suis tres ayse du travail auquel vous avés disposé Mr Galaup que je saluë de tout mon cœur, et je le seray encore davantage quand j'auray le bien quelque jour de le voir devant mes yeux, ce que j'espere devoir estre par vostre entremise. Vous m'avés singulierement obligé

---

[1] Lacune dans le manuscrit, comme partout où des points sont marqués en la présente lettre.

des nouvelles qu'il vous a pleu de me donner de M⁰ Valois[1]. J'en estois en quelque peine, car icy Mʳ Gillier, qui est à l'hostel Desdiguieres et qui fait les affaires de Mʳ le Mareschal de Crequy, ne m'en avoit point sceu donner des nouvelles certaines. Je luy ay escrit par l'entremise dudit sieur Gillier depuis mon retour seulement pour luy faire sçavoir que j'estois icy, mais sans sçavoir où ma lettre pourroit ou devroit estre portée. Le livre dont Mʳ Valois vous a parlé, Mʳ du Puy en a un exemplaire pour vous envoyer[2]. Je l'avois desja veu avant que partir pour l'Allemagne et en avois dit mon sentiment en ma lettre au P. Mersenne qui enfin se verra peut estre bientost imprimée. Son opinion de la continuelle circulation du sang par les arteres et veines est fort vraysemblable et establie, mais ce que je trouve à dire en son fait est qu'il s'imagine que le sang ne sauroit passer du ventricule droit du cœur au gauche par le [*septum*], là où il me souvient que le sieur Payen[3] nous a fait voir autrefois qu'il y a non seulement des pores, mais des canaux tres ouverts . . . . . qui rendent cette doctrine evidente. Vous verrez quelque jour ce que j'en ay dit.

J'aurois encore beaucoup de choses à dire, mais pressé du temps et de la fin de ceste page, je remettray le surplus à une autre fois. J'ay eu une visite depuis 8 heures jusques après onze dont j'aurois bien à vous entretenir, pendant que je voulois commencer la narration des isles, qui a tout précipité mon fait. J'ay seulement à vous prier que si vous pouvés faire donner de mes nouvelles à mes amis, il vous plaise de le faire. Si c'est à Rians que vous ayés envoyé à Mʳ de la Vallette[4] la lettre que j'avois jointe pour luy à la susdite de Bruxelles, vous n'aurés pas apris la qualité des livres rares dont j'avois oublié de vous faire mention, qui ont esté apportés du Levant par Mʳ . . . . . en la profession de la langue Arabique et destiné successeur . . . . . en la chaire

---

[1] L'astronome de Grenoble déjà mentionné.

[2] Le livre de William Harvey sur la circulation du sang (*Exercitatio anatomica de motu cordis et sanguinis in animalibus*, 1628).

[3] Payan était « un habile chirurgien d'Aix », au témoignage de Bougerel, qui analyse cette lettre (p. 64-65).

[4] Le prieur Joseph Gauthier.

de mathématiques. Mais quand j'en auray receu la liste que ledit sieur..... me promit de m'envoyer, je vous en fairay part et ainsy vous ne perdrés rien au delay, si ce n'est qu'en attendant vous puissiés sçavoir de M⁺ de la Vallette ce que je luy en avois escrit. Je suis en quelque peine de sçavoir qu'est ce qu'est devenu M⁺ de Digne. Il m'avoit attendu pour le voyage d'Italie. Je ne sçay si enfin il sera parti sans moy, s'il s'en revient par deça, ou s'il s'est laissé engager dans ces dangers de la maladie. Si vous en scavés quelque chose, vous m'obligerés de m'en faire part. M⁺ du Puy vous escrira les nouvelles de la surprise de.....

Vostre, etc.
GASSEND.

De Paris, ce 28 aoust 1629[1].

XII
À MONSIEUR, MONSIEUR DE PEIRESC.

Monsieur,

Je ne vous fay ce mot que pour m'entretenir dans la possession que j'ay reprise de vous escrire par tous les ordinaires. J'ay esté travaillé huit ou dix jours d'un assez fascheux flux de ventre, mais par la grace de Dieu j'en suis maintenant quitte. Je prie Dieu que vous soyez de mesme hors de toutes ces apprehensions que vous avez eües de la maladie, et que je puisse bien tost apprendre quelques bonnes nouvelles de nostre pauvre ville. Ceste petite indisposition m'a fait tenir la chambre durant tout le susdit temps, si bien que je n'ay point appris de nouvelles despuis ma derniere que celles qu'on m'y a apportées. S'il y en a quelqu'une qui merite de vous estre escrite, Monsieur du Puy aura assez de soin de vous en faire part. J'avois desja auparavant rencontré M⁺ Frey[2]. Il avoit vostre lettre quant à soy, qu'il me feit

---

[1] Bibliothèque Méjanes, à Aix. Collection Peiresc, registre V, fol. 65. Copie.

[2] Le docteur Jean-Cécile Frey. Voir sur ce personnage le recueil Peiresc-Dupuy. J'ai oublié de citer, en la note 3 de la page 44 du tome II, une page curieuse du *Dénom-*

lire, et me tesmoigna qu'il la portoit et conservoit ainsi pour l'estat qu'il en faisoit[1]. Je ne luy parlay point de sa mauvaise humeur de jadis, je portay seulement compassion de voir que pour un philosophe il eust de ces petites inesgalités et fus tres joyeux, au reste, de voir qu'il fait l'estime que j'avoy deziree de vostre merite. Il fait r'imprimer ses merveilles, parmy lesquelles et de toutes les curiositez de cabinet qu'il m'a fait voir[2], j'ay principalement admiré ceste piece de crystal qu'il a avec une portion qui y adhere de la veine nourrissante. Je pense que Mr Gaffarel vous escrira le bruit qu'ont fait ces Messieurs[3] de Sorbone sur la censure de ses Curiositez inouyes. Il n'est pas raisonnable que je le previenne en cella. Je ne me suis point encore souvenu de dire à Mr Moreau ce que vous m'escrivistes dernierement du livre de Mr Constantin[4]; pour moy j'en ay esté plus fasché pour la peine que vous y avez prise que pour autre chose. Ce monsieur là croyoit peut estre que ce fust là quelque grand tresor dont on se voulust prevaloir à son desavantage[5]. Il en tirera luy mesme le fruict qu'il pourra et pour vous vous devez estre satisfait de n'avoir rien oublié de ce qui pouvoit regarder soit la memoire du defunct soit l'honneur du païs. L'importunité des grandes et excessives chaleurs s'est relaschée icy despuis le 30 du mois passé, auquel jour et sur les dix heures du matin il pleust le plus vivement que j'aye jamais veu pleuvoir, et parmi les grands tonnerres qu'il feit, on m'a rapporté que la fouldre estoit tombée dans le logis de Monsieur le Nonce, qu'elle y avoit fait quelque petit fracas, sortant avoit tué un homme

---

brement qui suit les *Mémoires* de l'abbé de Marolles (t. III, p. 279) sur «Janus Cecilius Frey, du canton de Fribourg dans le païs des Suisses, mon maître en philosophie, etc.»

[1] C'est la lettre du 2 mars 1629 signalée dans la note qui vient d'être citée.

[2] Frey, malgré son cabinet de curiosités, ne figure pas dans le *Dictionnaire des amateurs français du XVIIe siècle*. Peut-être M. Edmond Bonnaffé a-t-il considéré comme un étranger ce fils adoptif de la France.

[3] C'est ici l'occasion de rappeler que l'on n'a conservé aucune des nombreuses lettres écrites à Peiresc par Gaffarel.

[4] Le docteur provençal Antoine Constantin, plus haut rencontré.

[5] Phrase reproduite par Bougerel à la page 37 de la *Vie de Gassendi*, ainsi que la phrase suivante, jusqu'à *l'honneur du païs*.

emmy la rue[1], avoit bruslé les chausses d'un autre sans endommager sa chair, et avoit ainsi prattiqué quelques petits esgayements. Parmy ce que vous m'aviez escrit de ces parhelies qui avoint paru à Aix, j'avoy bien fort admiré principalement deux choses, l'une qu'elles eussent paru sans aucuns cercles comme celles de Rome d'environ le mesme temps, comme celles du temps d'Auguste cum soles in orbem coaluerunt que j'interprète in circulum, comme toutes les autres qui ont esté observees avec quelque curiosité; l'autre que ceste apparition se soit randüe si frequente à cest homme que vous dittes qu'il en ait peu former des presages pour le temps. Certes j'eusse bien deziré à propos de cella que cest observateur romain eust entre autres choses remarqué le temps qu'il avoit foit cidevant et apres ceste apparition. Pour ce qui regarde le presage des couronnes solaires, je n'y ay encore point trouvé de constance. Cest homme dit que quand les couleurs paroissent bien vives c'est un signe infaillible de pluye. Il est vray que j'ay veu quelquefois pleuvoir apres, mais quelquefois aussi je n'ay rien veu que beau temps. Pour achever de remplir cette marge, j'y vay mettre ce qui m'a tantost hazardeusement[2] passé devant les yeux cerchant quelque autre chose parmy mes memoires : Die maii 23 anno 1629 Antwerpiæ, corona solaris ejusdem magnitudinis quæ visa ab hora matutina ij m. meridiem et ultra colores valde apparentes ad Boream flavus, rubeus, subviridis omnes tamen pallidiores longe quam in iride. Subnascente prope observavi. Dispositio enim aeris suspicionem aliquam generationis ipsius mox faciendæ præbuit. Hebdomada quidem precedens pluvia, sed tres aut 4 [quatuor] immediate antecedentes dies satis sereni, reliquus dies pulcher, ad auroram diei sequentis guttæ paucæ, subsecuta est serenitas per plurimas dies. J'avoy tousjours eu dessein de vous faire part de quelques particularités que j'ay apprises icy touchant la vie et humeurs de Tycho Brahe partie de Janssonius partie d'Arnoldus van Langren qui l'un et l'autre avoint esté avec luy,

---

[1] C'est-à-dire : au milieu de la rue. — [2] Ce synonyme de *par hasard* n'a jamais été fort employé.

mais je les remettray meshuy à une autre foys[1]. Ce mot icy est desja asses bien multiplié. Je baise bien humblement les mains à Mʳ le Baron vostre frere et à Mʳ vostre nepveu. Je ne sçais point quel autre de mes amis pourroit estre en disposition de recevoir de mes recommandations et nouvelles par vous. Je m'en remets à vous en priant le bon Dieu qu'il vous conserve.

Vostre tres humble serviteur,
GASSEND[2].

De Paris, ce ivᵉ septembre 1629.

XIII

À MONSIEUR, MONSIEUR DE PEIRESC.

Monsieur,

J'ay receu vos deux lettres l'une du x..., l'autre du xx... du mois passé, et ne vous saurois exprimer le ressentiment avec lequel j'ay consideré le soin qu'il vous a pleu prendre tant de mes petites besognes et de Mʳ Taxil que vous saviés estre mon bon amy, que de cette mienne affaire concernant la prevosté. Si Mʳ le prieur de la Vallette vous renvoyant vostre lettre vous a aussy renvoyé celle que je luy avois escrite, vous aurés leu que je le priois de m'envoyer mes papiers touchant ladicte affaire, parce que arrivant en ceste ville j'y trouverois homme à qui resigner mon droit sous pension, s'en pouvant instruire par les pieces. J'avois oublié de luy marquer qu'il m'escrivit en quel estat l'affaire estoit demeurée avant la closture de vostre parlement, d'autant que par quelque une des siennes, je m'estois imaginé qu'elle auroit peu estre jugée par forclusion contre moy. Si c'est là ce que

---

[1] Gassendi n'a pas manqué de reproduire ces particularités dans le recueil de ses notices biographiques sur quatre astronomes dont deux surtout sont illustres : *Tychonis-Brahei equitis Dani astronomorum coriphæi, Nicolai Copernici, Georgii Puerbachii et Joannis Regiomontani, astronomorum celebrium vitæ* (Paris, 1654, in-4°).

[2] Bibliothèque nationale, fonds français, vol. 9536, fol. 202. Autographe.

Mr Beneton vous aura dit ou non, je desirerois bien, s'il vous plaisoit, d'en avoir quelque esclaircissement, et quoy qu'il en soit il faut que je me tienne, ou, si ledit jugement y est, me remettre sur pied, jusques à ce que, resignant mon droit, je resigne aussy le soin de le poursuivre et ailleurs qu'au dit parlement. Pour la regle *de subrogandis*, je ne say point si me pouvant servir, je serois encore dans le temps de l'employer par la levée des nouvelles bulles, comme n'estant point vraysemblable qu'attendu mon absence, et la qualité de la maladie, la connoissance m'en soit venüe sitost, n'ayant pris qu'hier au soir vos lettres chés Mr Du Puy. Je ne sçaurois, ce matin, m'en aller instruire pour vous en donner advis à temps par cet ordinaire, bien qu'il m'est advis que ladicte regle n'est point pratiquée en ce pays cy.

Pour le [sujet] dont le sr Beneton[1] vous a parlé, je ne me souviens point de ce que c'est. Je m'en vay après celle cy en escrire un mot à Mr de la Valette. Vous m'obligerés, s'il vous plait, de la (*sic*) luy faire tenir, et, s'il vous escrit, comme je le prieray de vous escrire son sentiment, qu'il trouve ladicte levée des bulles bonne, j'ose me dispenser de vous prier de faire fournir en Avignon ce qui sera necessaire, et aussy tost que j'en auray advis, je ne failleray point de vous faire tenir tout ce qui aura esté payé. Je vay aussy escrire un mot au sr Beneton afin que cependant il evoque au parlement l'instance de recreance qui aura esté introduite au siege par ces nouveaux impetrants. Je m'advise que peut estre la dicte dispense seroit inutile, n'estant point moy en disposition d'aller faire un nouveau *forma dignum* dans le temps qu'il faudroit prendre possession, mais Mr de la Valette y advisera mieux, s'il luy plait. J'escriray aussy un mot à mon frere pour le resjouir parce qu'il m'a escrit qu'il estoit indisposé. S'il n'estoit plus à Avignon, comme il m'a escrit que peut estre il en sortiroit, et que ma lettre ne luy peut

---

[1] Maître Beneton assista Gassendi dans quelques-uns de ses procès. Voir, à la suite de ma réimpression de l'*Oraison funèbre* du philosophe, parmi les *Lettres et requêtes autographes inédites* conservées dans les archives du chapitre de Digne, une lettre (n° VI, p. 69) adressée à M. Beneton, «procureur en la cour du Parlement», le 20 mars 1643. Cette lettre est suivie (p. 73) d'une requête rédigée par ce procureur.

point estre rendüe, patience. Si j'escris aussy un mot à Mʳ Taxil, et qu'il ne le puisse pas recouvrer, à la bonne heure.

J'ay esté fort resjouy d'apprendre le lieu et l'estat de la santé de Mʳ de Digne. Ce sera une autre foys que je luy escriray et pour l'aller trouver, comme je pense bien qu'il m'attend, il n'y a pas beaucoup d'apparence, entre autres choses la peste qui s'est reprise à Lyon me pourra servir de quelque excuse.

J'avoys desja apris d'assés bonne part la nouvelle que vous m'avés escrite de la prise de Carthagene en la Castille par les Hollandois, mais ce qui tenoit l'Academie[1] en suspend, estoit que Mʳ Grotius n'en avoit eu point de nouvelles dans les lettres de Hollande par le dernier ordinaire, et on s'attendoit à ce qu'il en apprendroit demain. Vous avés raison de dire que cette perte n'est pas moins considerable au Roy d'Espagne que celle de la flotte du mois dernier, si surtout les Hollandois peuvent conserver la place. Après les richesses qu'ils y ont trouvées, ce seroit là le levain de grandes affaires.

Je ne vous avois point escrit les anagrammes qui avoient esté faites en Hollande et en Flandres sur[2] le nom de Pieter Hain[3], après la prise de ladicte flotte, parce que je m'imaginois qu'on vous les auroit ecrites d'ailleurs. A tout evenement, en cas que vous ne les ayés point veues, et bien que la chose ne soit point beaucoup considerable, je m'en vay vous les dire icy tandis qu'il m'en souvient. Les Hollandois donc avoient trouvé dans le mot de PETRVS HAINVS anagramme de ISPANVS RVET et avoient ensuite publié ce distique, bien qu'il ne comprit point l'anagramme :

> Quid jam Roma tui celebras miracula Petri?
> Petrus apud Batavos plura stupenda facit.

---

[1] L'académie ou cabinet des frères Dupuy dont Gassendi était le principal ornement.

[2] Je corrige ainsi l'évidente faute du copiste qui avait écrit : *sous* le nom.

[3] L'amiral hollandais Heyn, qui avait pris San Salvador (Brésil) le 10 juin 1624, détruisit, le 20 mars 1628, la flotte espagnole dans le golfe du Mexique. Peu de temps après (20 août 1629), il périt, âgé de cinquante-neuf ans, à la suite d'un combat naval livré sur les côtes de Flandre aux corsaires de Dunkerque.

Les Flamans donc chercherent si dans le mesme nom il y auroit quelque chose à leur advantage, mais le plus beau qu'ils y trouverent fut cecy : PETRVS PETRVS HAYNVS, anagramme : HE! PVTRIS ANVS. Ils firent ensuite ce distiche :

> Ha, He, He ! ridete forisque domique cachinni
> Petrus apud Batavos navita PVTRIS ANVS.

Je ne sçay si je vous avois marqué d'avoir veu le tombeau qu'on creusoit à Delphe[1] et au lieu le plus honnorable de la grande eglize audit Pitrhain. Pour l'inscription qu'on luy pouvoit avoir preparée, je ne la peus point apprendre. Mais je m'imaginois qu'elle seroit semblable à celle de l'admiral Heemskerck qui mourust en la deffaite de l'armee espagnolle auprès de Gilbraltar en 1607, laquelle vous aurés peu voir à une eglise d'Amsterdam au bas d'un chef d'œuvre qui est la representation de ladicte bataille navalle en marbre.

Pour le tombeau du Roy Pepin dont vous me parlés en l'une des vostres, je ne vous en sçaurois point donner grande satisfaction, parce que je n'en ay point celle que je desirerois moy mesme. Il faut que vous vous imaginiés que dans la grande eglise d'Ayre, sous le tiltre de Saint Pierre, on tourne (comme ailleurs) par derriere le maistre autel. Cette closture postique[2] n'est point percée à jour, mais c'est une haute muraille de pierre de taille qui bien que beaucoup brunie ne paroit point neantmoins beaucoup usee par l'aage. Estant donc là derriere, et tournant la face vers l'autel, on voit à main droite, et à demy toise de hauteur dans ladicte closture ou muraille une fenestre treillissée, et à travers une petite voute sous ce costé là de l'autel dedans, on y voit comme deux chasses, mais faites de pierres et sans artifice, à costé l'une de l'autre, et c'est là ce qu'on dit estre le tombeau du Roy Pepin et de la Reyne Berthe, sa femme. Pour des epitaphes ou inscriptions, je n'en descouvris point. Je m'en voulus après eclaircir

---

[1] C'est-à-dire à Delft, ville forte de la Hollande méridionale, à 13 kilomètres nord-ouest de Rotterdam. — [2] Pour *postiche*.

à Bethune de M⁺ de Gremicourt, et à Saint Omer de M⁺ Weith, mais ils me dirent l'un et l'autre qu'ils n'en avoint eu aucuns documens, et qu'il n'y avoit guere que la tradition joincte à la veneration continuée en ce pays là de la fille de ces princes. J'en escriray neantmoins encore à M⁺ de Gremicourt afin que s'il peut, il en desterre et nous en donne quelque plus particuliere instruction, ou bien si vous desiriés de luy escrire, l'ouverture de vostre [commerce, correspondance] ne me sembleroit pas impertinente par ce pretexte.

Quant à la relation des isles flotantes, je vous l'ay desja faite par une de mes precedentes de ceste ville. Je pense qu'elles vous auront toutes esté renduës, au moins n'ay-je point laissé passer d'ordinaire depuis mon retour qui fust le... du mois passé, sans m'estre donné l'honneur de vous escrire.

M⁺ Gaffarel prit hier la peine de me venir voir[1], et comme nous tombasmes à parler de son livre[2], dont il m'avoit obligé de me donner une copie et de la mention qu'il faisoit là dedans en quelques endroits de vous[3], je luy demanday s'il ne vous en avoit point aussy envoyé un exemplaire. Il me dit que non et qu'il n'osoit plus vous escrire, comme ne sachant point si vous lui faisiés tousjours l'honneur de l'aimer, attendu que depuis son retour après tant de fois qu'il vous avoit escrit des choses dont il vous avoit prié, et d'autres qu'il vous avoit envoyées, il n'avoit point eu le bien d'avoir aucun mot de lettre ou responce de vostre part. Je l'adoucis le mieux que je peus et entre autres

[1] Sur les excellentes relations de ces deux personnages, voir *Quatre lettres inédites de Jacques Gaffarel* (Digne, 1886, p. 7).

[2] Gaffarel publia deux ouvrages en 1629 : une traduction d'un traité du rabbin Elcha (*De fine mundi a R. Elcha ben David, ex hebr. in latin. interprete J. Gaffarello*) sur lequel on peut voir Bougerel (p. 38-39), et les *Curiositez inouyes sur la sculpture talismanique des Persans*. C'est du second de ces ouvrages qu'il est question, comme nous allons le prouver dans la note suivante.

[3] C'est dans les *Curiositez inouyes* que Gaffarel fait mention de l'ami de Gassendi, lequel fut aussi son propre ami, une premiere fois (p. 173 de l'édition de 1650) à propos d'un «instrument merveilleux qu'on void dans le cabinet de M⁺ de Peiresc...», une seconde fois (p. 177) à propos des figures talismaniques que «Monsieur de Peiresc, duquel j'ay parlé cy-devant, tres curieux et sçavant dans l'antiquité, a parmy le grand nombre des raretez de son cabinet...».

choses le fis souvenir de la mention que vous aviés fait de luy en quelques unes de celles que vous m'aviez fait l'honneur de m'escrire, marquant que vous attendiés de luy donner de vos nouvelles jusques à ce que vous eussiés remué vostre cabinet pour trouver quelque chose selon son dessein. J'ay jugé à propos de vous escrire cecy afin que sçachant toutes choses, vous en fassiés comme il vous plaira de trouver bon. Pour ledict livre, il est plein de beaucoup de belles et bonnes choses, et je suis marry que Mr Gaffarel n'aye trouvé un peu d'adoucissement à certaines façons de parler qui ont fait cabrer quelques uns de ces Messrs de Sorbonne. Il leurs a offert une declaration assés bien conceue, mais ils ne s'en contentent point, et veulent qu'il y adjoute les termes dont ils avoient desja conceu leurs censures, qu'il avoit esté injurieux à l'Escriture, aux SS. Peres, comme il est après, à mon advis, de n'en faire rien et les autres de passer outre le..... de ce mois[1].

Mr Tiraqueau, grand vicaire de Mets, a enfin trouvé moyen de tirer nostre bagage de la ville pour le faire consigner à un chartier qui nous l'apporte. Quand j'auray entre autres choses recouvré mes petites memoires, je me mettray à repolir et donner la derniere main à mon Epicure. Ce à quoy je m'occupe maintenant, c'est de traduire le xe livre de Laërce qui est tout d'Epicure rempli de tant de [fautes[2]] qu'[il n']est pas presque recognoissable en tous les lieux les plus importants. J'ay devant moy diverses traductions, notes et manuscripts et conferant le tout avec la petite cognoissance que j'ay de la philoso-

---

[1] Bougerel, après avoir analysé (p. 66) la présente lettre qui, dit-il, n'a jamais été imprimée, ajoute : «En effet la Sorbonne le condamna le 1 d'août de l'an 1629 et déclara que la doctrine qui y étoit contenue étoit fausse, erronnée, scandaleuse, contraire à l'Écriture sainte, injurieuse aux Saints Pères, superstitieuse, etc. Gaffarel ne suivit pas le conseil de Gassendi : il donna le quatre d'octobre un acte par lequel il déclare que son intention n'était pas d'affirmer tout ce qui étoit dans son livre, mais de rapporter seulement ce qu'il avoit lu dans les livres arabes et hebreux, et de n'ajouter foy à leur relation qu'autant que l'Église le lui permettroit...»

[2] D'après Bougerel (p. 67), qui avait eu la lettre originale sous les yeux, c'étaient surtout des fautes d'omission.

phie de cet homme, je tasche d'en faire une traduction à ma mode, et que je puisse debiter quand j'employeray l'authorité de Laerce.

..... [1], qui a imprimé en Allemagne les œuvres de Campanella, attend, comme il tesmoigne avec beaucoup d'impatience, que j'aye achevé pour en commencer l'impression. Je ne scay encore ce que j'en feray. J'attends particulierement advis de ce que je vous marquay par ma premiere de cette ville, et quoyque je peusse faire, je ne prevois point que, quand je fairay imprimer cette piece par Tampach, je luy peusse envoyer ma copie avant la fin du mois de mars. Mais c'est assés. Je baise humblement les mains à M. le baron, vostre frere, et suis, etc.

GASSEND.

A Paris, ce xi septembre 1629 [2].

XIV

À MONSIEUR, MONSIEUR DE PEIRESC,
SEIGNEUR ET ABBÉ DE GUISTRES, CONSEILLER DU ROY AU PARLEMENT DE PROVENCE,

A AIX.

Monsieur,

Je n'ay point encore de nouvelles si les premieres des miennes escrites de ceste ville d'environ le 10° du mois passé sont arrivées jusques à vous. Les bruits qu'on fait courir icy plus grands beaucoup que ce que j'ay appris par voz dernieres m'en tiennent un peu en suspens. Je ne laissray point toutesfoys de continüer à vous faire tous les mardis

---

[1] Il faut lire ici Tampach, comme on le voit quelques lignes plus loin. Le *Manuel du libraire* signale (t. I, col. 1520) divers ouvrages de Campanella imprimés à Francfort par les soins de Godefroy Tampach, *impensis Godefridi Tampachii*, en 1620 (édition originale du traité : *De sensu rerum et magia libri quatuor*, etc., in-4°), en 1622 (*Apologia pro Galileo*, plaquette de 58 pages in-4°). en 1623 (*Realis philosophiæ epilogisticæ libri quatuor* où l'on trouve, p. 417 à 464, la *Civitas solis, idea reipublicæ platonicæ*, in-4°).

[2] Bibliothèque Méjanes, à Aix. Collection Peiresc, registre V, fol. 69. Copie.

un petit mot, jusques à ce que j'apprenne ce qui n'arrivera point s'il plaist au bon Dieu que ce commerce entre vous et nous soit tout à fait interrompu. Avec celle que je vous escrivy il y a huit jours j'attachay un pacquet que j'addressay à Mr de Digne, c'estoit pour vous oster d'un plus grand soin et le charger luy que je croyois estre suivant vostre derniere en une sienne maison des champs, de faire tenir à Mr Taxil et à mon frere deux billets que je leur escrivois. Despuis j'ay receu deux lettres de mondit sieur escrivant de Lion, l'une du 7, l'aultre du 11, par lesquelles il me marque qu'il devoit partir de là le 14e pour s'en venir en ceste ville. Ainsi l'addresse de mon pacquet n'aura point esté bonne. Si par bonne fortune vous l'aviez encore en main, ou s'il estoit en part que vous en peussiez disposer, je vous supplie d'y faire mettre une autre enveloppe et l'addresser à Mr Taxil, sinon tout soit à la bonne heure. Mr de Digne entre autres choses m'escrit que le bruit ayant couru de la mort de ma partie[1] il avoit voulu, de l'advis de M^r le lieutenant Castagny, envoyer en Avignon pour moy, mais que despuis il ne l'avoit point fait sur un bruit contraire, oultre l'impossibilité qu'il avoit recogneüe de faire passer aucun jusqu'en Avignon ; qu'il soit mort ou non, j'ay consideré apres ma derniere envoyée que ce que Mr Beneton vous avoit dit estoit un advis rapporté suivant l'ordre que vous lui en aviez donné et que soit pour n'estre point dans le temps ou autrement la despence dont je vous avois prié seroit peut estre asses inutile. Je m'en rapporte toutesfois à l'advis que M^r le prieur de la Valette vous en aura peu donner. Pour la facilité de faire le « forma dignum » dont j'estois en peine, je l'auray bien maintenant icy, et si recevant celle cy vous n'aviez point encore envoyé ma precedente à Mr de la Valette il vous plairroit de lui en faire marquer un petit mot. Toutesfois je crois qu'il faudroit estre asseuré de la mort du personnage. Ce n'est pas que j'en doute beaucoup, car la qualité de quelques uns des

---

[1] C'est-à-dire de Blaise Aussel qui, comme résignataire de Brunel, dernier pourvu, lui contestait la prévôté de Digne depuis l'année 1624.

impetrans et leur forme d'impetration me rendent ceste mort comme asseurée, mais c'est seulement pour dire qu'il suffiroit de faire prendre cependant la date, attendant si dans le temps de lever la bulle on n'auroit point des nouvelles plus certaines de ladite mort. Par ma premiere de ceste ville, je vous escrivy une recepte tant preservative que curative de la peste[1]. J'ay despuis consideré que j'y avois fait une equivoque, car où je mis qu'il falloit 5 on. tant spermatis ecti que terræ sigillatæ vere, il n'en falloit que demie once de chascune. La haste dont j'escrivy fit que je ne consideray point que ce paragraphe vouloit dire *unciæ semissem* et non pas *uncias* 5. J'ay pensé de vous en dire cecy afin que si vous trouviez à propos de faire pratiquer ceste recepte, ce mesconte en soit à dire. Mr du Puy vous escrivant toutes nouvelles, il ne me reste rien apres vous avoir souhaitté la conservation d'une parfaite santé que je prie aussi à toute vostre famille, sinon de me dire comme je le suis en effet tousjours,

Monsieur,

vostre tres obeissant, affectionné et obligé serviteur,

GASSEND.

Paris, ce 18 septembre 1629.

Mr Luillier, mon camerade, vous salue de toute son affection. L'amitié qu'il me porte et la bonne volonté qu'il a pour moy fera qu'à mon tres grand regret j'affligeray un peu Mr de Digne en n'allant point passer l'hyver dans Sainte Catherine avec luy ainsi qu'il espere et m'en escrit comme n'en doutant point. J'apprehende un peu son arrivée pour le combat qu'il me faudra souffrir, mais il faut tousjours boire quelque petit calice. Je ne vous dis rien de mes occupations puisqu'elles continuent tousjours les mesmes. Mr Gaffarel est encore renvoyé au 1^a mensis du mois prochain[2].

---

[1] Cette lettre ne nous a pas été conservée. — [2] Bibliothèque nationale, fonds français, vol. 9536, fol. 203. Autographe.

XV

À MONSIEUR, MONSIEUR DE PEIRESC,
SEIGNEUR ET ABBÉ DE GUESTRE, CONSEILLER DU ROY EN SON PARLEMENT DE PROVENCE.

Monsieur,

Je vous demande tres humblement pardon si je ne vous entretien point pour ce coup comme j'avois deziré de faire. Un violent accès de fievre que j'eus vendredy au soir m'a laissé tout estourdy, et pressé d'une toux la plus importune du monde, si bien que je n'oze point encore m'empresser à rien et particulierement à lire ou escrire. Je vous fais seulement ces lignes pour accuser la reception de voz deux lettres du 3 de ce mois et vous dire qu'elles m'ont grandement resjouy voyant que les miennes de ceste ville vous estoint randus et que vous estiez en bonne santé. Si j'ay esté fasché et apprehende encore de vous savoir en un lieu où il fait si dangereux vous le pouvez penser. Je fey voir à Monsieur l'archevesque [1] ce que vous me marquiez par la premiere de M^r le Prevost en m'imaginant que vous n'auriez point desaggreable que je prisse ceste liberté et sur tout par ce que je veis qu'il estoit en peine d'en apprendre des nouvelles. Pour la derniere n'estant point sorty de ma chambre despuis vendredy je me suis seulement dispensé de la luy envoyer monstrer scachant qu'il seroit bien aise d'apprendre au vray et sans desguisement l'estat de la chose. Je vous ay desja escrit l'equivoque que j'avois faite en la description du remede en mettant une quinque pour une semis. J'espere neantmoins qu'en cas qu'il ait esté prattiqué avant que vous en ayez eu receu l'advis ce mesconte n'en aura point alteré l'effect. Monsieur de Digne est attendu icy aujourd'huy ou demain. Je vous ay desja marqué de quoy j'apprehende sa venüe. Je ne rescry point pour ce coup à Monsieur de la Valette car vrayment apres ceste page achevée je sens que je me presserois trop [2].

---

[1] L'archevêque d'Aix, Alphonse de Richelieu, qui, comme nous l'avons déjà vu, était également l'ami de Peiresc et de Gassendi. — [2] C'est-à-dire me fatiguerais trop.

Je lui escriray s'il plaist à Dieu dans huitaine et encore à M⁰ Beneton suivant ce qu'il m'en a marqué. Il reste que j'adjouste icy que le sieur Gulielmus Schicardus, celebre mathématicien de Tubinge[1], ayant un genereux dessein de geographie en main, a deziré par l'entremise de M⁰ Diodati que je luy communicasse quelques observations qui servissent à son ouvrage. Je l'ay desja fait et parce que dans sa lettre il y a des nouvelles de Keppler que vous serez bien aise d'apprendre, je m'en vay la transcrire icy et puis finir[2]. De Kepplero itaque erga quem te benevole affectum cognosco. Scias domine quod is jam ad annum circiter agat Sagani Silesiæ sub dominio illustrissimi Fridlandi nuper etiam Megapolensium... titulo aucti (Vous savez, Monsieur, par parenthèse, que ce tiltre de duc de Mekelbourg est celluy que le seigneur prend maintenant et est tel qu'il luy fait donner de son Excellence) et ab illo mathematicarum æque ac martialium artium perito benigne habeatur. Non tamen per hanc migrationem desiit esse Cæsaris stipendiarius, sed consensu majestatis ejus propterea illuc se contulit quod per seditionem rusticanam austriaca Lintzia fugatus esset, præcipuo instrumento suæ professionis, typographeio scilicet illius loci per prædictum tumultum exusto.

Je demeure tousjours,
Monsieur,

vostre trez obeissant, affectionné et obligé serviteur,
GASSEND.

A Paris, ce 25 septembre 1629[3].

---

[1] Nous avons déjà trouvé, dans le recueil Peiresc-Dupuy, fréquente mention de Guillaume Schickard, le savant professeur de Tubingue, à la fois mathématicien, astronome, géographe, orientaliste, etc.

[2] Bougerel (p. 71) a donné cette rapide traduction des renseignements fournis sur Kepler : «Il est dans la Silésie auprès du prince Ferdinand, duc de Mekelbourg, et très bien venu auprès de ce prince, qui est non seulement très habile mathématicien, mais encore très sçavant dans l'art de la guerre. Kepler est toujours pensionnaire de l'Empereur; il s'est retiré là avec le consentement de ce prince, depuis qu'il a été chassé de Lintz.»

[3] Bibliothèque nationale, fonds français, vol. 9536, fol. 204. Autographe.

XVI

À MONSIEUR, MONSIEUR DE PEIRESC,
ABBÉ ET SEIGNEUR DE GUISTRE,
CONSEILLER DU ROY EN SA COUR DE PARLEMENT DE PROVENCE,
À AIX.

Monsieur,

Si ce mot icy peut arriver jusques à vous, il vous dira que par la grace du bon Dieu je me trouve beaucoup mieux maintenant que je ne faisois en vous escrivant il y a aujourd'huy huit jours. J'ay bien encore une toux qui me presse par intervalles, mais comme de jour à aultre elle se rend moins importune, ainsi j'espère d'en estre bien tost entièrement soulagé. Monsieur de Digne est enfin arrivé en ceste ville. Il m'avoit esté bien aisé d'estre bon prophete, mais il m'a bien servy aussi de m'estre genereusement resoulu. J'espere neantmoins que ce bon seigneur n'en relaschera point de la bienveillance dont il m'oblige. Je le vay souvent voir et manger avec luy et tasche de luy faire comprendre qu'il n'est point incompatible ny messeant que je soye en ceste ville, et ne soye point chez luy tout à fait. Ce sont des contes estranges qu'il m'a faits de la fureur de la maladie en nostre païs et des dangers qu'il a courus et de la peine qu'il a eüe pour s'en revenir. Dieu veuille que desormais le mal diminue et que particulierement vostre personne soit exampte de peril. Nous ne sçavons point si vous estes à Aix ou à Beaugencier, ny comme quoy tout se porte par delà despuis il y aura demain un mois que voz dernieres furent escrites. A la mienne volonté que tout se porte mieux et que quand nous ne recouvrerons point de voz lettres, cella vienne du defaut des chemins et non des lieux dont vous pourriez escrire. Icy il y a bien toujours de la maladie et particulierement au faulx-bourg St Marceau, mais vous sçavez le peu de compte qu'on y en fait. Il en mourust un gentilhomme de ma cognoissance ces jours passés en la rue St Antoine, mais ce sont là des accidens qui n'ont point de suite en ce climat icy. J'en avoy fait pareille observation en Anvers et Bruxelles. Je pense que Mʳ Dupuy vous envoya les articles de la composition de Bois le Duc. J'ay veu lettre escrite d'Amsterdam qui marquoit qu'on ne sçavoit qu'est ce que le comte Henry de Berghe estoit devenu, que ses troupes pressées de necessité de vivres et d'apprehension avoint abbandoné le pont fait sur l'Ysel, que la garnison de Wesel[1] couroit jusques à Coloigne et par de là, que les chanoines, prieurs, religieuses qui avoient des prieurés, prebendes ou autres revenus en fonds à Bois le Duc, y pourront demeurer et en jouir leur vie durant sans toutesfois aucun exercice de leur religion. Je marque cecy parce que vous ne le verrez point dans lesdits articles. J'ay encore veu des chanoines catholiques à Utrecht jouissant ainsi de leurs rentes. Monsieur le Prince de Portugal qui me monstroit ladite lettre me dit qu'il avoit veu des religieuses à Delphe[2] qui y achevoint leurs jours de mesme. La cavalerie qui estoit devant Bois le Duc est en campagne, mais on ne scait point encore où; le Gouverneur Grobbendom n'est point allé droit vers l'infante qui est à ce qu'on dit bien malade. Hier les comtes de la Suze[3] et de Roussy[4] sortirent de la Bastille. Je demeure tousjours,

Monsieur,

vostre tres obeissant, affectionné et obligé serviteur,
GASSEND.

Paris, ce deuxieme octobre 1629[5].

---

[1] Ville forte de l'Allemagne au confluent de la Lippe et du Rhin, à 40 kilomètres au sud-est de Clèves.

[2] Pour Delft, comme nous l'avons déjà vu à la page 215.

[3] Sur Louis de Champagne, comte de la Suze, voir les *Mémoires* du maréchal de Bassompierre, édition de la Société de l'Histoire de France, t. III, p. 223, 230.

[4] Le comte de Roucy (un La Rochefoucauld) avait probablement été emprisonné pour quelque duel, ainsi que son adversaire.

[5] Bibliothèque nationale, fonds français, vol. 9536, fol. 205. Autographe.

XVII

À MONSIEUR, MONSIEUR DE PEIRESC,
ABBÉ ET SEIGNEUR DE GUISTRES,
CONSEILLER DU ROY EN SA COUR DE PARLEMENT DE PROVENCE,
À AIX.

Monsieur,

Je suis tousjours souhaittant que l'empeschement que nous avons de recevoir de voz lettres vienne d'ailleurs que de vostre costé. Nous en sommes desjà vrayment affamez. Mais comme nous sçavons bien les difficultez qu'il y a qu'on aille ou vienne par ces païs la, ainsi ce qui nous console parmy les apprehensions que nous avons pour vostre personne c'est que vous aurez bien sceu vous tirer du danger en cas que le mal ait augmenté dans la ville. Le bon Dieu veuille que noz conjectures soint vrayes et que vous soyez en part dont vous puissiez faire comme ceux qui voyent du bord de la mer ceux qui font naufrage estant eux mesmes bien en seureté. Je continüe de vous hazarder tousjours quelques lignes afin que si elles peuvent passer jusques à vous vous apprenniez l'estat auquel vostre serviteur se trouve. Je suis maintenant assez bien Dieu mercy pour ma santé et n'ay plus rien que les restes de ma toux qui m'importune. Je commence de faire trouver bon à Monsieur de Digne qu'il se passe de ma compagnie durant cest hyver. Hier tout en disnant avec luy je luy en donnay des persuasions assez bonnes. L'hyver gaigné Dieu pourvoira à tout. J'ay receu ces jours passés des lettres de Monsieur Chifflet par lesquelles il m'a marqué les nouvelles qu'il a receues de vous par l'entremise de M[r] le Nonce. J'en ay esté bien aise parce qu'il est bien officieux et meritant qu'on se souvienne de luy[1]. Le bruit couroit hier icy que les Hollandois avoient assiegé Breda. Si la nouvelle est vraye ou non je m'en rapporte. La saison semble y repugner et si rien en peut donner l'occasion c'est à mon

---

[1] Peiresc lui aussi a donné des éloges à l'obligeance du docteur J.-J. Chifflet, comme on le verra dans les lettres qu'il lui adressa et qui paraîtront dans la troisième série de ce recueil.

advis la consideration de la guerre d'Italie. On dit qu'elle s'y allume et que les troupes de l'empereur qui y sont arrivées ont desja pris quelque place dans le Mantouan. Vous aurez peut estre sceu les nouvelles de la mort de M⁽ʳ⁾ le cardinal de Berule[1]. Il y a aujourd'huy huit jours que nonobstant qu'il se trouvast mal il voulust dire la messe[2]. Estant au canon[3] et bien prez de faire la consecration, sa grande foiblesse estant recogneüe par deux peres qui l'assistoint[4], il fut retiré de l'autel bien qu'avec resistance de sa part et remis sur son lit[5]. Comme ces deux peres là croyoint qu'il s'en allast trespasser sur l'heure ils luy demanderent sa benediction[6]. Voicy les paroles qu'il leur dit : « Nostre seigneur Jesus principe du mystere de l'Incarnation vous benisse au nom du Pere du Fils et du Saint-Esprit. » Ils vouloint encore avoir quelques paroles de consolation, mais ils ne peurent. On luy administra apres l'extreme onction, et comme toute la compagnie fust en sa chambre et à ses pieds pour avoir sa benediction, il eust encore la force d'oster son bonnet, joindre ses mains et levant ses yeux en haut dire ces paroles : « Jesus et Maria vos benedicant et regant in nomine patris et filii et spiritus sancti. » Il deceda sur les deux ou trois heures

---

[1] La maladie le prit le 27 septembre, à son retour de Fontainebleau où il avait dîné chez Richelieu. (Cette note et toutes les notes suivantes relatives à la maladie et à la mort du cardinal de Bérulle, m'ont été fournies par mon savant ami le père Ingold, prêtre de l'Oratoire et bibliothécaire de la maison de Paris.)

[2] On avait dressé un autel dans la salle d'audience attenante à sa chambre.

[3] Tombé une première fois après l'Évangile, il avait voulu reprendre le sacrifice, mais il ne put parvenir que jusqu'au canon.

[4] Cloyseault (*Bibliothèque oratorienne*, t. II, p. 298), nous apprend le nom du jeune confrère qui servit cette dernière messe du cardinal de Bérulle. C'était Charles Lecointe, le futur et si savant auteur des *Annales eccle-siastici Francorum* (1665 à 1683. 8 vol. in-f°.)

[5] Sur un petit lit improvisé en face de l'autel.

[6] Ceci est raconté un peu différemment par tous les historiens du cardinal. Dès qu'on le vit en cette extrémité, disent-ils, le supérieur de la maison, qui était le célèbre père Gibieuf, vint, entouré de la communauté, apporter le saint viatique au mourant. C'est seulement après cette cérémonie que le cardinal donna à ses disciples sa bénédiction en ces termes : *Ce ne sera pas moi qui vous bénirai, mais Jésus-Christ comme principe et comme père, comme principe dans la Trinité et comme père dans l'Incarnation.* Après cela, on lui donna l'extrême-onction; puis il bénit encore une fois les oratoriens dans les termes que rapporte Gassendi, et mourut.

après midy¹ et fust enterré deux jours après. Monsieur de Paris² assisté de monsieur de Bellay³ et quelques autres fit l'office⁴. Son corps fust remis dans une biere de plomb et posé dans une muraille de leur petite église⁵ en attendant que la grande soit achevée et beniste pour y en faire la translation. Monsieur Luillier mon camerade vous baise bien humblement et affectueusement les mains. Moy je suis tousjours, Monsieur,

vostre tres obeissant, affectionné et obligé serviteur,
GASSEND⁶.

XVIII
À MONSIEUR, MONSIEUR DE PEIRESC,
SEIGNEUR ET ABBÉ DE GUISTRES,
CONSEILLER DU ROY EN SON PARLEMENT DE PROVENCE,
À AIX.

Monsieur,

J'ay enfin esté tiré d'une grande peine par celles que j'ay eu le bien d'avoir de vous et de Monsieur le Baron vostre frere de la fin du

---

1. Un peu avant une heure de l'après-midi.
2. Jean-François de Gondi, qui siégea de 1623 à 1654 (21 mars).
3. Jean-Pierre Camus de Pontcarré, qui, nommé évêque de Belley en 1608, se démit de son évêché en 1629.
4. Voici de précieux détails sur cette cérémonie, au sujet de laquelle aucun des historiens du fondateur de l'Oratoire ne nous renseigne aussi bien. Ils nous disent simplement que les obsèques de M. de Bérulle furent célébrées « sans rien de la pompe qu'autorisait et semblait même réclamer sa haute dignité». Nous apprenons, au contraire, par ce passage, que ces obsèques se firent avec une certaine solemnité, puisque l'évêque de Paris, assisté du célèbre Camus, les présida.

5. Ceci n'est pas tout à fait exact. C'est bien dans la *grande* église de l'Oratoire (aujourd'hui le temple de l'Oratoire Saint-Honoré) que fut tout de suite inhumé le cardinal de Bérulle. Il est vrai qu'elle était inachevée en ce moment, mais elle ne fut terminée que longtemps après, vers le milieu du XVIIIᵉ siècle. Le corps du cardinal de Bérulle fut provisoirement déposé dans une chapelle, et enfin, le 21 juillet 1659, mis en terre au-dessous d'un mausolée superbe, de François Anguier. Aujourd'hui les restes précieux du restaurateur de la vie sacerdotale en France sont conservés dans la chapelle du séminaire Saint-Sulpice de Paris. Conférez l'*Église de l'Oratoire Saint-Honoré*, par le P. Ingold, p. 44 et 81.
6. Bibliothèque nationale, fonds français,

mois passé. J'ay appris que vous estiés retiré à Beaugencier de quoy j'ay esté infiniment aise, desirant bien fort de n'apprendre point que vous en deslogiez pour retourner à Aix que la ville ne soit vuide non seulement du mal, mais du soupeçon mesme. J'ay eu ces jours passés des lettres tant de Monsieur du Chaffaut que de Monsieur Castagny[1], par lesquelles j'ay appris entre autres choses que le bruit qui avoit couru de la mort de ma partie s'estoit trouvé faulx. Cella veut dire qu'il n'y a point de mal de ne s'estre point hasté à avoir des Bulles de subrogation. J'ay aussi receu des lettres de Monsieur de Baugy, Ambassadeur en Hollande, qui entre autres choses, parce que je luy avois marqué le ressentiment[2] que vous aviez eu de son souvenir, m'a recommandé de l'entretenir en voz bonnes graces. Je suis en grande disposition de me voir despestré[3] de Monsieur de Digne au moins pour l'hyver et suis apres de mettre la main à mon Epicure. Il ne me reste plus que cinq ou six apres disnées à achever de parcourir la bibliotheque de Monsieur de Thou dont apres j'auray veu tous les livres l'un apres l'autre. Je ne disposeray point peut estre la piece comme je vous avois marqué. Je presume toutes fois que les dernieres pensees seront les meilleures[4]. Vous aviez cogneu monsieur Maurin[5]. Il a esté installé en la chaire de mathématique occupée cy devant par le sieur Sanclarus[6]. J'en ay esté aise infiniment parce que c'est un bien meritant et tres bon personnage et à qui il manquoit une fortune comme

9536, fol. 206. Autographe. La date de cette lettre était dans la marge qui a été mutilée; il ne reste plus que le mot *Denys*. Gassendi avait donc écrit la présente lettre le jour de la fête de saint Denis, c'est-à-dire le 9 octobre.

[1] C'étaient des amis que Gassendi possédait à Digne. Bougerel n'a fait mention ni de l'un ni de l'autre.

[2] *Ressentiment* est ici employé dans le sens de *reconnaissance*.

[3] Le mot est un peu familier, même un peu irrévérencieux, mais que ne peut-on se permettre de dire en causant avec un intime ami?

[4] Ce qui regarde la bibliothèque de M. de Thou et le travail sur Épicure a été reproduit par Bougerel dans la *Vie de Gassendi* (p. 65).

[5] Jean-Baptiste Morin, déjà mentionné dans le recueil Peiresc-Dupuy.

[6] David de Saint-Clair. Sur ce personnage, comme sur son successeur, voir l'abbé Goujet, *Mémoire historique sur le collège royal* (t. II, p. 126-128 pour le premier, t. II, p. 127-147 pour le second).

celle la[1]. Il fust receu aussi tost apres le retour du Roy[2], mais je me suis seulement souvenu asture de vous l'escrire sur ce que je l'attens avec une lettre qu'il aura escrite ou fait le dessein d'escrire à Monsieur de la Vallete (sic)[3]. Si elle n'est point attachée à celle cy et qu'il vous plaise faire donner de mes nouvelles et recommandations à Monsieur le Prieur de la Vallette (sic) vous luy ferez un singulier plaisir de luy faire sçavoir ce que je vous en dy. Monsieur Luillier mon camerade vous salue de tout son cœur et moy de tout le mien,

Je suis vostre serviteur,

GASSEND[4].

XIX
À MONSIEUR, MONSIEUR DE PEIRESC,
À AIX.

Monsieur,

Apres les nouvelles de ma santé qui par la grace de Dieu sont fort bonnes la principale chose que j'aye à vous dire c'est que Monsieur Le Jay[5] a pris la peine de me venir prier de vous r'escrire touchant

---

[1] Cet éloge ne devait pas être toujours mérité. Gassendi, en 1643, fut obligé de se brouiller avec Morin qui l'accabla d'injures dans un opuscule intitulé : *Les autels de la terre brisés* (Paris, in-4°). Dans ce livre Morin taxait d'hérésie son ancien ami. La querelle recommença en 1649 et fut plus violente que jamais, Morin n'ayant pas craint de reprocher à son adversaire ignorance et déloyauté.

[2] On voit que les biographes, même les plus récents, ont tort de mettre en 1630 la nomination de Morin qui, comme l'affirme Peiresc, fut installé dans sa chaire aussitôt après le retour à Paris du roi, qui était parti de Nîmes le 15 juillet 1629.

[3] Sur les relations de J.-B. Morin avec Joseph Gautier, qui l'eut pour hôte dans sa maison d'Aix, voir Bougerel, *Vie de Gassendi*, *passim*.

[4] Bibliothèque nationale, fonds français, 9536, fol. 207. Autographe. La lettre doit être de l'automne de l'année 1629. La date était dans la marge à un endroit qui a été déchiré.

[5] L'avocat au parlement de Paris, Guy-Michel Le Jay, dont il est si souvent question dans le recueil Peiresc-Dupuy, ainsi que de sa belle entreprise, l'impression de la Bible polyglotte qui a immortalisé son nom et sa générosité.

le Pentateuche Samaritain dont vous nous aviez escrit. Il a appris la differance qu'il y a de celluy là avec celluy qui est en ceste ville. Cella fait que pour randre son ouvrage plus accomply, il ne dezire point imprimer l'un, sans marquer par r'envoy ce en quoy il differera de l'autre. Il vous supplie donc de tout son cœur qu'il vous plaize prendre la peine de luy faire recouvrer de Rome ce Pentateuche qui s'y trouve et moy puisqu'il l'a deziré j'y adjouste aussi mes prieres. C'est un personnage dont vous recognoissez desja le merite, et qui ne manquera point de randre le tesmoinage qu'il devra au soin qu'il vous plaira prendre de ceste affaire. Je m'imagine bien et je luy ay dit qu'attendu l'estat present des choses il y pourra avoir de la difficulté à luy procurer si tost son contentement, mais ce luy est assez de sçavoir qu'en ayant seulement receu l'advis vous soyez homme qui ne perdiez point de temps en ce qui regarde le bien public ou l'interest des gens de lettres. Je n'auray point si tost achevé de parcourir la bibliothèque de Monsieur de Thou que je m'estois proposé; ayant commencé par le bout qui m'estoit plus familier, je n'avoy point mesuré le temps qui me restoit à un assez juste pied, il pourra estre toutesfois que j'en cheviray entre icy et la Toussains. Je n'ay point encore manqué d'y employer dez assés longtemps toutes les apres disnées excepté hier, ayant esté diverty apres avoir assisté à l'ouverture du Chastelet avec Monsieur mon camerade, où M[r] le Lieutenant civil son beau frere fait des merveilles[1]. Vous allasmes apres disner chez son autre beau frere Mr de Sarron[2] où Mr de Champigny[3] survenant de Fontainebleau nous feit le compte tout en disnant de ce fourbe qui avoit voulu faire croire au despens de sa peau qu'il y avoit des gens en campagne avec le dessein d'attenter

---

[1] Ce lieutenant civil, beau-frère de François Luillier, était Michel Moreau, lequel avait épousé Isabelle Luillier. Voir le fascicule XVI des *Correspondants de Peiresc*, p. 14.

[2] Marie Luillier avait été mariée avec François Bochart, seigneur de Saron, qui fut maître des requêtes, conseiller d'État, intendant de justice, etc. Voir le fascicule cité dans la note précédente, p. 10.

[3] Jean Bochart, seigneur de Champigni, parent du précédent, allait être nommé premier président du parlement de Paris quelques semaines plus tard, mais il n'occupa cette charge que bien peu de temps, étant décédé le 27 avril 1630.

à la personne du Roy. Ce fust luy qui l'examina et tira la confession de sa forfanterie. Voila pourquoy il nous en pouvoit parler avec certitude. Je vous en marquerois quelques particularitez si je ne presumois que vous les sceussiez desja.

Vostre serviteur,
GASSEND.

A Paris, ce 23 octobre 1629.

Monsieur Luillier mon camerade vous baise les mains de tout son cœur [1].

XX
À MONSIEUR, MONSIEUR DE PEIRESC,
À AIX.

Monsieur,

Le dezir que j'ay d'apprendre des nouvelles de vostre santé fait que je me rands importun à vous advertir de la mienne. Je suis tousjours fort gaillard Dieu mercy et la seule peine que j'ay, c'est de ne sçavoir point comment est-ce qu'il va maintenant parmy vous touchant l'estat de ces maladies. Nous avons icy despuis sept ou huit jours le plus beau temps du monde, je presume qu'en estant de mesme en Provence, si vous y avez la santé vous n'avez pas de quoy vous plaindre. Souvenez vous s'il vous plaist tousjours quoy qu'il arrive de vous conserver et pour vous et pour vos amis et serviteurs. Nous n'avons icy rien de nouveau ou que pour le moins M^r Du Puy ne vous escrive. Le Roy se doit randre aujourd'huy de Versailles à St Germain et la Reyne mere part aussi aujourd'huy pour s'y en aller. On m'a asseuré que le Roy veut aller passer l'hyver à Troye en Champagne [2]. Pourquoy cella peut estre ce n'est pas à moy à le deviner. On n'imprime plus icy des pieces curieuses despuis ces grandes defences. Je vous

---

[1] Bibliothèque nationale, fonds français, 9536, fol. 208. Autographe. — [2] Malgré l'assurance donnée à Gassendi, Louis XIII ne passa point l'hiver à Troyes.

envoyeray une copie de la retractation de Mʳ Gaffarel qu'on a faite imprimer avec la censure de Picherel, mais je pense que Mᴿ Du Puy vous en a desja empaqueté une. Je commence de r'ajuster mes flustes; de sçavoir qu'est-ce que j'en feray après, l'advenir le nous dira. J'auray tantost achevé de parcourir la Bibliothèque¹, si apres cella je me reposeray ou iray encore boire la poulsiere de quelques autres j'y adviseray tout doucement. Je coule cependant tousjours fort doucement l'eage en la compagnie de Mʳ mon camerade² qui vous baise tousjours bien fort les mains. Continuez tousjours s'il vous plaist de m'honnorer de vostre bien-vueillance. Pour moy je ne cesseray jamais d'estre,

Monsieur,

vostre tres obeissant et tres affectionné serviteur,

GASSEND.

A Paris, ce 30 octobre 1629³.

XXI

À MONSIEUR, MONSIEUR DE PEIRESC,
ABBÉ ET SEIGNEUR DE GUISTRES,
CONSEILLER DU ROY EN SA COUR DE PARLEMENT DE PROVENCE,
À AIX.

Monsieur,

Craignant de n'avoir pas le loisir demain matin de vous escrire, et me trouvant à present en commodité de vous faire ces lignes chez

---

¹ La bibliothèque de Thou dont il a été question déjà et dont Gassendi va reparler encore dans la lettre suivante.

² C'était tantôt à la ville et tantôt à la campagne. Si l'on me demandait où était située la maison de campagne de François Luillier, je dirais que Tallemant des Réaux ne l'indique pas dans l'historiette consacrée à l'original magistrat (t. IV, p. 191-195). Mais Bouchard (*Les confessions*, p. 56) nous apprend que son ami «avoit une petite maison au bout des faubourgs d'Alexandrie», c'est-à-dire de Paris. L'éditeur des *Confessions* met sous ce passage la note que voici : «probablement à la Chapelle Saint-Denis, où était né Chapelle quatre ans auparavant, en 1626.»

³ Bibliothèque nationale, fonds français, 9536, fol. 210. Autographe.

Messieurs Du Puy, je les fais pour les leur laisser, afin qu'ils les mettent dans leur pacquet, et seulement pour vous dire que par la grace de Dieu je continue tousjours en bonne santé. Je vien d'achever de voir au moins tous les tittres des livres de ceste belle bibliotheque. Pour le dedans j'y ay parcouru une partie de ce qui estoit de mon goust et pour le surplus j'en ay pris quelques memoires pour le voir apres à loisir. C'est assez que je sçache ce que c'est, et où je le pourroy trouver. J'ay aussi recommencé aujourd'huy de voir quelques prattiques de chymie en un cours qui s'en fait composé tout d'honnestes gens. Je vous baise tres humblement les mains et à Mʳ le Baron vostre frere et à Mʳ vostre nepveu. Si je croyois que vous eussiez bien la commodité de faire tenir quelques lettres à Digne ou ailleurs, je vous en donnerois l'importunité, mais je me creins fort que la difficulté n'en fust trop grande. Vivez joyeux et avec le soin de vostre conservation. Honnorez-moi tousjours, s'il vous plaist, de vostre amitié et continuez de me croire,

Monsieur,

vostre tres obeissant et tres affectionné serviteur,

GASSEND.

A Paris, ce 6 novembre 1629 [1].

XXII

À MONSIEUR, MONSIEUR DE PEIRESC,
ABBÉ ET SEIGNEUR DE GUISTRES,
CONSEILLER DU ROY AU PARLEMENT DE PROVENCE,
À AIX.

Monsieur,

Ce mot sera seulement pour continuer à vous dire que nous nous portons tous bien par-deçà, et que nous sommes encore tousjours languissans aprez voz nouvelles. Je vien de passer chez Messieurs Du Puy qui m'ont dit qu'ils ne vous escrivoint point par cest ordinaire. Ils se

---

[1] Bibliothèque nationale, fonds français, 9536, fol. 210. Autographe.

portent bien et continuent tousjours dans la mesme douceur et entretien de l'Académie. Tout ce qu'il y a icy de plus nouveau c'est le retour de la cour revenue ces jours passés, et du Roy qui doit arriver aujourd'huy. Monsieur de Champigny fust fait premier President et presta serment entre les mains du Roy à S¹ Germain mercredy dernier, et aujourd'huy il doit estre receu en la cour[1]. J'ay receu ces jours passés une lettre de Monsieur Diodaty par laquelle il me prie de vous presenter ses tres humbles recommandations. Il me marque qu'il a en main un exemplaire du concile de Trente[2] de ceste derniere impression en italien qu'un sien cousin en a fait faire pour vous en faire present, et qu'il est seulement en peine du moyen de le vous faire tenir. Si par cas fortuit vous escriviez en ce pais là, et trouviez à propos de faire part de voz nouvelles à ce brave homme qui vous honnore infiniment, vous l'obligeriez bien fort de luy faire sçavoir l'addresse qu'il devroit tenir, non seulement pour ledit livre, mais encore pour tels autres qu'il vous plairoit exiger de son industrie. Le sieur d'Aquin[3] me doit donner un exemplaire de l'examen du monde qu'il a traduit d'un certain Rabin[4] pour le vous faire tenir; s'il le me donne je le remettray avec tout ce qui est desja entre les mains de Messieurs Du Puy. Je ne sçais si j'avois oublié de vous escrire la mort du pauvre M⁵ Bertius[5] qui arriva deux jours après celle de Monsieur le cardinal de Berule[6] dont je vous avois ce me semble donné advis. Un M⁵ Tarin a eu sa chaire[7]

---

[1] On a souvent prétendu que la nomination de Jean Bochart, seigneur de Champigny, fut faite en novembre 1628. Je m'accuse d'avoir moi-même répété cette erreur, après Moréri et bien d'autres (fascicule XVI des *Correspondants de Peiresc*, p. 10, note 2).

[2] L'histoire du Concile de Trente par Fra Paolo Sarpi.

[3] Philippe d'Aquin, déjà plus haut mentionné.

[4] *Bechinath Olam, ou l'examen du monde de Rabbi Jacob* (Paris, 1629, in-8°).

[5] Sur le géographe Pierre Bertius, voir le recueil Peiresc-Dupuy.

[6] On dit généralement que Bertius mourut le 3 octobre. S'il était mort, comme l'assure Gassendi, deux jours après le cardinal de Bérulle, il faudrait mettre son décès au 4 octobre.

[7] Sur Jean Tarin, voir le tome II du recueil Peiresc-Dupuy, p. 316. Je n'ai cité là ni l'abbé Goujet (*Mémoire sur le collège royal*), ni les *Lettres* de Guy Patin, ni l'excellent article de M. C. Port (de l'Institut) dans le *Dictionnaire de Maine-et-Loire*.

mais sans gaiges, comme en effet elle n'avoit esté establie que pour la seule consideration de la personne du dit sieur Bertius. Mʳ Morin feit hier son ouverture avec le reste des professeurs. Je continüe tousjours dans les mesmes exercices. Vous ferez s'il vous plaist mes recommandations telles que vous pourrez et jugerez à propos. Je vous fay celles de Mʳ Luillier mon camerade et demeure tousjours,

Monsieur,

vostre tres humble et tres affectionné serviteur,

GASSEND..

A Paris, ce 13 novembre 1629.

Comme je disoy à Monsieur mon camerade le contenu de ceste lettre, il m'a dit qu'il seroit bien aise que vous sceussiez comme quoy il a l'honneur d'estre tres proche allié de Mʳ le premier president. Il me semble vous avoir marqué que Monsieur de Sarron fils de Monsieur le premier president conseiller au grand conseil a espousé une de ses seurs, afin qu'ayant le bien d'estre aimé comme il est de luy, s'il pouvoit vous servir en quelque chose aupres de sa personne vous l'employez avec liberté[1].

XXIII

À MONSIEUR, MONSIEUR DE PEIRESC,
SEIGNEUR ET ABBÉ DE GUISTRES,
CONSEILLER DU ROY AU PARLEMENT DE PROVENCE,
À AIX.

Monsieur,

J'avoy discontinüé ces deux ou trois ordinaires de vous escrire à l'exemple de Monsieur Du Puy. Nous ayant despuis Mʳ Pelletier asseuré que par lettres de Mʳ d'Agut vous estiez gaillard, et nous estans imaginez que bien que nous n'eussions pas de voz nouvelles noz lettres pourront

[1] Bibliothèque nationale, fonds français, 9536, fol. 211. Autographe.

bien arriver jusques à vous, nous avons resoulu de ne faire point d'interruptions si grandes. Je ne vous escrivy point il y a huit jours me contentant des recommandations que Mʳ du Puy me promit mettre de moy dans sa lettre. Aujourd'huy j'ay voulu joindre ce mot à l'imprimé que je vous envoye[1]. C'est l'eau qui s'en reva à sa source. Vous n'y verrez rien de nouveau que le charactere et un peu de mon jargon qu'on y a adjousté; encore vous avois-je desja escrit presque la mesme chose. On m'en a envoyé quatre copies par le dernier ordinaire de Hollande, les trois m'ont esté enlevées, j'ay garanty celle-cy comme vous estant deüe. Je ne la prise pour ce qui me touche que parce que j'ay donné sujet d'y estre fait mention de vous. Ces messieurs qui l'ont fait imprimer y ont appliqué le tiltre et m'ont qualifié comme ils ont voulu. J'en serois vrayment bien honteux s'il ne paroissoit que la chose n'a point esté faite de mon consentement. Quoy que c'en soit vous verrez la piece, et tout le premier continuerez d'excuser mes petites ignorances. Je vous baise tres humblement les mains, à Mʳ le Baron vostre frere et à Monsieur vostre nepveu et demeure tousjours,

Monsieur,

vostre tres obeissant et tres affectionné serviteur,

GASSEND.

A Paris, ce xiᵉ decembre 1629.

Mʳ Luillier mon camerade vous baise les mains et me charge de vous faire ses tres humbles recommandations[2].

XXIV

À MONSIEUR, MONSIEUR DE PEIRESC,

Monsieur,

Je n'ay point deu laisser passer cette occasion sans vous donner de

---

[1] C'était, dit Bougerel qui analyse (p. 70) la présente lettre, « un exemplaire de son phénomène des parhelies imprimé en Hollande ». — [2] Bibliothèque nationale, fonds français, 9536, fol. 212. Autographe.

mes nouvelles, puisque j'ay quelque asseurance que tost ou tard ma lettre vous sera randue. Si j'ay desjà despuis asses long temps discontinué de vous escrire, ç'a esté l'imagination que j'ay eüe que l'estat de la maladie empeschoit noz lettres d'arriver jusques à vous. En cas que vous les receviez toutes à la fois, il y en aura assés bon nombre. Vous n'y trouverez rien de particulier de ma part qu'une copie du phœnomene de Rome que vous m'aviez envoyé, imprimé à Amsterdam. Je ne vous avoy point fait part du catalogue que Mr Golius m'avoit envoyé[1], parce que Mr du Puy en avoit mis quelque copie dans ses pacquets. Je vous en vay à l'adventure envoyer encore un, afin que s'il vous plaist vous en faciez part à vostre commodité à M^r le prieur de la Vallette. Vous trouverez dans ce mesme pacquet quelques copies d'un livre dont Mr Luillier vous escrit[2]. Peut estre je pourray sçavoir et vous marquer à quelque autre occasion qui est ce Tubero, qualifié l'autheur de la piece. En envoyant le catalogue à Mr de la Vallette vous obligerez s'il vous plaist Mr Luillier et moy de luy faire aussi tenir une desdittes copies, peut-estre y adjouteray-je un mot de lettre. Nous passons tous jours le temps assés doucement ensemble et avons quelque dessein d'aller faire un tour en Angleterre dans ce mois de may[3]. Si vous avez quelque chose à nous employer en ce pais là, vous nous en pourrez s'il vous plaist donner advis. Nous avons commencé de donner quelques heures à l'estude de la langue arabique. C'est pour pouvoir quelque jour devenir interpretes de quelqu'une de voz curiositez. La cognoissance de la langue hebraique nous y sert beaucoup. Nous y advancerons

---

[1] Bougerel a eu soin de rappeler (p. 68) qu'en 1629 Gassendi avait écrit à Jacques Golius, successeur de Thomas Erpenius dans la chaire de langue arabe à l'Université de Leyde, le priant de donner au public le catalogue des manuscrits qu'il avait apportés d'Orient, et que les savants souhaitaient avec impatience.

[2] Voir cette lettre, écrite de Paris le 23 mars 1630, dans le fascicule XVI des *Correspondants de Peiresc*, p. 5. Le livre en question était intitulé: *Dialogues faits à l'imitation des anciens*. L'auteur était François de la Mothe-le-Vayer qui s'était caché sous le nom de Orasius Tubero. Voir sur les *Dialogues*, dans le fascicule déjà cité et à la même page 5, une note où j'ai résumé et sur un point complété les indications spéciales fournies par M. René Kerviler.

[3] Le voyage projeté ne se fit pas.

ce que nous pourrons sans nous destourner de noz plus serieuses estudes. Le P. Mersenne fait imprimer ma lettre par Cramoisy[1]. On y travaille assez lentement. Si elle est achevée avant nostre despart, je vous en pourray envoyer moy mesme quelques exemplaires. Je vous baise tres humblement les mains, à Mʳ le Baron vostre frere et à Mʳ vostre nepveu et suis tousjours,

Monsieur,

      vostre tres obeissant et tres affectionné serviteur,

            GASSENDI[2].

XXV

À MONSIEUR, MONSIEUR GASSENDY.

Monsieur,

Je crois bien que vous aurez veu en l'Academie le sieur Samuel Petit et que vous n'aurez pas moings prins de goust en la douceur de sa conversation que Messieurs du Puy qui s'en louent tant et qui sont demeurez si bien edifiez des eschantillons qu'ils ont veuz de son Plaute, et des autres beaux ouvrages qu'il a pretz à mettre soubz la presse. Je veux dire que vous aurez trouvé assez de subject de vous lier d'amitié avec luy sans qu'il luy faille d'autre addresse à vous, mais si falloit-il que je vous disse que je suis son serviteur tres obligé et que vous me pouvez aultant et plus obliger en sa personne que vous sçauriez faire en la mienne propre, comme aussy Mʳ Lhuillier lequel je supplie vouloir rendre à ce personnage les bons offices qu'il luy plaisoit m'offrir envers Mʳ le premier president de Champigni, son parent,

---

[1] La lettre contre R. Fludd : *Epistolica exercitatio in qua praecipua principia philosophiae Roberti Fluddi detegentur*, etc., in-8°. L'ouvrage est dédié au P. Mersenne qui n'aurait pu trouver un meilleur défenseur.

[2] Bibliothèque nationale, fonds français, vol. 9536, fol. 213. Autographe. La lettre n'est pas datée, mais si elle a été écrite en même temps que la lettre de Fr. Luillier dont elle était accompagnée, elle serait du 23 mars 1630. Signalons dans la collection Dupuy, volume 688, fol. 87, une lettre de Gassendi à Peiresc sur l'observation de l'éclipse, datée du 10 juin 1630.

et encores ses autres amys, pour luy procurer de bons patrons, qui luy puissent faire ressentir quelque secours afin qu'il aye de quoy vacquer plus paisiblement à ses estudes et qu'il ne soit pas contrainct de retourner à Nismes parmy ces esprits aussy malades que sont à present les corps de la plus part dans la plus grande violence de la maladie contagieuse. Je m'asseure que vous vous acquitterez dignement de ceste mienne tres humble priere, et que vous prendrez un grand plaisir de le mener et chez vous et chez M^r d'Halligre et chez tous vos bons seigneurs et amis et particulierement encores les miens. Mais que vous luy ferez part volontiers de vos singularitez, comme je vous en supplie, et de luy faire sçavoir ce que je vous avois escript de ces lettres et livres en langue samaritaine dont je pense qu'il se pourroit rendre bien curieux et ayder un jour le public de bien rares observations, à la suite de celles de feu Mr Scaliger, ayant desja trouvé de belles choses à escripre sur le Comput desdicts Samaritains rapporté par ledict Scaliger et travaillé fort particulierement sur la bonne chronologie, et ayant de si grandes lumieres naturelles et acquises qu'il ait eu de quoy interpreter tout ce qu'il y avoit de punique dans Plaute si heureusement comme il a faict, à la grande honte de tant de siecles qui y avoient esté aveugles depuis l'Empire Romain. Ce qui merite des éloges et recognoissances bien particulieres et doibt fournir de bons passeportz partout où vous trouveriez bon de l'introduire, comme je vous supplie de faire et de procurer les occasions et opportunitez, car il est si discret et modeste qu'il ne s'ingereroit pas de faire ce que ses amis luy doibvent faire faire, comme je m'asseure que vous ferez et vous en prie de bon cœur, estant sans autre ceremonie,

Monsieur,

vostre etc.

A Boisgency, ce 18 janvier 1630[1].

---

[1] Bibliothèque d'Inguimbert, à Carpentras, collection Peiresc, registre des minutes N-R. fol. 243 v°. Copie.

XXVI

À MONSIEUR, MONSIEUR DE PEIRESC.

Monsieur,

Je ne vous fay ce mot que pour vous prier de faire tenir à Mʳ Luillier par le premier ordinaire celle que je luy escry, pour luy donner advis de l'evocation qu'on poursuit au nom de ma partie, afin qu'il tasche d'empescher qu'elle soit accordée, sans que je soye ouy. Je crain que cella soit sur çe que Mʳ le lieutenant Du Chaffaut a simplement declaré sur une sommation qu'on luy a faite que les alliances cottées sont veritables et n'a point desadvoüé qu'il soit partie, qu'il soit ou ait jamais esté en qualité, qu'il y ait proces formé au parlement d'Aix (ou je crois que Mʳ Beneton pour le moins n'a point encore presenté pour moy), etc. Le porteur n'ayant point le loisir d'attendre que j'aye un extrait de la signification qui m'a esté faite de ladite sommation et responce, j'en vay sommairement dire le sujet à Mʳ Luillier afin qu'il face ensuite ce qu'il jugera à propos, soit en formant opposition au sceau ou autrement. Et cependant je seray tousjours,

Monsieur,

vostre tres humble, obeissant, affectionné et obligé serviteur,
GASSEND.

A Digne, ce xᵉ de juillet au point du jour, MVIᶜ xxx.

J'ay desja commencé et bien avancé ma lettre à Mʳ Scickardus[1] en me reservant d'y mettre à la fin l'observation de Mʳ Garrat, quand j'auray ce qu'il a fait dans le mois d'avril, suivant ce que j'ay marqué par mes precedentes[2].

---

[1] *Mercurius in sole visus, et Venus invisa*, etc. L'opuscule adressé à Schickard parut l'année suivante (Paris, in-4°). — [2] Bibliothèque nationale, fonds français, vol. 9536, fol. 156. Autographe.

XXVII

À MONSIEUR, MONSIEUR DE PEIRESC,
ABBÉ ET SEIGNEUR DE GUISTRES,
ET CONSEILLER DU ROY AU PARLEMENT DE PROVENCE,

À AIX.

Monsieur,

Je receu ces jours passés cinq de voz lettres tout à la fois et en divers pacquets. Elles estoit (*sic*) toutes des mois de novembre, decembre et janvier derniers, mais pour estre ainsi vieilles elles ne laisserent pas de me resjouir infiniment attendu la faim en laquelle j'estois de voz nouvelles et pour les bonnes et agreables choses qu'elles contenoint. J'y trouvay parmy un pacquet pour Mʳ le cardinal de Lion; je le luy envoyay aussitost avec les excuses necessaires. Pour le surplus il me fauldroit autant de lettres pour respondre à autant des vostres. Il suffira que pour ce coup je vous entretienne de ce qui m'a principalement touché entre toutes les choses qu'il vous a pleu m'escrire. C'est pour le fait du phœnomene qu'il vous avoit pleu m'envoyer. Je vous advoüe que cest imprimé fust fagotté de la plus Batavoise façon qu'on sçauroit imaginer[1]. Quand je vous en envoyay l'exemplaire je n'osay point vous escrire le particulier mescontentement que j'en avois receu. Je voyois bien que c'estoit chose faite et que si vous en deviez estre fasché vous mesme mon mal ne gueriroit pas le vostre. La seule chose qui me consoloit c'estoit que vous recognoistriez assez que si bien il y avoit eu de ma faute au moins le tout n'auroit point esté de mon fait. Maintenant

---

[1] Bougerel, analysant (p. 82) la présente lettre, nous donne sur l'imprimé si spirituellement jugé par Gassendi les renseignements suivants : «Reneri, comme je l'ai déjà dit, avoit fait imprimer à Amsterdam l'ouvrage de Gassendi sur les parhelies : mais il étoit sorti de la presse si plein de fautes, que Peiresc ne peut s'empêcher d'en témoigner à Gassendi son chagrin, ce qui fit avouer à celui ci qu'il avoit eu tort d'être si communicatif envers des gens qui pouvoient en abuser; aussi à son retour à Paris, il le retoucha, lui donna une nouvelle forme, et remit son manuscrit entre les mains du célèbre Vitré qui l'imprima, et le fit paroître en latin au mois d'août 1630, sous un nouveau titre.»

que je vois le desplaizir que vous en avez eu pour les consequences que vous en craignez je ne m'en excuse point. Je confesse ingenument d'avoir failly de m'estre randu trop communicatif envers des gens qui en pouvoint abuser. Cella ne vous guerira pas et ne me rendra pas plus capable de meriter la continuation de voz bonnes graces, mais pour une chose desja passée je n'en sçaurois estre en autres termes. Si vostre lettre m'eust esté portée à mesme que vous l'eustes escrite à l'adventure je vous eusse peu donner sinon tout, à tout le moins une partie du contentement que vous deziriez. M'ayant esté randue si tard j'ay esté bien empesché de me resouldre à ce que je devois faire. Car pour la Hollande ce qui pouvoit estre à distribuer le doit desja estre, et puis c'est là un païs auquel si on avoit eu vent qu'on dezirast la suppression de ceste piece, je me crains qu'on s'imaginast que ce dezir vinst de plus haut, et que cella peust donner sujet de la r'imprimer et y adjouster peut estre quelque chose de pis. Pour ceste ville j'ay advisé que nous la pourrions bien faire r'imprimer en meilleure forme, mais j'ay aussy considéré que ce seroit peut estre maintenant bien tard, et ai doute si par adventure la chose estant desja surannee, vous ne trouveriez point mieulx à propos qu'il ne s'en parlast plus pour tout. Ayant communiqué et vostre lettre et la peine en laquelle j'estois à M⁰ Luillier mon camerade il a esté d'advis que nous feission r'imprimer la piece icy. Son mouvement a esté que n'en faisant tirer que certain nombre de copies que nous pourrions toutes retenir par devers nous quand vous ne trouveriez point que la chose allast bien, la suppression nous en seroit aisée. J'ay trouvé qu'il avoit raison et que c'estoit là tout le mieulx que nous pouvions procurer veu l'estat de la chose pour vostre satisfaction. Cella a donc fait que j'ay un peu regratté ce sujet et luy ay donné presque toute une nouvelle forme. Elle est neantmoins telle que paroissant comme precedente au susdit imprimé, en cas que quelque copie dudit imprimé ait esté portée à Rome, il paroistra que ce n'aura esté que comme un extrait de ce qui aura esté imprimé icy. Je n'ay point trouvé à propos de l'addresser à M⁰ le Cardinal Barberin tant parce que ce seigneur ne me cognoist point que parce que la piece ne le vaut pas, et puis la chose eust paru trop affectée ou pour vous ou pour moi, oultre ce que je n'eusse point sceu prendre de biais si advantageux pour vostre descharge en cas que quelque copie dudit imprimé fust desja tombée entre les mains de ce seigneur là. De la façon que je l'ay conceue c'est la plus grande partie, res gesta, car c'est une lettre ou pour le moins le sujet d'une lettre que j'escrivis en effet de Leyden à Amsterdam comme je voulois revenir, à un certain Renier[1] qui m'avoit procuré la cognoissance du docteur Wassenaer et avoit esté cause que je luy avois communiqué ledit phenomene. Quand vous aurez veu ce que c'est vous m'ordonnerez ce que vous trouverez bon d'en faire. J'en ay desja donné le soin à Mr Vitray qui d'abord qu'il a eu compris que c'estoit chose qui visoit à vostre contentement s'en est chargé d'une extreme allegresse. Il a desja fait graver la planche à celluy qui grave les chartes de leur Bible, et s'attend de faire composer dez demain le discours. Je pense que nous vous en pourrons envoyer par l'ordinaire prochain une espreuve. Au reste je ne sçauroy vous exprimer le contentement que luy et M^r Le Jay ont receu d'apprendre le recouvrement et la forme de vostre Pentateuche et Nouveau Testament. Ilz vous escrivent et le P. Morin encore pour vous prier de le leur communiquer. Je leur ay non seulement fait esperer que vous le feriez, mais fait comprendre que vous n'aviez asseurement tasché de recouvrer les pieces que pour l'amour d'eux. Il ne m'a pas esté malaisé de le

---

[1] Bougerel (p. 44) rappelle, d'après Adrien Baillet, le biographe de Descartes, que Henri Reneri (c'est le nom qu'il lui donne) avait été le premier disciple du grand philosophe dans les Pays-Bas. Un peu plus loin (p. 82-87), Bougerel résume une importante lettre de Gassendi à Reneri, qui, chargé de l'éducation de trois jeunes gens, lui avait demandé quelle était la meilleure méthode à suivre. A la fin de cette lettre, Gassendi console son correspondant «de n'avoir pas obtenu la chaire de professeur de philosophie dans l'Université de Leyde, vacante par la mort de François Burgersdick, dont il avait été jugé très capable». Il fut, en revanche, professeur de philosophie à Deventer, puis à Utrecht. Voir (p. 93) l'analyse d'une autre lettre à Reneri, cette dernière roulant sur «l'illustre M. Descartes». Voir aussi (p. 180) le récit de la mort de Reneri, qui, ayant ruiné sa santé par ses longues veilles, s'était imaginé qu'un mariage pourrait contribuer au rétablissement de sa santé et expira le jour même de ses noces (16 mars 1639), âgé de quarante-cinq ans.

deviner pour la cognoissance que j'ay de l'extreme inclination que vous avez à obliger toutes les personnes de merite et qui travaillent pour le public. Ainsi quand ils m'ont dit de joindre mes prieres aux leurs pour vous disposer à leur faire ceste faveur, je leur ay reparty qu'il ne falloit point se mettre en peine de vous donner d'autre disposition que celle que vous aviez desja en vous mesme de leur faire ce plaizir, et que j'estois bien trompé, ou les commoditez vous auroint bien manqué, si desja cez pieces n'estoient en chemin. Ils vous offrent toute sorte d'asseurance pour les vous conserver et restituer saines et entieres, mais j'espere que la principale asseurance sera l'eloge qu'ils donneront à vostre valeur sur le front mesme de ceste grande piece. Je ne sçay quand est-ce que j'auray la commodité de vous faire tenir quelques copies de mon Exercitation contre Fludd. Je ne m'en empresse pas beaucoup parce que ce n'est pas grand'chose qui vaille; estant toutesfois obligé de le vous faire voir je tascheray de n'en negliger point l'occasion. Cependant je vous supplie de ne laisser pas de m'aimer et croire que je suis tousjours,

Monsieur,

vostre tres obeissant et affectionné serviteur,
Gassend.

A Paris, ce 21 juillet 1630[1].

XXVIII

À MONSIEUR, MONSIEUR DE PEIRESC,
ABBÉ ET SEIGNEUR DE GUISTRES
ET CONSEILLER DU ROY EN SA COUR DE PARLEMENT DE PROVENCE.

Monsieur,

Ayant trouvé Monsieur de Digne en peine de faire tenir ce pacquet à son grand vicaire, j'ay creu me pouvoir dispenser de vous en faire

---

[1] Bibliothèque Victor Cousin, à la Sorbonne, M. 1003, cahier 2. Autographe. En un coin de l'enveloppe on trouve ce sommaire : *Gassendi 21 juillet 1630 sur l'édition de son phœnomene; du Pentateuque Samaritain.*

l'addresse, m'asseurant que pour sa consideration et la mienne vous auriez aggreable que quelqu'un des vostres prinst le soin de le faire tenir. Apres tant d'autres libertez vous excuserez s'il vous plaist encore celle-cy. Nous estions tous en peine de vous quand celle que Monsieur du Puy receut il y a quelques jours de Monsieur le Baron vostre frere nous asseura de vostre bonne santé et de la continuation de vostre repos. Je pense que vous aurez receu celle que je vous escrivy il y a environ un mois et à laquelle je joigny une copie du phenomene. Je n'y mis point d'enveloppe à M⁺ Du Lieu comme je vay faire à ce pacquet icy, mais je m'asseure que la despesche ne vous en aura pas moins esté addressée; vous aurez aussi receu des mains de Monsieur le Prieur de Romoules[1] ce que je luy ay donné la peine de porter. Monsieur de Marcheville est tousjours dans le dessein de partir en novembre; au moins ne prevoit-il rien qui l'en destourne. Il n'y a que la maladie du Roy qui tient tout le monde estourdy[2]. On attend aujourd'huy les nouvelles de la confirmation de sa convalescence. Le Bon Dieu veuille qu'elles soient bonnes. Le convent de Ratisbonne n'est point encore achevé[3]. On asseure que le traitté du Roy de Danemarck avec la ville d'Hambourg est conclu par l'entremise des Hollandois et dit-on que c'est là une paix faite pour vingt ans. Je ne vous escry point d'autres nouvelles parce que vous en estes assés adverty d'ailleurs. Il faudra attendre que je sois en Levant[4] dont je vous en puisse escrire des plus particulieres. Monsieur de Digne veut que je luy donne le reste de temps que j'ay à estre encore icy, je pense que je luy donnray ce contentement dez la fin de ceste semaine. Je vous baise tousjours tres

---

[1] Denis Guillemin, si souvent mentionné déjà et que nous allons surtout retrouver dans le volume suivant.

[2] Louis XIII était tombé dangereusement malade à Lyon, le 22 septembre précédent.

[3] *Convent*, convention. Ce fut cinq jours après que la France et l'Empire signèrent à Ratisbonne un traité pour maintenir le duc de Nevers dans le duché de Mantoue (13 octobre).

[4] Le voyage de Gassendi en Levant, en compagnie du comte de Marcheville, ambassadeur à Constantinople, ne devait pas plus s'effectuer que ses voyages projetés en Angleterre et en Italie. Voir Bougerel, p. 91-92 et 125.

humblement les mains comme aussi à M⁰ le Baron vostre frere et à M⁰ vostre nepveu, et attendant d'avoir bien tost l'honneur de vous voir, demeure toujours,

Monsieur,

vostre tres humble et tres affectionné serviteur,
GASSEND.

Paris, ce 8 octobre 1630[1].

XXIX

À MONSIEUR, MONSIEUR DE PEIRESC,
ABBÉ ET SEIGNEUR DE GUISTRES,
CONSEILLER DU ROY EN SA COUR DE PARLEMENT DE PROVENCE,
À BEAUGENCY.

Monsieur,

Si je n'apprehendois de vous parler en poëte, je commencerois par vous dire que le pacquet de voz lettres nous a paru comme un soleil qui a desveloppé noz esprits d'un tas de vaines fantaizies. Loüé soit Dieu de quoy vous vous portez bien, et commencez d'esperer mieux pour le restablissement de nostre commerce. Certes comme il est innocent ainsi est-il à regretter quand la fortune luy cause de si grandes interruptions. Ce que j'en fay maintenant n'est que pour recommencer de mon costé, m'estant advis que je reviens comme d'un engourdissement. Ma santé est tousjours tres bonne Dieu mercy. Monsieur de Marcheville a suivy le Roy[2]. Il avoit creu de pouvoir estre bientost de

---

[1] Bibliothèque nationale, fonds français, 6936, fol. 214. Autographe.

[2] On lit dans les *Mémoires* de Bassompierre (t. IV, p. 139): «Le roy partit incontinent après le caresme prenant [cette année le mardi gras était le 4 mars] pour aller à Orléans forcer Monsieur son frere de le venir trouver... Monsieur frere du roy, sentant le roy s'approcher de luy, ne le voulut attendre et s'en alla par la Bourgongne à Besançon. Le roy le suivit jusques à Dijon.» M. de Chantérac ajoute au texte de son auteur les dates suivantes: Louis XIII partit de Paris le 11 mars, arriva le 26 du même mois à Dijon et en repartit le 2 avril.

retour pour entreprendre son partement, je ne sçay toutesfois ce qui en sera. Je vien de recevoir des nouvelles que mes affaires de Digne n'ont point la disposition que j'avoy creu pour estre terminées en un simple passage; cella joint au dezir que Monsieur Luillier a que je l'attende pour partir en septembre et nous en aller à Constantinople par terre, sera peut estre cause que Monsieur de Marcheville estant revenu je m'excuseray de ne partir point quant et luy. J'en delibereray toutesfois plus amplement entre icy et son retour, et ne failliray point de vous en tenir adverty. Je n'ay point encore veu le P. Morin ni M^r Le Jay, mais j'ay fait voir vostre lettre à Mr Vitray qui en a esté tres joyeux et s'est chargé d'en donner la nouvelle à ces Messieurs; il me devoit apporter un exemplaire du livre du P. Morin [1] que je dezirois consigner à ces Messieurs qui s'en vont. Il ne l'a point toutesfois fait. Leur pentathleuque samaritain est commencé, et oultre l'exemplaire qu'il vous plaist leur en communiquer, ils s'attendent aussi à recouvrer vostre nouveau testament arabe, l'attente duquel les a fait arrester court à la fin des évangiles. Je suis tres aise que M^r le cardinal Barberin ait esté satisfait de mon petit traitté [2] et ne le suis pas moins de ce que vous en estes content vous mesme. vous pouvant asseurer que jusques à aujourd'huy j'en avoy esté en peine. Il parust d'autres Parhelies à Rome au mois de janvier de l'année passée [3]. J'en ay escrit au P. Scheiner Jesuite qui les observa par Mr Naudé. Si j'en ay responce je le vous feray sçavoir. L'apparition fust plus admirable encore que la precedente, parce qu'il y avoit deux cercles ou arcs et deux soleils davantage. Pour le petit extrait des archives de Montpellier, je vous puis dire que *Davus sum* [4], ou je n'y ay pas encore assés pensé. Je vous baise neantmoins bien fort les mains de la faveur qu'il vous a pleu me faire de me le communiquer. Il y a desja assez longtemps que je n'ay point de

---

[1] Voir sur la polémique entre le P. Morin et l'hébraïsant orléanais Siméon Marotte de Muis, le recueil Peiresc-Dupuy, t. II, p. 289.

[2] Le traité sur les Parhélies imprimé par Vitré en 1630.

[3] Le phénomène précédent avait été remarqué le 20 mars 1629.

[4] Allusion au mot plaisant et célèbre d'un héros de Térence.

nouvelles de Mʳ Golius par luy mesme, mais un autre professeur de Leyden m'a escrit qu'il estoit bien gaillard maintenant, à telles enseignes qu'il ne pensoit presque qu'à faire l'amour[1]. Je ne sçay si c'est pour le zele de sa religion qui comme vous sçavez est grandement maritatoire. Monsieur le Prieur de la Vallete respirera à mon advis bien tost. Pourveu que j'apprenne qu'il soit en vie et bonne santé, ce m'est une consolation bien grande. J'ay oublié de demander au sieur Vitray s'il n'avoit plus de copies du catalogue que vous demandez, mais je ne l'oublieray pas dès la premiere fois que je le verray. Je pense de vous avoir escrit la mort du pauvre Keppler à Ratisbonne despuis la veille de l'éclipse de lune qui arriva au mois de novembre dernier, perte de vray irréparable[2]. Je baise tres humblement les mains à Mʳ le Baron vostre frere et à Mʳ vostre nepveu bien joyeux de ce que nous aurons bien tost le bien de le voir par deça.

Vostre tres humble serviteur,
GASSEND.

De Paris, ce 17 mars 1631[3].

[1] Cette plaisanterie et la plaisanterie de la phrase suivante sont à rapprocher d'une joyeuse saillie rapportée dans les *Documents inédits sur Gassendi* (p. 32) et qui, selon la remarque de l'annotateur, « nous donne une idée de l'aimable enjouement de la conversation » du philosophe. La vieille gaieté gauloise éclatait aussi parfois dans les entretiens de Peiresc avec ses amis, comme l'a constaté un témoin auriculaire, J.-J. Bouchard (*Voyage de Paris à Rome*, p. 131).

[2] Bougerel dit (p. 96): « Cependant Jean Kepler, qui était allé à Ratisbonne, y mourut âgé de cinquante-huit ans et quelques mois au commencement de novembre 1630 [le 15 novembre]. A cette nouvelle, Gassendi écrivit à Schickard une lettre, dans laquelle il déplore la perte que la république des lettres venait de faire, et s'abandonnant en quelque sorte à sa douleur, il dit tout ce que son bon cœur lui suggère sur la mort d'un si grand homme. » Des éloquents regrets exprimés par Gassendi on peut rapprocher l'éloge funèbre de Kepler par Joseph Gaultier, prieur de la Valette (fascicule IV des *Correspondants de Peiresc*, p. 27) : « Les bonnes lettres ont perdu un puissant patron et grand ouvrier, etc. »

[3] Bibliothèque nationale, fonds français, 9636, fol. 216. Autographe.

XXX

À MONSIEUR, MONSIEUR DE PEIRESC,
ABBÉ ET SEIGNEUR DE GUISTRES,
CONSEILLER DU ROY EN SA COUR DE PARLEMENT DE PROVENCE,
À AIX.

Monsieur,

Je ne vous repete point ce que je vous ay dit par mes precedentes touchant mon changement de dessein, et du sujet de ma resolution à ne faire le voyage de Constantinoble et autres lieux de Levant que dans un an, et ce par l'Allemagne, Hongrie, etc. en la compagnie de Monsieur Luillier. Je vous diray seulement que j'espère de partir dans quelques mois quant et Monsieur nostre Evesque pour aller achever de donner ordre à toutes mes petites affaires de Digne, oultre une procuration d'y faire cependant ce qui sera possible laquelle j'envoye presentement à Mr Taxil par l'addresse de Monsieur le prieur de la Vallete auquel j'escry aussi. Cependant je continue tousjours dans mes petites occupations. Je revois ma philosophie d'Epicure et en suis à environ la moitié, mais ce qui est fait surpasse desja de beaucoup tout ce que vous en avez veu. La cause de ceste surcroissance est que non seulement j'adjouste tous les passages grecs dont je n'avois point les livres chez nous, avec beaucoup d'autres trouvez despuis, et y interpose encore quelques nouveaux raisonnemens avec des responces et addoucissemens convenables aux points qui touchent nostre foy : mais oultre cela je tasche d'enrichir tout l'ouvrage par la comparaison de tout ce que nous avons de memoire de la philosophie ancienne avec la doctrine d'Epicure. Si je fay bien ou non je m'en rapporte. Tant y a que la satisfaction me demeure de descouvrir tousjours quelque chose dans l'esprit de ces braves hommes du temps passé, dont peu de gens se prennent garde. Ce m'est de la peine de vray, mais le plaizir que je reçoy à n'apprendre rien à credit, et puiser moy-mesme dans les sources qui ont peu surmonter les injures du temps, ce que les anciens ont imaginé des choses, me paye avec tres grande usure tout le travail que j'y puis employer. J'en suis presentement sur la matiere des cieux apres avoir desja achevé deux livres de la physique dont l'un a esté de la nature et l'autre du monde. Le bon P. Mersenne et quelques autres tesmoignent de voir avec une grande avidité ce que j'en fais cahier par cahier. Si vous n'estiez pas si esloigné je vous en envoyeroy quelque piece pour en avoir vostre jugement, mais je vay mettre au revers de ce fueillet la liste des chapitres que j'ay desja faits afin que si vous aviez la curiosité d'en voir quelqu'un je le vous peusse faire copier. Monsieur Vitray vient de m'apporter une copie du livre du P. Morin. Je m'en vais la porter tantost à Monsieur le Prevost Marchier afin qu'il tasche de la loger dans la malle. Je vous baise tousjours cependant les mains avec toute sorte d'affection, et demeure,

Monsieur,

vostre tres humble et tres obeissant serviteur.

GASSEND.

A Paris, ce 28 avril 1631[1].

L'*apologie* pour la vie d'Epicure contient ces chapitres icy :

1. De serie vitæ Epicuri.
2. De præcipuis authoribus a quibus quæsita Epicuro infamia.
3. De objecta Epicuro impietate ac malitia.
4. De objecta ingratitudine vanitate maledicentia.
5. De objecta gula.
6. De objecta venere.
7. De objecto odio liberalium disciplinarum.

La *doctrine* ou *philosophie* est divisée en trois parties dont :

La canonique expliquée en un seul livre contient ces chapitres :

1. De variis dijudicandæ veritatis criteriis.
2. De canonibus vocum.

---

[1] Bougerel a analysé cette lettre en quelques lignes (*Vie de Gassendi*, p. 103, 104).

3. De canonibus sensuum.
4. De canonibus anticipationum.
5. De canonibus passionum.

La *physique* est expliquée en quatre livres dont le premier, qui est De natura, contient ces chapitres :

1. De natura rerum, seu de universo.
2. De natura corporea, seu de atomis, an sint.
3. De tribus atomorum proprietatibus magnitudine, figura, gravitate, ubi et de motu.
4. De natura incorporea, hoc est inani, seu loco.
5. De natura concreta, quænam principia, seu quæ elementa et quas caussas habeat.
6. De ortu et interitu, seu generatione et corruptione naturæ concretæ.
7. De mutationibus qualitatibusque naturæ concretæ.
8. De imagine naturæ concretæ, quam etiam speciem visibilem, et intentionalem vocant.
9. De existentia naturæ divinæ.
10. De forma naturæ divinæ, an humanæ similis sit.
11. De immortalitate et fœlicitate ejusdem naturæ divinæ.
12. De existentia naturæ dæmoniæ.

Le deuxiesme De mundo ceux cy :

1. De structura et forma mundi.
2. De origine mundi.
3. De caussa productrice mundi.
4. De serie ac modo quo productus mundus atque adeo primi homines.
5. De providentia, seu gubernatione mundi.
6. De fortuna et fato in mundo.
7. De interitu mundi.
8. De innumerabilibus mundis.

Le troisiesme dans lequel je suis, intitulé De sublimibus, ceux-cy :

1. De cœli siderumque substantia.
2. De varietate, positione et intervallis siderum.
3. De magnitudine et figura siderum.
4. De motu corporum cœlestium.
5. De tempore, quod nonnulli volunt cœlestis motus esse consequens.
6. De luce deque variis adspectibus siderum.
7. De eclipsibus, deque varietate ortuum et occasuum.
8. De proprietatibus siderum, quod ad effectus naturales spectat.
9. De effectibus arbitrariis et fortuitis quos presciri posse astrologi profitentur.
10. De impressionibus igneis.
11. De impressionibus aereis.
12. De impressionibus aqueis.

Le quatriesme suivra apres, De humilibus, avec ces chapitres :

1. De globo ipso telluris.
2. De rebus inanimis.
3. De anima deque corpore et membris animalium.
4. De generatione, nutritione et incremento animalium.
5. De sensibus animalium, ac primum de Visu.
6. De cœteris quatuor sensibus Auditu, Olfactu, Gustatu, Tactu.
7. De mente, seu animo, ejusque sede et actione.
8. De Appetitu, motu, vigilia, somno, insomniis ac præsensionibus animalium.
9. De sanitate, morbo, statu, senio, vita et morte animalium.
10. De animorum immortalitate.

Je laisse la partie morale pour une autre fois[1].

---

[1] Bibliothèque nationale, fonds français, 6936, fol. 217. Autographe.

XXXI

À MONSIEUR, MONSIEUR DE PEIRESC,
ABBÉ ET SEIGNEUR DE GUISTRES,
CONSEILLER DU ROY AU PARLEMENT DE PROVENCE,
À AIX.

Monsieur,

Il y a desja asses longtemps que je doy responce à vostre belle et longue lettre[1], et toutesfois non pas mesme à ceste heure je ne la feray point grande. C'est parce que Monsʳ Moreau a encore vostre lettre sur le sujet de ceste plante croissante à l'antipodique dont il vous a pleu me faire la relation. Il a esté fort occupé apres ces (sic) malades despuis longtemps et particulierement aupres de nostre bon amy le sʳ de la Mothe[2] qui a failly de mourir, et apres a aussi esté malade luy mesme; aussitost que je l'oseray presser, je vous feray part de ce qu'il m'aura enseigné. Cependant je n'ay peu deu [sic pour pas deu] differer davantage de vous donner de mes nouvelles, et apres vous avoir dit que par la grace du bon Dieu je suis tousjours fort gaillard vous esclaircir de l'affaire des conjonctions de ☿ et ♀ avec le ☉ dans ceste année, puisque l'admonition de Keppler n'est point tombée entre voz mains. On n'en a poinct apporté d'autres à ceste derniere foire, n'y estant point allé des libraires d'icy. Nous avons bien veu le Catalogue, mais il m'a particulierement esté impossible de voir le livre qui y est intitulé Rob. Fluddi doctoris medici, armigeri ad epistolicam Petri Gassendi exercitationem responsum. Si bien que si je ne dy rien à Flud de ceste foire prochaine (si toutesfois je dois rien avoir à luy dire) il m'en pourra bien tenir pour excusé. Mais pour revenir à noz conjonctions vous avez fort bien deviné que celles dont il est ques-

---

[1] Cette «belle et longue lettre» doit malheureusement être rangée parmi les trop nombreuses lettres perdues. On a aussi perdu les «deux belles et curieuses lettres» mentionnées par Gassendi dans le présent document.

[2] François de la Mothe-le-Vayer.

tion n'ont point peu estre les deux passées et particulierement pour ce qui regarde Venus. Ceste belle estoile venant de se lever le soir a necessairement passé derriere le soleil et vostre argument tiré de sa plenitude ne souffre point de replique. Elle ne paroist en croissant qu'en son coucher du soir ou en son lever du matin lorsqu'elle doit passer ou vient de passer dessous le soleil, puisque c'est alors que la plus grande partie de sa lumiere visant en haut la moindre en est renvoyée vers la terre. Ainsi donc la conjonction en laquelle Venus nous doit passer devant le disque du soleil n'arrivera qu'au mois de decembre. Ce sera le sixiesme sur les dix heures du soir suivant le calcul, lequel estant vray nous autres Europeens n'aurions que faire de nous en mettre en peine. Mais parce qu'il peut bien arriver que le calcul ne soit pas si juste, ce sera suivant les veux mesmes de Keppler que ceux qui seront curieux d'observer ne se lassent point d'avoir la lunette à la main et les yeux sur le papier ou carton de la façon que vous sçavez que j'observe les eclipses du soleil durant tous les deux jours sixiesme et septiesme tandis que le [deux mots enlevés par une déchirure]. Pour la conjonction de Mercure en laquelle ce planete nous couvrira aussi quelque partie du disque du soleil, ce ne sera point ny celle du xvii de ce mois ny celle du penultiesme du mois prochain, mais celle qui doit arriver par le calcul auseptiesme jour de novembre d'une à deux heures apres midy. Si le calcul est bon, il ne tiendra qu'à la beauté du temps de nous randre ce phenomene visible, mais Keppler mesme ne s'y fiant point absolument, a deziré qu'on fust apres ceste observation non seulement tout ledit jour, mais encore celuy de devant et celluy d'apres. Ces conjonctions arriveront en une saison qui n'est ordinairement guere favorable à faire des observations en cest horizon de Paris. J'y feray neantmoins si j'y suis tout ce que je pourray. Et parce que les jours d'hyver sont communement plus beaux parmy vous je ne doute poinct que vous et Monsr de la Vallete ne faciez de vostre costé tout ce qui sera possible sur ce sujet. Certainement quiconque aura le bien de faire cette observation donrra grand sujet à la posterité de parler de luy. Il n'escherra point plustost que d'icy à six vingts ans d'en faire de pareille. Or entre icy et ce temps là on aura bien eu le loisir de se debattre sur la perche du diametre de ces planetes par rapport à celluy du soleil, et il n'y a que les observations de ceste nature qui nous en puissent esclaircir. En faisant bien ramplir aux rayons du soleil le cercle qu'on luy destinera, il sera asses aisé de prendre avec deux pointes de compas le diametre de l'ombre ronde que les corps de ces planetes causeront dans ledit cercle, et le comparer apres tout à loisir aux parties du diametre d'icelluy. Si l'on peut encore remarquer l'endroit où ces ombres couperont le diametre du mesme cercle, pour pouvoir determiner leur latitude septentrionnale et meridionnalle, ce sera encore un grand point, et en tout il faudra avoir en mesme temps une personne qui suive la hauteur du soleil avec un quart de cercle ou grand astrolabe, pour avoir les momens du temps ausquels on verra entrer ou sortir, passer au milieu, ou passer sur des autres points les susdites ombres. Si par bonne fortune il y a alors au soleil quelque tache, ce sera une grande satisfaction d'en remarquer le lieu et en prendre la distance d'avec ces ombres ou macules planetaires en leur entrée, issue, etc. Tousjours si le temps est beau et l'observation se fait en plusieurs lieux, il y aura du contentement d'avoir au moins remarqué lesdites taches en mesme temps, pour nous asseurer qu'elles ne font point de parallaxe, pour les divers lieux de la terre. Je pense que si le bon Keppler eust vescu encore quelque temps il eust tesmoigné un grand contentement de certaine observation qu'il avoit receue de moy pour le diametre de Jupiter par rapport à celluy de la Lune. C'est que j'observay le seiziesme d'aoust de l'année passée une petite estoile du genouil d'Ophiuchus autant distante du limbe inferieur de la Lune que sont distantes entre elles les deux estoiles qui (sans lunette) paroissent contiguës aux cornes du capricorne, et que l'estoient alors le corps de Jupiter et un de ses petits satellites [1]. Or dans ceste distance là je faisoy mon compte que le diametre de Jupiter fust peu entrer

---

[1] Au sujet des observations de Gassendi sur Jupiter, voir Bougerel, p. 128. Au sujet de sa découverte de cinq satellites de cette planète, voir encore Bougerel, p. 215.

cinq fois, et que la mesme distance pouvoit entrer six fois un peu plus au diametre de la Lune. Je colligeay donc que, le diametre de la lune estant de trente deux ou tant de minutes, le diametre de Jupiter ne pouvoit guere estre par la lunette que d'une minute, au lieu que sans lunettes il paroissoit bien d'environ trois, comme ne faisant guere que de venir de son opposition. Le bon Keppler qui avoit fondé ses harmoniques sur les distances des corps planetaires et tiré leurs distances de leurs grandeurs ou diametres visibles se trouvoit desja tout esbranlé, et ayant esté en peine de trouver quelque moyen d'esclaircissement, en avoit escrit au s^r Galilei qui ne luy avoit rien respondu et moy sans y penser luy avois fait ouverture d'un, dont s'il eust vescu il eust peut estre fait quelque cas. C'est de vray une chose admirable comme quoy ces lunettes qui nous grossissent les autres objets nous diminuent neantmoins de beaucoup à proportion de cela, les corps des estoiles soit vagues, soit fixes. Il faut toutesfois advoüer que cella ne se faisant que par detersion ou retranchement des rayons excurreus, à tout le moins aux planetes, leur grandeur en paroist plus juste à noz yeux que quand nous les considerons de la simple veüe, et par consequent que les raisons qui ont meu les anciens à approcher ces beaux corps de nous à proportion de leur grandeur apparente, nous servent pour les esloigner autant de nous qu'il faut de distance pour rappetisser l'apparence de leur grandeur au point que nous la voyons. Je disoy, Monsieur, que je ne feroy pas grande responce et cependant voicy presque trois pages pleines. Quoyque ce soit, vous l'aggreerez s'il vous plaist et m'obligerez s'il vous plaist, si Monsr de la Vallete est en disposition de le voir, de luy en faire part. J'avoy faict dessein de luy marquer à peu pres les mesmes choses touchant Venus et ☿. Mais je m'advise que ce sera autant de temps espargné pour le donner à quelque autre chose. Je luy escriray neantmoins un mot, apres avoir finy la presente par la priere que je vous fais de permettre que Monsr le Baron vostre frere et Monsr vostre nepveu scachent que je leur baise tres humblement les mains. Monsr Luillier mon camerade vous remercie de tout son cœur de l'honneur de vostre souvenir et il y a longtemps qu'il m'a chargé en vous escrivant de vous faire ses recommandations tres humbles. S'il vous plaist nous obliger de nous donner advis du passage de Mʳ de Marcheville, et s'il vous a veu et combien de temps, etc., ce sera chose digne de vostre courtoisie. Je n'ay point encore eu nouvelles de la reddition de ma lettre au P. Scheiner de Rome; s'il me r'escrit quelque chose de considerable, je ne manqueray point de vous en faire part. Le P. Petau me dit avant hier que le Pere Malapert estant allé en Espagne y estoit mort presque dez son arrivée. Je pense vous avoir autresfois escrit que je l'avoy veu recteur à Arras, et qu'il m'avoit fait voir ses observations et un ouvrage ensuite prest à estre imprimé touchant les macules solaires aussitost que celluy du P. Scheiner le seroit. Par adventure ne souffrira on poinct que ceste piece se perde. Mais adieu. Je suis tousjours.

Monsieur,

vostre [les derniers mots et la signature ont été emportés par une déchirure].

A Paris, ce ix juillet 1631 [1].

---

[1] Bibliothèque nationale, fonds français, nouvelles acquisitions, 5173, fol. 16. Autographe. Je donnerai seulement des extraits d'une autre lettre autographe (*ibidem*, fol. 18), qui est presque entièrement remplie de détails astronomiques :

«Monsieur,

«Je doy encore responce à voz deux belles et curieuses lettres du mois de decembre. Il est vray que jusqu'au trentiesme du mois de janvier la faute n'en est pas à moy. Monsieur du Puy vous aura peu asseurer de ne me les avoir point plus tost données. Despuis ce temps la c'est moy seul qui doy estre chargé de tout le manquement, n'ayant point d'autre excuse à vous donner, sinon que Monsⁱ de Cramoisy traitant de jour à autre l'achevement de l'impression qu'il avoit fait commencer de mon observation, et moy attendant de jour à autre de vous en envoyer quelques exemplaires avec ma responce, il est arrivé que comme ladite impression n'est achevée, ainsi je ne vous escry que de ce jourd'huy. J'ay à tout le moins esté bien heureux de rencontrer Monsⁱ Olivier sur son despart pour le charger de mon pacquet. J'y clorray avec ceste lettre trois exemplaires de ladite observation, dont l'un sera pour vous, et les autres pour qu'il vous plairra. S'il vous plaist d'en envoyer un à Monseigneur le cardinal Barberin, il y verra quelques illustrations qui n'estoint point au manuscrit qu'il vous a pleu de luy envoyer cy devant. Vous verrez aussi vous mesme tout ce que c'est, sans qu'il soit besoin que je vous en die autre chose. Je vien à voz lettres, et vous advoüe en premier lieu que

XXXII

À MONSIEUR, MONSIEUR GASSENDY,

DOCTEUR EN Sᵗᵉ THEOLOGIE ET THEOLOGAL EN L'EGLISE CATHEDRALE DE DIGNE,

À LYON,

CHEZ Mʳ DE REPAIRE, MARCHANT.

Monsieur,

Je me resjouis infiniment d'apprendre par la lettre du xiᵉ de ce mois que ce soit tout de bon que nous pouvons nous promettre

je ne rapporte pas à un petit bonheur d'avoir fait ceste observation de Mercure devant le Soleil; elle est très importante tant pour estre la premiere qui a esté faite de ceste façon, que pour devoir servir à ceux qui viendront apres nous soit pour determiner la grandeur et l'esloignement, soit pour regler les mouvemens de ce planete. C'est pour cella que j'ay consenty aux souhaits de quelques uns de mes principaux amis d'icy, qui m'ont pressé de faire imprimer la lettre que j'en escrivy à Mʳ Schickard incontinent apres que je vous eus fait part de ce que j'avoy observé. J'atten avec grande impatience d'apprendre ce qui en aura esté observé ailleurs pour remarquer et conferer mes rencontres, et l'une des occasions qui m'ont porté à souffrir ladite impression avant la foire, a esté afin qu'il ne parust pas que j'eusse voulu accommoder mon observation à celle des autres. Il est vray que je vous eusse tousjours eu pour tesmoin avec tous les autres à qui je communiquay incontinent la mesme chose, oultre ce que ceux qui feront à l'advenir de pareilles observations seront tousjours juges de ce qui m'aura paru et que je leur auray transmis. Monsʳ le prieur de la Vallete avoit grande raison de s'estonner de la petitesse apparente de ce planete, car moy-mesme j'en fus si surpris que comme je l'ay descrit, je l'en mescogneu durant quelque temps, et bien me servist de n'estre pas tout à fait nouveau en ceste pratique. Pour ce qu'il deziroit sçavoir s'il n'y avoit point de difference de son opacité d'avec celle des macules ordinaires, je vous donne advis qu'il n'y en avoit point, et je croyoy de l'avoir fait comprendre en disant que la seule difference du mouvement m'avoit fait premierement douter, et puis recognoistre que ce n'estoit point là une macule, et pour ce que vous adjoustez à sçavoir si Mercure estant proche du bord du Soleil ne se monstroit point autre qu'il avoit paru plus proche du centre, je vous sçay à dire que non, si ce n'est qu'il se randist un peu plus visible, et sa bordure un peu plus claire à cause que le ciel fust aussi plus beau..... Icy les PP. Petau et Denonne me disoint bien l'autre jour que le P. recteur de leur noviliat de ceste ville l'avoit observée [la conjonction de Venus], mais quand ils adjousterent que suivant sa description Venus couvroit les deux tiers du Soleil, et n'en laissoit qu'un croissant comme quand il est eclipsé par la Lune,

[1632] d'avoir l'honneur de vous revoir. Je plains certainement Mʳ Lhuillier et cez aultres Messʳˢ de par de là qui vous cherissent si tendrement,

je ne voulu pas rire pour le respect que je leur devoy, mais leur dy bien qu'ils pouvoint assez considerer qu'à tout le moins Venus ne pouvoit pas paru plus grande devant le Soleil qu'elle paroist en sa plus grande majesté hors de ce lieu là..... Comme la nature est veritablement *dædala rerum* en diversifiant merveilleusement tous ses effectz, ainsi cette apparition, cachement et reapparition pourroit bien estre un tour de son mestier, n'estant pas grande merveille si pour avoir si peu observé que j'ay fait, je n'avoy point encore remarqué tous ses destours..... De vray ce seroit une chose bien merveilleuse si ces macules faisoint ainsi les plongeons et [si] leur course avoit quelque chose de semblable aux fleuves qui se cachent dessous terre pour apres reparoistre à quelques espaces esloignez de là..... Si vous avez aggreable que je vous die en peu de mots ma pensée, c'est que suivant l'opinion de Copernicus je conçoy le Soleil logé au centre du monde, et là tournant sur son propre escieu dans l'espace de quelques vint huit jours; je conçoy d'ailleurs ceste grande fournaise faisant des continuelles eructations de vapeurs ou fumées..... Et voyla bien, Monsieur, beaucoup de paroles. J'advoüe qu'elles sont superflues à un homme de vostre intelligence, mais il n'y a remede. Je suis fait d'une façon que quand je me mets à griffonner du papier, j'ay peine de retenir ou d'en retirer ma main. Bien me prend que vous estes d'une humeur assez excusante pour prendre tout mon babil en bonne part. Comme j'escrivoy ces choses Monsʳ Moreau a pris la peine de m'apporter une lettre de Mʳ Naudé et Monsʳ Diodati des recommandations du sʳ Galilei dans une lettre escrite à luy. Le premier continue à me parler de l'embrasement du Vésuve dont vous estes plus proche, et d'une lettre que le P. Scheiner luy a donnée pour moy, mais que je n'ay encore point veue. Le second escrit à Mʳ Diodati que le corps de son ouvrage est achevé d'imprimer et qu'il n'y a plus à faire que l'epistre et la table; mais quand nous le pourrons voir je ne sçay, si rares sont les commoditez qu'il y a d'avoir quelque chose de ce païs la. Ils parlent au reste l'un et l'autre aussi peu de Mercure et de Venus, comme si ces planetes n'estoint point au ciel. Cella me fait souvenir de ce que vous m'avez marqué que l'admonition de Keppler pourroit bien n'avoir pas passé jusqu'en Italie. De vray si ces personnages là n'en ont point fait l'observation, il est aucunement à presumer que j'auray esté l'unique qui auray veu Mercure tant de la France que de l'Italie. Pour les autres lieux il faut attendre le boiteux : si la foire de Francfort tient, nous en apprendrons des nouvelles. Je ne vous dy rien de mon observation de Mars caché par la Lune. Vous la verrez à la fin du susdit imprimé. Je l'estime assez importante et c'est pour cela aussy que j'ay trouvé bon de ne la laisser pas perdre..... Je ne vous dy rien de nostre voyage ny des grands remerciemens que Mʳ Lhuillier vous fait de tant de soin que vous avez pris pour l'asseurance de nostre viatique parce que les guerres d'Allemaigne que nous avions choisie pour nostre chemin nous en ont fait differer le dessein..... Monseigneur le cardinal de Lion tesmoigna beaucoup de res-

mais il estoit bien meshuy temps que voz serviteurs et bons amys de par de çà vous peussent gouverner à leur tour. Mʳ Taxil, vostre bon hoste, s'est heureusement trouvé icy pour y recevoir la lettre qui luy estoit addressée dont vous aurez la responce cy jointe. Nous avons à ce matin beu ensemble à vostre santé, et Mʳ Valois s'est pareillement trouvé icy tout à propos pour y apprendre de voz nouvelles ayant bien regretté de ne se trouver à Grenoble lors de vostre passage, mais à quelque chose malheur sera bon, car vous aurez tant moins de subject de vous y arrester et pourrez tant plustost gaigner la Provence où Mʳ le Prieur de la Valette et moy vous attendons en grande impatience, comme font tant d'aultres que vous y avez obligez, où il nous tardera bien de vous voir discourir sur cez belles observations des vicissitudes et constitutions de l'air d'Egypte qu'il vous a pleu me toucher en passant, et qui meritent une disquisition bien particuliere. Mais en attendant je suis bien d'advis que si vous voyez à Lyon Mʳ Peloc, l'un des plus intimes amis et serviteur de Mᵍʳ le Cardinal de Lyon, que vous le fassiez un peu parler sur ses observations d'Egypte où il a faict, si je ne me trompe, assez de sejour pour en pouvoir parler aussy pertinemment que tout aultre, et si vous le trouvez en assez bonne humeur

sentiment quand je luy fis sçavoir ce qu'il y avoit pour luy dans vos lettres. Moy je ne sçauroy vous dire celluy que je nourry pour tant de bienveillance qu'il vous plaist de me tesmoigner et vous asseure que la principale occasion qui me rappellera jamais en Provence sera pour avoir le bien d'aller passer quelques jours avec vous dans cette belle et philosophique retraitte. Je presente tousjours mes tres humbles recommandations à Mʳ le Baron vostre frere et à Mʳ vostre nepveu, auquel je souhaitte de tout mon cœur la succession de voz rares vertus aussi bien que celle de vostre charge..... Je m'advise que s'il vous plaisoit de faire relier avec un des susdits exemplaires, un des parhelies que je m'y en vay joindre pour le

faire donner à Monsʳ le premier president, il n'y auroit peut estre point de danger. A une autre occasion je vous en envoyeray davantage. Il pourra estre que je vous addresseray par la poste un mot de lettre pour y joindre, m'estant maintenant advisé trop tard d'escrire, mais en cas que je l'oublie vous ferez bien, s'il vous plaist, vous mesme mes excuses et complimens. Je ne vous dy point comme quoy je me suis donné l'honneur de le voir quelquefois icy. Or enfin adieu. Commendez moy absolument et si mon barragouin ne vous ennuye point n'apprehendez pas de me le prescrire. Je suis tousjours le tout vostre...... A Paris, ce deuxiesme jour de caresme 1632. » Peiresc a écrit à la marge : 26 febvrier 1632.

pour cela, je vous prie de ne pas negliger de vous faire monstrer les curiositez qu'il a rapportées de ce païs là, entre lesquelles il m'a parlé d'un certain vase antique avec son tempon? figuré en forme d'un meufle de Lyon, ce me semble, dont je desirerois bien que vous eussiez prins les vrayes dimensions principalement de la capacité du creux dudict vase, pour sçavoir à peu prez quelle quantité d'eau le peut remplir, et quand vous serez icy, je vous en monstreray un bon nombre d'aultres, et vous diray à quel usage ceste curiosité me peut servir, mais que ce ne soit pas, s'il vous plaist, sans vous souvenir de luy faire mes trez humbles recommandations et l'assurer de ma perseverante devotion à son service, et du desplaisir que j'ay de me voir despourveu comme je suis des occasions de luy en donner des preuves à souhaict et qu'il ne me vueille point honorer de ses commandements.

Au reste je croy bien que vous ne verrez pas Monseigneur le Cardinal de Lyon sans le faire souvenir des serviteurs qu'il a en ce païs et me prometz que vous me rendrez auprez de Son Eminence les bons offices dont vous estes si liberal envers vos serviteurs, et que vous ne manquerez pas d'embrasser toutes sortes d'occasions opportunes pour l'asseurer de la continuation de ma fidelité inviolable.

J'oubliois de vous dire que je reputeray à grande faveur qu'il vous plaise donner des asseurances de mon humble service à Mʳ Marchier, à Mʳ son frere, à Mʳ de l'Estoille[1], à Mʳ l'Advocat, et à tous cez aultres Messʳˢ de la Cour de Son Eminence, et qu'il ne tiendra pas à moy que je ne les serve s'ils me veulent honorer de leurs commandemens.

Cependant si les addresses que Mʳ Taxil a données à un marchand de vos cartiers pour r'apporter voz hardes à Digne ne vous sont arrivées à temps opportun et que vous vueilliez les faire addresser icy, il y en a là des commoditez fort frequentes, et si vous en voulez charger les sieurs Pierre et François le Roy, ils se chargeront volontiers de me les envoier icy par les mulletiers de ceste ville qui y sont toutes

---

[1] Tous ces personnages ont été mentionnés dans le recueil Peiresc-Dupuy.

les sepmaines, et d'icy nous les vous pourrons faire tenir fort facilement à Digne quand vous voudrez; sur quoy me recommandant à voz bonnes graces, je demeureray,

Monsieur,

vostre, etc.

DE PEIRESC.

A Aix, ce 25 octobre 1632¹.

XXXIII

À MONSIEUR, MONSIEUR GASSENDY,

DOCTEUR EN Ste THÉOLOGIE, CHANOINE ET THÉOLOGAL
EN L'ÉGLISE CATHEDRALE DE DIGNE,

À DIGNE,

CHEZ Mr TAXIL

⊚

(avec un livre marqué comme ci-dessus, le cachet portant un lien et un lambel).

Monsieur,

Je receuz par le dernier ordinaire de Lyon vostre despesche du 9° de ce mois, et rendis incontinant à M^r le Prieur de la Valette celle qui luy estoit addressée, comme j'ay aujourdhuy envoié à Rome celle que vous escripviez à Mr Holstenius, à l'obligation duquel je participe grandement pour raison de ce petit geographe Grec dont vous luy procurez la communication et dont je demeureray par mesme moyen trez redevable à Mr de Mezeriac², et seray bien ayse de le servir en tout ce qui me sera possible, et particulierement en ce qui est de la cronique d'Eusebe imprimée en grec par Scaliger, où il ne trouvera possible pas ce qu'il s'en promet, car je ne pense pas que ce texte se

---

¹ Bibliothèque nationale, fonds français, 12772, fol. 13. De la main d'un secrétaire.

² J'ai vainement cherché la lettre où Gassendi, à la date du 15 novembre 1632, racontait à Peiresc la visite qu'il venait de faire à l'helléniste Bachet de Meziriac, lettre mentionnée dans le recueil Peiresc-Dupuy (t. II, p. 368).

soit tiré d'aulcun vieil manuscrit qui feusse demeuré soubz le nom d'Eusebe, ains que ledict Scaliger l'a voulu restituer par la force de son esprit, tant sur la version latine de St Hierosme que sur la conference des vestiges ou fragmentz qu'il en pouvoit recongnoistre dans les croniques de Georgius Syncellus, de Theophanes et de Cedrenus ou aultre. Toutesfois je m'en rapporte à ce qu'il en aymera mieulx juger. Le mal est que mon livre est fort barbouillé, et que j'auray bien de la honte que mes resveries paroissent devant un homme du calibre de Mr de Mezeriac, et si vous venez bientost, je seray bien ayse que vous voyez en quel estat il est pour m'en donner vostre advis avant que nous l'eussions faict passer plus oultre.

Pour la vie d'Homere en grec par Plutarque, je ne l'ay point encore veüe, et si je suis bien asseuré qu'aultresfois j'en ay faict une assez exacte recherche, et suis bien marry que la presse que l'on m'a donnée ce jourd'huy pour l'expedition de l'ordinaire m'aye faict oublier d'en escripre à Rome, pour voir si elle s'y rencontreroit à ceste heure plus facilement qu'aultresfois. Au reste je ne sçay si je n'ay point oublié de vous advertir par mes precedentes lettres que j'ay envoié par M^r le Prieur de Roumoules une quaisse de manuscrits dont on m'a accusé l'arrivée à Paris dez le premier novembre, où sont mes trois divers Pentateuques samaritains avec le Dictionnaire des Samaritains en 3 langues et les lettres originalles du prebstre et de la Sinagogue des dits Samaritains à feu M^r della Scala, dont je vous avois escript, avec mes deux Nouveaux Testamentz syriaques et aultres livres tant pour le P. Morin et M^r le Jay que pour aultres amis, mesmes un volume d'opuscules de Galien traduicts en hebreu, où il y a plusieurs pieces dont le texte grec et la version latine estoient perdües, pour pouvoir servir à Mr du Chat en l'edition qu'il entreprend de toutes les œuvres de cest autheur.

J'ay receu depuis deux jours quelques livres de Rome, entre lesquelz est ce gros volume du P. Scheiner qu'il a intitulé *Rosa ursina*, sur les macules du soleil qu'il faict transformer en parties plus lumineuses en apparence que le reste du corps du Soleil, quand il les veult faire esvanouir au milieu de leur carriere, comme au contraire il faict paroistre par une extraordinaire lumière les macules qui doibvent naistre dans le disque solaire, dont nous avions bien recongneu quelque chose, lorsque nous vous escripvions sur ce subject, mais j'y donnois d'aultres inductions que luy; il le faudra examiner un peu plus à loisir. Cependant je vous remercie bien fort de la relation que vous m'avez faicte de ce vieux meufle de Lyon de M⁰ Pellot, dont j'oubliay de vous demander un peu de griffonnement, pour voir s'il n'est pas en sorte qu'il aye aultresfois servy de couvercle, de tampon ou de bouschon d'un vase; que si cela est comme je me l'imagine, je prieray encores ledict s⁰ Pellot de me le faire portraire, car j'en ay trois aultres qui ont servy à mesme usaige, et qui sont de differentes figures, representantz l'un une teste humaine, l'aultre une teste de loup ou de renard, et le troisiesme une teste de singe, et j'en ay aultresfois veu qui avoit la teste d'aigle.

J'avois autreffois le livre de Prosper Alpinus des maladies et medecines d'Ægypte[1] que j'ay faict chercher fort soigneusement partout ceans pour voir ce qu'il pouvoit dire de la goutte du Solstice, dont il me semble l'avoir autreffois ouy discourir, mais il ne s'est trouvé que le seul volume des plantes d'Ægypte, et celluy du baulme à part. Il fault que celluy là m'ayt esté retenu par quelqu'un des medecins de ceste ville, comme pouvoient estre feu M⁰ Fontaine et feu M⁰ Merindol, ausquelz je suis bien asseuré de l'avoir aultreffois moustré. Avec ces livres de Rome nouvellement arrivez, j'ay un petit fagot de livres de la part de Dom du Puy, procureur de la Chartreuse de Rome, pour Mess⁰ˢ ses freres, lesquelz m'ayantz escript de Paris que je l'ouvrisse et j'en tirasse un *Diogenes Laertius* in-f°, qu'ils vous avoient promis pour le vous faire tenir à Digne, je n'ay pas voulu

---

[1] Prosper Alpini, médecin et botaniste, né en 1555 dans l'État de Venise, mourut professeur à l'université de Padoue en 1617. Il avait rapporté d'un voyage en Égypte (1580-1583) les matériaux de plusieurs de ses livres, notamment de celui qui est ici mentionné (*Medicina Ægyptiorum*). Voir la liste des publications d'Alpini dans le *Manuel du libraire* (t. I, p. 199, 200).

manquer d'y satisfaire et le vous envoye presentement à l'advance par ceste bonne commodité du venerable P. Maximilian qui s'en va prescher en vostre Eglise, affin que vous le trouviez là à vostre arrivée, pour le joindre au reste de voz livres et pour vous en pouvoir servir, au cas que vous y fassiez du sesjour. Mais si vous m'en croyez, vous ne vous y arresterez point plus d'un jour, et vous en viendrez incontinant de par deçà, comme je vous en supplie et conjure trez instammentz pour vous prevalloir de la plus belle occasion qui se pouvoit jamais presenter de rendre un notable service au public, et particulierementz à ceste province, et possible pour vous mettre en creance telle qu'il fault auprez de Monseig^r le Cardinal duc de Richelieu, et par consequent auprez du Roy, pour vous faire donner d'aultres plus grandz emplois, et en suitte la recongnoissance deue à vostre vertu ; c'est que le dict seigneur Cardinal veut avoir une carthe trez exacte de toute la Coste maritime de ceste province, où c'est que Monsr le President Seguiran, mon beau-frere, a charge d'aller faire un voyage, pour y faire vacquer en sa presence par gentz les plus intelligentz qu'il y pourra employer, et pour cest effect il doibt partir d'icy dans 8 ou 10 jours, et sera infiniment ayse de vous y employer plustost que tout aultre, et de prendre avec vous telle personne que vous jugerez plus à propos pour travailler aux desseins des portz et havres plus importantz et pour executer ce que vous en ordonnerez aprez avoir prins les elevations polaires et aultres dimensions les plus exactes que faire ce pourra. J'ay creu que vous accepteriez volontiers cest employ pour l'affection que vous monstrez d'avoir à la patrie, puisque cela ce peut faire sans vous charger de despence, et avec bien moins d'incommodité que s'il vous y falloit aller tout seul, car la presence de Mr Seguiran et l'authorité de sa charge de lieutenant general en l'intendance de la Marine fera concourir partout à son secours et au vostre toute sorte de personnes capables d'y contribüer ce qui pourroit y estre requis. Hastez vous donc, je vous supplie, de vous en venir, pour ne point retarder le voyage de M^r le President qui vous attend en bonne devotion, aussi bien que Mr de la Valette et voz aultres bons amis, entre lesquelz vous voulez bien que je maintienne le rang que vous m'avez donné,

Monsieur,

de vostre, etc.
DE PEIRESC.

A Aix, ce 18 novembre 1632[1].

XXXIV

À MONSIEUR, MONSIEUR GASSENDY,
DOCTEUR EN Ste THEOLOGIE ET THEOLOGAL EN L'EGLISE CATHEDRALE DE DIGNE.
À DIGNE.

Monsieur,

Vostre pacquet arriva hier au soir tout à temps pour faire mettre celluy que vous envoyez à Paris dans ma despesche de l'ordinaire. Pour celluy de Rome il fauldra attendre la sepmaine prochaine que je l'envoyeray en Avignon, les courriers de Lyon qui passent par icy m'en ayant faict perdre quelques uns, bien qu'ilz m'eussent rançonné à leur poste, de sorte que je me suis resolu de les laisser et de tenir desormais la voye d'Avignon, quoyque plus longue. Je receuz pour vous par le dernier ordinaire un petit pacquet dont par mesgarde j'ouvris l'enveloppe que je trouvay d'abord addressée à moy, pour n'avoir pas achevé de lire la subscription, dont je vous supplie de m'excuser. Je receuz par mesme moyen de la part de Mr du Puy un exemplaire du petit livre de Skikardus[2] à la lecture duquel je prins un indicible plaisir dez le soir mesme de son arrivée, et le lendemain

---

[1] Bibliothèque nationale, fonds français, 12772, fol. 15. La lettre suivante adressée à Grenoble, où Gassendi allait arriver, et recommandée à la courtoisie de M. Valois, intendant de la maison de M. le comte de Sault par son très humble serviteur Dumay (secrétaire de Peiresc), n'est que le duplicata de la lettre précédente portée à Digne par le P. Maximilien, cordelier. L'une et l'autre sont écrites par le secrétaire et signées par Peiresc.

[2] C'était la réponse de Schickard au *Mercurius in sole visus*. Cette réponse parut à Tubingue (1632).

au matin l'envoyay à Mʳ le Prieur de la Valette avec priere de me le rendre incontinant qu'il l'auroit leu, afin de le vous pouvoir envoyer, jugeant bien qu'il n'est possible pas encore parvenu entre voz mains puisque vous ne nous en avez rien mandé, et qu'il importe d'anticiper tant que faire ce pourra la satisfaction qui vous en doibt revenir, et avois mesmes resolu de vous envoyer un lacquay exprez pour cet effect, sans que Mʳ Taxil, vostre bon hoste, m'a asseuré d'une commodité opportune par laquelle il envoyoit querir son cheval, et par laquelle vous auriez moyen de me r'envoyer le dict livre comme je vous prie de le faire si vous vous en pouvez passer aprez la premiere veüe. d'aultant que je voudrois bien luy faire passer les Montz, et l'envoyer au cardinal Barberin la sepmaine prochaine, Dieu aydant, puisqu'il tesmoigna me sçavoir si bon gré lorsque je luy fis tenir vostre observation qui a donné subject audict sʳ Skikardus d'en tirer de si belles et excellentes consequences. J'ay escript à Mʳ du Puy de m'en procurer, s'il est possible, quelques aultres exemplaires, qu'il y aura moyen de voir plus à loisir en son temps, Dieu aydant. Cependant j'ay pris un grand plaisir de voir la methode de ce bon homme pour l'observation de l'Eclipse et encore plus celle qu'il a tenüe pour determiner si precizement le vray lieu de vostre Mercure, et pour sauver son apparente petitesse, et par consequent l'observation de ceux qui ne l'avoient point veu par le tuyau sans verre. Je faisois desja grand cas de ce personnage sur la relation de Mʳ Holstenius et sur un petit livre que j'avois veu de luy concernant la genealogie des vieux patriarches, mais à ceste heure je le prise et cheris au centuple tant pour l'amitié qu'il vous porte que pour l'excellence qu'il faict paroistre de son esprit et de sa vertu dans ce petit ouvrage qui me fera attendre avec grande impatience l'aultre qu'il promet *ex professo* sur le mesme subject de vostre Mercure avec cez belles traductions dont il vous parle, et me rendray desormais fort soigneux d'apprendre quelz livres sont sortiz de ses mains pour en recouvrer ou voir tout ce que je pourray, et si je pouvois contribuer quelque chose à ses louables et recommandable sestudes, je n'y espargnerois rien de mon foible credit, dont je ne desespere pas de rencontrer peut estre quelque occasion parmy certain nombre de livres que j'attendz du Levant.

La despesche dont vous estes en peine me fut rendüe à Beaugentier, mais la grande maladie que j'ay eüe ne tarda pas de me surprendre et me fit possible differer plus que je ne debvois de vous y respondre, et de vous en avoir accusé la reception le plustost que j'en euz le moyen. Nous verrons fort volontiers ceste belle vie d'Esope que M⁺ de Mezeriac a recueillie, et si vous persistez en vostre resolution de venir aprez les Roys, je vous prie de nous en advertir à l'advance à celle fin que nous puissions en donner advis au s⁺ Salomon Azoby[1] qui se rendra icy en mesme temps pour avoir le bien de vous gouverner, car de s'attendre à M⁺ le Prieur de la Valette, vous sçavez qu'il est assez difficile à manier, si on ne le prend fort à son advantage[2]; sur quoy, attendant de voz nouvelles, je finiray demeurant,

Monsieur,

vostre, etc.

DE PEIRESC.

A Aix, ce 7 décembre 1632[3].

XXXV

À MONSIEUR, MONSIEUR GASSENDY,

DOCTEUR EN Ste THEOLOGIE ET THEOLOGAL EN L'EGLISE CATHEDRALE DE DIGNE,

À DIGNE.

Monsieur,

J'oubliay, l'aultre jour, en vous escripvant, de vous dire que M⁺ du Puy m'a escript que puisque vous n'avez plus besoing du Diogenes

---

[1] Voir le fascicule IX des *Correspondants de Peiresc* intitulé : *Salomon Azubi, rabbin de Carpentras. Lettres inédites écrites de Carpentras (1632-1633)*, avec notice complémentaire de Jules Dukas (1885, grand in-8°. Extrait de la *Revue des études juives*).

[2] Sur l'originalité du caractère de Joseph Gaultier, voir le fascicule IV des *Correspondants de Peiresc*, *Avertissement*, p. 8.

[3] Bibliothèque nationale, fonds français, 12772, fol. 19. De la main d'un secrétaire.

Laertius, Mr Guiet¹ leur a demandé avec grande instance, tellement que si vous nous le renvoyez, je leur feray tenir et le s^r Briançon present porteur, greffier de vostre seneschaussée de Digne, trouvera des commoditez de me l'envoyer ça bas, si vous n'en avez d'ailleurs. N'estant la presente à aultre fin, je demeureray,

Monsieur,

vostre, etc.
DE PEIRESC.

A Aix, ce 10 decembre 1632².

XXXVI

À MONSIEUR, MONSIEUR GASSENDY,
DOCTEUR EN Ste THEOLOGIE ET THEOLOGAL EN L'EGLISE CATHEDRALE DE DIGNE,
À DIGNE.

Monsieur,

Je receuz par Monsr Taxil le fagot de livres dont vous vous estiez chargé à Paris pour l'amour de moy, ensemble le petit livre de la patrie de St Ambroise³, dont je vous remercie trez humblement ayant envoié le petit pacquet qui y estoit joint pour Mr Lhuillier dez dimanche que partit en poste le s^r du Puy, l'un des commis de nostre greffe, lequel se seroit fort volontiers chargé du *Diogenes Laertius*, mais je ne le receuz qu'hier au soir assez à temps neantmoins pour joindre au pacquet de l'ordinaire les lettres qu'il y avoit pour Mr Lhuillier, qui sont parties à ce matin, et le livre de Laertius fera le voyage par le premier amy qui s'en ira de ce costé là. Je fuz bien fasché de ne pouvoir vous escripre par Mr Taxil, mais j'estois lors trop embarassé, et je crois bien que vous aurez volontiers admis lez excuses que je

---

¹ Sur François Guiet, voir le recueil Peiresc-Dupuy.

² Bibliothèque nationale, fonds français, 12772, fol. 21. De la main d'un secrétaire.

³ *Theophili Raynaudi Societatis Jesu, Ambrosius, succus cœlestis, ubi Galliarum expressus, seu lucubratio de natali solo sancti Ambrosii in Galliis* (Lyon, Jacob Cardon, 1632, in-12).

l'avois prié de vous faire de ma part, comme je vous en supplie encores de tout mon cœur. Il me fit voir un livre de Lansbergius[1] que je n'avois pas encore veu qu'il intitule *Progymnasmata*, lequel j'ay desja demandé à cez Mrs de Paris, aussy bien que les œuvres que vous m'aviez cottées du s^r Skikardus. Je receuz par le dernier ordinaire un pacquet pour vous que j'envoyay encor au s^r Taxil avant son despart, et receuz par mesme moyen une lettre de Mr Lhuillier en responce de celle que je luy avois escripte dernierement sur l'advis de vostre arrivée. Il me mande de m'avoir addressé deux exemplaires du livre de Flud, l'un pour vous et l'aultre pour moy, ce que je doibs mettre sur vostre compte, comme ne l'ayant faict que pour l'amour de vous, car je ne luy ay rendu service quelconque. Il dict qu'il y a adjousté pour vous un exemplaire de l'Epistre de Skikardus, qu'il voudroit bien avoir en double pour m'en despartir un, dont je ne luy ay pas moins d'obligation et à vous aussy que si l'effect s'en estoit ensuivy[2]. Vostre pacquet pour Mr de Digne s'en est allé par un courrier extraordinaire avec plus de diligence qu'il n'eust faict par l'ordinaire, s'il n'eust esté heureusement oublié lors de l'expedition d'icelluy. Cette commodité me tenta et me fit joindre à une lettre que j'escripvis au cardinal Barberin le petit livre que vous m'aviez envoié du P. Theophile[3] sur la patrie de St Ambroise, qui sera bien, à mon adviz, de son goust, s'il ne l'a veu auparavant, de sorte que s'il m'en sçait du gré, ce sera à vous que j'en auray l'obligation. J'en ay envoié demander à Lyon une demi-douzaine d'exemplaires pour pouvoir remplacer le vostre et en faire part aux amis.

Quant à la Musique du P. Merceune, la relation que vous m'en faictes m'en faict prendre meilleure opinion que je ne l'eusse possible

---

[1] Voir le recueil Peiresc-Dupuy.

[2] Nous n'avons pas la lettre de Luillier dont il est ici question. Les deux lettres dont la date se rapproche le plus de celle de la lettre perdue sont, dans le fascicule XVI des *Correspondants de Peiresc*, les lettres II et III du 22 juillet 1630 et du 25 février 1633.

[3] Rappelons que le P. Théophile Raynaud soutenait que saint Ambroise n'est né ni à Lyon, ni à Trèves, mais bien à Arles.

peu concepvoir. Il est bien aysé de luy faire crayonner les tymbales comme je feray, mais pour s'en acquitter avec l'exactesse qui seroit requise, nous aurions besoing de quelqu'un qui en fist une description proportionnée à ses justes dimensions selon les reigles de la Geometrie, ce qui ne nous est pas facile en ce pays icy presentement à mon grand regret, car j'aurois bien d'aultres choses à faire faire aultant et plus importantes que celle-là. Pour d'aultres instrumenz je ne sache rien d'extraordinaire qu'une certaine *Sanbucca* que l'on m'a dict avoir esté inventée à Rome depuis quelques années, en forme quasi d'un clavessin, mais je n'ay veu personne qui en aye ouy luy mesmes la melodie, pour m'en pouvoir parler avec plus de certitude. Dans les marbres antiques il est vray que j'ay veu plusieurs pieces fort bigearres qui meriteroient une grande disquisition, et entr'aultres des doubles fleustes fort longues sur les trous desquelles estoient entées d'aultres moindres petites fleustes en nombre les unes de sept et les aultres de cinq, où je pense qu'il y auroit bien de belles choses à dire comme sur le nombre des cordes de la lyre, et sur la forme du plectrum, et la maniere differente d'en toucher les cordes, mais il y faudroit un peu plus de loysir que je n'en ay encore peu trouver depuis que je suis icy.

Quant à la musique orientale, c'est la verité que je pense que la seule diversité des espritz est capable de leur fournir des conceptions de concertz que la nouveauté nous feroit paroistre excellente. Ce que j'ay esprouvé en une chetifve chanson que je fiz mettre en tablature de musique sur le chant d'un forçat de gallere, laquelle ayant despuis faict chanter à un jeune homme qui sçavoit chanter des airs à la mode de la Cour sur une petite guittarre, l'armonie nous en sembla si extraordinaire et si delicate que nous en estions ravis, et celluy mesme qui la chantoit ne pouvoit assez admirer l'excellence de certains accordz et certaine cadence qu'il n'avoit jamais ouye, qui fût la cause que je prins la hardiesse d'en envoyer une copie à Rome dont on m'a remercié comme si c'eust esté quelque chose de bon. Je la feray chercher pour vous en faire faire une coppie, et tascheray d'envoyer un memoire en divers lieux du Levant pour l'amour de vous, sur ce que desire le P. Mercenne, mais je pense que pour luy satisfaire punctuellement, il faudroit qu'il y fusse luy mesme, car sans cela je ne crois pas qu'on puisse executer ce qu'il desire avec la perfection qu'il luy faudroit. Cependant je serois bien ayse d'apprendre de vous ou dudict P. Mercenne s'il n'a point entrepris de faire imprimer tous cez anciens autheurs grecz de la musique, dont il se trouve divers recueilz manuscrits auquel cas je voudrois sçavoir le roolle des autheurs qu'il a apprestez pour cest effect, pour voir s'il y en pourroit adjouster quelque aultre de plus, en ayant veu en divers endroictz qui eussent bien merité de voir le jour, et de rencontrer un charitable traducteur qui y peusse joindre les nottes et commentaires dont vous estimez si capable le bon P. Mercenne que je vous supplie de salluer de ma part quand vous luy escriprez, et l'asseurer de mon humble service, que je luy desvoue d'aussy bon cœur que je suis,

Monsieur,

vostre, etc.
DE PEIRESC.

A Aix, ce 21 decembre 1632¹.

XXXVII

À MONSIEUR, MONSIEUR GASSENDY,

DOCTEUR EN SAINTE THEOLOGIE ET THEOLOGAL EN L'EGLISE CATHEDRALE DE DIGNE,

À DIGNE.

Monsieur,

Je viens de recevoir vostre despesche par le P. Maximilian sur le point qu'il falloit sortir pour aller à la messe à ce bon jour², et que j'estois engagé en une compagnie que je ne pouvois faire attendre,

---

¹ Bibliothèque nationale, fonds français, 12772, fol. 23. De la main d'un secrétaire. — ² Le premier jour de l'année, où l'on avait alors l'habitude d'entendre la messe comme en un jour de fête.

de sorte qu'à peine ay-je peu lisre vostre lettre, et ouvrir le livre qu'il vous plaist m'envoyer que j'ay trouvé estre le *Cornelius Celsus*[1], ce qui me faict doubter qu'il n'y aye de l'equivoque, si l'on a imprimé ou rellié derriere ce que vous dictes de la vie d'Esope, ce qu'il fauldra veriffier plus à loisir. Vous avez tort de me faire les excuses que vous me faictes de l'addresse de voz lettres que je recois à si grand honneur et faveur; si vous m'envoyez celles de Mess. Naudé et Bouchard pour Rome, je les envoyeray par la voye d'Avignon où les ordinaires de Lyon passent deux fois le mois pour Genes, mais pour Mr Gaffarel de Venise j'en ay receu une lettre à laquelle il me fault respondre et je suis encore en peine de quel costé je choisiray ma correspondance en ce quartier là, où elle a esté interrompüe depuis 4 ou 5 ans. Toutesfois si vous m'envoyez vostre lettre possible m'obligerez vous à luy responder plustost que je n'eusse faict. Mr de Rossy de Lyon m'escript du 29 de ce mois qu'il m'envoyoit par des mulletiers une cassette que Mr Genom luy avoit remise pour moy à laquelle il pensoit pouvoir joindre un petit fagot de livres que Mr Lhuillier disoit luy avoir addressé, mais qu'il ne l'avoit point encore receu, dont je suis bien marry pour l'amour de vostre Flud, vous remerciant bien humblement de l'offre que vous me faictes du premier exemplaire double que vous aurez de l'epistre de Skikardus, car Mr du Puy m'escript qu'il ne m'en a sceu avoir un autre pour le remplacement de celluy que j'ay envoié à Rome, mais à la prochaine foire, ilz ne nous pourront pas manquer, Dieu aydant, et la pièce vaudra bien la peine d'etre reimprimée à Paris, sur quoy je demeure,.

Monsieur,

vostre, etc.

DE PEIRESC.

A Aix, ce premier jour de 1633. que je vous souhaitte le plus heureux de vostre vie.

---

[1] L'auteur du *De re medica* (en VIII livres). On sait que Celse vécut dans le premier siècle de notre ère.

Il s'imprime bien ici comme à Lyon quelquesfois des gazettes[1], mais non pas d'ordinaire[2].

XXXVIII

À MONSIEUR, MONSIEUR GASSENDY,
DOCTEUR EN Ste THEOLOGIE ET THEOLOGAL EN L'EGLISE CATHEDRALE DE DIGNE,
À DIGNE.

Monsieur,

J'ay receu par le deputé de vostre ville vostre derniere despesche qui accompagnoit l'Esope de Mr de Meziriac, dont j'ay veu trez volontiers la vie qui se peut dire nouvelle eu esgard à celle qu'on avoit tenüe depuis tant d'années; je le vous renvoye avec mes trez humbles remercimenz, et par mesme moyen aussy le Cornelius Celsus que vous m'aviez envoyé par l'equivoque de vostre homme. Si nostre ordinaire arrivoit demain à temps avant que le present porteur monte à cheval, ce me seroit une belle commodité pour vous faire tenir voz lettres de Paris, car je crois bien qu'il y en aura pour vous. Au reste vous aviez grande raison de dire que le P. Scheiner avoit descouvert de belles choses de la veüe tant naturelle qu'artificielle par les lunettes, vous asseurant que ce m'a esté un plaisir nompareil de voir la comparaison qu'il faict de l'œil avec la chambre obscure où l'on observe les macules solaires, et me tardera d'avoir le bien de vous voir pour vous entretenir sur les conceptions et imaginations qui me sont venües sur ce subject, et speciallement sur une observation que j'ay faicte aultresfois sur l'apparence d'un double object, que j'avois attribuée à la diversité de superficie tant de la peau cornée que du globe cristalin en la

---

[1] Il faudrait rechercher avec d'autant plus de soin les Gazettes imprimées à cette époque à Aix, que Peiresc y inséra plus de nouvelles reçues de Paris et de l'étranger et qu'il serait bien curieux de relever toutes les communications par lui fournies à ces modestes feuilles locales.

[2] Bibliothèque nationale, fonds français, 12772, fol. 96. De la main d'un secrétaire.

maniere que les glaces de miroirs de verre doublent les especes d'une chandelle allumée, par la distance de l'espoisseur du verre d'entre les deux superficies dudict verre, lorsqu'on ne le regarde pas de front, ains un peu en biais, si ce n'est qu'on vueille accorder que l'espeisseur (sic) de la convexité de l'humeur cristaline puisse faire le mesme effect d'une superficie à l'autre.

Au reste l'un des amis que j'ay employé aux terres d'oultremer pour avoir ces Pentateuques samaritains et autres livres en langues orientales me prie instamment de luy faire avoir un Alcoran de la version latine imprimée en Allemagne in fol.[1]. J'en avois un exemplaire que je donnay il y a 5 ou 6 ans à un gentilhomme de mes amys qui passa par icy, m'estant apperceu qu'il en avoit quelque envie, n'ayant pas esté beaucoup friand de telles sortes de livres, et specialement de celluy là dont je sçavois bien que la version n'est pas des plus fideles du monde, et le mal est qu'ayant escript à Lyon pour voir si j'en aurois quelqu'un de ce costé là, il ne s'y en est pas trouvé, de façon que je voys bien qu'il me fauldra attendre quelque temps avant que de pouvoir donner contentement à cest amy, si je ne trouve quelque secours d'autre costé plus bref, et d'aultant que j'ay appris qu'il s'en vendit un en ceste ville, un peu devant la peste, qui pourroit bien estre tombé entre voz mains ou de quelque autre de voz amys, j'ay creu que vous me blasmeriez si je ne prenois la confiance de vous ouvrir ce moyen de m'obliger, soit que le livre soit en vostre pouvoir, ou de tel autre de qui vous puissiez disposer aussi librement, comme je m'asseure que vous pouvez faire de M^r le lieutenant Castagny et de tout ce qu'il y a de plus honnestes gens en ce païs là, ausquels nous tascherons de faire remplacer quelques pieces, si c'est chose qu'ils affectent, et si mieux ils n'ayment à voir quelques aultres livres qui soient plus de leur usage, le tout sans rien diminuer de mes obligations tant envers eulx qu'en-

---

[1] Il s'agit là du recueil de Théodore Bibliander: *Machumetis ejusque successorum vitæ, doctrina, ac ipse Alcoran, quæ D. Petrus, abbas Clun., ex arabica lingua in lat. transferri curavit*. La première édition est de 1543, Bâle, in-fol., et la seconde, de 1550. Voir le *Manuel du libraire*, t. III, col. 1308.

vers vous. J'attendray de clorre la presente jusques à demain, pour voir si l'ordinaire pourroit avoir rien apporté pour vous asses à temps et demeureray tousjours.

Monsieur,

vostre, etc.
DE PEIRESC.

A Aix, ce 7 janvier 1633.

Du 8ᵉ janvier 1633.

L'ordinaire estant depuis arrivé, j'ay receu diverses lettres du 30 et dernier du mois passé, tant de la part de Mʳ du Puy que aultres, sans qu'il y eusse aulcune chose pour vous, dont j'ay esté bien fasché pour l'amour de vous; je n'ay pas mesme receu la Gazette accoustumée, mais j'ay eu une lettre de Mʳ de Rossy du 5ᵉ de ce mois, qui m'accuse la reception du ballot de Mʳ Lhuillier, et dict l'avoir joint à une cassette de vases et figures antiques de bronze que le sieur prieur de Roumoules a ramassez de tous les plus curieux cabinetz de Paris, et à ung aultre petit fagot que l'on m'adresse de Bezançon pour faire tenir au Cardinal Barberin, le tout bien emballé et consigné à un celebre mulletier de ces quartiers nommé Biscantin qui debvroit arriver dans la sepmaine prochaine pour le plus tard, et en mesme temps vous pourrez croire que je ne perdray point de commodité de vous faire tenir ce qui vous appartient que je ne l'embrasse incontinant. J'ay receu par le mesme ordinaire une lettre de Mʳ Lejay du 27ᵉ decembre où il me demande quelques pieces de la Bible arabique et syriaque, lesquelles je voudrois bien avoir à ma disposition pour son contentement, mais on ne m'a pas tenu parolle de tout ce qui m'avoit esté promis du Levant d'où, comme vous scavez, il fault prendre ce qu'on peut et s'en contenter. J'ai recouvré, cez jours cy, un trez beau Pentateuque des Samaritains escript pour la pluspart en caracteres arabiques, n'y ayant quasi que les commancementz des chapitres et des principaux versetz qui soient en caracteres samaritains où nous avons desja rencontré des varietez de leçons qui sont fort notables. Je l'envoyeray à

Paris à ces Messieurs par la prochaine commodité d'amy; je pensois y trouver quelque fragment des livres de Josué des Samaritains, mais j'ay trouvé que le volume qui accompagnoit ledict Pentateuque estoit tout autre chose qui ne sera possible pas neantmoins du tout inutile, comme j'espere; il y a entr'aultres une genealogie de Mahomet à la prendre depuis Seth que je veux conferer avec celle de Mr Skikard.

Tandis que j'attendois qu'on vint prendre ceste despesche de la part du deputé de vostre ville, j'ay receu le ballot de Lyon fort bien conditionné, où j'ay trouvé un petit paquet in 8° addressé à moy sans aulcun cachet, soubz l'enveloppe duquel j'en ay trouvé un aultre addressé à vous sans neantmoins aulcune enveloppe particuliere, ains seulement attaché avec du filet. C'est pourquoy sans le destacher il ne m'a pas esté mal aysé de recongnoistre que ce n'estoit qu'un exemplaire du livre de Flud in fol. pleyé in 8° comme un aultre pareil qui n'estoit point attaché, lequel j'ay retenu suyvant l'ordre que m'en avoit donné Mr Lhuyllier par sa dernière lettre, mais avec icelluy il y avoit un exemplaire de la petite Epistre de Skikardus in 4° sur vostre *Mercurius in sole* que ledict sieur Lhuillier avoist laissé destaché afin que nous eussions moyen de le voir, comme de faict j'y ay rejetté un second coup d'œil, et apres je n'ay pas voulu manquer de le joindre à vostre pacquet et aux autres livres que j'avois à vous r'envoyer qui seront tous jointz soubs une mesme enveloppe, mais il me reste un scrupule de ce que dans mon fagot j'ay trouvé certains livres manuscrits que l'on me renvoyoit et certains livres que j'avois demandez, parmy lesqueltz j'en ay trouvé 5 ou 6 aultres pieces que je n'avois point demandez dont aulcuns sont pleyez et battus qui sont possible à vous sans que je puisse neantmoins m'en esclaircir de moy seul, parce que il n'y avoit point de lettre jointe ny point de roole du contenu en mon fagot, non plus que du contenu au vostre, tout estant meslé les uns parmy les aultres sans aulcune distinction par ligature ne par enveloppe si ce n'est pour lesdictz livres de Flud et de Skikard, de quoy vous nous pourrez mieulx esclaircir, je m'asseure. Cependant j'ay faict mettre à part tout le contenu audict ballot, afin de vous pouvoir envoyer tout ce qu'il vous plaira m'ordonner, ce qu'attendant je vous remercieray du livre de Flud aussy bien que Mʳ L'huillier, vous suppliant de nous envoyer à vostre commodité les observations que vous nous faictes esperer de l'elevation polaire du lieu où vous estes, avec l'aultre que vous avez faicte en mesme temps.

Comme je faisois escripre cecy, j'ay voulu revoir un passage dans vostre Epistre de Skikardus, oultre ceux que j'avois auparavant reveuz et me suis apperceu qu'il y manquoit une feuille dont j'ay esté grandement fasché pour l'amour de vous, n'estimant pas qu'elle se puisse estre perdüe entre mes mains, attendu qu'elle estoit soubz une enveloppe que j'ay ouverte moy mesme, et qui estoit adressée à moy, que je ne pense qu'on ayt eu la curiosité d'ouvrir à Lyon, j'ay en mesme temps voulu revoir tous les livres pleyez et battus pour voir si par mesgarde ce cahier n'auroit point esté confondu parmy aulcun d'iceulx, mais il ne s'y en est rien trouvé, de sorte qu'il fault que ceste fueille soit demeurée à la boutique du rellieur qui l'a pleyé et battu, ou du laveur que Mʳ Lhuillier a employé pour le laver, car je ne doubte point que le bon homme Skikardus ne le vous aye envoié bien complet. Cependant cela a esté la cause que je n'en ay pas voulu parler à Mʳ le premier President, à qui je me serois possible dispensé de le faire voir sans cela, tandis que vostre consul attendoit son expedition. Il fauldra en advertir Mʳ Lhuillier pour faire rechercher ceste fueille, à quoy il y aura peut estre bien peu de resource, jusques à la prochaine foire de Pasques [1].

XXXIX

À GASSENDI.

Monsieur,

Je vous avois appresté un pacquet long temps y a, pensant que vostre consul en deusse estre le porteur aprez la feste, mais il s'en alla

[1] Bibliothèque nationale, fonds français, 12772, fol. 28. De la main d'un secrétaire.

à Marseille, et quelque exacte recherche que j'aye peu faire toute ceste sepmaine, il n'a point esté en mon pouvoir de trouver aulcune commodité de le vous faire tenir. Cependant nostre ordinaire est arrivé ce jourd'huy, par qui j'ay receu un pacquet pour vous qui sera cy joint, et à ce soir un honneste homme m'estoit venu dire de vostre part qu'il avoit apporté de voz lettres à M^r le prieur de la Valette, et qu'il s'en alloit lundy, par qui je le pensois envoyer, et par mesme moyen vous respondre à vostre despesche du jour des Roys que le procureur Robert m'apporta un jour trop tard pour l'expedition de l'ordinaire, mais parce que vous estes né coiffé, comme je pense, puisque vous seul avez peu voir Mercure dans le Soleil, il se presenta incontinent une commodité d'un gentilhomme qui partit d'icy en poste jeudy dernier par qui je l'envoyay, m'asseurant qu'elle ne fera pas moins de diligence que l'ordinaire, et un peu plus tard à ce soir mesmes Castelli m'a ramené ceans vostre consul qui s'est venu offrir de partir dez demain au point du jour aprez la premiere messe pour vous porter plus fraisches les nouvelles de nostre ordinaire que j'avois receües à ce matin en recompense du retardement du pacquet qui avoit esté ceans en chaumage toute ceste sepmaine, et parce que je ne l'ay guieres entretenu, et que je me suis depuis advisé qu'il vaudroit mieux vous envoyer dez à present tous les petitz livres pleyez et battuz ou relliez que j'avois receuz dans mon ballot affin que vous en peussiez retenir tout ce qui s'y trouvera de vostre compte ou de vostre goust, je viens de luy envoyer mon homme pour luy en faire voir le fagot affin de l'en charger s'il ne luy est incommode, sinon je l'envoyeray par celluy qui doibt partir lundy s'il a le courage de s'en charger.

Si voz lettres pour les sieurs Naudé et Bouchard feussent arrivées aujourd'huy, elles eussent rencontré une occasion fort opportune de leur faire passer les monts. Au reste vous ne sçauriez croire le plaisir que j'ay prins de voir les theses du bon homme Skikard, et de vous y trouver enregistré au nombre des plus grands genies de tous les meilleurs siecles, quoy que vostre modestie vous puisse faire dire au contraire. Je les feray voir à M^r le premier President, aussy bien qu'à

Mr le prieur de la Valette, et à tous nos meilleurs amys, priant Dieu qu'il benisse toujours de plus en plus voz louables travaux, et qu'il me donne plus de moyen que je n'en ay peu avoir pour vous servir comme,

Monsieur,

vostre, etc.
DE PEIRESC.

A Aix, ce 15 janvier 1633.

Mon homme me vient de dire que vostre consul veut tout porter, tellement que je feray tout mettre en un pacquet[1].

XL

À GASSENDI.

Monsieur,

Je receuz hyer vostre despesche du 23 de ce mois avec le fagot de livres que vous m'avez voulu renvoyer et une lettre pour Mr de Digne que je joindray à voz precedentes pour les envoyer par le present ordinaire, s'il se veust charger de mon pacquet; sinon ce sera par la voye d'Avignon. J'avois receu trois ou quatre jours auparavant une autre despesche vostre, avec voz autres lettres tant pour Venise que pour Rome, à toutes lesquelles je tacheray de donner toutes les meilleures adresses que je pourray, mesmes à celles de Paris qui arriverent trop tard pour le precedent ordinaire, lesquelles s'en yront par le prochain Dieu aydant. Celluy qui est arrivé aujourd'huy m'a apporté une petite lettre pour vous, laquelle sera cy joincte, et laquelle pourra aller par un homme que Mr le sacristain Robert il (*sic*) dit estre en volonté de partir demain, estant bien marry de ne vous pouvoir respondre ponctuellement à l'une et à l'autre de voz despesches pour ce coup, mais il faudra que vous m'escusiez, s'il vous plaict, et que vous ayiez agreable

---

[1] Bibliothèque nationale, fonds français, 12772, fol. 30. De la main d'un secrétaire.

que je remette la partie à la premiere commodité, pour pouvoir escripre à Rome, à ce soir, desirant grandement de voir voz observations sur le Mercure, et voudrois bien aussy, comme vous, que Mʳ Skicard les peusse voir à temps avant qu'achever son livre, et vous conseille bien de les luy envoyer, sytost que vous les aurez achevées. Tenez moy tousjours cependant,

Monsieur,

comme vostre, etc.
DE PEIRESC.

A Aix, ce 29 janvier 1633 ¹.

XLI

À MONSIEUR, MONSIEUR GASSENDY,
DOCTEUR EN Sᵗᵉ THEOLOGIE ET THEOLOGAL EN L'EGLISE CATHEDRALE DE DIGNE,
À DIGNE.

Monsieur,

Je receuz hier vostre petit pacquet du dernier janvier, où je ne trouvay qu'une lettre vostre pour Mʳ Lhuillier avec la mienne; il fault que vous ayez oublié d'y joindre celle du P. Mercenne dont vous me parlez, pour l'amour de qui j'ay escript pour voir si nous pourrions rien avoir d'oultremer de ce qu'il demande, n'ayant encore peu chevir de cez menestriers de tymballes. J'ay aultreffois voulu prendre des instructions concernant cez Mʳˢ de Beyne qui estoient muetz, mais je n'y trouvay pas tout ce que l'on m'en avoict dict, et tant s'en fault qu'aulcun d'eux ayt composé de livre que je n'ay pas sçeu veriffier qu'ils ayent jamais sceu lisre dans un livre, ouy bien pour quelque nom propre que je leur ay veu designer par le bout du doigt, en escripvant sur leur main nostre surnom de Callas, pour leur faire cognoistre que mon frere et moy estions filz de feu Mʳ de Callas, lequel

---

¹ Bibliothèque nationale, fonds français, vol. 12772, fol. 31. De la main d'un secrétaire.

il avoit congneu, mais je n'ay pas peu faire de plus grande verifiication que cela de leur lecture. Bien ay-je veu un aultre muet nommé Mʳ de Roumoulles de Linceaux, qui estoit nostre parent, lequel avoit faict un livre de raison qui estoit tout en peinture, et avoit fait son testament en peinture aussy. Je pense que la methode que vous aviez commancée pour instruire un jeune muet eust esté admirable, si vous eussiez eu moyen de la continuer. Je n'avois point ouy parler de ce garçon qui parloit sans langue, et le demanderay à cez Messieurs de Paris par la premiere commodité.

Je suis fort ayse que vous ayez achevé voz observations du Mercure et vous auray bien de l'obligation quand il vous plairra de les nous communiquer. Il fault que vous vous resolviez de les envoyer à Mʳ Skikard le plustost que vous pourrez. Quant à Mʳ Taxil, si j'ay aucun moyen de le servir, vous pouvez bien croire que je ne m'y espargneray point, non plus qu'en tout ce qui regarde voz contentementz, et particulièrement ce qui sera des intherestz de l'Eglise et du public.

Quant à vostre conjecture sur les peuples Avantici, cela merite une disquisition particuliere un peu à loysir. Il y a une inscription sur un arc de l'Empereur Auguste en la ville de Suze, où sont desnommez la plus part de cez peuples des Alpes en termes un peu differentz aulcunes fois de ceux qu'il en avoit rapportez de Pline, ce qui meriteroit bien d'estre examiné d'une main un peu plus exacte que le commun. Quand il se trouve des inscriptions antiques sur les lieux dont on cherche les vieux noms plus propres, ce sont les plus asseurées marques et les meilleurs et moings reprochables tesmoignages qui se puissent rapporter, pour peu qu'il s'y trouve de mention des noms propres des lieux ou des peuples. Je rencontray, un jour, dans une eglise ruinée du terroir de Greoux[1], assez proche d'une source d'eau chaude, une inscription d'un autel dédié NYMPHIS CRYSELICIS[2], qui monstroit un

---

[1] Gréoulx est une commune des Basses-Alpes, canton de Valensole, à 14 kilomètres de cette ville et à 61 de Digne.

[2] M. le chanoine Feraud (*Histoire et géographie des Basses-Alpes*, troisième édition. Digne, 1890, grand in-8°, p. 196) donne les détails suivants sur l'inscription citée par Peiresc et dont on découvrit le complément

nom bien plus ancien et plus propre que celluy du pouillier ecclesiastique où le curé de ce village est appelé *Rector de Gredulis*[1]. Je ne doubte point que si vous faisiez chercher soigneusement dans les eglises de cez quartiers dont vous me parlez, il ne se trouvast quelque chose qui fortifiast voz conjectures. J'ay aultresfois creu que nostre nom vulgaire de Gavot venoit de Gap ou de Vapincum, et que l'origine de Vapincum venoit du gaullois et d'une mesme source et derivation qu'une infinité d'aultres motz qui signiffient riviere ou ruisseau, ou qui en despendent, dont je vous entretiendray quelque jour plus à loysir Dieu aydant, quand nous aurons le bien de vous voir, y ayant aultres fois rencontré des convenances grandement curieuses, et qui peuvent bien donner de la lumiere à des origines fort incongneües et qui paroissent grandement ignorables[2]. Je rencontray, un jour, en la ville d'Ap l'inscription d'un pied d'Estal de statüe dedié par les peuples du village de Gordes, qui n'en est pas esloigné[3], soubz le nom de *Vordenses*. J'en ay rencontré grand nombre d'aultres encores plus expresses. Mais la compagnie qui me vient surprendre me contraint de clorre à mon grand regret, dont je vous supplie de m'excuser et me commander tousjours,

Monsieur,

comme vostre, etc.

DE PEIRESC.

A Aix, ce 4 febvrier 1633[4].

en 1806 : «Cette inscription, gravée avec beaucoup de négligence sur une pierre calcaire grise, aujourd'hui placée dans l'angle d'un jardin de l'établissement thermal, est un monument de reconnaissance élevé par Eelia Faustina, épouse de Titus Vitrasius Polliou, consul et préteur pour la deuxième fois, imperator, pontife, proconsul d'Asie, aux nymphes de Gréoulx; il rappelle qu'elle avait trouvé le rétablissement de sa santé par l'usage de ces eaux. Vitrasius Pollion fut consul pour la deuxième fois avec Flavius Aper en l'an 176 de notre ère et en l'an 819 de la fondation de Rome.»

[1] L'abbé Feraud (à la page 195 de l'ouvrage cité ci-dessus) donne la forme *gryzelium*.

[2] Peiresc avait déjà exposé ses idées sur ce sujet dans une lettre du 28 avril 1629 à Dupuy (t. II, p. 82-84).

[3] Chef-lieu de canton de l'arrondissement d'Apt, à 19 kilomètres de cette ville.

[4] Bibliothèque nationale, fonds français, vol. 12772, fol. 35. De la main d'un secrétaire.

XLII

À MONSIEUR, MONSIEUR GASSENDY,
DOCTEUR EN Ste THEOLOGIE, CHANOINE THEOLOGAL
DE L'EGLISE CATHEDRALE DE DIGNE,

À DIGNE.

Monsieur,

Je vous ay escrip ce matin en m'abillant assez à la haste pour aller au Palais, où voz Messieurs ont eu une partie de ce qu'ils ont demandé, dont je n'ay pas esté marry pour l'amour de vous aussy bien que pour Mr Taxil. Je n'avois poinct encores veu jusques à ce soir le fagot de livres que vous m'avez renvoyez où j'ay trouvé cez poëmes tant de Mr de Boissieu[1] et de Mr Guillet[2] que j'ay pris grand plaisir de lire, principallement cez trois pieces sur les trois merveilles du Dauphiné, et celle du chevalier Bayar[3] auxquelles je ferois volontiers passer les monts pour les faire plasser à la Bibliothèque du Pape ou du Cardinal Barberin, sy j'estois asseuré d'en recouvrer d'autres pareilles, car je ne voudrois pas m'en desasortir. Vous me ferez grande faveur d'en

---

[1] Denys de Salvaing, seigneur de Boissieu, déjà mentionné en ce volume (Lettres de J.-J. Bouchard).

[2] Scipion Guillet ou Guilliet est un obscur écrivain qui n'a guère composé que des pièces de circonstance. On cite de lui : *Renouvellement des anciennes alliances et confédérations des maisons et couronnes de France et de Savoye, au mariage de Victor-Amédée, prince de Piémont, avec Madame Christine de France*, par Scipion Guilliet, avocat au Parlement. Paris, 1619, in-4°. Près de vingt ans plus tard, on publia ses vers latins en l'honneur du mariage de son ami, le futur premier président de la Chambre des comptes de Dauphiné : *Dionysii Salvagnii Boessii et Isabellæ Deagentæ epithalamium, auctore Scipione Guilleto* (à la suite de l'ouvrage de Boissieu : *Sylvæ quatuor de totidem miraculis Delphinatus*, 1638, in-4°). Ce n'est plus seulement de quatre merveilles du Dauphiné, mais de sept merveilles qu'il est question dans le recueil intitulé : *Septem miracula Delphinatus Ad Christinam Alexandram Serenissimam Suecorum, Gothorum et Vandalorum reginam, unicam magni Gustavi sobolem* (Grenoble, chez Philippe Charuys, 1656, in-8° de 157 pages).

[3] Scip. Guilleti de Petri Terallii equitis Bayardi tumulo. On trouve cette pièce dans le recueil qui vient d'être cité : *Sylvæ quatuor* etc.

remercier M⁰ Lagneau quand vous lui escrirez et de l'asseurer que je voudrois bien avoir moyen de luy rendre quelque bon service, n'estant point de besoing de le priver de son Alcorant puisqu'il est sy curieux de livres. Je feray tenir Dieu aidant par le prochain ordinaire la lettre que vous escrivez à M⁰ Lhuillier, et si celluy que nous attendons demain apporte aucune chose pour vous, j'en accompagneray la presente, et en chargeray du tout M⁰ Taxil.

Au reste, j'ay eu quelque vent d'un traicté de Plutarque *de Vita Homeri*[1] qui est, comme je croy, ce que vous me demandiez pour M⁰ de Meseriac. J'escriray pour le faire transcrire, s'il se trouve quelque bon copiste grec pour vostre contentement et d'un sy gallant homme que celluy-là. Cependant ayant recouvré de Lion quelques exemplaires du Saint Ambroise du P. Theophile, je vous en renvoy un pour remplasser le vostre que vous m'aviés baillé et vous supplie de me fere voir voz observations du Mercure le plus tost que vous pourrez. Je n'ay poinct d'ediction en petit volume des opuscules que vous me demandez tant du *Tertulian de anima* que de l'*Hipocrate de aere et de veteri medicina*, qui sont engagés dans deux fort gros volumes in fol° du Terculian[2] de Pamelius[3] et de l'Hipocrate de Foesius grec et latin de Francfort[4]. J'ay offert à M⁰ Taxil de luy remettre l'un et l'autre volume, lesquels il pourra faire prendre quand bon luy semblera, n'ayant rien qu'il ne soit absolument à vostre service, puisque je suis de tout mon cœur,

Monsieur,

vostre, etc.

DE PEIRESC.

A Aix, ce vendredy au soir 4ᵉ febvrier 1633.

---

[1] Les critiques sont d'accord pour contester l'authenticité de la Vie d'Homère attribuée à Plutarque.

[2] Là et deux lignes plus haut Peiresc a écrit *Terculiam*. On ne s'explique guère cette double faute.

[3] Cette édition, placée par sa date entre l'édition princeps de *Beatus Rhenanus* (Bâle, J. Froben, 1521) et celle de Nicolas Rigault (Paris, 1634), n'est pas mentionnée dans le *Manuel du libraire*.

[4] *Opera omnia quæ extant... latina interpretatione et annotationibus illustrata, Anutio Fœsio authore...* (Francfort, 1595, in-fol.).

Je viens de recepvoir un pacquet pour vous par l'ordinaire qui sera cy joinct avec une lettre que m'escript Mr Lhuillier que je vous envoye pour vous faire voir que l'imperfection de la lettre de Skikardus est venüe ainsy d'Allemagne entre ses mains[1].

XLIII

À MONSIEUR, MONSIEUR GASSENDY,

DOCTEUR EN Ste THEOLOGIE ET THEOLOGAL DE L'EGLISE CATHEDRALE DE DIGNE,

À DIGNE.

Monsieur,

Depuis la venue du dernier ordinaire par qui je receuz un pacquet de Mr Lhuillier pour vous, nous n'avons sceu trouver commodité de le vous faire tenir Mr le sacristain Robert ni moy, non plus que de respondre à la derniere despesche qu'il vous pleut me faire sur le subject de la remise des deniers de Mr Lhuillier, sur quoy j'ay escript suyvant vostre ordre à Mr Lhuillier non seulement ce que m'en a mandé Mr de Gastines de Marseille dont vous aurez la coppie cy-jointe, mais aussy tout ce que m'en a dict de bouche Mr de Rossy, de Lyon, dernierement que j'euz le bien de le gouverner ceans un jour ou deux à son retour de Marseille pour Lyon, lequel s'offrit fort courtoisement de vous y servir conjointement avec Mr L'huillier, et sans y rien prendre de sa part, mais il ne me peut pas dire precisement quel party il s'en pouvoit faire, ne quel advantage y pouvoit prendre Mr L'huillier de l'advance de ses deniers qu'il n'eust esté à Lyon et qu'il n'eusse veu le cours de la place, ou du marché, d'où il me promist de m'escripre tout le meilleur chemin qui s'y pourroit tenir, mais il ne debvoit estre à Lyon que vendredy prochain. Je ne manqueray pas d'en tenir adverty Mr L'huillier aussy bien que vous, et de vous servir l'un et l'autre en toutes les meilleures façons qu'il me sera possible.

---

[1] Bibliothèque nationale, fonds français, vol. 12772, fol. 33. De la main d'un secrétaire. Le post-scriptum est de la main d'un autre secrétaire.

M⁰ du Puy m'envoye, ce dit-il, par M⁰ le sacristain Vabelle un livre nouveau qui sera bien de vostre goust, dont je ne manqueray pas de vous faire jouir incontinant, croyant bien qu'il ne peut meshuy tarder d'arriver. Je pense vous avoir escript que j'ay envoyé en Italie toutes voz lettres. Je voudrois bien avoir quelque meilleur moyen de vous servir, et puisque vous avez songé au sesjour de Venise pour vostre particulière satisfaction et tranquillité, quelque dommage que nous y debvions pretendre de vostre part en vostre esloignement, je voudrois que vous y fussiez desja, car cela presupposeroit que nous aurions vostre Epicure, et ne laisrions d'avoir possible quelque moyen de vous servir en ce païs là, vous asseurant que j'estimois grandement M⁰ L'huillier, mais que je l'estime au centuple depuis que vous m'avez faict sçavoir avec quelle generosité il se porte à vous servir, et seconder voz loüables estudes, ne doubtant point qu'un tel sesjour ne fusse capable de vous faciliter la communication de beaucoup de rares et singulieres pieces qui ne se peuvent pas facilement rencontrer ailleurs.

Un marchant de vostre ville, qui m'avoit rendu vostre derniere lettre, m'avoit promis de repasser par icy à son retour de Marseille et d'y faire prendre les deux volumes que j'avois faict apprester tant du *Tertulian* de Pamelius que de l'*Hyppocrate* que j'avois faict couvrir de toille cirée tout prestz à marcher. Si nous trouvons d'autre commodité, nous ne manquerons pas de les vous faire tenir. Cependant je demeureray,

Monsieur,

vostre, etc.
DE PEIRESC.

Aix, ce 15 febvrier 1633.

Depuis avoir escript la despesche estant demeurée à faulte de commodité, j'ay receu de Paris le livre dont on me faisoit tant de feste lequel j'ay trouvé estre d'un pere jesuiste d'Anvers professeur du college de Madrid nommé le P. Jean de la Faille, qui a cherché la quadrature du cercle dans les proportions du centre de la gravité, ou c'est qu'il y a des choses qui semblent assez bien inventées pour ce peu que j'en ay peu voir[1]. Je m'en vay envoyer ce livre à M⁰ le prieur de la Valette pour l'examiner, en attendant la commodité de le vous envoyer. Tout ce que j'y trouve de fascheux est que l'on me mande de ne me pas priver facilement de ce livre sans me dire pourquoy, ce qui me faict craindre que l'autheur l'aye possible voulu supprimer et en faire retirer les exemplaires ou bien le rendre plus exquis et plus desirable à la mode d'Espaigne où c'est qu'ilz font imprimer seulement cinquante coppies d'un livre qui ne se vendroit qu'un teston pour le faire vendre dix escus.

J'avois oublié de vous dire que M⁰ Taxil le bonhomme m'avoit donné esperance de vous porter l'un des deux gros volumes, soit le Tertullian ou l'Hippocratte, mais il s'en alla sans me dire adieu et sans l'envoyer prendre comme il me l'avoit promis[2].

XLIV

À MONSIEUR, MONSIEUR GASSENDY,
DOCTEUR EN Ste THEOLOGIE ET THEOLOGAL EN L'EGLISE CATHEDRALE DE DIGNE.
À DIGNE.

Monsieur,

J'ay porté avec grande impatience que toute la semaine se soit escoulée sans vous pouvoir faire tenir une despesche que je vous avoys faicte dez l'arrivée du penultieme ordinaire de Lyon pour accompagner les lettres qu'il vous avoit lors apportées, lesquelles ont esté accueillies ceans d'une seconde despesche par le dernier ordinaire et d'une lettre de Rome que l'on me mande estre de M⁰ de Digne. Mais Dieu aydant elles ne chaumeront plus icy, car je receus hier au soir vostre pacquet du 17ᵉ par un qui s'en retourne demain, ce dict-il, qui en sera le porteur. Cependant la lettre que vous escriviez à M⁰ L'huillier est

---

[1] Voir sur l'auteur et le livre le recueil Peiresc-Dupuy. — [2] Bibliothèque nationale, fonds français, vol. 12772, fol. 37. De la main d'un secrétaire.

arrivée assez à temps pour aller par cet ordinaire qui part ce matin. J'avois desja donné advis la semaine passée à Mʳ L'huillier de ce que j'avois appris de Marseille, et que j'attendoys de Lyon pour la remise de son argent; mais il n'y a rien de perdu au dellay, puisqu'il ne vous manque pas cependant de bon et bien agreable entretien.

J'ay prins plaisir de voir la lettre du bon P. Mercenne que je serviray volontiers quand je le pourray, et ne tiens pas impossible ce que vous dictes pour l'instruction d'un muet non seulement pour le faire lisre et escripre, mais aussy pour le faire parler en quelque façon. Le muet de Roumoles, dont je vous parlois dernierement, avoit plusieurs mots qu'il prononçoit de son invention pour signifier diverses choses, entr'autres PETA PETA, quand il estoit en colere, et qu'il vouloit battre ses vallets, ne me souvenant pas des aultres, mais je veux escripre à Mʳ de Saint-Martin, son fils, mon cousin, pour me faire une relation exacte de la vie de feu son pere, et pour me faire apporter son livre de raison pour l'amour de vous. Je prieray aussy quelqu'un de noz parentz du costé d'Arles de me mander au vray tout ce qu'il y a de plus certain des habitudes contractées par touts les muets de la maison de Beines.

J'ay prins plaisir d'apprendre le digne employ de Mʳ de Boessieu en l'Ambassade de Mʳ de Crequy, et l'edition de ce qu'il a faict *In Ibin*[1], que je demanderay à Lyon par le premier. Et tiens vostre conjecture sur la Tour sans venin fort vraysemblable et apparante[2]. Je n'ay jamais esté à Grenoble à mon grand regret, et par consequent n'ay jamais veu la fontaine qui brusle non plus que le mont inaccessible. C'est pourquoy si vous en avez faict quelque bonne remarque, vous m'obligerez bien de m'en faire part à vostre commodité, principalement de la fontaine que je prise infiniment.

Je n'ay poinct ouy parler d'aulcune assemblée du Clergé avant

---

[1] C'était un petit travail au sujet du poème satirique composé par Ovide sous le titre d'*Ibis*.

[2] Nous n'avons pas la lettre où Gassendi exprimait ses conjectures sur la Tour sans venin. On voit du reste que toute une série de lettres de Gassendi à Peiresc nous manque pour les années 1632 et 1633.

l'année 1635, encores moings d'Estats generaulx, et n'en croyray pas facilement. Mais ce bruict est possible fondé sur la petite assemblée des Prelatz nommez par le Roy et commis par Nostre Sainct Pere pour faire le procez aux Evesques rebelles, dont M^r l'Archevesque d'Arles est le chef[1] qui a esté mandé par Sa Majesté à Paris pour cet effect, ses collegues estants Messrs les Evesques de Boulogne (Bouteiller[2]), de St-Flour (de Noailles[3]), de Saint-Malo (Sancy[4]), qui ont esté choixsis par le Pape sur le roole de dix que le Roy luy avoit nommez, avec faculté à l'Archevesque d'Arles d'en subroger d'aultres, en cas d'excuse de quelqu'un des nommez. On avoit mesme voulu dire qu'ils assembleroient les Prelats qui se trouveroient à la suitte de la Cour pour y faire le rapport de leur procedure comme en un petit Concile, mais la commission que j'ay veue n'en porte rien.

J'ay receu de Paris un livre du P. Jean la Faille d'Anvers, professeur des mathematiques au college imperial de Madrid, sur des preparatifs à la quadrature du Cercle, par les proportions du centre de la gravité d'Archimede, où je prins bien du plaisir, l'aultre jour, durant une bonne heure, mais, allant au palais, je l'envoyay à M^r le Prieur de la Valette pour l'examiner, lequel ne m'a pas rendu responce depuis; je l'envoyeray semondre de le faire avant le despart de ce porteur, et demeure,

Monsieur,

vostre, etc.,

DE PEIRESC.

A Aix, ce 22 febvrier 1633[5].

---

[1] Jean Jaubert de Barrault. Voir à son sujet le recueil des *Lettres de Peiresc aux frères Dupuy*.

[2] Victor le Bouthillier qui devint archevêque de Tours en 1641 et mourut en 1670.

[3] Charles de Noailles siégea de 1610 à 1646.

[4] Achille de Harlay fut évêque de Saint-Malo de 1632 à 1646.

[5] Bibliothèque nationale, fonds français, 12772, fol. 39. Autographe.

XLV

À MONSIEUR, MONSIEUR GASSENDY,
DOCTEUR EN Ste THEOLOGIE ET THEOLOGAL EN L'ÉGLISE CATHEDRALLE DE DIGNE,
À DIGNE.

Monsieur,

Ce mot à la haste n'est seulement que pour advertir que le jour d'hier je vous envoyay deux despesches en responce de voz dernieres par Pierre Bassac, muletier, nepveu de Mr Taxil, qui se chargea inesperement du fagot des livres que vous desiriez, mais ce fut avec telle precipitation que mes gentz oublierent d'escripre la subscription dudict fagot, ou d'en cotter la jonction au pacquet de mes lettres, mais je croy bien qu'il soit homme de si bonne foy, qu'il ne laisra pas de vous rendre le tout fidelement. Cependant j'ay receu des lettres de Rome du cardinal Barberin et de quelques uns de ses domestiques du 29 janvier où il m'accuse la reception et faict de grands remerciementz de cez petitz opuscules de la patrie de St Ambroise et du Mercure de Skikardus, sur la lecture desquels Son Em^{ce} estoit encores, à ce que m'en escripvent aulcuns des siens, aprez laquelle on me mande qu'il feroit monstrer au P. Scheiner celluy de Skikard conformement à vostre desir. J'escriptz aujourdhuy qu'on prenne le soing de retirer la responce dudict P. Scheiner et par mesme moyen feray tenir vostre paquet à Mr de Digne. M^r le Prieur de la Valette, depuis 3 ou 4 jours, ne se laisse trouver ni jour ni nuict chez luy, tant il est affaizandé à se promener par la ville nonobstant la pluye, et possible le faict-il dire ainsy chez luy pour avoir plus de liberté d'estre dessus ses livres, et possible de poltronizer dans le lict, dont je luy feray bien la guerre à la premiere veue, car cependant je ne vous puis rendre aulcune responce concernant le livre du P. La Faille dont je vous avois parlé.

Quant à la lettre du bon P. Mercenne, je le trouve bien de loysir quand il pretend vous engager à luy envoyer voz sentimentz du livre de Flud, ce que vous vous garderez trez bien de faire si vous m'en croyez, car je l'estime du tout indigne non seulement de vous donner cette peine, mais de la lecture de son livre et de tout ce qu'il sçauroit jamais escripre; vous avez assez de meilleures occupations pour employer vostre temps, et voudrois bien que vous eussiez mis en surseance toutes sortes d'aultres divertissementz susceptibles de quelque delay, pour vous donner le temps de mettre la derniere main à vostre Epicure qu'il me tarde grandement de voir, aussi bien que la naissance des occasions de vous servir utilement selon mes petites forces,

Monsieur,

comme vostre, etc.
DE PEIRESC.

A Aix, ce 25° febvrier 1633¹.

XLVI

À MONSIEUR, MONSIEUR GASSENDY,
DOCTEUR EN Ste THEOLOGIE ET THEOLOGAL EN L'ÉGLIZE CATHEDRALLE DE DIGNE,
À DIGNE.

Monsieur,

Je receuz hyer seulement la despesche dont vous aviez chargé le s^r Jacques, à qui je fis un peu d'amonition fraternelle, lorsqu'il m'advoüa d'estre arrivé icy deux ou trois jours auparavant que de me la rendre, mais je ne lesseay pas de l'asseurer de mon trez humble service en tout ce qu'il pourroit despendre de moy tant en son particulier que pour le general de vostre ville, et en dis autant à Mr Gaudin, mais je le feray bien plus volontier quand je le pourray, vous suppliant de croire que vous auriez grand tort sy vous vous absteniez de m'employer librement, comme vous le pouvez et devez faire en toutes les occasions où vous me jugerez propre pour vostre service ou pour celuy

¹ Bibliothèque nationale, fonds français, 12772, fol. 41. Autographe.

de voz amiz. Despuis la derniere lettre que je vous escrivis par un homme que Mʳ le sacristain Robert m'avoit addressé et auparavant par un muletier qui se chargea tant du Tertulian que de l'Yppochratte, Mʳ de la Valette me renvoya le livre du P. La Faylle que je fis incontinent couvrir et courir mon homme aprez le porteur, mais il se trouva desja trop esloigné de la ville. Je n'ay pas encore peu voir Mʳ le Prieur de la Vallette pour sçavoir son advis sur ce livre, vous l'aurez maintenant cy joinct avec un pacquet arrivé au matin de Paris. J'avois esté sy occupé tout hyer et tout aujourdhuy que je n'avois pas eu moyen d'ouvrir vostre roulleau, jusques à ce soir que j'ay pris grand plaisir d'en voir quelque petite chose à la derrobée, attendant de le remettre demain à Mʳ le Prieur de la Valette qui sera plus capable que moy d'en juger, et d'en tirer le profit qu'il faut. J'aurois bien des choses à vous dire, mais on ne m'en donne pas la commodité. Vous m'en escuserez, s'il vous plaict, et me tiendrez tousjours,

Monsieur,

vostre, etc.,
DE PEIRESC.

D'Aix, ce 26ᵉ febvrier 1633¹.

XLVII

À MONSIEUR, MONSIEUR GASSENDY,
DOCTEUR EN Sᵗᵉ THEOLOGIE ET THEOLOGAL DE L'ÉGLIZE CATEDRALE DE DIGNE,
À DIGNE.

Monsieur,

J'ay tantost receu par Mʳ Taxil vostre lettre du jour d'hier avec celle pour Mʳ Lhuyllier que je ne pense pas pouvoir envoyer avant mardy prochain, et celle pour Mʳ de Digne pour laquelle il fauldra attendre le prochain ordinaire quelques sepmaines, le dernier estant passé seu-

---

¹ Bibliothèque nationale, fonds français, 12772, fol. 43. Autographe.

lement depuis sabmedy, tellement que puisque vous la vouliez accompagner d'une lettre vostre, vous aurez tout loysir de la faire et de me l'envoyer à temps pour y estre jointe. Cependant Mʳ Taxil m'a faict voir le titre de deux ou trois livres que vous envoyez à Mʳ le Prieur de la Valette qui n'estoient point venuz jusques icy, et en attendant que je puisse trouver du temps de les voir, je seray bien ayse que vous me disiez l'opinion que vous en avez, surtout de celluy de Mʳ Midorge[1].

Je n'ay point ouy parler de ceste invention des longitudes de Mʳ Morin, dont vous dictes que vous escript le P. Mercenne, de qui je vous renvoye la lettre de la veille des Roys, que mon homme avoit laissée l'aultre jour sur ma table par oubliance, ayant pris grand plaisir de voir les curiositez dont il vous entretient, mais il y a peine aulcunes fois à deschiffrer son escripture[2]. Si vous avez des observations particulieres de Mʳ Midorge, vous me ferez un singulier plaisir de m'en faire part; je n'ay point veu le livre latin contre le Galilée, qu'il vous mande avoir esté faict à Pise; j'en ay envoyé querir. Je vous r'envoye par mesme moyen la lettre ou memoire de Mʳ L'huylier sur la remise de ses deniers, pour raison de quoy Mʳ de Rossy m'escripvoit de Lyon qu'à l'arrivée du premier ordinaire de Venise, il me pourroit donner toute sorte de resolution; mais si Mʳ L'huilier ne s'en sert à ce coup, tousjours l'advis luy servira possible de quelque meilleure addresse pour l'advenir, lorsqu'il aura plus de commodité de s'en prevaloir actuellement.

Nous attendrons en bonne devotion la venüe de Mʳ le Lieutenant du Chaffault avec voz depesches; mais j'ay bien eu un peu de mortification d'apprendre par les dernieres que nous eusmes, cez jours passez, de vostre part, que vous aviez reculé vostre venüe jusques à la my-Avril d'aultant que j'avois esperé de vous pouvoir gouverner un peu plus à souhaict durant noz feriatz de Pasques, qui sont de 8 jours devant et 8 jours aprez, que je ne pourray peut estre pas faire aprez Quasimodo

---

[1] Sur le mathématicien Claude Midorge, voir le recueil Peiresc-Dupuy. — [2] Ce n'est pas *quelquefois*, c'est toujours que l'écriture du P. Mersenne est détestable et presque indéchiffrable.

durant la seance du Parlement, à cause du petit nombre que nous sommes en nostre chambre, où nous avons cinq ou six malades ou absentz, de longue maladie ou de longue absence, et à cause de la grace que m'ont faicte M*rs* de nostre Compagnie lors de la reception de mon nepveu, laquelle m'oblige de me tenir plus subject au pallaix que je ne ferois, et le mal est que je me doubte fort que le delay que vous prenez jusqu'à la my-Avril ne soit suivy de beaucoup d'aultres prorogations sur les grandz divertissementz qui peuvent survenir inopinement. C'est pourquoy il vauldroit mieux vous resoudre pour une bonne foys (puisque vous ne pouvez en si peu de temps avoir mis la derniere main à vostre ouvrage, et qu'il fault que vous y laissiez quelque chose à faire quand vous viendrez ça bas), il vaudroit mieux, dis-je, anticiper vostre venüe de quelques jours, pour proffiter la commodité de noz vaccances. Je sçay bien que vous auriez quelque plaisir de faire plustost à Digne qu'ailleurs vostre observation de la prochaine eclipse principalemnt à cest'heure que vous avez mieux determiné que devant la vraye situation de vostre ville, et que possible vous vous imaginez, comme il y a apparence, que M*r* Skikard observant la mesme eclipse chez luy, vous donnera moyen de regler la distance d'un lieu à l'autre, mais vous avez faict assez d'aultres observations à Digne pour pouvoir suppléer à ce deffault là, et si vous ne venez dans le temps que nous desirons, vous perdrez l'occasion d'y voir le P. Athanase Kirkser[1], qui s'est engagé de parolle de me venir voir dans ce temps là, et de m'apporter son autheur arabe avec la version latine qu'il en a faicte concernant la maniere de lisre et interpreter les hieroglyphiques de l'Ægypte, dont il m'a envoyé un petit eschantillon qui m'a faict concevoir beaucoup meilleure esperance et opinion que je n'avois de la cognoissance de choses qui ont esté si incongneües à la Chrestienté, depuis prez de deux mil ans, ce qui merite bien de venir de Digne jusques à Aix, envers un homme qui a la curiosité de M*r* Gassendi. Il ne m'avoit pas voulu promettre de s'arrester icy plus avant que jusques à Quasi-

---

[1] Sur ce savant jésuite, voir le recueil Peiresc-Dupuy.

modo à cause des leçons où il est engagé au collège d'Avignon, mais si vous y estes nous le retiendrons encores toute la sepmaine suyvante pour attendre l'Eclipse, ce que nous ne pourrions pas faire si vous n'y estes, estantz destituez comme nous sommes des instrumentz et aultres choses necessaires pour y pouvoir vacquer avec quelque fruict. J'avoys mesme faict esperer Mʳ le Premier President que vous viendriez dans le temps des feriatz de Pasques, à quoy il s'attendoit, et de vous pouvoir gouverner, tandis que le pallais luy laisroit plus de relasche, et je ne sçay s'il n'auroit point esté bien ayse de voir luy mesme l'Eclipse avec vous, ou du moins que l'un de Mʳˢ ses enfans vous y tinsse compagnie. Vous en userez selon vostre bon plaisir et je ne laisray pas en toute façon d'estre toute ma vie,

Monsieur,

vostre, etc.,

de Peiresc.

A Aix, ce 2ᵉ mars 1633¹.

XLVIII

À MONSIEUR, MONSIEUR GASSENDY,

DOCTEUR EN Sᵗᵉ THEOLOGIE ET THEOLOGAL EN L'ÉGLISE CATHEDRALLE DE DIGNE,

À DIGNE.

Monsieur,

J'ay receu vostre lettre de dimanche avec le livre que vous y aviez joinct des Commentaires de Mʳ de Boisseu *in Ibin*, dont je vous remercié trez humblement. Par vostre precedente despesche je n'avois receu que l'Alcoran avec deuxex emplaires des poemes tant de la *tour sans venin* que du *mont inaccessible*², et un exemplaire des EPINICIA

---

¹ Bibliothèque nationale, fonds français, 12772, fol. 45. De la main d'un secrétaire.

² La Tour Sans Venin est située sur la rive gauche du Drac, près de Pariset. De cette tour, à demi ruinée dès le xiiiᵉ siècle, il reste un pan de mur quadrangulaire, debout sur un mamelon de 750 mètres d'où l'on découvre un admirable panorama sur

de SCIPIO GVILETVS[1] couvert de papier bleu in-4° que vous pouviez bien avoir mis par equivoque dans vostre pacquet au lieu des Commentaires *in Ibin*. C'est pourquoy je le vous renvoye. Quant à l'Alcoran, il fault croire que ceste bonne vefve aura ouy dire à son mary ce qu'il avoit appris de vous touchant la demande exorbitante qu'on vous avoit faicte à Lyon pour le prix d'un pareil livre. C'est pourquoy il sera peut-estre meilleur de la remercier de ses honnestes offres et de luy renvoyer son livre car si on ne luy paye aultant comme on vous en avoit demandé, elle ne sera pas contente, et croira d'avoir subject de se plaindre tant de vostre discretion que de la mienne, et toutesfois cette edition là qui est la premiere n'est pas si ample que la suyvante, en laquelle le mesme imprimeur adjousta tout plein d'aultres pieces sur ceste matiere tant anciennes que modernes qui meritent bien d'estre veües par ceux qui ont la curiosité de lire l'Alcoran; je ne vous auray pas moings d'obligation pour tout cela, du soing qu'il vous a pleu prendre de me faire avoir ce

les Alpes. On trouve dans l'*Histoire de Grenoble*, par A. Pilot (Grenoble, 1829), les détails suivants : «Voici l'origine de ce nom, expliquée par Debrosse : On met au nombre des sept merveilles du Dauphiné la Tour Sans Venin, où les animaux meurent à ce que l'on prétend, aussitôt qu'on les y porte. Le fait est démenti par l'expérience, mais cela n'empêche pas que le peuple n'y ajoute la même foi : c'est son usage. Le vrai nom de cette tour et de la chapelle voisine est *Torre San Verneno*, la Tour Saint-Vrain. On a dit, par une prononciation altérée, *Torre San Veneno*, et, en français, par une mauvaise équivoque, Tour Sans Venin, ce qui a suffi pour établir cette fable.» (Communication de M. Alfred Vellot, membre de l'académie Delphinale.) — Le mont Aiguille ou Mont inaccessible, énorme rocher calcaire, isolé, en forme d'obélisque, de 2,097 mètres de hauteur, domine Clelles au sud : il est situé dans le Trièves, près de Chichilianne. On croyait impossible de parvenir à son sommet. En 1492, le gouverneur de Montélimar le gravit avec plusieurs personnes. Cette année même (1891), des Grenoblois en ont tenté l'ascension à cinq reprises différentes, et cinq fois la tentative a réussi. (Communication du même érudit.)

[1] *Epinicia Lodoico Justo Francorum et Navarreorum regi Christianissimo, pio, felici, inclyto, victori, triumphatori ac semper Augusto ob expugnatos fortiter feliciterque perduelles Ruppellanos, Rheam insulam strenue propugnatam, auxiliares Britannos terra marique profligatos : Scipio Guillictus consiliarius Regius, et in suprema praefectura rationum fisci Delphinalis Comes et corrector primarius epodico et amoebeo carmine concinebat. Ad illustrissimum cardinalem de Richelieu.* (Grenoble, 1628, in-4° de 100 pages.)

livre, et des honnestes offres que vous me faisiez de le faire mettre à ma discretion, dont je ne me tiens pas moins redevable à vostre courtoisie que si j'en avois accepté le party. Mais je vous suis redebvable au centuple de la favorable communication que vous m'avez daigné faire du desseing de vostre machine pour observer les phœnomenes du Soleil et de la Lune, dont j'ay trouvé la description fort facile à comprendre et fort aparemment propre à faciliter semblables observations. Mais Dieu sçait si nous trouverons icy des gens cappables de nous faire un tel instrument dont je ferois bien volontiers la despence, et si celluy qui a faict les vostres en vouloit faire un aultre pour moy, je le payerois encore plus volontiers et ne regarderois pas la despence pour le faire apporter jusques icy, mais l'obligation en sera bien plus grande si je le pouvois avoir quelque jour avant l'Eclipse pour en faire l'essay sur les macules ordinaires du soleil, sur quoy attendant vostre responce je finiray demeurant,
Monsieur,

vostre, etc.
DE PEIRESC.

Je ne manqueray point de faire voz excuses à M¹ Lhuillier, sy je n'avois de voz lettres par le prochain ordinaire.

A Aix, ce 16 mars 1633¹.

XLIX

À MONSIEUR, MONSIEUR GASSENDY,
DOCTEUR EN S¹ᵉ THEOLOGIE ET THEOLOGAL EN L'ÉGLISE CATHEDRALLE DE DIGNE,
À DIGNE.

Monsieur,
Je vous envoye le pacquet de M¹ L'huillier que je receus sammedy par l'ordinaire, bien marry de ne le vous avoir peu faire tenir plus

¹ Bibliothèque nationale, fonds français, 12772, fol. 47. De la main d'un secrétaire.

tost, mais toutes noz banques avoient manqué tout d'un coup[1]. M⁺ de Rossy m'escripvoit que si M⁺ L'huillier eusse eu presentement occasion de faire tenir de l'argent à Venize, il n'y eusse rien perdu sur les pistoles et il l'eusse servy de tout son cœur, à ce qu'il me mande. Je vous faicts ce mot fort à la haste, sur le coup de l'expedition de l'ordinaire de Paris auquel j'avoys remis tout plein d'arrerages dont je ne m'estoys peu acquitter avant cez feriatz. C'est pourquoy vous m'excuserez si je ne vous entretiens plus à plein, n'ayant pas neantmoings voulu laisser partir Monsʳ Roberty le sacristain vostre bon amy sans joindre un mot au paquet de Mʳ L'huillier et sans vous asseurer, comme je faictz, que je suis et seray à jamais de tout mon cœur,

Monsieur,

vostre, etc.,
DE PEIRESC.

A Aix, ce 21 mars 1633[2].

L

À GASSENDI.

Monsieur,

Je n'avois point manqué d'escripre à Mʳ Lhuillier par les deux precedents ordinaires à vostre deffault, mais j'eus hier un peu de colique reiterée par troys foys, qui me fit oublier de luy escrire par l'ordinaire, qui est party ce matin, dont j'ay esté marry pour l'amour de vous et de luy, qui n'a pas manqué de vous escrire, ainsin que vous aurez peu voir par voz lettres que Mʳ Robert le Sacristain a prins la peine de vous faire tenir; vous en aurez maintenant une que je n'ay pas voulu laisser aller toute seule comme les aultres, pour vous dire

---

[1] C'est-à-dire tous nos moyens d'aboutir, toutes nos ressources. — [2] Bibliothèque nationale, fonds français, 12772, fol. 48. Autographe.

que j'ay eu deux lettres du cardinal Barberin, l'une du 12ᵐᵉ febvrier par laquelle il me dict qu'il a faict communiquer au P. Scheiner le livret de Skikard sur l'observation que vous avez faicte de Mercure. Si vous eussiez escript à ce bon pere, il n'eusse peu se desdire de vous respondre, et de porter ses lettres à Son Em^ce avec l'observation du Polonoys que j'avois dict de luy demander. Mais sur cela on ne me faict poinct de responce, comme l'ayant oublié par la suitte du temps depuis la reception de cette piece que le cardinal voulut voir, dont il ne trouva pas si tost le loisir. Par l'autre du 12 mars, il me mande qu'il a leu (non sans peine d'en trouver le temps) la vie d'Esope du sʳ de Mezeriac avec grand plaisir et grande estime de ce personage à qui il rend un eloge d'honneur d'importance [1]. La lettre est toute de la main de ce Prince et de troys grandes pages, sur tout plein de curiositez, sur la fin de laquelle il me demande mon approbation de l'eschange qu'il a faict avec le cardinal Antoine, son frere, de la legation d'Avignon pour celle d'Urbin, et me dict que la Bibliotheque des ducs d'Urbin intercedera pour luy, offrant de m'en faire transcrire quelques bons livres, si j'en veulx, dont je suis resolu de prendre au mot pour certaines pieces entr'aultres d'un calcul des Indiens, qui sera possible de vostre goust que j'ay veu mentionné en un petit memoire que m'en avoit envoyé Mʳ Naudé, l'année passée. Mon frere, s'en allant en Avignon, m'a emporté ceste lettre, parce qu'il y est faict mention du Vice-Legat; sans cela je la vous eusse envoyée, afin que vous vissiez comme le livre et les pensées de Mʳ de Meziriac, vostre bon amy, ont esté bien receües. Je m'attends, au premier, d'avoir quelque semblable responce sur la conception de Mʳ de Boisseu pour son Higynus ou Ibis d'Ovide, que j'envoyay dernierement. Enfin le R. P. Athanase Kirser m'a envoyé une partie de ses protheories [2] sur l'explication des Hieroglyphiques Ægyptiens des plus anciens obelisques, traictez par son Raby Barachias Nephi de Babylone qu'il a traduict de l'Arabe [3]. Mais je ne

---

[1] Voilà une bonne note donnée par un bon juge et les futurs biographes de Mezeria auront à en tenir grand compte.

[2] Le mot *prothéorie* avait-il jamais été employé déjà? A-t-il jamais été employé depuis?

[3] Ce devait être un manuscrit, car l'ou-

l'ay que d'hier depuis lequel temps il m'a esté impossible d'y jetter les ieulx à cause de mon mal et de l'expedition de l'ordinaire et de vostre derniere audiance de Digne que nous avons tenüe à ce matin, pour laquelle il m'a fallu entrer, aultrement noz Messieurs n'estoient pas en nombre. Mais à ce peu que j'ay veu à l'ouverture du libvre je croys qu'il y aura bien à proffitter, quand mesmes ce ne seroit pas tout ce qu'on en eusse peu attendre. Il me promet de venir voir au plus tard à la Pentecoste, mais que possible il anticipera le temps. Je suis attendant si vostre menuysier aura peu et voulen entreprendre l'instrument pour l'observation des macules du soleil, lequel sera trez bien venu, Mons.r le Premier President [1] ayant desiré d'en voir l'essay. Si non, quand vous serez icy nous verrons de donner courage à quelque aultre de l'entreprendre. Cependant je vous demeureray infiniment redevable de la confirmation de voz bons offices, et seray à jamais,

Monsieur,

vostre, etc.
DE PEIRESC.

A Aix, ce 5 avril 1633 [2].

LI
À MONSIEUR, MONSIEUR DE PEIRESC,
ABBÉ ET SEIGNEUR DE GUISTRES,
CONSEILLER DU ROI EN SA COUR DE PARLEMENT DE PROVENCE,
À AIX.

Monsieur,

Je n'ay pas tout à fait esté surpris par le despart du R. P. Maximilian, mais nostre chapitre m'a donné quelques petites occupations, qui m'ont desrobbé le temps que j'avois destiné à vous escrire par luy. La

---

vrage de Kircher sur les hiéroglyphes ne parut qu'en 1652 sous le titre de : *OEdipus Ægyptiacus.*

[1] Lainé de la Marguerie.
[2] Bibliothèque nationale, fonds français, vol. 12772, fol. 49. Autographe.

consolation qui me demeure c'est que je ne tarderay point desormais d'avoir le bien de vous voir et de vous dire en presence ce qui pourroit donner sujet à une longue lettre. Je vous escrivis samedy dernier un billet pareil à celluy cy par un neveu de M⁰ le prieur de Colmars, et vous donnay advis d'une tasche que j'avois remarquée au soleil ce jour precedent. Je ne l'ay point veüe despuis à cause que tous cez jours passés nous avons eu de la pluye ou de la neige ou à tout le moins le temps couvert. Aujourd'huy je l'aurois peu voir, mais je n'ay sceu estre au logis jusques à ceste heure que le soleil n'y paroist plus: si vous l'avez mieux peu voir j'en seray bien ayse. J'ay une petite consolation de ce que le temps semble se vouloir remettre, esperant qu'il pourra continüer jusques à vendredy. S'il ne le fait point, patience ; à tout le moings ne tiendra il point à ma negligence que l'observation ne se face assez bien. Attendant de vous escrire incontinent apres qu'elle aura esté faite, si elle le peut estre pourtant, et de vous donner advis du jour que je pourray partir, je demeure,

Monsieur,

        vostre tres humble, tres affectionné et tres obligé serviteur,

        GASSEND.

Je ne vous addresse point de lettre pour M⁰ Luillier parce qu'oultre le billet que vous aurez receu avec le vostre, je luy escrivis dimanche asses amplement par un marchand qui devoit partir lundy matin pour Lion, apres avoir receu comme je descendois de chaire sa despesche que vous aviez pris la peine de donner à un homme de Sisteron.

A Digne, ce v° apvril xvi° xxxiii [1].

---

[1] Bibliothèque Victor Cousin à la Sorbonne, M. 1003 cah. 2. Autographe avec cachet bien conservé. On lit en un coin de l'enveloppe ce petit sommaire : «Gassendi, 5 avril 1633. Macule observée au soleil le vendredy 1ᵉʳ avril.»

LII

À MONSIEUR, MONSIEUR GASSENDY,

DOCTEUR EN Ste THEOLOGIE ET THEOLOGAL EN L'ÉGLISE CATHEDRALLE DE DIGNE.

À DIGNE.

Monsieur,

J'ay bien receu voz deux lettres du ve de ce moys, mais non pas celle que vous y accusez du samedy precedant, laquelle nous eussions neantmoings veu bien volontiers M^r le Prieur de la Valette et moy pour nous esclaircir si vous n'y aviez poinct exprimé plus particulierement le lieu du disque solaire, et l'heure du jour où vous aviez remarqué une tasche le jour precedant, car en attendant l'ecclypse d'hier nous la vismes en telle situation que je jugeoys qu'elle avoit desja continué sa quarriere environ huict jours ou neuf tout au plus, de sorte que puisque vous la vistes le vendredy, il falloit qu'elle fusse assez proche de son limbe, et qu'elle n'eusse eu guieres de loysir de s'y advancer, ne m'estonnant pas qu'elle vous y aye sitost paru en lieu où elles ne sont communement gueres apparantes, puisqu'elle estoit si grosse en la place où nous la vismes qu'elle occupoit trois minutes ou 60mes du diametre du soleil, mais elle estoit triple, ou divisée en troys pieces dont la plus grosse avoit bien une minute entiere en sa longueur, et prez d'une demye de largeur; les autres estoient plus petites, principallement la plus haulte, et si bien vous ne vous apperceustes pas lorsqu'elle fust divisee en trois pieces, nous ne l'avons pas trouvé estrange nom plus, attendu la situation laterale où elle estoit pour lors, où c'est que telles divisions debvoient estre quasi imperceptibles. Le temps estoit si interrompu des nüages que nous n'en sceusmes pas distinguer d'aultres encores que nous eussions assez de serenité pour bien exactement observer le commancement et la fin de l'Ecclypse. Mais aujourd'huy que le temps estoit plus serain, et que nostre lunette estoit plus ferme et le lieu plus parfaictement obscur, ayant moy voulu revoir la macule d'hier, j'ay trouvé qu'il y en avoit troys aultres petites dont l'une suyvoit la grosse d'environ un doigt prez, et les aultres deux estoient fort proches du centre solaire. Nous vismes hier advancer l'ombre de la lune sur le soleil jusques à une minute prez, ou peu de plus, de la macule, et la vismes couverte peu de temps aprez, mais les nües nous desroberent le moment de la contigence de l'ombre de la lune avec la macule, qui eust esté plus agreable. Nous ne vismes pas nom plus sortir precisement ladicte macule du dessoubs de l'ombre, mais quand les nües nous firent jour, nous la vismes dehors distante seulement d'une minute ou un peu moings, dont M{{r}} le Prieur de la Valette marqua le temps sur son petit quarré, comme le commancement et la fin de l'ecclypse, et les doigts d'obscurcissement à peu prez et de plus l'occupation de la circonferance aultant qu'elle se pouvoit desrober parmy le mouvement du vent; une aultre foys nous le ferions peult estre mieux. Nous ne peumes pas bien recognoistre sur le champ le poinct du milieu de l'ecclypse, ne par consequant jusques où l'ombre de la lune avoit le plus occupé du corps lumineux, mais de ce que les nües nous laisserent voir, nous ne vismes pas de plus grande ecclypse que jusques à prez de neuf doigts, en sorte qu'il nous restoit du diametre lumineux troys doigts touts entiers, et une seiziesme minute de plus. Le calcul fera voir si nous avons veu le milieu ou non. Je m'escusay de l'audiance de relevée pour tenir compagnie à M{{r}} le Prieur que je ne pouvoys quasi faire resouldre de s'en donner la peine. A ce matin, les chambres assemblées, M{{r}} le premier Presidant m'en a faict des reproches publiques, et m'a dict qu'il avoit bien sçeu que M{{r}} le Prieur de la Valette estoit lors avec moy, et qu'il eust bien volontierz esté luy mesmes de la partie, et n'y eusse pas manqué sans l'audiance, ou s'il eust creu aprez l'audiance qu'il y eusse eu encor assez de temps pour en voir la fin, comme il y en eut de vray, M{{r}} d'Agut qui avoit tenu ma place à l'audiance, aprez icelle, y estant venu, et ayant veu une bonne demy heure de la fin, sans aulcune interruption des nües. Il y eust deux ou troys aultres conseillers et aultant de chanoines qui y venoient chercher Mr le Prieur, entr'aultres Mr de Bargemon[1] et le bon homme de Mr Giraut. Jugez que c'eust esté si vous eussiez esté de la feste. Il nous tardera bien de sçavoir ce que vous en aurez veu et mis par escript. Mr le Prieur ne m'a pas encores baillé son calcul; j'ay escript l'observation de la macule parcequ'il n'en avoit pas la patiance, et vous envoye les lettres de l'ordinaire venües ce matin, demeurant,

Monsieur,

vostre, etc.
DE PEIRESC.

A Aix, ce 9 avril 1633.

Mr Du Puy m'escript que Mr Lhuillier s'employoit fort vivement pour une affaire que je luy avoys recommandée, d'un brave soldat de Marseille qu'on a assassiné prez de Paris[2], dont je luy ay bien de l'obligation, et n'en doibs pas moings avoir à vous, puisque c'est pour l'amour de vous[3].

LIII

À MONSIEUR, MONSIEUR GASSENDY,
DOCTEUR EN Sᵗᵉ THEOLOGIE ET THEOLOGAL EN L'EGLISE CATHEDRALE DE DIGNE,
À DIGNE.

Monsieur,

Vous vous en allastes tout à poinct pour ne pas estre tesmoing de ma honte et de ma mortification à l'arrivée des deux caisses de livres grecs, où je ne trouvay rien qui fusse bien digne de vous, ni de l'ex-

---

[1] Sur Antoine d'Arbaut de Matheron, sieur de Bargemon, d'abord chanoine de l'église métropolitaine de Saint-Sauveur d'Aix, puis évêque de Sisteron (1648, 26 mai 1666), voir *Documents inédits sur Gassendi*, p. 11. On s'étonne de ne trouver aucune mention de ce grand ami de Gassendi dans le livre de Bougerel.

[2] Voir dans le recueil Peiresc-Dupuy, t. II, p. 474, le post-scriptum de la lettre du 21 mars 1633 où l'on trouvera force détails sur cette affaire.

[3] Bibliothèque nationale, vol. 12772, fol. 51. Autographe. Une copie de cette lettre est conservée dans la Bibliothèque de Carpentras, registre LX, t. II, fol. 81.

pectation où nous en estions, la bonne fortune du poursuyvant ayant manqué à ce coup, car la pluspart ne sont que rituels et livres destinez au service des Eglises des Grecs, dont il y a deux volumes in-folio en caractère majuscule qui monstrent d'estre fort anciens, et y en a de plus modernes, où je pense que le R. P. Mercene trouvera les notes de musique qu'il leur demandoit, mais il fauldroit un interprete musicien du païs. Des aultres livres il n'y a pas chose trop considerable, mais possible y en aura t' il encores quelque petit fragment. Nous y avons rencontré une homelie d'Asterius, evesque d'Amasée, sur la vie de Saint Focas, qui n'a pas esté imprimée parmy ses œuvres[1]. J'ay eu si peu de temps d'y vacquer que je n'ay encores peu achever de les parcourir, et le pix est que l'une des caisses a esté mouillée dans le navire, en sorte que plusieurs volumes sont fort endommagez, et aulcuns quasi pourris, ce qui augmente un peu la mortification.

Le fagot de Mr L'huillier est arrivé depuis hier, et ce paisan s'est rencontré tout à propos pour vous porter voz breviaires, tant de la grande que de la petite forme, en ayant retenu l'un de la petite relié en marroquin de Levant si magnifiquement qu'il a faict honte au pauvre Corberan et luy fournira neantmoingz des adresses pour l'imiter aultant qu'il pourra en aultre chose. Le mal est que la lettre est si menüe, qu'il me fauldroit retrograder de vingt ans pour retrouver le temps que mes yeulx y eussent peu mordre. Je suis si accoustumé à l'edition des breviaires de Venise, qui ont la lettre fort grosse, et fort approchée, que je ne sçauroys plus me servir de ceux de Paris ne d'Anvers, encores qu'ils soient in-8o, ou en un petit in-4o, quelque secours que j'y employe des lunettes. Je ne laisray pas de le garder comme un des plus dignes meubles dont pouvoit estre enrichye mon estude, et d'en remercier Mr L'huillier, comme je doibs, par le prochain ordinaire, le dernier vous ayant apporté un petit pacquet qui sera cy joinct. Cet homme est

---

[1] L'*Asterius in Phocam* est mentionné dans le tome II du recueil Peiresc-Dupuy, p. 539. J'ajouterai que les œuvres oratoires du saint évêque d'Amasée ont été publiées avec traduction latine par le savant dominicain marmandais François Combefis (Paris, 1648).

si pressé que je ne sçauroys lisre les lettres de Mʳ Naudé et de Mʳ Gaffarel que vous recevrez Dieu aydant par le prochain; seulement vous diray-je que vous avez oublié de me mander ce qu'a cousté l'instrument à voir dans le soleil. Si vous venez, vous nous obligerez d'apporter vostre nouvelle lunette de Venise, ou de l'envoyer tandis que nous y pourrons voir Venus cornue si elle y paroit bien despouillée de rayons et bien grande et visible. Corberau me la fit voir, avant-hier, dans la mienne, rangée quasi dans une seule ligne avec la Lune, et Castor, Pollux estant tant soit peu hors de la ligne plus occidental que les aultres astres. Je croys bien que vous l'aurez observé, et je finiray demeurant,
Monsieur,

vostre, etc.
DE PEIRESC.

A Aix, ce 11 juin 1633, en haste.

Depuis avoir escript, le present porteur s'estant un peu laissé entretenir à Corberan, il m'a donné le temps de lisre les lettres de cez Messʳˢ que je vous renvoye avec mille remerciments trez humbles, ayant prins un souverain plaisir de voir leur franchise dont je vous suis trez redebvable, et ne manqueray pas de leur en rendre les remerciementz que je doibs de leur souvenir, et specialement à Mʳ Gaffarel qui a plus de soing de moy que je ne merite.

J'avoys oublié de vous parler de vostre Alcoran, et voys bien qu'il fauldra le payer ce que veulent cez gents, pour ne donner plus de soing à d'aultres de s'en mettre en peine.

On imprime à Paris l'Epistre de Saint Clement aux Corinthiens [1].

On mande que la treve de Hollande est rompüe, que le duc de Saxe a mandé au Roy qu'il ne se despartiroit poinct de la ligue Suedoise.

Le Roy a permis à Mʳ le President de Mesmes de se retirer à sa maison de Balagny [2].

---

[1] Cette épitre a été souvent mentionnée dans le recueil Peiresc-Dupuy. Voir notamment t. II, p. 526 et suiv.. t. III, p. 38, 155.

[2] Sur le président de Mesmes voir le recueil Peiresc-Dupuy, *passim*. La famille de Mesmes, par son alliance avec la famille de Monluc.

LIV

À MONSIEUR, MONSIEUR GASSENDI,
DOCTEUR EN Ste THEOLOGIE ET THEOLOGAL DE L'EGLISE CATHEDRALE DE DIGNE.

À DIGNE.

Monsieur,

Je vous escrivis hier fort à la haste par un païsan que m'amena un prebstre et vous envoyay le pacquet de l'Ordinaire et les breviaires de M[r] L'huillier avec des livres de musique lesquels je creus estre de leur suitte, car on ne m'en escrivoit rien. A ce matin, j'ay receu d'Avignon un paquet de Rome où j'ay trouvé un pacquet pour vous recommandé de la part de Mr Suarez, qui est maintenant Evesque de Vaison. Mgr l'Em[me] cardinal de Bagny a esté fort aise de voir le catalogue des historiens françoys de Mr du Chesne, et m'escript que cela a donné envie au cardinal Barberin de faire une grande perquisition par touts les anciens monasteres d'Italie pour recueillir touts les vieulx historiens d'Italie, estimant qu'on en pourroit bien faire une pareille compilation, à quoy je l'exhorteray tant que je pourray. Au reste je verifiay hier sur mes nouveaux Mss. qu'une Iliade d'Homere y est avec des gloses interlineaires en rubrique, et des notes ou apostilles marginales qui ne sont poinct celles du scholiaste ordinaire imprimé soubz le nom de Didymus[1] nomplus que celles d'Eustathius[2], et portant en quelques endroictz le nom de Porphyre, mis en teste de quelques articles, ce qui me faisoit soubçonner que ce peussent estre celles du Proclus, qui

---

devint propriétaire du château de Balagny et aussi d'un manuscrit des *Commentaires* utilisé par M. le baron Alphonse de Ruble dans son édition. Voir dans l'*Introduction* du savant éditeur divers détails sur le président de Mesmes considéré comme héritier des Monluc-Balagny. — Bibliothèque nationale, fonds français, 12772, fol. 53. Autographe.

[1] Sur les diverses éditions auxquelles ont été jointes les scolies de Didyme, notamment celles de 1521 (Venise, Alde), de 1535 (Bâle, J. Hervagius), voir le *Manuel du libraire*, t. III, col. 269, 270.

[2] Sur les diverses éditions enrichies des commentaires d'Eustathe, notamment celles de 1542-1550 (Rome, A. Bladus), 1559-1560 (Bâle, Froben), voir le même recueil, même tome, col. 277, 278.

faisoit tant d'estat et de capital de son Porphyre. Gesner faict mention d'une semblable piece dans la bibliothèque de l'empereur, contenant l'Iliade avec des scholies marginales et interlineaires. Mais il faict aussy mention d'une edition que je n'ay poinct veüe, *Homericarum quæstionum* de Porphyre, imprimées avec des commentaires grecs anonymes *In Homerum 1519*[1], qui pourroit bien estre chose approchante à mon Ms. dont il fauldra s'esclaircir avec le temps.

J'ay un petit volume des œuvres d'Orphée où est la continuation de Proclus Lycius in Solem, Venerem et Musas dont je n'ay pas veu l'edition alleguée par le dict Gesner[2]. On ne me laisse pas vacquer à cette recherche et à cet examen, tellement qu'il y fauldra plus de temps que je ne pensoys. Cependant je n'ay pas voulu laisser retourner Mr d'Esclangon sans vous faire cette recharge, demeurant,

Monsieur,

vostre, etc.

DE PEIRESC.

A Aix, ce 12 juin 1633[3].

LV
À MONSIEUR, MONSIEUR GASSENDI,
DOCTEUR EN Ste THEOLOGIE ET THEOLOGAL EN L'ÉGLISE CATHEDRALE DE DIGNE,
À DIGNE.

Monsieur,

Vostre despesche du xie arriva assez à temps pour faire tenir à Paris par l'ordinaire des lettres de Mr l'Evesque de Digne et les vostres comme celle de Marseille y a esté envoyée en mesme temps. Mr l'Ad-

---

[1] *Homericarum quæstionum liber* (Rome, in-4° de 44 feuillets). C'est l'édition princeps. Le *Manuel du libraire* (t. IV, col. 823) lui donne la date de 1518 et non 1519 et mentionne les éditions suivantes de 1521 et de 1539.

[2] *Orphei Argonautica, et hymni. Procli Lycii phil. hymni*, édition de Florence, Philippe Junte, 1500. C'est la première édition.

[3] Bibliothèque nationale, fonds français. 12772, fol. 55. Autographe.

vocat du Roy survint tost aprez avec voz lettres du lendemain, et la lunette que je fis esprouver le mesme jour par Corberan sur le soleil, tandis que j'estois contrainct d'aller au Palais. Mais le soir j'y vis les cornes de Venus beaucoup plus grandes et plus distintes qu'en la mienne et que je n'avoys encore veu en aulcune autre, dont je fus merveilleusement bien edifié et mortifié tout ensemble de n'avoir peu en mesme temps voir Saturne pour verifier si j'y pourroys recongnoistre la triplicité de son corps, non plus que la Lune qui estoit lors couverte de nüages, et je n'eus pas la patiance d'attendre qu'ils eussent faict chemin comme ils firent, car Corberan qui y demeura me vint dire au lict qu'il avoit veu Saturne fort long. Depuis le temps a esté quasi tousjours trouble comme vous le descrivez en voz cartiers. Aux objects de terre, ceste lunette faict fort bon effect, mais la multiplicité des tuyeaux faict pencher les deux bouts plus que le mitan du seul fardeau de la garniture des verres, ce qui corrompt un peu l'effect principalement au soleil, et possible est cause que Venus ne s'y trouve pas si bien despouillée des rayons comme il seroit à desirer. Corberan est aprez pour refaire un tuyeau de deux ou troys pieces seulement qui se puisse estendre plus directement[1]. Tant est que je ne vous sçauroys dire combien je vous suis redevable du plaisir que vous m'avez procuré en cela, et par consequant à M^r l'Evesque de Digne, envers lequel je vouldroys bien avoir peu meriter ceste faveur, par quelque bien digne service. Ayant un peu de regret que l'excez ordinaire de voz honnestetez ne vous ayt porté à renoncer au droict qui vous estoit acquis sur une si curieuse piece, et à l'acceptation possible un peu plus libre qu'il n'eust fallu des honnestes offres qu'en faisoit une personne de ceste qualité, à laquelle elle estoit sans comparaison beaucoup mieux seante et mieux employée qu'à moy qui me suis trouvé surprins d'une grande confusion et bien empesché à me deffendre de la courtoisie et liberalité tant de l'un que de l'aultre, craignant que vous ne m'ayez

---

[1] On voit que Corberan n'était pas seulement un habile relieur, mais qu'il était aussi quelque peu opticien, mécanicien, etc.

laissé la preference de la meilleure dont vous ne debviez vous priver en façon quelquonque, ne pour quelque cause que ce fust, à cause de l'interest et du prejudice qui en pourroit revenir au public, et que vous n'ayez despourveu M⁽ʳ⁾ de Digne de chose qu'il avoit apportée de si loing et recherchée avec tant de soing. C'est pourquoy j'accepte bien la bonne volonté toute entiere et n'en veux pas estre moings redevable que de l'effect envers l'un et l'aultre, mais aprez que le temps aura recouvré sa serenité, et que nous aurons peu voir avec la commodité requise ce qui se pourra voir et faire voir à noz amys et aux vostres en ceste ville de cez merveilles de Venus et de Saturne, il sera bien raisonable de nous en contenter, et que M⁽ʳ⁾ de Digne trouve bon que nous luy en fassions la restitution, sans diminution quelquonque du bon gré que nous luy en debvrons trez touts et que je n'oublieray de ma vie, durant laquelle il ne m'estoit point arrivé de voir rien de plus beau ne plus digne d'admiration, ne que j'eusse plus ardamment souhaicté d'esprouver depuis plus de vingt ans. Au reste j'ay veu la lettre que luy escript M⁽ʳ⁾ Gaffarel; et ay esté bien ayse d'apprendre les particularitez que nous avions ignorées de cez païs là, dont je doibs des remerciments particuliers à M⁽ʳ⁾ de Digne et à vous, m'imaginant que le voyage dont parle M⁽ʳ⁾ Gaffarel pouvoit estre en la Cour de Savoye, où j'entends que M⁽ʳ⁾ de Digne se trouva lors de ceste celebre entreveüe du Cardinal Infante, dont j'eusse bien voulu sçavoir le destail au vray principalement sur cette ceremonie de l'estrieu que S. A. voulut tenir conjoinctement avec le filz du conte de Verrüe, lorsque le Cardinal Infante monta à cheval pour s'en retourner à la mer. Car cela s'est raconté de plusieurs differantes façons, et je vouldrois bien estre asseuré de la verité du faict, si vous pouviez desrober quelque heure du temps pluvieulx durant lequel voz observations plus pressantes cessent, vous m'obligeriez bien de m'en escrire un peu de relation exacte pour ma curiosité particuliere de tout ce que M⁽ʳ⁾ de Digne trouvera bon de vous racconter sur cette entreveüe, et specialement sur cette sorte de compliments. On escript de Marseille que l'Italie est toute en grande allarme de la guerre à renouveller à Mantoüe par ce Cardinal Infante, et qu'il s'est enfin saisy de Plaisance pour y faire sa place d'armes, quoyqu'il y eust eu bruict contraire que l'on y avoit receu garnison françoyse. On escript aussy que Mʳ de Crequi estoit passé le premier de ce moys à Ligourne sans prendre terre, ne recevoir les raffraichissements que le Grand Duc luy envoyoit presenter, s'estant contenté de recevoir ses compliments par Dom Pedro, et de luy respondre par le mesme à cause du soubçon de la peste de Florance. J'ay faict rendre à Mʳ de Frejus[1] sa lettre et le roole qui l'accompagnoit, estimant que Dom Polycarpe[2] en aye veu aultant. Quant à Mʳ Sckikardus, je suis bien aise que vous vous soyez resolu de luy escripre plustost que plus tard, et de luy communiquer voz rares observations dont il sçait si bien faire son profit[3], et suis bien marry qu'il ne se soit rien trouvé dans mes caisses du Levant qui puisse estre de son goust que je scaiche. J'avoys receu, cez jours passez, une petite lettre d'advis de Mʳ Petit sur son arrivée à Nismes, où je luy envoyay les Tables hebraïques manuscrites d'astronomie dont je vous avoys parlé pour les traduire, s'il jugeoit qu'elles en valleussent la peine, ensemble le manuscrit hebraïque de la petite chronique des Juifs que Mʳ Genebrard avoit traduit autresfoys[4] pour voir si en le conferant il y trouveroit rien de remarquable. J'ay eu un peu de regret de n'avoir songé à temps pour ce regard à Mʳ Sckikard qui possible eust esté bien aise de voir cez tables. Mais sitost que Mʳ Petit les nous aura r'envoyées, si nous voyons qu'il y ayt rien de digne de Mʳ Sckikard, nous les luy pourrons faire tenir. L'autheur de cez Tables vivoit 300 ans y a, ce dict-on, à Tharascon. Si Mʳ Sckikard vouloit voir de cez livres samaritains, possible y trouveroit-il quelque chose de son goust, en cez Epistres à Scaliger et en l'un de

---

[1] Barthélemy de Camélin occupa le siège de Fréjus de 1596 à 1637. Voir le recueil des *Lettres de Peiresc aux frères Dupuy.*

[2] Dom Polycarpe de la Rivière, de l'ordre des Chartreux. Voir le recueil des *Lettres de Peiresc aux frères Dupuy.*

[3] Bougerel dit (p. 125) que Gassendi «passa le reste de l'année (1633) à Taneron, village situé auprès de Digne, d'où il envoya à Schickard plusieurs observations astronomiques. La lettre qu'il lui écrivit, ajoute-t-il, est si longue qu'il l'appelle lui-même un volume.»

[4] Sur Gilbert Genebrard, archevêque d'Aix, voir le recueil des *Lettres de Peiresc aux frères Dupuy.*

cez derniers volumes que j'ay encor icy escript en lettres partie samaritaines, partie arabiques, concernant divers discours de leurs meurs, où il y a une genealogie de Mahomet de fort peu de generations, dont je m'asseure que Mr Sckikard se prevauldroit beaucoup mieux que le R. P. Morin[1]. Nous luy en envoyerons le volume, si vous voulez, vous asseurant que je suis amoureux de la vertu et ingenuité de ce personage et que je reputeroys à grand heur de luy pouvoir rendre service et tesmoigner mon affection. Ce que vous m'avez mandé que les nües vous avoient couvert le ciel durant tant de jours, m'a donné courage de vous envoyer l'observation que fit Corberan le soir de l'arrivée de mes caisses de livres, où il fit l'esseay de ce que vous luy aviez ordonné, avec son astrolabe, et mit sur le papier les haulteurs de cez quatre astres que je vous disoys dernierement avoir veus rangez quasi en une mesme ligne et quasi en œquidistance. Il tesmoigne une grande envie de continuer. Je luy veulx faire faire un baston de Jacob pour cela, si je trouve un ouvrier. Ce qui me faict souvenir de vous reprocher que vous ne m'avez pas mandé ce que vous m'aviez promis pour l'ouvrier de la machine aux macules solaires, que je vous supplie de ne plus oublier, si me voulez laisser en ma liberté. Sur quoy je finis demeurant,

Monsieur,

vostre, etc.

DE PEIRESC.

A Aix, ce 16 juin 1633.

J'estoys au lict dernierement quand Corberan ouvrit le pacquet des breviaires de M^r L'huillier, et ne vit pas lorsqu'il avoit laissé en arriere dans les enveloppes deux aultres petits livres qui seront cy joincts, l'un du P. Sirmond, l'aultre que je croys estre celuy dont parloit M^r L'huillier de Mr Bourdelot, que je n'avois pas veu, et que j'ay esté bien aise de voir, dont je vous ay l'obligation.

---

[1] Rappelons que Schickard ne fut pas moins savant orientaliste qu'excellent astronome.

Je serviray Mʳ l'advocat du Roy selon le merite d'un personage de sa condition, cousin de Mʳ Taxil, et si intime amy de Mʳ Gassendi, à qui j'estois desja serviteur de longues années.

Depuis avoir escript, ma despesche estant demeurée à faulte de commodité, le temps s'estant remis au beau ce jourd'huy, Mʳ de la Marguerie, fils de Mʳ le Premier Président, avec le P. Aillant ont voulu venir voir à ce soir les cornes de Venus qui leur ont donné un merveilleux plaisir, principalement lorsqu'elle estoit bien proche de l'orison, où les vapeurs despouilloient entierement le croissant de ses faulx rayons. Car auparavant l'effect n'en estoit pas si beau ne si net. Ils ont veu par mesme moyen le corps de Saturne irregulier fort allongé quasi comme un citron, mais il y avoit des faulx rayons fort importuns, et qui ne laissoient pas bien jouyr de la vraye apparence de ce corps celeste dont la couleur estoit bien aussy melancholique comme le bruict. Il m'a semblé une foys ou deux, mais je ne voudroys pas estre garent formel que la moindre rondeur des deux bouttons principalement de l'Oriental estoit fort apparante, et comme distincte (bien que non separée) du plus grand corps principal de cet astre. Nous avons veu dans la Lune une poincte esclairée au mitan d'une grande macule au bord oriental qui faisoit un trez bel effect. De sorte que Mʳ le Prieur de la Valette qui n'a pas eu le courage de venir pour estre de la partie, sera un peu mortifié demain à nous ouyr parler Dieu aydant.

L'ordinaire est arrivé à dix heures du soir, comme cez messieurs se retiroient. J'ay receu pour vous un paquet de Mʳ L'huillier, où vous trouverez, je m'asseure, un supplement de vieille gazette bien notable, et un de Mʳ Gaffarel qui vous escript, je m'asseure, ce qu'il me mande, mais vous aurez agreable que je differe à lundy ou mardy pour vous envoyer la lettre qu'il m'escript, afin que je luy puisse respondre par l'ordinaire, si c'est possible.

Ce samedy au soir, 18 juin[1].

[1] Bibliothèque nationale, fonds français, 12772, fol. 57. Autographe. A la suite de la date on trouve un distique latin; en regard est le nom de Gaffarel. (Est-ce le nom de l'auteur ou seulement de l'envoyeur?) Voici ce distique où l'on reconnaît facilement.

LVI

À MONSIEUR, MONSIEUR GASSENDY,
DOCTEUR EN Ste THEOLOGIE ET THEOLOGAL EN L'EGLISE CATHEDRALE DE DIGNE,
À DIGNE.

Monsieur,

J'adjousteray ce mot à ma despesche puisqu'on ne l'a pas encores acheminée pour accompagner le livre ci joinct que Mr Petit m'a envoyé de Nismes[1], afin que vous voyiez s'il y auroit aulcune observation de vostre goust, comme il s'y en est trouvé de la mienne; et quand vous me l'aurez r'envoyé, je verray de luy faire passer les monts.

Cependant je seray à jamais,
Monsieur,

vostre, etc.
DE PEIRESC.

A Aix, ce dimanche 19 juin 1633[2].

LVII

À MONSIEUR, MONSIEUR GASSENDY,
DOCTEUR EN Ste THEOLOGIE ET THEOLOGAL EN L'EGLISE CATHEDRALE DE DIGNE,
À DIGNE.

Monsieur,

En attendant si l'ordinaire sera venu ceste nuict, je prens la plume avant qu'aller au palais à la reception du sieur de St Martin Grimaud,

---

sous le jeu de mots, une allusion au cardinal Infant :

Gaffarellus :

Latius infantem coluber prius ore vorabat.
Nunc Infans colubrum sœvior angue vorat.

[1] Le manuscrit en langue hébraïque qui se trouve mentionné dans la lettre précédente.

[2] Bibliothèque nationale, fonds français, 12772, fol. 64. Autographe.

resignataire de l'office de conseiller du president de Paule, pour vous dire que si les pluyes et les nües, qui vous ont caché le ciel depuis vostre retour chez vous, proviennent de quelque vangeance de ceste desdaigneuse Venus, à laquelle vous avez tant faict la cour depuis ceste année[1], elle pourroit bien avoir voulu vanger quant et soy la pauvre ville d'Aix que vous aviez abandonnée si soudainement lorsqu'elle se promettoit de vous gouverner un peu plus à souhaict, puisque lorsqu'elle se cache tant dans voz montaignes, elle nous a faict si bon marché de par deçà de tout ce qu'on pouvoit esperer de sa veüe. Car si bien nous avons eu des pluyes et des nüages comme vous, ce n'a jamais esté pourtant si assiduement, qu'il n'y ayt eu de grands intervalles dilucides, qui eussent esté bien suffisants à un homme amoureux pour proffiter des regards de sa maistresse, et lequel auroit peu se donner la patiance de les attendre aussy impunément comme peult faire un corps aussi robuste que le vostre. Et de faict vous aurez peu voir par la premiere observation de Corberan que je vous envoyay que vous eussiez peu prendre un phœnomene bien notable du passage de la Lune prez de vostre Venus en un allignement si gentil avec les deux jumeaux. Mʳ le Premier President ayant depuis apprins de Mʳ de la Marguerie, son filz, ce qu'ils avoient observé des cornes de cette nymphe, en voulut avoir sa part, et aprez luy d'aultres jusques au bonhomme Mʳ le doyen Ollivier qui ne fit de sa vie de si grandes admirations, quoyqu'il en fusse assez liberal partout. Cez jours passez, la Lune s'estant approchée de Saturne quand nous voulions considerer de plus prez sa triplicité, ou beslongueur informe, il voulut faire un essay de ce qu'il pourroit mieux faire, s'il estoit mieulx instruict, et pensoit voir passer la Lune sur le cœur du Scorpion, ce qui luy fit veiller quasi toute la nuict, mais elle reservoit ce spectacle à un aultre hemisphere, dont il demeura

---

[1] Cette plaisanterie et les plaisanteries qui vont suivre peuvent être rapprochées d'une petite gauloiserie du bon Gassendi écrivant quelques mois plus tard (janvier 1634), à Michel Constantin et à Jacques Gaffarel pour les féliciter de leur réconciliation et souhaiter que leurs brouilleries aient toujours le sort de celles des amants. (Voir Bougerel, p. 129.)

un peu mortifié. Cependant il se hazarda de son propre mouvement de faire une observation des distances, tant de la Lune à Saturne, et d'elle aux estoilles fixes plus voisines que desdictes fixes entr'elles pour imiter voz rectifications aussy bien que les haulteurs, mais le pauvre garçon n'avoit pas bien preveu la differance qu'il y a d'observer par les pinnules de vostre baston de Jacob, ou par celles d'un astrolabe, dont l'une est si esloignée du centre qui doibt regler les degrez de la circonference. D'une chose l'ay-je bien asseuré, que vous ne luy scauriez aulcun mauvais gré de cet effect de ses bonnes intentions, et qu'il ne tiendroit qu'à luy de se rendre aussy celebre à la posterité que le maistre Auzias de Mʳ Valloys¹, s'il en avoit tant soit peu d'envie, comme il tesmoigne de n'en estre pas esloigné. Auquel cas je luy feray faire des instruments les meilleurs que je pourray. Au reste, je vous remercie trez humblement de la bonne relation qu'il vous a pleu me faire des merites de Mʳ Bourdelot, et des bons offices que vous m'avez aultresfoys rendus de sa part, dont je vouldrois bien avoir merité les bonnes graces par quelque digne service ayant prins plaisir de voir son beau poeme que vous aurez depuis receu. J'ay eu une vieille despesche de Mʳ Naudé du 21 febvrier enfermée dans une caisse venüe de Rome par les galeres de Mʳ de Crequy dans laquelle j'ay receu afforce vases de bronzes antiques, cappables de me bien donner de l'exercice, et afforce desseins de vieux marbres, et quelques medailles et autres curiositez pour servir d'un supplement inesperé de ce que j'avoys trouvé à redire à mes pauvres caisses du Levant, de façon que, comme vous avez fort bien pronostiqué, je ne suis pas encores si peu heureux, comme je pensoys, car il y a d'assez belles et bonnes pieces, et avec ladicte caissette j'ay eu deux vases dans chascun desquels y a une plante vivante et fort bien conditionnée du vray Papyrus dont les anciens faisoient leurs feuilles à escrire. Ce que je n'avois jamais veu qu'en peinture, laquelle estoit bien differante de l'original. Vous prendriez plaisir de

---

[1] L'astronome amateur de Grenoble avait donc, pour ses observations, un auxiliaire dont le nom alors fort connu ne nous serait pas parvenu sans la révélation de Peiresc?

la voir. C'est le cardinal Barberin qui me les envoye, et j'en envoye seulement une plante à Boisgency, ayant retenu l'aultre icy jusques à l'automne pour essayer si cela pourroit ayder à vous induire à revenir entre cy et là. Car quand vous estes en un lieu, vous y estes aymé et retenu si fortement par tous ceux qui ont le bien de vous cognoistre, qu'on ne vous en sçauroit arracher que par force, ou par quelque petit artifice que j'employeroys bien volontiers pour en venir à bout.

Mʳ Naudé m'escript que le P. Scheyner escrivoit dez lors ex proffesso contre le pauvre Galilée, qu'il y travailloit puissamment et avec grandissime animosité, à ce qu'on leur en mandoit de Rome; dont les effects n'ont que trop paru à mon grand regret et peult estre au dezadvantage des arts liberaulx[1].

L'ordinaire estant depuis arrivé, j'y ay apprins une nouvelle bien agreable pour vous aussy bien que pour moy, en faveur du pauvre Galilée, que Mʳ du Puy m'escript estre heureusement sorty des prisons de l'Inquisition aprez s'estre glorieusement purgé de la calomnie qu'on luy avoit imposé d'avoir changé quelque chose en l'edition de son libvre depuis la correction du *Padre Mostro*, maistre du sacré Palais. De sorte qu'on luy mande de Rome qu'il y avoit apparance qu'enfin ses *Dialogues* se publieroient; et dict que ses lettres de Rome sont du 23 de may. J'en ay bien de plus fraisches de Rome du 2 et 3 juin, et par la poste, et par le retour des galeres de Mʳ de Crequy, mais persone ne m'en dict rien. Vray est que je n'ay pas de lettre de ceux qui m'en pourroient parler, ne pas mesmes du cardinal Barberin. Mais on m'a dict qu'un jacobin a prins terre à Antibe ou Cannes, lequel s'estoit chargé de tout plein d'aultres paquets pour moy, duquel il nous fauldra attendre la commodité, avant que l'avoir icy, puisqu'il n'a eu la patiance de venir faire son desbarquement à Marseille. Vous aurez un paquet de Mʳ L'huillier, qui vous dira, je m'asseure, la prinse de Reimbergue le 19ᵉ jour de son siege, et que Monsieur fut par ce moyen coustraint de

---

[1] A rapprocher des pages 116 et 117 de la *Vie de Gassendi*, où Bougerel analyse ou mentionne des lettres du P. Scheiner, de Galilée et de Gaffarel.

rebrousser chemin avec l'armée espagnole aussy tost aprez avoir passé
la Meuse. Le Roy avoit escript à M⁰ le President de Mesme qu'il luy
permettoit de venir faire sa charge, sur quoy je finis demeurant.

Monsieur,

vostre etc.,
DE PEIRESC.

A Aix, ce 25 juin 1633.

On m'escript de Paris que comme on commançoit à transcrire la
vie d'Homere par Plutarque, on s'est apperceu qu'elle estoit imprimée
dans le recueil des poetes in-fol. de Henri Estienne, ce qui fit cesser
la transcription. Mais j'ay recouvré l'Eusebe de Scaliger d'un de mes
amys, où il n'y a rien d'escript comme au mien, de sorte que nous le
pourrons envoyer à M⁰ de Mezeriac quand vous voudrez pour le garder
tant qu'il luy plairra, car ce mien amy m'en laisse la disposition fort
ample[1].

LVIII

À PEIRESC.

Monsieur,

Tant parce que je suis surpris par le despart de ce porteur, que
parce que j'espere de vous escrire lundy ou mardy plus amplement par
le retour de Mad⁰ˡˡᵉ de Morgues (parmy les hardes de laquelle je mettray
le livre de Mons⁰ Petit), je me contenteray de vous faire ce mot pour
accompagner celluy que j'escry à Mons⁰ Luillier et vous prier cependant de m'envoyer la traduction ou faire sçavoir sommairement le sujet
des lettres escrites du Levant à feu M⁰ Scaliger. C'est afin qu'escrivant à
M⁰ Schickard je luy puisse dire ce que c'est. Despuis que j'ay tant fait,
je pense que j'attendray de luy escrire jusques à ce que j'aye encore

---

[1] Bibliothèque nationale, fonds français, 12772, fol. 59. Autographe.

veu ☿ à ceste fois cy. Il y a deux ou trois jours que je suis aux aguets, et vay coucher pour cest effect tous les soirs en un monastere des Mathurins que nous avons icy en une assez haute montaigne. Je vien en effect d'en arriver, mais il y a eu quelques nuages qui m'ont empesché de descouvrir le compagnon. Hier au matin je pensoy l'avoir attrapé, mais je trouvay après que c'estoit Mars. Je l'ay encore veu aujord'huy et Jupiter après. Si le sieur Corberan dezire d'en voir quelque chose, il le rencontrera mardy ou mercredy matin à main droite et plus bas que Jupiter, et esloigné d'environ autant que Castor de Pollux. Il fera un assez joly triangle avec Capella et la Poulsiniere. Mais surtout s'il veut voir quelque chose de beau, qu'il prenne garde de demain dimanche en huit jours, auquel temps l'Ephemeride de Kepler remarque qu'en premier lieu se levera la ☾ après ♂, de suite ♃ à sa droite et enfin ☿ sur la ☾.

Je suis toujours,

Monsieur,

vostre tres humble, tres affectionné et tres obligé serviteur,
GASSENDI.

Je vous envoye une lettre de monsʳ Morin afin que vous y voyez ses recommandations et fassiez, s'il vous plaist, rendre à monsʳ de la Valette celles qu'il y a pour luy. Je pense que je vous doy aussi envoyer une lettre de monsʳ Bourdelot en laquelle il fait mention de vous et parce qu'il parle là dedans d'un certain Mʳ Constantin, qui luy a donné un epigramme sous le nom d'Eustathius, en teste du poème que vous avez veu[1], je vous vay aussi faire part de la derniere lettre que j'en ay receue. Je scay bien que vous avez d'autres choses meilleures à voir, mais moy n'ayant rien de meilleur à vous monstrer, ὃ μεῖζον ἔχω, τοῦτό σοι δίδωμι.

A Digne, ce samedy xxv juin au matin MDCXXXIII[2].

[1] S'agit-il là de Michel Constantin, mentionné dans une note de la lettre précédente à l'occasion de sa réconciliation avec Gaffarel?

[2] Bibliothèque d'Inguimbert, à Carpentras, collection Peiresc, registre LX, t. II, fol. 150. Autographe.

LIX

À GASSENDI.

Monsieur,

Ne pouvant vous escrire à mon aise, à mon grand regret, non plus qu'à M⁽ʳ⁾ vostre Evesque, je me contenteray de vous accuser la reception de voz lettres et des siennes, ensemble du livre de M⁽ʳ⁾ Petit. Vous aurez icy deux pacquets venus par l'ordinaire, et un cahier venu de Venize de la part de M⁽ʳ⁾ Gaffarel qui m'en envoye un pareil, et m'escrit ce que vous aurez en la seconde partie du memoire cy joinct.

Depuis la closture de nostre Parlement j'ay icy gouverné un honneste homme de Marseille qui a esté 20 ans au Cayre, de qui j'ay apprins de fort jolies curiositez pour mon goust particulier. Vous y eussiez, je m'asseure, prins grand plaisir, entr'aultres à luy ouyr dire l'embrasement que la terre vomit sur les confins de l'Æthiopie voisins du païs de Suachem prez le Nil, en mesme temps que celuy de Naples à peu de jours prez, lequel duroit encores au moys de mars suyvant, pendant lequel temps il avoit desolé troys ou quatre lieues de païs à l'entour et y eut un tremblement de terre jusques au Cayre. Quelque temps devant y avoit eu à la Mecque un aultre accident bien estrange aprez des ravages et deluges de pluyes fort extraordinaires qui avoient mis à terre la mosquée de Mahomet, que la terre s'entr'ouvrit et en sortit un vent si puant, si chauld et si mallin que grand nombre de peuple en fut malade, et plusieurs en moururent. Mais cela fut bientost recomblé. Il y a entre la Meque et le mont de Sinaï des bains et eaux chauldes en deux divers endroicts fort celebres, entr'aultres en la ville de Medina Nebith, où sont le sepulchre de la jambe de Memet et les bains du pretendu prophete. Et le Tor où se font les provisions de l'eau pour tous les navigants en la mer rouge, lesquelles eaües sont corrompües dans 24 heures, et engendrent des vers gros comme le doigt qui par aprez se convertissent en gros mouscherons ou papillons, et aussytost l'eau se clarifie et rend par aprez incorruptible et excellante, la challeur de cez eaux faisant indice de la disposition soubsterraine aux embrasemens. Cet homme s'en retourne en Ægypte, et m'a promis de me faire cotter precisement le jour de touts cez grands accidents, pour en voir le rapport avec ceux de Naples. Sur quoy attendant la relation de Villefranche, je demeure,

Monsieur,

vostre, etc.

DE PEIRESC.

A Aix, ce 3 juillet 1633[1].

LX

À MONSIEUR, MONSIEUR DE GASSENDY,
CHANOINE THEOLOGAL,
À DIGNE.
RECOMMANDÉ À M' LE BARON D'ESPINOUSE.

Monsieur,

En envoyant au s' Besson les lettres que j'avois eües de l'ordinaire, il me r'envoya la vostre du dernier juin, où je trouvay celuy que vous adressez à M' L'huillier qui s'en ira demain au matin, Dieu aydant, par l'ordinaire. Je me trouve encores bien embarrassé, n'ayant pas commancé d'escrire pour l'ordinaire où il me fault escrire tout plein de lettres, mais je n'ay peu m'abstenir de jetter les ieux sur vostre lettre, où j'ay prins un grand plaisir, et ne manqueray pas de la faire voir à Corberan pour l'animer, et à M' le Prieur de la Valette pour l'inviter à luy donner quelque bonne instruction, n'ayant encores peu lisre les lettres de voz amys qu'il vous avoit pleu me communiquer; mais je me promets bien que vous ne laisrez pas de m'excuser comme je vous en supplie, et de faire mes excuses à M' l'Evesque de Digne à qui je ne suis que trop obligé, n'ayant pas voulu laisser aller ce laquay de

[1] Bibliothèque nationale, fonds français, 12772, fol. 63. Autographe.

Mme d'Espinouse sans vous rendre ce petit compliment, attendant que je me puisse acquitter de mon debvoir. C'est la verité que Mr du Chaffault m'obligera beaucoup de me faire voir son escuellon de bronze, et y a de l'apparance que puisque les Medailles dont il estoit remply sont toutes d'un siècle, la mesure y pourra avoir du rapport. J'en ay receu de Rome et d'Ægypte que je n'ay pas encor examinées, faulte de loisir, mais ce sera Dieu aydant bien tost. Sitost que les trois livres seront venus, je les porteray à M^r le Prieur de la Valette, selon vostre ordre, pour les vous envoyer incontinant. Excusez-moy et me commandez comme,

Monsieur,

vostre, etc.
de Peiresc.

A Aix, ce 4 juillet 1633.

L'on me faict feste du livre cotté au billet cy joinct, mais on ne mande pas de me l'avoir encor envoyé[1].

LXI

À MONSIEUR, MONSIEUR GASSENDI,

DOCTEUR EN Ste THEOLOGIE ET THEOLOGAL EN L'EGLISE CATHEDRALE DE DIGNE,

À DIGNE.

Monsieur,

Je ne vous sçaurois exprimer les embarras qui m'accueillent de tous costez et qui m'accullent sans me laisser aulcun moyen de m'acquitter de mon debvoir envers mes bons seigneurs et amys, et sans me laisser rien commancer du travail que je pensoys avoir achevé dans la my-juillet, où nous sommes desja si advancez. C'est pourquoy vous excuserez, s'il vous plaict, Monsieur, le retardement des offices que mon

[1] Bibliothèque nationale, fonds français, 12772, fol. 65. Autographe.

impuissance faict demeurer en arrerage. Mʳ le Premier Presidant a prins resolution de partir dans huict ou dix jours, ayant eu permission du Roy d'aller faire un voyage en Cour, et d'aller faire un peu de sejour en ses maisons des Champs. Il prend le chemin de Thoulouze, Bordeaux et Angoulmoys où il a sa maison de la Marguerie à quattre lieües d'Angoulesme, de sorte que Mʳ l'Evesque de Digne courra fortune de ne le pas trouver icy en octobre non plus que vous, car il ne parle pas d'estre icy de retour avant la fin de novembre, et Dieu sçaict combien de choses pourroient se mettre à la traverse pour luy faire allonger ce terme, et possible perdre la volonté de plus revenir, car on ne luy donne gueres de subject de s'y plairre à mon trez grand regret.

Nous avons icy depuis sept ou huict jours le bonhomme R. Salomon Azuby¹ que je vouloys vous envoyer là hault pour vous aller voir chez vous, puisque sa maladie l'a empesché de vous venir voir icy tandys que vous nous fesiez l'honneur d'y prendre la patiance, mais il n'a pas encor eu assez de courage pour s'y resouldre, bien que je luy offrisse un de noz chevaulx et un guide et de le desfrayer. J'ay envoyé querir chez luy son exemplaire des Tables astronomiques pour le faire travailler à la traduction d'icelles, à cause que j'avoys envoyé le mien comme vous sçavez à Mʳ Petit, qui aura de la peine d'en venir à bout, à ce que pense ce bon homme cy. Il m'a apporté ses observations des deux dernieres ecclypses, c'est-à-dire le calcul qu'il en a faict sur les regles desdictes Tables, où je m'asseure que vous aurez du plaisir de voir comme il s'y prend. Je ne le laisray pas eschapper que je n'aye de voz nouvelles, et si vous aviez du sang aux ongles, vous viendriez dire adieu à Mʳ le Premier Presidant, et à Mʳ vostre Prelat aussy. Car il a de la peine à mettre son train en estat pour un si grand voyage avec toute sa famille et n'a pas mesmes les chevaulx de carrosse qu'il luy fault. J'ay esté fort tenté de vous envoyer noz

---

¹ J'ai déjà renvoyé, au sujet du savant rabbin de Carpentras, au fascicule IX des *Correspondants de Peiresc* (Versailles, 1885).

chevaulx pour cet effect, et si M‍r vostre Prelat n'eust esté là, possible m'en seroys-je dispensé à tout hazard, car il n'y pouvoit pas avoir grande perte, quand bien vous n'auriez peu venir.

Ce 10⁽ᵐᵉ⁾ juillet 1633.

Du 12ᵉ juillet.

J'ay aujourd'huy au matin escript à Paris à M‍r Lhuillier à faulte de luy pouvoir envoyer de voz lettres et demain, Dieu aydant, j'espere de pouvoir faire aller le pacquet de M‍r de Digne à Rome, comme sa lettre pour Marseille fut envoyée à la poste le mesme jour, et l'aultre de Gaillard baillée chez luy, car il estoit aux champs. Mais le laquay du s‍r de Pontis[1] avoit esté huict jours en chemin. J'avoys commancé de vous escrire le contenu de l'aultre part, il y a deux jours, pensant joindre de mes lettres à celles que j'avoys eües pour vous de Paris, mais M‍r Besson les vint prendre ceans que j'estoys au lict, et l'on ne luy donna pas mesmes celle que j'avoys ja escripte à M‍r l'Evesque de Digne. J'ay esté plus de 8 ou 10 jours avant que pouvoir lisre les troys belles lettres qu'il vous a pleu m'envoyer des s‍rs Bourdelot, Constantin et Morin, tant je suis mal à moy, car je puis bien vous jurer que j'estoys trainé à grande force ailleurs, pendant tout ce temps. Enfin j'ay prins un souverain plaisir à les lisre, et vous ay bien plus d'obligation que je ne sçauroys exprimer en une lettre des favorables offices que vous me prestez envers ces messieurs que je vouldroys bien pouvoir condignement servir en revanche de tant d'amitié que j'ay si mal meritée. Il me souvient bien que vous m'avez escript aultres foys du s‍r Bourdelot et de son inclination à me vouloir du bien, dont je pense vous avoir supplié de luy faire mes remerciements trez humbles

---

[1] S'agit-il là de Louis de Pontis, l'officier qui alla finir ses jours à Port-Royal et sous le nom duquel on a publié des mémoires qui ont paru suspects à de nombreux critiques? On sait que la famille de Pontis est provençale. On sait aussi qu'à l'époque où fut écrite la présente lettre, Louis de Pontis était âgé de cinquante ans. Rien donc n'empêche de croire que le personnage mentionné par Peiresc est le même que l'auteur prétendu des *Mémoires* publiés en 1676.

comme je faicts encores. J'avoys bien veu son Petrone, mais nous sommes si mal advertys, et en païs si mal attaché au commerce des livres, que je n'avoys pas seulement ouy parler de son Lucian[1], quoyque ce ne puisse estre qu'une (sic) ouvrage de longue haleine et de grande importance, et de faict je tascheray d'en faire venir un exemplaire avec la premiere balle qu'on me fera. Ce Mʳ Constantin doibt estre d'une bien gentile humeur, et que je gousteroys bien, je m'asseure, et j'ay prins plaisir de voir ce qu'il r'apporte des differants de cez moynes. Je ne scay pas bien quel homme est ce Gerard dont il parle, et me ferez plaisir de me le mander à vostre loisir. Quant à Mʳ Morin, je le remercie trez affectueusement de son souvenir, et vous supplie de luy en faire les compliments de ma part quand vous luy escrirez, ayant eu du plaisir de voir la deduction qu'il vous faict de tout ce que Longomontanus luy a envoyé, principalement concernant la quadrature du cercle dont je seray bien ayse d'apprendre avec le temps ce qui en reuscira. Car je n'en attends pas davantage que de ce que tant d'aultres y ont faict inutilement. Surtout j'ay esté bien aise de voir par sa responce la liberté avec quoy il falloit que vous luy eussiez escript sur son invention des longitudes, où je pense qu'il aura grand besoing de cavesson pour le retenir de trop promettre, aussy bien que du reflux de la mer, pour raison de quoy il allegue un Villon dont je vous prie me dire vos sentiments, s'il vous plaict[2].

Je viens de recepvoir une lettre du sʳ Gaffarel du 26 juin de Venize, portant que Mʳ de Savoye a faict imprimer un libvre de son tiltre pretendu de roy de Cypre, qu'il entend de prendre la qualité *dell' Aliezza real* et avec la couronne close. Il adjouste que le cardinal Infant a eu une grande mortification de ce qu'un conte milanoys a faict coupper le nez avec un razoir à un segneur de sa suitte en hayne de ce qu'il luy avoit pris la main droicte. Le duc de Feria se faict bien prier de partir,

---

[1] Le *Lucien* de Jean Bourdelot était pourtant publié depuis dix-huit ans (Paris, 1615, in-fol.). Voir le *Manuel du libraire* (t. III, col. 1207).

[2] Sur Villon (Antoine), auteur de l'*Usage des Éphémérides*, voir le recueil Peiresc-Dupuy, t. III, p. 59, 60.

et le duc de Parme est tout à faict bon françoys exterieurement, comme tous ses voisins le sont au cœur bien qu'ilz ne l'osent faire paroistre. Il me charge de vous faire de ses recommandations. Il me resteroit bien des choses à vous dire encores en responce de voz dernieres lettres, mais il fauldroit entreprendre un bien long discours, et entamer ou employer une aultre feuille que je remettray avec vostre congé à une aultre occasion. Seulement vous diray-je que la lunette que j'ay m'a monstré à ma foible veüe le corps de Saturne beaucoup plus petit que la distance des cornes de Venus, et que je n'ay sceu prendre cez dimensions que vous dictes avec l'ouverture de la lunette bien nettement et que je trouvois Venus plus grande que la cinquiesme et quasi aultant que le quart dudict diamettre à peu prez à comprendre ce globe de cette petite Lune, mais pour Saturne jamais je ne luy sceus establir une proportion bien apparante, et ne l'ay jamais veu si poinctu comme vous le faictes par les deux bouts, comme d'ung comble à augive, les bouttons me sembloient incomparablement beaucoup plus gros que vous ne les faictes, si ce n'estoit un faulx effect ou vice du verre de la lunette, car elle ne le despouille jamais bien de ses rayons, et en fault prendre la figure du corps par pieces et fort à la desrobée. J'oublioys de vous dire que nous avons icy encores pour quelques jours Mr Valoys qui pensoit vous y voir, et ne peult vous aller chercher en voz montaignes à son grand regret; mais il arriva trop tard pour voir les cornes de Venus qui nous estoit disparüe deux jours devant que je sceusse son arrivée. Corberan a prou de bonne volonté, ce semble, mais l'incommodité du lieu du costé du Levant et la difficulté de se lever matin, aprez les desbauches dont il a peine de se sevrer, luy ont faict tout quitter lorsqu'il y devoit estre le plus ardant. J'attends vostre lettre pour Mr de Mezeriac, afin d'accompagner l'Eusebe, et me fault commancer d'escrire à Rome de peur d'estre surpris demain. Excusez-moy donc, je vous prie,

Monsieur,

comme, etc.

de Peiresc.

Sitost que je retrouveray les epistres de Scharon[1] je les envoyeray à Mʳ L'huillier. C'est par la commodité extraordinaire d'un homme de Mʳ d'Espinouse que je vous envoye ma despesche.

A Aix, ce 12 juillet 1633.

Le temps estoit hier fort chaud, et le vent de la marine nous faisoit extraordinairement ouyr les cloches de Saint-Jean, mais on a jugé qu'il debvoit avoir porté de la plage aux montagnes, car le temps s'est fort r'affraischy ce jourd'huy, graces à Dieu, et le vent s'estoit tourné du costé du Mistral.

Vous aurez une lettre du bon P. Athanase Kirser qui m'a esté apportée par le P. Cyriacus Sciotto grec, et une du R. P. Dom Polycarpe bien curieuse, qui estoit ceans plus de huict jours y a, sans que j'eusse ouvert le pacquet sinon aujourd'huy, parce que c'estoit avec un libvre que le bon P. me renvoyoit et le Chartreux qui me l'apporta lors me dict qu'il n'avoit peu escrire pour s'estre trouvé fort malade, tellement que je ne croyoys poinct qu'il y eust aulcunes lettres dans le fagot dudict livre que j'ay voulu monstrer à un amy, et ay esté bien honteux d'y trouver vostre lettre et d'aultres bien envieillies de leur datte dont je vous supplie m'excuser, n'ayant poinct failly que sur le dire de ce bon religieux qui m'avoit donné une grande allarme de la santé de Dom Polycarpe, mais graces à Dieu, il se porte beaucoup mieux[2].

---

[1] C'est-à-dire Scarron. S'agit-il là de quelques épîtres manuscrites de l'écrivain burlesque, alors âgé de vingt-trois ans? On sait que la première édition de ses poésies parut dix années seulement après la date de la présente lettre (Paris, Toussaint Quinet, 1643, in-4°).

[2] Bibliothèque nationale, fonds français, 12772, fol. 67. Autographe.

LXII

À MONSIEUR, MONSIEUR GASSENDI,

DOCTEUR EN Ste THEOLOGIE ET THEOLOGAL DE L'ÉGLISE CATHEDRALE DE DIGNE,

À DIGNE.

Monsieur,

Cette aprez disnée Mr Valloys estoit ceans quand Mr Besson nous a apporté voz despesches du neuf et dix avec le paquet pour Paris qui ne pourra aller que mardy prochain à mon grand regret, si nous n'avons quelque commodité extraordinaire, comme il s'en presente d'aulcunes foys. Mr Valloys s'est saisy de vostre libvre, et aprez luy je tascheray d'y passer la veüe à mon tour pour le vous r'envoyer incontinant. M^r le Mareschal[1] est revenu des Champs pour adsister à une tragedie que les PP. Jesuistes font pour deux jours[2], et s'en va sammedy à Marseille pour estre icy lundy. M^r le Premier President persiste en sa resolution de partir la semaine prochaine, mais il n'a pas encore son faict bien prest. J'escris à Rome et vous supplie m'excuser, si je ne faicts mieux mon debvoir estant.

Monsieur,

vostre, etc.
de Peiresc.

A Aix, ce 13 juillet 1633[3].

---

[1] Le maréchal Nicolas de l'Hospital, marquis de Vitry, gouverneur de Provence depuis l'année précédente (ses provisions avaient été vérifiées le 17 mai 1632). Voir sur ce gouverneur le recueil Peiresc-Dupuy.

[2] Cette tragédie n'est mentionnée ni dans la nouvelle édition, donnée par le P. C. Sommervogel, de la *Bibliothèque de la Compagnie de Jésus* (Bruxelles et Paris, 1890, in-4°, t. I, à l'article *Aix* où l'énumération des exercices dramatiques du collège fondé en 1621 ne commence qu'en 1645), ni dans les *Annales du collège royal Bourbon d'Aix* publiées par l'abbé Édouard Méchin (Marseille, t. I, 1890, grand in-8°).

[3] Bibliothèque nationale, fonds français, 12772, fol. 69. Autographe.

LXIII

À MONSIEUR, MONSIEUR GASSENDY,
DOCTEUR EN Ste THEOLOGIE ET THEOLOGAL EN L'ÉGLISE CATHEDRALLE DE DIGNE,

À DIGNE.

Monsieur,

Je fus bien marry de ne vous pouvoir escrire, la derniere fois que le sieur Besson vint prendre voz lettres de l'ordinaire, mais je ne veux pas laisser aller celles icy sans vous dire que par le calcul de R. Salomon Azubi sur les regles des Tables astronomiques de R. Emanuel, fils de Jacob, faictes anciennement à Tarascon, il a trouvé la derniere ecclypse de lune du 27 octobre dernier debvoir commancer à 11 h. 45 m. 4 s., finir à 2 h. 16 m. 13 s., et par consequant le milieu à 1 h. 1 m., en quoy il se trouve avoir posé le commencement seulement 4 m. et 39 s. plus tard que les Ephemerides de Keplerus, mais il y a unze minutes et 12 s. de differance au mitan de l'ecclypse et 17 m. 35 s. à la fin. Il y a aussy 15 m. 9 s. de moings sur la quantité des doigts de l'ecclypse. Mais au calcul de la derniere ecclypse du soleil, il l'a faict plus tardive de 24 minutes ou environ, mais pour la durée il ne la faict que de 2 h. 2 m. 4 s., en quoy la differance est bien petite, avec vostre supputation et observation. L'autheur de cez Tables, qu'il intitule Aisles d'aigle, dict que celles de Ptolemée n'estoient pas si commodes que les siennes, et recommande fort l'Albategnius; il ne faict poinct de mention de celles du roy Alphonce dont je suis estonné, car encores qu'il ne parle pas du temps qu'il escrivoit, ce neantmoings par le rapport des cicles solaires employez en ses Tables, il se trouve qu'elles ont esté dressées ou escriptes, environ 300 ans y a, et par consequant bien prez du temps d'Alphonce. Ce pauvre bon homme a tant d'envie de vous voir que je suis aprez à le faire resouldre d'aller en voz quartiers, et luy bailleray un de noz chevaux, affin qu'il aille demeurer deux ou trois jours avec vous pour apprendre quelque chose en cette matiere. J'avoys une foys voulu revocquer en doubte que cez tables n'eussent esté composées en la ville de Tarracone en Espagne plustost qu'à Tarascon, mais oultre que la lettre S n'y est pas obmise au texte hebraïque, il met la haulteur du pole de 44 degrez qui ne convient pas trop mal à Tarascon, et pour la longitude, il la met esloignée de l'Orient de 9 heures 46 qui ne reviendroit pas peult estre si bien à la situation du Rhosne, à le commancer à l'opposite du meridien des Azores; mais vous y trouverez possible quelqu'aultre observation à faire. J'attends impatiemment des nouvelles du s^r Samuel Petit sur le subject du manuscrit de cez Tables, et m'imagine qu'au retour de la foyre quelqu'un m'en debvroit apporter, s'il n'en est luy mesmes le porteur, pour voir s'il y pourroit rien avoir du goust du s^r Skikard. Au reste nous avons eu icy Mr Bosquet, l'autheur de ce petit essay de l'histoire de nostre eglise Gallicane[1], et avons encores M^r de St Chaumont, neveu du s^r Pietrequin, grand vicaire de l'abbé de Montmajour, touts deux des principaulx suppos de l'Université de Paris, dont ils m'ont dict une infinité de curieuses nouvelles, et specialement des interests de vostre Mr Gérard et du bon Mr de Cordes et du s^r Alibert, qu'on tient estre grand amy d'Aurelius, si ce n'est luy mesmes. Ils m'ont raconté la prononciation solannelle de cette *Cenomannica* de Gérard, et le grand concours qu'il y eut, et m'ont dict qu'Aurelius a faict imprimer son Anarhæticus avec privilege qui a bien faict du bruict[2].

Mr Valloys a esté à Marseille, mais il est de retour. J'avoys hier escript jusques icy quand on me vint interrompre pour tout le reste du jour. Je continue dans le lict où l'on m'a faict asseoir pour ne pas laisser eschapper, sans vous envoyer voz lettres de l'ordinaire, la commodité du retour d'un honneste homme, qui a prins la peine de m'apporter ceans presentement voz despesches du 13 et 20 avec l'escuellon ou grande cueiller de bronze antique de Mr du Chaffault, accompagnée

---

[1] La visite à Peiresc du futur évêque de Montpellier n'a pas été mentionnée par Gassendi. Je ne crois pas que, d'autre part, elle ait été connue des biographes de François de Bosquet.

[2] Voir sur l'ouvrage de Jean du Vergier de Hauranne, abbé de Saint-Cyran, et sur la querelle de ce dernier avec le P. Sirmond, le recueil Peiresc-Dupuy, t. II, p. 456, note 2.

de tant de Medailles que l'on ne me laisse pas visiter avant que luy rescrire, non sans beaucoup de mortification pour moy. Cependant vous le pourrez bien asseurer que je luy suis infiniment redevable d'une si confidante et liberale communication de tant de curiositez, estant impossible que dans un si grand nombre, il ne se trouve quelque pièce extraordinaire, comme la forme de ce vase m'est extraordinaire de ceste grosseur, n'ayant jamais veu de cueiller antique plus grande que de la contenance d'une hemina ou cotyle ou demy sestier qui estoit le Tryblion minus. Bien ay-je veu dans les autheurs grecs une mesure du triple, nommé Tryblion magnum et aultrement Cochlearion, que je vouldroys bien estre celle-cy. Mais je crains qu'elle ne soit encore trop grosse, à veüe d'oeuil. Si la feste du dimanche nous empesche de l'examiner aujourd'huy, parce qu'il y fault reparer les bossellures, j'espere que demain Dieu aydant nous pourrons nous en esclaircir et vous en donner des nouvelles. Monsieur le Premier Présidant partit ou se desroba dez le samedy au soir de la semaine passée, et s'en alla attendre à Sallon Mme la Première Presidante qui ne partit que lundy. Il m'a envoyé faire des compliments de Saint Gilles[1], et faict son voyage fort gayement nonobstant l'extrémité des chaleurs qui ne sont venües que depuis son partement. J'auray soing de faire tenir les lettres à Mr de Mezeriac avec l'Eusebe, au P. Théophile, à Mr Gaffarel et à M^r L'huillier, à qui j'escrivis par le dernier ordinaire à faulte de lettres de vostre part, car j'avoys rencontré la commodité d'un courrier extraordinaire qui emporta dimanche passé voz despesches venües trop tard par le precedent ordinaire, comme j'ay faict tenir le pacquet de Rome. Conservez moy l'honneur de vos bonnes graces et celles de M^r l'Evesque et de Mr du Chaffault, et me tenez tousjours,

Monsieur,

                        pour vostre, etc.
                        DE PEIRESC.

A Aix, ce 24 juillet 1633 en haste dans le lict.

[1] Saint-Gilles est un chef-lieu de canton de l'arrondissement de Nîmes, à 20 kilomètres de cette ville.

[1633] ET DE GASSENDI.

Tandis que je m'habillois et que j'attendoys qu'on revinst prendre ma despesche, Mr Suchet[1] a bouché les feleures du vase, et trouvé qu'il contient justement les troys hemines, dont je suis bien fier, et bien obligé à Mr du Chaffault et par consequent à vous[2].

LXIV

À MONSIEUR, MONSIEUR GASSENDY,
DOCTEUR EN Sᵗᵉ THEOLOGIE ET THEOLOGAL EN L'ÉGLISE CATHEDRALE DE DIGNE,
À DIGNE.

Monsieur,

Je vous avoys escript bien à la haste à ce matin dans mon lict, et à Mr du Chaffault, et en allant à la messe avoys laissé le pacquet ceans, parceque l'homme avoit dict à mes gents qu'il le viendroit prendre incontinant. Mais à mon retour j'ay trouvé qu'il n'estoit point venu. Cependant on m'a apporté de Paris deux petits fagots de livres où s'est trouvé le volume des Tables de Lansbergius que j'ay en mesme temps remis à Corberan pour le couldre en diligence, afin que si l'homme n'est party, il le vous puisse porter, tandis qu'il reliera plus à loisir les œuvres d'Hadrianus Metius[3], et les deux volumes de Jonston[4] dont le 1ᵉʳ est in-4⁰ et les autres in-12⁰ et in-16⁰. J'ay commancé de voir les Medailles de Mr du Chafaud et ay commancé par celle qu'il avoit cottée Severus, dont la cotte me sembloit plus extraordinaire en ce siecle là; mais la piece s'est trouvée de Postumus. J'ay aprez prins le gobellet qui n'estoit poinct cotté que d'un nombre où j'ay trouvé deux legions remarquables en revers de Gallien, et d'aultres jolies pieces,

[1] Sur Joseph Souchet ou Suchet, maître fondeur à Aix, voir le recueil Peiresc-Dupuy, t. III, p. 157.

[2] Bibliothèque nationale, fonds français, 12772, fol. 70. Autographe.

[3] Sur Adrien Metius voir le recueil Peiresc-Dupuy, t. I et II.

[4] Jean Jonston, médecin, né en 1603 en Pologne d'une famille écossaise, voyagea en Allemagne, en Angleterre, en France, en Italie, exerça la médecine à Francfort, puis à Leyde, et mourut le 8 juin 1675 à Zibendorf, près Lignitz.

mesmes deux Æmilians qui sont assez nets, et bien conservez, et qui ne sont pas communs. Je vouloys continuer les aultres gobelets, mais on me vient querir pour disner, afin de continuer la mortification d'à ce matin. En quoy j'esprouve la mesme repugnance interne de cez chevaulx alterez auxquels on laisse mouiller seulement la bride ou le museau, sans les laisser boire à pleine gorgée[1]. Mais j'ay pourtant parcouru les cottes des gobelets de papier, et ay admiré de n'y voir quelque nombre de pieces des 30 Tyrans, puisqu'il y en a tant de Gallien, de ceux qui ont esté les plus voisins de son regne tant devant qu'aprez. Car je n'estime pas que puisqu'elles ont esté si fraischement desterrées, elles ayent esté maniées par gents du mestier qui eussent peu esfleurer ce qui estoit de plus rare. Ce sera l'entretien de cette aprez disnée, Dieu aydant, pour faire passer le chauld. Cependant pour ne laisser de tenir preste la despesche, je la clorray en allant boire à vostre santé, et de voz bons et cordiaux amis et serviteurs, estant,

Monsieur,

vostre, etc.
DE PEIRESC.

Aix, ce 24 juillet 1633.

Trouvant cet honneste homme de bonne volonté, je l'ay chargé de 4 pistoles, de l'alcoran et de troys escus pour vostre menuisier[2].

LXV
À MONSIEUR, MONSIEUR GASSENDY,
DOCTEUR EN Ste THEOLOGIE ET THEOLOGAL EN L'ÉGLISE CATHEDRALE DE DIGNE.
À DIGNE.

Monsieur,

Ce mot ne sera que pour accompagner le pacquet de M^r L'huillier du dernier ordinaire par lequel j'ay receu l'epistre de St Clement aux

---

[1] Comparaison bien pittoresque et qui, pour tous les zélés travailleurs interrompus dans leurs délectables occupations, est aussi vraie que pittoresque. — [2] Bibliothèque nationale, fonds français, 12772, fol. 72. Autographe.

Corinthiens de l'edition d'Angleterre extremement belle. Mr Valloys l'a entre les mains. On l'attend avec telle impatiance dans Rome qu'il fauldra que je l'envoye par le premier courrier, sauf de le voir sur un aultre exemplaire, qu'on m'envoye par les Moreaux, et lors vous le verrez comme nous. Il n'y a rien de nouveau que la Gazette ne contienne. L'ordinaire de Genes ne nous a pas apprins grande chose, que le relus faict en Sardaigne aux galleres d'Espagne qui y vouloient loger des trouppes, qui ont esté constraintes de revenir descharger en Vay. Les Genevoys entrent en ombrage des Espagnols et ont renforcé leurs gardes. Les Espagnols disent tousjours qu'ilz veullent envoyer leurs trouppes en Alsace, mais on commance à croire qu'ils s'en veullent servir en Italie, et que le prince Doria leur prestera le nom pour fournir un pretexte d'attaquer le duc de Parme sur la restitution de quelques terres des dependances de la Duché de Valdetarsa, dont ledict Doria a espousé l'heritiere, et ainsin ils pretendent justifier la guerre qui seroit trop injuste et tyrannique en leur propre et privé nom. Sur quoy je vous prie de m'entretenir aux bonnes graces de monsieur vostre Evesque et aux vostres, estant tousjours,

Monsieur,

vostre, etc.,
DE PEIRESC.

J'ay trouvé dix ou douze medailles de Gallien, appartenantes aux legions romaines, avec leurs symboles ou enscignes militaires, qui m'ont bien donné de l'exercice agreable. C'est ce qu'il y a de meilleur en tout ce grand nombre de medailles de Mr du Chaffaud, oultre celles que je vous avoys cy devant cottées.

Le bon R. Salomon Azubi s'est retiré chez luy, sans avoir courage de vous aller voir.

A Aix, ce dernier juillet 1633 [1].

---

[1] Bibliothèque nationale, fonds français, 12772, fol. 74. Autographe.

LXVI
À PEIRESC.

Monsieur,

Je ne scay si on vous aura fait tenir une lettre que j'envoyay à la ville, il y a quelques jours, pour la vous faire porter par la premiere commodité. Je vous fay celle-cy de mesme, c'est-à-dire pour l'envoyer demain à Digne, et recommander qu'à la première occasion on tasche de la vous faire tenir. J'ay esté bien aise d'apprendre que voz tables astronomiques sont autre chose qu'une simple traduction, et le seroy encore davantage si l'autheur ayant esté habile homme comme je presume, y a inseré parmy, quelques observations faites par luy ou par d'autres voisins de son temps. C'est aussi à mon advis ce que dezireroient principalement voir Schickard et les autres. Je ne vous r'envoye point les Tables de Lansbergius sans que je soye à la ville, afin de sçavoir à qui je les recommanderay. Je les prise beaucoup pour estre des plus exactes, mais principalement pour leur grande facilité au prix des Rudolphines. Je fay mesme icy au village quelques petites observations.

J'y ay fait apporter mon rayon, et le matin j'observe la station de ♀, et le lieu des planetes qui se trouvent auprès[1].....

Je n'ay point veu monsr du Chaffaut despuys vostre despesche receue pour luy faire voir ce qu'il y avoit pour luy dans mes lettres, mais je luy ay envoyé la sienne, et n'eust esté l'esperance qu'il avoit donnée à monsr de Digne de le venir voir, je luy auroy aussi envoyé celles qu'il vous a pleu de m'escrire pour luy faire lire le bon gré que vous y tesmoignez luy sçavoir du present qu'il vous a fait. Je suis infiniment aise que vous y ayez trouvé quelque chose qui vous ait aggréé. Pour dire que personne du mestier eust effleuré aucune chose, vous presumez fort bien que non, car tout ce que peuvent faire les plus intelligens de ce pays, c'est de cognoistre quelqu'une de ces lettres. On m'a bien

---

[1] Ici je supprime un passage qui ne serait compréhensible que pour les initiés.

dit que les curés de Corbons[1] et de Thoard[2] avoient pris deux ou trois medailles chascun, et peut estre que celluy qui les avoit trouvées en aura aussi donné quelques unes à d'autres, mais il n'est pas croyable qu'il y ait eu rien d'affecté. Si ce n'est qu'on en aura choisy quelques unes des plus luisantes, et aussitost que je seray de retour à la ville je me feray envoyer celles qui se trouveront entre les mains de ces curés et des autres s'il en vient point à ma cognoissance, afin que si par cas fortuit il s'en rencontroit quelqu'une des trente tyrans je la vous puisse envoyer.

Monsieur, j'en estois hier au soir au bas de la page precedente quand je voy arriver à Tanaron[3] un homme avec un cheval qui m'alloit querir pour m'amener en ceste ville. J'y suis en effect dez les huit heures du matin et attens d'en repartir aprez avoir fait ce qu'on deziroit que je feisse sur les quatre heures du soir. J'ay cependant trouvé de bonne fortune à mon arrivée vostre lettre du dernier du mois passé avec le pacquet de mons^r Luillier et parce que j'ay apporté tant un pacquet que j'avoys desja fait pour Mr Luillier que ceste lettre commencée, je vous vay addresser ledit pacquet et adjouster icy ces lignes pour vous remercier de l'honneur de vostre souvenir, et vous dire que je suis bien aise que le bon homme R. Salomon n'ait point faict ceste fascheuse courvée, parce qu'en effect *quid exisset in desertum videre*[4]?

Quand il y aura moyen de voir l'Epistre de St Clement, vous pouvez bien presumer que j'en seray bien aise. Monsr Diodaty m'ayant escrit par cest ordinaire m'a envoyé une copie de certaine lettre que Mr Galilei luy avoit envoyée devant celle que vous avez veue, ayant deziré qu'elle fust aussi commune à luy et à moy. C'est pour la vous faire voir

---

[1] Je ne trouve aucune localité de ce nom dans le département des Basses-Alpes. Peut-être faut-il lire *Curban*, commune située sur la rive gauche de la Durance, à 33 kilomètres de Sisteron et à 73 de Digne.

[2] Commune des Basses-Alpes, sur le versant nord de la montagne de Siron, à 20 kilomètres de Digne.

[3] Commune des Basses-Alpes, sur une montagne, à 16 kilomètres de Digne. La terre de Tanaron appartenait aux évêques de Digne, et leur ancien château existe encore.

[4] Gassendi applique trop modestement à la visite qui lui aurait été faite par le rabbin Azubi les paroles de l'Évangile.

sur ce que Messrs du Puy luy ont dit que vous en aviez envie. Je la vous envoyeray doncques avec celle-cy, vous priant seulement après que vostre homme en aura fait une copie de me la renvoyer parce que j'en ay perdu une autre que j'en avoy. Je vous vay aussi r'envoyer les deux lettres de Mr Gaffarel avec mille remercimens de quoy il vous a pleu de me les communiquer. J'avoy aussi fait une lettre à Tanaron pour le bon P. Athanase[1], que j'ay apportée pour la vous addresser, mais je vien de me prendre garde que je m'oblige d'y mettre la table de mon observation de l'Eclipse derniere, et cependant j'ay laissé à Tanaron tous les cahiers de mes memoires. Il faudra donc, s'il vous plaist, que si vous en avez une vous preniez le soin de la luy faire copier. Je vous engage aussi par ma lettre de luy envoyer quelqu'une de mes chetifves pieces si vous en avez point, en revenche de celle qu'il dezire de m'envoyer, vous m'obligerez, s'il vous plaist, de le faire et je tascheray de les remplacer. S'il ne devoit partir dez le lendemain de St Laurent comme il m'a escrit, je ne me presserois pas tant de luy donner de nos nouvelles, mais je ne voudroy pas qu'il portast si loin l'imagination qu'il pourroit avoir que je n'eusse pas tenu assez cher l'honneur de son amitié. Si Monsr Valois est encore à Aix, il sçaura, s'il vous plaist, que je le salue et aura part de la susdite observation d'hier comme aussi Mr de la Vallette en cas qu'il ne soit point à Rians. J'ay fait à ce matin avant que de partir une assez bonne observation, mais non pas pour le soleil, parce qu'il m'eust fallu trop longuement attendre. Je suis toujours,

Monsieur,

vostre, etc.

De Digne, ce III d'aoust 1633.

J'oublioy de vous dire que Mr Diodati vous baise un million de fois les mains et à Mr de la Vallette, et qu'il est homme pour nous venir bientost voir. Il m'escrit entre autres choses, qu'un des principaulx

---

[1] Il est presque inutile de rappeler qu'il s'agit du P. Kircher.

Barons d'Angleterre et d'Irlande nommé Mr Herbert, qui a esté cinq ou six ans durant ambassadeur en France [1], m'envoye la copie d'un livre qu'il a fait pour en avoir mon jugement et censure. C'est ainsi qu'il parle bonnement. Il est intitulé *de veritate pro-ut distinguitur a revelatione, verisimili, a possibili, a falso*, et traitte et conclud d'une façon toute singulière. Quand je l'auray, vous pouvez bien croire que vous l'aurez aussi [2].

LXVII

À MONSIEUR, MONSIEUR GASSENDY,

DOCTEUR EN Ste THEOLOGIE ET THEOLOGAL EN L'ÉGLISE CATHEDRALE DE DIGNE,

À DIGNE.

Monsieur,

Je n'ay pas receu de lettre pour vous par cet ordinaire dernier, non plus que de vous pour envoyer à Paris par celuy qui est party ce jourdhuy; j'ay seulement receu une simple lettre de M^r L'huillier adressée à moy dont je luy ay faict responce, laquelle je vous envoye afin que si vous n'en avez receu de luy par quelque aultre voye vous y voyiez qu'il se porte bien, et qu'il ne diminüe pas sa courtoisie, car il y excede tous les jours de plus en plus, et me faict grande honte. En deffault de ses lettres vous en aurez une que je viens de recevoir de la part du bon P. Athanase Kirser qui ne m'a pas escript, mais il m'a faict dire qu'il s'apprestoit fort pour venir, et a desja remis à Mr de Mondevergues [3] la caisse de livres qu'il avoit de moy. Je l'ay adverty que j'avois receu les 4 volumes du Tresor de la langue arabique de la

---

[1] Voir sur Édouard Herbert de Cherbury et sur son livre (qui parut pour la première fois à Londres en 1624, qui reparut dans la même ville en 1633 et en 1645, in-4°, et dont une traduction française fut publiée par les soins de l'auteur en 1639, in-4°), sans parler de tous les recueils biographiques et bibliographiques, de tous les historiens de la philosophie et de la littérature anglaise, la *Vie de Gassendi*, par Bougerel (p. 134-137), le recueil Peiresc-Dupuy, etc.

[2] Bibliothèque d'Inguimbert, à Carpentras, collection Peiresc, registre LX, t. II, fol. 96. Autographe.

[3] Sur ce personnage qui habitait Avignon, où résidait momentanément le P. Kircher, voir le recueil Peiresc-Dupuy.

Bibliothèque Ambrosienne, afin qu'il anticipast sa venüe pour s'en servir à la version de son Barachiaz[1], s'il y restoit quelque difficulté à esclaircir. Je vous envoye une lettre de Mʳ Gaffarel de vieille datte; j'en ay receu de sa part une de Mʳ Naudé qui est encores plus vieille, bien que venüe depuis deux jours seulement. Ell' est si mal escritte et de lettre si menüe que toutes mes louppes y sont courtes et j'ay peine d'en entendre la moitié[2]; il y avoit joinct son action de graces du doctorat[3] que je vous envoye avec des recommandations qu'il me charge de vous faire, attendant de luy respondre demain ou aprez demain par le prochain ordinaire Dieu aydant, et aprez je la vous envoyeray. J'ay receu une lettre du cardinal Barberin du 2 juillet toute de felicitations et eloges de Mʳ de Boisseu[4]; je la vous envoyerois sans qu'il luy fault respondre demain Dieu aydant et aprez vous la verrez, et la pourrez envoyer à Grenoble si voulez, car ses amys prendront plaisir de voir en combien bonne bouche il en parle. Mʳ Naudé m'envoye un roolle de vieux historiens des choses de Padoue et aultres lieux circonvoisins que l'on imprime à Venize, où il y aura de bonnes choses, car j'en avoys veu d'aulcuns assez curieux ez mains du pauvre feu Mʳ Pignoria[5]. Sur quoy je finiray demeurant,

    Monsieur,

                                   vostre, etc.
                                   DE PEIRESC.

A Aix, ce 9 aoust 1633.

---

[1] Sur cet ouvrage et divers autres ouvrages du P. Kircher voir la *Bibliothèque des écrivains de la Compagnie de Jésus*, par les PP. de Backer et C. Sommervogel. Ces ouvrages ont, du reste, été déjà mentionnés soit dans le présent volume, soit dans les trois volumes des *Lettres de Peiresc aux frères Dupuy*.

[2] Tous ceux qui ont eu à déchiffrer des autographes de Gabriel Naudé ont exprimé les mêmes plaintes. Pour moi, je ne vois en toutes les écritures du xvɪɪᵉ siècle, qu'une écriture aussi peu lisible que la sienne, celle du P. Mersenne. J'ai eu déjà l'occasion de dénoncer les hiéroglyphes de Naudé dans le fascicule XIII des *Correspondants de Peiresc*, p. 40, note 3, et p. 44, note 1.

[3] Voir le recueil Peiresc-Dupuy.

[4] Salvaing de Boissieu, comme nous l'avons vu plus haut.

[5] Voir sur l'antiquaire Lorenzo Pignoria, le recueil Peiresc-Dupuy, notamment t. I, p. 3 et 4.

Si vous n'aviez parmy voz Evesques un acte d'un WILLELMVS FARAVDI sʳ de Toramene chef de la maison de Glandeves, qui se donna au monastere de Sᵗ Victor de Marseille par devant L. *Evesque de Digne* l'an M. CC. XVII[1], vous le pouvez cotter, car j'ay veu la piece depuis deux jours[2].

LXVIII

À GASSENDI.

Monsieur,

Vostre despesche du 3 aoust n'arriva pas à temps pour envoyer à Mʳ L'huillier son pacquet par le dernier ordinaire, mais je luy respondis à la lettre que j'avoys receu de luy, et que je vous ay depuis envoyée par une commodité dont le sʳ Besson me vint advertir. J'ay depuis receu un petit ballot que le Prieur de Roumoules m'avoit faict avant que de partir de Paris pour son voyage de Bordeaux, dans lequel j'ay trouvé un pacquet de libvres de Mʳ Moreau, où il y avoit une demy douzaine d'exemplaires de sa harangue[3], dont j'en ay ce jourdhuy envoyé deux par l'ordinaire de Rome aux cardinaux Barberin et Bagni, et y avoit par mesme moyen un pacquet pour vous de la mesme largeur que j'estime estre d'aultres exemplaires de la mesme harangue. Il y avoit une lettre du sʳ Moreau pour moy en datte du 3 juin, à laquelle je respondray Dieu aydant par le prochain ordinaire. J'ay receu en mesme temps un autre pacquet de livres in-8° sans autre addresse que pour moy que j'ay trouvé en l'ouvrant estre celuy dont parloit Mʳ L'huillier,

---

[1] C'était l'évêque Lantelme qui siégeait déjà en juillet 1210 et qui mourut le 6 octobre 1232. Voir *Histoire et géographie des Basses-Alpes*, par l'abbé Feraud, chanoine-curé des Sièyes, 3ᵉ édition, Digne, 1890, grand in-8°, p. 486. L'estimable auteur n'est pas entièrement d'accord avec le *Gallia christiana*, où l'on ne fait commencer l'épiscopat de Lantelme qu'en 1211 et où l'on fait mourir le prélat non le 6 octobre, mais le 5.

[2] Bibliothèque nationale, fonds français, 12772, fol. 76. Autographe.

[3] René Moreau et sa harangue ont été déjà mentionnés dans le recueil Peiresc-Dupuy.

lequel je vous feroy tenir avec celuy de M' Moreau, si le present porteur s'en veult charger. Il y a ce gros volume de l'Evesque du Bellay[1] et les poemes du s' Chappellain et du s' Pellant[2] que nous avions desja veus et de plus cez deux pieces pour les predicateurs que je n'ay encores peu voir en la conjoncture presente. Mais dans mon fagot ou ballot j'ay trouvé entr'aultres pieces un libvre in-4°, Claudi Dausqui (*sic*) sanctomari can[onici] Tor[nacensis] TERRA ET AQVA, seu TERRÆ FLVTANTES [pour fluctuantes] Tornaci 1633[3] où je pense qu'il se trouvera de curieux traictez de la nature. J'attends aujourdhuy Corberan que mon neveu avoit mené à Rians, cez jours passez, pour le faire relier, et avoir moyen de le parcourir et le vous envoyer incontinant, ne doubtant pas que vous ne soyez bien aise de le voir. Au surplus je vous envoye la lettre du cardinal Barberin en responce de celle que M' de Boisseu luy avoit porté de ma part, et un memoire des reliques de S' Jean Chrysostome que M' Suarez (à present evesque de Vaison et Camerier secret du Pape) m'a envoyé. Vous aurez aussy une lettre que m'a escripte le bon P. Athanaze Kircser, où il en a transcript une aultre par luy receüe du P. Scheiner de Rome, où vous serez bien aise de voir à quel poinct monte l'estime qu'il faict de vous, mais bien mortifié aussy de voir ce qu'il y dit du pauvre s' Galilee, que je plains grandement, ce que je seroys bien d'advis de ne pas divulguer, si vous m'en croyez, pour bons respects, puisque la chose avoit esté tenüe dans Rome si secrette jusques à present. Si cela se doibt publier, il vauldra mieux qu'il vienne d'aultre main que de la nostre.

J'ay prins un plaisir extreme de voir la jolie invention avec quoy vous avez trouvé le moyen d'observer la distance de Venus et du Soleil aussy bien que du Soleil avec la Lune encore si peu visible et si peu

---

[1] Le fameux Camus. Voir le recueil Peiresc-Dupuy.

[2] Sur les odes de Chapelain et de Pellant voir le même recueil.

[3] Sur l'écrivain et sur son livre voir encore le même recueil. Tous ces renvois permettent à l'éditeur de s'effacer devant son auteur, ce qu'il ne pouvait faire dans le commentaire des lettres aux frères Dupuy et surtout des premières lettres adressées à ces deux personnages.

distante, que vostre instrument ait peu prendre l'ung et l'aultre ensemble. Je pense que plusieurs choses pareilles donneroient de grands moyens aux grands astronomes pour regler les mouvements celestes. Je vous remercie bien fort cependant de la communication qu'il vous a pleu m'en faire, et de la lettre du sʳ Galilée à vous et à Mʳ Diodati, mais je ne sçay si c'est celle dont vous m'aviez faict feste, et me doubte que Mʳ Diodati se sera equivoqué de prendre l'une pour l'aultre.

J'ay faict transcrire vostre supputation de la derniere Ecclypse du soleil pour la joindre à la lettre que vous escrivez au P. Athanaze, et feray chercher de voz opuscules quand Corberan sera de retour, mais il en laissa à Boisgency qui m'ont bien faict faute souvent. Je crains d'avoir oublié de vous escrire que l'Epistre de Sᵗ Clement pape m'est eschappée des mains par l'opportune rencontre d'une commodité extraordinaire pour Gênes, par laquelle je l'envoyay au cardinal Barberin, me promettant que vous m'excuseriez de cette preference, à cause que c'est la nouveautté principalement qui faict valloir telle marchandise, laquelle perd toute sa grace quand ell' est prevenüe. Mʳ le Prieur de la Valette m'a asseuré qu'il l'avoit toute leüe dans un soir, comm' avoit faict Mʳ Valoys qui en estoit demeuré fort bien edifié. Nous en aurons Dieu aydant bientost un aultre exemplaire, que je ne laisray pas eschapper sans le vous communiquer.

Je viens de recevoir une lettre de Mʳ Valoys de Sault, le 9ᵐᵉ de ce moys avec quatre volumes manuscrits en parchemin qu'il a tirez des Archives du chasteau de Sault, qui ne sont que romans la plupart en Provençal, et y en a un de Charlemagne d'un langage qui n'est gueres moings provençal que françois, et vers du temps[1]. Mais je n'y ay pas

---

[1] Mon savant ami, M. Camille Chabaneau, correspondant de l'Institut de France et chargé de cours à la Faculté des lettres de Montpellier, croit que parmi les *romans*, conservés dans les archives du château de Sault dont les précieux papiers ont été à la disposition de Jehan de Notre-Dame, qui en a fait un si déplorable usage, pouvaient se trouver : le roman de *Blandin de Cornouailles*, en vers, dont le manuscrit unique est à Turin et dont l'auteur des *Vies des plus célèbres poètes provençaux* avait eu connaissance, peut-être par la collection du château de Sault ; le roman de *Ferabras*, traduction

trouvé ce que je cherchoys à mon grand regret. Il me faict feste de certaines chartres avec des Sceaux bien anciens et me remercie fort du sorbet à la Turquesque qu'il avoit tasté chez nous, et dont il eut bien de la peine d'accepter un petit pot pour se desalterer par les grandes challeurs, tant il est ceremonieux, dont il faillit à se repentir; il auroit bien besoing d'en faire moins qu'il ne faict. J'avoys oublié de vous dire que Mr le Presidant Seguiran[1], ayant faict faire une carte de la coste de Provence de la longueur de plus de deux toises assèz curieusement mesurée aultant que pouvoit faire Jaques Maré[2], m'a demandé l'ele-

provençale du poème français, où beaucoup de mots, à la rime surtout, gardent la forme française, ou, du moins, une forme semi-française. C'est à ce roman, dont le manuscrit unique est en Allemagne depuis 1815, que s'appliqueraient le mieux les mots « dont un de Charlemagne ». M. Chabaneau ajoute que l'on pourrait encore penser à *Girart de Roussillon*, roman en vers, dont on possède trois manuscrits. Le principal est d'une langue d'apparence hybride, mais où les caractères provençaux dominent. Il est vrai que l'antagoniste du héros est Charles Martel et non Charlemagne, mais Peiresc avait pu s'y méprendre, trahi par un examen superficiel.

[1] Le beau-frère de Peiresc déjà plusieurs fois mentionné dans les précédents volumes.

[2] Je viens de reproduire d'intéressantes lignes de M. Chabaneau. Un autre de mes savants amis, M. Léon de Berluc Perussis me communique cette excellente note ou, pour mieux dire, notice sur un artiste trop peu connu :

«Jacques Maretz, que l'on a nommé quelquefois, mais à tort *Des Maretz*, portait un nom étranger à la Provence[a]. Il semble pourtant né à Aix et, selon toute vraisemblance, sous Henri IV. De bonne heure, il se signala comme graveur et comme géomètre, et fut pourvu, dans sa ville natale, d'une chaire de mathématiques.

«C'est le voyage de Louis XIII en Provence qui lui fournit, en 1622, l'occasion de se faire connaître. Il collabora aux deux ouvrages publiés à Aix à cette occasion :

«1° Le *Baudrier du sacre* de Borilly (Aix, Tholosan, 1623, in-4°), dont Maretz grava et signa le frontispice. Cette œuvre de début, un peu lourde peut-être, atteste pourtant un burin ferme, et dont la netteté rachète l'inélégance ;

«2° Le *Discours* de Galaup Chasteuil *sur les arcs triomphaux* (Aix, 1624, in-fol.), à la suite duquel est un *plan géométrique de la ville d'Aix*, par Maretz (11 × 7 pouces). Ce plan, le premier en date dans la nombreuse liste des plans d'Aix, est remarquable pour sa précision. Il marqua à l'artiste sa véritable voie, celle des travaux graphiques.

«Une dizaine d'années plus tard, Richelieu chargea le premier président aux comptes, Henry de Seguiran (le deuxième des quatre Seguiran investis de cette charge), de faire

[a] Si ce n'était que je trouve des Marez à Versailles au temps de l'*Armorial général*, je jugerais que ce nom fleure le flamand, comme celui de tant d'autres artistes aixois des xvie et xviie siècles.

vation et longitude de Marseille pour sur icelle regler le reste. J'ay eu recours à M⁻ le Prieur de la Valette qui m'a dict que l'elevation estoit asseurement de 43 degrez 23 minutes, mais pour la longitude il ne m'a sceu rien determiner, et me conseille de prendre celle de Ptolemee de 24 degrez 30. Je vouldroys bien en sçavoir vostre advis, et m'estonne que Kepler en ses Tables Rudolfines n'ay pas marqué la difference du Meridien des Azores d'avec le sien de Rome, com' il en a mis tant d'aultres dans l'Orient jusques dans les Indes, et jusques aux extremitez de l'Espagne et de l'Afrique occidantale. Il n'est pas que vous n'en ayez observé quelque chose dans les autheurs modernes plus curieux dont je vous prie de me faire part pour un si digne subject. Nous sommes aprez tirer ladicte carte de la coste de Provence, pour y avoir recours en cas que l'original s'esgarast en cour.

M⁻ Valoys est party longtemps y a. Je feray voir vostre lettre à M⁻ le Prieur de la Valette. Nous ne refuserons pas la veüe de ce libvre de M⁻ Herbert, Ambassadeur d'Angleterre, en son temps puisqu'il

dresser une carte côtière de la Provence. Seguiran s'adressa tout naturellement à Jacques Maretz, et celui-ci montra dans l'exécution de ce travail autant de goût que d'exactitude. L'immense carte qu'il exécuta sur vélin, avec enluminures et lettres en or, fut très goûtée du Cardinal. (La lettre de Gassendi semblerait fixer à 1633 la confection de cette carte; mais ce n'est que l'année suivante qu'elle fut achevée et envoyée à Paris.) Peut-être, avec quelques recherches, retrouverait-on ce précieux document géographique dans l'un des dépôts parisiens.

«Le succès de sa carte côtière détermina l'auteur à entreprendre une carte générale du comté de Provence. Il n'eut pas le temps d'y mettre la dernière main; mais son œuvre, comme nous allons le voir, ne fut pas perdue.

«Maretz n'avait qu'une fille unique, Madeleine Maretz. Il la maria en 1637 à l'un de ses élèves, Louis Cundier; et quand la mort le surprit, peu après 1642 (rue de Jouques près l'Université), il laissa à son gendre des dessins et des documents assez nombreux pour que celui-ci pût parachever le travail du vieil artiste.

«C'est ainsi que Louis Cundier put graver la belle carte de Provence, placée en tête du tome II de l'Histoire de Provence d'Honoré Bouche, carte qui est l'œuvre de son beau-père autant que la sienne propre.

«La postérité de Maretz et de Cundier demeura fidèle aux traditions des deux artistes: Jean-Claude, Jacques et B. Cundier, fils de Louis, furent tous les trois peintres ou graveurs de portraits, et Jacques II Cundier, fils de l'aîné, continua cette dynastie, dont les œuvres sont aujourd'hui fort recherchées des curieux et des iconophiles provençaux.»

vous plaict[1], et serions bien plus aises de voir venir et gouverner M⁵ Diodati. Le s⁵ Baudier m'a escript d'Avignon où il estoit encores le 7ᵐᵉ de ce moys, ayant sesjourné en Languedoc plus qu'il ne croyoit[2]. Il a fort gouverné le R. P. Athanaze, comme vous verrez par sa lettre, sur quoy estant pressé d'aller au palais, je finis en vous baisant trez humblement les mains, et vous suppliant de m'entretenir aux bonnes graces de Monsieur l'Evesque de Digne, vostre digne hoste, et user de moings de ceremonies avec moy qui suis de si bon cœur et si franchement,

Monsieur,

vostre, etc.,
DE PEIRESC.

A Aix, ce 12 aoust 1633.

Ce Renoux qui avoit apporté voz dernieres lettres, n'estant pas revenu, comme il avoit promis, pour prendre la responce, ne voulut nommer son hoste pour la luy pouvoir envoyer chez luy, tout est demeuré, et depuis j'ay receu pour vous par l'ordinaire un pacquet de M⁵ L'huillier et un aultre avec quoy M⁵ L'huillier a prins la peine de m'escripre, et y a faict joindre une lettre de M⁵ Chapelain, la plus honneste et la plus gentile qu'il est possible de voir, qui m'a rendu bien honteux[3]. M⁵ L'huillier me faict feste d'une philosophie morale et politique qui est bien aultre chose que sa poesie et que vous aurez possible veüe[4]. Je ne sçay si je ne vous ay point mandé ce que j'avoys

---

[1] Le livre de Veritate.

[2] Sur le languedocien Michel Baudier voir le recueil Peiresc-Dupuy où son nom revient très fréquemment.

[3] Voir cette lettre qui doit être inexactement datée, car, comme elle est antérieure à celle de Peiresc du 14 août, elle ne peut être du 31 du même mois, et est sans doute du 3 de ce même mois, voir, dis-je, cette lettre dans le tome I de la *Correspondance de Chapelain*, p. 42.

[4] Nous n'avons pas la lettre où Lhuillier vantait tant le traité manuscrit de Chapelain. On voit que Peiresc semble beaucoup plus disposé à goûter la prose de Chapelain qu'il n'avait goûté sa poésie, car il y a quelque peu de dédain dans cette expression : *qui est bien autre chose que sa poésie*. Peiresc, plus heureux que nous, vit-il jamais le traité philosophique admiré par Lhuillier?

cy devant apprins de Mʳ du Puy que Mʳ Saumaise avoit prins son congé de cez Messʳˢ de Leyden, pour s'en revenir en France bientost. Quand vous aurez veu cez deux pieces des predicateurs de Paris tant l'imprimée que manuscrite, vous nous ferez la faveur de les nous prester pour les voir à nostre tour, car je n'en avoys pas presentement le loysir.

Ce 14ᵐᵉ aoust[1].

LXIX

À MONSIEUR, MONSIEUR DE PEIRESC,
ABBÉ ET SEIGNEUR DE GUISTRES,
ET CONSEILLER DU ROY EN SA COUR DE PARLEMENT DE PROVENCE,

À AIX.

Monsieur,

Je vous demande tres humblement pardon de quoy j'ay si longuement tardé de vous donner de mes nouvelles. J'ay creu une fois ou deux de l'avoir fait, mais maintenant les commodités de vous escrire sont non seulement rares, mais encore inconstantes. Tel se promet de partir aujourdhuy, et sous cette esperance prend de mes lettres qui apres ne part point demain et parfois ne part point du tout. Si faudra-il qu'en cas que Monsʳ de Bouniaine ne parte point encore si tost, je vous face tenir ma despesche plutost par un porteur expres afin qu'elle puisse partir d'Aix par l'ordinaire prochain. Vous la trouverez un peu grosse, mais c'est qu'oultre quelque chose que Monsʳ de Digne y a mis, j'y ay inclus mes responses à Schickard et à Hortensius dont celle à Schickard contient dix fueilles de minute minutissime. Si vous avez du temps à perdre avant le despart de l'ordinaire, et s'il vous plaist de prendre la peine d'ouvrir mon pacquet, vous pourrez voir ce que c'est, il n'y a pas chose qui vous doive estre cachée. Je me suis dispensé d'adjouster sur la fin de ma lettre à Schickard des recommandations de

---

[1] Bibliothèque nationale, fonds français, 12772, fol. 79. Autographe.

vostre part, parce que suivant ce que vous m'avez escrit de voz inclinations pour cest honneste homme, j'ay creu que vous l'auriez aggreable. Si Mons' de la Vallete est à Aix il y pourra voir quelques unes de mes dernieres observations faites à Tanaron, et particulièrement pour les distances prises entre Venus et le Soleil. J'ay despuis un peu mieux veu Saturne et remarqué un peu plus distinctement ses appendicules que je n'avoy point fait auparavant. Dans ma lettre à Hortensius vous verrez la demonstration de Mons' de la Vallette, laquelle il pourra luy mesme voir, pour sçavoir si je l'auray assez desduite à son gré, excepté que faisant la figure un peu à la haste je l'ay un peu barbouillée. Si je puis charger celluy qui portera ce pacquet de son livre, je le luy r'envoyeray. Je vous vay envoyer avec celle-cy deux lettres que j'ay receues fraischement, l'une de Grenoble de Mons' Laigneau, l'autre de Paris du Pere Mersenne. C'est afin que vous voyez par celle là les offres que M' Laigneau vous fait touchant le recouvrement de quelques livres, et par celle-cy, que j'ay assez de peine de deschiffrer[1], ce que vous pouvez faire pour ce bon pere touchant voz manuscritz de la Musique des Grecs, receus despuis peu, car je m'imagine que c'est de ceux-là qu'il m'escrit qu'il deziteroit les voir. Non autre sinon qu'avec vostre permission je baise tousjours tres humblement les mains à Mons' le Vignier[2], à Mons' le Baron, et encore à mes dames, et que je demeure tousjours,

Monsieur,

vostre tres humble, tres affectionné et tres obligé serviteur,

GASSEND.

A Digne, ce xviii d'aoust 1633[3].

---

[1] Constatons que Gassendi et Peiresc (voir la lettre suivante) sont parfaitement d'accord au sujet de l'illisibilité de l'écriture du P. Mersenne.

[2] C'est-à-dire Palamède de Fabri, seigneur de Valavez, qui était alors viguier de Marseille.

[3] Bibliothèque d'Inguimbert, à Carpentras, registre LX, t. II, fol. 95. Autographe.

LXX

À MONSIEUR, MONSIEUR GASSEND,

DOCTEUR EN Ste THEOLOGIE ET THEOLOGAL EN L'EGLISE CATHEDRALE DE DIGNE,

À DIGNE.

Monsieur,

Vous aurez à ce coup une lettre de M^r L'huillier arrivée ce jourdhuy par l'ordinaire, et je receuz hier un gros pacquet vostre par un homme qui s'en retournoit sur le champ si soudainement, que je n'eus pas moyen seulement de lisre vostre lettre à mon grand regret à cause de la compagnie qui ne me laissa jusqu'à la nuict et à ce matin il a fallu estre à l'audiance, au sortir de laquelle j'ay eu les lettres de l'ordinaire que je n'ay encores peu voir à demy, mais parceque Mr Besson m'a dict qu'il y avoit commodité de vous faire tenir noz lettres, je luy ay baillé celles que j'y ay trouvé pour vous, en attendant de vous escrire aprez disner, et pour cest effect j'ay veu vostre lettre, et ay esté bien aise d'entendre qu'ayez enfin escript à Mrs Skicard et Hortensius, mais je suis fort tenté d'ouvrir vostre enveloppe, puisque vous le remettez à la discretion d'un homme si affriandé à savourer les belles pieces qui sortent de voz mains. Il est vray que je viens d'envoyer vers M^r le Prieur de la Vallette afin que ce soit en sa presance, s'il est possible, car il ne se laisse guieres trouver chez luy. J'ay veu par mesme moyen la lettre de Mr Lagneau et luy ay bien de l'obligation de sa bonne volonté. Mais pour cez livres dont il parle, il est malaisé d'en choisir à boulle veüe sans voir la facture ou le catalogue qu'il promet. Pour la lettre du bon P. Mercene, vous avez raison de dire qu'elle est difficile à deschiffrer, car il y fauldra bien du temps pour moy. Cependant je vous diray bien en gros que je feray mettre à part les livres notez de musique, et feray faire un ballot pour le faire envoyer avec d'aultres choses; j'attendoys responce d'oultre-mer d'un grand musicien turc, que l'on attend d'heure à aultre sur les particularitez de ses demandes, et me faict on esperer de l'avoir dans une quinzaine de jours au plus tard, dont je seroys bien aise. Mʳ Gaffarel m'escript qu'on luy offre la charge de bibliothecaire de Sᵗ Marc vacante depuis 20 moys[1], et qu'il a peine à se resouldre ; je seroys d'avis qu'il la prinst s'il y trouve son comte, car il n'y a rien à faire et de grandes commoditez d'estudier, et tenir correspondance d'amys. Je vouldroys bien qu'il s'y habituast. Il dict que Mʳ de Marcheville luy demande de voz nouvelles, et le pric de vous faire souvenir de vostre promesse. J'ay receu le livre des isles flottantes[2] et le bailleray au presant porteur, s'il s'en veult charger, mais je crains que vous n'y trouviez pas tout ce qu'on en pourroit attendre, sur quoy je demeure,

Monsieur,

vostre, etc.
DE PEIRESC.

A Aix, ce 20 aoust 1633[3].

LXXI

À MONSIEUR, MONSIEUR GASSENDI,

DOCTEUR EN Sᵗᵉ THEOLOGIE ET THEOLOGAL EN L'ÉGLISE CATHEDRALE DE DIGNE,

A DIGNE.

Monsieur,

Depuis mes dernieres je cherchay en vain plusieurs foys Mʳ le Prieur de la Valette chez luy, en presence de qui je voulois ouvrir l'enveloppe de vostre despesche pour Sckickardus, mais il fit tousjours dire qu'il estoit à la promenade, et toutesfoys le dernier jour y ayant envoyé sur les 8 à 9 heures du soir, il se laissa trouver par un des miens, par qui

---

[1] Cette particularité a été ignorée de tous les biographes de Gaffarel. Je m'accuse de n'avoir pas songé à la rappeler dans l'*Avertissement* qui précède *Quatre lettres inédites de Jacques Gaffarel* (Digne, 1886).

[2] Le livre (mentionné déjà) de Dausque (Claude) : *Terra et aqua, seu terræ fluitantes* (Tournai, 1633, in-4°). Voir le recueil Peiresc-Dupuy, t. II, p. 557.

[3] Bibliothèque nationale, fonds français, 12772, fol. 80. Autographe.

je luy envoyoys vostre lettre du sʳ Hortensius, laquelle il me r'envoya tost aprez par son petit laquay disant que ses lunettes estoient trop foibles pour la lisre, qui fut la cause qu'au lieu de luy envoyer celle de Skickard je la despartys au bon Mʳ Bouche[1] et à quattre ou cinq autres de mes amys qui se trouverent icy fort opportunement, lesquels en brocherent[2] en 24 heures une coppie entre touts d'aultant de cahiers que vous aviez faict de feuilletz, et j'envoyay le tout à Mʳ L'huillier. Je veux dire tant la coppie que l'original autographe, afin de diminüer vostre regret, et la peine du bon P. Mercene et de cet aultre honneste homme, auxquels vous en endossiez la courvée, lesquels auront bien plustot collationné et corrigé cette coppie qu'ils n'en auroient faict la transcription de leur main, et puis ils la remettront au net tout à leur aise, sans retardation de l'envoy de vostre original au bon Sckikard par la plus prompte commodité qu'ils en pourront trouver, estimant que vous ne serez pas marry qu'aprez tout cela ce griffonnement en demeure par devers moy pour la veneration que je porte à vostre nom et à tout ce qui vient de vostre main, comme j'ay prié Mʳ L'huillier de me le faire renvoyer tout à son loisir et commodité. Cependant je ne reverray pas Mʳ le Prieur de la Valette sans luy faire un peu la guerre des mauvaises instructions qu'il donne à son laquay, car il me confessa que son maistre n'avoit bougé du logiz de toute la semaine, à cause d'un petit rhume, et toutefoys on me disoit à moy aussy bien qu'à touts les aultres, qu'il estoit à la promenade, à l'heure mesme de la cheutte du serain, que je ne luy eusse pas faict prendre dans les conventions particulieres que nous avons ensemble de ne nous point accompagner hors de la chambre où nous nous trouvons[3]. Ce retardement fut cause que j'ouvris trop tard vostre enveloppe pour faire travailler à cette coppie dont je vis que vous estiez bien en peine,

---

[1] Sans doute l'historien Honoré Bouche qui, né à Aix en 1598, avait alors trente-cinq ans. Peut-être aussi son frère Balthazar, le jurisconsulte.

[2] Peiresc a écrit : *brachèrent*.

[3] Voir quelques observations au sujet de ce passage dans la notice sur Joseph Gaultier, prieur de la Valette, en tête du fascicule IV des *Correspondants de Peiresc* (Aix, 1881, p. 8 et 9).

et pour voir moy 'mesmes voz observations exactement, comme j'eusse desiré, de sorte que je fus constraint de remettre la partie au retour de mes cahiers. Bien vis-je le commancement et la fin où j'admiray la gentilesse de voz complimentz et conceptions de correspondance cordiale à celle de ce bon vieillard; mais je fus bien honteux à la fin de voir l'excez de la bonne opinion que vous avez voulu concevoir et imprimer en l'esprit de voz amys d'une si chettive personne que la mienne. Il m'eschappoit quasi d'y inserer un billet pour luy cotter le nom et le tiltre du livre de cez Tables astronomiques ou aisles de nostre R. Manuel de Tarascon, et quelque relation de ce volume samaritain et arabe, où est la genealogie de Mahomet un peu differante de ce qu'il a mis en la sienne des Persans, pour voir s'il auroit agreable de voir ce que c'est s'il ne les a jamais veu. Mais tandis qu'on travailloit à cette transcription, je vis vostre lettre à Hortensius et prins plaisir de voir comment vous aviez traicté l'invention de M^r le Prieur de la Valette pour ce supplement du Ptolemée et du Lansbergius qu'il m'avoit envoyé à Boysgency, il y a un an ou deux, en aultres termes un peu moings precis que les vostres. J'y rencontray une petite equivoque des lettres qui servent à designer cez triangles, que je me dispensay de reparer par forme de glose interlinaire soubs vostre adveu. Je n'ay pas leu le livre dudict Hortensius, et quand il ne vous sera si necessaire, je seray bien aise d'y jetter les yeux, à cette heure que nous sortons de service et le vous r'envoyeray incontinant.

Vous aurez un pacquet de M^r L'huillier qui vient d'arriver par l'ordinaire. Je retiens sa lettre pour luy respondre; sans cela je la vous envoyeroys. Je ne sçay si je ne vous ay poinct mandé que j'ay lettre de Mr de Bonnaire de Rome, qui desire bien que M^r vostre Evesque de Digne reçoive de ses humbles recommandations, et je croys bien qu'il ne les pourroit pas recevoir de meilleure main que les vostres. Je vous supplie de les luy presenter conjoinctement avec les miennes, et luy dire que ce bon gentilhomme est demeuré avec un grand regret sur le coeur de ce que pensant aller dire à Dieu à Mr de Digne à son retour de Naples, il le trouva party plustost qu'il n'avoit creu, sur quoy je finis demeurant,

Monsieur,

vostre, etc.

DE PEIRESC.

A Aix, ce 27 aoust 1633[1].

LXXII

À MONSIEUR, MONSIEUR GASSENDY,
DOCTEUR EN Ste THEOLOGIE ET THEOLOGAL EN L'ÉGLISE CATEDRALLE DE DIGNE,
À DIGNE.

Monsieur,

Je receus par des Cordeliers il y a deux jours un pacquet vostre soubs l'enveloppe duquel je trouvay un aultre paquet adressé à M^r L'huillier, que je luy ay faict tenir cejourdhuy par l'ordinaire avec une lettre vostre pareillement adressée à luy, qui n'estoit pas cachettée, afin que j'y peusse voir comme vous avez prins en bonne part ma liberté d'avoir ouvert le paquet où estoient voz lettres aux s^{rs} Sckikard et Hortensius. J'y ay par mesme moyen trouvé la lettre que le P. Scheiner vous escript, laquelle je vous r'envoye avec mes remerciements trez humbles, ayant prins plaisir d'y voir la veneration qu'il porte à vostre vertu et à voz utiles travaulx, mais j'ay esté un peu touché de voir qu'il ne se puisse abstenir d'attaquer ce pauvre vieillard[2] aprez l'avoir terrassé à ses pieds, et l'avoir faict mesmes condamner, oultre la retractation, à une

---

[1] Bibliothèque nationale, fonds français. 12772, fol. 82. Autographe. — Au fol. 84 on trouve un tout petit billet, du 28 aoust 1633, où Peiresc accuse réception à Gassendi d'un paquet «venu en grande diligence», lui parle de sa lettre de la veille envoyée à Digne par l'intermédiaire de «Mr Gucz, médecin», et le remercie «trez humblement de l'advis pour la situation des lieux» dont lui Peiresc avait écrit à Gassendi, «estant bien estonné, ajoute-t-il, qu'il manque encor un cahier à ce petit libvret que je n'ay point leu ne sorty de son enveloppe, que pour en voir le tiltre».

[2] Galilée, alors âgé de soixante-neuf ans.

prison perpetuelle[1] comme vous verrez en la lettre cy joincte d'un sien parent, bien qu'elle ayt esté remise à la volonté du Grand Duc de Toscane, et toutefoys le bon P. Athanase que nous avons veu passer icy bien à la haste, ne se peult tenir de nous advoüer, en presence du P. Ferrand, que le P. Malapertius et le P. Clavius mesmes n'improuvoient nullement l'advis de Copernicus, ains ne s'en esloignoient guieres, encores qu'on les eusse pressez et obligez d'escrire pour les communes suppositions d'Aristote, que le P. Scheiner mesmes ne suyvoit que par force et par obediance aussy bien que luy qui ne faict pas de difficulté d'admettre au corps de la Lune, non seulement des montaignes, des vallées et des mers ou estans, mais des arbres et des plantes, et mesmes des animaulx, pourveu qu'on en veuille excepter et exclure les plus parfects, et d'admettre aussy que la terre face une reverberation sur le globe de la Lune, de la lumiere du Soleil, qui responde à celle que faict la Lune sur la nostre.

Cependant j'ay receu un petit fagot où j'ay trouvé un libvre cotté de vostre nom, où il ne paroissoit pas de cachet. Je m'imaginay que c'estoit vostre ambassadeur angloys dont vous me parliez dernierement, et trouvay qu'il estoit veritable, m'estant dispencé d'ouvrir l'enveloppe. Mais pour prevenir les inconveniants passez j'appellay incontinant Corberan pour le luy faire non seulement collationner, mais couldre, de peur qu'il s'en perdit aulcun cahier, jugeant bien que cela ne vous seroit pas dezagreable ne inutile, puisque vous n'aviez pas là hault de libraire à mon advis, et tandis que nous attendions commodité de vous le faire tenir, je l'envoyay à M. le Prieur de la Valette, chez qui je viens de l'envoyer reprendre ayant apprins du s^r Besson qu'il y avoit commodité asseurée pour demain, et y ay jetté les ieulx en quelques

---

[1] D'après une communication du savant qui connait le mieux au monde tout ce qui regarde la vie et les travaux de Galilée, M. Antonio Favaro, professeur à l'université de Padoue et éditeur des OEuvres complètes de l'illustre mathématicien, on aurait fort exagéré les torts du P. Scheiner à l'égard de Galilée. Voir le résumé de cette importante communication dans une note de la page 115 du fascicule XIII des *Correspondants de Peiresc. Gabriel Naudé* (Paris, Léon Techener, 1887).

endroicts, dont je ne suis pas demeuré mal satisfaict, et quand vous l'aurez veu à vostre aise, je prendray grand plaisir d'en lire quelques chappitres, mais ne vous en pressez nullement, je vous supplie, car j'ay bien maintenant de la besogne taillée pour tout ce moys et de plus. J'ay receu par mesme moyen le libvre du P. Malapertius dont je recogneus incontinant le nom que vous m'aviez allegué aultresfoys, lors de vostre voyage de Hollande avec de si beaux éloges, qui fut la cause que je le fis incontinant couldre aprez le vostre, et ne le laissay que je n'en eusse devoré les principaulx chappitres, m'asseurant que vous jugerez bien que ce ne fut pas sans grand plaisir, car vous sçavez combien j'ay eu de peine à me desprendre de l'opinion que les macules solaires ne soient pas hors de son corps, et vous responds que son sentiment est si convenable au mien, que s'il n'y a d'aultres choses plus fortes que tout ce que j'ay veu dans le P. Scheiner, je me rangeray beaucoup plus volontiers de son costé que de l'aultre, et ce que vous avez trouvé de la petitesse du corps de Mercure et des aultres planettes me confirmera bien fort à cet advis, puisque la conglobation de plusieurs petits corps celestes peut saulver toutes les irrégularitez des figures de voz macules, et que la petitesse de chacung à part ne laisse pas de suffire pour de bien grands astres à les voir de plus prez que nous ne sommes. Je seray bien aise d'avoir vostre advis sur ce qu'il dict du mesurage de la distance des dictes macules hors du globe solaire, où il met environ une dixiesme de son diametre, car si cela estoit bien demonstré, il fauldroit bien se rendre et laisser au P. Scheiner la circonvolution du corps solaire, autour de son centre. Il fauldroit voir par voz lunettés ce que dict le dict P. Scheiner de la superficie gravelleuse du corps solaire que je n'ay jamais observée pour voir ce qui s'en pourroit induire, car si le corps solaire se contourne à l'entour de son centre, il fauldroit que cez figures gromellées revinssent à certaines periodes bien courtes, ou que la surface fut subjecte à aultant de changements que celle de noz nüages, ce qui est plus difficile à concevoir que le reste, à mon advis. Si cet homme se veult charger du libvre des Isles flotantes, je l'y joindray aussy.

M¹ le Prieur de la Valette a veu le Malapertius et me l'a renvoyé sitost que je ne sçay s'il s'en est moqué. Le P. Athanaze [Kircher] l'a tout leu aussy, et tient un tertium genus de sentiment qui n'est ni pour luy ni pour le P. Scheiner, et veult que les macules soient hors du corps, comme des fumées d'une fournaise, mais je ne sçay comment elles pourroient estre si permanantes en un seul lieu durant tant de jours qu'on les y void.

Au reste je ne trouvay poinct de lettre vostre pour moy soubs mon enveloppe de vostre dernier pacquet, et toutesfoys il y avoit 4 medailles, que je jugeay estre de cez pauvres curez dont vous m'aviez parlé, lesquelles je vous ay voulu renvoyer pour les leur restituër, car ils croiroient d'avoir perdu la bonne fortune que cez choses portent, au dire du vulgaire, à ceux qui participent au premier partage qui s'en faict quand on les desterre. Aussy bien n'y a-t-il rien de remarquable, et je ne vous en suis pas moins redevable et à M¹ le Lieutenant que de toutes les aultres, desquelles il fauldra bien un jour luy faire aussy quelque restitution, aprez en avoir retenu des memoires, et quelques pieces parmy le marché, ce qui ne diminuera pas pourtant mon obligation en son endroict nom plus qu'au vostre, vous suppliant de l'asseurer cependant de ma devotion en son endroict. On nous vient de dire que M¹ de Crequi parloit d'aller du costé de Venize, de façon que nous ne reverrons pas icy cez Messieurs qui l'accompagnent[1]. M¹ Gaffarel vous sallüe : je ne luy ay peu respondre cejourd'huy par l'ordinaire. Sans cela je vous envoyeroys sa lettre. Ce sera par le prochain, Dieu aydant. Nous avons esté touts en trouble ceans durant deux jours pour la maladie et decez de la fille de mon neveu[2], en absence de toutes noz femmes qui estoient à Marseille avec mon frere, et mon neveu s'y est trouvé inopinement. Si elles eussent esté ceans, je m'en fusse trouvé moins chargé. Il fault vouloir ce que Dieu

---

[1] MM. de Boissieu, Louis Videl, etc.

[2] C'était Isabeau de Fabri, la première des petites-nièces de Peiresc, née à Aix (paroisse Sainte-Madeleine) et baptisée le 12 octobre 1632 ; elle n'avait donc pas un an révolu quand elle mourut dans les premiers jours de septembre 1633, avant le 6 de ce mois et probablement le 4.

veult sans murmurer. Je prie Dieu qu'il vous tienne en sa saincte garde et demeure,

Monsieur,

vostre, etc.
DE PEIRESC.

A Aix, ce 6 septembre 1633.

J'ay creu que vous m'aviez escript et que vostre lettre estoit demeurée sur vostre table par mesgarde, et, aprez avoir envoyé mon pacquet, il m'est venu en la pensée que vous pourriez bien avoir laissé par equivoque la lettre de Mʳ L'huillier hors de son enveloppe, pour y envelopper la mienne. Si je m'en fusse advisé plustost, je me feusse dispensé de l'ouvrir.

Le R. P. Dom Polycarpe est à Marseille pour la ceremonie de la premiere pierre de la Chartreuse nouvelle. Nous le verrons icy à la fin de cette semaine, ou au commancement de l'aultre. Voyez si je luy doibs rien dire de vostre part.

Nous avons esté si maleureux que nostre pacquet demeura à mon grand regret et a attendu icy l'arrivée de l'ordinaire par lequel j'en ay receu deux aultres pour vous pour lesquels inserer je l'ay r'ouvert. Mʳ L'huillier m'escript qu'il a trouvé du soulagement à la transcription de vostre epistre à Sckikard, et qu'en ayant collationné le 1ᵉʳ cahier avec le P. Mercene, il ne l'avoit pas trouvé faultif, Dieu veuille qu'ainsin soit des aultres, et que par la prochaine voye d'Allemagne il envoyeroit l'original au sʳ Skickard, remettant la coppie du sʳ Hortensius à un plus grand loisir. Mʳ Petit m'escript qu'il partira de Nismes au 15ᵐᵉ de ce moys pour nous venir voir. On a veu là le livre de l'Anarheticus[1] que l'on ne m'a poinct encor envoyé que je sçaiche. Mʳ Rossi de Lyon m'escrit du 7ᵐᵉ que le Galilei estoit de retour à Siene, d'où l'on escrit qu'il ne bougeroit sans qu'il receust son congé de Rome, et que la deffance de son livre en avoit faict enlever tous les exemplaires à grande furie[2]. Je viens de recevoir un second exemplaire de l'Epistre de Sᵗ Clement;

---

[1] Le livre déjà mentionné de l'abbé Du Vergier de Hauranne.

[2] C'est de tout temps que les livres proscrits ont été particulièrement recherchés et que la saveur du fruit défendu a paru plus tentante.

mais je suis en grande peine si ce porteur dont Mʳ Besson vient de m'advertir presentement s'en vouldra charger, ayant desja refusé les aultres, et je vouldrois bien le vous envoyer afin que vous me le peussiez r'envoyer à temps pour le faire voir à Mʳ Petit à son arrivée, qui me mande en avoir grande envie. Sinon, je le vous envoyeray sitost qu'il l'aura veu.

Je viens d'avoir du costé d'Avignon un pacquet de Rome du 14 aoust où j'ay trouvé des pacquets et lettres pour Mʳ l'evesque de Digne et pour quelqu'un des siens, qui sont arrivées à temps pour les inserer dans ce pacquet, mais j'ay grande peur que je n'aye perdu la commodité de le vous faire tenir, car l'homme du sieur Castagni à qui j'avoys baillé voz lettres de Paris ne s'est pas trouvé logé là où il avoit dict, quand j'ay voulu envoyer vers luy pour y adjouster ma despesche et les livres, et scavoir s'il s'en vouldroit charger de touts.

Ce 10ᵐᵉ septembre[1].

LXXIII

À MONSIEUR, MONSIEUR DE PEIRESC,
ABBÉ ET SEIGNEUR DE GUISTRE,
CONSEILLER DU ROY EN SA COUR DE PARLEMENT DE PROVENCE.

À AIX.

Monsieur,

Despuis avoir receu les deux derniers pacquets de Monsʳ Luillier qu'il vous avoit pleu de donner au valet de Monsʳ le lieutenant Castagni, je n'avoy point rencontré d'occasion de vous escrire. Je pren celle-cy long temps par advance (parce que ma despesche pour Paris ne pouvant point arriver à vous demain au soir afin d'estre envoyée par l'ordinaire d'après demain, il faudra qu'elle demeure à Aix jusques à l'autre semaine), mais je ne suis pas asseuré de trouver dans ceste

---

[1] Bibliothèque nationale, fonds français, vol. 12772, fol. 169. Autographe.

prochaine quelque autre commodité. Je vay joindre à celle-cy une lettre de ce Mons* Constantin dont vous avez desja veu une autre, attendu principalement qu'il y est faite (*sic*) ample mention de vous. Je pense que j'y adjousteray encore celles de Mess** Bourdelots honcle et nepveu dont le dernier se doit donner l'honneur de vous voir dans ce mois-cy sur son passage pour Rome avec Mons* l'Ambassadeur [1] dont il doit estre le medecin. C'est un jeune homme que vous trouverez bien honneste et bien sage et qui a très bon esprit. Il estudioit encore en medecine quand je party de Paris, et il n'avoit mesme point de barbe[2], mais oultre son érudition et son jugement il a un advantage par dessus les autres pour l'exercice de sa profession, qu'il a esté fort bon compaignon d'apoticaire et de chirurgien, avant que d'estudier en la Faculté. Son grand père, c'est à dire le pere de M* Bourdelot son honcle, a esté en grande réputation de chirurgien à Sens, mort seulement despuis mon despart de ce pais la, aimé grandement de Mons* le Prince, dont tous ces messieurs sont encore cogneus et aimez, et c'est luy qui assista à l'operation cesarienne de ceste femme dont on tira il y a environ cinquante ans cest enfant petrefié dans l'espace de vingt-huit ans dont vous sçavez que l'histoire a esté celebre. J'oubliay de vous dire par ma derniere despesche qu'un cordelier vous a deu rendre que vous pouvez garder les lettres de Sckickard et Hortensius à moy pour les voir tout à vostre aize tant qu'il vous plairra, puisque leur ayant moy respondu vous jugez bien que je n'en puis pas avoir grandement à faire. Si je rencontre dans la semaine l'occasion de vous escrire je le feray plus amplement et à Paris aussi. Cependant je suis tousjours,

 Monsieur,

    vostre très humble, très affectionné et très obligé serviteur,

         GASSEND.

A Digne, ce xi* de septembre 1633[3].

---

[1] Le comte François de Noailles.

[2] Le docteur, au moment où Gassendi le recommandait si chaleureusement, n'avait que vingt-trois ans.

[3] Bibliothèque d'Inguimbert, à Carpentras, Collection Peiresc, registre LX, t. II, fol. 100. Autographe.

LXXIV

À MONSIEUR, MONSIEUR GASSENDY,
DOCTEUR EN Ste THEOLOGIE ET THEOLOGAL EN L'ÉGLISE CATHEDRALLE DE DIGNE,
À DIGNE.

Monsieur,

Ce mot ne sera que pour vous accuser la reception de la despesche dont vous aviez chargé le procureur Maureau, qui me l'a rendue ce jourd'huy, et à mesme temps j'ay envoyé la lettre addressée à M^r le Prieur de la Valette chez luy, car il est à sa bastide, et feray tenir à M^r L'huillier son pacquet par le prochain ordinaire, vous faisant ce mot à la haste et à la desrobée parmy tout plain de compagnie, seulement pour accompagner l'Epistre de St Clement que je vous envoye et deux petits libvres que j'ay receuz de la part de M^r L'huillier cottez de vostre nom, bien marry de n'avoir encores peu lisre les lettres qu'il vous a pleu me communiquer de la part tant du s^r Bourdelot que Constantin, dont je ne laisray pas de vous remercier en attendant de les voir plus à loysir avant que les vous renvoyer. J'ay receu par mesme moyen l'Anareticus de Petrus Aurelius[1] que je feray couldre pour vous l'envoyer. Vous verrez cependant deux lettres que j'ay receues tant de Mr de la Fayette que de Mr de la Hoguette[2], à qui je me suis dispensé d'escripre d'estranges bigearries[3] sur ces embrasementz sousterrains[4], et demeure tousjours,

Monsieur,

vostre, etc.

DE PEIRESC.

[De la main d'un secrétaire en ce qui regarde la copie de la lettre et le premier post-scriptum. Le dernier est autographe.]

A Aix, ce 14 septembre 1633.

---

[1] Pseudonyme de Du Vergier de Hauranne.

[2] Sur ces deux personnages voir le recueil Peiresc-Dupuy.

[3] Pour *bizarreries*.

[4] Cette lettre, qui devait être bien curieuse, est malheureusement perdue.

Je pensois que vous eussiez receu un fagot de livres qui debvoit accompagner mes dernieres lettres, mais Mʳ Besson vient de me dire qu'il est encore icy à mon grand regret et qu'il me l'envoyera incontinant pour y joindre les aultres mentionnez en la presente lettre.

J'ay[1] depuis eu le temps de lisre celles de Mʳˢ Bourdelot et Constantin, où j'ay appris des effects bien inesperez de leur courtoisie, aussy bien que de la vostre, dont je ne leur suis pas moins redevable qu'à vous, et seray bien aise de m'en rendre plus digne en les servant que je ne pouvois estre en l'estat qu'ilz m'ont surprins, et si j'ay l'honneur de voir icy le neveu de Mʳ Bourdelot à son passage pour Rome, il ne tiendra pas à moy que je m'en acquitte en quelque façon pour son regard. Et quant à Mʳ Constantin, si je sçavoys à quoy il travaille, possible y auroit-il moyen d'y contribuer quelque curiosité de son goust, regrettant de faict que sa pensée n'ayt esté verifiée et que je ne vous aye peu tenir à Boisgency quelques jours, en la saison où nous sommes, pour vous y pouvoir gouverner un peu plus à souhaict et faire voir les merveilles maritimes qui s'y trouvent petrifiées, aussy bien que les feuilles de divers arbres et des vignes[2]. Quand vous leur escrirez, je vous supplie de les asseurer de mon fidele service.

Au reste je fus si malheureux l'ordinaire passé que la maladie de mon homme fit demeurer mon pacquet, de sorte que voz lettres pour Mʳ L'huillier ne lairont pas d'aller aussi viste comme elles eussent faict, quant elles seroient arrivées lundy, ce qui servira à vous consoler du retardement. Mais j'ay eu un aultre malheur qui n'est pas si reparable en la persone du P. Athanase Kircser, qui passa com' un esclair par icy, et me mandoit de Marseille qu'il y attendoit les galeres du Pape, et puis à l'impourveu se resolut de s'embarquer sur une felouque, ne m'en ayant adverty que la veille de son depart, de sorte que les lettres que j'avoys faictes pour Rome à cez Messʳˢ, qu'il y desiroit

---

[1] À partir de ce mot la lettre devient autographe.

[2] Rappelons que, dans les lettres aux frères Dupuy, Peiresc s'est souvent plu à décrire soit les pétrifications de Belgentier, soit les fleurs et les fruits de ses beaux jardins.

voir, arriverent trop tard, et qui pix est le volume de vos Exercitations contre Flud, avec voz Parhelies que j'avois aultre foys faict relier ensemble en marroquin, et qui s'estoit confondu, en sorte que je ne l'avoys peu trouver en le cherchant, lequel je rencontray par hazard, le jour mesme de son depart, et je seray bien empesché de le luy envoyer plus loing de vostre part comme je l'avoys faict à Marseille, d'où le tout m'a esté renvoyé, car pour les simples lettres il y aura prou moyen de les luy envoyer par la poste ordinaire à Rome. Tout cela m'a grandement mortifié ces jours-cy[1].

LXXV

À MONSIEUR, MONSIEUR GASSEND,

DOCTEUR EN Ste THEOLOGIE ET THEOLOGAL EN L'ÉGLISE CATHEDRALE DE DIGNE,

À DIGNE.

Monsieur,

Ce mot n'est que pour ne pas laysser perdre la commodité de vous envoyer le libvre du P. Sirmond que je plains grandement de s'estre engagé au combat mal à propos, et sans necessité[2]; il a affaire à un estrange champion. Nous avons encore icy Mr Petit qui a bien du regret de ne vous pouvoir embrasser; il est bien vostre serviteur, comme l'est aussy,

Monsieur,

vostre, etc.,

DE PEIRESC.

A Aix, ce 22 septembre 1633[3].

---

[1] Bibliothèque nationale, fonds français, 12772, fol. 86.

[2] Le combat contre Du Vergier de Hauranne.

[3] Bibliothèque nationale, fonds français, 12772, fol. 87. De la main d'un secrétaire.

LXXVI
À MONSIEUR, MONSIEUR GASSEND,
DOCTEUR EN Ste THEOLOGIE ET THEOLOGAL EN L'ÉGLISE CATHEDRALE DE DIGNE,
À DIGNE.

Monsieur,

Vous apprendrez par la despesche cy joincte de M^r L'huillier ce que m'escript de sa part Mr du Puy du 16 de ce moys que la nuict precedante le pere dudict L'huillier estoit decedé, et avoit laissé à M^r son filz son office de Maistre des Contes pour 30 mille escus soubs le bon plaisir de M^{rs} ses beaux-freres, lesquels seront obligez par toutes voyes d'honneur et de raison de luy en laisser toute la disposition et contentement qu'il sçauroit desirer[1]. Dezhormais il pourra mettre un establissement plus certain en ses affaires. Je ne doubte pas que vous ne ressentiez cet evenement de la mesme sorte que le sçauroit ressentir ledict s^r. Je prie à Dieu qu'il luy preserve et à Vous, Monsieur, tout ce que vous aymez le plus l'un et l'aultre.

Le traicté de Lorraine qui avoit esté signé le 12e par le Cardinal, fondé suffisamment de pouvoir du Duc son frere, n'a pas sorty à effect par des ordres contraires de ce Duc, tellement que l'on passe oultre au siege de cette ville là, qui courra grande fortune d'une ruine inesvitable. Dieu aveugle souvent ceux qui ne vont pas comme il fault en besoigne[2], et je demeure,

Monsieur,

vostre, etc.,
DE PEIRESC.

A Aix, ce 24 septembre 1633, en haste.

Mr Petit vous sallüe trez affectueusement.
Je vous envoye la lettre de Mr de Marcheville[3].

---

[1] Sur le père et les beaux-frères de Fr. Luillier, voir le fasc. XVI des *Corrrespondants de Peiresc* (Avertissement, texte et notes, *passim*).

[2] *Quos vult perdere*, etc.

[3] Bibliothèque nationale, fonds français, 12772, fol. 89. Autographe.

LXXVII

À MONSIEUR, MONSIEUR GASSEND,

DOCTEUR EN Ste THEOLOGIE ET THEOLOGAL EN L'ÉGLISE CATHEDRALE DE DIGNE,

À DIGNE.

Monsieur,

J'ay ce jourd'huy par l'ordinaire faict tenir à M^r L'huillier vostre pacquet, et l'ay accompagné d'une petite lettre de condoleance. Mon homme avoit oublié, l'aultre jour, de mettre soubz vostre enveloppe la lettre de M^r le comte de Marcheville que je vous envoye maintenant, et trouvant le porteur de bonne volonté, j'y ay faict adjouster un autre libvre que je n'avoys pas encore veu bien qu'il fust arrivé long temps y a. Je ne sçay si vous n'estiez point encore icy, lorsque je receuz un petit livre in-4° imprimé à Pise contre le pauvre Galilée d'un Claudius Berigardus[1] qui estoit demeuré confondu depuis son arrivée jusques à ceste heure. Si vous trouvez bon, je vous l'envoyeray m'imaginant tousjours que vous l'avez veu, car sans cela je vous l'envoyerois tout à ceste heure, bien que je ne pense pas que vous y trouviez grand goust, car je n'ay pas eu la patience d'en lisre grand chose.

Enfin Mr Petit s'en est retourné pour aller jusques à Montpellier pour suivre un petit proces; c'est une merveilleusement douce conversation que la sienne, et grandement agreable. Je pense vous avoir mandé comme le P. Athanase passa soudainement sans se vouloir arrester, non plus à Marseille qu'icy, et sans vouloir attendre les galleres du Pape qu'on y attendoit en bonne devotion. Je fus si malheureux que je ne sceus jamais trouver, tandis qu'il estoit icy, voz exercitations et observations et voz parélies, dont le volume s'estoit confondu par mon Estude. Je pensois estre bien heureux quand je le rencontray inesperement, et le luy envoyois à Marseille de vostre part, mais il se trouva embarqué et party par un temps qui se gasta sitost, qu'on jugea bien

---

[1] Sur Claude Guillermet, seigneur de Berigard, professeur à l'université de Pise, puis de Padoue, voir le recueil Peiresc-Dupuy, t. II, p. 458, 617.

que sa chalouppe se seroit arrestée à Toulon, où je le luy renvoyay de rechef incontinant, mais il y arriva encores trop tard, aussy bien que les lettres d'addresse que j'avoys faictes pour luy à cez curieux de Rome. tellement que par le dernier ordinaire de Rome, je luy envoyay les dictes lettres, le volume s'estant trouvé un peu trop gros pour envoyer par la poste, mais je le feray par la premiere commodité d'amy, et peut estre par Mr le chevallier de la Valette¹ qui dict s'en vouloir aller sur ces galleres où le dict P. Athanase avoit dict aussy vouloir s'embarquer. Mais il changea de dessein du soir au lendemain, et me dict adieu par une lettre, ce qui me fit incontinant escripre à mes amys de Rome assez bon nombre de lettres ne pensant pas qu'il fist voyle sitost, mais il se trouva party pour ma mortiffication que je plains davantage pour l'amour de vous que pour l'amour de moy, pour ne luy avoir peu donner ce livre de vostre part, sur quoy je finiray demeurant,

Monsieur,

vostre, etc.,
DE PEIRESC.

A Aix, ce 27 septembre 1633.

J'ay creu qu'il valloit mieux adjouster encor cet aultre libvre, en cas que vous ne l'ayez pas veu².

LXXVIII

À MONSIEUR, MONSIEUR GASSEND,
DOCTEUR EN Ste THEOLOGIE ET THEOLOGAL EN L'ÉGLISE CATHEDRALE DE DIGNE,

À DIGNE.

Monsieur,

Je receus par les mains de Monsieur vostre brave Evesque la lettre dont vous l'aviez chargé le soir mesme de sa datte, dont j'admiray la

---

¹ Sur le chevalier de la Valette, voir le recueil Peiresc-Dupuy, où tant de détails sont donnés sur l'enlèvement qu'il fit d'une jeune fille qui devint sa femme, t. II, p. 234-236.

² Bibliothèque nationale, fonds français, 12772, fol. 91. De la main d'un secrétaire.

diligence, et ne manquay pas de l'asseurer de toute la correspondance que je pouvoys contribuer tant aux tesmoignages d'affection qu'il me voulut faire de vostre part qu'à ceux qu'il y adjousta de son chef, et si j'avoys jamais des moyens d'en donner des preuves à l'un et à l'aultre conformes à mes vœux, vous les trouveriez bien, je m'asseure, aussy conformes à mon debvoir. Aujourd'huy par l'ordinaire j'ay receu le pacquet cy joinct de Mʳ L'huillier avec une sienne lettre grandement honneste à son acoustumée, et avec celle que vous m'aviez escripte des le dernier aoust, laquelle vous aviez par mesgarde enfermée soubs vostre enveloppe adressée à luy, au lieu de celle que vous luy escriviez qui demeura dehors, et soubs mon enveloppe, à quoy j'ay eu un peu de regret, car si je l'eusse veüe allors, il eust esté encor assez à temps pour envoyer à Mʳ Swickard[1] le memoire des livres ou Epistres Samaritaines, conjoinctement avec sa lettre, mais il fauldra la faire suyvre à la premiere commodité, Dieu aydant. Mʳ L'huillier, qui n'y print pas garde en ouvrant son paquet, a creu que je la luy eusse envoyée pour la luy faire voir, et de faict, il y avoit une bien curieuse observation vostre, laquelle eust bien merité d'aller à Mʳ Swickard, concernant le phenomene des Gemmeaulx quasi en mesme ligne avec la Lune, Mars et Venus. Mais elle ne sera pas moings bonne une aultre foys et tousjours y eust il fallu les cottes particulieres des distances reciproques, et du temps de voz observations tant de ce jour là que du suyvant.

Le dict sʳ L'huillier me mande qu'il avoit bien trouvé des faultes aux aultres feuilles de la transcription precipitée de vostre Epistre audict sʳ Skikard, ce qui me faict un peu regretter sa peine, et dict que par le prochain ordinaire il me la vouloit envoyer avec son exemplaire de sa philosophie sceptique dont il se veult priver pour l'amour de moy, en quoy il me mettra en peine, car un tel libvre estoit bien mieux entre ses mains qu'aux miennes. J'ay receu de la part de Mʳ Diodati un second exemplaire du livre de Veritate de millord Herbert pour le P. Campa-

---

[1] C'est bien la forme que donne ici Peiresc, ainsi qu'un peu plus bas, à un nom qu'il écrit d'habitude différemment (*Skikard*)..

nella à qui je l'ay envoyé par les galeres du Pape soubs aultres enveloppes des domestiques du Cardinal, et par mesme moyen j'en ay eu un troisiesme exemplaire pour mon compte, qui doibt neantmoings estre sur le vostre, car ce n'est, je m'asseure, que pour l'amour de vous que Mr Diodati m'en a voulu faire part, sçaichant combien je vous suis desvoué, ne lui ayant de mon chef rendu aulcun service qui peult meriter cette faveur.

J'ay receu encor le Guillaume de St Amour[1] que je vous envoyeray, si le voulez voir, et attends un aultre fagot avec le livre de Seldenus[2], *De jure hereditario Hebræorum*, qui est en chemin et encor un aultre qu'on y devoit mettre la mesme semaine du Tertullian de Mr Rigault. M^r L'huillier me charge de vous envoyer coppie d'une lettre du Cardinal Duc au Prevost de Paris sur la reduction de Nancy[3] que j'ay

---

[1] Philosophe et théologien né au commencement du XIIIe siècle, à Saint-Amour (Jura), mort le 13 septembre 1272. Ce chanoine écrivit contre les Dominicains, en 1256, un traité intitulé *De periculis novissimorum temporum* qui fut publié à Constance (1632, in-4°).

[2] Voir sur Selden le recueil Peiresc-Dupuy, où le nom du grand publiciste revient si souvent.

[3] Voici ce document que Peiresc avait fait transcrire à la suite de sa lettre et qui, dans le *Recueil Avenel*, ne figure pas plus aux analyses qu'aux textes :

Lettre de M. le Cardinal de Richelieu à M. le Lieutenant Civil, Prevost des Marchands.
Monsieur,

Estant Bourgeois de Paris comme je suis, aimé de mes concitoiens et passionné à leur contentement, je ne puis que je ne vous mande que le Roy sera demain dans Nancy, que Monsr de Lorraine a enfin mieux aymé luy remettre entre les mains que de luy laisser prendre. Cette place asseurera tellement la France du costé de Champaigne qu'il n'y aura pas presse à la muguetter de ce costé là. Le travail qu'on fait d'autre part dans la Picardie mettra cette frontière en estat que l'attaque en seroit difficile et ainsy je veux croire que quelque mauvaise volonté que puissent avoir à l'advenir les ennemis de la France, ilz ne luy feront pas grand mal, et je contribueray tousjours trez volontiers ce qui dependra de moy pour la guarentir, et pour vous tesmoigner en vostre particulier que je suis,
Monsieur,

vostre tres affectionné
à vous rendre service,
Le cardinal DE RICHELIEU.
Du Camp devant Nancy, le 25 septembre 1633.

Et au dos estoit escrit :

La nouvelle que vous apprendra le dessus de cette lettre vaudra mieux que celle du dedans qui promettoit seulement l'entrée dans Nancy, au lieu que ces trois motz vous asseureront quell' est faicte, et que le Roy en est le maistre.

monstrée à Mʳ l'Evesque de Digne, lequel dict vouloir partir demain, sans que je luy aye peu donner aulcun tesmoignage de ma devotion et cordiale affection à son service, non sans beaucoup de mortification mienne, tant parce que je cognoys luy debvoir de son chef, et comme neveu de touts cez Messʳˢ de Boulogne, ses oncles, auxquels j'estoys si redevable de longue main, et encores comme estant si estroictement lié d'amitié avec vous, à qui je doibs et à touts voz amys toute sorte de service possible,

Monsieur,

vostre, etc.,
DE PEIRESC.

A Aix, ce 8 octobre 1633¹.

LXXIX

À MONSIEUR, MONSIEUR GASSEND,
DOCTEUR EN Sᵗᵉ THEOLOGIE ET THEOLOGAL EN L'ÉGLISE CATHEDRALLE DE DIGNE,

À DIGNE.

Monsieur,

Je receuz par le P. Provincial des Cordeliers vostre fagot de livres du 17ᵐᵉ un peu trop tard pour envoyer vostre lettre à Mʳ Gaffarel, à qui j'avoys escript mardy dernier par l'ordinaire de Lyon, d'où l'ordinaire de Venise doibt partir mardy prochain. Je voulus incontinant envoyer à Mʳ le Prieur de La Valette sa lettre et son livre de Lansbergius, mais il estoit à sa nouvelle bastide d'où il n'est pas encore de retour, et ne laisse chez luy persone avec qui on se puisse arraisonner, tellement que le tout est encor icy, et je pense qu'il viendra à ce soir ou demain. Cependant l'ordinaire m'a apporté le pacquet cy joinct de Mʳ L'huillier à vous addressé, et accompagné d'une trez honneste lettre, ce qui luy est bien ordinaire, et d'un madrigal françoys du sʳ Chappe-

¹ Bibliothèque nationale, fonds français, 12772, fol. 93. Autographe.

lain pour Melle de Rambouillet[1] que je vous envoyeray avec sa lettre, aprez luy avoir respondu, mardy, s'il plaict à Dieu. J'ay receu par aultre voye dans une balle du s^r Moreau un aultre pacquet dudict s^r L'huillier adressé à moy que j'ay ouvert sans achever de lisre la suscription, où ne trouvant que les Epistres de M^r le Cardinal de Richelieu etc. pour les moines[2], j'ay bien recogneu que j'avoys failly de n'achever de lisre la subscription de ma lettre. Je le vous envoye donc avec mes excuses, bien asseuré que vous les admettrez, et vous envoye aussy la lettre du cardinal Barberin concernant Mr de Boisseu, d'aultant qu'il ne me souvient plus des tiltres et qualitez de M^r L'agneau, ne des adresses qu'il y fault tenir. Cela n'a pas tant de haste qu'on ne puisse attendre la lettre ou enveloppe que vous y vouldrez joindre. J'ay receu par mesme moyen le livre de Seldenus, de Jure hereditario Hebreorum, celuy de Rivius *de re navali*[3], une Histoire d'Edoard VI et Marie d'Angleterre, et quelque aultre qu'il fauldra faire couldre pour en voir quelque chose. Mr du Puy dict m'avoir envoyé le Tertullian avec quelque aultre chose, et m'envoye un extraict de quelques tiltres de livres de la foire, entre lesquels y a un nouveau atlas en 3 volumes f°, quelques supplements de ces recueils de livres de l'Histoire des Indes tant orientales qu'occidentales, des continuations de ces petites Republiques, l'une de l'Arabia, l'autre de la Rhœtia, un Rivetus de origine Sabbathi, le *Regnum Atticum* de Meursius, Gaspar Barlæus *Contra Machiavellum*, etc. Il fauldra voir s'il en demeurera rien aux libraires quand noz lettres seront à Paris, et je finiray pour estre un peu pressé, demeurant,

Monsieur,

vostre, etc.

DE PEIRESC.

A Aix, ce 22 octobre 1633.

[1] Ce madrigal, adressé à la princesse Julie, a été souvent publié. C'est une des meilleures petites pièces de vers de Chapelain qui *enfin avait de l'esprit*, comme dit un bon juge en la matière, le cardinal de Retz.

[2] Au sujet des attaques dont ils avaient été l'objet de la part du fougueux évêque de Bellay.

[3] Sur le livre de Rivius et sur tous les autres livres énumérés à la suite de celui là, voir le recueil Peiresc-Dupuy.

J'ay cogneu le Marini à Padoue et à Paris, et suis bien de vostre advis au jugement que vous faictes de sa vie, qui alloit un peu dans l'excez, et dans des bigearries parfoys bien extravagantes[1].

Je n'ay sceu retrouver la lettre du Cardinal Barberin de Mr de Boisseu que m'avez renvoyée, laquelle mon homme a laissé confondre avec trop de papiers pour la pouvoir maintenant chercher. Il fauldra remettre la partie à la premiere rencontre, à mon grand regret[2].

LXXX

À MONSIEUR, MONSIEUR GASSEND,
DOCTEUR EN Ste THEOLOGIE ET THEOLOGAL EN L'ÉGLISE CATHEDRALE DE DIGNE.
À DIGNE.

Monsieur,

Ce m'a esté un desplaisir bien sensible que d'entendre le subject de voz differants, ou de Mrs du Chappiltre, vos collegues, avec Mrs les officiers du siege, pour raison de leurs seances que vous leur avez ostées, sans estre demeurez d'accord du lieu où vous entendiez les loger, qui peult respondre au rang qu'ils doivent tenir, et où peusse estre saulve la dignité de leurs charges. Si vous n'eussiez esté si loing, ou si je n'eusse esté si infirme, je vous seroys allé voir trez volontiers pour tascher d'y apporter quelque temperament, et terminer ce differant en sa naisçance, qui peult produire avec le temps de trez pernicieux effects. Puisque jusques icy vous aviez vescu en si bonne intelligence, je ne voys pas que vous la debviez laisser rompre facilement, y ayant mille moyens de vous accommoder et de relascher quelque chose de part et d'aultre, en sorte que tousjours l'Eglise ayt la principale partie de son compte,

---

[1] Sur J.-B. Marini, le cavalier Marin, si bien jugé à la fois par des hommes aussi sages que Peiresc et que Gassendi, voir diverses particularités dans les *Lettres de J.-L. Guez de Balzac* (*Mélanges historiques* de la *Collection des documents inédits*) et dans les *Lettres de Jean Chapelain*.

[2] Bibliothèque nationale, fonds français. 12772, fol. 95. Autographe.

et que ceux qui representent l'authorité du Roy et de la justice, en ayent assez pour s'en contenter. Je me suis dispensé d'en escripre assez librement, ce que je n'ay pas deub faire sans vous en dire aussy quelque chose, remettant le surplus à Mons. le Grand Vicaire à qui je m'en suys ouvert plus à plein, et selon l'exigence du cas, vous suppliant d'y faire consideration, et de vouloir faire comprendre à cez Messieurs ce que je ne scauroys coucher par escript en si peu de parolles comme il en fault pour une lettre. Que la puissance temporelle ne desroge rien à la spirituelle quand elle paroit dans l'Eglise, que les anciens ordres ecclesiastiques luy laissoient des rangs grandement honnorables, et que noz roys françoyz n'ont pas moings merité de l'Eglise que cez premiers Empereurs chrestiens, et que les closlures de voz coeurs qui ont esté introduictes aux derniers siecles pour la commodité des offices nocturnes, n'en ont pas pourtant exclus les ministres royaulx, et specialement ceux de la justice qui souloient estre les premieres charges militaires et de la puissance temporelle et souveraine. Il fault que cez Mess.rs relaschent tout ce qu'ilz pourront de leur costé, mais il fault aussy que vous relaschiez quelque chose du vostre, et vostre prudance en sera grandement loüée, si vous vous en pouvez accommoder amiablement plustost que s'il fault attendre que d'aultres vous règlent, de quelque condition qu'ils puissent estre. C'est pourquoy je me promets que vous ferez paroistre à ce coup la force de vostre genie et la grande creance que vous avez acquise de si longue main, tant sur la pluspart de cez messieurs les officiers, et particulierement sur les chefs que sur ceux de vostre Eglise, qui sont bien asseurez de vostre bon zelle inesbranlable, aussy bien que les aultres de vostre candeur et cordiale affection au bien public, et à leur vertu particuliere; j'en attendray des nouvelles avec impatiance et demeureray cependant.

Monsieur,

vostre, etc.
DE PEIRESC.

A Aix, ce 26 octobre 1633.

J'escrivis hier seulement à Mʳ l'advocat general Bignon et à Mʳ du Puy, m'estant excusé de ce que je debvoys à Mʳ L'huillier jusques au prochain ordinaire. Il est vray qu'il y avoit une lettre pour luy de vostre part qui aura supplee[1].

LXXXI

À MONSIEUR, MONSIEUR GASSEND,
DOCTEUR EN Sᵗᵉ THEOLOGIE ET THEOLOGAL EN L'ÉGLISE CATHEDRALE DE DIGNE,

À DIGNE.

Monsieur,

J'ay eu bien du regret que voz differants ne se soient terminez sur les lieux avant la veneüe de Mʳˢ les deputez tant d'un costé que d'aultre, mais il y a encores assez de temps dans le dellay de quinzaine que la Cour leur a donné. Je seray infiniment aise que vous le puissiez faire de par de là, et sera beaucoup plus honnorable aux uns et aux aultres, si vous m'en croyez, et possible plus avantageux que si vous en reveniez de par deça. Mʳ le procureur du roy me dict en arrivant qu'il n'avoit tenu qu'à vous aultres, Messieurs, qui aviez parlé de faire je ne sçay quelle sommation, au lieu d'entendre aux ouvertures d'accommodement faictes de leur part, ou d'en faire faire de la vostre.

J'ay aujourd'huy receu par l'ordinaire un paquet pour vous de Mʳ L'huillier, que j'ay baillé en sortant de ceans à Mʳ Abesson qui disoit avoir un homme allors mesmes en depart. A ce soir Mʳ le lieutenant Castagni m'ayant envoyé semondre d'escrire par un aultre des siens, j'ay esté bien aise de vous pouvoir accuser la reception de celles qu'il m'apporta de vostre part bien que fort enveillies, n'estant que du 24 d'octobre, pour avoir esté malade en chemin, ce dict il. Je suis bien marry de ne vous pouvoir envoyer cez libvres de Jonstonus in 12 intitulez l'un *Thaumatographia naturalis*[2], et l'aultre *Naturæ Con-*

---

[1] Bibliothèque nationale, fonds français, 12772, fol. 97. Autographe. — [2] Amsterdam, 1633, in-8°.

stantia[1], parce que je leur fis passer les monts sur l'asseurance que m'avoit donnée nostre libraire Plaignard qu'il en avoit un exemplaire dans une balle qui estoit, disoit il, en chemin de Lyon icy, laquelle n'est jamais arrivée, dont je suis bien marry pour l'amour de vous, mais j'en [*sic*, le mot *vais* ayant été omis] envoyer demander un aultre à Paris d'où l'on m'escript qu'enfin il est venu des exemplaires du libvret de Skikard et de celuy d'Hortensius, et qu'on m'en a retenu une copple de chascun, de l'un desquels je feray incontinant suppleer la feuille qui manque au vostre. On m'a par mesme moyen retenu une apologie de Jacobus Lansbergius pour le mouvement de la terre de Philippus Lansbergius contre Fromond et Morin et une Ophtalmographia[2] de Vopiscus Fortunatus Plempius[3] 4° Amsterdam, que nous aurons par les premieres balles des s[rs] Moreaux, Dieu aydant. Cependant j'ay eu le Catalogue de la Foire, mais ne l'ayant encores peu lisre, je differeray à la premiere commodité aprez celle cy de le vous envoyer. Je n'ay point veu la harangue de Mr de Boisseu[4] nom plus que les traductions d'icelles, tant s'en fault que j'aye eu de ses lettres, dont je ne m'estonne pas tant comme vous, parce que je scay que les occupations de Rome tiennent le monde comme perclus et interdict de toute aultre pensée que d'admirer les objects qu'on y rencontre de toutes parts, et de rendre ou recevoir les compliments qui ne cessent jamais quand on y seroit des années, non que des moys[5]. — Je vous envoye la relation de Mr de Cordes pour la suitte des libvres qui se sont mis au jour sur la controverse des Evesques. Mais il n'y a pas voulu mesler ce qui estoit de la querelle particuliere de M[r] l'Evesque du Bellay. Sur quoy il luy fauldra donner la peine d'adjouster une petite appendice, car elle a servy pour tirer de la poudre les oeuvres de ce Guillaume de St Amour ensevelies depuis si longtems.

---

[1] *Naturæ constantia, in qua mundum nec ratione sui totius, nec ratione partium in pejus ruere ostenditur* (Amsterdam, 1633, in-12).

[2] *Seu tractatio de oculi fabrica, actione et usu.*

[3] Vopiscus Fortunatus Plempius, né à Amsterdam; il professa la médecine à Louvain.

[4] La harangue prononcée devant le pape Urbain VIII et qui eut tant de succès dans toute l'Italie.

[5] C'est-à-dire : *et non seulement des mois.*

ne s'estant formée, à ce qu'on m'a voulu asseurer, qu'en consequance de l'aultre. Je suis bien aize qu'ayez trouvé les remarques et corrections du s^r de St Legier dignes d'estre cottées en vostre livre, ne doubtant pas qu'il ne s'y trouve beaucoup d'aultres choses à refaire et r'habiller. Un de mes amys qui a parcouru le catalogue de la foire, tandis que je gardois la mule à entretenir des gents qui se seroient aussy bien passez de me voir et destourner si long temps que moy eux, m'a asseuré qu'il n'y a rien de Skikard, bien, dict il, qu'il y a des Tables de Lansbergius en françoys, et quelques volumes in fol° de la Trigonometrie tant de Adrianus Vlaccus Goudanus que de Henricus Briggius. Je ne sçay si ce ne sont pas choses desja veües cy devant. Vous en sçaurez plus de nouvelles que moy. Et m'a dict encores que l'on promet *futuris nundinis* un Canon Paschalis de Victorius Aquitanus escript l'an de Christ 457, non encores veu, auquel on joinct l'*Hippolitys*, Anatolius, Prosper, et aultres, et des commentaires d'un Ægidius Bucherus jesuite in fol° Anvers[1] où il pourroit bien y avoir de bonnes choses. Je vouloys vous renvoyer vostre lettre de Mr Chapelain qui est trez gentile, et y joindre les miennes dont j'avoys trouvé la liasse, mais je ne sçay où l'on m'a esgaré la premiere, que je feray chercher pour les vous envoyer toutes ensemble[2]. Cependant je vous prie de me continuer tousjours l'honneur de voz bonnes graces, comme,

Monsieur,

à vostre, etc.
DE PEIRESC.

A Aix, ce 5 novembre 1633[3].

L'on me presse tant qu'on me faisoit oublier de vous feliciter, comme

[1] L'ouvrage du P. Gilles Bouchier parut trois ans plus tard : *Ægidii Bucherii Atrebatis e Societate Jesu de doctrina temporum commentarius in Victorium Aquitanum*, etc. (Anvers, 1664, in-fol.). On trouve dans le volume les pièces annoncées par Peiresc : *Hippolyti Portuensis episcopi Canon Paschalis. Anatolii Alexandrini Laodicensis in Syria episcop. Canon Pascalis*, etc.

[2] On n'a pas conservé les lettres de Peiresc à Chapelain.

[3] Bibliothèque nationale, fonds français, 12772, fol. 99. Autographe.

je faicts, des nouvelles observations que vous faictes de ce messager des Dieux si eschappant[1], que je vous souhaicte plus traictable et plus recognoissant de l'affection que vous avez pour luy, ayant esté bien aise d'entendre qu'il ayt apparu si grand, et cappable d'entrer en compétance avec Venus.

LXXXII
À MONSIEUR, MONSIEUR DE PEIRESC,
ABBÉ ET SEIGNEUR DE GUISTRES,
CONSEILLER DU ROY EN SA COUR DE PARLEMENT DE PROVENCE,
À AIX.

Monsieur,

Je ne vous ay point escrit despuis le despart de Monsieur Castagni. Je le voulois faire la semaine passée par le retour de M^r le conseiller de Coulongue, mais comme je fus si mauvais courtisan que je ne le veis point pour n'avoir pas bien choisy les heures qu'il estoit en son logis, ainsi se trouva il party lorsque je croyoy qu'il deust estre encore deux ou trois jours en ceste ville. J'ay cependant receu deux de voz lettres, une par le retour de M^r nostre grand vicaire, et l'autre hier au soir à la chandelle, et cinq ou six heures apres le pacquet de monsieur Luillier receu. Par l'une et par l'autre vous me tesmoignez le desplaisir que vous avez du different qui est survenu entre Messieurs les officiers du siege de ceste ville et nous ou nostre chapitre. Je croy que c'est en partie voire principalement pour ma consideration, puis que vous imaginez bien que j'en doy estre desplaisant moy mesme pour me voir logé entre l'interest du corps dont je suis et l'amitié des principaux d'entre les dits sieurs, en estant obligé par honneur à ne me despartir point de l'un et par inclination à entretenir l'autre. Mais quel remede si ce n'est qu'apres avoir fait tout ce que j'ay peu pour le bien de la paix,

---

[1] Ai-je besoin de dire que ce messager si eschappant, si fuyant n'est autre que *Mercure* ?

je tache à ne rien faire, ny dire, dont ny le general de nostre corps ny le particulier de cez messieurs se puisse offencer. Certes je le leur ay dit, et je les estime si equitables, que comme chascun d'eux fait pour l'honneur de son corps tout du mieux qu'il l'entend, ainsi ils ne trouveront point mauvais que je face pour l'honneur de celluy dont je suis ce à quoy je croy d'estre obligé en conscience. Je sçay bien que quelques uns d'entre eux se sont plaints que j'ay tout seul esté la cause de quoy ils n'ont point emporté de haute lutte ce qu'ils pretendoient, et que quelques uns de noz confreres le leur ont r'apporté ainsi, mais comme cella n'est point vray, ainsi je ne me doy point soucier qu'on le die et principalement ayant compris qu'on vouloit me destacher d'avec mes dits confreres, dont l'union et le zele en ceste cause est en effect tres considerable. Je ne veux point vous escrire les discours pleins d'un grand mespris qu'on nous a rapporté, et qu'on nous r'apporte encore tous les jours, que quelques uns de cez Messieurs tiennent contre nostre corps, et qui ont tellement picqué quelques uns des nostres que je n'ay point encore trouvé de moyen de les addoucir. Je vous diray seulement qu'il m'a semblé que cez messieurs faisoint un peu trop de cas d'eux mesmes et un peu trop peu de nous. Ce n'est pas qu'en mon particulier j'aye jamais eu sujet de m'en plaindre, mais j'ay esté obligé à quelque sorte de compassion de voir nostre ordre si mal traitté. Avant hier encore je croyoy d'avoir assé disposé les affaires à un accommodement quand un de ces messieurs en voyant nostre doyen des chanoines dans la maison du Roy luy dit : Et bien, persistez vous à vouloir qu'un petit bout d'homme[1] precede icy un de Messieurs? Je vous laisse penser si cella estant r'apporté advança fort les affaires. Je ne laissray pas de tascher, et faire tout ce qui me sera possible pour vous guarantir de la peine de faire nostre accommodement, car certes je vous porterois compassion de voir vostre esprit occupé dans ces brouillemens et dans les termes de mescontenter les uns ou les autres. Ce

---

[1] Blessante allusion à la toute petite taille de Gassendi qui, en sa qualité de prévôt du chapitre, était le principal adversaire des officiers du siège de Digne.

n'est pas que tous mes confreres (aussi bien que moy) ne dezirent d'en demeurer à ce que vous en ordonnerez, mais c'est qu'ils ont si bonne opinion de nostre cause, et ces Messieurs la tesmoignent de l'avoir si bonne de la leur qu'oultre ce qu'ils ont monstré et publié une de voz lettres comme un préjugé pour eux, je m'imagine que vous serez tousjours bien aise d'estre delivré de ceste courvée. Mais à la premiere occasion je vous en escriray davantage. J'adjousteray seulement que pour ce que Mʳ le Procureur du Roy vous a dit qu'au lieu d'entendre aux ouvertures qu'ils nous avoint faites nous avions parlé de leur faire certaine sommation, je vous supplie de croire que depuis une sommation qu'ils nous feirent eux mesmes le 17 du mois passé, et l'occupation qu'ils voulurent faire de noz chaises le 18[1], ils ne nous ont point pour tout proposé ny fait aucune ouverture d'accommodement, et que Monsieur le Procureur du Roy avoit la botte, et estoit tout prest de monter à cheval quand il receut de nostre part non pas une sommation, mais une declaration que nous accepcions l'ouverture et offre qu'ils nous avoint faite par leur dite sommation de remettre nostre chœur nouveau en mesme disposition de hauteur et bassesse de chaises qu'estoit le precedent. Mais à tant est-ce assés, voire trop de ces choses. Je receu hier au soir avec vostre lettre le bref narré du different d'entre l'evesque de Chalcedoine et les Jesuites d'Angleterre, avec le memoire et sujet des livres qui ont esté imprimez en suite. Je le vous r'envoye tant parce que je l'ay couru, que parce que Monsieur Luillier m'en promet un exemplaire, adjoustant ce que peut estre vous ne sçavez pas, que c'est luy qui pour vous procurer ceste satisfaction est allé trouver et solliciter Mʳ Des Cordes[2], à mettre la main à la plume; que si ce bonhomme n'y a point cousu le different qui a donné sujet aux livres de Mʳ Du Bellay[3] et des moines, c'est à

---

[1] Les chaises placées dans le chœur de la cathédrale de Digne; chœur qui était le champ de bataille des deux parties.

[2] Jean de Cordes, abbé de Mausac, a été souvent mentionné déjà. Luillier et lui, possesseurs de très belles bibliothèques, étaient fort liés ensemble. Quand des confrères en bibliophilie font tant que de ne pas se détester cordialement, ils s'aiment beaucoup.

[3] Le plus célèbre des livres de Jean-Pierre Camus, en toute cette ardente polémique, est : *S. Augustin de l'ouvrage des moines*,

mon advis, parce qu'il est different, et n'a rien de commun avec l'autre, ou ce seroit à le prendre de bien loin. Au reste j'ay trouvé la lettre des moines à M⁰ le Cardinal bien faite, et il m'a semblé qu'elle a esté dressée par quelque honneste homme[1]. Messieurs les prelats me semblent avoir de quoy s'en contenter extremement, et je ne trouve point que ces gens ayent en rien bresché[2] à la bienseance de leur institut. J'adjousteray à mon pacquet la traduction de la harangue de Monsieur de Boessieu, puis que vous ne l'avez point encore veüe, croyant de m'en pouvoir dispenser envers le pere Maximilien, de qui par hazard je l'ay encore, et qui sans doute ne sera pas marry que je la vous aye envoyée, encore qu'à faute de loisir je ne luy en aye rien dit. Il a veu le dit sieur de Boessieu à son retour et sur son passage par Piguerol et c'est ce qui me fait estonné qu'il soit de retour, sans nous donner point de ses nouvelles. J'adjousteray aussi un certain cahier de l'histoire de S⁰ᵉ Anne, afin que prenant la peine de voir ce qu'il y a page 143 touchant nostre Eglise, vous me faciez un peu sçavant s'il vous plaist d'où est-ce que l'autheur de ceste histoire que je ne cognoy point[3] pour n'avoir point le commencement du livre, peut avoir tiré ce qu'il escrit, parce que la chose me semble fort suspecte. Quand vous l'aurez veu, s'il vous plaist de le donner au pere Gardien des Recolletz d'icy qui s'est bien voulu charger de toutes ces choses, luy qui est d'Apt, et s'y en va, après avoir passé par Aix, en pourra peut estre tirer quelque esclaircissement. Je ne vous r'envoye point non plus encore à ceste fois la lettre de M⁰ Tonduti, parce que jusques à l'ouverture de la vostre je ne m'estoy point souvenu ny de la revoir, ny de luy rescrire, comme

---

ensemble quelques pièces de S. Thomas et de S. Bonaventure sur le même sujet (Rouen, 1633, in-8°). Ce livre a été abrégé, trente ans plus tard, par un ancien minime devenu protestant, Pithois, qui publia son travail sous ce titre singulier : *L'apocalypse de Meliton, ou révélation des mystères cénobitiques* (Sedan, 1662, petit in-12). Voir *Manuel du libraire* (t. I, col. 1527).

[1] L'éloge donné par Gassendi à cette pièce fait vivement regretter que l'anonyme n'ait pas été dévoilé.

[2] Fait brèche.

[3] Voir dans la lettre suivante, qui est une réponse de Peiresc à celle-ci, le nom de l'auteur de cette histoire, un Champenois, Legrand. Serait-ce Louis Legrand qui naquit à Troyes en 1588 et qui mourut en 1664?

je dezire faire à la premiere occasion. Bien vous r'envoye-je la lettre de Mʳ de Marcheville qui m'est tantost tombée casuellement en main. Il faudra bien que je r'escrive à ce bon seigneur, mais non pas pour ceste fois icy. Enfin je m'advise de remettre dans le mesme pacquet un livret sur l'opinion d'Aristote touchant l'immortalité de l'ame que j'avoy encore à vous depuis mon retour d'Aix. J'ay un peu travaillé ces jours passés à esclaircir la mesme opinion, mais ce n'est pas du biais de cest homme. Monsieur L'huillier m'escrit la mesme chose des livres de Schickard et Hortensius, que vous. Je suis bien aise que l'achevement de l'ouvrage de Schickard n'ait point paru à ceste foire, parce qu'avant que d'y mettre la derniere main, il aura eu le moyen de voir les observations que nous luy avons envoyées. Si j'en puis faire quelques unes, comme j'attens encore la Noel touchant le mesme Mercure, nous les luy envoyerons aussi incontinent apres avec celles que j'ay faites sur la fin du mois dernier, afin qu'il ait le tout quelque temps avant la prochaine foire. Si le sieur Corberan se pouvoit disposer à observer quelque chose entre icy et la my-decembre, il pourroit bien observer à souhait pour la liberté de l'horizon du costé du pré Batailler. Monsieur Morin m'avoit desja fait part de l'advis qu'il avoit eu que le fils de Lansbergius repliquoit à son livre. Je seray bien aise de voir ce qu'il aura dit. Je ne crois point que ces livres d'Adrianus Vlacq et de Henricus Briggius soient autre chose que ce que nous avons desja veu, toutesfois je m'en rapporte. Je crois avec vous qu'il fera bon voir ce Canon paschalis de Victorius Aquitanus et pour l'antiquité de l'escrit et pour la nouveauté de la publication, et pour ce travail de ce pere Bucher, dont je me souvien d'avoir bien ouy faire estat dans les païs bas et que j'ay, si toutesfois j'ay bonne memoire, veu Recteur au college de Liege[1]. Je portay mesme une lettre de luy à Mʳ Myrœus d'Anvers, et ce fut le pere Roberty qui m'en donna la cognoissance. Je me recommande tous-

---

[1] La mémoire de Gassendi ne le trompait pas : le P. Gilles Bouchier, après avoir été dix ans recteur de Béthune, fut six ans recteur de Liège. Voir la nouvelle édition, par le P. C. Sommervogel, de la *Bibliothèque de la Compagnie de Jésus*, 1890, in-4°, t. I, 1866.

jours tres humblement à l'honneur de voz bonnes graces, de Monsieur le Viguier, de M^r le Baron [1] et de Mesdames, en demeurant tousjours, Monsieur,

vostre trez humble, trez affectionné et trez obligé serviteur,

GASSEND.

A Digne, ce 9 novembre au matin 1633 [2].

LXXXIII
À MONSIEUR, MONSIEUR GASSEND,
DOCTEUR EN Ste THEOLOGIE ET THEOLOGAL EN L'ÉGLISE CATHEDRALE DE DIGNE,
À DIGNE.

Monsieur,

Je receuz hier au soir par l'ordinaire une despesche pour vous de M^r L'huillier, qui sera cy joincte, et par un religieux, la vostre du IXme de ce moys avec les libvres et papiers y contenus, dont je vous remercie trez humblement, sur quoy je suis obligé quoyque bien à la haste de vous dire que je n'ay point escript d'aultre lettre à Mr du Chaffault, ne à aulcun aultre de Messrs les officiers du siege, voz parties sur voz differants, que celle que je vous adressay dez le commancement par M^r vostre Grand Vicaire toute ouverte, si je ne me trompe, à celle fin que vous la peussiez voir avant que la rendre pour la retenir et supprimer si vous le trouviez à propos. Tellement qu'ils n'en peuvent pas avoir monstré d'aultre qui contienne de plus grand prejugé à leur advantage que celle là, que vous pouvez avoir considerée et examinée à l'advance avant que la lascher, dont je n'ay eu la responce que d'hier seulement par un qui disoit l'avoir receüe de Marseille, où elle avoit esté portée par mesgarde, ce disoit-il, et reportée plus d'une foys. Ell' est dattée du 2 de novembre et est conceüe en termes fort honnestes et de tout plein de defferance, sans aultre plainte que de ce que les expediants qui vous avoient esté offerts de leur part avoient esté

---

[1] Le baron de Rians, c'est-à-dire Claude de Fabri, fils du viguier de Marseille, Palamède de Fabri. — [2] Bibliothèque nationale, fonds français, 9536, fol. 220. Autographe.

refusez par M^rs de vostre corps assez malgracieusement. J'ay grand regret que ces differants ne se soient estouffez en leur naisçance, mais ne s'estant peu mieux faire, j'ay esté bien aise d'apprendre par vous la verité de ce qui s'y estoit passé, dont je me prevauldray si la chose passe plus oultre, et feray pour vostre service et satisfaction tout ce qui me pourra estre loisible.

J'ay prins plaisir d'entendre ce que vous me mandez de la grande reputation de ce P. Bucher, qui me faict avoir plus grande expectation de ses commantaires sur cet ancien Canon Paschal nouvellement descouvert, du Victorius Aquitanus et sur les aultres autheurs de mesme matiere, et parce que vous croyez que ce fut le P. Roberty qui vous en donna la cognoysçance, et qu'il ne me souvient poinct d'avoir ouy recommander ce P. Roberty, si c'est homme celebre, vous me ferez faveur de m'en escrire ce que vous sçaurez. Je n'ay point trouvé estrange, comme je vous disoys dernierement, le silence de Mr de Boisseu durant si peu de sesjour dans Rome, et encores moings durant son voyage revenant chez luy, et les premiers moys aprez son retour, à cause des divertissements, des felicitations à recevoir, et des affaires accumulées pendant son absence, et possible aura-t-il passé oultre en Cour; pourveu qu'il nous conserve l'honneur de ses bonnes graces, ce ne nous sera pas un petit advantage et contentement d'esprit. Je vous r'envoyeray sa harangue, mais que je l'aye veüe, et croys bien que le bon pere Maximilien ne sera pas marry que vous me l'ayez communiquée. Mon neveu, qui se trouva dans ma chambre à l'ouverture de vostre pacquet, me dict quand je la luy monstray que Roise[1] l'avoit imprimée, ou plustost *poschée*, com' on dict à Paris[2], car elle estoit, ce dict-il, bien mal correcte. Et ce nonobstant qu'elle eust esté criée par la ville, je n'en avoys rien sceu, tant je faictz peu de chemin hors de celuy du Palais et de l'Eglise, ayant à ce coup esté puny de la

---

[1] L'imprimeur d'Aix, sur lequel on trouve une note assez étendue dans le recueil Peiresc-Dupuy (t. II, p. 670).

[2] Littré, en son *Dictionnaire*, ne mentionne pas le mot comme terme spécial d'imprimerie, mais comme terme d'atelier : *pocher*, dit-il seulement, c'est «esquisser d'une manière négligée et hardie».

trop bonne opinion que plusieurs ont de moy, qui ont creu que je la debvoys avoir veüe des premiers, chascun par aultre entremise que de soy-mesme, et ainsin persone ne s'est advisé de me l'envoyer, jusqu'à vous, Monsieur, qui pesez mieux toutes choses.

Monsieur L'huillier m'avoit adverti de la peine qu'il avoit prinse à solliciter le bon Mr Des Cordes pour l'amour de moy, dont je n'ay pas manqué de le remercier comme j'ay peu, et avoys bien creu que l'affaire de Mr du Bellay fut differante de celle d'Angleterre, mais j'avoys pourtant estimé qu'elle n'en estoit pas du tout independante, et que la rencontre des temps y avoit contribué plus d'aigreur qu'il n'y en eust possible eu en aultre temps. Nous attendrons en bonne devotion ce qu'il vous plairra faire et ordonner sur la despesche du sr de St Legier, mais nous verrions bien plus volontiers ce que vous avez mis par escript en dernier lieu concernant l'esclaircissement de l'opinion d'Aristote pour l'immortalité de l'âme d'un aultre biaiz que cet Oresius que m'avez renvoyé, et qui eust esté mieux entre voz mains. Vous estes un peu trop scrupuleux et punctuel avec voz amys et serviteurs, et ne disposez pas d'eux assez librement. Je seray bien aise que puyssiez ayder Mr Skikard de quelques bonnes observations de vostre Mercure à Noel, comme vous dictes, mais il ne fauldra pas perdre de temps à les luy faire tenir, s'il s'en doibt servir avant la foire de Pasques, et vouldroys bien que Corberan vous y peust contribüer quelque bon service, mais j'ay peur qu'il n'aye pas toute la bonne volonté qu'il fauldroit, et il n'a pas d'instruments bien propres; s'il y avoit moyen de luy en faire faire entre cy et ce temps la, je le payeroys de bien bon cœur. Je vous envoye le catalogue de la foire, où vous pourrez possible mieux juger, si ce Briggius et Adrianus Vlacius peuvent estre aultre chose que ce que vous avez veu cy devant.

Quant au cahier de l'histoire de Ste Anne, j'ay autresfois veu le livre, et y trouvay fort peu de fondements solides, ayant veu de fort anciens livres et memoires de l'eglise d'Apt, où il n'est faict aulcune mention de rien qui en approche et vous avez veu, comme je pense, une vieille legende de St Honnoré de Lyrins imprimée de fort vieille edition, faicte fort tard, ou redigée par escript sur des simples traditions bien mal asseurées, et qui ont depuis esté destruictes par la rencontre de bons manuscrits authentiques d'une vie escritte serieusement incontinant aprez son decez. Il est passé des siecles de grande simplicité, pendant lesquels on se laissoit persuader un peu trop facilement toutes choses possibles sans aultre preuve que des simples conjectures de ce qui pouvoit avoir esté, sans en rechercher des preuves concluantes, en mesme temps que l'on forgeoit des romans pour les histoires profanes qui estoient mieux receus et quasi plustost creus que les vrayes histoires, tesmoings ceux de Charlemaigne, de Turpin, de Rolland, Ollivier, Ogier et aultres que l'on a eu tant de peine à descreditter, encores qu'on eust de quoy les convaincre par tant de veritables histoires du temps bien authentiques. Je rendray vostre cahier à ce bon P. Recollect, et vouldroys bien qu'il eust moyen de trouver sur les lieux de quoy verifier une partie de ce qui seroit le plus à desirer. Je vous envoye un exemplaire du libvre entier que vous pourrez retenir, où vous verrez que l'autheur a nom Le Grand, qui est veritablement un bon Champenoys, tout advocat du Roy qu'il est[1], et qui se monstre bien de mes amys. En ung besoing je luy escriray par vostre Recollect, si je le vois, pour le prier de m'envoyer le texte latin ou vieil Roman, s'il s'en trouve, de cette legende, oultre ce peu qui est dans leur breviaire, craignant bien que ce ne soit là tout ce qu'ils en ont.

Pour M⁺ de Marcheville, il a veu un merveilleux spectacle en l'embrasement de cette grande ville de Constantinople, dont il ne s'est pas saulvé plus d'un tiers, ce dict-on, et il estoit en lieu de seurté separé d'un grand bras de mer de cez flammes impitoyables. Vous en verrez deux relations bien deplorables, et je demeureray,

Monsieur,

vostre, etc.

DE PEIRESC.

A Aix, ce 13 novembre 1633.

M⁺ de Boisseu a escript en ceste ville à un sien parent jesuite[2].

[1] Petite plaisanterie au sujet du différend de Gassendi avec les avocats du Roi de la ville de Digne. — [2] Bibliothèque nationale, fonds français, 12772, fol. 101. Autographe.

LXXXIV

À MONSIEUR, MONSIEUR GASSEND.

DOCTEUR EN Ste THEOLOGIE, CHANOINE ET THEOLOGAL
EN L'ÉGLISE CATHEDRALE DE DIGNE,

À DIGNE.

Monsieur,

Vous avez fort bien deviné que j'auroys un grand desplaisir d'entendre que les choses se soient aigries, au lieu de se pacifier entre Messrs de vostre Chappittre et ceux du Siege dont il falloit pourtant que nous fussions advertys tost ou tard. C'est pourquoy il a esté à propos que ç'ayt esté de vostre part, à celle fin que l'on ne nous en peusse rien desguiser ou taire par prevention de ce qui est de la verité que je tiens irreprochable en vostre bouche. J'ay faict voir vostre lettre à Mr Roberty, et pouvez vous asseurer que de mon costé je contribüeray tousjours tout ce qui pourra servir au bien de la paix et à l'advantage du bien public, et particulierement à la prerogative deüe à l'estat ecclesiastique, saulve la royale dignité, selon mes debvoirs reciproques. Au reste depuis le partement du dernier ordinaire j'ay receu un petit fagot de livres dont M^r L'huillier s'estoit voulu charger de faire l'enveloppe chez luy pour y faire joindre les cahiers qu'il me renvoye de la coppie de vostre lettre à Sckikard qui fut brochée dans 24 heures, laquelle il a prins la peine de conferer et corriger sur vostre autographe. Il y a mis un exemplaire des Dialogues d'Orasius Tubero[1] fort proprement relié à la parisienne, lequel il veult que je garde pour l'amour de luy, encores qu'il m'ayt declaré que c'estoit celuy qu'il avoit retenu pour luy. En quoy je ne sçauroys dissimuler que je suis constrainct de me faire violence attendu que ce livre estoit bien mieux employé à luy sans comparaison qu'à moy qui ne cognoys rien en toutes ces

---

[1] La fameuse publication de La Mothe-Le-Vayer.

grandes élevations d'esprit, mais il faut ceder à l'excez de son honesteté. Il est vray que si je retrouvoys jamais le mien, je le luy renvoyeray indubitablement. Avec cela M. L'huillier m'addresse quelques exemplaires à vous faire tenir tant de vostre observation du Mercure que de celle des Parhelies, et un livre du sr du Chastelet intitulé *Observations*[1], etc. Or je pourroys bien retenir pour le peage un exemplaire de cette observation du Mercure pour r'emplacer le mien que j'ay envoyé au R. P. Athanaze Kircher de vostre part, aprez son partement. Il m'a escript de Gênes du 22 septembre qu'il en partoit dans deux jours pour Rome, d'où j'ay des lettres du 22 octobre sans qu'on en mande rien. Mais le R. P. Dom du Puy m'escript du 17 septembre que le P. Scheiner en estoit party pour l'Allemagne, ce qui me faict juger que le P. Athanase aura plus facilement congé de s'y arrester, au moings durant l'hyver, puisque le P. Scheiner aura de quoy satisfaire à la curiosité de l'Empereur et des Princes, ses enfants.

J'ay receu dans le mesme fagot le gros vol. in-fol. des Poetes grecs d'Henry Estienne frippé, et que je vis cotté dans l'inventaire de la Gazette, à l'indication duquel je priay Mr du Puy de me le faire achepter, à cause de la *Vie d'Homere* par Plutarque qui y est mise en teste, avec ce que Dion Chrysostome, le Prophyre et aultres en ont escript. L'ordinaire n'est pas encor arrivé de Lyon, mais on dict que Mr le Cardinal estoit auprez du Roy, Mr le Mareschal ayant eu sa despesche par l'ordinaire de Rome avec des lettres de Paris du 18me.

Si Mr Castagne est moings diligent qu'il ne dict, il portera les lettres de Mr L'huillier qui pourroient y estre pour vous. J'oublioys de vous dire que Mr L'huillier a depuis envoyé quelque aultre petit fagot de libvres pour vous qui n'est pas encor arrivé, où il me semble qu'il dict avoir mis un des breviaires nouveaux pour quelqu'un de voz amys. Cependant je vous r'envoye la harangue de Mr de Boisseu que j'ay trouvée trez belle et trez artistement elabourée, attendant de la

---

[1] *Observations sur la vie et la condamnation du mareschal de Marillac*, par Paul Hay du Chastelet (Paris, 1633, in-4°).

voir en la langue originelle latine. Nous avons icy au college un sien frere jesuite qui a receu une sienne lettre depuis son retour d'Italie, et sur ce je finis demeurant,

Monsieur,

vostre, etc.
DE PEIRESC.

A Aix, ce 10 novembre 1633.

Je vous envoye les 4 exemplaires des Parhelies, et aultant du Mercure, en ayant retenu le vme, et aurez aussy les observations du s^r du Chastellet[1].

LXXXV

À MONSIEUR, MONSIEUR GASSEND,
DOCTEUR EN Ste THEOLOGIE, CHANOINE ET THEOLOGAL
EN L'ÉGLISE CATHEDRALE DE DIGNE,

À DIGNE.

Monsieur,

On ne m'a apporté qu'aprez disner vostre lettre du 19. J'ay en mesme temps dict à cest honneste homme que s'il me l'eust envoyé une heure plus tost, je n'auroys pas perdu la commodité de l'envoyer à Paris, où je m'asseuroys qu'il estoit addressé, comme il a recogneu estre veritable, sitost que j'en ay rompeu l'enveloppe, dont il a bien eu du regret, mais comme je luy disois qu'il m'avoit bien la mine d'avoir voulu disner avant que me le rendre, et qu'il me l'advouoit assez ingenuement, quelqu'un m'a dict que l'ordinaire avoit esté arresté, et luy mesmes y est accouru pour s'en asseurer, tandis que j'ay faict faire une enveloppe sur vostre despesche, tellement que vous avez esté si heureux que vostre pacquet y est encor arrivé à temps, Dieu mercy,

[1] Bibliothèque nationale, fonds français, 19772, fol. 103. Autographe.

dont je vous felicite, aussy bien que de vostre chappitre des Cordeliers et adsistance de Mr vostre Metropolitain.

J'ay receu une lettre de Mr l'Evesque de Digne du xi novembre seulement pour me donner advis de son arrivée à Paris, et suis bien marry de ne l'avoir eüe à temps pour luy pouvoir respondre, et faire les remerciements de l'honneur de son souvenir. Au reste j'ay receu une lettre de Mr de la Hoguette de Blaye du 27 octobre, où il dict avoir veu un discours prest à mettre soubs la presse d'un honneste homme de ses amys qu'il ne me nomme poinct, concernant le flux et reflux de la mer, adjoustant qu'il a trouvé les raisons qui y sont alleguées si belles et si vraysemblables que son entendement y acquiesce sans aulcune contradiction; ce sont ses propres termes, qui font que j'estime que ce doibt estre quelque chose non commune et bien extraordinaire; car il ne se laisse pas facilement surprendre ne prevenir d'aulcunes impressions ou presuppositions mal concluantes[1]. Sur quoy je finiray demeurant,

Monsieur,

vostre, etc.
de Peiresc.

Vous recevrez cette lettre par le sr Molini, nostre allié, qui s'en va du costé de Piemont. Si Mr d'Ambrun[2] et le R. P. Le Febvre sont encores là, ils pourroient bien luy donner quelque bonne addresse aux lieux où il peult avoir affaire, dont je leur auroys de l'obligation.

À Aix, ce 22 novembre 1633[3].

---

[1] C'est la lettre qui porte le n° lxxxv dans le recueil que j'ai publié des *Lettres inédites de Philippe Fortin de la Hoguette* (La Rochelle, 1888, grand in-8°, p. 179). Le discours sur le flux et reflux de la mer avait été écrit par Antoine Villon (de Plassan, dans le comtat Venaissin), savant déjà nommé plus haut et dont il est question dans plusieurs notes des pages 182 et 183 du recueil des lettres de La Hoguette.

[2] L'archevêque d'Embrun était alors Guillaume d'Hugues qui siégea de 1612 à 1648.

[3] Bibliothèque nationale, fonds français. 12772, fol. 105. Autographe.

LXXXVI

MONSIEUR, MONSIEUR GASSEND,
DOCTEUR EN Ste THEOLOGIE, CHANOINE ET THEOLOGAL
EN L'ÉGLISE CATHEDRALE DE DIGNE,

À DIGNE.

Monsieur,

J'ay receu un plaisir nompareil de vostre accommodement dont j'ay loüé tant que j'ay peu la deferance de cez Messieurs tant d'une part que d'aultre à voz bons et salutaires conseils, et prie à Dieu que les uns et les aultres s'y tiennent en paix et concorde aussy longuement que vous le pouvez souhaicter. Depuis la lettre que M^r le Lieutenant m'avoit renduë de vostre part, j'avoys fait chercher les livres que vous demandiez, dont je retrouvay celuy de l'*Anti-Tycho*[1], mais l'*Hyperaspistes* de Kepler[2] s'est esgaré en sorte que nous ne l'avons sceu retrouver ne Corberan, ne moy, et qui pix est, le s^r Abeslon ne m'a faict sçavoir aulcune commodité de vous faire tenir celuy que j'avoys trouvé, lequel vous aurez maintenant par M^r le lieutenant, ensemble le breviaire de M^r L'huillier et les lettres venües de sa part par le dernier ordinaire. Mr Robert m'apporta une aultre despesche vostre plus fraische avec une lettre pour Mr Tonduti que je n'ay pas manqué de faire tenir incontinant, et d'y joindre toutes les excuses que j'ay peu tant de vostre part que de la mienne pour le retardement. J'ay parlé à cez Messieurs de la pretenduë difficulté de rediger par escript voz conventions et les ay trouvez fort bien disposez à vous donner toute sorte de satisfaction pour ce regard.

J'ay envoyé querir à Paris les deux livres nouvellement imprimez, s'ils s'y trouvent, tant de Briggius que de Vlaccus, ayant esté bien aise d'apprendre de vous le bon usaige qu'on en pouvoit tirer. J'avois perdu

---

[1] L'*Anti-Tycho* (Venise, 1621, in-4°) est de Scipio Claramontius ou Chiaramonti. Voir le recueil Peiresc-Dupuy.

[2] *Hyperaspistes, adversus Scip. Claramontii Anti-Tychonem productus a Joan. Kepplero* (Francfort, Tempach, 1625, in-4°).

la souvenance de ce que vous m'aviez escript aultresfoys de ce P. Roberti et de cet Helmont[1] et vous remercie du soing qu'il vous a pleu de prendre de m'en r'affraischir la memoire. Nous vismes hier icy un gentilhomme du diocese de Tournay nommé de Stienne fort gentil et curieux qui [a] esté disciple et a eu des grandes habitudes avec le feu P. Malapertius avec qui il avoit souvent passé des journées entieres à observer les macules solaires. Il m'a asseuré qu'entr'aultres belles observations ce bon Père luy avoit faict voir dans ses lunettes Mercure cornu, aussy bien que Venus, nonobstant le voisinage plus grand du Soleil, ce qui sera cause que je tascheray de le voir, s'il nous est possible, avec la nouvelle lunette que vous nous avez procurée, sitost que l'occasion se presentera d'en faire l'essay. Mais je crains tant le serain que je ne sçay qu'en esperer, attendu que le vent plus penetrant vient du costé qui decline du couchant au Septentrion, dont il est malaisé de se desffendre en observant cet astre le soir.

J'ay faict à Corberan toutes les remonstrances que j'ay peu, mais il a tellement l'esprit à la desbauche depuis quelque temps que je le tiens du tout incappable de rien faire qui vaille, et ne sçay si M^r le Prieur de la Valette luy vouldroit confier son rayon, de crainte qu'il n'y laisse gaster quelque chose, à faulte d'en sçavoir bien user. Il fauldra neantmoings tenter.

J'avoys envoyé à Rome ce livret que vous me demandiez de Jonstonus, comme il me semble le vous avoir escript, et en attendoys un aultre exemplaire par les adresses de Plaignard[2], mais M^r le lieutenant m'a dict tantost qu'il y en avoit trouvé un double, lequel il emporte quant et luy. Je joindray à l'Anti-Tycho une *Statera Temporum* que le cardinal Barberin m'a envoyé depuis peu, bien que je n'estime pas que

---

[1] J.-B. Van Helmont, né à Bruxelles en 1577, mort en 1644, fut un des plus célèbres médecins de son temps. Il fut l'ami de Gassendi qui lui écrivit de Louvain, le 10 juillet 1629, une longue lettre en latin, pour mieux dire, une dissertation sur cette question : est-il plus naturel à l'homme de se nourrir de viande que de fruits? Voir l'analyse de cette dissertation dans le livre de Bougerel (p. 45-57).

[2] Le libraire de Paris déjà mentionné plus haut.

vous y trouviez rien qui merite, seulement afin que vous l'ayez veu et que si en voyiez le tiltre il ne vous fist attendre davantage. Il fauldra presser Mʳ de la Hoguette pour faire haster l'edition du livre de ce reflux tant que faire se pourra[1]. Cependant j'ay prins plaisir d'en voir vos sentiments et ne vouldroys pas vous donner la peine de transcrire vostre Traicté *de anima*, le temps vous estant trop cher pour en perdre à si mauvaise occasion. Mais si un jour vous le faictes mettre au net, vous nous ferez grande faveur de le nous faire voir par anticipation. Le sⁿ evesque de Vaison, Suarez, m'escript du 19ᵐᵉ de novembre de Rome, l'arrivée du P. Athanase Kircser et la reception d'une mienne lettre du 7ᵐᵉ septembre qui estoit joincte à un volume de voz œuvres que je luy avoys envoyé de vostre part, pensant qu'il fust encor à Marseille, mais s'estant trouvé embarqué, je le luy ay faict tenir à Rome. J'ay aujourd'huy gouverné quelqu'heure Mʳ de Sᵗ Aman revenant de Rome[2] lequel m'a dict avoir gouverné fort souvent le P. Campanella et le sⁿ Galilee dans Sienne chez l'Archevesque[3] en un logement paré de damas fort honnorable[4]. Il luy monstra tout plein de pieces de sa façon, depuis mesmes sa prison, et entr'aultres de trez belles epistres particulierement à une sienne fille religieuse sur le subject mesme des matières traictées en son dernier libvre[5].

---

[1] Ce traité ne parut jamais. La Hoguette, dénonçant à Peiresc la paresse de Villon (lettre du 15 février 1634, page 182 du recueil déjà cité), avait bien raison d'ajouter : « Cela me fait craindre que nous ne verrons pas sitost l'ouvrage qu'il promet. »

[2] Sur la visite de Marc-Antoine Gérard de Saint-Amant à Peiresc et sur les discours qu'il lui tint, voir dans le recueil Peiresc-Dupuy d'abondants détails (lettre du 19 décembre 1633, t. II, p. 671-673).

[3] L'archevêque de Sienne s'appelait Ascanio Piccolomini. C'était, d'après Nelli, un ancien élève de Galilée, et avec lequel le grand philosophe entretenait une correspondance fréquente et affectueuse que n'interrompit même pas le procès.

[4] Il n'est pas étonnant que Galilée, hôte d'un ami dans le palais archiépiscopal de Sienne, ait été logé dans une chambre avec tentures de damas. Toutes les chambres du somptueux palais destinées aux personnages illustres devaient être parées avec le même luxe.

[5] Galilée avait eu deux filles de la main gauche. Celle dont il est question, nommée Virginie, était née à Padoue, le 13 août 1600 et était entrée en religion dans le couvent de Saint-Matteo d'Arcetri, prononçant ses vœux le 4 octobre 1616 et prenant

Il me disoit que le P. Campanella a travaillé à touts ces beaux ouvraiges contenus en l'indice que vous avez veu imprimé à Venise, sur le seul credit de sa memoire, durant sa prison, sans qu'il luy fust loisible d'avoir des livres à estudier ou alleguer ne d'escrire et que depuis qu'il est sorty de prison, il n'a faict que rediger par escript ce qu'il avoit conceu et digeré avec une facilité merveilleuse. Il vouldroit bien estre en France et y seroit, je m'assure, en bien plus grande estime qu'à Rome, où il fault que j'escrive par l'ordinaire de demain, ce qui m'oblige de finir, demeurant,

Monsieur,

vostre, etc.,
DE PEIRESC.

A Aix, ce 14 décembre 1633.

On me vient d'apporter un gros pacquet de M`r` Bouchard apporté de Rome par un du train de M`r` de Crequy, venu sur la galère du Pape jusques à S`t` Tropez. J'y ay trouvé un pacquet pour M`r` l'Evesque de Digne, que je suis fort tenté de vous envoyer, puis qu'il est adressé à Digne, jugeant qu'il y ayt des lettres pour vous, attendu mesme que l'occasion de l'ordinaire de Paris est passée, tellement que vous aurez loisir de nous le r'envoyer à temps pour le prochain ordinaire aprez que vous en aurez tiré voz lettres [1].

le nom de sœur Maria Celeste. Toutes les lettres adressées à son père par cette religieuse, qui était réellement une femme d'un esprit supérieur, ont été publiées par M. Antonio Favaro avec une importante introduction dans un volume ayant pour titre : *Galileo Galilei e suor Maria Celeste* (Florence, 1891, volume in-16 de 440 pages). Malheureusement, ajoute le savant éditeur, auquel je dois tous ces précis renseignements, aucune des lettres de Galilée à sa fille n'est arrivée jusqu'à nous et c'est ainsi que nous ne connaissons pas les *trez belles epistres* signalées à Peiresc par l'enthousiaste Saint-Amant.

[1] Bibliothèque nationale, fonds français, 12772, fol. 107. Autographe.

LXXXVII

À MONSIEUR, MONSIEUR GASSEND,
DOCTEUR EN Ste THEOLOGIE, CHANOINE ET THEOLOGAL
EN L'ÉGLISE CATHEDRALE DE DIGNE,

À DIGNE.

Monsieur,

Je vous envoyay, l'aultre jour, le pacquet du dernier ordinaire sans vous pouvoir escrire, et à ce matin j'ay faict tenir à Paris ceux que vous m'aviez adressez tant pour Mr de Digne que pour Mr L'huillier. Nous avons depuis gouverné icy tout dimanche le sr de St Aman revenant de Rome qui y a veu fort particulierement le P. Campanella, et depuis à Sienne le sr Galiléi chez l'Archevesque où il avoit un logement tapissé de soye, et fort richement emmeublé, disant qu'il ne se pouvoit lasser d'admirer cez deux venerables vieillards, et d'apprendre les bonnes choses qui leur eschappoient en commun discours. Le Galilei luy monstra quelque nombre de lettres missives fort curieuses sur divers subjects lesquelles il estoit aprez de faire mettre soubs la presse dont plusieurs estoient adressées à une sienne fille religieuse, lesquelles ne laissoient pas d'estre sur des subjects des matieres traictées en ses livres. Il dict qu'un gentilhomme avoit dans Rome la coppie qu'on luy avoit promise de deux lettres par luy escriptes à la Granduchesse[1] où il traictoit ex professo touts les moyens par lesquels il pouvoit soubstenir en bonne conscience et par la Sainte Escriture toutes les propositions de ses livres[1]. Il avoit esperance d'avoir bientost la permission

---

[1] Ces lettres, veut bien me dire M. A. Favaro, n'étaient pas adressées toutes les deux à la grande duchesse de Toscane (Christine de Lorraine), mais une seulement, qui ne porte point de date, et que l'on sait avoir été écrite en 1615. Cette très fameuse lettre, qui donna occasion à la non moins fameuse lettre du P. Foscarini, et à l'apologie de Campanella, a été publiée pour la première fois dans une traduction latine due à Élie Diodati, avec le titre suivant : *Nov. antiqua sanctissimorum patrum, et probatorum theologorum doctrina, de Sacræ Scripturæ testimoniis, in conclusionibus mere naturalibus, quæ sensata experientia, et necessariis demonstrationibus evinci possunt, temere non*

d'aller en une sienne maison[1] et à Florence mesmes. C'est un trez agreable et trez doulx entretien que celuy de ce gentilhomme qui a

usurpandis : *In gratiam Serenissimæ Christinæ Lotharingæ, Magnæ Ducis Hetruriæ, privatim ante complures annos, italico idiomate conscripta a Galilæo Galilæo, nobili Florentino, primario Serenitatis ejus philosopho et mathematico : nunc vero juris publici facta, cum latina versione italico textui simul adjuncta (Augustæ Treboc. Impensis Elzeviriorum, typis Davidis Hautti,* 1636, in-4°)". Lalande (*Bibliographie astronomique*, p. 207) écrit : «J'ai un exemplaire de cet ouvrage qui porte la date de 1635 et qui est entièrement latin.» M. Favaro déclare que cette édition lui est complètement inconnue et il croit qu'elle n'a jamais existé. Il ajoute que la seconde lettre dont il est question dans le récit de Saint-Amant à Peiresc fut adressée au père Castelli, élève et ami de Galilée : elle est en date du 21 décembre 1613 et est non moins célèbre que la première, parce qu'elle fut l'occasion du premier procès contre Galilée. Une copie en est annexée au volume original du procès dans les archives du Vatican et y occupe les feuilles 343 v°, 346 v°. Elle a été publiée pour la première fois par Poggiali, et après par Venturi et dans les éditions successives des œuvres de Galilée. Une traduction latine de cette lettre avait été publiée auparavant dans le volume ayant pour titre : *Petri Gassendi Apologia in Jos. B. Morini librum cui titulus : Arx telluris fractæ; Epistolæ IV de motu impresso a motore translato. Una cum tribus Galilæi epistolis de conciliatione Scripturæ Sanctæ cum Systemate Telluris mobilis, quarum duæ posteriores nondum editæ, nunc primum M. Neuræi cura prodeunt (Lugduni, apud Guillelmum Barbier, typ. reg.,* MDC.XLIX).»
La troisième des lettres publiées dans le recueil qui vient d'être cité est adressée à Monseigneur P. Dini, le 27 mars 1614. Le texte italien en a été mis au jour pour la première fois par Morelli, et après par Venturi; on le retrouve dans les éditions successives des œuvres de Galilée. Les trois lettres reparaîtront dans le tome V de l'édition des œuvres complètes de Galilée à laquelle M. Favaro attache à jamais son nom.

[1] Profitant encore d'une communication de M. A. Favaro, je dirai que Galilée obtint du Pape la permission de quitter *sa prison dorée* de Sienne par décret du 1ᵉʳ décembre 1633 ainsi formulé : *Conceditur habitatio in ejus rure, modo tamen ibi ut in solitudine stet, nec evocet eo, aut venientes illuc recipiat ad collocationes. Et hoc per tempus arbitrio S. S.*» Ce *rus* n'appartenait pas à Galilée : c'était une petite villa appelée *il giojello* (le bijou), propriété de la famille Martellini de Florence, louée par Galilée dans l'automne de 1631 pour le prix de 33 écus par an. Cette villa, qui existe encore aujourd'hui, est située à Arcetri, à une demi-heure de Florence, et Galilée lui avait donné la préférence, parce qu'elle était tout près du couvent de San Matteo d'Arcetri où il avait deux filles religieuses. En partant de Sienne il arriva, le 17 décembre 1633, à Arcetri. C'est dans cette villa même qu'il mourut le 8 janvier 1642.

" M. A. Willems (*Les Elzevier*, p. 110) ne nomme point l'auteur de cette traduction et se contente de dire : «Pièce rare imprimée à Strasbourg aux frais des Elzevier, dans la même officine que le *Systema cosmicum* auquel elle fait suite.» M. Willems attribue à la lettre adressée par Galilée à la grande duchesse de Toscane la date : 1616.

esté aux Indes plusieurs foys, et a observé des choses bien curieuses, particulierement soubs la ligne ou entre les Tropiques où il a veu des grandes forests à perte de veüe d'orangers et citronniers au droict du Tagrin à la coste occidentale d'Afrique. Il a veu quelquefoys en cet endroit là sept ou huict foys pour un jour de ces puissots (selon qu'ils les appellent en Normandie) que noz matelots provençaulx appellent siaillons, qui en plein jour et jamais la nuict, viennent du ciel puiser de l'eau avec un bruict et une violance effroyable, et font perdre les navires, s'ils s'adressent à prendre leur routte sur eulx. C'est pourquoy ils abbattent incontinant toutes les voilles, et touts les hommes se jettent ventre à terre. Il dict que c'est une nüe dans le ciel si petite à la veüe comme un tonneau de laquelle descend une queüe jusques dans la mer, comme la queüe d'un serpent, où elle puise de l'eau et en attire quantité dans le ciel qui se convertit enfin en nuages, et qui faict des tournoyements comme les tourbillons de vent. Il nous dict qu'un sien frere avoit esté encore plus avant que luy dans les Indes, qu'il avoit veu dans la Java Majeur en la province de Batas plusieurs de ces animaux qui font une troisiesme espece entre l'homme et le singe, entre lesquels y a l'un et l'aultre sexe et production de race, lesquels sont semblables à celuy qui fut porté 3 ou 4 ans y a en Hollande au prince d'Orange, qui sont velluz, ne parlent poinct, mais ils pleurent et rient comme les hommes, ne sont point malfaisants, et s'en sert-on dans les maisons pour leur faire ballayer la chambre, allumer du feu, et faire tout plein d'aultres ministères domestiques, qu'ils font avec une grande punctualité et mansuetude [1].

Au reste Corberan a enfin attrappé Mr le Prieur de la Valette à la promenade, et l'a reconduict aujourd'huy chez luy, tellement qu'il n'a peu se desdire ne se faire cascher, comme quand il tient la chambre, et luy a remis son rayon, mais je ne sçay s'il sçaura observer rien qui vaille. Le temps est bien chargé au couchant pour rien voir à vostre

---

[1] Tous ces détails se retrouvent dans la lettre déjà citée de Peiresc à Dupuy (tome II, p. 672), sauf ce qui regarde les typhons.

Mercure. Je luy avois fait affuster la grande lunette, pour tascher de le voir ou en son plein ou avec ses cornes, mais il ne l'a pas encores sceu descouvrir, les temps sombres ne le luy ayants pas permis d'un costé, ne sa desbausche de l'aultre. Il n'aura plus le pretexte du manquement du rayon. Cependant je voulus, jeudy dernier, voir Juppiter dans cette grande lunette par laquelle je ne l'avoys encores veu, et eu un plaisir nompareil d'y distinguer troys de ces petits planettes sur les dix heures du soir orientaulx et distants du corps de Juppiter de la distance de deux foys son diamettre; mais ils estoient si proches que deux sembloient s'entretoucher et le troisiesme desbordoit hors de la ligne de leur commune course, d'où je tirois argument que si ce n'estoit quelque estoille fixe, il falloit que ce fust celle qui roulle par le plus grand cercle, et que nous y voyions cette declinaison d'un quart du diametre de Juppiter pour estre non plus septentrionaulx que le lieu de l'eclyptique où ils estoient lors, ce que je n'avois jamais si bien distingué dans mes precedantes lunettes. Je voulus le verifier les jours suyvants, mais la grande pluye de vendredy couvrit tout, et le sammedy au soir y avoit de si grands brouillards qu'encores que nous vissions le corps de Juppiter, il ne s'y distinguoit pas de ces aultres petits planetes. Corberan y en vid troyz la matinée du sammedy et le soir du dimanche, mais ne m'en ayant pas adverty à temps, je n'en peus pas faire l'essay pour en examiner les observations et correspondances.

J'ay enfin receu la traduction en chiffre comme une des tables du Rabby Manuel, fils de Jacob, escrittes à Tarascon depuis tant d'années, et suis resolu de les vous envoyer pour voir si vous y trouverez rien qui peust estre de vostre goust. C'est une traduction à demy françoise et à demy provençale, selon que l'on l'a peu tirer du bon homme R. Salomon Azuby de Carpentras, mais vous ne laisrez pas d'en tirer pied ou aisle. L'autheur les appelle des aisles. J'ay fait transcrire à part le texte de la prefface de l'autheur pour l'envoyer, si vous trouvez bon, à M⟨r⟩ Skikard à l'advance, et s'il le trouve à propos, nous lui envoyerons par aprez l'original manuscrit en parchemin. J'ay faict tenir à Mʳ de Sᵗ Legier Tonduty¹ vostre lettre avec vos excuses.

On me faict feste du Caire d'un livre arabe *de Scientia Cœlorum*, ce disent-ils, mais peult-estre ne sera-ce rien qui vaille. Mais j'ay eu je ne sçay quel vent d'un exemplaire du livre d'ENOCH qui est comme quasi l'Apocalypse en forme de Propheties des choses à venir, datté de peu avant son Assomption ou Ravissement, où il y auroit bien à discourir, je m'asseure, si c'estoit une version de la piece mesmes qui est alleguée par Sᵗ Pierre². Vous croyez bien que je n'y oublierai rien de mon industrie et de mon chetif credit pour tascher de l'arracher des mains de cez barbares, n'ayant peu vous en celer l'advis, mais je vous supplie que ce soit qu'à vous de peur des faulses propheties et des jalousies qui font traverser et avorter beaucoup de bons desseins, demeurant avec cette bonne bouche, Monsieur,

vostre, etc.

A Aix, ce 20 décembre 1633³.

LXXXVIII
À MONSIEUR, MONSIEUR GASSENDI.

Monsieur,

J'ay receu par l'ordinaire soubz l'enveloppe de Mʳ du Puy une lettre que m'escript Mʳ L'huillier accompagnée d'un pacquet pour vous et

---

¹ Bougerel mentionne ainsi ce personnage (p. 127) : «Il [Gassendi] envoya aussi [en 1633] à François Tonduti, sieur de Saint-Légier, jurisconsulte et astronome d'Avignon, les différentes longitudes de Paris, d'Aix, d'Avignon et de Digne.» Voir, dans le *Dictionnaire historique, biographique et bibliographique du département de Vaucluse*, par le docteur Barjavel (tome II, p. 442-446), un intéressant article sur Pierre-François Tonduti, seigneur de Saint-Légier et de Mont-Sérin, «tout à fait oublié dans les biographies», né en février 1583 à Avignon, où il est décédé le 17 septembre 1669. Le docteur Barjavel n'a pas manqué de citer sur Tonduti considéré comme astronome la Vie de Peiresc par Gassendi (p. 318, à l'année 1628).

² Sur le livre d'Enoch dont Peiresc ne cessa guère de se préoccuper jusqu'à la veille même de sa mort, voir le recueil Peiresc-Dupuy, *passim*.

³ Bibliothèque nationale, fonds français, 12772, fol. 109. Autographe.

d'une aultre large lettre dont le caractere ne m'est pas congneu, et quand ceux du Bureau ont donné mon pacquet à mon homme, ilz luy ont dict d'avoir entreveu, ce leur sembloit, un aultre pacquet par vous addressé à moy, comme la derniere foys, lequel je n'ay pas manqué d'envoyer redemander, mais ilz ne l'ont pas encores retrouvé. Cependant un petit laquay m'est venu advertir de la commodité de son retour, dont j'ay esté bien ayse pour avoir moyen de vous faire tenir ces lettres là, ensemble trois petitz libvres que M^r L'huillier me charge de vous faire tenir estantz venuz dans une balle des Moreaux parmy d'aultres libvres que Mr du Puy m'a envoyez, parmy lesquelz ledict s^r L'huillier avoit mis un exemplaire des Tables du Lansbergius, avec ordre exprez que je le retienne en remplacement de celluy que je vous avois envoyé pour satisfaire à la charge que vous luy en aviez donné, en quoy vous me permettrez de vous dire que je vous trouve un peu plus ceremonieux et punctuel qu'il n'estoit besoing en mon endroict. Cez sortes de libvres là estantz bien inutiles entre mes mains, et celluy là de bien peu de consequence pour avoir faict scrupule de le tenir de ma main sans le remplacer, mais il fault aggréer tout ce que vous voulez.

Je vous envoye un bordereau des aultres libvres qui sont venuz par ensemble, à cette fin que vous voyiez s'il y aura rien de vostre goust tout estant à vostre service aussy bien que moy.

Corberan n'a point encore sceu recognoistre vostre Mercure, à mon grand regret, je n'ay osé me hazarder de l'aller chercher avec le serein, mais s'il eust esté trouvé, j'eusse tasché de monter au haut du logis[1] pour voir à la desrobée une observation, et particulierement à la grande lunette pour voir s'il auroit encore recouvré ses cornes, car selon la supputation du Keppler, la conjonction estant vers l'emmy janvier, il n'auroit plus guieres de temps à paroistre, parce que le voisinage du Soleil l'offusque incontinant.

Mr du Puy m'escript que le P. Morin a faict imprimer ses *Exercita-*

---

[1] Là où était le petit observatoire de Peiresc.

tiones Biblicæ, et qu'il s'en est incontinant allé superieur à Roüen sans avoyr le loysir de donner aulcuns exemplaires de son libvre, tant on l'a pressé. Je ne sçay comme il a accepté ceste charge qui viendra bien mal à poinct à la continuation de la Grande Bible de Mʳ Le Jay. On m'escript de Rome que le sʳ Pietro della Valle commance à se plaindre qu'on ne luy restitüe pas son *Pentateuque*, puisqu'on dict qu'il est achevé d'imprimer si longtems y a, et s'en prend quasi à moy qui le luy avois faict demander tout le premier, bien que ce n'ayt pas esté à moy qu'il l'avoit addressé, et que je ne l'aye jamais teneu ne veu, tant le P. Bertin en fut jaloux dez qu'il s'en fut chargé, encore qu'il passa à Boysgency lorsqu'il le portoit, mais il me fist à croire qu'il ne l'avoit pas avec luy de peur de me le monstrer, encore que je luy fisse voir dans la lettre qu'il me rendit dudict sʳ Pietro della Valle, qu'elle portoit ordre de me faire voir son libvre, lequel j'eusse des lors accompagné des miens que je luy fis voir en passant, mais il est vray que ceste jalousie m'avoit un peu rebutté. Je verray neantmoins d'escripre un mot à Paris pour moyenner la restitution de ce livre à Mʳ della Valle. Mʳ Rigault m'escript qu'il y a desja 30 feuilles imprimées de mon volume manuscrit des Eclogues de Constantin Porphirogenete avec la version latine de Mʳ de Vallois, et me dict que les pieces de Polybe non encores veües luy semblent fort importantes. Sur ce je demeure,

Monsieur,

vostre, etc.
de Peiresc.

A Aix, ce 24 decembre 1633.

Depuis avoir escript, Mʳ du Puy, intendant de la maison de Mʳ de Crequy, revenant de Rome, a pris la peine de me venir voir, il m'a dict avoir laissé encor à Rome le P. Scheiner qui luy bailla 4 planches en taille doulce sur l'ecclypse derniere du soleil pour Mʳ Valois[1] qui

---

[1] Ce Valois est l'astronome-trésorier de Grenoble. L'autre, nommé quelques lignes plus haut, est Henri de Valois, le grand érudit.

sont dans ses hardes à Marseille, qu'il faisoit imprimer un discours sur lesdictes planches lequel n'estoit pas encore achevé, qu'il vous en vouloit envoyer un exemplaire et vous escripre, ensemble le P. Athanaze Kircser aussytost que cette piece seroit hors de la presse. Il m'a dict que Mr de Créquy et touts ceux qui sont demeurez prez de luy seront bien incommodez parce qu'il emporte toutes leurs hardes, et toutesfoys ils sont encores là possible pour plus longtems qu'ils ne pensent, encores que le commandement du Roy n'ayt esté d'arrester là que jusques à la fin de ce moys, puisque la Gazette dict que c'est pour agir contre les pretentions de l'Espagne qui poursuit un concordat pareil à celuy de France.

J'auroys desiré que vostre petit garçon vinst à ce soir monstrer à Corberan le lieu à peu prez où il pouvoit avoir veu le Mercure quant et vous¹, mais le temps a esté tout couvert.

Vous aurez un exemplaire de la derniere action de Mr Fabrot². Je vous r'envoye par mesme moyen vostre volume du Sckikard et Hortensius avec mille remercimentz trez humbles, en ayant recouvré un aultre exemplaire de chascun que je feray relier comme pour moy, mais je ne sçay si celuy que j'ay retenu de vostre observation pour y mettre en teste ne sera point trop roigné.

Monsieur, j'ay depuis receu le paquet du P. Athanase [Kircher] du 14 novembre venu par la galère de Mr de Créqui. Il me faict une longue description des incommoditez et dangers qu'il a courus sur la mer et me charge de la faire voir aux Peres de leur college pour la transcrire et envoyer en Avignon. Sans cela je vous envoyeroys dez à present, comme je vous envoye la lettre qui y estoit jointe du P. Scheiner avec les deux espreuves des figures qu'il y avoit adjoustées de son observation de la derniere ecclypse, m'asseurant que vous ne serez pas marry de les voir, et de nous en dire voz sentimens, comme je vous en supplie. Le P. Athanase me prie d'envoyer au P. Scheiner

---

¹ En même temps que vous, avec vous. — ² Voir ce qu'en dit Gassendi dans sa réponse du 1er janvier 1634 inscrite sous le n° XC.

le livre du P. Malapertius et un aultre *pro motu terræ* pour le Galilée. J'estime que ce soit ce Phi[lippe] Lansbergius que je luy envoyeray par la premiere commodité, mais non l'Apologie pour encores. Il m'a envoyé son livre *de Arte pingendi*, mais surtout j'ay prins grand plaisir de voir ce qu'il dict en la derniere page de sa lettre, de ses dernieres observations des macules, cessées et reiterées[1].

LXXXIX

À MONSIEUR, MONSIEUR DE PEIRESC,
ABBÉ ET SEIGNEUR DE GUISTRES,
CONSEILLER DU ROY EN SON PARLEMENT DE PROVENCE.

À AIX.

Monsieur,

Je vous escrivis avant festes[2] succinctement, et encore seulement, s'il me semble, de nostre affaire avec messieurs les officiers, croyant que ce seroit là la derniere fois dont je vous en romprois la teste. Mais par ma disgrace il faut que je vous en die encore ce mot et puis je vous parleray d'autres choses. Au jour dont je vous escrivis le soir que toutes choses avoint esté conclües, Monsieur le Lieutenant avoit trouvé bon de signer tandis que tout le monde seroit assemblé l'escrite, que je vous envoye pour vous donner la peine de la voir. J'y avoy addoucy toutes choses et mesmes à leur advantage, et qui plus est, Monsieur le Lieutenant ayant passionnement deziré que la place immediate apres le prevost fust fixe, à cause de la coustume que nous avons en ceste eglise que l'assistant soit assis au costé de l'officiant, et laquelle ils avoint accordé d'entretenir le sieur prevost faisant l'office, j'avoy obtenu de nostre chapitre que nous assignerions à l'assistant une autre place que celle du costé. Or le lendemain matin je donnay la mesme

---

[1] Bibliothèque nationale, fonds français, 12772, fol. 111. (*Les post-scriptum seuls sont de la main de Peiresc.*) — [2] Avant les fêtes de Noël.

escritte à Mʳ Castagni, qui ne l'improuva point, et le priay de la faire voir et aggreer de mesme à toute la compagnie. Sur l'heure du disner ces messieurs les lieutenans prirent la peine de passer par chez moy pour me dire de faire trouver bon à nostre chapitre de retrancher la derniere clause touchant la promesse de la croix. Apres le disner moy et un autre chanoine leur ayant r'apporté que cella ne se pouvoit point faire, tout fust rompu. Comme nous estions à Vespres, monsieur Castagni me feit appeller pour me faire proposer au chapitre de faire la dite promesse par une escrite separée. Je feis assembler le chapitre à l'yssue de Vespres, et il fust trouvé bon de s'en contenter. Messieurs les officiers s'estant assemblez la dessus prirent resolution de n'escrire rien pour tout; et nous l'ayant fait sçavoir nous feismes aussi resolution de n'en faire rien pour tout. Le soir de la veille de Noël ils nous feirent une sommation de mesme que les precedentes, et nous feismes responce par laquelle nous nous rapportasmes à celle dont je vous ay autrefois escrit le sommaire; cependant monsieur d'Espinouse[1] estant intervenu pour composer le different de l'escrite, et sur la difficulté que ces messieurs faisoient qu'elle demeurast entre noz mains, nous nous rangeasmes avant hier à ce que monsieur d'Espinouse en fust le depositaire. Ces messieurs la n'ayant point voulu accepter la mesme chose, ayant voulu que nous nous fiassions en leur parole et monsieur d'Espinouse nous ayant instamment prié de le faire, nous l'accordasmes enfin hier à l'yssüe de Vespres, en adjoustant qu'il faloit donc que ces messieurs prissent la peine de nous en venir donner eux mesmes la parole dans la sacristie où nous avons accoustumé de nous assembler.

---

[1] François de Villeneuve, seigneur d'Espinouse, fils de Scipion et de Sara du Mas de Castellane, viguier de Marseille en 1624, premier consul d'Aix en 1638, n'eut pas de posterité d'Isabeau de Faucon, sa femme, veuve de François de Villeneuve-Flayosc et fille de Guillaume, seigneur de Sainte-Marguerite, et de Françoise de Baschi. Apres eux la terre d'Espinouse [aujourd'hui commune des Basses-Alpes, à 17 kilomètres de Digne] vint à Pierre de Coriolis, en faveur duquel elle fut érigée en marquisat, et dont la mère Isabeau de Villeneuve était cousine germaine du susdit François. Les Coriolis d'Espinouse subsistent encore à Marseille. (Communication de M. le marquis de Boisgelin).

quand ce n'est point dans la maison capitulaire, afin que d'ailleurs nous remerciant en corps des places que nous leur avions accordées, nous signassions tous ensemble l'escrite pour l'autre chef qui est pour l'asseurance de noz chaizes du costé de l'archidiacre en cas de plus grand nombre d'officiers. La chose leur ayant esté r'apportée, ils estimerent que leur corps seroit prophané s'ils nous randoint ceste deferance, bien que c'estoit là un des chefs qui avoint esté accordez quand messieurs les lieutenants partirent pour Aix. Et nous autres voyans cella, et considerant qu'il ne nous sçauroit arriver pis, nous avons resoulu de ne donner point tesmoinage d'une extreme lascheté, et de pousser l'affaire jusques au bout. À sçavoir à qui est le tort, je vous en laisse le juge. Monsieur Giroud porteur de ceste despesche, et qui a contribué son pouvoir avec monsieur d'Espinouse pour nous faire franchir ces dernières difficultés, vous en pourra dire mieux par le menu toutes choses.

Au reste, puisque j'ay ceste commodité, je m'en vay vous r'envoyer les trois pieces qu'il vous a pleu me communiquer par voz despesches dernieres. La premiere c'est les tables de R. Emmanüel traduites par le bonhomme R. Azuby tant afin que vous en faciez plus tost part à Schickart que parce que je n'auray guiere de loisir durant quelque temps de m'amuser apres pour le dessein que j'ay fait de commencer avec l'année de mettre au net et envoyer à monsieur Luillier mes chetifs commentaires sur Epicure. Il m'en a tant pressé, et tant d'autres avec luy qu'apres avoir prou differé, et ne trouvant jamais asses de loisir j'ay cru qu'il falloit se resoudre vertement d'y mettre la main et quelque affaire qui peut survenir, tascher d'en tracer toutes les semaines un cahier. J'espere donc de commencer dès la semaine prochaine, et me suis resoulu de laisser chasque cahier sous vostre enveloppe (pretendant de les envoyer un à un) afin qu'à vostre loisir vous puissiez voir le tout, s'il vous en prend quelque envie. Je dy à vostre loisir, parce que quand vous n'envoyerez pas tousjours le cahier par le prochain ordinaire apres l'avoir receu, la perte n'en sera pas grande. Mais pour revenir aux dites tables, je trouve qu'il seroit bon d'envoyer à Schickard non seulement la preface, mais encore l'usage adjousté à la fin pour les deux eclipses dernieres, à cause que veritablement la precision en est asses considerable pour le temps auquel les tables ont esté dressées. Sur quoy j'ay à vous dire qu'il se faut un peu plaindre au bon R. Azuby[1] de quoy il a alteré la premiere page des dites tables, pour les r'apporter à nostre temps, plus tost que de la laisser comme l'autheur l'avoit escrite en la rapportant à son temps. Car oultre ce qu'il nous prive du moyen de cognoistre le dit temps de l'autheur pour nous faire sçavoir le sien, qui est apres le 283 cycle accomply, cella peut donner quelque ombrage du reste. Quand il eust laissé la premiere la revolution accomplie du temps de l'autheur, la sienne de רפג ou 283 l'eust tousjours suivie d'asses pres pour estre comprise dans la suite. Je laisse à part qu'en l'application aux Eclipses dernieres, il eust esté bon qu'il eust dit les quantiesmes des mois de Hesvan et Ijar respondoint (sic) aux tantiesmes de noz mois, et quelques autres petites particularitez sur le r'apport des temps sans lequel la pratique des tables quoy que facile d'ailleurs peut estre trouvée difficile. Le second livre que je vous r'envoye est l'usage du calendrier Gregorien qui certainement, comme vous avez fort bien recogneu, nous apprend fort peu de chose. Il est vray qu'à qui n'aura point d'autres tables ou d'esclaircissement du dit calendrier, comme il y a beaucoup de telles personnes parmy le vulgaire de ceux qui se picquent des lettres, ceste piece pourra estre de quelque usage. Le dernier est l'anti Tycho de Claramontius que j'ay reparcouru[2], me reservant de le voir avec plus de soin, s'il nous arrivoit de nouveau quelques cometes. J'en ay assez veu à present pour luy en toucher seulement un petit mot en luy rescrivant, ce que j'espere de faire durant

---

[1] La partie de la lettre relative au rabbin Azubi a été reproduite, mais non textuellement, par Bougerel (p. 26) qui, selon l'usage de son temps, analyse plus qu'il ne cite et se contente de l'à peu près.

[2] Ce passage a été aussi reproduit par Bougerel (p. 127), mais avec quelques altérations; la première phrase, par exemple, étant ainsi modifiée par le biographe : «J'ai parcouru l'anti Thyco de Scipion Claramontius; je me réserve de le revoir, etc.»

ces deux ou trois jours qui restent de ceste année que j'ay destinez à escrire encore tout plain d'autres responces, dont je suis redevable, pour avoir l'esprit plus deschargé de soins au commencement du travail dont je vous ay parlé [1]. Je fus si malheureux dernierement qu'ayant receu vostre despesche sur l'empressement de nostre accord, et n'ayant leu vostre lettre qu'à demy lorsque je vous fey responce, j'addressay à Mʳ Robert, qui avoit deziré de faire quelque addresse de mes lettres à Mʳ de Digne, le pacquet qui luy venoit de Rome sans l'avoir ouvert. Si j'eusse eu leu vostre apostille j'y auroy peu prendre mes lettres, mais il faudra attendre que Mʳ de Digne me les r'envoye de Paris. Si quelque committimus vous arrive de la part de ce bon seigneur ou de Mʳ Pellissier qui est chanoine en nostre eglise [2], vous le conserverez s'il vous plaist et me donnerez seulement advis de la reception, suivant ce qu'il me semble vous avoir escrit cy devant. J'avois escrit à Mʳ de Digne par ma precedente que si les dites commissions n'estoint point parties lors de ma lettre receüe, il ne les envoyast point, attendu nostre accord, que je croyois bien asseuré. Je m'en vay luy r'escrire qu'il ne laisse pas de les nous envoyer. Je vous remercie de tres bon cœur de la part qu'il vous a pleu me faire de ces nouvelles que vous avez apprises touchant ces siaillons [3] et ceste espece d'animal qui est moyenne entre l'homme et le singe. Ce sont là des choses certainement bien considerables. Je vous remercie encore de ce que vous m'avez appris de l'estat du bon Galilée. Je luy escriroy volontiers un mot, mais je ne sçay comment l'entreprendre, tellement toutes choses sont chatouilleuses de ce costé là. J'ay aussi veu Jupiter au mesme temps que vous

---

[1] Cette longue phrase est ainsi raccourcie par Bougerel : « J'en ai lu assez pour lui en écrire deux ou trois mots. » On voit que les guillemets dont se sert le docte oratorien sont singulièrement trompeurs.

[2] Sur le chanoine Pellissier qui avait contesté à Gassendi, en 1615, la charge de théologal de l'église de Digne, voir *Documents inédits sur Gassendi*, p. 9. On trouvera là une piquante historiette sur ce bon chanoine qui resta court en chaire, avant même d'avoir commencé son sermon, et à qui un avocat reprocha devant le Grand Conseil d'être ainsi « demeuré à quia ».

[3] C'est-à-dire, comme nous l'avons vu dans la lettre du 20 décembre 1633, ces terribles phénomènes qui ont reçu le nom de typhons.

et durant huit ou dix jours avec ses satellites, et qui plus est, oultre son application avec le soleil qui est arrivée durant ce temps là, j'ay observé son passage auprés de l'estoile Perseus qu'il a abbordée du costé du midy à 4 diametres de son corps pres, j'entens par la lunette, car sans lunette il l'a cachee durant plusieurs jours. Quelque jour je vous en pourray faire voir la description. Pour le sig^r Mercure, le temps m'avoit tousjours empesché de le voir jusques à hier au soir. Comme je commençois de le descouvrir, monsieur d'Espinouse entra au logis pour me reparler de l'affaire, mais j'aimay mieux commettre une incivilité envers un gentilhomme dont la bonté m'est cogneue d'ailleurs, que de lascher une prise et intermettre une observation que j'avoy tant dezirée et que je n'estoy pas asseuré de pouvoir reparer attendu l'inconstance du temps qui en effect à present ne nous promet rien de bon. C'est,

Monsieur,

vostre, etc.
GASSEND.

A Digne, ce 28 decembre 1633.

Monsieur, le temps s'estant esclaircy hier despuis ceste lettre escritte, j'eus moyen hier au soir de faire une observation de ☿ [Mercure] asses considerable pour les refractions auxquelles je n'avoy jamais si bien et exactement pris garde. Je vien de l'escrire à monsieur de la Vallette. Il vous pourra monstrer et dire ce que c'est. Il vous baillera aussi une lettre que Mr Morin m'a escrite laquelle apres vous me ferez s'il vous plaist r'envoyer [1].

---

[1] Bibliothèque nationale, fonds français, 9536, fol. 222. Autographe.

XC

À MONSIEUR, MONSIEUR DE PEIRESC,
ABBÉ ET SEIGNEUR DE GUISTRES,
CONSEILLER DU ROY EN SA COUR DE PARLEMENT DE PROVENCE,

À AIX.

Monsieur,

Je vous feis une assez grande despesche il y a trois ou quatre jours par Monsieur Girard s'en retournant de nous prescher. Celle cy ne le sera pas tant parce que je suis lassé tant d'avoir presché[1] que d'avoir fait plusieurs lettres pour Paris et mesme commencé le travail dont je vous ay fait mention par ma precedente[2]. Je vous doy neantmoins accuser la reception du pacquet qui m'a esté apporté par mon laquais, et de toutes les choses y contenües. Les pacquet et lettre dont vous estes en peine sont de Mr Diodati. Je luy donne advis qu'en m'escrivant il mette ses lettres sous une enveloppe addressée à vous, puis qu'il vous plaist de le trouver bon. Je me dispense de luy envoyer celle de voz precedentes par laquelle il vous a pleu me faire part des nouvelles que vous avez apprises de Mr Galilei, parce que ce bon homme me marque qu'il en est en peine. Il m'escrit qu'il a disposé Mr de Meziriac à luy consigner quelques traités de sa revision sur Plutarque pour les faire imprimer soit à Geneve soit ailleurs, et les publier comme un eschantillon par lequel on juge de toute la piece. Il adjouste que le sieur Bernegger de Strasbourg a desja fort advancé à sa sollicitation la traduction du dernier livre de Galilei[3]. Ce Bernegger en avoit aussi desja traduit le traité du compas de proportion. Je retiens l'Exercitation de Mr Fabrot puis qu'elle a esté imprimée à Aix et que je m'imagine que

---

[1] Bougerel a exagéré cette lassitude en la changeant en épuisement. Il n'était pas, dit-il (p. 128), « tellement occupé à sa philosophie et à ses recherches, qu'il ne s'acquittât aussi des devoirs de son état. Il écrit à Peiresc le premier janvier, qu'il est presque épuisé pour avoir trop prêché. »

[2] Le commentaire sur Épicure.

[3] Voir sur Mathieu Bernegger le recueil Peiresc-Dupuy, t. III, p. 344 et suiv.

c'est vostre volonté. J'ay pris grand plaisir à la lire et l'ay trouvée bien curieuse, ingenüe et digne de son autheur[1]. Pour la lettre du pere Scheiner, je la vous r'envoye avec mille remerciemens de la part qu'il vous a pleu de m'en faire, et ensemble les figures de son Eclipse, me craignant que ce soint celles qui sont destinées pour Monsieur Valois, j'ay esté bien aise de les voir aussi bien que sa lettre, et le seray encore davantage de lire le discours que ce bon pere nous promet. Les figures sont ingenieuses, mais il eust esté dezirable que les moments du temps y fussent adjontez; toutesfois nous les apprendrons à mon advis par le discours. Je ne vous r'envoye point encore l'apologie de Lansbergius parce que jusques icy je ne l'ay point leüe si ce n'est bien superficiellement. Parmy les livres de vostre memoire je dezireroys principalement voir Christofori Besoldi de n[atura] populorum, etc., et de melancholia hypocondrinea Joannis Hamkicy. Je suis regretteux de n'avoir point le loisir d'escrire à present au sieur Corberan, mais je vous supplie, en attendant que je le face, de luy faire sçavoir que j'ay esté ravy et ay infiniment prisé sa bonne volonté. Le bout de l'Esquierre de lethon qui porte le rayon doit estre posé precisement sur un petit trait que j'avoy tiré tout au fin bout dudit rayon suivant la rectification qu'il me souvient d'en avoir souvent faite. Pour le surplus il aura plus tost fait de demander à Monsieur de la Vallete, qui sans doute sera le plus aise du monde de l'en esclaircir comme quoy il doit remarquer les parties de part et d'autre du traversier, que je ne luy ferois comprendre par lettre. Depuis la vostre et la sienne vous aurez sans doute descouvert ☿ puisqu'il a desja si bien paru durant cinq ou six jours. J'ay toujours pris la distance d'avec Lucida Aquilæ, qui est haute à main droite et sinister humerus qui est au dessus, excepté qu'hier au soir au lieu de ceste derniere j'employay os Pægasi pour remarquer mieux l'incroyable progres des refractions, à cause de sa plus grande perpendicularité et y adjoustay la distance d'avec Fomalhaut qui commença de nous paroistre hors d'une pente de montaigne, l'aigle aussi bien

---

[1] Tout ceci a été abrégé par Bougerel (p. 128).

s'approchant d'une autre, tellement nostre pauvre horizon est icy geheiné. Je pense que ces observations que je fay maintenant seront des plus importantes qui ayent encore esté faites de ce planete, parce qu'à faute d'avoir pris garde aux refractions exquisement, il est mal-aisé qu'on l'ait jamais guere observé ou designé en son vray lieu. Mais à tant je finis, pressé d'ailleurs par la presence du bon pere Barrault qui vient d'entrer ceans sur son passage pour Bourg en Bresse où il va faire tenir le chapitre des Cordeliers de ce païs là en qualité de commissaire, afin de luy donner un mot pour Mr de Meziriac. J'ay tousjours oublié de vous demander si vous aviez point eu de responce de la reception de vostre Eusebe ou si par adventure vous ne l'avez point encore envoyé attendant d'y joindre la vie d'Homere. Je ne sçay comme quoy j'ay peine de finir. Je suis tousjours,

Monsieur,

vostre trez humble, trez affectionné et trez obligé serviteur,
GASSEND.

A Digne, ce 1er janvier de l'année 1634 que je vous souhaitte tres heureuse[1].

XCI

À MONSIEUR, MONSIEUR GASSEND.

Monsieur,

J'ay bien du regret d'avoir tardé si longtemps à vous escrire, ne s'en estant presenté qu'une commodité depuis mes dernieres lettres, en temps que je ne sceus m'en acquitter et que je fus constraint de vous envoyer voz lettres de Paris toutes nües. Estant en arrerage de responce à vos deux despesches du lundy 28 du mois passé et 1 de ce nouvel an que je vous souhaicte aussy heureux et aussy conforme à voz vœux comme le doivent faire touts voz fideles serviteurs, au nombre desquels je me range, quoyque des plus inutiles, mais des plus desvouez, vous

---

[1] Bibliothèque nationale, fonds français, 9536, fol. 224. Autographe.

felicitant de bon cœur la nouvelle invention que vous avez trouvée d'observer vostre Mercure avec la diversité de l'effect des refractions, dont je seray bien aise de voir un jour ce que vous en aurez couché par escript en vos diaires, et cependant ce que vous en avez touché à l'advance à M^r le Prieur de la Valette. Mais il est devenu si peu trouvable chez luy depuis quelque temps qu'il y a aultant de peine à l'attaindre et à luy desrober le temps d'une visite, comme on sçauroit avoir à attendre vostre Mercure en embuscade pour le surprendre en ses voyages ou messages plus cachez et plus desrobez, voire davantage, car depuis sept ou huict jours Mercure s'est laissé trouver touts les soirs à Corberan ou peu ou prou, mais durant tout ce temps il n'a sceu voir M^r le Prieur de la Valette qu'une foys ou deux, et moy du tout poinct, qui ne puis aller à toutes heures par la ville; de sorte que je suis resolu dezhorsmais de luy envoyer par Digne soubz vos enveloppes tout ce que je luy vouldray faire tenir affin que vostre passeport et vostre bullette leur face avoir entrée dans son logis. Je verray bien volontiers aussy voz observations de Juppiter pour voir si la mienne y pourra quadrer, ou si je me suis laissé abuser. Si j'eusse peu continuer diverses soirées, je me seroys bien mieux recogneu que je ne pouvois faire avec une seule observation de moy, car le pauvre Corberan n'avoyt pas encores alors prins assez d'habitudes à cela pour m'y fier.

Quant au Mercure, il y a esté plus assidu et possible aurez-vous du plaisir de voir ce qu'il a peu grossierement prendre, surtout je l'ay fort chargé de prendre garde au moment que Mercure se cache dans la ligne orizontale qui luy est fort descouverte, et de prendre quelque haulteur d'estoille fixe en mesme instant pour voir s'il pourroit fournir aulcun supplement à ce que voz montagnes vous cachent de l'orizon et du lieu des refractions plus considerables. La premiere foys qu'il le descouvrit, qui fut le mesme jour que vous 27me du moys passé, je luy tins compagnie une demy heure et voulus voir Mercure dans sa lunette pour y descouvrir la deffectuosité de rondeur que je ne sceus pas discerner si distinctement, mais tousjours y en eut-il assez pour me faire voir aseurement qu'il y en avoit, et que ce n'estoit pas une estoille fixe. Je vous feray envoyer ce que j'en voulus escrire le mesme soir et ensemble tout ce que Corberan aura peu faire, mais j'eusse desiré que M⁽ le Prieur de la Valette l'eusse veu auparavant pour luy donner quelque bon adviz et quelque bonne adresse tant pour l'usage plus propre et plus exacte de son rayon que pour la notice bien asseurée des estoilles fixes qu'il a mesurées ou qu'il pourra cy aprez mesurer avec ce planete, que je veux revoir à cette heure Dieu aydant pour y chercher ces cornes plus apparantes que l'aultre jour, si la lunette est assez forte pour les bien despouiller des faulx rayons. Sur quoy il fault que je vous dise que j'ay envie d'escrire au P. Scheiner (sur la semonce que m'en faict le P. Kircher) que s'il me peult faire fournir quelque bonne lunette cappable d'effacer touts cez rayons, je la feray bien payer, et par mesme moyen une de celles qui luy distinguent si exactement comme il les peint ces macules et facules du soleil de si differante qualité et apparante couleur ou obscurité et clarté plus ou moings grande. Les figures de son eclypse ne sont poinct celles qu'il avoit destinées à M⁽ Valoys, que le s⁽ du Puy, intendant de la maison de M⁽ de Crequy, me dict avoir dans sa male, ains sont celles qu'il avoit faict joindre à ma lettre aprez l'avoir cachettée, et si elles vous servent je les vous r'envoyeray incontinant aprez que M⁽ le Prieur de la Valette les aura voulu voir, ce qui sera aussy tost qu'il ne sera plus si invisible, comme il a esté touts cez jours passez, croyant bien que le discours du P. Scheiner marquera touts les moments que vous y requerez, et qu'il ne tardera pas de se mettre au jour, si ce n'est qu'il le voulust employer dans le livre qu'il faict *ex professo* contre le Galilée, à qui si vous voulez escrire, je ne pense pas qu'il soit deffendu, puisqu'il n'est en actuelle prixson, et croys qu'il y aura moyen de luy faire tenir voz lettres seurement. Mais je vous conseillerois bien de les concevoir en termes si reservez et si ajustez qu'il y ayt moyen d'entendre une bonne partie de voz intentions, sans que le sens litteral y soit si preciz.

J'ay esté bien aise d'apprendre le travail que faict le Berneger de Strasbourg, et n'ay pas veu ce que vous dictes qu'il a faict du compas de proportion, que je feray demander à Paris, et sitost que Corberan sera arrivé de sa desbauche, ne manqueray pas de faire chercher les deux pieces de libvres que vous me marquez, lesquelles je feray promtement couldre pour vostre satisfaction. Pour les tables de R. Manuel, j'avoys desjà faict les reproches dont vous vous plaignez au bon R. Salomon Azuby, lequel m'advoüa qu'en la transcription premiere qu'il fit faire, il avoit faict de bonne foy cette alteration comme font toutz noz imprimeurs de breviaires quand ils raffraichissent les Tables que se mectent en teste pour regler le kalendrier, mais j'ay l'original sur lequel il n'y a point d'alteration, qui monstre d'estre escrit depuis quelques centaines d'années. Il est vray que ce bon homme croid que la premiere Table aye pareillement esté alterée comme la sienne, selon le temps courant, lorsque le livre fust transcrit, car il tient que l'autheur soit encores plus ancien que ne porte la supposition du cycle courant lors de l'escritture dudict livret. Nous tascherons de faire r'habiller cela avant qu'envoyer la piece à Mʳ Skikard, au mieux que nous pourrons.

Pour Mʳ de Mezeriac vous avez trop bien jugé et deviné le mauvais effect de ma negligence. Je changeay d'habitation pendant les plus grandes challeurs, ce qui fist esgarer voz lettres tant au P. Theophile qu'audict sʳ de Mezeriac, en changeant mes papiers, sans lesquelles malaisement pouvois-je envoyer l'Eusebe, et la paresse de ranger mes papiers, comme je le vouloys faire pour les retrouver, m'a insensiblement porté jusques à cez festes dernieres que je les rencontray de bonheur. Mais les trouvant cachettées et ne pouvant voir en quels termes vous leur en parliez pour m'y accommoder, de mon costé, j'ay creu qu'il valloit mieux les vous renvoyer comme je faicts à celle fin que vous en puissiez r'affraischir la datte, ou bien y adjouster ce que vous trouverez bon de plus, soit pour excuse de ce retardement ou pour accuser par mesme moyen l'envoy de ce volume d'Henry Estienne de l'an 1566 des Poetes grecs heroïques, lequel j'ay receu de Paris puis quelque temps, en teste duquel il a mis aprez sa preface des petits discours de divers autheurs tant sur la vie que sur les œuvres d'Homere, Hesiode et aultres d'iceulx, parmy quoy il en a un de Herodote et ensuitte un plus ample de beaucoup sur Homere, et par aprez un de Dion fort succint, et à la suitte un aultre de Porphyre fort ample aussy sur le mesme Homere et quelques aultres petits poemes des anciens sur le mesme Homere et sur quelque aultre des autheurs contenus en ce volume, que je croys bien que Mr de Mezeriac ne sera peult estre pas marry de voir, s'il ne les a jamais veus. C'est pourquoy encores que le volume soit gros et lourd, je ne laisray pas de le joindre à l'Eusebe pour ne luy laisser la peine de le chercher ailleurs, si ce n'est que vous trouviez bon de sçavoir de luy au prealable s'il le vouldra ainsin. Car possible ne s'en soussiera-t-il pas, attendu que l'edition estant de Geneve, qui est si voisin de Bourg, il est malaisé qu'il ne s'en trouve bon nombre en lieu bien proche, et par mesme moyen vous luy pourriez aussy donner advis de ce volume que j'ay recouvré du Levant, où est l'*Iliade* d'Homere avec une glose interlinéaire escripte en rubrique, et des notes à la marge, en teste d'aulcunes desquelles est cotté le nom de Porphyre, mais je n'ay peu descouvrir le nom de l'autheur de toute la compilation. Gesnerus fait mention d'un pareil volume en la bibliotheque de l'Empereur, si je ne me trompe. Si le s^r de Mezeriac y vouloit travailler, je luy presteray de bon cœur mon manuscrit pour tascher de corriger les passages que Henry Estienne n'a sceu deschiffrer ou restaurer à son gré.

Au reste Mr Fabrot vous a bien de l'obligation des éloges qu'il vous plaist luy despartir pour son exercitation. Il en a depuis imprimé encor une aultre que vous aurez par le premier, si je ne la puis joindre icy, car il est allé à Valence, et, à son retour je luy feray voir ce qui est de voz bons offices, dont je vous remercie cependant de toute mon affection, tant en son nom comme au mien estant son serviteur particulier.

Quant à vostre different des seances, j'ay bien du regret de la rupture de l'accommodement, et comme je donne maintenant le tort à voz parties d'avoir refusé voz dernieres offres, j'en donne bien un peu à vous, Messieurs, aussi, d'avoir affecté d'escrire tant de choses jalouses, veu qu'en aulcune aultre pareille esglise, il ne s'est ouy parler de rien de semblable, et en telles rencontres il est bon de faire la guerre à l'œuil, et de se contenter d'une partie de ce qu'on desireroit, et en lascher une pour avoir l'aultre, car on ne sçauroit si peu obtenir que ce ne soit beaucoup. Vous excuserez, s'il vous plaict, ma liberté et ma franchise, et ne m'en aymerez pas moings, s'il vous plaict, puisque je suis de si bon cœur,

Monsieur,

vostre, etc.

DE PEIRESC.

A Aix, ce 5 janvier 1634[1].

XCII

À MONSIEUR, MONSIEUR DE PEIRESC.

Monsieur,

Je receu au commencement de ceste semaine la despesche qu'il vous avoit pleu m'adresser de Monsieur Luillier. J'y trouvay dedans entre autres choses une lettre de luy et deux d'Hortensius Hollandois[2], l'une pour moy, l'autre pour Monsieur Galilei. Je les vous envoye

---

[1] Bibliothèque nationale, fonds français, 12772, fol. 114. Autographe. A la lettre était joint ce billet : « Monsieur, Vostre petit laquay m'a dict que mecredy vous m'aviez envoyé un pacquet par un huissier Bonnet que je n'ay poinct receu encores. Je le feray chercher et j'avoys oublié de vous dire que mon homme recouvrant à la poste le pacquet à vous adressé, sans qu'il y eust aulcune mention de mon nom, bien qu'on eust voulu soubstenir qu'il estoit venu par le dernier ordinaire, apprint neantmoings de quelque aultre qu'il y avoit longtemps qu'on l'avoit dans leur bureau, ce que je vous dicts pour ma descharge si vous en trouviez la datte vieille, et afin que vous advertissiez celuy qui vous escript de faire une enveloppe à moy, s'il ne veult envoyer son pacquet à Mr du Puy à Paris. »

[2] Sur Martin Hortensius, mathématicien de Delft, voir le recueil Peiresc-Dupuy. Bougerel a rappelé (p. 127) que ce savant dédia à Gassendi un ouvrage sur le passage de Mercure (1630); que, malgré qu'il eût été « tres sensible à sa politesse », le philosophe-astronome lui reprocha sévèrement (en 1634) de n'avoir pas parlé convenablement de Tycho-Brahé, pour lequel il veut qu'on ait tous les égards dus à un ancêtre. Voir ce que Bougerel raconte de sa mort (p. 181).

toutes trois : celle de Mʳ Luillier, afin que vous voyez dans l'original mesme quelque petit advis qu'il me donne, et qui vous regarde; celle d'Hortensius, afin que vous la voyez si vous l'avez aggreable à vostre loisir, et la faciez aussi voir à Monsieur le Prieur de la Vallete, parce qu'il y est parlé de sa demonstration[1], et y a des recommandations pour luy; celle de Galilei, afin que vous la conserviez s'il vous plaist jusques à ce que vous ayez recouvré un nouvel exemplaire de la dissertation d'Hortensius, laquelle Monsieur Luillier m'escrit qu'il m'envoye, afin de la joindre à la dite lettre, avec un mot de lettre que j'espere de vous envoyer pour le mesme Galilei au premier jour. Je pense qu'il faudra que nous facions apres l'addresse du pacquet à Monsieur Bouchard, en luy recommandant le soin de le faire tenir par voye d'amy, et donner par main asseurée. Si tant est que l'exemplaire de la dissertation que vous m'avez envoyé soit celluy qui vous estoit destiné comme Monsieur Luillier semble me le faire comprendre, je vous supplie de me le faire sçavoir, afin que je vous le renvoye, et que vous n'en demeuriez point despourveu, puis que vous sçavez qu'il m'en demeurera tousjours un, et cependant, de retenir celluy qui vient maintenant de Paris. Il est vray qu'il sera tousjours bon que je le vous r'envoye parce que nous le pourrons destiner à ce seigneur Molino[2] dont Hortensius m'escrit. Je voudroy bien auparavant avoir appris quel homme c'est, parce que jusques icy je n'en avoy point ouy parler. Si vous en sçavez quelque chose, vous m'obligerez bien fort de m'en donner advis, afin que je puisse plus à propos accompaigner ledit exemplaire de quelque petit compliment pour satisfaire au dezir d'Hortensius. Je lairray au reste mon pacquet ouvert sous l'envelope à vous suivant ce que, s'il me semble, je vous en ay cy devant escrit. Vous y trouverez deux choses, l'une est le premier cahier de mes petits commentaires sur Epicure,

---

[1] Bougerel nous apprend (p. 127) que Gassendi s'empressa d'envoyer à Hortensius «l'ouvrage manuscrit de Gautier sur la démonstration de Lansbergius». Voir, au sujet de cet ouvrage du docte mathématicien d'Aix, le fascicule IV des *Correspondants de Peiresc*, *passim*, mais surtout p. 49-53.

[2] Sur Dominico Molino, le sénateur de Venise qui favorisa tant les savants et les lettrés, voir le recueil Peiresc-Dupuy.

que j'adresse à Monsieur Luillier. Je luy escris neantmoins qu'en cas que vous deziriez de le voir à cause de la suite, il pourra estre que pour le prompt despart de cest ordinaire, apres ma despesche receüe, vous ne le luy envoyerez point jusques à l'autre. Vous estes ainsi le maistre du tout, pour en faire ce qu'il vous plairra. L'autre est une assés longue lettre que je viens d'achever pour Schickard. Je me suis souvenu tout à propos de ce que vous m'escrivistes il y a quelque temps, de luy envoyer incontinent apres ceste apparition de Mercure ce que j'en auroy observé. Je le fay donc et afin que vous jugiez mieux de ce que c'est, je vous supplie de voir seulement le commencement et la fin de la lettre. Si ce despart de l'ordinaire ne devoit point estre si prompt, ou si le temps n'estoit point extremement cher, à cause que peut estre Schickard aura achevé l'impression de son ouvrage pour la foire de Pasques, je n'improuverois pas que vous prissiez encore une fois une peine pareille à celle de l'autre fois, mais j'ay advisé qu'il vaudra mieux qu'on face la copie à Paris tout sur l'autographe et à mesure du temps qu'on y aura de faire tenir ma lettre en Allemaigne par la premiere commodité. J'auroy bien encore beaucoup d'autres choses à vous dire, mais d'un costé je suis lassé pour avoir extremement escrit tous ces jours passés, et aujourd'huy plus qu'aucun autre, et voicy le soir arrivé auquel je m'en vay affuster puisque le ciel s'est esclaircy et randu assés beau despuis environ midy, pour voir si je pourray point encore descouvrir ⚨ [signe d'une étoile] et suivant la promesse que j'en fay à Schickard luy en faire une apostille. Je me recommande donc tres humblement à l'honneur de voz bonnes graces, et demeure tousjours,

Monsieur,

vostre tres humble, tres affectionné et tres obligé serviteur,
GASSEND.

A Digne, ce xiiie janvier mvi^c xxxiv [1].

[1] Bibliothèque nationale, fonds français, 9536, fol. 219. Autographe.

XCIII

À MONSIEUR, MONSIEUR GASSEND,
DOCTEUR EN SAINTE THEOLOGIE, CHANOINE ET THEOLOGAL
EN L'ÉGLISE CATHEDRALE DE DIGNE,

À DIGNE.

Monsieur,

Vostre depesche du 13ᵐᵉ me fut hier apportée par le sʳ Gerard, comme je descendois pour disner. Je jugeay à la forme du pacquet que vous y auriez mis le premier cahier de vostre Epicure, et ayant ouvert en sa presence vostre enveloppe, je rencontray le feuillet du tiltre qui me resjouyt infiniment, et me fit luy dire d'en advertir Mʳ le Prieur de la Valette que je vouloys aller voir l'aprez disnée pour voir entre ses mains la lettre que vous luy aviez escripte concernant vostre observation des refractions, laquelle il ne m'avoit point envoyée quoyque je l'en eusse faict requerrir par Corberan. Je ne manquay pas d'y aller assez tost aprez disner, mais aprez avoir faict battre à sa porte longuement, enfin sa servante parut au plus hault du logis et me respondit qu'il estoit allé à la promenade. Je luy dicts de l'advertir qu'il ne mesnageoit pas bien sa santé de sortir par le fascheux vent qu'il faisoit lors[1] et, m'en allant au Palais, je rencontray ledict sieur Gerard à qui j'en fis des reproches. La nuict sur les sept heures du soir, Mʳ le Prieur m'envoya vostre lettre par son laquay, laquelle je fus bien aise de voir parceque vous vous y estiez estendu suffisamment pour me faire comprendre vostre procédé; il y a mis quelque calcul du sien, sur lequel il faudra le consulter pour entendre l'examen qu'il en a voulcu faire. En revanche de cette honnesteté, je luy envoyay par sondict laquay la lettre que vous escript le sʳ Hortensius que je n'avoys pas lüe, ensemble vostre premier cahier d'Epicure que je n'avoys pas leu nomplus, et l'invitay

---

[1] On devine toute la malicieuse ironie de cet avertissement donné à un homme qui, loin d'affronter le vent, restait obstinément enfermé dans son cabinet de travail.

[1634] ET DE GASSENDI.

à se laisser voir à ce matin afin que je luy peusse monstrer vostre lettre de Schikard, avec laquelle je voulois luy faire voir et examiner quelqu'une des observations de Corberan, en faisant la comparaison aux vostres pour voir s'il s'en esloignoit beaucoup. Le laquay me dict qu'il avoit faict partie pour aller à sa bastide avec son neveu. C'est pourquoy je l'ay envoyé semondre de bon matin par Corberan, à qui il a dict qu'il s'en venoit s'il ne trouvoit son neveu prest à partir, comme il a faict, de façon que j'ay esté constrainct d'envoyer par l'ordinaire vostre despesche de Schikard sans que luy l'ayt veüe. Il est vray que dans le temps qui s'est peu gaigner durant cez 24 heures, j'en ay faict transcrire par mon homme les dattes et calcul des distances et haulteurs concernants seulement vostre Mercure en sa derniere comparution depuis le 27me decembre jusques au xiiie afin d'y pouvoir faire conferer celles du pauvre Corberan, qui a observé tous les mesmes jours que vous, et de plus le xime de ce moys que vous n'avez rien veu, auquel jour il estoit si bas que nous n'avons pas trouvé estrange que le treiziesme il n'ayt plus esté visible, quoyque le temps fust trez serain, et que luy ayt trez bonne veüe, et qu'il s'y fust grandement affusté non seulement avec son rayon, mais avec la grosse lunette dans laquelle j'avoys envie de le regarder et y monter moy mesmes ce jour là pour cet effect, mais le brigand[1] nous trompa et nous surprint, à quoy ayderent bien les Ephemerides du Kepler qui luy donnoient encores assez de distance, ce nous sembloit, pour le nous laisser voir bien cornu. Je pense que M^r le Prieur de la Valette a esté possible bien aise de porter vostre commancement d'Epicure à sa bastide pour s'y entretenir avec son neveu, et à ce soir luy ay envoyé Corberan avec son cahier d'observations et advis que je desiroys les vous envoyer par homme qui partoit demain pour les pouvoir recouvrer à temps pour l'aultre ordinaire s'il estoit possible et au cas qu'y trouvassiez rien qui vaille l'envoyer à Schikard, mais il l'a remis à demain qu'il a fort solennelle-

---

[1] On aime la jovialité de cette appellation sous une plume d'habitude aussi sérieuse. C'est surtout en écrivant à son cher ami Gassendi que Peiresc se permet quelques rapides échappées.

ment promis de nous venir voir. Je luy veux faire preparer, comme on dict, la croix et l'encensoir pour aller au devant de luy. C'est grand daummage que c'est (*sic*) esprit ayt tant de peine à se relascher à la societé humaine, mais rien de tout cela ne seroit cappable de me rebutter, ne me rien faire diminuer de l'estime que je faicts de ce qu'il y a de si estimable en luy. Tant est que cela me fera differer de vous envoyer demain ce cahier d'observations telles quelles, ou ne pouvant faire mieux, aprez quelque distance marquée, le pauvre garçon marquoit fort exactement enfin le moment du coucher de Mercure à la ligne orizontale toute descouverte en prenant la haulteur à l'instant de diverses estoilles fixes, et à ce que j'en ay peu voir en passant, il semble qu'en aulcunes il y ait paru de la differance notable pour voz refractions, si je ne me trompe. S'il pouvoit avoir rencontré quelque chosette qui ne vous fusse poinct inutile, je n'en seroys pas moings glorieux que luy. J'ay donques escript par l'ordinaire non seulement à Mʳ L'huillier pour luy faire excuses de ce que, selon vostre permission, j'avoys laissé à Mʳ le Prieur de la Valette vostre premier cahier, lequel il recevroit Dieu aydant par le prochain, et l'ay esclaircy sur ce qu'il vous mandoit de mes livres, mais vous m'avez engaigé d'escrire au P. Schikard à qui j'ay offert non seulement les deux manuscrits dont je vous avoys parlé, mais une coppie que je faicts faire et que j'attends de heure à aultre du texte de cet *Aristarchus Samius* de la grandeur et distance du soleil et de la lune, et cependant n'ayant aultre chose de prest, je luy ay envoyé la preface des Aisles ou Tables astronomiques de mon Ra[bbin] Manuel, et de bonne fortune un pacquet de Mʳ de Mondevergue (qui avoyt sesjourné à Marseille une 15ᵐᵉ de jours ez mains d'un marchand d'Avignon qui dict avoir esté malade ou chargé d'affaires pressantes) est arrivé tout à poinct pour y trouver un aultre pacquet de Mʳ Tonduti Sᵗ Legier dans lequel il avoit mis une lettre pour vous qu'il avoit laissée à cachet volant afin que je la visse. Et trouvant qu'il y adjoustoit l'observation de l'Ecclypse que vous alleguiez de luy, une partie de ce que vous tesmoignez regretter de ne pouvoir joindre à ce que vous en disiez audict sʳ Schikard, je me suis dispensé d'en faire

faire promtement une coppie, ensemble d'une partie de la lettre qu'il m'escript à moy pour ma justification envers Mr Schikard de ce que je la luy ay envoyée avant que vous l'eussiez receüe ne veüe, à cause de la briefveté du temps de la prochaine foyre, et par mesme moyen luy ay faict marquer l'erreur de calcul ou d'equivoque descouverte aux Tables Rudolfines par ledict s^r Schikard, le tout sur la confiance que j'ay prinse que vous ne le prendriez nullement en mauvaise part. J'ay mesmes escript à Lyon à Mr de Rossy pour l'informer du s^r Benedicti, à qui vous adressiez les lettres de Mr Diodati ou de MMess. Lumaga ou aultres de ses amys quels moyens il y a les plus asseurez et les plus courts pour escrire à Tubinge, afin que si vous avez de quoy adjouster quelqu'appostille ou appendice à voz observations, nous la luy puissions faire tenir par un chemin plus court que Paris afin que le tout arrive à propos et en mesme temps à peu prez.

Au reste j'ay prins un merveilleux plaisir de voir dans vostre lettre à Mr Lhuillier que vous parlez d'un voyage en ceste ville que nous recevrions bien à plus grande felicité que jamais, car nous ne vous avons recogneu que depuis vous avoir perdu, et vouldrions bien que vinssiez faire icy l'observation de voz Ecclypses de Mars.

J'ay envoyé au cardinal Barberin par le dernier ordinaire seulement un exemplaire de l'exercitation d'Hortensius pour la joindre à celle de Schikard que je luy avoys envoyé l'année 1632, et l'ay prié d'en faire part aussy au P. Scheiner. Si j'eusse eu vostre lettre, je l'eusse gardé pour le pauvre Galilei, mais il aura l'exemplaire qui est encores par les chemins. C'est pourquoy ne laissez pas de faire vostre destination au s^r *Dominico* Molino, qui est des plus venerables senateurs de la Republique de Venize, à qui feu Mr Lorenzo Pignoria avoit dedié afforce pieces, car c'est un Mecenas et protecteur de tous les gents de lettres en ce païs là [1]. L'on m'avoit souvent provocqué à luy escrire, et j'avoys demandé ses tiltres à Mr Naudé, qui m'en a pressé le dernier, mais je n'ay pas encor eu sa response.

[1] Voir sur Dominico Molino le recueil Peiresc-Dupuy.

Il est temps de finir le larrecin que je vous faicts de vostre temps qui est si precieux et vouloys clorre, mais il fault vous remercier, comme je faicts trez humblement, de la communication de la lettre du sʳ Morin qui sera bien saige s'il respond par bonnes raisons au lieu d'injures, et m'estonne qu'Hortensius aye laissé passer dans les Tables de Lansbergius la differance qu'il a observée au calcul du lieu de Mercure lors de vostre observation de l'an 1631. Il me reste à vous demander pardon d'une equivoque faicte dernierement par trop de precipitation. Mon frere voulant partir pour Marseille et porter à Mʳ Cassagne[1] le livre qu'il avoit demandé *de Oculo* du P. Scheiner, nous estions à table, je dis à Corberan de l'aller prendre en mon estude et d'y joindre un aultre in 4° que je luy avoys faict couldre depuis peu. Au lieu duquel il y mit le Licetus sur son Ænygme de Pyronarca[2], lequel j'avoys receu pour vous de la part du sʳ Gaffarel, dont j'oubliay de vous faire excuse la derniere foys que je vous escrivis, et de ce que mes gents avoient laissé esgarer la lettre dudict sʳ Gaffarel, et pour m'achever de peindre un aultre medecin bien celebre que vous debvez cognoistre en ayant ouy parler le voulut voir, de sorte que le livre ne m'a esté restitué que depuis que je vous fis ma derniere despesche à mon grand regret, dont je vous crie mercy, mais à quelque chose malheur est bon, car cependant la lettre dudict sʳ Gaffarel s'est retrouvée, et ce que m'escrivent les deux personnages sur ledict livre n'est peult-estre pas tant à negliger, principalement la lettre de Mʳ Cassagne, où vous verrez comme il s'escrime pour les cameleons sur lesquels je parleray bien à luy, Dieu aydant, tost ou tard, et sur ces yeulx dont j'ay receu un nouveau libvre d'Amsterdam sans aulcunes figures. Corberan l'a pour le couldre et je ne sçay si je ne l'envoyeray poinct à Marseille, afin que vous ayez leur advis avec le livre. Si je le faicts vous m'en excuserez,

---

[1] Le docteur Cassagne était un ami de Peiresc, qui figurera prochainement dans un fascicule des *Correspondants de Peiresc*, intitulé : *Le docteur Novel et autres médecins provençaux*.

[2] L'opuscule ainsi indiqué ne se trouve pas dans la longue liste des publications de Liceti donnée par le P. Niceron et reproduite en partie par les principaux recueils bio-bibliographiques.

s'il vous plaict, mais s'il est cousu à temps pour cette commodité, il pourra bien aller vers vous à l'advance; vous aurez, en attendant, l'aultre exercitation de Mʳ Fabrot, et un autre exemplaire de toutes deux pour quelqu'un de voz amys et je seray tousjours,

Monsieur,

vostre, etc.
de Peiresc.

A Aix, ce 17 janvier 1634.

Par ce que Mʳ du Puy m'escrivoit que dans la relation du moys, on avoit imprimé tout au long la sentence de l'Inquisition contre le pauvre Galilée[1], et que je n'en avois poinct receu d'exemplaire, j'ay jugé par la grosseur du pacquet de Mʳ L'huillier à vous adressé par le dernier ordinaire qu'elle y seroit enclose, et sans avoir la peine de l'envoyer chercher ailleurs par la ville, j'ay bien creu que vous trouveriez meilleur que je me dispensasse d'ouvrir vostre enveloppe comme j'ay faict, vous asseurrant que j'ay eu une grande compasion de voir comment il a esté traicté.

Je vous envoye les deux lettres du P. Athanase [Kircher] depuis son arrivée à Rome. Je l'ay fort exhorté de ne se poinct amuser à l'interpretation de la Table Bembine, ains toutes choses cessantes, entreprendre la version de son Barachias, et ay escript au cardinal Barberin de le luy commander ainsin, de peur que cela ne demeure en arriere. Mʳ de Saulmaise m'escript qu'il donneroit librement la moitié de son bien pour ce Barachias, s'il avoit à choisir la perte ou la possession de l'un ou de l'aultre[2].

---

[1] Voir à ce sujet le recueil Peiresc-Dupuy, t. III, p. 15. — [2] Bibliothèque nationale, fonds français, 12772, fol. 117. Autographe.

XCIV

À MONSIEUR, MONSIEUR GASSEND,
DOCTEUR EN Ste THEOLOGIE, CHANOINE ET THEOLOGAL
EN L'ÉGLISE CATHEDRALE DE DIGNE,
À DIGNE.

Monsieur,

L'homme qui debvoit prendre à ce matin mon paquet pour vous ayant differé son voyage à demain au matin, m'a laissé le temps de vous donner advis qu'enfin il a ce jourd'huy soufflé un vent si favorable, qu'il m'a emmené ceans M^r le Prieur de la Valette que je ne faisoys que me mettre à table, tant il avoit eu de volonté de me trouver, dont j'ay bien esté ravy, et pour jouyr de ce bien inesperé, et le gouverner plus paisiblement, je me suis dispensé d'entrer au Palais, et il a esté ceans dans ma chambre toute l'aprez-disnée avec Corberan, lequel luy a faict voir le style qu'il a tenu en l'usage tant de son rayon que de son astrolabe pour prendre les distances et les haulteurs respectivement. Nous en avons voulu examiner une et la comparer à une des vostres du mesme jour, et ne s'y est trouvé que cinq minutes de differance dont Corberan est demeuré bien fier, et avec un gros advantage sur moy qui luy disoys tousjours qu'il n'estoit pas assez punctuel et qu'il n'auroit rien faict qui vaille, mais il a bien eu de quoy me donner une dementye et une botte franche de telle qualité que je vouldroys bien qu'il m'en eust donné tous les jours de semblables ou encores plus fortes en les trouvant plus conformes aux vostres, si ce n'est que la differance des lieux et des heures peusse comporter de telles differances, ce qui seroit bien plus recommandable. Il a reconduit M^r le Prieur de la Valette chez luy, et y a porté son rayon et l'astrolabe pour aller mesurer la haulteur et la distance de quelques estoilles fixes, afin de servir à la rectification de son instrument et de se mieux asseurer s'il n'auroit poinct faict d'equivoque à prendre une estoille pour aultre, dont je luy faicts tousjours la guerre encores qu'il se deffende à bec et à griffes mieux que je n'eusse creu. Mais les nües ne leur en ont pas donné la commodité pour ce soir et leur ont faict remettre la partie à demain, vous asseurant qu'il me tarde fort de faire examiner et calculer à bon escient ses observations pour voir s'il y aura aulcun lieu d'y faire fondement, à tout le moings à quelqu'une. Il avoit prins en de petites paperottes[1] les figures et dispositions des *Medicées* du temps de vos observations dernieres dont je n'avois poinct tenu de compte, mais ayant retrouvé quelques uns de ses billets, et les ayants comparez à vostre epistre pour les differantes situations du Propus avec Juppiter et lesdictes estoilles, j'ay esté estonné de les trouver si conformes ou approchantes, ce qui sera la cause que je les feray escrire de suitte pour vous envoyer le tout Dieu aydant au plustost avec celle que j'avois faicte moy mesmes qui est du 15me decembre auquel vous n'aviez poinct observé, et qui n'y sera peult estre pas inutile. Car oultre que vous y verrez trois de ces Medicées qui estoient grandement proches entr'eux, vous y verrez vostre Propus quasi en ligne avec lesdictes *Medicées*, et bien que Corberan le peusse distinguer sans lunettes d'avec le corps de Juppiter, ma veüe n'estoit pas bastante pour le discerner sans l'ayde de la lunette dans laquelle du commencement je le prenois pour la plus grosse des 4 Medicées, mais je la trouvoys un peu plus esloignée qu'elle n'eust deub estre et ce fut celle là qui me fit quitter d'aultres occupations pour ne poinct desdire Corberan qui me disoit qu'il distinguoit trez bien sans lunette une des Medicées, de sorte qu'il me desbaucha et me fit monter au hault du logis pour l'en destromper et pour voir cez aultres troys qui sembloient s'entretoucher à son dire, dont je ne fus pas marry, car certainement je ne les avois jamais veües en telle situation, mes aultres lunettes precedantes n'ayants jamais esté assez fortes pour me les faire si bien distinguer si proches, et s'il est possible de voir repasser Juppiter au moys d'avril prez de la mesme estoille, je seray bien curieux d'y faire prendre garde en son temps, Dieu aydant, n'estimant pas que cela quadre aux Tables de Keplerus qui le promettent dessus au 12me d'avril, puisqu'elles

---

[1] Ce diminutif de paperasses a-t-il été déjà relevé par les lexicographes ?

l'ont manqué d'un jour trop tost au moys de decembre dernier, et pense qu'il sera bien remarquable de calculer combien il s'en fault que la ligne dans laquelle roullent cez *Medicées* ne soit parallèle avec le chemin qu'a tenu Juppiter en passant dessoubs cette estoille fixe, puisque le 15me decembre, elle se trouvoit quasi dans leur propre allignement, et qu'il en est pourtant passé si loing par dessoubs.

Au reste Mr de la Valette a trouvé un peu estrange que vous ayez marqué à Mr Schikard le commancement de l'Ecclypse solaire du 8 avril dernier selon l'observation du s^r Tonduti, et non pas la sienne faicte en cette ville en si bonne compagnie, ayant luy mesmes prins la peine de marquer le moment avec son instrument ordinaire. Il a voulu voir la lettre dudict s^r Tonduti et l'emporter chez luy pour en marquer l'observation auprez de la sienne, et n'attend pas moins impatiemment que moy que le P. Scheiner nous envoye son discours, ou la relation des moments de son observation pour arrester la differance des longitudes de Rome en cette ville, de quoy je n'ay pas manqué de luy faire instance. Comme je ne doubte pas qu'il ne face mention de vostre observation puisque le P. Athanaze [Kircher] l'a portée, et croys bien que le s^r Tonduti aura pareillement donné la sienne au P. Athanase avant son depart, puisque ce bon Pere avoit communiqué la vostre audict s^r Tonduti. Et fauldroit escrire à Schikard ou à Hortensius de s'enquerir si la mesme Ecclypse n'auroit poinct esté observée à Uraniburgum[1] pour voir s'il se treuve bien veritablement en mesme meridien que Rome ou bien plus ou moings advancé, puisque meshuy tout le monde a interest de sçavoir bien au vray la situation dudict Uraniburgum affin que les Tables Rudolphines soient de plus de credit, ou bien les advertir d'y faire observer la prochaine Ecclypse de Mars.

Par ce peu que mon homme a peu extraire de vostre calcul en chascun des derniers jours de voz observations du Mercure, l'ayant comparé tantost avec M^r le Prieur de la Valette, sur la lettre que vous

---

[1] Uranienbourg, nom de l'observatoire que Tycho-Brahé avait fait construire dans la petite île du Sund nommée Hven, sur la côte sud-ouest de la Suède, à 24 kilomètres nord-est de Copenhague.

luy aviez escripte le 29me decembre dont il rapportoit l'observation au 27me, nous avons recogneu que ce debvoit estre celle du 28me, ce qu'il a esté bien aise de corriger, car il en avoit tiré quelque memoire, et avoit prins la peine de marquer sur le texte mesme de vostre lettre l'examen de vostre calcul et de voz rectifications aussy auxquelles il avoit trouvé quelque peu à redire. Je luy ay faict voir la sentence contre le pauvre Galilei, dont il a bien eu de la compassion et m'a dict de demander au sieur Tonduti en quel temps il a observé sa haulteur du pôle ou du Soleil, avec quels instruments il a prins celle de son ecclipse derniere, ce que je feray Dieu aydant. Je luy ay pareillement faict voir la lettre de Mr Cassaigne, et il n'approuve pas que la veüe se puisse former principalement dans la rétine noire comme veult le P. Scheiner, de qui il ne sçauroit prendre la patiance d'examiner les propositions nom plus que de ce nouveau Plempius, medecin d'Amsterdam[1], que je luy exhiboys, et examiner par demonstrations leurs principaulx fondements. Il n'estime pas que les Tables de Lansbergius soient guieres asseurées, et m'a dict qu'il vous en veult escrire plus qu'il n'en vouldroit dire à Hortensius. Sur quoy je finis estant,

Monsieur,

vostre, etc.
DE PEIRESC.

A Aix, ce 18 janvier 1634.

J'ay depuis avoir escript passé une couple d'heures sur l'œuil de ce Plempius avec un grand plaisir, et croys que M^r le Prieur de la Valette sera bien empesché de s'en deffendre ou de soubstenir rien au contraire, et n'ay pas voulcu differer de le vous envoyer pour ne vous en differer la jouyssance et le plaisir. Car encores qu'il soyt long, et qu'il n'ayt pas de si belles figures que le P. Scheiner, il n'est pas si ennuyant et tranche bien plus net à mon gré ses observations et conceptions. Mais que vous l'aurez veu, il fauldra le monstrer à M^r le Prieur et à Mr Cas-

[1] Nous avons déjà rencontré le nom du docteur Plemp, natif d'Amsterdam et professeur de médecine à Louvain.

sagne. Que si vostre advis ne s'y conformoit, vous m'obligeriez bien de m'en dire vostre sentiment.

J'oublioys de vous dire que je ne sçay comme Mʳ Gaffarel a voulu soubstenir ce qu'il a faict adjouster à la Pyronarca de Licetus, de son simulacre de boys, que je tiens estre antique et de cez marmousets qui se trouvent avec les momies. J'ay des figures Ægyptiennes quasi en pareille posture, comme rampantes contre des collines, et croys bien qu'il y ayt du mystere hieroglyphique, mais la fouldre semble bien esloignée de toute apparance. Ce qu'il appelle couronne en teste n'est que l'assiette du cimier qu'on y avoist anté autrefoys, à peu prez comme ceux dessus toutes les testes des figures de la Table Bembine [1].

XCV
À PEIRESC.

Monsieur,

Je vous escrivy avant hier par un certain Frizon sergeant de ceste ville. Je n'avoy pas preveu la commodité qui s'est presentée aujourd'huy, parce que je l'eusse bien preferée, mais il n'importe. Celluy qui vous randra cette despesche est un monsieur Escoffier chanoine en nostre Eglise et mon intime amy. C'est assez de vous avoir dit cella pour vous randre recommandee une affaire qu'il aura par adventure en vostre chambre. Ayant sceu assez à bonne heure qu'il devoit partir, je me suis mis à escrire les deux lettres que vous recevrez avec celle-ci, l'une à Galilei et l'autre à Hortensius, mais avant que je l'aye eu fait, avec quelques petites affaires intervenües il est devenu si tard qu'en estant à peine venu à bout apres huit heures du soir et sans avoir encore soupé, il n'y a pas beaucoup de moyen que pour ce coup je vous entretienne davantage. J'avoy pensé de pouvoir encore refaire les lettres pour Mʳ de Mezeriac et le pere Theophile [2], mais il faudra attendre au

[1] Bibliothèque nationale, fonds français, 12772, fol. 119. Autographe. — [2] Le minime Minuti, dont nous avons si souvent rencontré le prénom en cette correspondance.

premier jour. Je vous prie seulement de joindre ma lettre à Hortensius à la despesche pour Monsʳ Luillier, en la luy laissant encore si vous le trouvez bon à cachet ouvert. J'oubliois de vous dire que je vous r'envoye l'exemplaire de la dissertation d'Hortensius pour la faire tenir à Galilei avec mes lettres. Vous le ferez s'il vous plaist plier, battre et roigner comme vous jugerez bon. J'eusse bien aussi voulu escrire un mot à Monsieur Bouchard, mais il n'y a remede. Bon soir et bonne santé. Je suis tousjours,

Monsieur,

vostre tres humble, tres affectionné et tres obligé serviteur,

GASSEND.

A Digne, ce 19 janvier au soir 1634.

Monsieur, comme j'allois hier au soir sur les neuf heures voir monsieur Escoffier, pour luy donner moy mesme ma despesche, je le trouvay couché, et appris qu'il ne partiroit point du tout si matin. Cella me donna sujet de r'apporter mon pacquet, pour faire ce que je vien de faire; c'est à dire y adjouster un mot de lettre pour monsieur Bouchard, et ce que vous verrez que j'ay mis au dos des mesmes lettres que j'avois desja escrites, et que vous m'avez r'envoyées pour monsieur de Mezeriac et le pere Theophile. C'est ce que j'avois à vous dire pour le present; c'est dans la matinée du jour Sᵗ Sebastien 20 janvier 1634[1].

XCVI
À MONSIEUR, MONSIEUR GASSEND,
DOCTEUR EN Sᵗᵉ THEOLOGIE, CHANOINE ET THEOLOGAL
EN L'ÉGLISE CATHEDRALE DE DIGNE,
À DIGNE.

Monsieur,

Ce n'a pas esté sans un extreme regret que j'ay manqué de vous escrire par les 2 ou 3 dernieres commoditez de gents de cognoisçance

---

[1] Bibliothèque nationale, fonds français, 9536, fol. 226. Autographe.

qui s'en alloient en voz cartiers, qui vous ont neantmoings porté les lettres que j'avoys eües de Mʳ Lhuillier ou aultres pour vous, mais aussy le libvre que vous demandiez de Mʳ Grottius[1], que vous pourrez garder, car j'en ay un aultre. La grande quantité de matiere dont j'avois à vous entretenir, et le temps qui m'estoit ravy d'ailleurs comme par force ne m'ont pas laissé acquitter de ce debvoir en son temps. Cependant je n'ay pas laissé de satisfaire au moings mal que j'ay peu à tout ce que vous m'avez ordonné, ayant par le dernier ordinaire de Paris envoyé à Mʳ Lhuillier vostre second cahier, comme par le precedant j'avoys envoyé le premier, et par le prochain j'espere envoyer le troisiesme, Dieu aydant.

Je fis tenir par le dernier ordinaire de Rome à Mʳ Bouchard vostre lettre et celle du sʳ Hortensius avec sa dissertation pour Mʳ Galilée, à qui j'escrivis par mesme moyen, puisque vous m'y engagiez aulcunement, et parce que vous m'aviez pareillement engagé envers ledict sʳ Hortensius je me resolus aussy de luy escrire et ayant veu par sa lettre qu'il n'avoit encore peu recouvrer les Dialogues du Galilée, je mis ordre de luy en faire tenir un exemplaire, estimant que vous n'en seriez pas marry. Mais pour la lettre que vous escriviez au Galilée, je fis punctuellement executer ce que vous desiriez, et retins vostre autographe que je garderay pour l'amour de vous jusques à ce que vous le veuilliez retirer, n'ayant envoyé qu'une coppie escripte par mon homme, avec l'obmission des troys lignes que vous aviez cottées, en quoy j'ay grandement loüé vostre prudance et vostre franchise tout ensemble. Car selon le temps courant on en eusse peu laisser couller une moitié, mais à la proffession que vous faictes de ne rien dire contre voz sentimentz, il y falloit les derniers mots pour l'interpretation de vostre dire, lesquels pouvoient estre mal prins de personnes mal intentionnées et mal informées de ce qu'il fault sçavoir pour celà, en la conjoncture presante, de sorte qu'il vault bien mieux en estre demeuré

---

[1] Était-ce la nouvelle édition du célèbre traité intitulé *Mare Liberum*, qui venait d'être donnée à Leyde, par les Elzevier (1633, in-32)? Voir *Les Elzevier* de Mʳ Alphonse Willems, p. 96, article 385.

aux termes generaulx sur lesquels on ne sçauroit jamais rien trouver à dire.

Corberan ayant esté chargé de faire l'enveloppe du libvre de Mʳ Grottius, y mit dedans le cahier de ses observations du Mercure, ensemble le bordereau du calcul qu'il en a faict luy mesmes sur les tables des Sines de Lansbergius aprez neantmoings avoir enfin veu un soir Mʳ le Prieur de la Valette chez luy et luy avoir faict paroistre la cognoisçance qu'il avoit prinse des estoilles fixes, et en avoir mesuré devant luy sur son rayon quelques unes, dont Mʳ le Prieur de la Valette demeura satisfaict, ce dict-il, car je ne l'ay pas reveu depuis. Mais ayant conferé le calcul de Corberan avec le resultat que j'avoys faict retenir de celuy de voz observations, j'ay trouvé bien estrange de voir que Corberan aye tousjours marqué les distances de Mercure un peu plus grandes que vous, et toutefoys la diversité des situations debvoit faire un contraire effect, et fault que la faulte provienne de l'instrument possible mal assemblé ou adjusté. Mais il a en mesme temps et avec la mesme disposition de l'instrument prins la mesure de quelques estoilles fixes, qu'il faudroit examiner exactement, pour voir si les mesmes inconvenients s'y rencontreroient, car si cela n'estoit, il fauldroit que le deffault vienne d'ailleurs. Je l'ay interrogé pour voir s'il n'observoit pas d'un autre œuil que vous, car pour le moings dans la lunette, quand on l'a ajustée pour un œuil, elle ne se trouve pas bien disposée pour un aultre œuil droict ou gauche. Mais il m'a asseuré qu'il ne sçauroit observer rien de bien certain que de l'œuil gauche comme vous. Je voulus encore sçavoir s'il regardoit par dessus l'espingle d'en bas ou par dessoubs pour voir si cela pouvoit causer cette differance, ou bien s'il regardoit du costé gauche de l'espingle ou du droict, et si en celles des bras du rayon, il ne faisoit rien de semblable. Il m'a asseuré que pour celles des bras, il les met justement sur l'estoille, en sorte que d'aulcunes foys, elles la couvrent ou en divisent la lumiere, et les prend au plus prez qu'il peult de la racine de l'espingle ou du boys du rayon sur quoy elle est piquée. Et pour la troisiesme espingle d'en bas qu'il regarde non seulement du costé gauche, mais aussy du droict, avant qu'arrester sa mesure, de sorte que la faulte ne pouvant venir de là, je viens de le mander et de luy faire apporter son rayon, pour voir son procedé, et s'il avoit failly à la situation des bras sur le montant, mais il m'a faict voir que le fourreau de bronze estoit arresté sur une petite raye que vous aviez marquée avec la poincte d'un cousteau sur le boys d'un costé par où le bois estoit tant soit peu plus long que de l'aultre. J'ay donques voulu voir si les espingles n'estoient poinct faulcées et ay trouvé que celle du costé gauche ou du bras gauche qui est tousjours fixe, penetroit tant soit peu vers le costé droict, quoyque cela ne fusse pas trop apparent. Mais quand j'ay voulu examiner l'espingle mobile du bras droict, j'ay trouvé qu'elle estoit fort apparamment faulcée en dehors vers le bout du bras droict; il est vray que je luy ay deffendu d'y rien bouger ne corriger, afin que nous puissions examiner, s'il est possible, de combien sera la differance de l'esquierre, soit d'un costé ou d'aultre, car peu de chose pourroit bien emporter l'une des petites parties ou moindres subdivisions du bras dudict rayon, ou la moitié d'une si elle n'y est entiere, auquel cas en soubstrayant cette differance de ses observations, possible ne seroient elles pas encores du tout inutiles. Je lui ay demandé si c'estoit luy qui avoit attaché lesdictes espingles avec de la cire d'Espagne contre l'anneau de carton qui sert de coullissoire par le bras dudict rayon, mais il m'a dict que non, qu'il n'y avoit touché en façon quelqu'onque, de sorte que si la dicte espingle avoit esté comme elle est du temps que vous vous en serviez icy, comme le croid Corberan, voz observations de lors pourroient avoir les mesures un peu plus allongées que de raison, si ce n'est que la faulceure de l'espingle puisse estre arrivée depuis vostre partement de cette ville.

Il avoit commancé depuis quelques jours d'observer la station de Mars pour se stiller, mais il s'est un peu blessé en une main, de sorte qu'il ne s'en ayde pas assez commodement pour continuer, estant bien marry qu'il ne proffitte bien les serenitez qui regnent depuis quelque temps.

Le jeune frere de Mr de Lambert qui avoit faict faire, et qui avoit

marqué de sa main le grand quart de cercle de fer que vous avez veu
ceans, est enfin revenu et promet de se mettre à faire des observations.
Il ne tiendra pas à moy que je ne l'y embarque comme Corberan,
et leur feray preparer des images de lune ecclypsée pour les pouvoir
presenter soubs la lunette et disposer son quart de cercle à prendre les
haulteurs, ensemble quelque aultre bon instrument pour suyvre voz
ordres de plus prez que nous pourrons, en cela et en toute aultre
chose, n'esperant pas que M^r le Prieur de la Valette veuille estre de la
partie, nomplus que l'année passée, d'aultant qu'il va fort mal volontiers la nuict par la ville de l'humeur dont il est, et que cez choses
ne le touchent pas, comme il semble qu'elles debvroient faire. Quand
Corberan vous envoya son cahier d'observations, il oublia d'y joindre
ce que j'avoys marqué le premier soir qu'il vid son Mercure, et ce que
j'avoys aussy faict escrire le 15 decembre sur l'observation des planetes
à l'entour de Juppiter, que vous aurez maintenant avec ce qu'il en
avoit observé ensuitte, qui s'accorde trez bien avec les vostres, dont
j'avois faict extraire les apparances en une feuille à part, tirées de
vostre lettre au s^r Schikard. J'ay depuis examiné les unes et les aultres
pour voir si celle que j'avois veüe occidentale ledict jour xv decembre
pouvoit estre le Propus, mais j'ay bien trouvé et verifié que ce ne pouvoit estre que la plus grosse des Medicées, tellement que me voilà
frustré de l'occasion que je pensoys avoir rencontrée de faire examiner
et comparer la situation de la ligne dans laquelle se meuvent les Medicées à celle de la ligne ecclyptique. Mays tousjours ay-je trouvé bien
estrange et digne de remarque de voir que le 15 decembre l'estoille
Medicée qui faict le plus grand tour, se soit veüe en declinaison septen-
trionale conformement à mes premieres conceptions et à ce qui m'en
sembloit le plus compatible à nostre elevation polaire, quand cez planettes passent par leur apogée, principalement à cette heure que Juppiter estoit en son opposition avec le soleil. Et toutefoys le Galilée et le
Simon Marius les faisoient decliner au Midy lorsqu'ils les represan-
toient en leur mouvement direct de Ponant au Levant, comme s'ils
eussent lors passé par leur perigée. Ce que j'ay bien de la peine à con-

cevoir possible et compatible, si l'on ne suppose une grande et bien estrange excentricité de la terre, à l'opposite de ce que debvroit produire l'elevation polaire où nous sommes; sur quoy je seray bien ayse d'avoir un jour vostre advis quand vous en trouverez le loysir, car je ne suis pas d'advis que vous vous destourniez pour cela d'aultres meilleures occupations. Sitost que Corberan sera en estat d'observer commodement, il fault que je luy en fasse faire quelques observations continües exprez pour cela pour voir si nous y trouverons la suitte conforme à ma supposition, ou bien à celle de cez aultres Messieurs, et si vous pouvez vous resouldre à venir à cez Pasques, ainsin que vous le nous faictes esperer, je seray merveilleusement aise que l'observation du passage prez du Propus se puisse reiterer en vostre presence, et ne manqueray pas d'y contribüer tout ce qu'il fauldra pour faire disposer vostre cause au temps requis, et parleray à Beneton à la premiere veüe et à M⁺ le Pr[ieur] de la Vallette. Vous avez grande raison de me reprocher mon tort sur l'observation de la derniere ecclypse de soleil faicte en cette ville par M⁺ le Prieur de la Valette, mais encores que j'eusse faict transcrire vostre premiere lettre à Schikard, elle fut brochée si viste que je n'en leus que fort peu de feuillets du commancement et de la fin, et depuis que M⁺ Lhuillier m'a renvoyé ma coppie de sa grace, je n'ay pas sceu prendre le temps de le lire. C'est pourquoy vous m'en pouvez bien excuser, et je vous en supplie.

Quant à ce que vous dictes des conjectures de M⁺ Gaffarel, c'est la verité qu'on y appliqueroit de cette maniere tout aultre sorte de subject. Ce sont des dependances de ce que vous jugez de ce medecin, que vous avez fort bien recogneu estre dans ce mal incurable de la coiffeure[1] que donne la pretendüe astrologie, qui ne laisse pas libres les fonctions du sens commun.

Monsieur Fabrot vous a bien de l'obligation; je le luy feray cognoistre. Il me reste une infinité de choses à vous dire, qu'il fauldra reserver

---

[1] *Coiffeure* pour *enthousiasme aveugle*. Nous disons encore dans ce sens : *se coiffer* de quelqu'un, de quelque chose.

à la premiere lettre quoy qu'elles fussent des principales, et si ce pacquet ne part sitost, je la joindray à celle-cy, et seray à jamais,
  Monsieur,

vostre, etc.

A Aix, ce 1ᵉʳ febvrier 1634.

J'ay veu les lettres que vous escrivez à Mʳ de Mezeriac et au R. P. Theophile, mais je crains bien qu'ils ayent de la peine de m'excuser. Si vous y eussiez mis un cachet volant, je n'eusse pas eu tant de honte de les leur envoyer ouvertes, comme vous me les avez renvoyées.

Pour le sʳ Dominico Molino, si vous luy escriviez, je vous conseille de faire l'adresse à Mʳ Naudé, car Mʳ Gaffarel n'oseroit practiquer avec luy. Il luy fault donner de l'illustrissime [1].

XCVII
À GASSENDI.

Monsieur,

Je fus hier constrainct de clore la lettre que je vous escrivis sans pouvoir respondre à la vostre du 23 du passé qui me fut rendüe la derniere, troys ou quattre jours aprez la reception d'une aultre plus recente. Sur quoy, aprez m'estre conjouy de bon cœur avec vous de l'heureuse entrée que vous avez faicte dans le septiesme septennaire de vostre aage [2], un jour de si bon augure tant pour la feste solemnelle de vostre Eglise que pour le nom du Sainct [3], qui ne fust pas moings vainqueur du monde en effect que de nom [4], comme vous avez desja commancé de faire, bien que d'aultre façon, ayant mis si loing comme vous avez faict au dessoubz de vous touts les interests et considerations des advantages humains, pour la conqueste desquels la pluspart du monde combat incessamment, et aprez vous avoir souhaicté le comble

---

[1] Bibliothèque nationale, fonds français, 19772, fol. 121. Autographe. — [2] Rappelons que Gassendi était né le 22 janvier 1592. — [3] Saint Vincent. — [4] Allusion à *vincere*, vaincre.

du bonheur que vous souhaictez, et au centuple, je vous diray sur le subject du libvre de Plempius de la veüe que j'ay prins un plaisir nompareil de voir le jugement que vous en faictes, et l'esperance que vous me donnez que nous puissions un jour voir quelque discours de vostre main *ex proffesso* sur cette matiere, lequel il me tardera bien de voir, à vostre commodité. Cependant je vous supplie de me permettre de vous dire encores ce que je vous touchay, ce me semble, un jour icy, tandis que y estiez, que je ne me puis oster de l'esprit l'opinion que j'ay conceüe par prevention dez la premiere foys que j'ouys parler de la comparaison de la lunette à nostre œuil, que comme l'humeur crystallin par sa convexité renverse par sa refraction les images, indubitablement aussy la concavité de la tunique retine les doibt renverser pareillement à son tour, pour redresser les images que le crystallin avoit renversées. Tout de mesmes qu'aux miroirs concaves quand on approche l'objet, ils le grossissent estrangement sans le renverser. Mais quand l'object en est reculé hors du centre de sa convexité, là où se trouve le point de conversion, c'est sans doubte que l'image se renverse sans dessus dessoubs. Or il est bien certain que la concavité de l'œuil à l'endroict de cette tunique retine doibt faire le mesme effect d'un miroir concave, attendu qu'elle est fort noire, et qu'elle ne peult estre que fort luysante, puisque l'eau luy glace et forme la superficie, et en entretient le polliment naturel. Et puisque le centre de la concavité de cette tunique retine ne peult pas estre hors de nostre œuil, il fault que l'effect de cette conversion des especes se face à peu prez en l'endroict où se rencontre le poinct de reunion des rayons de la refraction du crystallin qui estant d'un bien plus petit globe que la convexité de la retine ne doibt pas s'esloigner du crystallin gueres plus avant que ce qu'il fault pour rencontrer le centre de la dicte concavité de la retine, combien que la diversité que vous avez observée fort à propos à la surface interieure dudict crystallin soit capable par sa forme parabolique d'esloigner possible en quelque façon le poinct de reunion des rayons que la face anterieure dudict crystallin assembleroit par sa refraction en lieu plus proche, mais je n'estime pas que cela le puisse porter gueres plus avant que le poinct de conversion de la reflexion du miroir concave de la dicte retine, si ce n'est que ce soit pour remedier à l'inconveniant que vous trouvez à regarder en un poinct et par un poinct et ce faisant pour eslargir tant soit peu l'assemblage desdicts rayons, et rendre les especes plus perceptibles. Car il me souvient d'avoir veu chez deffunct M⁺ Alleaume, disciple de ce grand M⁺ Viette [1], l'instrument qu'il avoit fait pour former la figure parabolique necessaire à faire des verres convexes qui ne confondissent pas les rayons des images represantées à travers iceulx, dont il fit une espreuve sur un desdicts verres qu'il fit enduire par derriere avec du vif argent, et en fit un miroir convexe qui r'envoyoit le rayon du soleil beaucoup plus loing et avec plus de faculté de mettre le feu aux matieres bruslables que les aultres miroirs convexes, portion d'un vray globe de parfaicte rondeur, et il croyoit que c'estoit par de tels miroirs que l'Archimede mettoit le feu aux navires de Marcellus [2]. Je ne vouldrois pas pourtant croire que la concavité de la retine deust réduire tous les rayons de sa reflexion à un seul poinct, non plus que le crystallin, attendu que cette concavité n'est pas d'une parfaicte rondeur, ains qu'il y a pareillement je ne sçay quoy du parabolique qui pourroit bien faire un pareil effect d'eslargir tant soit peu le poinct de reunion des rayons de sa reflexion pour faire que l'action et la passion reciproque de l'un avec l'aultre produise la vision en faisant baiser cez rayons les uns avec les aultres sinon en un seul poinct, au moings en une espace cappable de ne rien confondre par le croyxsement desdicts rayons de refraction et de reflexion.

Toutes foys je ne vouldroys pas facilement exclurre soubs vostre correction qu'il ne se puisse faire et distinguer en telle espace qui nous peult sembler un seul poinct des choses bien apparamment visibles, quelque imperceptibilité qu'il semble y avoir à nostre œuil, puisqu'avec cez lunettes de Cornelio Drebels [3], on distingue en un ciron (qui ne

---

[1] Sur le mathématicien Alleaume et sur son illustre maître, François Viète, voir le recueil Peiresc-Dupuy. — [2] On sait que le récit de Plutarque a été fort contesté. — [3] Voir sur cet inventeur le recueil Peiresc-Dupuy.

paroit pas à l'œuil plus gros qu'un poinct) tout aultant de membres qu'en un bien gros taon, un des plus gros moucherons, tant pour les yeux mesmes et les entrailles que pour les jambes et aultres parties de son corps. Voire il me souvient d'y avoir veu des yeulx d'abeille dont la prunelle nous paroissoit aussi grosse quasi qu'un poids, et y distinguoit-on le blanc de l'œuil d'avec les aultres tuniques fort distinctes, nonobstant que à plein œuil le tout ensemble ne fust pas si gros que la teste d'une petite espingle, et encore moings, y ayant une infinité de choses qui ne nous sont incomprehensibles qu'à faulte d'instruments assez propres à les nous faire discerner. Ce fut en presence du bon pere Denys de Sailly, à present prieur de la Chartreuse de la Verne, que nous fismes cette preuve à Boisgency.

Enfin jusques à ce que vous m'ayez faict voir plus à plein voz sentiments, vous me permettrez de croire aussy bien la reflexion du miroir de nostre retine concave que la refraction de la convexité de nostre crystallin au poinct où elles se peuvent le plus commodement entre rencontrer bien prez du centre de nostre œuil, ou plustost entre iceluy et la face interieure dudict crystallin, et par consequant dans la consistance de l'humeur vitrée, laquelle me semble plus susceptible de la conservation des especes ou de leurs images. Tout de mesmes que cette pierre de Bologne, qui est calcinée à demy, et qui a une blancheur de sel aulcunement transparante, laquelle exposée au soleil conceoit aussy bien sa lumiere que sa chaleur, et transportée en un lieu bien sombre et bien obscur, y conserve une lumiere trez apparante, aultant de temps comme peult durer sa chaleur, laquelle elle perd peu à peu à mesure qu'elle se raffroidit, comme le fer embrasé retient quelque temps la lüeur du feu qu'il avoit une foys conceu, et quasi aussy longuement que luy peult durer la chaleur qu'il avoit prinse avec le feu. Ce qui me faict juger que c'est en cette humeur vitrée que peult resider et subsister quelque temps hors mesmes de la presence de l'object, cette faulce image du soleil, qui demeure longuement à ceux qui y ont miré dedans, et qui se mesle avec les aultres objects qui succedent à la veüe du mesme œuil, et par mesme moyen aussy les images des tableaux que Mr de Cassagnes tesmoigne conseryer assez longuement, nonobstant l'absance d'iceulx, et la subrogation d'aultres objects visibles dont les especes s'entremeslent.

J'ay esprouvé je ne sçay quoy d'approchant à cela en regardant contre un diamant que je souloys porter au doigt m'estant par hazard accoudé sur la main où il estoit, la clarté des victres s'estant representée dans l'une des faces du diamant, et ayant produict des especes de l'image des dictes vitres, qui sembloient par reflexion estre peintes sur le tapis d'une table fleurdelizé (car c'estoit dans le palais); ce que j'esprouvay souvent depuis faire les mesmes effects en la mesme place où j'estoys lors assys et accoudé, les especes de la clarté de la vittre demeurants imprimées en mon œuil et entremeslées avec les fleurs de lis du tapis que je regardois plus directement, si ce n'est que les dictes especes par la force du miroir de diamand se peussent porter actuellement sur le tapis, comme elles font sur le papier blanc, quand elles sont aydées par un verre convexe, ce qui ne seroit pas incompatible, et peult estre l'un et l'aultre y pourroient concourir, à sçavoir la reflexion actuelle et visible des especes de la vitire, et la conservation de l'image de la mesme victre dans l'humeur vitrée de mon œuil, à cause de la clarté de la dicte victre, et de la lumiere du soleil qui donnoit dessus, et qui luy donnoit plus de faculté d'imprimer tant d'une part que d'aultre.

Je resoubs donques selon la foiblesse de mon petit jugement que c'est en cet endroict là que se reunissent et redressent les images pour nostre veüe; mais comme je n'estimeroys pas que l'humeur vitrée fusse cappable de faire l'acte de la vision (encores qu'elle soit cappable de concevoir et retenir les especes et images des choses veües comme la lumiere), je m'imagine que ce soit l'esprit vital, pour ne pas dire l'âme, qui s'insinüe dans l'œuil par le nerf obtique, non seulement pour le mouvoir, mais pour y parfaire l'acte de la veüe de tout ce qui s'y presente en ce rare miroir naturel, si ce n'est que vous aymiez mieux que toutes les aultres parties y concourent, tant le crystallin et la retine que le nerf obtique, ce que je n'empescheray pas, ne trouvant pas si incompatible qu'un mesme membre serve à diverses fonctions, à sçavoir pour la refraction et renversement des rayons de l'image comme faict le crystallin, et pour la refraction et redressement d'iceulx comme faict la retine et puis pour le siege de la faculté visive ou voyante, selon que chascun y peult contribüer de son chef.

Tant est que le seul crystallin ne peult pas estre le seul siege de la faculté visuelle, car si cela estoit, ceulx qui ont des cataractes en l'œuil ne laisroient pas d'y voir, et toutefoys ils n'y voient goutte, et les cataractes sont bien asseurement derriere le crystallin, car j'en ay veu penser, et pour cet effect perser l'œuil avec une esguille jusques à son centre, et puis venir abbattre la cataracte en bas, regardant travailler l'esguille dans l'œuil comme à travers une vittre, et amonceller la dicte cataracte, voire la rouler peu à peu à l'entour de l'esguille pour la retirer enfin contre le trou par où l'esguille estoit entrée, ce qui moustre qu'asseurement la vision se faict derriere le crystallin, et non dans la substance d'iceluy. Ce qui feroit un aultre renversement des especes, si l'on y mettoit absolument le siege de la veüe.

Il me reste à vous dire sur ce subject une aultre petite observation que je fis à Boisgency en regardant l'alignement qu'on faisoit d'une allée de mon jardin, à travers un filet de soye, auquel on avoit attaché un petit peson, que la soye me sembla double, à sçavoir l'une qui me paroissoit comme la vraye soye, et l'aultre à costé qui en representoit comme une faulce image, tout de mesmes que dans un miroir on void l'image bien claire d'une chandelle, et regardant un peu de biaiz, on y void une seconde image de la chandelle, beaucoup moings claire et plus sombre, comme si ce n'estoit qu'une ombre de la vraye image principale, m'estant tousjours imaginé que la vraye image principale de la chandelle est celle qui se forme dans le fonds du miroir en la surface interieure qui touche la noirceur du metal, dont il est enduict, et que la seconde faulce image de la mesme chandelle se forme en la surface exterieure et superieure plus esloignée du fonds noir, ou bien par reflexion de la vraye image de sa surface interieure à l'exterieure, ce qu'il fauldroit examiner plus exactement. Mais tousjours est-il vray de dire que le doublement de la soye que j'ay veu de mon œuil, où la faulce image se voyoit tantost à gauche, tantost à droicte de la vraye principale image, selon que je penchoys d'un costé ou d'aultre, tout de mesmes qu'au miroir, ce que j'attribuois aultresfoys à l'espoisseur des deux surfaces du crystallin, comme à l'espoisseur du verre de miroir qui a deux surfaces (car aux miroirs d'Allier qui n'ont qu'une surface, on ne void jamais de tel doublement). Mais à cette heure j'estime qu'il faille y considerer l'espoisseur de l'humeur vitrée pour produire ce doublement d'object, tout de mesme que dans la glace d'un miroir.

Si vous nous venez voir, comme je vous prends au mot, et accepte voz offres, il fauldra faire l'espreuve sur un œuil de bœuf non seulement comme le P. Scheiner dict l'avoir faicte sur un œuil d'homme aussy bien que de bœuf, mais en toutes les façons que nous pourrons, Dieu aydant, aussy bien sur le miroir de la retine que sur la convexité du crystallin, et mesurer les proportions et dimensions de leur rondeur parabolique reciproque, et jusques à l'espoisseur de l'humeur crystalline et de l'humeur vitrée, voire de l'aquée aussy, s'il est possible; et voir si la convexité de la cornée à part ne faict aulcune refraction de son chef et pourquoy, vous asseurant que quand je fis faire l'anatomie de l'œuil du cameleon, la petitesse de son crystallin n'empescha pas que je ne luy fisse faire l'effect de la louppe, en le posant sur un papier escript. J'avoys lors commancé d'en dresser une relation. Mais je ne la peus achever le mesme jour, et n'ay jamais depuis eu moyen d'en reprendre la besoigne, si la fauldra il achever tost ou tard quelque jour, Dieu aydant, quand ce ne seroit que pour l'amour de Mʳ Saulmaise qui m'en prie, et de vous,

Monsieur,

à qui je suis de si bon cœur vostre, etc.

DE PEIRESC.

A Aix, ce 2 febvrier 1634[1].

---

[1] Bibliothèque nationale, fonds français, 12772, fol. 125. Autographe.

XCVIII

À MONSIEUR, MONSIEUR DE PEIRESC,
ABBÉ ET SEIGNEUR DE GUISTRES,
CONSEILLER DU ROY EN SA COUR DE PARLEMENT DE PROVENCE,
À AIX.

Monsieur,

Je vien à la bonne heure d'achever, ou plustost de griffonner avec tout ce froid mon quatriesme cahier, pour le donner à Monsieur de Volüis, qui doit encore aller coucher ce soir à Spinouse[1]. C'est le beaufrere de ce monsieur Escoffier que je vous ay recommandé il y a quelque temps et que je vous recommanderoys de nouveau, si la chose n'estoit superflüe. Je joindray à ma despesche les lettres du pere Athanase [Kircher] et de monsieur Tonduty [Saint-Léger] à vous, que j'oubliay d'inclurre dans ma precedente. Mais j'estois si lourd d'avoir escrit durant toute la matinée (je fey en effect dix lettres à Paris, et entre celles la une latine) que quoy que je m'apperceusse qu'il manquoit à un costé de mon pacquet le contrepoids que je luy avois destiné, je ne m'advisay point que ce fussent ces lettres. Mes deux dernieres despesches ont esté[2] l'une par monsieur le receveur Codur, l'autre par M‍ le receveur des decimes. Je vous avoy prié de m'envoyer la traduction des vers grecs d'Athénée et autres par M‍ Grotius[3]. Si vous n'en avez point encore donné le livre, il ne sera point necessaire que vous le donniez. Je l'avoy deziré pour employer la dite traduction sur certains vers iambiques que je devois citer en ce cahier et quelques autres. Mais pour les autres il n'y a rien qui presse, et j'auray eu le bien de voir le livre chez vous avant que j'en aye à faire; pour cette fois je me suis servy de ma propre traduction en iambiques

---

[1] Nous avons déjà vu que la commune d'Espinouse est à 17 kilomètres de Digne.

[2] C'est-à-dire ont voyagé, ont eu pour porteurs.

[3] *Dicta poetarum, quæ apud Jo. Stobæum extant, emendata et latino carmine reddita ab Hug. Grotio*, etc. (Paris, Buon, 1623, in-4°).

latins, comme en quelqu'un des cahiers precedens en ce vers là (*non immolatas saepe victimas veras*). Je suis durant ces matinées, certainement bien froides, apres la station de ♂ [sigue de la planète mars]. Je commençay de l'observer le 25 et ay depuis continüé les 27, 29 et aujourd'huy 30; pour les autres matinées le ciel a esté couvert. Si dimenche au soir il vous plaist de voir ou faire prendre garde à la posture de la Lune avec les Pleiades, j'y travailleray de mon costé et vous marqueray apres ce que j'en auray veu. Je m'en vais escrire seulement un mot à monsieur Luillier, et un autre à Mr Girard; pour ce dernier il suffira de le faire s'il vous plaist porter chez monsieur de la Vallete, si par adventure je ne le donne mesme separement à ce porteur.

C'est tousjours,

Monsieur,

vostre tres humble, tres affectionné et tres obligé serviteur,

GASSEND.

À Digne, ce 30 janvier 1634.

Monsieur, j'oubliois de vous dire que si vous avez, ou quelqu'un de voz amis les œuvres d'Avicenne en latin d'une impression non trop ancienne (par adventure est-ce la plus fraische) in-folio, en teste de laquelle il y a une preface sur le canon par un dont le nom s'est eschappé de ma memoire, je vous supplie de me faire copier tout ce qu'il y a en la dite preface sur le mot de canon, qui peust estre d'environ une page, partie à l'endroict, partie à l'envers. Je l'ay leu autresfois, et je croyoy d'en retrouver une copie que j'en avoy faite, mais il fault qu'elle se soit perdue avec d'autres papiers qui s'esgarerent, en deux ou trois divers r'emballemens que je feis de mes hardes et livres à la derniere fois[1].

---

[1] Bibliothèque nationale, fonds français, 9536, fol. 164. Autographe.

XCIX

À MONSIEUR, MONSIEUR GASSEND,
DOCTEUR EN Ste THEOLOGIE, CHANOINE ET THEOLOGAL
EN L'ÉGLISE CATHEDRALE DE DIGNE,

À DIGNE.

Monsieur,

Je vous escrivis, avant hier, par vostre receveur des decimes pour satisfaire à ce qu'il y avoit de plus pressant en responce des ordres et commandements que j'avoys receus de vostre part en voz dernieres despesches pour ne vous en laisser en peine. Hier que j'eus un peu plus de relasche, je vous respondis sur le subject de l'œuil et de la maniere de la vision selon mes foibles sentiments que je soubmets absolument aux vostres en cela et toute aultre chose, m'estant estendu en cette matiere un peu plus que je ne me l'estoys proposé pour ne vous rien dissimuler de toutes mes chettives pensées, vous suppliant d'y excuser ma liberté et la confiance que je prends en vostre naturelle bonté. Ce discours trop long et possible bien ennuyeux m'emporta le temps que j'eusse deub employer par preference aux compliments que je vous rends à cette heure, quoyque bien tard, de la plus grande et plus indigne faveur que je pouvois avoir de vous, dont je vous seray eternellement redevable. C'est de la communication qu'il vous a pleu me laisser prendre de vostre grand ouvrage concernant les mœurs et doctrine d'Epicure où j'ay desja prins un plaisir non commun, et des plus doulces heures d'entretien que j'eusse peu souhaicter, car il y a longues années qu'aux premiers discours que vous m'avez tenus des mauvais offices que l'on avoit rendus à la simple naïveté de ce grand homme, j'avoys conceu de grandes inclinations en sa faveur, en attendant de voir playder une si bonne cause que la sienne par un personage de vostre merite, et dont la rare vertu et bonnes mœurs tesmoignent à un chascun de quel poids et de quelle estime doibt estre toute vostre doctrine avec touts voz mouvements et loüables desseins, croyant que ce sera un grand advantage de son costé et une grande precaultion contre ceulx qui vouldroient trouver à redire à cette entreprinse, qui n'eust pas esté si bien receue de toute aultre main que la vostre, ne si bien seante en toute aultre bouche, et en toute aultre persone, dont je me conjouys grandement avec vous et avec toute la chere patrie, comme j'ay desja faict avec M^r L'huillier, à qui j'ay escript que je vous prieray d'agreer (ce que je faictz tres humblement et trez affectueusement) qu'il m'en fisse transcrire un exemplaire sur mon compte, à mesure qu'il feroit transcrire celuy que vous luy demandez pour vostre usaige, m'asseurant que vous ne m'en escounduirez pas non plus que luy puisque vous luy en laissez une si libre disposition, et que vous sçavez bien que je ne pretends pas d'en abuser, comme je ne voids pas qu'il y veuille faire de difficulté de sa part, sçaichant combien je vous suis desvoüé, et l'honneur que vous me daignez faire de m'aymer beaucoup plus que je ne sçaurois valloir, ne meriter en vostre endroict. Mais je ne m'y espargneroys pas, si je le pouvoys et si vous me commandiez un peu plus librement que vous ne faictes. Possible sera-ce quelque jour Dieu aydant que je m'en pourray mieux acquitter, sinon conformement à mon debvoir, au moings selon la foiblesse de mes forces.

Au reste j'ay bien esté honteux de voir que l'exuberance de vostre honnesteté vous ayt faict inserer un si chetif nom que le mien et pour un si foible subject dans vostre Espistre liminaire, sçaichant que je n'estois pas digne de tant d'honneur, et que je n'ay jamais rien faict pour vostre service qui puisse meriter d'estre mis en ligne de compte. Mais c'est vostre naturelle beneficeance qui vous faict ainsin traicter voz serviteurs et moindres amys, estimant plus leur bonne volonté que les effects, en quoy certainement vous pourriez avoir eu quelque raison si elle peult suffire, car il est bien vray de dire que je vous suis entièrement acquis quoyque de trop longue main pour vous en avoir donné si peu de preuves. Vray est que vous croyez bien qu'il n'a pas tenu à moy jusques à cette heure, comm' il ne tiendra pas à cela pour l'advenir, que je n'y contribüe davantage, si je le puis, aux moindres ouvertures que j'en trouve dans voz commandements, ou dans ma petite industrie. Bien marry de vous en faire si tard les protestations que je debvois, mais M⁻ le Prieur de la Valette, à qui j'envoyay vostre premier cahier sans l'avoir leu, aussy tost que je l'eus receu, le retint quasi toute la semaine, tandis que je fis travailler à extraire quelque chose de vostre despesche au s⁻ Schikard, de sorte qu'à peine le peus-je recouvrer à temps pour l'envoyer à M⁻ L'huillier par le suyvant ordinaire et le lisre en courant. Aprez quoy je me trouvay surchargé d'une infinité d'affaires pressentes que je pensoys vuider plustost que je ne sceus en venir à bout, et qui m'ont emporté tout le reste du temps, sans que j'aye sceu lisre vostre second cahier, que la matinée mesmes du depart du courrier, nonobstant qu'il eusse esté ceans toute la semaine, car l'ayant envoyé à M⁻ le Prieur de la Valette, il me le renvoya sur le champ, disant qu'il se contentoit d'avoir aultresfoys veu ce que vous luy en aviez communiqué, tant il est devenu peu sensible aux choses dont il estoit aultresfoys si friand [1], de sorte que je ne luy ay pas envoyé le troisiesme et ne l'ay pourtant encores sceu lisre, depuis l'avoir receu, de peur de trop differer de respondre à voz lettres, m'y reservant un repas d'importance aussytost que j'auray achevé cette despesche, Dieu aydant.

J'oublioy de vous dire que j'ay veu ce que vous mandez à M⁻ Lhuillier pour le portraict de vostre Epicure [2], que je n'ay pas veu, au moings celuy que vous a envoyé M⁻ Naudé tiré du Palais de Ludovisio, car pour l'aultre du s⁻ Erycius Puteanus, si je l'ay veu, j'en ay comme perdu la souvenance, et n'ay pas maintenant sceu retrouver le volume de ses Epistres pour le revoir, et juger de l'apparance qu'il y peult avoir que ce soit plustost de luy que d'un aultre, et de la fidelité de l'inscription, s'il y en a. Car hors des testes posées sur des Hermes avec les inscriptions grecques du nom de la persone et de ceux de son

---

[1] Joseph Gaultier était alors septuagénaire, ce qui explique et excuse le refroidissement de son enthousiasme.

[2] Sur les portraits d'Épicure, voir une lettre de François Luillier du 24 février 1634, dans le fascicule XVI des *Correspondants de Peiresc*, p. 30. Ne pas négliger, sur le même sujet, la note 3 de la même page, laquelle provient d'une savante main : celle de M. Pierre de Nolhac.

pere et de sa patrie, comme c'estoit le plus commun usage en matiere
de gents de lettres, et dont le nombre n'est gueres grand aujourd'huy
dans Rome, touts les aultres portraicts en marbre des hommes illustre
du temps passé qui ont faict profession de litterature, sont fort subjects à caultion, se trouvant une infinité de figures et de testes sans
aulcun nom, que l'on battise à plaisir, et où les marchands pour les
mieux vendre font graver des noms les plus celebres sans l'addition
des filiations et de la patrie, à faulte d'en estre assez instruicts, et parfoys ils trouvent des troncs de figures où les inscriptions sont legitimes,
et les testes en ayants esté abbattües par l'injure du temps, ils y en font
hanter des aultres sans choix, et quoyque trez incompatibles. Il y en a
mesmes dont les images ont esté mises en taille doulce du commancement qu'elles furent desterrées avant qu'on se fust advisé d'y rien
escrire, qui se voyent maintenant accompagnées de faulses inscriptions.
C'est pourquoy si vous avez aulcune coppie des portraicts que vous
dictes avoir cy devant communiquez à M^r L'huillier, et que vous et luy
trouviez bon que je les voye, je vous en diray mon advis, et par la
practique jà acquise d'assez longue main en cette sorte de curiosité,
possible auray-je moyen d'y descouvrir quelque chose, soit de l'incompatibilité, ou de la vraysemblance, au cas qu'il y faille avoir recours. Cependant je ne vous doibs pas taisre que dans mes recueils, j'ay
aultres foys rencontré jusques à quattre graveures antiques dont il m'en
reste troys (n'ayant peu retrouver la quattriesme par malleur qui s'est
esgarée ou perdüe dans mon estude, et qui estoit la mieulx gravée et
plus nette), dans lesquelles j'ay creu estre representée la figure de
vostre Epicure assise sur un siege au milieu de son ΚΗΠΟΣ, dont le
plan est en forme d'un hemicycle environné d'arbres et de cez figures
que les anciens appelloient des HERMES (qui estoient comme des
simples termes ou pilastres sur lesquels estoit posée la teste de quelque
deité, ou de quelque grand personage, et specialement les hommes de
lettres), dont il y a tousjours un nombre precis de troys Hermès, en
chascune de mes troys graveures antiques, mais pour les arbres qui
sont entrelassez dans le vuide d'entre cez hermes, le nombre n'y est

pas si affecté, car en deux graveures il n'y a que deux arbres en chascune, et en la troisiesme il y en a quattre, ne me souvenant plus du nombre des arbres qui estoient en la quattriesme que j'ay perdüe, où je suis bien asseuré qu'il n'y avoit aussy que troys hermès, dont le nombre affecté partout m'avoit faict juger que si les anciens avoient eu dessein de representer l'Epicure en la statue du mitan, ils pouvoient bien l'avoir voulu accompagner des hermès ou statues de ses trois freres Neodes, Chæredemus et Aristobulus, puisqu'il avoit eu le soing de son vivant d'en celebrer la memoire à certains jours de l'année, et d'ordonner la continuation de telles solemnitez aprez sa mort, si ce n'est que vous aymassiez mieux que ce fussent troys de ses plus chers disciples ou collègues qui luy estoient predecedez, et dont il avoit pareillement solemnisé la memoire de son vivant, à sçavoir le Metrodorus, le Polycenus et le Saudes puisqu'il avoit prins tant de soing de leur posterité, car je n'estime pas que ceux de sa secte, qui vouloient porter son image en leurs anneaulx, l'eussent voulu accompagner d'aulcun de ceulx qui luy avoient succedé en l'intendance de son eschole, comme pouvoit estre son HEMARCHVS et autres de ses successeurs. Ains qu'ils l'auront representé plustost comme vivant, accompagné des aultres troys comme ja decedez, et en l'estat et veneration qu'il les tenoit luy mesmes. Les testes et visages des uns et des aultres sont si petites qu'il n'est pas aisé d'en tirer aulcune phisionomie, ne ressemblance qui ayt rien de certain, si ce n'est qu'asseurement elles sont barbües toutes quattre, tant les deux des costez qui sont de profile, et celle du devant qui est à troys quartiers, que celle du mitan de derriere qui est de front laquelle est de forme ronde et negligée à la mode des philosophes, sans aulcune affectation de longueur extraordinaire, non plus que de la razure que practiquoient les disciples de Zenon et aultres. Auquel cas il semble que le nom de KĤПOC luy pourroit estre bien plus propre et plus particulierement convenable que la simple generale denomination d'un jardinage, attendu que j'estime que la forme ronde, ou plustost d'un demy rond, y estoit expressement comprinse, soit qu'on veuille examiner les paroles du vieil etymologiste grec qui appelle ΚΗΠΟС un lieu couppé ou tranché, et qui est plus ouvert et plus exposé à l'air et au vent, et par consequant plus recreatif que les aultres, qui seroient esgalement couverts et enfermez de tous costez, et tels que sont communement ceux que l'on espargne et cultive sur les pendants des collines, comme pouvoit estre celuy-la à Athenes; soit qu'on veuille considerer une aultre signification du mesme mot de ΚΗΠΟС, rapportée par Hesychius et aultres anciens, restraincte à une coiffeure ou chevelleure formée en rond (et telle que les Italiens appellent encores aujourd'huy *il zuffo*, quasi comme celles que les dames portoient il y a une vintaine d'années en France, et lesquelles elles soubstenoient avec des moulles de filz d'acier), que les anciens apposoient à une aultre maniere de chevelleure, qu'ils nommoient ΣΚΑΦΙΟΝ qui consistoit à une razeure sur le vif. Or j'ay une figure de bronze du dieu des jardins assez grosse et assez notable pour aultres singularitez de la peau d'un pourceau dont il est revestu, mais specialement pour sa coiffeure frisée et accommodée à l'entour de son visage (avec aultant de soing que si c'estoit d'une femme), disposée en forme ronde, ou plustost d'un demy rond qui descend jusques au dessoubs des oreilles, que je tiens estre le vray ΚΗΠΟС d'Hezychius; soit encores qu'on veuille mettre en compte ce que les anciens appelloient ΚΗΠΟΙ ΑΔΩΝΙΑΔΟС, qui estoient des petits jardins pensiles, qu'ils faisoient naistre sur la convexité de certains vases de terre seichée sans cuire sur lesquels ils faisoient germer des semances cappables d'insinüer leurs racines dans le corps de la crouste du vase, et d'y prendre de la nourriture par l'eau qui s'y changeoit tous les jours par dedans, lesquels vases se couvroient et se revestoient de verdure qui ne pouvoit estre que de forme ronde à tout le moings par le dessus, et qui par consequant pouvoient encores avoir je ne sçay quel rapport avec la figure demy-ronde, attendu que les plantes poussent tousjours naturellement vers le hault plustost qu'en bas, et pouvoient mieux retenir la forme ronde par le hault que par le bas où debvoit estre l'assiette du vase, lorsqu'il n'estoit suspendu en l'air. Ou bien qu'on veuille y avoir quelque esgard à une aultre signification du mesme mot de

ΚΗΠΟΣ practiquée par un philosophe chez vostre Laertius, et confirmée par le Suidas pour designer le sexe d'une femme, et le poil honteux dont il se peult dire comme coiffé en forme orbiculaire, ou demy ronde, aussy bien que celle de la coiffure du Dieu des jardins susdit. Et qui sçait si lorsque Ciceron descript son venerable vieillard assis IN HEMICYCLO, ce n'estoit pas en un lieu dont l'assiette fusse de forme demy ronde, comme celle de vostre Epicure, plustost que sur une chaire de forme demy ronde, comme les modernes l'ont voulcu interpreter? En effect l'*area*, ou le champ, ou assiette demy ronde sur quoy est placée la figure assise de vostre Epicure en mes antiques semble grandement convenable aussy au mot ΔΙΑΤΡΙΒΗ, dont use le mesme Epicure, en son testament au rapport de vostre Laertius, puisqu'il represante un lieu qui (pour estre dans un jardin) semble estre le plus propre à y sesjourner et le plus foullé ou moings cultivé. Tout de mesme que le mot de CΧΟΛΗ dont il use aussy promiscüement qui a un grand rapport à un lieu de sesjour et vacant ou exempt de la culture des jardinages. Or la figure qui s'y void assise en un siesge eslevé, et comme adossée, est en la posture et constitution la plus serieuse que l'on sçauroit representer un philosophe en ses plus profondes meditations, et a d'un costé à ses pieds un certain corbillon plein de pain ou de fruicts, et de l'aultre un certain corps irregulier que je n'ay jamais sceu bien discerner ny deschiffrer à mon gré. Car tantost il semble un rocher qui produise un petit ruisseau de fontaine en l'une des graveures, tantost (aux autres deux graveures) il ressemble un sac de cuir, tels que les anciens appelloient UTRES que nous disons ouyres ou boucs, dont l'usaige estoit anciennement aussy frequent pour y tenir du vin, comme il est icy aujourd'huy pour y tenir de l'huille, encores s'en sert on au dessus de voz montaignes pour y charrier presentement du vin, auquel cas il fauldroit qu'en l'aultre graveure ce fust le lieu destasché qui nous ressembloit un ruisseau, si ce n'est que ce peusse estre une fontaine comme sortant d'un VTER, ainsin qu'il s'en void à Rome une de marbre antique au jardin de Mathei, et la forme de cet VTER m'avoit aultresfois faict juger que ce feust un philosophe *cum sacculo et pera*, comme il y en a d'aulcunes foys dans les anciens marbres et pierres precieuses. Car ce qui ressemble un corbillon en l'une ou deux de cez graveures ressemble un peu mieux une arca, ou un coffret, ou boitte ronde, en la troisiesme, et tandis que je n'avoys que celle là, j'avois doubté que ce ne peusse estre une *ara* pour les sacrifices avec ses flammes par dessus. Mais dans les aultres graveures il paroict bien evidemment de la rondeur par le dessoubs du corbillon, et que son ventre se va r'amenuisant par le bas, et eslargissant par le hault, ce qui ne se practiquoit jamais en la forme des autels, où les anciens affectoient tousjours plus de corpulance par le bas que par le hault, pour plus de stabilité, et pour n'estre pas si subjecttes à se renverser, et puis si ce debvoit estre un autel, la figure tiendroit en main quelque patere pour le sacrifice, et seroit plustost debout qu'assise, de sorte qu'il semble plus compatible que ce soit un philosophe, tel qu'Epicure avec ce qu'il lui falloit pour ses Epules ou banquets plus solemnels, ne consistant pas en davantage que du pain et de l'eau, ou bien au pix aller du pain et du vin, soit pour luy ou pour ses auditeurs et amys plus affidez, aux celebrations mesmes des festes de son jour natal et aultres qui pouvoient regarder la memoire et le culte de ses ancestres, ou de ceulx qui luy avoient esté les plus chers au monde, ainsin que le practiquoit vostre Epicure. Si vous trouvez recevables ou tollerables aulcunes de cez conjectures, je feray portraire le plus diligemment que faire se pourra toutes lesdictes graveures à part les unes des aultres, tant en petit volume qu'en grand, afin que l'une serve en tant qu'elle pourra à la confirmation de la fidelité et des preuves ou conjectures qui se pourront tirer des aultres, et en feray faire des empreintes exactes. Cependant vous en aurez deux ou trois de chascune faictes quoyque precipitamment en cire d'Espagne pour voir à peu prez ce que ce peult estre, et que ce n'est pas chose moderne ny supposée[1].

---

[1] Les empreintes en cire des trois *graveures* antiques que Peiresc envoyait à Gassendi se voient dans un bon état de conservation sur le recto du folio 129 du manuscrit français 12772.

Il ne me reste à vous dire sur tout cela si ce n'est que comme l'une desdictes graveures antiques est *in gemma sarda*, de couleur rougeastre ou de chair, et l'aultre *in gemma achate*, de couleur noirastre, traversée d'une bande blanche, la troisiesme n'est que de verre ou paste d'esmail (antique pourtant comme les aultres) possible pour nous faire voir que parmi ceulx de ceste secte qui affectoient de telles marques pour l'ornement de leurs bagues, ou pour leur servir de cachets, il y avoit des gents assez riches pour avoir des pierres precieuses, et d'aultres si pauvres qu'ils n'en pouvoient avoir que de verre et qui faisoient vraysemblablement la proffession de vivre possible aussy contents les uns que les aultres, chascun en sa condition. La quattriesme (que j'ay laissé esgarer ou perdre à mon grand regret) estoit en molochites (qui est une pierre quasi comme la Turquoise, mais couleur de verd de mer) et estoit beaucoup mieux gravée et mieux conservée que toutes les aultres, et où j'eusse mieulx trouvé de quoy restitüer, comme je l'esperoys, quelque chose du visage tant d'Epicure que des aultres troys statües des hermès d'alentour; mais elle se trouvera possible encores quelque jour en quelque coing de mon estude ou des coffres, où quelques miennes curiositez furent emportées durant la peste. Cependant j'ay escript depuis peu à Rome pour faire chercher dans les cabinets des curieux s'il ne s'y en trouveroit poinct de semblable, d'où nous peussions tirer quelque plus grand esclaircissement, et possible en escriray-je aussy en Allemagne, en Angleterre, et à Paris mesmes, car je vouldroys bien en exclure toute sorte d'occasion de doubter, s'il estoit possible. Au reste, j'ay receu tantost vostre despesche du 30 janvier avec vostre 4º cahier, par un trez honneste homme le s^r de Voluys qui estoit accompagné du bon homme Mess^{re} Scouffier que vous me recommandez, et lesquels je serviray de bon cœur pour l'amour de vous, si je le puis. Il m'a promis de venir prendre ma responce demain du grand matin, de façon qu'il est bien dangereux que je ne la puisse pas relisre, attendu l'heure tarde. C'est pourquoy vous excuserez les besveües qui m'y pourroient estre eschappées, et si je puis je l'arresteray pour attendre voz lettres de l'ordinaire, et pour vous porter le canon d'Avicenne que vous demandez, dont j'ay quelque chose du texte mesme arabique imprimé Hienæ, si je ne me trompe[1].

Corberan a faict quelques observations qu'il vous envoyera et veult continüer. Je l'advertiray de prendre garde à celle que vous dictes de dimanche prochain, et demeureray tousjours,

Monsieur,

vostre, etc.
DE PEIRESC.

Monsieur, je me suis depuis souvenu que Mr Petit m'emporta à ce mois de septembre touts mes libvres arabes, entre lesquels est ce canon d'Avicenne avec le texte arabe, la version nouvelle de ce bon Alleman, et tout plein de notes, de sorte que je ne pourray pas le vous envoyer, mais je feray chercher un aultre Avicenne chez nos medecins pour y prendre ce que vous desirez, et le vous envoyer par le prochain.

J'ay depuis receu le pacquet de l'ordinaire où vous aurez des lettres et un livre de Longomontanus[2] et un pacquet du s^r Diodati qui me demande le Foscarini[3], lequel je ne manqueray pas de luy envoyer par la premiere commodité.

À Aix, ce 3 febvrier 1634[4].

Dans la même lettre, sur un billet à part :

Monsieur, je vous prie de ne rien escrire à Paris ne ailleurs pour encores sur le subject du contenu en cez graveures antiques dont je vous ay parlé en ma lettre, de peur d'esventer la chasse et de nous

---

[1] Cette édition d'Iéna n'est pas mentionnée dans le *Manuel du Libraire* où sont énumérées diverses autres éditions de Rome, de Breslau, de Naples, de Milan, de Padoue, de Venise, etc.

[2] Était-ce l'*Astronomia Danica* de Christianus Longomontanus qui avait paru à Amsterdam, chez Blaeu, en 1630 (seconde édition; la première est de 1622)? Cet astronome était né en 1562 dans le Jutland, à Laënsberg, d'où son surnom de Longomontanus : il fut professeur de mathématiques à Copenhague.

[3] Rappelons que le P. Foscarini fut un des principaux adversaires de Galilée.

[4] Bibliothèque nationale, fonds français, 12772, fol. 123. Autographe.

les encherir jusques à ce que nous en ayons recueilly ce qui se trouvera en commerce, et que nous voyions d'en accomplir l'assortiment, s'il est possible. Seulement sera-t-il bon de prier M⁰ Luillier de me faire voir les desseins qu'il a de la figure de Ludovisio, et je feray mieulx chercher celuy du Puteanus, afin d'en pouvoir juger tant de l'un que de l'aultre.

C

À PEIRESC.

Monsieur,

J'estoy tantost apres vespres sur la derniere page de mon cinquiesme cahier, quand on m'est venu advertir du despart de M⁰ Ripert present porteur. Cella m'a fait souvenir de ce que vous m'avez dit autresfois que j'estoy né coiffé pour des semblables rencontres. Aussi tost donc apres avoir achevé le dit cahier afin de le vous pouvoir addresser, j'ay fait ma petite despesche pour Paris, et il ne me reste plus que de vous dire succinctement comme quoy j'ay receu vostre despesche du premier de ce mois apres avoir precedemment receu le livre de M⁰ Grotius, dont je vous remercie, et que je conserveray puis qu'il vous plaist sans ceremonie pour l'amour de vous sur l'asseurance que vous me donnez que vous en avez un autre exemplaire. Je ne sçay quelle imagination j'avois eüe qu'outre ces vers de Stobée, il y avoit ceux d'Athénée, mais par l'inspection du livre, que je n'avoy point trop fueuilletté, je me suis destrompé, ayant veu que c'estoint d'autres pieces. J'ay receu par mesme moyen et les observations du sieur Corberan et voz trez curieuses remarques qui m'ont certainement bien fait admirer et vostre louable soin et vostre bonne patience[1]. Je vous r'envoyeray le tout, mais

---

[1] Cette phrase a été citée (p. 130) par Bougerel qui fait de Corberan un «domestique» de Peiresc, ce qui est exact si l'on donne à domestique le sens ancien d'*attaché* à la maison avec un emploi plus ou moins relevé. On sait qu'au xvıı⁰ siècle et encore au xvıɪɪ⁰ les bibliothécaires, les secrétaires étaient compris parmi *les domestiques*, et

m'imaginant ou que voz gens en ont retenu copie, ou que vous n'en estes point pressé, je me dispense de le retenir jusques à ce que j'aye destiné quelques heures à y jetter les yeux un peu plus soigneusement que je n'ay encore fait. Ce n'est pas que je n'aye leu le tout voire tres avidement, mais vous sçavez que pour en tirer quelque profit, il faut s'y prendre avec un peu de loisir. Certes la peur que j'ay d'interrompre le train que j'ay pris de faire à chasque semaine un cahier de ma petite besoigne, est cause que si bon je fey presque tous les jours quelque observation [1], je n'en calcule toutesfois point, me contentant de la marquer, pour la calculer apres quand je pourray, me suffisant que l'occasion qui ne revient point ne me soit point eschappée. Je n'ay point mesme encore calculé les momens de l'heure pour l'observation que je fey avant hier au soir, malgré les nues qui m'interrompirent souvent touchant le passage de la lune au-dessous des pleiades, ou d'une partie d'icelles. Or pour vous en dire quelque chose, parce que possible vous y aurez fait prendre garde, vous sçavez que ces estoiles ont à peu près cette diposition :

D'ailleurs la lune monstroit à peu pres la teste, phase representée icy en la marge. Or en une ouverture de nues qui se feit presque aussi tost que les estoiles peurent paroistre auprès de la lune, je vey sans lunette le quadrilatere A D C E et la lucida pleiad. A distante de la lune environ la moitié de l'espace qu'il y a entre A et E. La ligne C A me sembloit aller donner vers le tiers du bord de la lune, à le prendre de la pointe d'en haut. Le Pes Sin-Orion estoit alors haut 32°-13. Assés long temps après, et Procyon estant haut 28°-22, je descouvris l'estoile B avec la grande lunette sortie desja du bord de la Lune, et esloignée d'environ la cinquiesme partie de son diametre. Elle sembloit estre sortie de l'en-

que, pour citer un illustre exemple, Étienne Baluze était un des *domestiques* de l'archevêque Pierre de Marca.

[1] Bougerel (p. 130) arrange ainsi cette phrase : «Vous voiez que le train que j'ai pris de transcrire ma philosophie, ne m'empêche pas de faire tous les jours des observations.»

droit de l'inferieure partie de la macule plus proche au-dessous de la Solitaire. Il y en avoit une petite perpendiculaire au-dessus, qu'on ne void point sans lunette. Apres Procyon estant eslevé 29°-15 je vey avec une lunette des moindres la distance d'entre A et la lune aussi grande que celle d'entre A et C, or je remarquay que la ligne de C à A continuée alloit abboutir entre la macule solitaire et l'autre. Je m'apperçoy qu'en la figure de la ☾ je n'ay pas bien gardé la proportion parce que cette ligne abboutissoit un peu au-dessus du milieu, là où celle de B à la ☾ n'abboutissoit guere plus qu'environ autant au dessous, j'entends du milieu du bord esclairé. Despuis Procyon estant eslevé 30°-7 la distance d'entre B et la ☽ fust telle que les bords de la grande lunette ne pouvoient point comprendre un plus grand espace, je l'avois limité à 10 ou 11 diametres de ♃. Finalement Procyon estant eslevé 33°-49, l'estoile B fust autant distante de la lune en regardant tousjours le mesme endroit comme la plus proche qu'est la mesme estoille B, de l'estoille D. J'ay couché le tout un peu plus nette dans mon cahier courant, mais je n'auroy pas eu ny le temps ny la patience de le descrire. Une autre fois et avec plus de loisir nous parlerons des observations du sieur Corberan. Je suis certainement ravy de sa bonne volonté, et j'espere que quand je seray à Aix j'auray de la satisfaction à luy donner quelque petit esclaircissement sur ces choses. Ayant desja travaillé comme il a fait et pourra encore faire, il en demeurera aussi je m'asseure bien satisfait lui-mesme, et il comprendra le tout bien aisé. Il manque les parties du traversier ou toutes entieres, ou à demy seulement. Or comme chascune de ces parties vaut plus de trois minutes, ainsi il importe de les distinguer par l'œil avec un peu plus de precision. Il faut imaginer que chascune soit sous-divisée en 10 moindres parties, et alors au lieu de trois chifres seulement il faut qu'il en marque quatre. Par exemple si la pinnule est sur la partie 246 precisement il faut qu'il marque cella en y adjoustant un o ainsi 2460. Et si la pinnule est justement au milieu entre 246 et 247, parce que ceste moitié vaut cinq des dites moindres parties, il faut le marquer ainsi : 2465. Que si la pinnulle est en deça ou dela le dit milieu, il faut marquer 2461 ou 2462 ou 2463 ou 2464, ou bien 2466, ou 2467 ou 2468 ou 2469, selon que l'œil le peut estimer au plus juste. Il y a d'ailleurs quelque chose à dire sur la façon de recueillir les degrés et minutes desdites parties par les tables des tangentes, car par exemple en sa premiere observation 246 qu'il faut imaginer valoir 24600 parce qu'il y a cinq chiffres auxdites tables vaut 13 degrez 49 minutes et environ un quart de minute. D'ailleurs 18400 vaut 10 degrez 25 minutes et environ 3 cinquiesmes de minute, qui avec le susdit quart font à peu pres une minute. C'est donc en tout 24 g. 15 m. Or luy en met 15.18. Il met donc trois minutes plus que de ce qu'il faut. En la derniere il y a aussi exces de 3 minutes. Je n'ay pas le loisir d'examiner les autres. Quoy qu'il en soit, ce pourroit bien estre là une des causes pourquoy vous trouvez les distances trop grandes. Mais à tant je finis. On vient de me dire que ce porteur, quoy qu'il parte demain matin, ne pourra toutesfois estre à Aix que dimanche, à cause qu'il se doit arrester à Oreson. Mais il n'importe, je ne laisseray pas de luy donner ma despesche, n'estant pas asseuré de rencontrer dans la semaine une autre commodité. Je suis tousjours,

Monsieur,

vostre trez humble, tres affectionné et tres obligé serviteur,

GASSEND.

À Digne, ce 7 fevrier au soir 1634 [1].

CI
À PEIRESC.

Monsieur,

Je croy que ce monsieur Ripert qui vous aura randu ma derniere despesche estoit à peine party, quand je receu la vostre des deuxiesme et troisiesme de ce mois. Je ne sçaurois vous dire comme quoy j'ay

[1]. Bibliothèque nationale, fonds français, 95361, fol. 288. Autographe.

admiré vostre bonne patience et avec quel ressentiment j'ay receu tous les discours qu'il vous a pleu vous donner la peine de me faire par les vostres nonobstant voz plus grandes et serieuses occupations. Or attendant partie d'y respondre plus amplement par les prochaines commoditez, partie d'avoir le bien d'en conferer de vive voix avec vous en mon voyage d'Aix, je vous diray cependant, monsieur, pour ne perdre point ceste commodité, deux ou trois choses. La premiere que j'escry à Paris à monsieur Luillier, et le prie de vous envoyer les deux images d'Epicure dont vous avez veu que je luy ay fait mention[1]. Je ne doute point que vous n'y trouviez quelque chose à redire, mais c'est là tout ce que j'en ay peu recueillir, et pour ne vous cacher point ce qui ne me satisfait point moy mesme, c'est que pour le marbre de Rome Mʳ Naudé m'a escrit qu'on recognoist qu'il n'est pas bien vieil. Epicure neantmoins y est en posture pareille à peu prez à celles de vos antiques[2], c'est à dire assis et comme enseignant, et tenant un rouleau κύλινδρον (dont Laërce fait mention) en main, et d'ailleurs les traits du visage representés par le crayon ne rapportent pas mal l'effigie gravée que j'ay de monsieur Puteanus[3]. Pour celle cy il est vray que vous y trouverez gravées ces lettres ΕΠΙΚ. Mais il me souvient que m'estant fait monstrer l'original, c'est à dire la pierre sur l'empreinte de laquelle avoit esté crayonné et taillé le visage à Mʳ Puteanus, je n'y trouvay point les dites lettres, et luy ayant demandé sur quoy il avoit jugé que ce fust là plus tost la teste d'Epicure que de Socrate, y ayant mesme quelque rapport, il me semble qu'il me dit pour toute raison[4], que Mʳ Scaliger, du cabinet duquel il la tenoit, l'en avoit asseuré. Il me dit bien encore peut estre quelque autre chose, mais je n'en ay pas trop bonne memoire. Je ne me souvien point non plus de la qualité de

---

[1] Bougerel (p. 130) a ainsi abrégé cette phrase : « J'ai écrit à Luillier de vous envoyer les deux images ou portraits d'Epioure. »

[2] Bougerel, toujours soucieux de faire court, prête cette petite phrase à Gassendi (p. 131) : « Il est dans la même posture que vos antiques. »

[3] Modification de Bougerel (*l. cit.*) : « me rappellent l'effigie gravée que j'ay reçue d'Erycius Puteanus. »

[4] Bougerel, changeant un mot de doute en un mot d'affirmation, imprime (p. 131) : « Il me répondit que Scaliger, etc. »

la pierre, mais seulement que l'empreinte de la dite teste estoit aussi grande qu'une entiere des vostres. Je n'ay point les epistres du dit sieur Puteanus, mais si vous ne les avez point trouvées dans vostre bibliothèque, Mr Meynier, puisqu'il est de retour, pourra bien les indiquer, car c'est par son moyen que je les ay premierement veües. Or je vous ay deu dire toutes ces choses afin d'aider en quelque façon les raisonnemens que vous pourrez faire sur ces dites images, n'y ayant rien que je prenne tant à cœur que l'esclaircissement de quelque verité que ce soit, et cella fait que je vous conjure de toute mon affection, de prendre la peine dans quelque loisir extraordinaire de reduire en un discours latin les mesmes choses que vous avez pris la peine de me desduire sur voz pieces, et principalement si Dieu veut que vous en retrouviez la quatriesme ou en appreniez encore quelque autre chose d'ailleurs. C'est parce que, voulant bien que nous les facions crayonner et presenter en taille douce, nous les pourrions ou interposer entre la dite preface et le premier livre avec vostre exercitation causée sur ce que la piece ayant passé par voz mains, vous auriez observé telle ou telle chose, ou bien le tout pourroit estre apposé à la fin en forme d'appendice, comme vous jugeriez plus à propos, en vous asseurant que je le rapporterois à très grande gloire[1]. Lorsque je parleray de Metrodore parmy les sectateurs d'Epicure, vous verrez comme quoy selon ma conjecture ni cest Atheneus ny ce Saudes (?) dont il est fait mention dans Laërce, ne doivent point passer pour les noms de deux amis d'Epicure accouplés à Metrodore. La deuxiesme chose que j'auroy à vous dire seroit pour le regard de l'organe principal de la veüe, mais il le faudra Dieu aydant faire en presence. Cependant je pourray bien vous envoyer celluy de mes cahiers auquel se trouvent sommairement expliquées deux certaines opinions paradoxiques qu'il me semble que vous tesmoignez dezirer de voir. Elles sont contenües dans les premiers fueillets, c'est à dire second et troisiesme, ce que je dis afin que vous ne vous rompiez point la teste apres le reste. Ce que

---

[1] Bougerel, continuant à citer la lettre en l'abrégeant et la rajeunissant, fait dire à Gassendi (p. 133) : «Je vous assure que je regarderai cette faveur comme un grand honneur.»

j'y en dis suppose beaucoup de choses et principalement touchant les atomes, mais neantmoins en le lisant un peu attentivement j'entens pour la difficulté du troisiesme fueillet, vous comprendrez assez ce que je veux dire. Or je vous envoyeray aussi le cahier pour me delivrer de peine d'en rien transcrire ou desduire par lettre, croyant bien que vous trouverez bon que je reserve mon loisir pour mon principal dessein. La troisiesme, qu'ayant trouvé le livre que Longomontan m'envoye, sous l'enveloppe de monsieur Luillier je me suis imaginé que vous ne le devez point avoir veu. Je vous l'envoye donc, non tant pour vous donner la peine de le voir que de le communiquer à Monsieur le prieur de la Vallete. Je vous envoye aussi la copie de la lettre que le mesme Longomontan a escrit à ce M⁺ Bouillaud par l'entremise duquel j'ay receu le dit livre. Je ne sçay comme quoy ce bon garçon qui est un peu feru de l'Astrologie judiciaire s'estoit advisé de luy envoyer ma nativité, ny d'où il la pouvoit avoir eüe. Mais ce bon homme de Longomontan que je sçavoy bien aussi deferer à la dite Astrologie[1] par sa communication avec M⁺ Morin, m'a bien surpris quand j'ay veu qu'il en faisoit mention dans la dite lettre, car vous sçavez desja si je croy beaucoup à toutes ces choses là[2]. Une autre chose que j'ay à vous dire, c'est qu'aujourd'huy mesme j'ay receu une lettre de M⁺ de Mezeriac par laquelle il tesmoigne de dezirer tousjours bien fort la vie d'Homere par Plutarque en Grec, et que pour l'Eusebe il en a veu un à son aise durant six mois. Je le vous dy afin que si l'envoy n'est point encore fait vous reteniez l'Eusebe, mais il vaut mieux que je vous envoye aussy sa lettre et je ne lairray pas de luy respondre, et ensemble à M⁺ Diodati par la premiere commodité. À propos de M⁺ Diodati je suy bien aise de la faveur que vous luy faites en luy envoyant vostre Foscarin. Il sera peut estre bon neantmoins de l'advertir qu'il prenne garde que Bernegger ne face point mention que vous le luy ayez envoyé. Escrivant à M⁺ Diodati je lui diray à tout hazard ce que peut estre il ne

---

[1] Phrase ainsi changée par le biographe de Gassendi (p. 132) : «que je sçavois aussi estre grand partisan de l'astrologie.» — [2] Variante de Bougerel : «si j'ajoute beaucoup de foy à toutes ces rêveries.»

sçait pas, c'est que le dit Foscarin avec Galilei avoient esté censurez des je ne sçay quelle année, me souvenant d'en avoir veu la censure dans le comentaire du pere Mercenne sur la Genese[1]; ce ne sera pas pour l'empescher de faire ce qu'il voudra faire, mais afin qu'il soit adverty du tout. J'auroy finalement à vous dire quelque chose touchant ce sentiment que vous avez et ces bonnes paroles que vous me dites pour le fait de mon ouvrage, mais comme j'en suis dans la confusion, aussi ne vous en sçaurois-je rien dire sinon que je r'apporte le tout à vostre extreme bonté, à la grande affection qu'il vous plaist de me porter, et à la trop bonne opinion qu'il vous a pleu concevoir de moy, pour ce petit tesmoignage de ma redevance envers vous[2]; je ne me fasche que de quoy il ne peut estre de quelque consideration, mais ce n'est pas par là que je dezire que mon inclination et obligation à vous honorer esclatte. J'espere d'en avoir Dieu aidant un jour quelque occasion plus signalée, et je vous asseure avec toute sorte de candeur, que si la chose n'eust esté comme promise, je recognoy de bonne foy combien la principale addresse[3] de ceste chetifve piece vous estoit deue. Vous ferez un peu s'il vous plaist couldre le livre de Longomontan avant que de le faire donner à Mʳ de la Valete; pour le cahier il ne me le fauldra s'il vous plaist r'envoyer que par voye bien asseurée, plus tost le faudroit-il garder jusques à ce que je soye là bas. À tant je finis pour aller observer la station de ♃ duquel et de ses planetes ou petits courtisans j'auroy quelque chose à vous dire, mais il faudra que ce soit pour une autre fois. Je suis tousjours,

Monsieur,

vostre trez humble serviteur,
GASSEND.

À Digne, ce samedy 11 febvrier au soir 1634[4].

---

[1] Passage ainsi modifié par Bougerel (p. 132-133): «Je suis bien aise de la faveur que vous faites à Diodati de lui envoyer l'ouvrage de Foscarini; je vous dirai peut-être ce qu'il ignore [pour: ce qu'il ignore peut-être], que Galilée et Foscarini ont été censurez: j'en ai lu la censure dans le commentaire du P. Merseune sur la Genese.»

[2] La mention reconnaissante faite de Peiresc dans les premières pages du manuscrit sur Épicure.

[3] Pour dédicace.

[4] Bibliothèque nationale, fonds français, 9536, fol. 230. Autographe.

CII

À MONSIEUR, MONSIEUR GASSEND,
DOCTEUR EN Ste THEOLOGIE, CHANOINE ET THEOLOGAL
EN L'ÉGLISE CATHEDRALE DE DIGNE,

À DIGNE.

Monsieur, en vous accusant la reception de vostre despesche du viime avec mes remerciments trez humbles de vostre observation des Pleyades sur la Lune, et des advertissements pour le calcul de Corberan, je vous envoye vostre pacquet de Parys avec le premier cahier de l'Aristarque, lequel j'y faicts transcrire pour Mr Schikard, croyant que le prochain ordinaire m'apportera tout le demeurant ou bien prez. Vous aurez aussy une lettre de Mr Tonduti sur son calcul rectifié comm' il presuppose, et je finiray pour la haste qu'on me donne, estant de tout mon cœur,

Monsieur,

vostre, etc.

DE PEIRESC.

A Aix, ce xii febvrier 1634 [1].

CIII
À GASSENDI.

Monsieur,

J'auroys bien à vous entretenir, si je le pouvois, sur voz dernieres despesches du 7 et xi de ce moys, dont je suis en arrerages, et sur le libvre et lettres que vous y aviez joinct de Longomontanus et du s^r Bouillard[2], aussy bien que sur vostre cahier de la vision dont la communication qu'il vous a pleu me faire m'a grandement obligé ; mais

---

[1] Bibliothèque nationale, fonds français, 12772, fol. 130. Autographe. — [2] *Sic* pour Bouillau, dont il a été question dans l'avant-dernière lettre (n° CI). Bougerel (p. 132') imprime *Bouillaud*.

je suis tellement assassiné de mille endroicts que je ne sçay où me tourner la plus part du temps, ayant un extreme regret de ce qu'on m'a faict perdre l'occasion d'envoyer en Ægypte, par un navire qui est party, des lettres qui estoient bien importantes pour la curiosité de mes amys, aussy bien que pour les miennes, et crains bien qu'il m'en advienne de mesme d'un aultre costé. J'avoys baillé à transcrire ce feuillet que vous demandiez sur le canon d'Avicenna, qui est d'un Fabius Paulinus en l'edition de Venize des Junctes[1], et chargé mon homme de le vous envoyer avec deux pacquets venus par le dernier ordinaire tant de la part de M^r L'huillier que de celle du s^r Diodati. Mais Mr Abesson n'a sceu rencontrer aulcune commodité de vous escrire à mon grand regret, et noz mullets partirent dimanche pour aller charger des arbres à Spinouse, sans qu'on eust le sens d'y adresser et recommander vostre pacquet dont je fus bien marry. Ayant eu quelque tentation d'ouvrir celuy du s^r Diodati pour voir s'il n'y auroit rien de nouveau de la part du s^r Schikard, mais parce que le s^r Diodati ne m'a pas escript, je m'en suis abstenu, ne voulant pas croire que ce soit celà, dont vous nous pourrez esclaircir en son temps.

J'ay enfin trouvé un exemplaire des Epistres de Puteanus de l'an 1612, où est la planche d'Epicure, mais il n'y avoit poinct d'inscription ΕΠΙΚ, et fault qu'il ne se fusse pas encore lors advisé d'y faire supposer cette inscription, puisque vous dictes vous estre apperceu qu'elle ne paroissoit pas sur l'empreinte qu'il vous en monstra. Que si l'empreinte est toute pareille à la taille doulce, j'en seroys fort mal satisfaict, attendu que le peintre ou le graveur y a faict une espece de petit rabat autour du col, qui n'a du tout rien de l'antique, ains y est tout à fait incompatible. Mais possible n'est-ce qu'un supplement du peinctre qui en a portraict le dessein, ou faict la graveure, et si j'osoys escrire maintenant aux Païs-bas, je prieroys Mr Puteanus de m'envoyer une empreinte de son empreinte pour en pouvoir juger plus pertine-

---

[1] Les Junte ont donné à Venise plusieurs éditions d'Avicenne (en 1562, en 1582, en 1595, en 1608).

ment, mais je ne l'oseroys maintenant faire à mon grand regret, et tandis que la France aura en ce païs là les gaiges que tout le monde souhaicte de deça. Car si j'y escrivoys il me fauldroit escrire à M⁻ Rubens, et je seroys marry qu'en ce temps on vist chez les courriers et dans les bureaux des postes des lettres de moy ne adressées à moy, m'estant abstenu depuis lors d'y escrire à qui que ce soit, mais pour vous je pense bien qu'il n'y auroit pas grand danger, quand vous le feriez sur le subject de voz livres et de vos estudes particulieres.

Je vous envoye les feuilles restantes[1] de l'Aristarque dont je vous envoyay dernierement le 1ᵉʳ cahier, ensemble la feuille que le R. Salomon Azuby m'a envoyée selon le vieil manuscrit afin que vous en puissiez mieux prendre vostre compte, et juger s'il y a de l'apparance ou non que lors on aye peu faire quelque changement pareil à celuy qu'il avoit faict luy mesmes pour adapter cez tables au temps qu'elles furent transcriptes, si tant qu'elles puissent avoir esté originellement escriptes un ou plusieurs siecles plustost, comme se le persuade ledict S. Azuby. Vous verrez aussy une aultre lettre du sʳ de Sᵗ Legier concernant ses observations. Je suis marry d'avoir perdu l'occasion de servir Mʳ de Mezeriac pour l'Eusebe du Scaliger, et ne pourray pas faire l'adresse du volume d'Homere au P. Theophile [Minuti] qu'on m'a asseuré estre residant à Grenoble, mais je le recommanderay à Mʳ de Rossi sans plus de retardement, parce que j'ay enfin retiré de Mʳ Petit les volumes Kophtes, que je suis resolu d'envoyer par le premier mulletier de cognoiscance avec les Rituels Grecs pour le P. Mercenne de qui j'ay receu pour vous un libvre double de *Questions harmoniques*, in-fol.[2], qui sera joinct à cette despesche, si l'on s'en veult charger, et un aultre double aussy que je pense venir de sa main, avec un in-4°

---

[1] Peiresc a par inadvertance écrit *retantes*.

[2] *Questions harmoniques, dans lesquelles sont contenues plusieurs choses remarquables pour la physique, pour la morale et pour les autres sciences* (Paris, Villery, 1634, in-8°, selon M. Hauréau, *Histoire littéraire du Maine*, tome VIII, 1876, p. 151). Sur les *Questions harmoniques* et les autres ouvrages du docte minime en général, voir le XIXᵉ fascicule [en ce moment sous presse] des *Correspondants de Peiresc* : *Le P. Marin Mersenne. Lettres inédites écrites de Paris, 1633-1637*, et précédées de la vie de l'auteur par le P. Hilarion de Coste.

[1634] ET DE GASSENDI. 463

pareillement double, in-4° que je tiens estre de luy, selon les lettres capitales du Privilege, ce que vous sçaurez peult estre mieux que nous¹. J'ay par mesme moyen receu l'aultre exemplaire d'Hortensius que vous pourrez envoyer à l'illme Molin² quand vous vouldrez, et des aultres livres dont je vous envoye le roolle pour y choisir ce que vous vouldrez, que je vous envoyeray quand il vous plairra, ayant faict passer en Italie l'un des exemplaires des exercitations bibliques du P. Morin.

Corberan a continué quelque petite observation, mais je ne scay s'il aura rien faict qui vaille. Vous la verrez en son temps, et je finiray pour à cette heure demeurant,

Monsieur,

vostre, etc.

DE PEIRESC.

A Aix, ce 22 febvrier 1634³.

CIV

À MONSIEUR, MONSIEUR DE PEIRESC,
ABBÉ ET SEIGNEUR DE GUISTRES
ET CONSEILLER DU ROY EN SA COUR DE PARLEMENT DE PROVENCE.

Monsieur,

Vous n'avez point eu de mes nouvelles, ny responce à vostre despesche du 12 de ce mois à faute de commodité. Celle cy vient de se presenter inopinement et comme j'alloy vous escrire par un de noz

---

¹ Outre les *Questions harmoniques*, dit M. Hauréau, en la page déjà citée de son *Histoire littéraire du Maine*, « Mersenne publia, la même année, en un seul volume, trois traités distincts. Le plus considérable a pour titre : *Les préludes de l'harmonie universelle, ou questions curieuses, utiles aux prédicateurs, aux théologiens, aux astrologues, aux médecins et aux philosophes* (Paris, Henri Guenon, 1634, in-8°). Les deux autres parties du recueil sont formées de : *Questions théologiques, physiques, morales et mathématiques* (Paris, même libraire, même format) et d'une traduction française des *Mécaniques de Galilée* (Paris, même libraire, même format).

² Le sénateur vénitien déjà souvent mentionné, Domenico Molino.

³ Bibliothèque nationale, fonds français, 12772, fol. 131. Autographe.

beneficiers qui ne doit arriver à Aix que dans huit jours, et auquel il faudra que je donne un billet pour le vous recommander; je vous r'envoye le premier cahier de vostre Aristarque avec mille remerciemens, en vous asseurant que j'ay eu une extresme satisfaction de sçavoir seulement qu'il fust en nature[1]. J'en ay extrait les proportions qu'il donne des diamètres du soleil et de la lune avec le diamètre de la Terre, et ensemble de leurs distances avec la mesme. J'ay esté un peu estonné[2] de voir que dez le commencement il pose la Terre pour un point en comparaison du ciel et de la lune, mais la chose est digne d'une plus grande consideration[3], et je seray bien aise de voir ainsi la suite s'il ne vous est point d'incommodité. Il est vray que si je dois estre à vous environ la Nostre Dame de mars ou au commencement d'avril, je pourray voir tout ce qu'il y aura de copie entre voz mains. Vous avez là un trez bon scribe, et je croy que vous ferez bien glorieux et heureux le bon homme Schickard[4] quand vous luy ferez un si beau present. Je vous envoye aussi une lettre de Monsieur de Digne qui s'est trouvée dans mon pacquet de Paris, et retiens encore la lettre de monsieur Tonduti; j'y adjouste avec ma despesche pour Paris mon sixiesme cahier, qui auroit esté accompagné d'un autre, si l'occasion eust esté un peu plus tardive, mais Dieu aidant il n'y aura rien de perdu. Je suis cependant tousjours,

Monsieur,

vostre tres humble, tres affectionné et tres obligé serviteur,

GASSEND.

Digne, ce 22 [fevrier] 1634[5].

---

[1] Ce passage a été assez infidèlement reproduit par Bougerel (p. 133) : «Je vous renvoye *les cayers* de votre Aristarque, et je puis vous assurer que *j'ai* une extrême satisfaction de sçavoir que son livre existe.»

[2] Bougerel a cru devoir changer *étonné* en *surpris* (*l. cit.*).

[3] Variante de Bougerel (*l. cit.*) : «digne de considération.»

[4] Bougerel supprime une des deux épithètes ainsi que l'expression *bonhomme* qui lui paraissait sans doute trop familière (*l. cit.*) : «Vous allez rendre joyeux Schickard.»

[5] Bibliothèque nationale, fonds français, 9536, fol. 168. Autographe.

CV

À MONSIEUR, MONSIEUR GASSEND,
DOCTEUR EN Ste THEOLOGIE, CHANOINE ET THEOLOGAL
EN L'ÉGLISE CATHEDRALE DE DIGNE,
À DIGNE.

Monsieur, je n'ay receu qu'à ce soir fort tard la despesche de Paris où s'est trouvé le pacquet cy joint de Mr Luillier, qui avec iceluy m'a envoyé le crayon de la figure d'Epicure qu'on luy a dict n'estre pas assez bien desseignée pour la faire graver en taille doulce, comm' il avoit voulu faire de la main de Jacques de Bié[1], et qu'il a escript à Rome pour en avoir un dessein desseigné de meilleure main. A ce que je puis voir par le dessein que Mr Luillier m'a envoyé, il n'y a aulcune inscription sur le marbre, ne aultre circonstance cappable de faire dire que ce soit plus tost Epicure qu'un aultre philosophe. Il ne me souvient pas mesmes d'avoir veu en voz cahiers que vous ayez marqué qu'il fusse chaulve, ne qu'il eusse la barbe longue, ne courte. Il se trouve une image de Demosthene dont le visage est fort pareil à celuy de cette statüe, si seulement il y manquoit tant soit peu de la poincte de la barbe, et ce que vous me dictes de la doubte qu'on faict à Rome mesme de son antiquité, me met en grand ombrage, le meuffle de lyon qui est au braz de son siege n'estant pas trop compatible à la maniere antique, et croys bien qu'il sera bon de ne se pas trop haster de faire graver cette planche, tandis que j'attendray la responce de divers endroicts, où j'ay envoyé faire plus ample recherche des graveures pareilles aux miennes, dans lequel temps je feray visiter cette figure par gents qui en puissent un peu mieux juger que le commun.

J'ay à ce matin receu vostre despesche du 22me par celuy qui a trouvé bon d'attendre la moitié de ce jourd'huy pour en estre le porteur, à cause que l'ordinaire n'estoit encor arrivé. Je vous escripvis il

---

[1] Sur le graveur Jacques de Bie voir le recueil Peiresc-Dupuy.

n'y a que troys ou quattre jours par une commodité que Mr Besson m'indiqua, et vous envoyay afforce pieces, entr'aultres des cahiers restans de l'Aristarque, lesquels j'envoyeray à Mr Schikard, sitost que vous me les aurez renvoyez. Si vous luy voulez envoyer aultre chose par mesme moyen, il ne tiendra qu'à vous, sinon je prendray la voie de Mr Diodati comme la plus courte. Que si vous aymez mieux attendre de luy envoyer vostre observation de l'Ecclypse, ou celles de Mercure, aprez Pasques, il ne tiendra pas à moy. J'ay envoyé rendre vostre lettre à vostre procureur. Nous vous attendrons en bonne devotion à la Nostre Dame puisqu'il vous plaict. Mon homme avoit oublié le feuillet du canon d'Avicenna en fermant vostre dernier pacquet, et je demeure,

Monsieur,

vostre, etc.
DE PEIRESC.

À Aix, ce 25 febvrier 1634 [1].

CVI

À PEIRESC.

Monsieur,

J'ay receu voz deux despesches l'une du 22, l'autre du 25 du mois passé, mais pressé de donner mon pacquet à un homme qui le doit donner au porteur, il faut que je me remette d'y respondre plus amplement dans la semaine prochaine. Je ne croy pas mesme d'avoir le loisir de recouvrer de Mr de Lautaret (qu'on vient de ne trouver point chez luy)[2] le cahier suivant qu'il a deziré de voir afin de le vous envoyer, mais si je ne le fais point, ce sera par la premiere avec un autre. Cependant je ne puis point que je ne vous die que par une admirable

---

[1] Bibliothèque nationale, fonds français, 12772, fol. 232. Autographe.

[2] Sur le docteur David Tavan de Lautaret, grand ami de Gassendi, voir le recueil Peiresc-Dupuy, notamment t. II, p. 124 et t. III, p. 335, 364, etc.

rencontre, Mʳ Valois ayant recouvré l'Aristarchus Samius *de magnit. solis et lunæ*[1] imprimé en latin Pisauri 1752 par Commandin, avec quelques notes siennes, et du Pappus Alexandr. me l'a envoyé ces jours passés pour m'en faire feste, et afin que je peusse escrire à Schickard que j'avoy veu le livre. Il m'escrit bien de le luy r'envoyer par le mesme porteur qui est un advocat de ceste ville qui s'en doit retourner à Grenoble dans peu de jours, en me faisant comprendre l'estat qu'il fait d'une pièce si rare. Mais je ne croiray point de faire contre les loix de l'amitié si je le prie de trouver bon que je le tienne un peu davantage, et que devant aller à Aix je le porte pour le vous faire voir et à Mʳ le Prieur de la Vallete, estant ou devant luy estre bien asseuré qu'il ne prendra point de mal entre noz mains. Je croy mesme qu'il sera bien aise que j'en use ainsi, quand principalement je luy escriray qu'en recevant son livre latin, je venoy de recevoyr les deux cahiers grecs que vous m'aviez envoyez. Or je les vous r'envoye, monsieur, avec mille remerciements. Je les ay un peu conferez avec le latin, et je les ay trouvez estre la mesme chose, si ce n'est que le latin me semble estre bien utile, attendu le soin que Commandin y avoit pris, pour remettre principalement quelques nombres qui ne sont pas si bien au Grec, oultre les figures que Commandin a imaginées sur la designation d'Aristarque et sans lesquelles on ne peut point lire ny juger des démonstrations. Pour moy, si ce n'eust esté pour ne prendre pas la peine d'en imaginer de pareilles, j'auroy pris quelque temps pour traduire ceste piece, ne croyant point qu'elle l'eust esté, mais voyla desja besoigne faite. Si vous n'avez point encore envoyé ceste copie à Schickard quand j'arriveray à Aix nous en parlerons davantage. A tout hazard n'y aura-il point de danger d'attendre que nous luy envoyons ensemble noz observations de l'éclipse prochaine, si tant est que le ciel nous soit asses favorable; pour moy je m'attends de partir quelques sept ou huit

---

[1] *Et distantiis solis et lunæ liber.* Le *Manuel du Libraire* mentionne l'édition de Pesaro (1572, in-4°), qui ne contient que la version latine de Ferd. Commandin, et l'édition d'Oxford (1688, in-8°) qui renferme, avec cette même version, le texte grec, les fragments de Pappus et le commentaire de J. Wallis.

jours apres pour vous aller voir. Je ne croy pas pourtant que crainte de donner lieu à ma partie de vous recuser, je doive vous donner l'importunité de loger de nouveau chez vous. Je ne pense pas mesme que je doive loger chez M⁺ le Prieur de la Vallete, crainte que cela serve pour recuser M⁺ le conseiller son nepveu, si bien qu'il vaudra mieux que me remette en quelque maison indifferente, sauf apres avoir eu arrest de faire tout ce qu'il vous plairra¹.

Je suis cependant tousjours,

Monsieur,

vostre tres humble, tres affectionné et tres obligé serviteur,

GASSEND.

A Digne, ce 3 de mars 1634².

CVII

À MONSIEUR, MONSIEUR GASSEND,
DOCTEUR EN Sᵗᵉ THEOLOGIE, CHANOINE ET THEOLOGAL
EN L'EGLISE CATHEDRALE DE DIGNE,

À DIGNE.

Monsieur,

J'estoys en cherche et en peine de trouver commodité pour vous envoyer le pacquet en dernier lieu venu de la part de M⁺ L'huillier, quand ce garçon m'a apporté le vostre du 3 de ce moys, avec un petit paquet pour ledit s⁺ L'huillier venu à temps pour marcher demain, Dieu aydant, et les deux cahiers de l'Aristarque, ayant esté grandement aise que vous en ayez receu la version latine que M⁺ Valoys

---

¹ Bougerel raconte (p. 133) que Gassendi logea à son ordinaire chez Peiresc, ce dernier s'étant lui-même récusé, parce que l'amitié qu'il lui portait était trop connue. Le biographe ajoute (p. 134) que « sa partie ayant voulu récuser Gautier, conseiller au Parlement, neveu du prieur de la Valette, parce que Gassendi avait demeuré autrefois chez celui-ci, sa requête fut rejetée. »

² Bibliothèque nationale, fonds français. 9536, fol. 167. Autographe.

m'avoit offert de m'envoyer, et je l'avoys prins au mot la derniere foys que je luy escrivys. C'est pourquoy vous debvez avoir tant moings de regret de l'avoir retenu quelques jours de plus, afin que nous le puissions voir entre voz mains. L'on me transcript à Paris tout un gros volume in-fol. de divers autheurs grecs anciens en matieres astronomiques appartenant à Mr de Thoulouse [1] que Mr Holstenius m'avoit demandé long temps y a. Vous en pourrez avoir la veüe, en passant, et puisque vous devez sitost venir, je n'envoyeray poinct au s^r Schikard cez cahiers grecs que je n'aye eu le bien de vous voir, attendu que vostre observation de l'ecclypse prochaine vauldra possible encores plus que tout cela. Quant à vostre logement, en cette ville, je pense que vous debvez s'il vous plaict venir reprendre vostre petit despartement ceans, car aussy bien me recuseroit-on pour le precedant logement, et nous ne laisrons pas de vous servir au mieux que nous pourrons, sans estre des juges, à quoy je feroys certainement plus de scrupules que de juger en la cause d'un mien frere, et plus de religion maintenant que je n'avoys faict aultresfoys, lorsque je n'avoys pas eu le bien de vous cognoistre de si prez, et de me laisser attacher si estroictement comme j'ay faict depuis l'honneur que vous me fistes en vostre derniere visite, et en celuy de la communication de voz cahiers, que je n'ay peu savourer, sans estre prins par le nez comme on dict de la moustarde [2], en sorte que l'ardeur s'en est insinüée jusques au plus proffond non seulement des mouelles et des oz, mais de l'ame, comme quand un morceau de fer conceoit l'embrasement du feu, estimant que l'alteration qui s'est faicte en moy ne se sçauroit mieux faire comprendre que par cette comparaison du fer ou du charbon embrasé, la substance du fer s'insinuant et unissant avec celle du feu et du charbon d'une façon plus facile à voir et sentir qu'à descrire, et du tout inseparable tant que le fer peult subsister. C'est pourquoy je n'estime pas qu'aultre chose que la mort de l'un ou de l'aultre de nous puisse desfaire cette

---

[1] Charles de Montchal, déjà tant de fois mentionné. — [2] Expression souvent employée dans les *Lettres aux frères Dupuy*. Voir la *Table des mots et locutions dignes de remarque*.

alliance. Venez donques, je vous supplie, avec vostre franchise acoustumée, et me tenez tousjours,

Monsieur,

pour vostre, etc.
DE PEIRESC.

À Aix, ce 6 mars en haste 1634 [1].

CVIII

À PEIRESC.

Monsieur,

Il y a desja quatre ou cinq jours que je receu le Claromontin qu'il vous a pleu de me faire voir, et je vien de recevoir tout presentement vostre despesche du 6 de ce mois. J'auroy beaucoup de choses à vous escrire, et sur tout pour ces images d'Epicure, dont je ne vous peus rien dire par ma precedente, mais puisque je doy bien tost avoir le bien d'estre aupres de vous, il vaudra mieux attendre que ce soit de vive voix. Je dis bien tost, parce que voyant qu'aussi bien il me faudroit interrompre les pensées que je commençoy de former sur la partie canonique de la philosophie d'Epicure, j'ay fait dessein d'aller sortir de mon affaire le plus tost qu'il sera possible, et ainsi de partir pour vous aller voir dez le dernier jour de la semaine prochaine. C'est afin de tascher de faire appeller la cause dez le jeudy en suivant, à quoy il faudra donc vous employer, pour recommander dans la chambre l'ethiquette à Monsieur le premier president, puis que l'exces de vostre affection en mon endroit ne vous permettra point d'estre de mes juges. Et certes j'auroy fait religion moy mesme de vous en presser, si ce n'eust esté que je n'auroy eu garde de vous prier d'autre chose que de la justice, mais comme l'amitié qu'il vous plaist de me tesmoigner ne peut point estre cachée, ainsi j'ay consideré que quand ce ne seroit que pour

[1] Bibliothèque nationale, fonds français, 12772, fol. 133. Autographe.

vostre reputation, il seroit à propos que vous abstinssiez en ma cause, sans estre mesme recusé. J'escris à M⁰ Beneton¹ de ne perdre point de temps pour disposer l'affaire et luy envoye mesme quelques memoires pour soulager monsieur Du Perier², que j'ay desja escrit au dit sieur Beneton de prier d'occuper en ceste cause pour moy, y ayant desja aultrefois consulté avec M⁰ Morgues. Vous luy ferez s'il vous plaist rendre mon pacquet. Pour ce qui est de mon logement, je ne sçay que vous dire, sinon que vostre extreme bonté et courtoisie me fait tousjours plus honteux. J'ay sceu despuis vous avoir escrit de ces choses, qu'ayant ma partie voulu recuser M⁰ Gaulthier, sur ce que je logeoy chez M⁰ de la Vallete son honcle, il avoit esté mis neant sur sa requeste et que la chose estant desja jugée, il n'y avoit rien à craindre de ce costé la. Je tascheray neantmoins de me desgager de chez M⁰ de la Vallete, pour faire tout ce qu'il vous plaira sans user d'aucune plus ample protestation. Il me suffit de vous escrire que je suis tousjours,

Monsieur,

vostre tres humble, tres affectionné et tres obligé serviteur,

GASSEND.

A Digne, ce 9 de mars 1634.

Avec tout plein d'autres lettres à vous que je vous r'envoye, et que nous pourrons considerer à Aix, vous recevrez les deux derniers cahiers, ausquels j'ay achevé le livre De philosophia Epicuri universa. Je cognois ce monsieur Villon³, dont vous parle M⁰ de la Houguette, mais je ne croy pas qu'il nous die rien que ce que nous sçavons desja, et dont toutes fois M⁰ de la Houguette n'avoit point par adventure ouy parler. Certes ayant recours à la Lune pour expliquer le reflux de la mer il ne

¹ Le procureur chargé de l'affaire qui appelait Gassendi à Aix. Voir parmi les divers documents inédits qui suivent l'*Oraison funèbre de Pierre Gassendi*, par *Nicolas Taxil* (édition de 1882), une lettre (inscrite sous le n° VI) adressée par Gassendi «à M. Beneton, procureur en la cour de Parlement», le 20 mars 1643 (p. 69-72).

² C'était le célèbre Scipion du Perier, un des meilleurs avocats de toute la Provence. Voir sur cet avocat le recueil Peiresc-Dupuy.

³ L'auteur déjà mentionné plus haut d'un traité sur le flux et le reflux de la mer.

suit que la route que la pluspart des philosophes ont suivie jusques à present. Il pourra bien adjouster quelques observations nouvelles pour les pendes rapportées aux constitutions de la lune. Mais si c'est la lune qui cause ces remuemens, la cause ou la vertu et moyen d'agir de ce planete n'en deviendra point à mon advis plus cogneüe apres que devant. Il est vray que les trois pieces qu'il vous a pleu de m'envoyer sont du Pere Mersenne, et le discours sceptique qui commence aux q. [questions] harmoniques page 84 est de Mr de la Mothe[1], qui a fait mention de moy en la page 132 sous le nom de Cassander qui est celluy qu'il m'a aussi donné en quelques uns de ses dialogues[2].

CIX

À PEIRESC.

Monsieur,

Venant tout maintenant d'achever de lire toutes ces lettres dont il vous a pleu de me faire part, je vous fay ce mot seulement pour vous dire que je les ay receües et leües, et vous en baise tres humblement les mains. Je me dispenseray de les retenir pour les revoir plus curieusement, et y remarquer mieux que je n'ay pas fait les particularitez du voyage de monsieur Menestrier, vers la grotte des serpens[3], et la merveilleuse germination de ce prunellier, dont je croy que vous m'aviez desja autresfois parlé[4], en me reservant de vous r'envoyer le tout

---

[1] Le *Discours sceptique sur la musique* était inédit quand Mersenne le publia dans ses *Questions harmoniques*.

[2] Savait-on que le *Cassander* de la Mothe-le-Vayer n'était autre que Gassendi ? — Bibliothèque nationale, fonds français, 9536, fol. 240. Autographe.

[3] Il sera question dans le volume suivant, qui contiendra la correspondance de Peiresc avec Claude Menestrier, de la Grotte des Serpens et de diverses autres curiosités vues en Italie par le savant voyageur.

[4] Le prunellier qui s'était développé dans un corps humain et au sujet duquel, dans le recueil Peiresc-Dupuy, j'ai eu l'occasion de citer un passage de Gassendi tiré de la biographie de son ami. Voici, sur ce curieux sujet, une nouvelle citation tirée du rare volume du docteur périgourdin Jean Rey, *Essays sur la recherche de la cause*

par la prochaine despesche. Seulement vous r'envoyeray-je à present la lettre de monsieur de la Hoguette, parce que ne l'ayant qu'en communication je m'imagine que vous serez bien aise de la restituer plus tost que plus tard. De vray la particularité qu'elle contient meritoit de venir d'une telle main, et je seray bien content d'apprendre le succès de cette fourberie, si elle vient à vostre cognoissance. Monsieur le conseiller de St Martin[1] m'a appris l'apparence de la procedure qui a esté tenue en vostre affaire, laquelle on ne m'avoit point encore figurée de la façon. A tout cella je ne puis dire autre chose, sinon que je vous plaindroye si je ne cognoissoye la trempe de votre esprit, et ne sçavoye que pour vous resouldre à toute sorte d'evenemens il ne faut point d'autres discours que ceux que vous vous pouvez tenir à vous mesme. Escoutez vous donc seulement vous-mesme, s'il vous plaist, et me croyez tousjours,

Monsieur,

vostre tres humble, tres affectionné et tres obligé serviteur,

GASSEND.

Je vous escris si fort à la haste pour pouvoir un peu escrire à Paris que j'oubliois de vous dire que j'ay receu avec les susdites lettres le Quadripartite de Ptolémée traduit par le sieur Allatius[2], lequel par

---

pour laquelle l'estain et le plomb augmentent de poids quand on les calcine, Bazas, 1630 : «M. de la Ferrière, médecin de M. le cardinal de Lyon, m'assura qu'estant à Rome, fut apportée d'Espagne chez le cardinal Barberin où il estoit, une lettre qui disoit qu'un chevrier estant tombé sur un buisson d'aubespines, et quelques espines l'ayant piqué en plusieurs parts, il en demeura une dans son ventre qui ne se peust oster, laquelle a produit feuilles et fleurs, croissant tousjours sans que ce garson en souffre aucunement.»

[1] Ce doit être, veut bien m'écrire M. le marquis de Boisgelin, François Trichaud,

seigneur de Saint-Martin, Les Sieyes, etc., fils de Pierre, procureur général aux Comptes, puis président aux Enquêtes, et de Hélione Carbonnel. Il fut reçu le 18 mai 1629, devint doyen en 1669, se démit en 1673, mourut à Aix et fut enseveli aux Cordeliers le 16 avril 1681. Il avait épousé une demoiselle de Bionneau qui fit casser son mariage, à ce que dit Esmilly de Moissac dans son Histoire (inédite) du parlement de Provence.

[2] *Procli Diadochi Paraphrasis in Ptolomæi Tetrabiblon, seu libros IV de Siderum affectionibus* (Leyde, 1635, in-8°).

adventure je retiendray un peu plus longuement que les lettres, pour le voir avec loisir, comme aussi dernierement je ne m'advisay point entre autres choses de vous dire que la lettre latine qui m'estoit addressée venoit de la part du sieur Hortensius, et portoit qu'il m'addressoit deux exemplaires de ceste oraison qu'il a fait imprimer, l'un pour M⁰ Valois et l'autre pour moy, qui doivent estre demeurez à Paris ou en chemin, puisque pour me faire voir la piece il a fallu que vous m'ayez envoyé vostre exemplaire.

À Digne, ce ix mars 1634[1].

CX
À PEIRESC.

Monsieur,

Je vous ay fait à ce matin une asses grosse despesche par monsieur le Lieutenant. Ce mot ne sera que pour vous recommander en justice la cause de monsieur Neviere advocat de ceste ville et le donneur de ces lignes. Il a esté autresfois de mes auditeurs en philosophie, et je l'ay tousjours beaucoup aimé pour la bonté de son esprit et l'ingenuité de ses meurs. Je m'asseure donc que pour ceste consideration vous aurez soin de la conservation de son bon droit, sans qu'il soit besoin que je vous en die autre chose. Je me recommande tousjours tres humblement à l'honneur de voz bonnes graces et demeure à jamais,

Monsieur,

vostre tres humble et tres affectionné et tres obligé serviteur,
GASSEND.

À Digne, ce 10 de mars 1634[2].

---

[1] Bibliothèque nationale, fonds français, 9536, fol. 241. Autographe. — [2] Bibliothèque nationale, fonds français, 9536, fol. 250. Autographe.

CXI

À MONSIEUR, MONSIEUR GASSEND,
DOCTEUR EN Ste THEOLOGIE, CHANOINE ET THEOLOGAL
EN L'ÉGLISE CATHEDRALE DE DIGNE,

À DIGNE.

Monsieur,

Nous venons d'observer l'ecclypse au moings mal que nous avons peu Corberan et moy, et Mr Meynier qui y est survenu environ au mitan. Nous y avons faict et marqué une vintaine de temps et quasi aultant de phases, selon qu'à veüe d'œuil nous l'avons peu juger, tant par l'occupation de la circonferance que du diametre, et ne prenions les haulteurs qu'avec l'astrolabe, mais depuis le milieu en bas. Nous avons employé le grand carré dudict s^r Meynier aux principales, qui ne convenoit pas tant mal à l'astrolabe que nous y joignions quelquefoys. Tout cela neantmoings ne sçauroit rien valloir, si ce n'est que Mr de la Valette n'aye pas voulu observer, ou que le temps ne vous eusse pas esté aussy favorable là hault comme nous l'avons eu icy tout à souhaict depuis le commancement jusques à la fin. Mais je n'y ai pas esté au poinct du commancement, car je m'estoys amusé à attendre les 8 heures comme on m'avoit dict, et elle a fort peu tardé aprez les sept de commancer, mais sitost que Corberan s'en est apperceu, il m'a envoyé advertir, et quand j'y suis monté il n'en paroissoit encores guieres d'ecclypse. J'ay envoyé à ce matin à M^r L'huillier vostre pacquet de lettres avec l'un de voz cahiers que je leus hier au soir au retour du Palais, ayant reservé l'aultre pour le prochain ordinaire afin de le pouvoir lisre au prealable, ne vous pouvant exprimer le plaisir que j'ay prins à cette lecture, dont je vous entretiendray à vostre venüe, Dieu aydant.

Si vous eussiez esté icy, vous y eussiez eu le temps fort favorable, car bien qu'il eust esté deux jours à la pluye et couvert, il s'est deschiré à ce soir, et bien qu'il fust encore au matin, estoit neantmoings fort serain et fort doulx. Vous eussiez veu icy M⁽ʳ⁾ Bourdelot[1] qui a prins la poste ceste aprez-dinée avec le fils de M⁽ʳ⁾ Cotignon pour aller trouver M⁽ʳ⁾ le Conte de Nouailles qu'il croid trouver à Marseille pour s'embarquer sur ses galeres. Il regrette infiniment de ne vous avoir peu aller voir, mais si vous anticipez un peu vostre venüe, possible que les galeres n'auront pas sitost desmaré de Marseille. C'est un trez brave jeune homme et grandement curieux, et qui vous honore merveilleusement. Il m'a laissé quelque esperance de la venüe de M⁽ʳ⁾ de la Motte le Vayer, vostre intime amy, qui doibt aller faire la charge de secretaire de l'ambassade, mais il n'estoit pas encore tout à faict resolu à cela[2], dont il apprendra la resolution à Marseille et m'a promis de m'en advertir. Il est quasy minuit; c'est pourquoy je finis demeurant, en vous attendant en bonne devotion,

Monsieur,

vostre, etc.
DE PEIRESC.

A Aix, ce 14 mars 1634[3].

CXII

À MONSIEUR, MONSIEUR GASSENDI,
DOCTEUR EN S⁽ᵗᵉ⁾ THEOLOGIE, PREVOST EN L'ÉGLISE CATHEDRALE DE DIGNE,
À DIGNE.

Monsieur,

Depuis le passage de M⁽ʳ⁾ l'Evesque de Digne et la reception de vostre despesche du xi, il n'a quasi pas esté en mon pouvoir de prendre le temps de vous escrire, et avois hier prins la plume pour m'acquitter de ce petit debvoir, mais je fus encore interrompu, et fallut m'en

---

[1] Le médecin déjà plusieurs fois mentionné du nouvel ambassadeur de France à Rome.

[2] La Mothe-le-Vayer ne fut point secrétaire de l'ambassade du comte de Noailles. Il avait été question pour cet emploi d'un autre académicien, Jean Chapelain.

[3] Bibliothèque nationale, fonds français, 12772, fol. 135. Autographe.

descharger sur Garrat[1], à qui je baillay une lettre que vous escript M⁰ Deodati, accompagnée d'une de M⁰ Schikard escripte au s⁰ Bernegger avec charge de luy envoyer pour la vous communiquer, où est son observation de l'ecclypse. Je l'ay faict voir à M⁰ le Prieur de la Valette, et ay chargé Garrat de l'aller solliciter de faire l'examen de la comparaison des temps avec vostre observation, afin de voir s'il y aura plus d'equivoque ou non, comme la derniere foys. Je luy baillay aussy par mesme moyen une seconde lettre du s⁰ Galilée à moy dont j'ay envoyé l'original au s⁰ Deodati, et la coppie que M⁰ de Rossi m'a envoyée d'une aultre du mesme Galilée audict s⁰ Deodati en mesme temps; ensemble la copie de la replique par moy faicte audit s⁰ Galilée, afin que vous y voyiez mes badineries et des resveries qui me sont venües en l'esprit en luy escrivant à bastons rompus, et que je me suis dispencé de luy communiquer pour l'engager à en donner son advis, et voir s'il y auroit moyen de l'employer à sa faveur et à sa descharge et soulagement des rigueurs qu'il souffre. Bien marry que le tout soit si mal digeré et si mal rangé, mais ce n'est que pour luy servir d'aiguillon à faire mieux, et, si je ne me trompe, il y a quelque chosette dont je ne m'estois pas advisé de vous faire mention, entr'aultres cette sensible conversion (sur le tourner de la lune) de la pierre de la vessie de feu M⁰ le conseiller de Barras, qui avoit espousé une mienne cou-

---

[1] Bougerel prétend (p. 146) que Garrat, qu'il appelle Agarrat, était au service de Gassendi, en qualité de secrétaire. Garrat a sans doute assisté Gassendi dans quelques-unes de ses observations astronomiques, mais il appartenait à la maison de Peiresc, comme on le voit clairement dans plusieurs des lettres de ce dernier et aussi dans son testament. Agarrat, à force d'observer pour les autres, acquit une grande habileté et un grand renom, comme l'atteste ce passage de la *Vie de Gassendi* (p. 274) : « Antoine Agarrat était né à Saint-Maximin en Provence; il devint dans l'école de Gassendi un des premiers mathématiciens et astronomes du royaume. Après la mort de notre philosophe, les princes du sang et presque toute la jeune noblesse, dit Rocoles [*Introduction à l'histoire*, p. 308], s'en servoient plus ordinairement dans toutes les parties de l'importante science des mathématiques. Ce qui augmenta infiniment sa réputation, c'est qu'il avoit fait toutes les observations sous Gassendi; aussi Ismaël Bouillaud le comptoit-il parmi les plus célèbres astronomes; Payen l'élève au-dessus de tous ceux de Paris de son tems. »

sine germaine[1], et aprez la mort duquel je voulus voir la pierre tout exprez à cause de ce que le bonhomme disoit de ceste revolution ou rotation qu'il ressentoit dans sa vessie si evidemment. Ce que je ne pense pas qu'il eusse peu si facilement recognoistre si elle eusse esté parfaitement ronde. Mais elle estoit platte comme une chastagne et encores plus, et fault tascher de faire quelque nouvelle expériance pour voir si la nature nous pourroit faire voir quelque aultre effect pareil à peu prez, en enfermant divers sels dissoubs dans des fioles rondes pleines d'eau avec des petits globes suspendus au centre ou aultrement, et en essayer de ceux d'Aymant. Je veux escrire à Rome pour m'en faire arrondir au tour, comme ceux dont parle vostre Theophraste dont vous estes cause que j'ay receu le livre de Lapidibus[2] que je n'avoys pas leu à mesme dessein qu'à cette heure, les aultres fois. Aussy n'y avoys-je pas prins le mesme plaisir à l'examiner. C'est pourquoy je vous remercie bien fort de l'advis, ayant trouvé la proposition que vous alleguez du commancement reiterée en deux aultres endroicts, quasi en mesmes termes, et si bien il y a quelque chosette qui ne me semble pas bien compatible en tout, si est-ce que j'y en trouve de bien vraysemblables et bien faciles à comprendre et à concilier avec les effects qui en peuvent paroistre dans mes recueils de pierres precieuses et de sels, et specialement ceste pureté de matiere plus ou moings grande, selon qu'elle se purifie plus ou moings en pe-

---

[1] Antoine Emenjaud, seigneur de Barras, était fils puîné de Nicolas, conseiller au Parlement, et de Françoise de Bachis, sa seconde femme. Il naquit à Aix (paroisse Sainte-Madeleine) le 31 mai 1542; il fut pourvu d'un office de conseiller au Parlement (en la charge de son père) par lettres données à Paris le 10 novembre 1571 et fut reçu le 13 novembre 1573. Il avait épousé en premières noces, suivant contrat du 13 septembre 1571, Anne d'Arène, fille de feu Jean et de None Roux, et en secondes noces, en 1582, Diane de Poutevès, fille de Pierre, seigneur d'Amirat et La Forest, et de Madeleine Fabri de Callas. (Communication du marquis de Boisgelin.)

[2] Rappelons que les œuvres complètes de Théophraste avaient été publiées vingt ans auparavant, par Daniel Heinsius (Leyde, 1613, petit in-fol.), et que le traité des Pierres a eu plusieurs éditions spéciales. On a de ce dernier traité une traduction française, enrichie des notes de J. Hill (Paris, 1754, in-12).

netrant, ou transcoulant par les pores des os pour devenir crystal, ou bien qu'estant confondüe dans de la boüe ou du sable, ou de la terre, la pierre qui s'en forme est plus grossiere et moings susceptible d'esgalité ou de lustre et pollisseure. Car la mesme raison est en la generation des sables ou terres precieuses qu'en celle des pierres plus grosses, *mutatis mutandis*. Et quand on voit du sable dans les lunettes de Drebels, on y trouve aultant de façon et de perfection bien souvent qu'aux caillous entiers, et aultres pierres plus precieuses et diaphanes, sur quoy j'auroys bien de belles choses à vous dire quelque jour, marry de ne vous en avoir entretenu plus à loisir. Mr de la Ferriere m'escript de Genes[1] qu'à son retour il se veult arrester icy dix ou douze jours pour faire des experiances. Je l'exhorteray fort à poursuyvre la poincte de sa peregrination en Sicile pour y aller prendre des tesmoignages oculaires de cez merveilles de la nature qui y sont en tant de divers lieux, et espere qu'il s'en tirera bien du fruict aussy bien que de celle des boys petrifiez[2]. Pour vostre de Clave, je croys bien que la chimie luy peult suggerer de bonnes maximes à appliquer en la formation des pierres, mais s'il y pense restraindre toutes choses, il se trompera sans doubte bien fort, et trouvera de grandes incompatibilitez. Au reste j'ay esté bien aise que vous ayez encores peu voir troys ou quattre foys vostre Mercure. Le pauvre Garrat n'a pas esté si heureux à la fin qu'au commencement, des brouillards l'ayant empesché de bien observer sa vraye disparution. Il vous envoyera toutes ses observations

---

[1] Cette lettre du docteur Jacques de la Ferrière ne nous a pas été conservée. De toute la correspondance de ce savant avec Peiresc il n'a survécu que deux ou trois pages écrites par le médecin agenais. En revanche nous possédons un assez grand nombre de lettres qui lui furent adressées par Peiresc et qui paraîtront dans la troisième série du présent recueil.

[2] Sur ces bois pétrifiés qui reparaissent souvent dans la correspondance de Peiresc, voir un piquant passage du *Mascurat* que j'ai cité dans le fascicule XIII des *Correspondants de Peiresc* (p. 52), passage où ne sont épargnés par le maître railleur ni le médecin J. de la Ferrière, ni le chanoine Claude Menestrier, ni même Peiresc. À tous ces personnages Naudé reproche un peu trop de crédulité au sujet des prétendus bois fossiles, qui en réalité étaient très modernes.

s'il ne l'a desja faict. Si vous r'escrivez au bon Mʳ Schikard, je seray bien ayse de luy escrire un mot aussy sur cez maleurs publiques pour luy donner courage d'y resister avec sa constante vertu.

J'ay faict tenir à Mʳ L'huillier vostre despesche, et pense qu'aurez eu la sienne, et comme à quelque chose malheur est tousjours bon, selon mon sens, j'estime que la requeste de voz parties au Conseil vous aura esté plus utile, si ce Maistre des Requestes vous tient parole, et s'il s'en ensuit un arrest de refus, comme il se debvroit faire, que si l'on ne vous avoit jamais rien dict. Oultre que cela vous peult faire la planche d'autres choses plus importantes à vostre contentement. Ayant esté grandement aise de l'advis de ceste terrasse de l'hostel de Cluny dont je vous felicite à l'advance la bonne commodité [1]. Et m'offriroys en un besoing de rompre la glace pour vous faire forcer de vous en prevaloir, comme les dames sont quelquefoys bien aises d'estre forcées à ce qu'elles desirent le plus. Il me reste à vous remercier comme je faicts trez humblement de voz deux sermons où j'ay trouvé de trez belles pointes et dignes d'un esprit comme le vostre, ne les ayant pas encore peu voir et savourer bien à souhaict dans la presse qui m'accable. Mais je n'en perdray pas le temps, et seray bien aise d'en faire parade en de bonnes occasions qui s'en peuvent presenter, principalement la premiere foys que Mʳ le President du Chaine viendra voir mon estude, je veux qu'il les trouve sur ma table et quelque autre encores si vous m'en faictes part à la rencontre. N'estant pas raisonnable que vous les laissiez perir dans un coffre [2], quoyque vostre modestie y puisse trouver de repugnance. Mon frere vous remercie très humblement de l'honneur de vostre souvenir. Il est parti ce matin pour aller au devant de Mʳ le Mareschal, ne l'ayant plustost osé faire, tandis que ma niece estoit en quelque danger, car vous aurez sceu, je m'asseure, qu'elle a eu une grande fiebvre continüe avec des reprises de tierce double, et le

---

[1] Savait-on que Gassendi avait eu son observatoire à l'hôtel de Cluny, célèbre à tant d'autres titres?

[2] Bougerel et les autres biographes de Gassendi n'ont pas mentionné, ce me semble, les sermons manuscrits du prévôt du chapitre de Digne. Ont-ils donc péri dans le coffre où Peiresc s'inquiétait de les voir ensevelis?

pourpre durant quatre ou cinq jours, graces à Dieu elle n'a jamais eu de signe bien dangereux, et les remedes y ont esté appliquez si opportunement que graces à Dieu, ell'est quasi sans mal aprez le xi° et avec gayetté. Cela a bien cooperé à m'embarrasser n'ayant pas besoing, comme vous sçavez, de grande surcharge à mes ordinaires foiblesses, et cela aussy me servira, s'il vous plaict, de legitime excuse du retardement de ma responce, m'en estant reposé sur Garrat soubs vostre bon plaisir, et vous suppliant de me commander sans ceremonie, comme,

Monsieur,

vostre, etc.

À Aix, ce 19 avril 1635[1].

CXIII

À MONSIEUR, MONSIEUR GASSEND,
DOCTEUR EN Ste THEOLOGIE, PREVOST EN L'EGLISE CATHEDRALE DE DIGNE,
DIGNE.

Monsieur,

Vostre dernier pacquet arriva une heure devant la closture du mien pour l'ordinaire par lequel j'avoys desja escript à Mr Luillier n'ayant plus gueres d'esperance que vos lettres arrivassent assez à temps. Mais je fus bien aise de m'estre trompé, et ne fus pas marry du retardement de voz lettres puisqu'il me servit d'esguillon pour escrire à une persone à qui je suis si redevable. Le dernier ordinaire nous apporta la nouvelle de la mort de Mr de Meslay, conseiller au Parlement de Bretagne, frere de Mr de Thou, arrivée inopinement le jour de Pasques, dont vous pourrez voir la relation que m'en a faicte Mr de Sainct Sauveur, et l'estat des affaires de son voyage du Levant[2], pour lequel il m'avoit escript quelques jours y a qu'on le pressoit bien fort, et qu'il pressoit

---

[1] Bibliothèque nationale, fonds français, 12772, fol. 187. Autographe. — [2] C'est-à-dire du voyage au Levant du frère du décédé, de François-Auguste de Thou.

de son costé son equipage et l'ordre qu'il devoit laisser à ses affaires domestiques tant qu'il pouvoit, mais pour grande diligence qu'on peust apporter, il n'esperoit pas se pouvoir rendre icy avant la Pentecoste, ce que je n'ay pas creu vous pouvoir dissimuler, dans la demande que vous m'en faictes par vostre derniere, dont je ne me seroys pourtant pas vanté, d'apprehension que cela ne retardast vostre retour icy; mais quand vous anticiperiez ce temps là, il n'y auroit pas grand danger, vous n'y viendrez jamais assez tost à l'esgard de noz souhaicts, et certainement je m'apperçois tous les jours de mille choses que je debvroys bien vous avoir communiquées avant que vous nous eschappiez, et qui ne seroient peult-estre pas hors de vostre goust, ne inutiles au public, passants par vostre allambic. J'ay receu le bahut des escripts du P. Campanella dans lequel il me dict avoir enfermé une celebre lunette de longue veüe pour mon compte avec quelque anticaille; mais on ne m'en a pas envoyé les clefs, et je feray scrupule de faire crocheter la serrure, si ce n'est par occasion de vous faire voir de ses escripts, comme il m'en avoit cy-devant conjuré, car pour moy seul je ne doibs pas tant presumer que de croire qu'il soit à propos.

Garrat vous envoye son cahier des observations de Mercure que Mr de la Valette vid hier, et tesmoigna de n'en estre pas mal edifié. En me retirant hier au soir, je m'apperceus d'un halos autour de la Lune qui estoit des plus jolis que j'eusse encores veu, à cause des estoilles qui se rencontroient couvertes par iceluy sur les bords. Je le laissay aprez à en prendre les dimensions, et voudroys bien sçavoir si la disposition de l'air n'auroit pas esté si generale que vous eussiez veu en mesme temps en voz cartiers quelque chose de semblable pour voir la differance des aspects et de la situation des dictes estoilles, et tascher de juger de la haulteur du lieu par les parallaxes et differances de la situation et voisinage ou esloignement des dictes estoilles. Cela m'a ouvert l'esprit à des pensées concernant les arcs en ciel dont je ne m'estois pas encor advisé, et dont je seray bien ayse de vous entretenir quelque jour, Dieu aydant, qui seront peut estre trop esloignées de tout ce que l'on en a escript. Mais c'est tout un; il fault tenter ce qui en pourra reuscir, puisqu'il se perd tant de bonnes choses faulte d'essayer, et qu'il se faict de si heureuses rencontres lorsqu'on y pense le moings. Je n'ay jamais veu les parhelies, mais si j'estoys assez heureux pour cela, je pense que j'y rencontreroys quelque chose d'extraordinaire à la consequance des observations de mes ieulx.

L'on n'a poinct encores parlé de voz consuls que je sçaiche; j'y suivray voz sentiments aultant qu'il me sera possible, et seray à jamais, Monsieur,

vostre, etc.
DE PEIRESC.

À Aix, ce 26 avril 1635[1].

CXIV

À MONSIEUR, MONSIEUR DE PEIRESC,
ABBÉ ET SEIGNEUR DE GUISTRES,
CONSEILLER DU ROY EN SA COUR DE PARLEMENT DE PROVENCE,
À AIX.

Monsieur,

Je ne doys point partir de ce beau lieu[2] sans vous dire que j'y ay esté, et que je l'ay trouvé tel que je t'apporteray à une singuliere faveur d'y revenir à toutes les fois qu'il vous plairra de m'y convier par vostre presence. Disposez vous seulement à faire ce que vous avez proposé, et vous verrez si de mon costé je seray homme de parole. Certes il m'est advis qu'à grand'peine je me pourray tenir de vous dire comme autresfois mon patron Faciamus heic, etc.[3]. Je croy mesme que si l'estat des affaires de vostre maison ne rand point quelque jour vostre

[1] Bibliothèque nationale, fonds français, 12772, fol. 189. Autographe.

[2] Dans cette lettre, véritablement charmante, Gassendi a été très heureusement inspiré par son séjour à Belgentier. On peut en rapprocher ce qu'il a répété de ce *beau lieu* dans la Vie de Peiresc (p. 8).

[3] On a reconnu les paroles de saint Pierre : *Faisons ici notre demeure*, etc.

presence extremement necessaire à Aix, vous serez le plus aise du monde de venir donner vos derniers jours au mesme lieu qui vous a veu naistre[1]. Et pourquoy non, puis que si avant que de venir au monde il vous eust esté possible de choisir un lieu natal, il semble que vous eussiez deu faire choix de cestuy-cy. Il est vray que vous l'avez en partie rendu tel qu'il est. Qu'il soit vray aussi que vous l'ayez fait pour y achever plus heureusement vostre vie. Je souhaitte cependant qu'elle soit tres longue et dans un tel estat de santé que vous puissiez gouster les plaisirs que vous peut fournir une si aggreable et noble retraite. C'est en vous baisant tres humblement et affectueusement les mains avec les remerciements que je vous dois pour les caresses que j'y ay receues. Les divertissemens que monsieur Gassin a eus ne nous ont point permis d'aller visiter les montagnes dont vous me parlastes avant mon despart[2], mais je me reserve de les voir avec vous et de philosopher de toutes choses avec plus de repos et de presence d'esprit que le soin des affaires ne m'en a permis tandis que j'ay eu le bien d'estre aupres de vous. En attendant que cella arrive je suis tousjours,
Monsieur[3],

vostre, etc.,

De Boisgency... mai,.....[4].

CXV

À PEIRESC[5].

Monsieur,

Je ne vous ay point escrit depuis mon despart de Boisgency parce que j'ay depuis tousjours esté en voyage, et ne suis arrivé en ceste

[1] «Natus est ergo in memorato Belgenserii Castro Peireskius, etc.» (*De vita Peireskii liber primus*, p. 8.)

[2] Peiresc avait dû surtout appeler l'attention de son savant ami sur une des curiosités de ces montagnes, les pétrifications dont il a fait la description dans une lettre à Pierre Dupuy (tome II, p. 208).

[3] Le reste est coupé, mais une note de Peiresc au dos de la lettre dit: «M. Gassend. 8 may 1635.»

[4] Bibliothèque nationale, fonds français, 9536, fol. 252. Autographe.

[5] Cette lettre et la suivante ont été pu-

ville que dez avant-hier. Je n'y serois pas mesmes sitost revenu, sans la necessité de ma presence au jour de la feste d'hier[1], qui est la plus solennelle que nous ayons dans nostre Église. C'est le seul jour auquel nous portons toutes nos reliques en procession, y ayant d'ordinaire grand concours de peuple de touts les lieux circonvoisins; or ayant consideré que Mons' nostre Evesque n'estoit point icy pour faire l'office, et que des aultres dignités l'archediacre n'est point prestre, le sacristain est absent, le cabiscol[2] ne sçait point chanter, et pour les chanoines qu'il en manque quatre, et que des autres qui demeurent, les uns ne sont point celebrans, les aultres ne le sçavent point faire, et les aultres sont necessaires à des aultres fonctions; cella a esté cause que je me suis tousjours proposé d'estre icy à la veille de ceste feste, comme n'en pouvant point estre absent sans encourir beaucoup de blasme. Je vous dis cecy par advance afin de m'excuser envers vous, si ayant passé à deux lieues près de Peiresc[3], je n'ay point veu ce lieu là estant veritable que si j'eusse peu disposer encore d'un demy jour, ny le mauvais païs ny les neiges qui y sont encore à tout le moins aux montagnes, ne m'auroient point empesché d'aller. Vous serés sans doubte un peu estonné d'ouïr dire que mon chemin a esté adressé de ce costé là, ne vous en ayant moy dit ny escrit aulcune chose, mais je n'avoys garde

bliées par mes soins, en 1887, dans les *Annales des Basses-Alpes*, *Bulletin de la Société scientifique et littéraire de Digne*, sous le titre d'*Impressions de voyage de Pierre Gassendi dans la Provence Alpestre*. Il en a été fait un tirage à part à cent exemplaires, depuis longtemps épuisé (Digne, imprimerie Chaspoul, Constans et V° Barberoux). Bougerel avait donné l'analyse avec divers extraits des deux lettres (p. 146-157).

[1] La fête de l'Ascension. En 1635, la fête de Pâques avait été célébrée le 8 avril.

[2] Du bas-latin *Capischolus* (Voir le *Glossaire* de Du Cange). *Cabisco* était le nom provençal du chanoine chargé des écoles.

[3] J'ai rappelé (recueil Peiresc-Dupuy) que la localité qui a donné son nom à mon héros est aujourd'hui une toute petite commune du canton de Saint-André-de-Méouilles, arrondissement de Castellane. J'ajouterai au sujet des divers propriétaires de la terre de Peiresc cette citation empruntée à l'*Histoire et géographie des Basses-Alpes* par l'abbé Féraud (p. 270) : « La terre de Peiresc appartint successivement à Paul de Bonfils, par son mariage avec Françoise de Guiran. Elle passa à Jacques de Bayol, greffier au parlement d'Aix, et à Jean Gaspard de Bompar. Celui-ci ne laissa qu'une fille, Marguerite de Bompar, mariée à Reynaud de Fabri. De ce mariage naquit le célèbre antiquaire, etc. »

de vous en rien dire estant à Aix, ou le vous escrire de Boysgency, parce que je n'y avois pas seulement pensé, ny n'en ay faict de dessein, qu'en chemin faisant aussy bien que de voir quelques autres lieux, dont la cognoiscence et curiosité m'est venue en voyageant.

Je ne m'estoys proprement destiné qu'à voir Nostre-Dame-de-Grace[1] avec la cascade d'eau de Sillans[2], qui en est à une lieue, et à aller visiter une parente que j'ay à Draguignan à laquelle il y a longtemps que j'avois promis de donner une semaine, mais comme je me trouvay à Draguignan, je me proposay de mieux employer cette semaine qu'à une seule et simple visite de femme, et me trouvant si proche de Fréjus et de St Honoré de Lerins[3] que j'avois autresfois bien desiré de voir, je me resolus d'aller visiter des lieux si considerables; estant à St Honoré je creus que je devois aller à Antibe et m'en revenir par Grasse. En partant de Grasse, au lieu de suivre le droict chemin, je pris une guide[4] pour aller voir l'origine de l'aqueduc de Fréjus avec cet admirable ouvrage qu'on appelle Roquetaillade[5]. Parvenu à Castellane, je m'apperceus que j'auroys encore justement du temps pour aller voir la fontaine de Colmars. Je le fis donc ainsi, et tousjours par la grace de Dieu avec un succès le plus heureux du monde; je l'appelle heureux tant par ce que ça esté tousjours en bonne santé, que parce

---

[1] L'église de Notre-Dame-de-Grâce, but de pèlerinage de grande célébrité, est aux environs de Cotignac, chef-lieu de canton de l'arrondissement de Brignoles, à 36 kilomètres de Draguignan. Voir ce que dit Bougerel (p. 146) de cette «maison des prêtres de l'Oratoire au diocèse de Fréjus, et à douze lieues d'Aix, située au haut d'une montagne au milieu d'un bois».

[2] Sillans (canton de Tavernes, arrondissement de Brignoles) est à 28 kilomètres de Draguignan.

[3] On dit plus souvent : l'Île Saint-Honnorat. C'est cette dernière forme que l'on trouve dans Bougerel (p. 152).

[4] N'oublions pas que, selon la remarque de Littré, *guide*, dans le xviie siècle, se disait au féminin, comme le prouvent divers exemples empruntés par le savant philologue à Bossuet, à Chaulieu, à La Fontaine, à Molière, etc. Ajoutons que tous les bibliophiles connaissent un livre publié au xvie siècle sous ce titre : *La guide des chemins de France* (Paris, Charles Estienne, à la fois auteur et imprimeur, 1552, petit in-8°).

[5] À cinq lieues de Fréjus, selon l'indication de Bougerel (p. 152). Roquetaillade appartient à la commune de Mons, canton de Fayence, à 33 kilomètres de Draguignan.

que je n'ay point eu de mauvais temps, voire quand j'ay eu besoin d'un jour serain parmy cinq ou six nuageux, je l'ay eu, et quand j'ay voulcu estre sur la mer, le calme y est arrivé tout à point après de tres grands orages. Mais il ne suffit point de vous dire simplement cecy puisque je m'asseure que vous vous attendez à quelque récit de mes petites adventures.

Je commenceray donc par le phenomene de Sillans, où j'avoys vouleu me rendre de Boisgency avant le coucher du soleil, mais voyant le ciel fort couvert je m'arrestay à Cotignac où aussy bien il m'eust fallu retourner dez le soir mesme pour y faire mes petites devotions. En la matinée suivante je fus fort diligent à dire la messe, et le prestre qui m'accompagnoit aussy et avant que de partir de là, je veux dire de la montagne ou Eglise de Nostre-Dame de Grace, je me fis conduire par un de ses pères, qui me dit avoir serieusement pris garde au lever du soleil au temps des Equinoxes sur le toict de leur Eglise. Estant là il me monstra pour le lever equinoctial une des montagnes de l'Esterel, et parce que je recogneus d'ailleurs la montaigne de Pourcieulx, je m'imaginay la situation d'Aix et colligeay[1] qu'à ce compte là Aix, Cotignac et Canes, qui est à une lieue au delà de l'Esterel, seroient en mesme parallele. Ce bon homme là me dict que d'une montagne qu'il y a là tout contre, et sur le couchant d'esté qu'on appelle Besseillon[2], on pouvoit descouvrir toutes les principales montaignes de Provence. Je l'en creus facilement pour estre cet endroict là comme le centre du païs, et me proposay que si quelque jour falloit faire ou reformer la charte de cette province, ce pourroit estre là une fort commode station.

Mais pour revenir à Sillans, j'y arrivay sur les huict heures, le ciel estant rasserané et l'air le plus calme du monde. Je n'arrestay point au

---

[1] C'est-à-dire *je recueillis*, et, par extension, *je conclus de mes observations que*. Ce sens du mot *colliger* se trouve souvent dans les auteurs du XVIᵉ siècle, rarement dans ceux du XVIIᵉ.

[2] Bougerel, au sujet de la montagne appelée Besseillon, renvoie (p. 147, note en marge) à l'ouvrage de Gassendi: *Commentarii de rebus cœlestibus* (1658, in-fol., p. 266).

village, mais me fis conduire d'abord vers ceste cheute d'eau, qui en est à une ou deux mousquetades[1] au long d'une vallée qui tire vers le Levant et qui commence dez le village. L'eau qui s'y precipite luy arrive du costé du Septentrion et c'est l'eau d'une petite riviere[2] qui n'est guieres moindre que Gapeau à Boisgency[3]. Ainsy le rocher escharpé du hault duquel l'eau tombe, vise assez precisement vers le Midy, quoyque les costes, avançant un peu vers la vallée, y fassent une forme de croissant. La cheute s'y fait comme par quatre canaulx, mais fort proches l'un de l'aultre, en telle sorte que toute l'eau est fort réunie dans le bas, et monstre de largeur ou de face quelque six toises, oultre une cascade separée sur l'endroit qui avance du costé d'Orient où mesme l'eau bondit et escume davantage pour n'estre point le roc escharpé ni creux à l'esgal du reste. La haulteur du rocher et par consequent de la cheute peult estre de douze ou quinze toises[4], et pris-je garde que d'une grande quantité de pigeons, qui volletoient à l'entour, ils estoint la plus part toutz noirs. L'eau en se precipitant est receue comme dans un lac de largeur ou diametre de quelque cinq ou six canes, aprez lesquelles elle est versée par une aultre descente vers la vallée que j'ay dict viser du Couchant au Levant.

Au reste le lieu est fort inabordable parce que par le hault le lieu est comme marescageux, et d'ailleurs il y a bien du danger de s'approcher trop du bord du precipice, et par le bas il y a l'eau mesme et des rochers avec des arbres et des broussailles qui empeschent extremement d'y voir et considerer toutes choses à plaisir. Quand j'y arrivay,

---

[1] Bougerel, un peu infidèle en son analyse de ce passage, fait dire à Gassendi (p. 147) : « à *deux ou trois* portées de mousquet du village ».

[2] Cette petite rivière que Gassendi et Bougerel ne nomment pas est la rivière de la Bresque, qui prend sa source au château de Saint-Jean-de-Bresc, ancien fief des Templiers, érigé en marquisat, avec Fox-Amphoux, en faveur des d'Albert, qui le possédaient conjointement avec la famille de Sigaud. À cette dernière famille appartient M. Louis de Sigaud-Bresc, l'auteur de l'*Armorial des communes de Provence*, beau-frère de M. Léon de Berluc-Perussis.

[3] On sait que Peiresc fit construire un aqueduc au moyen duquel les eaux du Gapeau se répandaient dans les magnifiques jardins de sa maison de campagne.

[4] On donne généralement à la chute une hauteur plus considérable (cinquante mètres).

le soleil n'esclairoit point encore la face du rocher, mais seulement une partie du lac du costé du Sud-Ouest. J'y regarday de divers endroictz, mais je n'y descouvrys qu'une legere teinture, et confusion de coleurs de l'arc en ciel lorsque je fus au haut du rocher, et du costé du Nord-Est, ayant le soleil aulcunement à doz et vers la main gauche. J'ay oublié de vous dire que le brisement et le rejaillissement de l'eau qui se precipite d'une telle haulteur dans ledit lac, joint à l'esparpillement qui est faict au long d'une cheute si violente, cause comme une poussiere d'eau, ou comme un leger nuage et pluye très deliée dont les gouttelettes imperceptibles m'alloient mouiller, et se faisoient après voir, en les regardant du costé du soleil, à plus de dix toises loin. Ce fut donques une impression que le soleil me fit voir en la poussiere ou vapeur ou, si vous voulez, fumée qui regnoit sur le dit coin du lac aussi bien que sur tout le reste.

Or quand après je fus descendu au bas, le soleil esclairant desja une partie de la face du rocher avec davantage du lac, je descouvris d'abord une portion d'arc en ciel parfaitement bien peinte; elle finissoit à main gauche, ou d'un costé du Conchant à l'endroit du rocher qui estoit un peu au delà de la cheute, et à quelque cinq pieds au dessus du lac, et par ainsi plus d'une toise au dessus du niveau de mon œil, à main droite elle venoit à s'esvanouir dans ledit lac, y descendant comme en escharpe de travers la cascade et plus forte poussée du rejaillissement. Je n'avoys point le soleil bien à doz, mais un peu à main droite.

Je descendys après un peu plus bas, et alors cette portion d'arc s'abaissa d'aultant, et estant monté plus haut, elle s'esleva de mesme. Le Beneficié[1] qui m'accompaguoit grimpa sur un arbre, dont il s'estonna de la voir si hault eslevée à travers la face du rocher et entierement hors du lac; j'y montay aussy pour la voir de mesme et après encore plus hault sur le terrain par lequel on peult descendre du hault du rocher du costé du Levant, dont je le vys sur le milieu du rocher,

---

[1] Bougerel traduit ainsi (p. 149) : *un ecclésiastique.*

mais tousjours au dessoubz de mon niveau et avec un peu de biaisement en bas du costé de ma main droicte. Je retournay après à l'endroit dont je l'avois veue la premiere foys et la recogneus fort sensiblement plus abaissée qu'au commencement non pas pour la position de mon œil, mais pour l'eslèvement du soleil qui montoit encores vers le Midy. Cependant je feis passer et repasser le Beneficié non sans bien de la peine au delà du torrent par lequel le lac se descharge en telle façon qu'il vist le lac ou une partie d'iceluy entre son œil et le soleil, et il me rapporta avec estonnement que de cet endroict là il ne voyoit aulcune chose. Je m'attendoys de l'y faire repasser après midy pour le faire encore plus estonner de quoy de cet endroict là il eust veu quelque chose et rien de l'endroict dont nous le voyons alors, mais sur les onze heures il survint des nuées qui, avant midy, eurent couvert tout le ciel, et nous obligèrent de nous retirer.

Ce fut neantmoins après avoir veu de ce phenomene autant qu'il en falloit pour colliger que cette portion d'arc en ciel estoit de mesme nature que celuy que nous voyons communement peint dans les nuées. Que si cet arc icy se trouvoit mutilé à main gauche et du costé du Couchant, c'estoit à faulte de matiere, et pour l'esloignement ou fuite du rocher qui estoit au dos de la vapeur, estant plus que vraysemblable que si du costé du Couchant et un peu vers le Midy la vapeur et le rocher eussent esté opposés, de mesme j'aurois veu un demi-cercle, dont la partie plus eslevée eust esté à l'opposite du soleil, et le costé de ma main gauche biaisant en bas de mesme que celuy que j'avoy à ma main droicte. Et il ne fault point s'estonner si cet arc estoit plus bas que mon œil, parce que non seulement le soleil estoit fort haut, mais mon œil mesme, constrainct par la situation du lieu, se trouvoit plus hault que la vapeur sur laquelle estoit faicte l'impression.

C'est ainsy que parfoys du haut d'une montaigne toute entourée en sa racine des brouillards rapides on a veu (le soleil estant fort approchant du Zenith) non plus l'arc en ciel en demi-cercle [mais] entier ou grandement approchant et je suis bien trompé si ce n'est Porta qui dans le traité des Meteores dit d'avoir observé des semblables choses sur les montaignes du Montferrat[1]. Et certes icy mesmes je m'apperceus m'estant advancé le plus que je pouvoys vers le lac, et du costé du Couchant, et ayant ma main droicte directement au Septentrion, que la dicte portion d'arc s'estendoit encore beaucoup vers mon doz en telle sorte que si c'eust esté la mesme chose du costé gauche, il y auroit eu là les deux tiers ou les trois cartz d'un cercle. Il ne fault point toutesfois que je dissimule qu'imaginant le cercle entier, je ne m'en voyois point estre comme au centre, parce que l'endroict que j'avoys à ma main droicte estoit beaucoup plus proche de moy que ce qui estoit plus vis à vis de moy, à cause, comme je pensay, de la situation du corps qui faisoit l'opacité au derrière.

Quoy qu'il en soit, je n'observay point ce que Mr Guion nous avoit dict, sçavoir est qu'en cet endroict on vid l'arc en ciel avec ses bras ou cornes en hault, mais par aventure l'avoit-il imaginé ainsi, sur ce que s'il avoit veu cette portion de cercle le matin ainsi que moy, il avoit consideré son biaisement de droicte à gauche, et si après midy de gauche à droicte en telle sorte qu'il y mist tousjours un bras pris de bas en hault. En effet si vous parlés à luy, et le priez de s'en souvenir, je suis comme asseuré qu'il ne dira point qu'il ait veu tout à la foys les deux bras de l'arc visant contre mont. Il m'estoit eschappé de la memoire de vous dire que les coleurs de cette portion d'arc rangées de mesme qu'en l'arc en ciel ordinaire y estoint non seulement bien peintes, mais encores qu'à cause de l'agitation de la vapeur causée par la violence de la cheute, et du rejallissement de l'eau elles estoint en un perpetuel ondoyement, et en un mouvement aussi vif que vous ayez jamais veu flamme, et voilà pour ce que je vis à Sillans.

Le mesme jour (c'estoit le mercredy neufiesme de ce moys), le ciel s'estant un peu esclairci sur les troys et quatre heures après midy, il y

---

[1] Je suppose que le *Traité des Météores* dont veut parler Gassendi n'est autre chose que l'ouvrage du physicien napolitain (1540-1615) publié sous ce titre : *De aeris transmutationibus libri IV* (Naples, 1609, in-4°). C'est le premier sérieux traité de météorologie que l'on connaisse. Gassendi n'a pas manqué de faire mention de Porta dans cette vie de Peiresc, que l'on peut appeler une petite encyclopédie.

eust une couronne à l'entour du soleil, laquelle ayant disparu, il en revint un fort leger et presque insensible vestige du costé du Midy un peu avant les six heures, tandis que j'estoys entre Flayolz[1] et Draguignan. Or ce qu'il y eust de considerable, ce fust un espece de parhelie qui y parust tout au niveau et de la mesme hauteur que le soleil durant plus de demie heure. Tout le reste de la coronne, qui prenoit de hault en bas par le Midy ou à main gauche, ainsy que j'ay dict, imperceptible, mais en cet endroict là c'estoit comme un nœud avec les coleurs de la coronne tres vives, en telle sorte que qui n'eust point veu le vray soleil à main droicte, il eust pris d'abord ce parhelie pour le soleil mesme, mais paroissant à travers des nuages qui l'eussent rendeu sombre et un peu rougeastre.

Quand je veys la premiere foys ladicte coronne, j'estoys entre Villecrose[2] et Flayolz. Or de Salernes je m'estoys destourné vers Villecrose pour y voir les grottes dans lesquelles l'eau qui distille d'en hault de toutz les costez faict des petrifications admirables, et pour les figures, et pour la grandeur et pour la diversité; je ne vous en entretiendray point, parce que je m'asseure que passant par là vous aurez veu autresfois ce lieu. Je vous diray sulement que parmy un grand nombre de colonnes naturelles bien droictes et haultes, qu'on y void encore simples, doubles, triples, quadruples et de l'espoisseur du poulce, du bras, etc., les soldatz et aultres gentz y en ont cassé beaucoup, mais en telle sorte qu'on y void encore la partie inferieure plantée, et la superieure suspendue. Or j'y remarquay deux choses assez considerables, l'une que l'inferieur desdictes colomnes paroist annuellé à la façon de plusieurs bois qui semblent tesmoigner en cela diverses surcroissances; l'aultre que la portion demeurée suspendue de quelques-unes de ces colomnes reçoit des appendices par le moyen de l'eau qui continue d'y fluer. Je pris garde entre aultres à une qui avoit esté triple et dont les deux parties ayant demeuré en l'estat de leur recommencement, la troisiesme

---

[1] Flayolz ou, comme on dit plus souvent, Flayosc, est une commune du canton de Draguignan, à 8 kilomètres de cette ville.

[2] Commune du canton de Salernes, arrondissement de Draguignan, à 21 kilomètres de cette dernière ville.

a desja pris une forme de queue au bout de laquelle ayant veu une goutte d'eau, j'y mis le doigt et l'ayant emportée, sentys un peu de creux auquel ladicte goutte avoit esté enchassée ainsi qu'une perle. La figure en estoit à plus près comme je m'en vais la marquer icy au costé.

Il n'est pas à propos que je vous die rien des Antiquitez de Frejus parce qu'ayant vous esté sur le lieu, vous y aurez sans doubte mieux et plus curieusement que moy observé toutes choses, aussy bien qu'à St Honnorat, à Antibe et à Grasse. Sulement parce que je m'imagine que par adventure vous n'aurez point veu un lieu si escarté, et de si difficile abord, qu'est celuy de Roquetaillade, je m'en vay vous dire à peu près comme quoy il est faict. On estoit allé prendre au dessoubs des monts et à cinq lieues de Frejus l'une des sources de Siagne pour en conduire les eaux à Frejus, aprez les avoir conduictes environ un quart de lieue au long d'une coste de montaigne qui va du Ponent au Levant; il restoit à les conduire par un contour de la mesme montaigne qui a le mesme aspect, et en laquelle on void plusieurs vestiges bien insignes de l'aqueduc. On en voit aussy de mesme par les costez dudit contour où la montaigne a assez de prise et de talu pour les souffrir. La peine pour ceux qui conduisirent cet ouvrage fust sur le milieu dudict contour, qui vise vers le Levant, parce qu'ilz rencontrèrent là un roc escarpé d'une haulteur effroyable, car je croy qu'elle est pour le moins de trente ou quarante toises, en telle sorte qu'il n'estoit pas possible de bastir rien à l'entour; il falloit donc en percer le rocher ou creuser à jour depuis le hault jusques au niveau de l'eau durant soixante-dix ou quatre-vingt pas. Ce fust donc ce qu'ilz firent, mais il leur arriva une disgrace; c'est qu'après avoir crusé au long de cet espace là environ six toises de haulteur et une de largeur, la partie du rocher qui estoit demurée du costé du precipice comme une muraille ou voute s'abattit, soit pour n'avoir assez d'espoisseur, ou assez de continuité, paroissant mesme encore quelques legeres, mais naturelles fentes en ce qui demure. Ilz s'advisèrent donc de tailler de nouveau le rocher plus avant du costé de la montaigne, et de faire une ouverture de pareille haulteur et largeur que l'autre, et c'est cella qui paroist encore aujourd'huy, et pour empescher que la bariere du costé du precipice ne s'abbatist encore un coup, ilz laissèrent un arc assez espois vers le milieu de la pierre mesme affin que la barrière demeurast par ce moyen attachée au roc qui est fermé du costé de la montaigne; en effet elle y tient fort bien encore aujourd'huy.

J'aurois ensuite à vous entretenir d'une grande quantité de fontaines salées que j'ay veues en mon chemin, ou dont j'ay gousté de l'eau et qui ont esté descouvertes en cez quartiers des montaignes par une espèce de Providence depuis que l'encherissement du sel a privé tout ce pauvre monde du moyen d'en achepter. Mais je me reserve de vous en discourir plus particulierement quand j'auray examiné combien elles sont salées plus les unes que les aultres, vous pouvant sulement dire pour le present que jusques icy j'ay treuvé celle de Moriez[1] la plus salée de toutes, car elle l'est à un point que je la tiens plus salée cinq ou six fois que l'eau de la mer. En effect les pauvres pour saler leurs grands pesées de potage n'en mettent communement que deux ou trois cueillerées.

J'avoys aussy beaucoup de choses à vous dire de la situation de diverses montaignes qui ont quelque suite et des couches des rochers que j'ay observées en chemin faysant, mais en peu de mots, il est vray, que la plus grande partie des montaignes qui ont quelque suite sont disposées du Couchant au Levant, et que leur endroit coupé en precipice vise vers le Midy et le talu vers le Septentrion.

Monsieur, j'en estois parvenu avant-hier jusques icy, croyant que Mʳ Robert, frère de Mʳ nostre Sacristain, deubt partir hier pour vous

---

[1] Commune du canton de Saint-André de Méouilles, arrondissement de Castellane, à 33 kilomètres de Digne. Bougerel ajoute (p. 155) que l'historien Honoré Bouche, dont il cite à ce sujet la *Chorographia de Provence* (livre VI, chap. vii, p. 35), se trouva avec Gassendi à Moriez et s'associa à ses expériences. J'ai publié (*Impressions de voyage de P. Gassendi*, p. 16, note 1) une lettre du prévôt de Saint-Jacques au chanoine de Fréjus Antélmi, écrite d'Aix le 6 juin 1637, et qui se rapporte un peu à la relation présente, car il est question dans les deux documents de la petite ville de Sillans.

porter ma despesche, mais son despart ayant esté differé, et ayant moy creu que j'avoys assez de temps pour achever ma relation, je m'estoys laissé gagner à la paresse; maintenant à l'issue de matines, et comme je m'en alloys dire la messe, on m'est venu advertir du despart de ce porteur dans demie-heure. J'ay donc quitté là tout aultre dessein, et m'en suis venu pour vous envoyer cependant cecy, et y joindre un mot pour Mr Luillier qui puisse partir par le prochain ordinaire; je n'auray pas du temps pour luy dire rien de mon voyage, mais ce sera pour une aultre foys, si ce n'est qu'il vous plaise de joindre ceste lettre à ce que je luy vay escrire à condition qu'il la vous renvoye apres l'avoir leue.

Pour la fontaine de Colmars que je treuve l'une des plus curieuses et admirables choses que j'aye jamais veues et dont je m'estonne que personne n'ayt jamais rien escrit, je vous diray par ma première ce peu que j'en ay observé.

Cependant, après avoir trez humblement baisé les mains à Monsr de Valavez, s'il est à Aix, et à M^r le Baron et à Mad^{me} la Baronne, je demeure tousjours,

Monsieur,

vostre tres humble et tres affectionné et tres obligé serviteur,

GASSEND.

A Digne, ce jour de dimanche xx de may 1635 [1].

CXVI

À PEIRESC.

Monsieur,

Par celle que je vous escrivys il y a cinq ou six jours j'en demeuray, si j'ay bonne memoire, sur ce que je vouloys dire que la disposition des montaignes qui ont quelque notable longueur n'est point toujours du Levant au Couchant. Du lieu dont je vous escrys cecy j'en ay une tout

[1] Bibliothèque d'Inguimbert, à Carpentras. Collection Peiresc, registre LX, t. II, fol. 7-11. Copie.

devant mes yeulx, qui va plustost du Midy au Septentrion. C'est la montaigne des Dourbes qui est coupée du costé du Couchant, et a son talu du costé du Levant. Elle en a au derriere une aultre encore plus haulte disposée de mesme du Midy au Septentrion avec talu de part et d'aultre, mais plus du costé de Levant qui est vers Thoramme, la basse [1], que du costé du Couchant qui est vers Blegiers [2]. J'en ay encores veu d'autres en divers sens, mais cela n'empesche pas que la plus grande partie de celles que j'ay veues ne soient disposées comme vous l'aviez pensé.

Au reste entre les deux montaignes dont je vous ay faict mention, j'ay remarqué un vallon où l'on recognoit manifestement l'ouverture d'un rocher qui le traverse avoir esté faicte par la violence de l'eau, qui l'a miné peu à peu, et en la suitte de plusieurs siècles. J'ay remarqué la mesme chose en un vallon qui est par deça, et au dessus de Drais [3] et encore en plusieurs aultres lieux, ce qui me confirme d'aultant plus en la creance que les ouvertures des rochers de S¹ Marc [4], de Chante Perdrix [5], de Sisteron et aultres semblables pourroient bien avoir esté faictes par le cours des rivières qui travailloient à les creuser depuis un si grand nombre d'années.

Cecy me faict souvenir de vous dire que j'ay recouvré et désiré vous envoyer trois ou quatre coquilles petrifiées, qui à mon advis vous seront agreables, parce qu'elles servent à justifier l'opinion que vous avez que telles pierres ont esté autresfoys des veritables coquilles, soit marines, soit aultres. C'est pour la differance qui y paroist, à tout le moins en deux, de la matiere petrifiable dont elles ont esté remplies

---

[1] Thorame-Basse est une commune du canton de Colmars, à 17 kilomètres de cette ville, à 34 de Castellane et à 60 de Digne, selon le chanoine Feraud (*Histoire et géographie des Basses-Alpes*, p. 279).

[2] Blégiers, sur la rive droite de la Bléone, est une commune du canton de La Javie, à 7 kilomètres de cette ville et à 22 de Digne (*l. cit.*, p. 127).

[3] Aujourd'hui Draix, commune du canton de La Javie, à 10 kilomètres de cette ville et à 13 de Digne (*l. cit.*, p. 129).

[4] Il s'agit ici de Saint-Marc-la-Morée, dans la banlieue d'Aix, où l'Arc passe à travers une gorge des plus étroites.

[5] Chante-Perdrix est la trouée faite par la Durance aux rochers qui formaient la clue de Mirabeau, aujourd'hui percée.

dans celle qui semble lui avoir esté naturelle, estant l'une blanche, et l'autre noirastre; elles ont esté trouvées icy en la mesme pièce de Monsʳ Taxil où se trouvent cez pierres estoilées dont je vous ay autrefoys envoyé et porté assez bon nombre de toute grandeur[1].

Pour la fontaine de Colmars dont je m'estois reservé de vous dire quelque chose, je ne fus pas plustost arrivé à la ville, l'avant-veille de l'Ascension, sur les onze heures du matin, que je m'allay faire monstrer le lieu, tandis qu'aussi bien il falloit qu'on m'apportast à diner. Elle est en une pente et face de montaigne qui regarde assez precisement vers le Midy, et a au pied la rivière de Verdon avec la ville de l'aultre costé. On l'appelle *Font Levant*. Je ne sçay si c'est parce que son cours estant en biais semble venir du costé du Levant, ou parce qu'elle se lève et croist si souvent et par des reprises dont il est bien malaisé de deviner la cause.

Il y eust en la compagnie un bon vieillard de notaire qui dit qu'il la falloit appeler font beuvant, parce que l'eau en effect en est trez agreable au goust, et j'en voulus faire apporter pour en boire à mon disner. Par paranthese ce notaire est un homme qui merite que vous en cognoissiez le nom. C'est un Monsʳ Gaultier qui, bien que desja octogenaire, est encore d'une merveilleuse vigueur, car il grimpoit encore par ses montaignes aussy veritablement que moy. Mais ce n'est pas là ce qui le rend recommandable : c'est l'extreme curiosité qu'il a d'apprendre toutes choses et de les mettre par escript. Comme il est enclavé[2] dans ses montaignes, et n'a point de correspondance au dehors, il ne peut pas tenir registre de beaucoup de choses estrangeres, mais à tout le moins pour ce qui regarde sa ville, il n'est rien arrivé de considerable depuis cinquante ans qu'il ne l'ait mis sur le papier[3], et pensez-vous, me dirent quelques-uns, vous ne serez pas plustost sorty d'icy qu'il s'en ira escripre

---

[1] Ces pierres étoilées ne sont autre chose que l'élégant *Pentacrinus Tuberculatus*, sur lequel M. Ed.-F. Honnorat a publié un mémoire spécial (Digne, 1883, in-8°). C'est avec ce fossile que les bijoutiers dignois créent de ravissants bijoux.

[2] Gassendi a pris ici le mot *enclavé* au sens propre d'*encloué*, comme devait le faire quelques années plus tard Boileau, dans le chant III du *Lutrin*.

[3] Je disais dans une note des *Impressions de voyage de P. Gassendi* (p. 21) au sujet

comme quoy vous y avez esté un tel jour, et dit telle et telle chose. Parce qu'il m'avoit tenu si bonne compagnie, je vouleus avant que de partir l'aller voir dans sa maison et me faire monstrer ses registres, mais ce qui est plus admirable en luy, c'est la memoire dont, en discourant, il cotte les dattes de touts les principaulx evenementz. Je vous asseure que si en chaque ville il y avoit tousjours un homme de pareille valeur, il ne seroit pas malaisé de faire de bonnes histoires[1].

Pour revenir à la fontaine, elle sort en biais, ainsi que j'ay dict, à travers une petite ouverture de rocher, ayant neantmoins son lict meslé d'un peu de sable et gravier noirastre de la mesme nature que sont la terre comme les pierres ou rochers de la montaigne. Quand j'y arrivay, il n'estoit guiere plus d'un demi quart apres onze heures. Ceux qui m'y conduisirent me dirent que l'eau venoit de verser, parce qu'ilz la recogneurent à son decroissement. Comme il passoit onze heures et demie, ces gentz s'estonnoient bien fort de quoy elle tardoit tant de revenir et commençoient desja à faire des comptes (*sic*), qu'autrefoys Mons' Pelissier de Bollogne[2] disoit d'y avoir esté par un grand froid durant plus de deux heures sans qu'il eust eu le moyen de la voir couler. Enfin à onze heures et demi precisement cette eau vinst et revinst, un accroissement fort prompt jusques à environ la grosseur de mon bras et après descreust d'abord assez sensiblement, mais en suitte fort insensiblement jusques à ce qu'il n'en coula plus qu'environ la grosseur de mon petit doigt. Elle creust après et descreust de mesme pour la deuxiesme foys, et après pour la troisiesme, et après pour la

de ce chroniqueur si zélé et si scrupuleux : « Il serait curieux de savoir si l'on a conservé dans son pays natal quelque souvenir de sa personne et de sa famille, surtout quelque fragment de son journal. » Personne, dans le département des Basses-Alpes, où l'on compte tant de bons travailleurs, où je compte tant de bons amis, n'a pu répondre à mon appel, et le notaire Gaultier et son registre sont aussi inconnus en toute la Provence Al-

pestre que dans le reste de la France.

[1] De la remarque qui couronne cette charmante petite anecdote, je rapprocherai cette phrase de Bernard Palissy (édition Cap, p. 99) : « Pour mieux descrire la verité, je trouverois bon qu'en chacune ville, il y eust personnes deputées pour escrire fidèlement les actes qui ont esté faits... »

[2] Nous avons rencontré plus haut le nom de ce chanoine de Digne, ancien adversaire de Gassendi.

quatriesme jusques à ce que ma monstre estant sur le midy, l'eau recommencea de couler pour la cinquiesme foys, et moy je pensay d'en prendre et en aller mesler avec du vin. Aussy tost que j'eus disné, je me desrobay avec mon beneficié et un valet pour retourner sur le lieu afin de considerer mieux toutes choses, desbarrassé de la compagnie que j'y avois auparavant. J'y arrivay sur une heure et demie tandis que l'eau estoit sur la fin de son descroissement, et me rendis attantif pour recognoistre le moment auquel commenceroit de croistre. D'abord que je la recogneus, je me mis à compter les battements de mon poux et n'en eus pas compté 45, qu'elle eust creu jusques au plus haut en telle sorte que, comptant la 50me, je commençay d'en recognoistre le sensible descroissement. Continuant après, j'en comptay jusques à 950 avant que l'eau retournast et refey apres la mesme experience jusques à huict foys, c'est-à-dire jusques à deux heures et demie ou un peu davantage, mais les intervalles ne furent pas tousjours precisement esgaux, car tantost je comptay 900 battements, tantost 800, tantost 700, tantost plus, tantost moins, mais jamais moins de 700. La quantité de l'eau aussy me sembloit tantost un peu plus grande, tantost un peu moindre et plus grande quand elle mettoit plus de temps à revenir.

On m'a dit qu'on avoit observé que sur le printemps elle couloit et plus souvent et plus abondamment qu'en autre saison, mais pour la difference du temps sec et du temps humide, personne ne m'en sceut rien dire. Bien me dit-on qu'il y avoit encore au terroir de Colmars une autre fontaine qu'on appelle la fontaine St Jean qui par son abondance marque la secheresse et sterilité de l'année, aussy bien que ne coulant que peu ou point elle en marque l'humidité et l'abondance. À propos de quoy j'ay appris depuis mon retour en cette ville qu'il y a une source aux Mees[1] qu'on appelle le Tapoulet (si toutesfoys j'ay bonne memoire) qui demure quelquefoys les deux ou troys ans de couler et après deborde parfoys si furieusement qu'elle noye toute la

---

[1] Chef-lieu de canton de l'arrondissement de Digne, sur la rive gauche de la Durance, à 25 kilomètres de Digne. Les *Sorgues* de Montfort, près des Mées, sont dans le cas du Tapoulet.

plaine, et qui plus est l'on m'asseure qu'on a observé qu'elle ne coule jamais qu'elle ne marque la sterilité de l'année, en sorte que parce qu'elle coule maintenant, l'on a assez mauvaise opinion de la saison à la recolte prochaine.

Pour retourner encore une foys à mes moutons[1], comme je demanday si cette fontaine de Colmars ne decroissoit point quelquesfoys en telle façon que son petit lit tarit tout à faict, quelques-uns me respondirent qu'ouy ou pour le moins qu'ils avoient veu qu'à grand peine y demuroit il quelque goutte ou petite humidité. Quand j'eus veu que, comme avant le disner, cette fontaine avoit coulé quatre foys dans une demie heure, ainsy après dans une heure elle en avoit coulé huict, je commençay de doubter si je ne m'estois point trompé aussy bien que toute la compagnie en l'intervalle de nostre abord, et aurois creu de l'avoir esté, si je n'eusse point eu regardé à ma montre. Quoy qu'il en soit, je fus bien fasché que partie l'apprehension de la pluye, qui me menaçoit de fort près, partie la necessité de faire encore deux grandes lieues à ce jour là pour pouvoir me rendre icy le lendemain, veille de l'Ascension, à midy, m'obligeoit à quitter les speculations de cette fontaine, pour ne pas dire qu'estant de retour à la ville, j'y estois attendu par le bon notaire[2] pour m'aller monstrer tant les restes d'une Eglise qu'on avoit commencé de bastir depuis l'an 1527 et que Monsieur le Grand Prieur avoit faict demolir afin qu'elle ne peut point servir de forteresse, que le toict entierement abbattu de leur nouvelle Eglise dans la ville par la pesanteur de la neige qui y estoit tombée au mois de fevrier dernier. Mais je me reservay, si je passoys l'esté en ce pays cy, de faire encore un voyage de huict jours en ces quartiers là pour observer mieux toutes choses.

---

[1] L'emploi de cette gaie locution proverbiale montre une fois de plus que Gassendi apportait dans sa correspondance la bonne humeur qui, selon ses biographes, était un des grands agréments de sa société. On trouve un nouvel exemple de cette bonne humeur dans les premières lignes de la lettre à Luillier, du 5 avril 1639, inscrite sous le n° 1 dans l'Appendice des *Impressions de voyage de P. Gassendi*, p. 26.

[2] Comment Bougerel a-t-il laissé de côté tout ce qui est relatif à ce *bon notaire?* Ne devoit-il pas une mention honorable au *cicerone* de son héros?

[1635] ET DE GASSENDI. 501

Il me resteroit de vous dire quelque chose touchant mes foibles conjectures de la cause de ces reprises et accroissements merveilleux[1], mais voicy Monsr Robert qui, au lieu d'attendre de partir après disner, comme il m'avoit faict esperer, se trouve pressé de partir tout à l'heure mesme, et ainsy m'empesche de vous pouvoir dire autre chose. J'avoys faict dessein particulièrement de vous faire sçavoir comme quoy il n'y avoit point eu d'hyperbole en mon faict quand je vous avois dict que l'eau de Moriez estoit plus salée cinq ou six foys que celle de la mer, parce qu'en effect elle l'est dix ou douze foys dadvantage, voire qu'elle est salée autant qu'eau le peut estre, ainsy que j'ay desja experimenté. Mais ce sera pour une autre foys, n'ayant pas mesmes loysir d'escrire un mot à Monsieur Luillier; je vous supplie d'y suppleer par l'envoy de la presente et me conserver cependant tousjours l'honneur de vos bonnes graces comme estant tousjours,

Monsieur,

vostre etc.,
GASSEND.

De Digne, ce xxv de may au matin 16xxxv[2].

CXVII

À MONSIEUR, MONSIEUR GASSENDI,
DOCTEUR EN Ste THEOLOGIE, PREVOST DE L'EGLISE CATHEDRALE DE DIGNE,
À DIGNE.

Monsieur,

Vous aurez vostre pacquet ordinaire de Mr Luillier et ce peu d'observations que Garrat a peu faire durant troys soirées de vostre Mercure, avec beaucoup de regret que ce n'ayt esté en vostre presence, puisqu'il a anticipé de plus de sept ou huict jours sa comparution, eu esgard au temps que le bon homme Kepler le faisoit attendre. Mais il

---

[1] Bougerel rappelle (p. 157) que «Gassendi a plus tard expliqué tous ces phénomènes dans sa *Physique.*»

[2] Bibliothèque d'Inguimbert, à Carpentras. Collection Peiresc, registre LX, t. II, fol. 11-13. Copie.

n'a peu en prendre les dimensions, avec plus d'une fixe, non sans une grande mortification. Il faudra voir s'il ne sera poinct plus heureux à l'advenir.

Au reste j'ay receu par l'ordinaire une lettre du bon homme Galilée, qui a prins en fort bonne part les petits offices que je luy ay rendus auprez de l'Em^me cardinal Barberin, bien qu'il n'en attende pas grand effect. Si mon homme eust transcript sa lettre, comme je le luy avoys ordonné, vous en auriez maintenant la coppie, car j'ay envie d'envoyer l'original ouvert à Mr de Rossi et à Mr Deodati demain, Dieu aydant. Le bon pere Campanella m'escript aussy qu'il a eu brevet du Roy, et touché 200 libvres par moys, et que son frere et son neveu ont abandonné leurs maisons pour se refugier à Rome, aprez qu'on leur a saisy et ravagé leurs maisons, et que les nonces Mazzarini et Bologneti luy ont faict des compliments de la part du Pape, et asseuré la continuation de ses appointements de Rome, pourveu qu'il n'imprime rien à leur desceu, à quoy il s'est engagé.

Le s^r de la Ferriere est party, et nous a faict voir l'effect de l'or fulminant, ou pettant, que nous avons trouvé bien beau. Mais je pense que vous l'aviez desja veu dans vostre cours de chymie. Il nous dict qu'il avoit attendu 3 moys durant à Bayonne la pesche de quelque balene, et qu'il la manqua, mais il m'envoya dire aprez son depart ce qu'il avoit oublié d'adjouster qu'on luy envoya l'un des ieulx qui n'estoit gueres plus gros que celuy d'un bœuf, bien que la beste fust fort grosse, et que le seul aisleron ne pouvoit estre trainé que par une paire de bœufs ou deux. C'est un trez galant homme, et je croys qu'il passera l'esté quelque part en Italie, pour aller aprez faire une peregrination d'importance en Sicile, et y faire desterrer des Geants, s'il peult. Il ira voir les metallophites d'Aqua sparta, et je demeure,

Monsieur,

vostre, etc.,
DE PEIRESC.

À Aix, ce 26 may 1635 [1].

---

[1] Bibliothèque nationale, fonds français, 12772, fol. 139. Autographe.

(À cette lettre sont annexés les billets que voici :)

De Paris, ce 16 mars 1635.

Vous aurez sceu qu'enfin Mr de Bellievre partyt d'icy le 22e pour son ambassade d'Italie où il va en diligence, son train s'estant advancé jusques à Lyon pour l'y attendre. Monsieur est venu fort à l'impourveu en ceste ville en poste sur le point que Mr Bouthillier estoit prest de l'aller trouver à Blois. Il est au prez du Roy à Chantilly où se sont rendus tous les grands de la cour pour voir danser le ballet de la Merlaison. M^r le Cardinal est à son Abbaye de Reaulmont.

De Lyon, ce 21 mars.

Monsieur de Bellievre arriva lundy en ceste ville et prend le chemin de Grenoble pour son Ambassade extraordinaire à Venise et à d'aultres princes et potentats d'Italie et M^r le President Melian partit samedy dernier de ceste ville pour son Ambassade ordinaire aux Suisses.

Monsieur,

Ce billet ne sera que pour accompagner la coppie de lettre de Mr Galilei, que Monsieur m'a commandé de faire s'en allant au Palais, qui a esté achevée à temps pour proffitter la commodité que Mr Besson nous est venu annoncer, comme ce peu de nouvelles qui y seront jointes. Je voudrois estre assez heureux pour vous tesmoigner le ressentiment des obligations que je vous ay par ces services que je vous ay voué depuis que j'ay l'honneur de vostre congnoissance. C'est à vous à commander avec l'absolu pouvoir que vous vous estes acquis,

Monsieur, sur

vostre tres humble et tres obeissant serviteur,
PARROT[1].

Ce 26 mars 1635.

---

[1] Ce Parrot (François) était le secrétaire de Peiresc, et ce titre lui est donné dans le testament de son maître (p. 31). Gassendi (au livre VI de la *Vie de Peiresc*, p. 547) l'appelle *fidissimus patientissimusque*. En 1635, comme en 1637, année de sa mort, Peiresc avait à son service Corberan, Garrat (appelé souvent Agarat, comme nous l'avons dit ici) et Parrot.

CXVIII

À MONSIEUR, MONSIEUR GASSENDI,
DOCTEUR EN Ste THEOLOGIE, PREVOST DE L'EGLISE CATHEDRALE DE DIGNE,
À DIGNE.

Monsieur,

Je vous felicite le beau voyage par des lieux où il y avoit tant de belles choses à voir, et vous remercie trez humblement de la communication qu'il vous a pleu me faire de tant de rares observations que vous y avez faictes, et particulierement de celle de l'iris de Sillans que j'ay trouvée trez belle, et que je n'ay encores peu faire voir au s^r Guyon pour mieux voir si, en aultre temps et à aultre heure, il n'avoit pas peu voir ce qu'il nous avoit dict. Marry que vous ayiez esté si pressé que vous n'ayiez peu donner jusques à celle des Arcs, où la plus grande quantité d'eau de la cheutte de la rivière d'Argens exposée au Levant, comme on dict, pouvoit faire quelque aultre effect[1], et jusques aux montagnes de Peiresc

---

[1] Pour aller de la cascade de Bresque, près Sillans, à celle de l'Argens, voisine des Arcs, Gassendi n'aurait eu qu'à suivre le fil de l'eau; car la Bresque est la principale des petites rivières dont la réunion constitue le fleuve d'Argens. Ce fleuve minuscule, dont le nom (*Amnis Argenteus*) indique la merveilleuse limpidité, se jette dans le golfe de Fréjus. Il a eu l'honneur d'être mentionné dans une lettre de Lépide à Cicéron (*Epist.*, lib. X). Il n'a de commun que le nom avec la commune d'Argens, érigée en marquisat en 1722, et à qui l'auteur des *Lettres juives* a fait une notoriété européenne. Cette commune, voisine de la terre non moins historique de Peiresc, appartient au bassin du Verdon, affluent de la Durance.

La cascade des Arcs est moins bruyante, au moins chez nos géographes provençaux, que celle de Sillans. Je n'en trouve guère la mention que dans les *Lettres de Zoé sur la Provence*, par E. Garcin (Draguignan, 1841, II, 294):

«Me voici de nouveau sur le bord du fleuve d'Argens, mais au quartier d'*Entraigos*, à Saint-Michel-sous-terre... Près de la chapelle de Saint-Michel, Argens se précipite dans des gouffres profonds; l'eau disparaît entièrement, pour sortir avec grand bruit à une certaine distance.»

Et c'est tout. On remarquera pourtant, dans ces quelques lignes, une particularité linguistique digne d'être soulignée. Le peuple de Provence a gardé, en plus d'un endroit, l'habitude païenne de traiter les rivières et les montagnes comme des êtres animés : Argens, Lar, Calavon, Lure, Vaucluse et non l'Argens, le Calavon, la Lure,

dont vous avez passé si prez[1]. Mais ce fut nostre faulte de vous avoir trop retenu icy inutilement. Vos observations des fontaines salées en si grand nombre ne seront pas moings bonnes en leur temps quand vous aurez le loisir de les rediger par escript, et celles des allignements des montagnes du Levant au Ponant, et de leur tallu vers la pente du Septentrion, moings precipité qu'en celle du Midy, aussi bien que des couches de rocher biaizantes et penchantes du Midy au Septentrion, quelques exceptions que vous y ayiez rencontré, dont le destail seroit tousjours trez bon à sçavoir si vous en avez retenu aulcune memoire. J'eus vostre lettre mardy un peu trop tard pour la pouvoir lisre avant que clorre la despesche de Paris dont je fis excuse à Mr Luillier en luy envoyant la lettre que luy escriviez, et attendant le prochain. Cependant M^r le Prieur de la Valette et Mr Guyon la pourront voir.

J'ay receu par ce dernier ordinaire d'hier et par celuy de Rome et par le precedant de Paris des lettres à vous communiquer tant du Galilée qu'aultres, où vous prendrez bien du plaisir, je m'asseure, mais pour en faire part encores à M^r le Prieur de la Valette, vous excuserez, s'il vous plaict, si ce n'est à ce coup cy. Ayant eu responce du P. Sylvestre assez ample et de Mr Rubens concernant cette machine où l'on advoüe l'aymant estre le principal ingrediant.

Au reste j'ay faict anatomiser les yeulx d'un monstre marin de 48 pans de long et de 20 de large et de 60 ou 80 quintaulx, qui n'estoient pourtant guieres plus gros que ceux d'un gros ton. Il y avoit du plaisir d'y presenter un flambeau allumé qui se peignoit au fonds du miroir concave, pour remedier à la petitesse de l'object d'une chandelle. M^r le Prieur de la Valette y fut. L'animal ressembloit quasi au Phocas ou veau marin.

Mr Ruffe est de retour et avoit apporté troys grosses pieces d'ambre

---

la Vaucluse. *Argens a débordé, Calavon est à sec*, etc. (Communication de M. Léon de Berluc Perussis.)

[1] «On trouve dans cette commune, dit l'abbé Feraud (*Histoire et biographie des Basses-Alpes*, p. 270), une caverne d'où il sort le soir, au coucher du soleil, un vent froid qui va augmentant jusqu'à minuit et cess a lever du soleil.»

gris que nous rompismes hier pour voir les diverses couches ou veines qui y paroissoient, et trouvasmes je ne sçay combien de fragments des croustes et escailles de certains animaulx quasi comme escrevices noires, mais si tenues et deliées, quoyque bien grosses, que je les jugeroys plustost de gros scorpions ou des tans ou aultres grosses mouches et insectes soubsterraines pour y avoir peu estre prins et engagez en la forme des moucherons de l'ambre jaulne. Car si c'estoient des excrements de poisson, comme d'abbord il m'avoit semblé, je n'estime pas que des moucherons si tenues fussent indigestibles à des bestes cappables de faire de si gros pelottons d'excrements; et puis cette matière est si grasse qu'en la touchant d'un fer chauld elle se fond comme cire. Je n'estime pas que ce soit une observation à negliger pour la notice de cette drogue là si precieuse. J'en ay conservé des fragments qui ressemblent fort à des cheles[1] d'escrevice ou de gros scorpions, et mesmes à des aislerons de moucherons noirs. Je finis de peur de perdre la commodité qui se presente dans ce temps des festes et demeure tousjours,

Monsieur,

vostre, etc.
DE PEIRESC.

À Aix, ce 26 may 1635.

Mr Deodati vous supplie de ne pas publier la lettre de Mr Schikard pour ce qui touche le sr Morin. J'en ay enfin retenu une coppie que je feray voir à Mr le Prieur de la Valette pour ne pas retarder vostre participation[2].

---

[1] On lit distinctement le mot *cheles*; comme ce mot est incompréhensible, je me demande s'il ne faut pas lire *aisles* et si, dans la pensée de Peiresc, ce mot ne doit pas être rapproché des *aislerons de moucherons* à la fin de la phrase.

[2] Bibliothèque nationale, fonds français, 12772, fol. 143. Autographe.

CXIX

À MONSIEUR, MONSIEUR GASSENDY,
DOCTEUR EN Ste THÉOLOGIE ET PREVOST DE L'ÉGLISE CATHEDRALE DE DIGNE,

À DIGNE.

Monsieur,

Vostre dernière lettre arriva assez à temps pour passer à Paris par l'ordinaire avec la precedente ez mains de Mr Luillier qui sera bien aise, je m'asseure, de voir toute vostre peregrination, et les belles observations que vous y avez faictes. Je viens d'en recevoyr un petit pacquet pour vous et une lettre à moy que j'ay creu vous debvoir envoyer à cause de l'esperance qu'il nous donne de vous venir prendre en ce païs en octobre, si vous y estes encore, ce qui nous seroit un grand heur et aussy advantageux qu'inespéré. J'ay par mesme moyen receu une lettre du pere Campanella que j'ay creu vous debvoir pareillement envoyer, parce que c'est sur une plainte que j'avoys faicte à Mr Deodati de ce qu'on m'avoit mandé qu'il parloit assez indiscretement de vostre philosophie, dont j'avoys eu quelque mot aultresfoys du s^r Bourdelot, et puis une recharge du pere Mercene, qui me piqua et extorqua de moy une lettre audict s^r Deodati que je ne suis pas marry qu'il aye monstrée audict pere Campanella, où je luy lavoys la teste comme il falloit, et croy bien qu'il sera plus sage à l'advenir. Vous verrez l'eschappatoire qu'il prend à distinguer et restraindre ses contradictions à la seule persone d'Epicure, pour en separer la vostre; mais je luy repliqueray bien encores ce qu'il fault, et veux croire que ce n'aura pas esté inutilement que je l'auray faict lever à ce coup; j'ay veu icy un de ses compagnons revenu de Rome, qui en a rapporté une grosse caisse de livres qui est à Marseille chez Mr de Gastines. Je me suis voulu enquerir quelle sorte de livres ce sont, et ay esté ravy de voir que ce n'estoit quasi que la somme de St Thomas commantée avec quoy cez gents là se font tenir à quattre. Je n'ay poinct encore faict responce au s^r Galilée, ne au pere Sylvestre, et me suis resolu d'attendre l'ordinaire de Rome qui pourra venir dans 15ⁿᵉ pour voir ce que nous en pourrons apprendre de plus. Cependant le bon Mʳ Dormalius pourroit arriver, car Mʳ du Puy me mande qu'il estoit à Paris, et luy avoit demandé une lettre pour moy. Il nous parlera *de visu* de la machine du P. Linus [1], et nous le pourrons enquerir de beaucoup de choses, et si vous ne pouvez donner jusques icy pour en prendre vostre part, comme je tascheray de l'arrester quelques jours, mandez nous sur quoy vous vouldriez que je le fisse parler pour ce regard ou aultre. Je ne suis en peine que des bruicts de ces navires de guerre d'Espagne qui sont en nostre coste, et crains que cela ne luy fasse prendre aultre routte, ce qui me seroit d'une bien grande mortification, à present que je m'y suis attendu. Je vous envoye donques tout ce que m'en ont escript le sʳ Deodati, sur la relation du sʳ Gallei liegeoys [2], le sʳ Rubens, le pere Silvestre et le sʳ Galilée. Je vous envoye aussy la lettre du sʳ de la Ferriere, où vous verrez ce qu'il a apprins des Geants de Sicile [3], par une lettre de Vincenzo Mirabella, tesmoing occulaire que le sʳ Menestrier m'a nommé, adjoustant qu'il m'en apportoit la coppie, et des morceaux de ce boys petrifié plus ou moings, ce qui me faict croire que le dict sʳ de la Ferriere aura envie de revenir avant les chaleurs.

Vous aurez desja veu la lettre du sieur Schikard au sʳ Deodati, où il cotte precisement le poinct de son observation de la derniere ecclipse de lune du 13 mars à 8 h. 53 m., et Mʳ le Prieur de la Valette m'a baillé le calcul qu'il a prins de la vostre à 8 h. 42 m. 1/2 en prenant tout le commancement et la derniere fin pour en determiner le milieu plustost que le commancement et fin de sa totale obscurité, où il y auroyt quelques minutes à dire. Je vouldroys bien que m'eussiez mandé precisement le choix que vous en avez faict, et à quel poinct

---

[1] Voir sur le P. Liny et sur sa machine le recueil Peiresc-Dupuy.

[2] Voir sur le mathematicien Gallé (Jean) les *Notes pour servir à l'histoire des mathematiques dans l'ancien pays de Liège*, par C. Le Paige, Liège, 1890, p. 48-52.

[3] Nous n'avons pas cette lettre qui devait être si curieuse. Du reste, comme je crois l'avoir déjà fait remarquer, presque toutes les lettres du docteur Jacques de la Ferrière à Peiresc ont été perdues et je n'ai pu en retrouver qu'une seule qui va paraître dans un recueil de lettres inédites de quelques écrivains et savants de l'Agenais.

vous l'aymez mieux establir à vostre compte pour juger de la differance de vostre observation avec celle de M⟨r⟩ Schikard et vous prie de m'envoyer par mesme moyen son calcul et le vostre pour la precedante ecclipse, afin que je voye aussi quelle differance il y peult avoir, et quelle conformité de proportions qu'il y a d'une ecclipse à l'aultre, car je vouldroys bien vous en dire un jour mes conjectures, et possible en escrire un mot au s⟨r⟩ Schikard, avant qu'il se mette en parque de r'embarrer, comme il dict.

Au reste j'ay faict de nouvelles observations dans mes yeulx aussy merveilleuses que pas une des precedantes, par l'impression des images retenües et par le changement successif des couleurs d'icelles tant au clair qu'au brun, avec des vicissitudes admirables, de jaulne paillé au jaulne doré, du doré au rouge, du rouge au pourpre. Je fus interrompu quelque moment de temps par importunité de compagnie survenue, puis je me trouvay dans le verd gay, qui redevint verd de mer ou verd grisastre, et enfin se desteignit en mourant et aneantissant, ayant tousjours conservé la figure et les contours de l'image, et par disgrace j'ay esté si assassiné d'occupations depuis lors que je n'ay peu me remettre à faire une pareille investigation. Bien ay je observé par hazard dans cez bouteilles pleines d'eau des effetz grandement remarquables, et cappables d'ouvrir le chemin à quelque chose de plus que ce que nous avions. Mais il fauldroit bien du discours pour le faire comprendre sans le voir à l'œuil. Si faudra t'il pourtant le rediger par escript tost ou tard. Cependant en vous remerciant de la participation de vostre itineraire, bien marry de ne pouvoir y respondre par chefs à cette heure, je demeureray,

Monsieur,

vostre, etc.
DE PEIRESC.

À Aix, ce 2 juin 1635.

Vous aurez sceu la bonne nouvelle de la deffaitte des troupes du Prince Thomas.

Garrat n'a peu observer vostre Mercure qu'aujourd'huy, car l'aultre jour il s'estoit mesprins, et avoit prins marte pour renard par la rencontre de l'œuil du Taureau[1].

CXX

À MONSIEUR, MONSIEUR GASSENDY,

DOCTEUR EN Ste THEOLOGIE, PREVOST DE L'EGLISE CATHEDRALE DE DIGNE,

À DIGNE.

Monsieur,

J'ay receu la vostre du 30 du passé avec celle pour Mr Lhuillier que je luy envoyeray par l'ordinaire. Je vous envoyay hier par un mulletier un paquet qu'un honneste homme, qui m'avoit faict escrire, oublia de venir prendre comme il avoit promis. Vous trouverez afforce lettres des amys. J'oubliay de vous dire que j'avoys parlé par occasion à M[r] de St Marc, et luy avoys faict advouer que le voyage de M[r] son filz à Paris ne pouvoit pas estre faict plus à contre-temps qu'en esté durant l'absance de la Cour et des plus honnestes gents. Il l'avoit quasi achevé de marier ces jours icy avec la fille de Mme la Presidante de St Jean[2].

---

[1] Bibliothèque nationale, fonds français, 12772, fol. 144. Autographe.

[2] François Saint-Marc, d'une famille qui n'avait pas d'autre nom patronymique et qu'il ne faut pas confondre avec les seigneurs de Saint-Marc (Puget, Meyronnet, etc.), d'abord primicier de l'université d'Aix, en 1614, fut reçu conseiller au Parlement de Provence le 2 juin 1615, mourut à Aix et fut enseveli aux Dominicains le 24 décembre 1641. Il avait épousé en 1610 Madeleine Dedons, fille de Pierre, coseigneur d'Istres, et de Diane Arbaud de Rognac. — Louis Saint-Marc, leur fils aîné, pourvu le 8 juin 1638 de la charge de son père, fut reçu le 8 octobre suivant, devint doyen en 1691, mourut à Aix, encore en charge, en 1709, le plus ancien officier de Parlement du Royaume, ayant exercé pendant soixante et onze ans. Il était le quatrième conseiller de sa famille de père en fils et avait épousé, en premières noces, Honorée Estienne, petite-fille de l'illustre président, seigneur de Saint-Jean [dont M. Tamizey de Larroque a dit quelque part ignorer les *Stephani D. a S[io] Joanne de Saliis.....decisiones.....*], fille de feu Gabriel, seigneur de Montfuron, président au Parlement, et de Philippe de Rousset, dame de Prunières; cette dernière était héritière de tous les

Mais sur la signature des articles le traité fut rompu; le dot est de 12,000 libvres. On m'a dict aujourd'huy que cela se renoüe. Je n'ay as veu le s⁰ Castaigne. Si je le puis voir, je feray l'office *con bel modo* selon l'intention de l'amy, et non aultrement.

Je suis bien marry que voz consuls n'ayent encor effectüé leur promesse. Si mon frere estoit icy, je verrois de leur en faire escrire. Mais il est à la suitte de M⁹ʳ le Mareschal [de Vitry], qui est party de Tollon pour aller vers Antibe, depuis que les 8 gallions se sont allez loger devant le cap de S¹ Troppez, de crainte qu'ils ne veuillent entreprendre ailleurs qu'à Toullon, où les fortifications sont bien achevées à perfection.

J'ay faict voir à Garrat l'honneur qu'il peut se promettre, s'il peult observer vostre Mercure, lequel il est resolu d'espier avec toute sorte de diligence. Mais le temps a esté fort couvert aujourd'huy, et l'est bien encores. Il est vray que la pluye est communement suivye du mistral qui serene le ciel[1], y ayant quelque esperance de l'attrapper encores avant qu'il eschappe, si Dieu plaict, ce qui me tardera bien pour vous induire à escrire au bon homme Mʳ Schikard, à qui je seray bien aise d'escrire aussy. Mais je vouldroys sçavoir la differance precise des calculs de voz observations reciproques des deux dernieres eccplises, pour en tirer l'appuy ou la destruction de mes conjectures.

J'ay depuis receu lettre du P. Kircher du 29 apvril, qui dict avoir trouvé des merveilles dans des aultres autheurs arabes et des cittations des passages de son Barachias et des origines de sa bonne antiquité incogneües à ce qui nous reste des autheurs grecs et latins. Son vocabulaire des Cophtes ou au moings son Prodromus sur cette

---

biens de sa famille et les porta à charge d'en prendre le nom et les armes à ses enfants, qui se fixèrent en Dauphiné et y sont encore connus de nos jours sous le nom d'Estienne de Prunières. — Louis de Saint-Marc épousa, en deuxièmes noces, Chrétienne Duchaine et n'eut aucun enfant de ces deux femmes. (Communication de M. le marquis de Boisgelin, dont je lui suis d'autant plus reconnaissant qu'il y répare un péché d'omission en matière bibliographique de l'éditeur des lettres de Peiresc.)

[1] *Serener le ciel*, gracieuse expression que nous avons eu le tort de remplacer par *rendre serein*.

langue là est soubs la presse aux despans du cardinal Barberin. Il me demande une recharge pour avoir un peu plus libre disposition de quelques volumes du Vatican, mais sa lettre n'arriva qu'un jour aprez le partement de l'ordinaire de Rome à mon grand regret. Vray est que dezhorsmais les courriers du Roy ayants changé leur routte de ce costé-cy, il y aura plus souvent des moyens d'escrire à Rome. Je ne sçay si je ne vous ay pas dict d'avoir receu ce vocabulaire des Kophtes qui a esté six moys sur la mer, et que j'y ay trouvé un chappitre entier des poids et des mesures, où il y a encor quelque chose à apprendre pour cette curiosité. Je l'envoye à M⁺ Petit pour en prendre vistement ce qu'il pourra, et puis l'envoyer à M⁺ de Saulmaise. J'ay advis de l'arrivée à Ligourne d'un navire d'Ægypte qui m'apporte les 4 Evangelistes en deux langues dont l'Arabe est la version de l'aultre, m'imaginant que ce soit en Cophte. L'on m'a dict que les corsaires ont mis en liberté les personnes et rendu la barque sur laquelle estoit mon volume des Epistres de S⁺ Pol, et un des passagers qui est venu a recouvré touts ses papiers, et m'a laissé un peu d'esperance qu'il ne soit pas perdu tout à faict, ne par conséquent les aultres deux volumes dont l'un estoit d'astronomie.

L'on me faict feste d'un grand volume de la Bible en huict colonnes et textes differants. Si c'estoient des Octaples, nous jetterions bien de la pouldre aux ieulx à touts cez bibliothecaires jaloux. J'apprins hier une singularité que j'ay bien voulu vous escrire du costé de Bearn et des Pyrenées qu'au mitan de la ville de Dacs, il y a un petit lac d'eau chaulde qui n'a point de fonds [1], lequel poulce de la fumée fort visible

---

[1] Sur ce prétendu lac sans fond, qui n'est qu'une fontaine profonde autant qu'intarissable, voir la description qui en a été faite par un archéologue gascon du xvIᵉ siècle, André de la Serre, dont j'ai publié une notice intitulée : *De la ville d'Acqs en Gascoigne et des choses singulières et remarquables en icelle et es lieux circonvoisins* (à la fin du recueil des *Documents inédits pour servir à l'histoire de la ville de Dax*, Paris, 1883, in-8°, p. 53-62). C'est à la page 55 qu'André de la Serre qui était «natif de la ville d'Acqs,» comme il le rappelle fièrement au-dessous de sa signature, décrit «la source fort grande et abondante, qu'on void sortir à grands flotz en divers endroictz, laquelle est si extrêmement profonde, qu'avec tous engins, cordes et bastons, on n'a jamais

toutes les foys qu'il doibt pleuvoir, et non aultrement. L'on m'en a promis quelque observation bien circonstanciée, et de ce trou du hault des Pyrenées, où jettant des pierres, il en sort pareillement des vappeurs ou fumée suyvies de pluyes, gresle et tonnerres[1]. Mais on m'a dict des merveilles d'une cheutte d'eaux de toute la riviere du Gabe cappable de porter batteau, qui tombe d'un precipice de plus d'un quart de lieue de hault, tout à plomb ayant fendu ou usé tout le roc pour se faire canal, et respendant par l'air une petite pluye menüe où se void journellement l'arc en ciel, non seulement simple mais double. Car il y en a tousjours un petit qui a les couleurs rangées comme l'iris ordinaire, et puis un grand au dehors qui a les couleurs disposées en ordre tout contraire, comme je l'ay veu aultrefoys dans le Ciel. Cette cheutte est aux confins d'Espagne au dessus de Dacs, en un lieu nommé Varieges, auprez duquel il y a des bains chauds assez celebres. C'est à 4 lieües de Bannieres[2].

Il fauldroit envoyer au bonhomme Mr Schikard cez observations là de l'arc en ciel dans cez cheuttes d'eau pour l'y faire un peu resver, et en examiner les dimensions et proportions, si elles sont reglées comme je le croys, et d'où peult venir cette regle si constante, puisqu'elle suit nostre œuil partout, pourquoy le cercle n'en est pas plus ou moings grand, et pourquoy cet aultre double arc est si extraordinairement grand au prix du premier. Je croys que qui seroit en ce lieu de Varieges à divers jours et en diverses saisons, y pourroit bien estudier et esclaircir cette matiere. Car cet honneste homme dit que les couleurs y sont si vivement peintes, et le petit cercle si bien formé dans le mitan d'un aultre qui paroit d'immense grandeur au prix de celuy là, que ceux qui ne l'ont jamais veu en sont ravys d'admiration. Mais il dict bien peu atteindre le fonds, qui est chose esmerveillable et fort effroyable à voir. »

[1] Nous sommes ici en plein dans la géographie fantastique et l'on s'étonnerait de la crédulité de Peiresc si l'on pouvait oublier que tout le monde était crédule à une époque où deux des corps les plus éclairés de notre pays, le clergé et la magistrature, brûlaient avec une parfaite assurance sorciers et sorcières.

[2] On a reconnu Barèges et Bagnères. Je suppose que la chute d'eau dont on avait parlé à Peiresc n'était autre que la magnifique cascade de Gavarnie.

qu'il n'a jamais veu le cercle entier, ains tousjours esmoussé par en bas comme quasi l'arc en ciel. Il est vray qu'il ne l'a jamais regardé de hault en bas. Il confirme l'allignement des montagnes du Levant en Ponant pour la suitte de leur longueur fort generalement, et m'a promis d'observer en quel sens vont les couches des rocs, et s'il y paroit de l'esmousseure plus d'un costé que d'aultre. J'oublioys de vous dire que M⁺ Gailhard m'a apporté la pierre flottante du bon P. Mercene¹ dont nous fait aujourd'huy la preuve qui est trez belle à voir. Ell'est de couleur roussastre comme la rouille du fer, et semble de consistance quasi comme le grès sans aulcunes concavitez comme la pierre ponce. J'en feray toutes les preuves que je pourray tant au feu qu'ailleurs, et demeureray à jamais,

Monsieur,

vostre, etc.

DE PEIRESC.

Aix, ce 3 juin 1635².

CXXI

À MONSIEUR, MONSIEUR GASSEND,

DOCTEUR EN Ste THEOLOGIE ET PREVOST DE L'EGLISE CATHEDRALE DE DIGNE,

À DIGNE.

Monsieur,

Voz lettres arriverent hier tout à temps pour envoyer par l'ordinaire celle de M⁺ L'huillier, ne vous ayant peu escrire depuis celle dont M⁺ Du Chaffault s'estoit chargé que vous n'aviez pas receüe, comme je

---

[1] On trouvera beaucoup de détails sur cette pierre flottante dans la correspondance de Peiresc avec le savant minime.

[2] Bibliothèque nationale, fonds français, 12772, fol. 146. Autographe. Une copie de la dernière partie de cette lettre depuis : *J'apprins hier une singularité*, jusqu'à : *de l'esmousseure plus d'un costé que d'aultre* se trouve à l'Inguimbertine de Carpentras, collection Peiresc, fol. 119 du registre LIII consacré aux *Observations de diverses merveilles de la nature*. Le bi-

pense, lorsque vous escriviez voz dernieres, puisque vous ne m'y en accusez pas la reception non plus que par les precedantes du xv, ensuitte de laquelle je fis tenir à Mʳ Lhuillier les arrests qu'il demandoit dez la semaine passée. Vous y aurez eu une lettre de Mʳ Vendelin dont Mʳ le Prieur de la Valette a voulu avoir coppie pour y gloser. Il eust desiré que vous eussiez peu observer le solstice à Marseille, et Mʳ le Lieutenant m'avoit dict qu'il envoyoit ses chevaulx qui vous en fourniroient la commodité, mais il doit avoir changé d'advis, et je suis bien marry de n'en avoir esté adverti à temps, car j'eusse au moings tasché d'envoyer Garrat à Marseille pour l'observer comme il eust peu. À faulte de quoy il l'a observé icy, et le fauldra conferer à ce que vous en aviez faict autres fois pour en examiner la fidelité, et voir s'il en fera rien à l'advenir à quoy l'on se puisse arrester.

Au reste nous avons encor icy Mʳ Dormalius, chanoine de Liege, qui vous avoit attendu en bonne devotion. Mais il se resoult de passer oultre, nonobstant les chaleurs violantes, sur le propos desquelles il n'y a pas de danger que je vous die que m'arraisonnant ces jours passez avec le Turc que vous cognoissez Malton Sassan, il me dict qu'en la caravane de la Mecque, estant à Medine, il se leva un vent de Labech[1] entre le Midy et le Ponant, qui traversoit la mer Rouge et couvroit le Ciel sans pluye, lequel estoit si chauld et bruslant qu'il tua 5 ou 6 mille personnes dans une nuict, bien que pas un ne fust attaint de peste, et que ceux qui estoient nuds ou vestus trop legerement moururent presque touts, et ceux qui estoient le plus vestuz resisterent le plus au mal et en furent le moings touchez principalement ceux qui avoient de bons manteaux ou chappes bien fortes et bien doublées, nonobstant l'ardante chaleur de l'air et du dict vent, ce que j'ay gran-

---

bliothécaire Lambert, dans son *Catalogue des manuscrits* de l'Inguimbertine (t. II, p. 315), analyse ainsi ce fragment d'une lettre qu'il ne savait pas avoir été adressée à Gassendi : «De l'Iris de Varièges à double cercle, dans les Pyrénées. Vapeurs du lac de Dax et du trou du pic du Midi.»

[1] C'est, comme nous l'avons rappelé (t. III, p. 434, note 2), le nom provençal d'un vent du sud-ouest qui souffle sur les bords de la Méditerranée.

dement admiré. Il m'a promis un memoire du vray temps de l'an et du moys et du jour à peu prez que cela advint, luy estant presant, et si les relations des aultres sont bien veritables, ce vent venoit à peu prez d'un lieu où il y a une montaigne ardante, qui fit des ravages semblables à ceux du Vesuve, la mesme année que le Vesuve s'entrouvrit dernierement, ce qui pourroit bien avoir contribué à quelque malignité venimeuse sortye des antres de la terre par la gueule de cette montagne.

J'ay receu un aultre volume arabe de la musique où y a troys traictez differants, et le P. Mercene m'a renvoyé le premier où le Turc a desja mordu bien avant, et sur ce je demeure, en vous attendant,

Monsieur,

vostre, etc.

DE PEIRESC.

À Aix, ce 17 juin 1635 [1].

CXXII

À MONSIEUR, MONSIEUR GASSEND,
DOCTEUR EN Ste THEOLOGIE, PREVOST DE L'EGLISE CATHEDRALE DE DIGNE,
À DIGNE.

Monsieur,

Nous avons icy Mr Dormalius, compagnon d'estude de Mr Holstenius, chanoine de Liege, qui s'en va à Rome pour ayder avec ledict sieur Holstenius à l'impression des libvres grecs que l'on y veult faire reflorir. Il m'a rendu une lettre de Mr Vendelin adressée à vous, Monsieur, où vous verrez la bonne esperance qu'il a conceüe de pouvoir regler des choses bien dignes de l'estre, et l'ardante passion qu'il auroit de pouvoir faire observer la haulteur du Pole ou du Soleil à Mar-

[1] Bibliothèque nationale, fonds français, 12772, fol. 150. Autographe. On lit au dos de cette lettre, une copie d'une lettre en italien écrite par Peiresc, le 3 juillet 1635, à un religieux, à l'occasion de Gassendi.

seille à ce solstice prochain. Si vous en pouviez faire la courvée, vous l'obligeriez merveilleusement et consequamment touts ses amys et tout le païs qui a interest à cez beaux esclaircissementz. Mais je crains bien que meshuy le temps ne vous soit trop court. Vous verriez par mesme moyen les experiances de la pierre flottante que le bon P. Mercene m'a envoyée, et ouyriez de la bouche du sr Dormalius la description de la machine du P. Liny et que despuis s'estre servy de cire pour son globe interieur, il en avoit faict d'aultres matieres, et finalement de cuyvre vuidé, à quoy il s'est enfin arresté. Mais ce mouvement orizontal me faict grand ombrage, et croy que ce pourroit bien estre quelque artifice à peu prez comme ce qu'en dict le sr Galilée. Je suis resolu d'essayer un globe de cette pierre flottante, et de le faire cercler de menu fer, et puis toucher avec l'aimant quand ce ne seroit que pour luy fayre choixsir l'elevation et la declination de son vray Nort plus librement que ne pouvoient faire les esquilles de feu Mr Aleaume, suspendües tant dans un astrolabe de verre entre deux pivots, que dans une fiolle de verre sur un pivot accompagné des doubles cercles, comme les lampes roullantes. J'ay mis en besoigne le sr Ruffe pour tirer les sels de diverses pierres et mesmes de celle de l'aymant, et demeure,
Monsieur,

vostre, etc.
DE PEIRESC.

À Aix, ce 18 juin 1635 [1].

On lit sur un billet à part inclus dans cette lettre et qui est de la main de Garrat :

Monsieur, à la haste je n'ay pas eu le loisir de vous envoyer quelques observations que j'ay faites depuis quelques jours. Neantmoins je vous fais sçavoir comme hier 17 il parut une couronne au soleil, sur une heure et demi. J'ay pris la haulteur du soleil qui estoit à 67 degrez et 5 minutes, et le bord de la couronne australe 45° 30.

[1] Bibliothèque nationale, fonds français, 12772, fol. 148. Autographe.

CXXIII

À MONSIEUR, MONSIEUR GASSEND,
DOCTEUR EN Ste THEOLOGIE ET PREVOST DE L'EGLISE CATHEDRALE DE DIGNE,
À DIGNE.

Monsieur,

Je n'avoys peu envoyer par l'ordinaire que vostre paquet venu joinct à la vostre du VIme, et avoys escript assez amplement non seulement à M^r L'uillier en responce d'une sienne despesche venüe par le dernier ordinaire, mais aussy à Mr Deodati, et encor à Mr Schikard et au s^r Bernegger mesmes à la semonce dudict s^r Deodati, ne m'attendant quasi plus que vous peussiez sitost escrire audit s^r Schikard. Mais j'ay esté infiniment aise d'apprendre par vostre derniere du 10me que vous aviez desja commancé en attendant les memoires de Garrat (qui se seront esgarés avec la lettre du s^r Vendelin vraysemblablement que Mr du Chaffaut disoit avoir donné au s^r Codur receveur lequel s'en est si mal et indignement acquitté). Il vous en a depuis envoyé aultant, ce dict-il, de sorte que vous n'aurez plus rien à attendre de ce costé là.

Quant à vostre derniere lettre à Mr Luillier (qui ne pouvoit pas arriver à temps pour l'ordinaire, puisque celle qui l'accompagnoit est dattée du 10, que l'ordinaire partit d'icy), vous avez esté si heureux que je fus adverty quasy aussitost que je l'eus receüe d'un courier extraordinaire qui partoit pour la Cour, par qui je l'addressay à mon frere de Vallavez, croyant que le courrier l'aura peu r'atteindre à Lyon, ou pour le plus tard à Rouane[1], de sorte que mon frere la luy fera tenir incontinant. M^r le Lieutenant m'avoit bien dict qu'on l'avoit faict assigner sur la requeste civile, et qu'il croyoit que c'estoit pour evoquer, mais il ne m'avoit pas declaré qu'on l'eust instrumenté pour advoüer desja des parentez. Il fault advoüer qu'il y a bien des chicanes

---

[1] Roanne (Loire).

au monde. À tout le moings il debvroit bien vous declarer de la part
de qui il a esté requis de souffrir ceste procedure pour vous en pouvoir
deffendre. M'imaginant que ce soit aussitost le pere du boitteux que le
parent de celuy qui preste le nom. Mais je pense qu'à quelque chose
malheur pourra estre bon, et que cela vous servira à quelque aultre
chose à quoy l'on ne pense pas, et si mon frere vous y peult servir, il
ne s'y espargnera pas durant son sesjour en Cour. J'en feray la semonce
à Mr Luillier par le prochain, car je fus hier trop surprins pour luy
pouvoir escrire, ne quasi à mon frere, à qui j'avoys faict voir ici vostre
precedante lettre du vi, où il fut honteux de voir l'excez de vostre bon
gré de si peu de chose.

Au reste j'ay esté infiniment aise d'apprendre les belles observations
que vous avez commancé de faire pour les sels et les rares consequances
que vous tirez de voz experiances pour la philosophie d'Epicure, estimant que vous y en trouverez bien d'aultres encores quand vous y
aurez acquis plus de practique, comme dans les ieulx nous ne trouvions
pas si bien du commancement les effects du miroir concave et aultres
que nous y descouvrons maintenant quand nous voulons. Je dis cela
pour ce qui peult estre de ce mouvement du centre à la circonferance,
durant la formation des sels, comme des pierres et des tartres, où vous
trouvez tant d'incompatibilité, car je le tiens si certain et indubi-
table, qu'il est mesmes demonstrable, si je ne me trompe, quand l'effect en seroit invisible à nos ieulx, ce que non[1] qu'il ne soit ainsin les
tonneaux où l'on met le vin n'ont guères moings de tartre par le hault
que par le bas, comme les pots de terre où l'on faict le sucre candyt
et aultres choses pareilles, et toutes cez pierres creuses que je vous ay
faict voir garnies de pointes de crystal et d'amethiste.

Le P. Gilles de Losches[2] m'a envoyé une boitte de coquillages de la

---

[1] Peiresc a mis après le mot *non* un point parfaitement marqué, mais qui n'a aucune raison d'être et que, par consequent, je supprime comme étant le produit d'une distraction.

[2] Sur le P. Gilles de Loches, de l'ordre des Capucins, voir le recueil de son confrère d'aujourd'hui, le R. P. Apollinaire de Valence : *Correspondance de Peiresc avec plusieurs missionnaires et religieux*, etc., 1631-

forest de Pruilly en Touraine[1], entre lesquels y a une coquille dont la substance est noirastre. Mais le dedans est garny de pareilles pointes de crystal aultant dessus que dessoubs. Ayant veu mille aultres effects de la nature cappables de convaincre ceste supposition comme trez veritable, et l'effect mesmes que vous avez remarqué des premiers grains cubiques qui se forment en la surface de l'eau et y surnagent, monstre bien que ce n'est pas au fonds qu'ils vont commancer à se former, et je l'ay fort bien observé comme vous et plusieurs foys, mais je me suis aussy apperceu que c'est le changement de temps au marin qui les faict dissouldre et descendre plus bas que la superficie, voire jusques au fonds comme aussy que lorsque contre les premiers grains il s'en forme d'aultres qui s'accumulent et se rendent trop pesants pour pouvoir estre retenus en la surface de l'eau, à faulte d'y avoir trouvé le corps solide où ils se peussent attacher, lors ils coulent pareillement à fonds, et y descendent à plomb comme vous dictes, mais cela ne destruit pas la presupposition que je vous en ay faicte, car au contraire je vous ay dict que quand les pierres sont achevées de former ou les sels, tout va droit au fonds et à plomb, s'il n'a trouvé d'aultre corps solide à s'attacher en se formant, et si l'on peult user de ce terme, en vegetant, aprez quoy comme les plantes et les fruicts ayants achevé leur vegetation ne sont plus susceptibles d'aultre mouvement que de celuy qui va à plomb.

Au reste, comme c'est par les plus grandes ardeurs du soleil que le sel se peult mieux former qu'en toute aultre saison de l'année, ceux qui en ont la conduitte disent que si un jour de grand chaud il fait un peu de vent frais, ils font plus de sel en ce jour qu'en toute une semaine de challeur estouffée, et semble que le froid y doibve intervenir pour achever plus commodement cette congelation, et possible est-ce pour cela que vous la voyez commancer en la surface de l'eau plustost qu'ailleurs, tout de mesme comme la glace commance plustost à

1637 (Paris, Alphonse Picard, 1891, grand in-8°).

[1] Aujourd'hui *Preuilly* (Indre-et-Loire).

Joseph Scaliger, comme Peiresc, écrivait *Pruilly*. Voir les *Lettres françaises* publiées en 1881, p. 276 et suivantes.

se former en la surface que plus proffond. Pour vous en esclaircir, il fault remplir de vostre eaue de cez fiolles toutes rondes à petit goulet, et les mettre en lieu chaud, et neantmoings un peu au vent de bise, et vous les verrez bien garnir par les cottez, et par le hault aussy bien que par le bas. Mais le sel commun pourroit estre mal propre à cela parce qu'il est fort subject à se refondre et se dissouldre dans son eaüe primitive, et à perdre sa forme et figure entièrement, ou du moings en perdre une bonne partie, et ce qui luy pouvoit rendre sa figure plus proportionnée, comme sont les arestes plus vives de sa quarreure devenants quasi de forme ronde ou fort irregulière. L'allun vous donnera plus de plaisir, parce qu'il conserve mieulx sa figure, et si vous y mettez des bastons par dedans, vous les verrez bientost garnir, non seulement de ce peu qui les peult toucher, mais de la matière pierreuse qui peult se rencontrer à certaine espace assez esloignée, laquelle s'y vient attacher invisiblement et toute liquide et de mesme couleur que d'aultre eaüe, ou difficile à discerner, si l'on n'y regarde de bien prez; et c'est là par aprez qu'elle s'acheve de cailler peu à peu, non qu'il faille que l'eau s'evapore, car si cela estoit les petites poinctes ne pourroient pas retenir leurs figures de l'octaèdre ou du cube, ou des aultres, ne le lustre que la nature leur communique tout aussy grand que celuy de l'eau qu'elles touchent à toutes leurs facettes, mais quand tout est bien formé et caillé plus ou moings viste, selon la temperature du temps et du lieu, si l'eau s'esvapore, ou si on la verse, tout le restant demeure en sa naturelle forme et figure acquise primitivement. Et les grains qui se sont formez vers le centre ou en lieu trop esloigné de la circonferance, ou des aultres corps solides où ils se seroient peu attacher, demeurent façonnez esgalement de touts costez tant devant que derrière, et tant dessus que dessoubs, et puis tombent au fonds, quand ils sont achevez de cailler, mais ils y sont destachez d'avec les aultres qui se sont formez contre le fonds. Or je n'estime pas qu'il soit bien aisé de prouver et de faire paroistre à l'œuil que touts cez petits corps cubiques que vous voyez formez en la surface de vostre eau se puissent rassembler pour en faire un plus grand corps de mesme figure cubique ou qu'il s'en forme d'aultres par dessoubs aussi petits que les premiers du dessus pour s'unir et continüer la formation d'un plus grand corps cubique. Bien croys-je assurement qu'aprez la formation des premiers, il y en peult survenir d'aultres cappables de s'y joindre et de les comprendre ou embrasser temerairement dans leur plus grand corps, comme en voulant adherer à un solide plus vieil qu'eux, voire qu'il se peult faire et se faict diverses formations par differantes couches en divers temps, cappables d'espaissir la crouste exterieure de l'eaue, et adherante au vase ou aux bastons et aultres corps qui se peuvent enclorre et plonger dans l'eaue du vase. Il est vray que je croys aussy que comme une seule goutte d'eau *in potentia* est cappable de retenir la figure ronde du globe entier de la terre et de l'onde, j'estime que chacun des corps cubiques du sel est cappable de se subdiviser en infinis aultres moindres corps cubiques, et possible touts les aultres sels, et les pierres mesmes, sinon par simple fraction comme le sel, au moins par dissolution et recongelation, ayant souvent faict fondre un gros grain octoedrique d'allun, lequel faisant recailler, on formoit dix mille petits de pareille forme à la mere, si l'eaue estoit estendüe sur une assiette, ou si l'on remüoit la bouteille, car le mouvement rompant le corps du germe encore liquide en diverses parcelles, chascune retenoit la parfaicte figure du total. Voyla ce que je vous en puis dire sur voz propositions, et que j'entendray volontiers le progrez de voz experiances et des causes de la piqueure et volatilité du sel ammoniac.

Bien marry de ne vous pouvoir asseurer de mon voyage à Boysgency, tandis que mon frere sera absant, et de n'avoir de meilleur moyen de vous faire paroistre de combien bon cœur je suis et seray à jamais,

Monsieur,

vostre, etc.

DE PEIRESC.

À Aix, ce XII juillet 1635[1].

[1] Bibliothèque nationale, fonds français, 12772, fol. 154. Autographe.

CXXIV

À MONSIEUR, MONSIEUR GASSEND,
DOCTEUR EN Ste THEOLOGIE, PREVOST DE L'ÉGLISE CATHEDRALLE DE DIGNE,

A DIGNE.

Monsieur,

Je viens de recevoir la vostre du xxvii par un venerable vieillard qui m'a bien resjouy d'abbord par la bonne nouvelle qu'il m'a dicte de vive voix de vostre bonne disposition, et que j'ay esté bien aise de voir aprez confirmée de vostre main, quoyque j'aye esté fasché que la compagnie où il m'avoit trouvé ne m'eusse pas permis de l'ouvrir en sa presance pour luy offrir ce que je doibs à ceux que vous aymez si tendrement, comme je le feray demain, Dieu aydant. J'y ay apprins une aultre nouvelle bien agreable que l'original de la lettre du s^r Vendelin s'estoit enfin retrouvé pour vous tirer de peine des vices de clerc, que vous aviez grand subject d'apprehender, aprez avoir veu les bes-veües qu'avoit faict ce pauvre coppiste, en transcrivant ses observations du Mercure du moys d'avril, où je verifiay qu'il avoit primitivement escript dans son autographe touts les mesmes chiffres que vous aviez opinion qu'il eust deub mettre, et ne scay où il avoit son esprit allors qu'il y adjousta partout des millenaires. Il avoit fort veillé, ce dict-il, mais je croys qu'il pensoit estre bien fin et se corriger. Tant est que je marquay au marge de vostre Epistre au s^r Schikard que les veri-tables nombres de l'autographe alloient comme vous les aviez divine-ment conjecturez, et mis le nom de Heca du diocese de Liege, lieu natal du s^r Vendelin [1], à ce que j'en avoys apprins du s^r Dormalius,

---

[1] Il faut lire "Herck, une des bonnes villes de l'ancien pays de Liège", comme dit M. C. Le Paige dans la notice déjà citée sur *un astronome belge du xviie siècle*, *Godefroid Wendelin* (Bruxelles, 1890, p. 4). M. Le Paige, dans le travail étendu qu'il prépare sur son compatriote, ne manquera pas de multiplier les détails sur les relations de cet astronome avec Peiresc et surtout sur ses re-lations avec Gassendi, qui durèrent beau-coup plus longtemps, car elles se prolon-gèrent pendant près d'un demi-siècle.

n'ayant pas sceu si c'estoit en tirant vers Louvain ou ailleurs. Durant les 3 ou 4 jours que je garday vostre lettre, je la fis transcrire par Bouis, par mon homme et par Garrat, et envoyay à Mʳ Luillier l'original et la coppie pour s'en servir s'il y pouvoit escheoir, au cas que la commodité se presentast inopinement pour ne la perdre. Mais je n'en leus que le commancement et la fin, ayant eu regret de n'avoir leu au moings ce que vous disiez de l'ecclipse; il le faudra voir un jour sur la coppie, Dieu aydant. J'envoyay en mesme temps au P. Mercene le livre de la nouvelle musique de Rome, que j'avoys montré à vostre organiste.

Au reste j'ay prins un grand plaisir de voir voz nouvelles remarques de formation des sels, mais je n'ay pas icy maintenant vostre lettre pour vous dire quelque chosette que j'y trouvois à desirer. Il le fauldra remettre soubs vostre bon plaisir. Cependant je vous en remercie trez humblement, comme aussy de l'advis du protocolle de l'an 1477, qui seroit possible trez utile à nostre maison, s'il y avoit moyen de le voir, ou un inventaire des actes y contenus à peu prez s'il a esté dressé, ou du moings la coppie de l'un desdicts actes pour juger des aultres. Nous en avons recouvré quelques uns de divers endroicts, et si le possesseur ne faict pas trop le renchéry, nous pourrions bien nous en accommoder à prix raisonnable, et tousjours vous sommes-nous grandement obligez du soing que vous continüez de prendre à veiller à tous nos interests, et demeure de tout mon cœur,

Monsieur,

vostre, etc.
ᴅᴇ Pᴇɪʀᴇsᴄ.

À Aix, ce 29 juillet 1635 [1].

---

[1] Bibliothèque nationale, fonds français, 19772, fol. 156. Autographe.

CXXV

À MONSIEUR, MONSIEUR GASSEND,
DOCTEUR EN SAINTE THEOLOGIE, PREVOST DE L'EGLISE CATHEDRALE DE DIGNE,
À DIGNE.

Monsieur,

J'avoys attandu mardy le s^r Gaubert et voz lettres pour Paris, mais il n'arriva que le mecredy au soir, et le jeudy je luy en demanday des nouvelles au Palais, il me respondit que vous ne luy en aviez point baillé, et que possible en auriez-vous chargé son homme qu'il attendoit hier, mais à ce matin il m'a dict qu'il n'en avoit poinct apporté, et m'a donné adresse du s^r Meinyer qui s'en va à Digne, par qui je vous envoyeray le pacquet de Mr Luillier et sa consulte, à laquelle je ne vous sçauroys rien adjouster pour le present, si ce n'est que vous avez esté fort maltraicté par des gents qui vous devoient bien mieux considerer. Il fauldra faire la guerre à l'œuil.

Je n'ay pas reveu le bon vieillard porteur de vostre lettre que j'avoys envoyé chercher, pour luy offrir plus formellement mon service pour l'amour de vous et de l'amitié que vous luy aviez portée. Je vous envoye la lettre que j'ay receu du P. Campanella sur ce que je vous avois escript dont vous aurez aultant, et les lettres du s^r de la Ferriere et du s^r Bourdelot. Le cavalier del Pozzo m'escript de la salade de ce geant, mais comme de chose descouverte prez de Minerbino au royaulme de Naples dont un medecin luy avoit donné l'advis et promis le dessein de la dicte salade, mais il me parle d'une generation de pruniers dans la playe d'un corps humain qui est bien estrange[1]. Je l'ay prié d'en bien verifier ce qui s'en pourra apprendre, et de m'envoyer le por-

---

[1] Il s'agit du prunellier qui se développa dans le corps du pâtre espagnol, dont il a été déjà fait souvent mention en cette correspondance et dont le cavalier del Pozzo avait été informé de première main, étant attaché à la maison du cardinal Fr. Barberini, auquel on avait directement envoyé d'Espagne la nouvelle que Peiresc avait bien raison de trouver *estrange*.

traict de cette plante. J'escripvis à M⁰ Luillier par l'ordinaire en vostre deffault. Au reste le pauvre M⁰ le Prieur de la Vallette, qui estoit allé avec le conseiller son neveu à la bastide d'Artigues[1], y a eu un si fascheux accidant que le bruict s'estoit espandu qu'il estoit mort. On m'a voulu asseurer qu'il en a esté quitte pour la peur, et qu'il n'avoit pas laissé de railler par aprez. Je prie à Dieu qu'il le preserve pour sa vertu et pour l'amour de ses bons amys et demeure,

Monsieur,

vostre, etc.
DE PEIRESC.

À Aix, ce 4 aoust 1635.

J'ay recouvré un cameleon verd plus gros que les aultres, mais nous ne luy voyons point manger de mouches, et cette nuict, je luy ay ouï faire un petit cry semblable aux aultres qui ne tarderent pas de mourir, ce que j'apprehende[2].

CXXVI

À MONSIEUR, MONSIEUR GASSEND,

DOCTEUR EN Sᵗᵉ THEOLOGIE, PREVOST DE L'EGLISE CATHEDRALE DE DIGNE,

À DIGNE.

Monsieur,

Je ne laisray point partir Madame d'Espinouse sans faire charger quelqu'un des siens d'un mot de lettre pour vous advertir que par le s⁰ Meinier qui partit hier au soir, je vous ay envoyé vostre pacquet

---

[1] Artigues est un petit village situé tout près de Rians. Les Gautier en étaient seigneurs au dernier siècle, et probablement déjà au temps du prieur de la Valette. Le neveu du prieur, Antoine de Gautier, seigneur de Mimet, Gardane et Saint-Pierre, reçu conseiller au parlement en 1615 en remplacement d'Honoré, son père, ne succomba pas à la maladie dont il était atteint en 1635, et mourut doyen de la Cour en 1653.

[2] Bibliothèque nationale, fonds français, 12772, fol. 158. Autographe.

ordinaire et plusieurs lettres escriptes à moy par divers amys. L'on nous a donné à ce soir de bonnes nouvelles que Mʳ le Prieur de la Valette s'en vient en lictiere pour avoir icy plus de secours qu'il n'en pourroit avoir aux champs, et que Mʳ le Conseiller son neveu ne se porte pas trop bien, leur voyage des champs ne leur ayant pas esté heureux. S'il m'en eut adverty avant que partir, je ne le luy eusse pas conseillé, attendu que la vallée d'Artigues, au gros de l'esté, ne peult pas estre des plus agreables, sans couvert, entre des rochers mal vestus, et il se hazardoit un peu trop à l'ardeur du soleil d'esté, à mon gré, quelque accoustumance qu'il y puisse avoir prinse en aultre saison de l'année, ce que j'ose bien vous dire pour en faire vostre proffit, craignant que vous ne vous choyiez pas trop bien nom plus sinon pour le soleil, au moins pour le trop grand serain de l'hiver. Il fault songer à vivre, et puis du reste en faire ce qui se peult de gré à gré, et laisser faire à d'autres ce qui ne pourra venir de noz mains, sur quoy je finiray demeurant,

Monsieur,

vostre, etc.

À Aix, ce 5 aoust au soir 1635.

Madame d'Espinouse[1] m'a promis de vous faire un jour ouvrir le cabinet de feu Mʳ de Flaiols[2] pour y recognoistre les livres qui y pouvoient estre à moy, qui auront la pluspart mon chiffre, entr'autres un volume du Zurita en espagnol de l'Histoire d'Aragon in-fol.[3] qui me faict grand faulte, les aultres volumes suyvantz estant imperfects de ce commencement là. Il y avoit plusieurs aultres livres de l'histoire d'Espagne, où il vouloit chercher des instructions de noz contes de

---

[1] Nous avons vu que c'était Isabeau de Faucon, femme de François de Villeneuve, seigneur d'Espinouse.

[2] Isabeau de Faucon, quand elle se maria avec Fr. de Villeneuve, était veuve de François de Villeneuve-Flayosc.

[3] C'était probablement l'édition de 1610-

1621 des *Analas de la corona de Aragon* (Saragosse, 8 vol. in-fol.). Voir sur les autres éditions du très savant ouvrage de Geronimo Çurita ou Zurita, paru pour la première fois en 1572 et années suivantes, le *Manuel du libraire* (t. II, col. 445).

Provence et de la noblesse qui les suyvoit; or mon chiffre ne s'y mettoit pas tousjours si règlement pour le moings du commancement, car je ne l'introduisis qu'assez tard.

Madame d'Espinouse n'estant point partie, M⁓ le Prieur de la Vallette estant de retour des champs, resolu d'enterrer ceux qui ont couru son benefice[1]. Il a souppé à table comme un soldat[2] en presence de son neveu et de bonne compagnie, dont Garrat a esté du nombre[3].

CXXVII

À MONSIEUR, MONSIEUR GASSEND,
DOCTEUR EN Ste THEOLOGIE, PREVOST DE L'EGLISE CATHEDRALE DE DIGNE,
À DIGNE.

Monsieur,

Lorsque j'eus receu vostre derniere despesche qui estoit, si je ne me trompe, du 3 de ce moys, je ne manquay pas d'escrire à M⁓ Luillier le besoing que vous avez de vostre observation du 30 may dernier afin qu'il la nous envoyast extraicte de la coppie de vostre lettre à M⁓ Schikard que j'avoys faict transcrire icy par Perrot, Garrat et Bouis, et que j'avoys depuis envoyée avec vostre autographe de crainte de ce qui estoit advenu, que l'opportunité de voicture fust trop precipitée, et de faict M⁓ Luillier m'avoit escript qu'il s'estoit resolu d'envoyer vostre autographe et de se contenter de ma coppie, mais celuy qui s'en debvoit charger anticipa du matin au soir precedant son partement, de sorte que par le dernier ordinaire il me mande qu'il avoit laissé eschapper cette bonne commodité de faire tenir vostre despesche non sans regret, mais qu'il y auroit cette consolation de la pouvoir collationner plus exactement avec M⁓ Bouillaud, et à cez heures il verra

---

[1] Joseph Gaultier avait déjà soixante-dix ans révolus quand il se promettait si fièrement d'enterrer ceux qui avaient eu trop de hâte de l'enterrer lui-même.

[2] Les lexicographes ont-ils noté cette locution proverbiale?

[3] Bibliothèque nationale, fonds français, 12772, fol. 160. Autographe.

aussy ce que vous demandiez de vostre observation du 30 may dont vous avez laissé esgarer le plumetif volant, et la vous pourra transcrire de l'original.

J'ay commancé à remanier mes papiers pour retrouver vostre cahier et le vous envoyeray incontinent. Je loüe fort le conseil qu'on vous a donné de faire descharger M^r Du Chaffault de son cautionnement, ou collaudation, si ce n'est que vous ne soyez pas marry de l'evocation, auquel cas je ne doubte pas que cet expediant ne vous peusse bien servir puisque l'affaire n'est pas encore jugée ne reglée. Mr de Gaubert ne m'en a rien dict, et je n'ay pas estimé necessaire de luy en ouvrir le discours, cognoissant comme je faicts le pélerin. Je me resjouys infiniment de l'amandement de vostre santé, qui ne peult estre qu'au poinct qu'il fault, puisque vous esperiez dez le soir mesme ou le lendemain reprendre le train de voz observations celestes.

Mr Naudé m'escript du 21 juillet de Riety où il a suivy son patron que S. Em^{ce} a donné ordre en deux ou trois differants endroicts pour faire observer la prochaine eclypse, et que luy a prié le s^r Leo Allatio de la faire observer à Rome par le P. Incofer, jesuite, et à Padoüe par le vieil Argoli et qu'à Naples le s^r Pietro la Senne la faict observer par le Camillo Glorioso Napolitain, amy du s^r Bouchard qui l'en a pareillement prié[1], et s'est chargé de m'en faire tenir les observations. Ce Camillo a faict de gros volumes en mathematiques, et passe pour un homme fort versé en cette proffession. Je vous envoyeroys volontiers sa lettre tant pour cela que pour tout plein d'aultres petites curiositez qui pourroient rencontrer vostre goust en quelque article, mais il fault que je luy responde la semaine prochaine, Dieu aydant, et aprez je la vous envoyeray sans regret avec tout plein d'aultres.

Cependant je vous diray que nous eusmes l'aultre jour un ton qui ne pesoit pas bien dix libvres dont l'œuil estoit neantmoings fort gros, et beaucoup plus que l'œuil d'un homme, voire quasi comme celuy d'un bœuf. Il estoit dans une boitte quasi aussy espaisse et aussy dure que

---

[1] Tous les personnages qui viennent d'être énumérés figurent dans les lettres de Peiresc à J.-J. Bouchard et dans les notes de l'éditeur.

celle des plus gros poissons de mesme nature, et le crystallin, qui estoit veritablement plus petit que des gros tons, avoit neantmoings les oreilles aussy apparantes et aussy tenaces que celles des gros. Nous y vismes le flambeau allumé dans le fonds du miroir concave fort bien apparant. Mʳ de Cormis, filz de Mʳ l'Advocat general, et receu en survivance en la charge de Monsieur son pere[1], y estoit present avec Mʳ le General Siguier. Le ton n'avoit esté pris que la nuict precedante.

Nous gardons un renard privé pour anatomiser ses yeulx en quelque bonne occasion de compagnie. Pleust à Dieu en peussiez vous estre! Mais je voys bien que vous voulez observer l'ecclipse à Digne, et Dieu sçait ce que nous pourrons faire icy touts seuls. Car il ne fault pas esperer que Mʳ le Prieur de la Vallette en veuille estre tant il a eu de peur du mal que luy fit une pierre comme une lentile qui mit tant de monde en peine à courir pour luy, ou pour sa despouille. Je luy ay conseillé de reprendre l'usage de l'eau de noz bains, qu'il avoit pratiqué 18 ans, et laissé depuis peu, et je pense qu'il s'y sera resolu. Car je n'attribue les pierres que je fis dernierement qu'à la cessation de mon eau des bains durant 3 semaines, ou un moys, que les grandes chaleurs en avoient faict dispencer mes gents par paresse de la mettre à raffraischir assez à temps plustost que moy mesme, qui avois tous-

---

[1] Pierre Decormis (*alias* de Cormis), seigneur de Beaurecueil, Roqueshautes, etc., assesseur d'Aix en 1611, pourvu d'une charge d'avocat général au Parlement de Provence le 28 août 1618, reçu le 16 octobre suivant, conseiller d'État, résigna sa charge à son fils en 1635, mourut à Aix et fut enseveli aux Dominicains le 22 janvier 1649. Il avait épousé Antoinette Fabry de Fabrègues. — Louis Decormis, marquis de Brégançon, seigneur de Beaurecueil, Roqueshautes, etc., pourvu le 9 avril 1635 de la charge d'avocat général au Parlement dont son père Pierre s'était démis en sa faveur, fut reçu le 15 juin suivant; pourvu le 17 janvier 1650 d'une charge de président au même Parlement, reçu le 12 mars suivant; prit part aux séditions contre le premier président Henri de Forbin Mainier d'Oppède en 1658, en suite de quoi il vit sa charge confisquée par jugement des commissaires du Roi; mais sur la demande de la compagnie on lui laissa le temps pour s'en démettre; ce qu'il fit en faveur de son fils Pierre. Celui-ci, sans se faire recevoir, la revendit à Auguste Thomas, marquis de Villeneuve, Lagarde, etc. — Louis Decormis mourut à Aix et fut enseveli aux Dominicains le 24 novembre 1669. Il avait épousé Marie Cadenet de Lamanon. (Communication de M. le Marquis de Boisgelin.)

jours creu d'en boire mais raffraischie, à quoy il n'est pas manqué maintenant, et je m'en trouve très bien. Voire j'estime que si vous eussiez esté icy pour en user, vous n'eussiez eu que faire pour guarir vostre mal, d'user de ligature ou de retranchement de voz emorroïdes, qui se seroient fort doulcement et insensiblement diminuées et flestries sans en venir à un si extreme remede que je ne sçauroys approuver en façon du monde, sçaichant le grand danger que vous y couriez, n'estimant nullement que vostre mal fusse bien cogneu.

Je ne sçay si je vous ay mandé que j'ay enfin receu un cameleon de troys que l'on m'en envoyoit, les aultres ayants esté desrobez à mon grand regret. Il est plus gros que les aultres, et est tout verd, comme la femelle que j'avois eüe avec des tasches noires et jaulnes blaffardes. Il ne vient pas si noir que les aultres au soleil, bien qu'il se brunisse fort, et d'aulcunes foys, bien qu'il soit au soleil, quand il est sur les arbres du jardin, il ne noircit point, ains souvent paroit quasi jaulnastre, tant sa verdeur naturelle se pallit. Nous ne l'avons pas vu manger des mouches, comme l'aultre qui le ressembloit, ce qui me faisoit apprehender de le perdre bientost, mais il n'a pas laissé de fianter troys ou quattre foys, ce qui nous donne quelque opinion qu'il mange lorsqu'on ne le regarde pas. Sa fiante est partie noire et partie jaulne, et le jaulne se reduit en pouldre de couleur dorée, ce qui me faict juger que, comme le lion faict pareillement sa fiante en pouldre, et qu'on dict d'un qui roulle les yeulx comme un lyon, que ce pourroit bien estre de ces petites analogies qu'on eusse prins l'occasion de luy imposer le nom de chameleon, ou petit lyon [1]. Il est si privé que d'aulcunes foys quand je l'ay prins sur ma main, aprez s'estre un peu rasseuré, il a monstré de s'y plairre, et tant de confiance qu'il s'y endormoit tout à faict. Il dort comme les aultres, non seulement agraphé contre les montants de sa cage, mais aussy suspendu aux branches du ciel de sadicte cage, et toutesfoys il dort quelquesfoys perché sur les bastons qui la traversent.

---

[1] On sait que la véritable étymologie est Χαμαιλέων, lion qui se traîne à terre.

J'ay receu le gros volume des 4 Evangelistes en cophte et en arabe, où devant le texte de chascun y a un catalogue de tiltres des chappitres et en teste d'iceluy une petite preface et un peu de memoire des temps et des lieux où les Evangelistes ont escript, où c'est que pour St Marc et pour St Luc les époques de la chronologie et du synchronysme des années 4 et 12me de l'Empire de Claude, et 12me et xxme de l'Ascension de J.-C. sont excellentes et trez vraysemblables. Il y a un peu de soubçon d'equivoque en celles de St Jean, et celles de St Mathieu manquent au 1er feuillet du volume, dont j'ay desja demandé les supplements tant à Rome qu'en Ægypte. Le cardinal Baronius se donne bien de la peine à concilier diverses authoritez et difficultez qui sont toutes d'accord en cez peu de lignes icy. L'on me faict esperer d'aultres bien belles pieces. Mais cez corsaires tant Espagnols que Turcs me font bien de l'apprehension et sur ce, en bien esperant, je demeure,

Monsieur,

vostre, etc.

DE PEIRESC.

À Aix, ce 19 aoust 1635.

L'on me faict de nouvelles instances pour avoir le libvre de M^r L'Autaret[1]. Je vous supplie de me mander où il est imprimé, car si c'estoit à Lyon, nous en pourrions faire venir de là, n'en ayant peu avoir icy.

J'ay depuis recouvré le libvre de M^r L'Autaret, et ne sera plus de besoing de vous en mettre en peine.

C'est par une servante ancienne de nostre maison qui s'en va mener son mary malade en voz bains que je vous escrips la presente; ce sont de fort bonnes gents.

À la suite de cette lettre on trouve dans le registre 12772, fol. 163, le billet suivant du

---

[1] Était-ce un livre récent? S'il en était ainsi, nous ne le connaîtrions pas, car on ne possède du docteur de Lautaret qu'un seul ouvrage qui a été déjà précédemment mentionné dans le recueil Peiresc-Dupuy (t. III, p. 335) : *Les merveilles des bains naturels et des étuves naturelles de la ville de Digne en Provence* (Aix, 1620). Mais

secrétaire Perrot à *Monsieur, Monsieur Gassend, docteur en sainte theologie, Prevost de l'eglise cathedrale de Digne, à Digne :*

Monsieur,

Ce mot de la part de M⁽ʳ⁾ de Peiresc sera seulement pour vous accuser la reception de vostre pacquet, que M⁽ʳ⁾ Tornatoris luy a rendu ce matin, comme aussy le registre de M⁽ʳ⁾ Gastines qu'il ne peut presentement parcourir pour la presse où il est de sa despesche de Paris. Il s'y est trouvé une lettre pour M⁽ʳ⁾ Luillier qu'il ne manquera pas de faire tenir. Il vous escripvit hier assez amplement par une bonne femme qui s'appelle Josephe qui a esté servante de la maison aultresfoys, et qui mène son mary aux bains. C'est pourquoy il s'asseure que vous aggreerez ses excuses pour ceste fois et que vous ne laisrez pas de l'advouer comme moy en mon particulier qui me diray avec vostre permission,

Monsieur,

vostre, etc.

Perrot.

Monsieur vous supplie de faire favoriser cette femme avec son mary de ce qui luy sera necessaire sans vous incommoder.

Monsieur Tornatoris vous porte le libvre que vous demandiez.

Aix, ce 21 aoust 1635 [1].

CXXVIII
À MONSIEUR, MONSIEUR GASSEND,
DOCTEUR EN S⁽ᵗᵉ⁾ THEOLOGIE, PREVOST DE L'EGLISE CATHEDRALE DE DIGNE,
À DIGNE.

Monsieur,

Parce qu'il me fault escrire à Rome, je ne pourray pas respondre punctuellement à vos deux dernieres lettres du 23 et du 26. Seule-

---

peut-être le personnage qui voulait lire le livre de Lautaret était-il un retardataire dont la curiosité avait été éveillée quinze ans après la publication de ce livre.

[1] Bibliothèque nationale, fonds français, 12772, fol. 161. Autographe.

ment vous diray-je que la derniere n'est venüe entre mes mains qu'à ce matin, et consequamment trop tard pour envoyer par l'ordinaire celle que vous escriviez à Mʳ Luillier à qui j'escrivis, et luy dis que nous avions observé l'ecclypse fort à souhaict, pour avoir esté le temps fort embarrassé de nüages, car nous prismes le poinct du commancement de l'ombre, celuy de la totale obscurité, celuy du recouvrement de lumiere, celuy de la fin de l'ecclypse, et plusieurs aultres d'entre deux, principalement depuis le commancement jusqu'à la totale obscurité. Nous vismes encore coucher la Lune toute claire plus d'une bonne demy heure aprez la fin de l'ecclypse ; mais il ne paroissoit aulcune estoille qui peusse lors marquer l'heure, et n'y eust aulcun moyen de voir le soleil d'une heure ou deux aprez son lever, ne consequamment aulcune des planettes d'allentour, qui eussent peu suppléer la disparution des fixes. Il fallut se servir de l'horologe des Jesuistes pour ce regard là et des rectifications telles que nous en avons depuis faict faire. J'avoys envoyé Corberan sur la montagne de Sᵗᵉ Aventure, mais ils s'endormirent et laisserent eschapper le commancement de l'ecclypse, et quand ils s'en apperceurent, ils firent signe d'un feu, mais il y avoit desja assez long temps que nous en marquions les phases. Il survint par aprez de la pluye, des esclairs et des tonnerres qui leur firent peur, et les firent chercher leur retraicte dans l'hermitage, sans qu'ils eussent depuis l'esprit et le courage de remonter pour marquer au moings le coucher de la Lune, puisque le lever du Soleil leur estoit interdit comm' à nous. À quoy nous nous estions tousjours attendus, jusques à six heures sonnantes, non que nous n'eussions veu coucher la Lune une demy heure auparavant, mais en attendant s'ils feroient aulcun signe qui nous fusse bien perceptible quand ils appercevroient le Soleil, bien que ce ne fust le vray point de son lever, à cause des nües qui couvroient tout l'Orient. Le fils de Chaillan[1], clerc du greffe, et le peintre Martel[2] y avoient accompagné Corberan avec un guide de cette ville.

---

[1] Chaillan ou Chaillau. La lecture est incertaine.

[2] Le peintre Martel est inconnu à Aix, même de ceux qui ont étudié d'une façon spéciale l'histoire des artistes provençaux.

J'avoys voulu que Martel me fist un peu de carte ou veüe figurée de ce qui paroissoit de cette montagne, mais il n'a sceu rien faire qui vaille, de sorte que la peine a esté toute perdüe pour ce costé là. Si le P. Théophile [Minuti] eusse faict la courvée, tout seroit bien mieux allé, mais je m'en advisay un peu tard, et il vint ceans pour estre tesmoing des observations de l'ecclypse, et y sçavoir travailler une aultre foys, s'il estoit en Levant, comme il ne luy en manque pas de bonne envie. Mr de Bargemon nous avoit promis de venir, mais en estant semons, s'excusa sur des massons qu'il debvoit aller conduire à Aiguilles la matinée suyvante. M^r le Prieur de la Valette, enquis s'il vouloit que Garrat allast chez luy avec les instruments pour observer, dict que la maison n'estoit pas bien propre, et qu'il pourroit bien venir ceans, mais ayant veu vostre lettre du 23me resolut d'aller à sa bastide d'où il croyoit de pouvoir observer le couchant de la Lune et l'orient du Soleil; mais il y a des montagnes encores trop haultes du costé du Levant, quoyqu'il die, et je ne pense pas que les tonnerres ne luy fissent quicter la parade, car il en estoit un peu plus voisin que nous. Il fauldra voir ce qu'il aura faict, croyant bien qu'au moings aura-t-il observé comme nous la fin de l'ecclypse et le couchant de la Lune non ecclypsée, et possible aura-t'il veu quelque marque en ce poinct là qui nous eusse eschappé à nous, car les nües estoient deschirées en divers endroicts. Je n'ay pas encores sceu qu'il soit de retour de sa bastide.

L'on m'escript de Marseille qu'il y a des lettres d'Alexandrie portant l'arrivée du navire par lequel j'envoyoys au P. Agathange[1] des lunettes et un quart de cercle pour l'observation de l'ecclypse, de sorte qu'il aura peu recevoir le tout peu de jours aprez, et consequamment bien à temps pour l'observation de l'ecclypse, esperant que c'en aura esté de mesmes pour ce que j'avois envoyé au P. Celestin du costé d'Alep, et que Mr Galaup[2] aura faict quelque observation au Liban, car

---

[1] Au sujet du P. Agathange de Vendôme, de l'ordre des Capucins, voir le recueil précédemment cité du P. Apollinaire de Valence : *Correspondance de Peiresc avec plusieurs missionnaires et religieux*, etc.

[2] Le solitaire du mont Liban, François de Galaup-Chasteuil.

le P. Theophile dict qu'il y avoit quelques instruments, et mesmes deux globes en arabe excellants, de sorte que de quelque costé l'on pourra avoir de quoy secourir Mr Schikard, mais il n'aura pas receu voz lettres ne les miennes à temps avant cette ecclypse en laquelle j'ay veu bien apparamment la differance qu'il y avoit d'observer à plein œuil, ou par les lunettes, et que cela est bien cappable d'en alterer les proportions et apparances vrayes, dont nous avons marqué la differance tant que nous avons peu, ensemble les macules, au droict desquelles s'acheva d'obscurcir le corps lunaire, et où s'acheva par aprez de perdre la derniere obscurité quand l'ecclypse finit, n'ayant pas songé à la mesme diligence au commmancement de l'ecclypse, et n'en ayant pas mesmes eu la mesme commodité, à cause des brouillards à travers lesquels il nous falloit prendre les phases, mais quand les nües se deschiroient, nous en marquions ce que nous pouvions. Je vous respondray au restant plus à loisir, et cependant demeure,

Monsieur,

vostre, etc.
DE PEIRESC.

Ce 29 aoust 1635.

Ma lettre n'ayant pas trouvé de porteur, j'ay esté bien fasché d'apprendre par la vostre de mesme datte que le temps vous ayt esté si contraire, et que vous ayez eu tant de peine et si peu de contentement ou de satisfaction, et vouldrois bien que vous eussiez esté icy pour proffitter mieux que nous n'avons sceu faire de la commodité que nous y avons eüe de faire tant d'observations, qu'il n'y a pas encor eu de moyen de les faire mettre au net. Cependant j'en choixsis six des principales non seulement du commancement et de la fin, ensemble de l'entière immersion et du recouvrement de lumière à regarder par les lunettes, mais aussy du commancement et fin à regarder à plein œuil, dont Mr le Prieur de la Valette fit hier le calcul, et en demeura si satisfaict que j'en estois estonné ayant determiné le mitan de l'ecclypse à 3 h. 13. Vous en verrez le bordereau, en attendant que nous vous puissions envoyer toute la suitte des observations qui contiennent plusieurs feuilles de papier. J'escrivis hier à Rome au cardinal Barberin et au cardinal Bagni et à Mr Naudé, et les priay fort de nous faire envoyer les observations qui s'en seroient faictes de par delà, tandis que nous ferions preparer celles de deça pour leur en faire part, et leur donner le plaisir de les comparer aux leurs. Mr le Prieur de la Valette n'a observé que la fin, encores ne sçay-je s'il a rien escript, mais il print plaisir de voir coucher la Lune toute claire dans l'orizon, une demy-heure aprez la fin de l'ecclypse[1].

CXXIX

À MONSIEUR, MONSIEUR DE PEIRESC,
ABBÉ ET SEIGNEUR DE GUISTRES,
CONSEILLER DU ROI EN SA COUR DE PARLEMENT DE PROVENCE,
À AIX.

Monsieur,

Je vien de recevoir tout presentement la despesche dont vous m'avez fait mention par vostre precedente. Elle se trouve du xvi de juin, et si la lettre de Monsr Vendelin n'y a point esté incluse, je ne sçay si elle ne le sera poinct dans quelque autre qui m'arrive encore plus tard que celle-cy. Elle m'a appris ce que je n'avoys point encore sceu, à scavoir ce fameux accouchement de tant de pierres que vous avez poussées. Le bon Dieu vueille que ce soient les dernieres. Je preschay despuis aux premieres vespres de la Visitation, et pris pour mon theme le verset du cantique que Nostre Dame chanta à ce jour là, *fecit potentiam in brachio suo :* DISPERSIT SUPERBOS *mente cordis sui* pour avoir sujet de discourir des succès du Roy contre les Espagnols[2]. En sortant de la chaire l'on me randist une lettre qu'il avoit pleu à Monsr de Valavez de m'escrire de Tholon par nostre premier consul, envers lequel il avoit fait pour

---

[1] Bibliothèque nationale, fonds français, 12772, fol. 167. Autographe. — [2] On voit que dans Gassendi l'orateur ne dédaignoit pas l'actualité.

moy et sans en estre prié plus que de tout ce qui m'eust sceu venir en la pensée. Mais cella veut dire que vous estes freres. Si je ne le croyois party, je luy escriroye, mais à l'autre premier voyage je vous addresseray un mot à luy pour Paris, aussy bien en auroy-je plus de loisir qu'à present. Je me remets aussi de vous escrire plus amplement touchant la formation des selz, n'en ayant pas aussi bien encore faict toutes les experiences que je desire d'en faire. Seulement ne puis-je pas me tenir de vous dire que je justifie tousjours quelqu'une de mes anciennes resveries touchant les principes de la philosophie d'Epicure. Je recognoy particulierement[1] que ces gros solides soient cubiques, soient octohedriques, ou autres, sont tous composez d'autres moindres, de mesme figure, et ceux cy d'autres moindres jusques à la resolution en de si menus, qu'ils sont presque insensibles et tousjours figurez de mesme, dont je conclus que ceux cy se vont encores resolvant jusques aux atomes, qui par quelque sorte de necessité doivent estre de mesme figure. La composition le demonstre, par la façon dont j'observe qu'ils grossissent despuis qu'ilz sont devenuz comme des cirons[2]. J'ay tasché d'observer exactement ce que vous avez pensé du mouvement de ces corps vers les plus prochains solides lors de leur formation[3], mais rien ne m'a encore peu reüssir pour le justifier. Car la distinction et formation de ces corps ne se fait pas toute à la fois, mais seulement à mesure que l'humidité s'évapore[4], si bien qu'il y va d'un assez long espace de temps despuis la formation des premiers jusques à celle des derniers. Or dez le commencement plusieurs se forment en superficie mesme de l'eau[5], et ceux la surnagent jusques à ce qu'ils sont devenus si gros que la masse de l'eau ne les pouvant plus supporter quoyque beaucoup espessie ils fondent en bas. Sur ces entre-

---

[1] Peiresc a souligné tout le passage compris entre *que ces gros solides* et *La composition le demonstre*.

[2] Peiresc a souligné cette phrase à partir de : *dont j'observe*, etc.

[3] Même observation pour cette phrase à partir de : *du mouvement de ces corps*.

[4] Même observation pour les six mots qui s'arrêtent à *s'évapore*.

[5] Même observation pour les huit mots qui s'arrêtent à *de l'eau*.

faites là j'ay appliqué des solides à une toile d'arraignée pres de la surface de l'eau et les ay rapprochez à mesure que l'eau s'abbaissoit, mais jamais aucun corps ne s'y est attaché. J'en ay faict surnager à l'eau, en telle sorte qu'il y eut de ces corps tres proches lateralement, pour voir s'il y en auroit quelqu'un qui s'y voulust aller joindre, mais jamais point, ains tousjours tous sont allés perpendiculairement vers le fonds, mesmes ceux qui estoient proches des costés des vases, au lieu d'aller s'attacher ausdits costés comme plus voisins s'en sont tousjours allés à plomb de mesme. Il est bien vray qu'il en demeure tousjours aux costés ou aux petits bastons qui nagent au dessus[1], mais ce sont ceux qui sont formez là mesme de l'eau qui y adhere pour sa glutinosité et qui s'y desseichant y laisse le corps dont elle estoit grossie. Oultre ce qu'il demeure aux mesmes costés de ceux qui tombent tandis qu'il y a encore de l'eau, si lesdits costés sont disposés non pas à plomb comme noz bouteilles guarnies, mais en rond ou en autre sens, comme noz platz et noz escuelles. Vous y penserés s'il vous plaist, et si vous n'avés point le loisir de faire là dessus quelque experience qui vous pourra venir en la fantaisie et que vous trouverés bon que je face, vous n'avés qu'à me la prescrire. Si vous estiez homme, ou si l'estat des affaires comme de vostre santé vous permettoit d'aller passer une partie de ces vacations à Boisgency, comme vous l'aviez projetté, je seroye homme de parole à vous y aller tenir compagnie, et là nous experimenterions mieux toutes ces choses et plusieurs autres. Je croy d'avoir descouvert pourquoy le sel ammoniac est si picquant, si volatile[2]. Mais voicy bien plus de paroles que je ne m'estoye promis de vous dire. En recompense je n'escriray point à Mr Garrat, mais je vous supplie de luy dire que je n'atten que ce qu'il a observé ☿ dans le mois d'avril[3] suivant ce que je croy de luy avoir marqué pour me mettre à escrire à Monsr Schickard[4]. Mes tres humbles recommandations, s'il vous plaist, à Monsr le Baron

---

[1] Même observation pour les quatorze mots qui s'arrêtent à *au-dessus*.

[2] Même observation pour les neuf mots qui s'arrêtent à *volatile*.

[3] Même observation pour les douze mots qui s'arrêtent à *avril*.

[4] Même observation pour les six mots qui s'arrêtent à *Schickard*.

et à madame la Baronne. Je ne sçay si Mons' de S¹ Marc n'a point encore rien sceu de la requeste civile que ma partie a obtenue contre son arrest.

Je suis tousjours,
Monsieur,
vostre tres humble, affectionné et obligé serviteur,
GASSEND.

À Digne, ce vı de juillet 1635 [1].

CXXX

À MONSIEUR, MONSIEUR DE PEIRESC,
ABBÉ ET SEIGNEUR DE GUISTRES,
CONSEILLER DU ROY EN SA COUR DE PARLEMENT DE PROVENCE,
À AIX.

Monsieur,

Je receu hier au soir par monsieur Pena le manuscript du concile de Basle qu'il vous a pleu de luy faire donner. Je le conserveray pour le vous r'envoyer avec les autres livres que j'ay à vous après avoir pris un extrait non seulement de la harangue que vous aviez eu soin de me faire copier, mais encore d'une precedente sous ce tiltre, propositio domini Petri Dignensis Episcopi Ambaxiatoris Regis Siciliæ coram generali concilio Basiliensi[2]. Et à propos de voz livres, incontinent apres que Madᵉ de Spinouse fust arrivée en ceste ville il y a trois ou quatre jours je ne manquay point de l'aller trouver. D'abbord apres qu'elle m'eust presenté voz observations elle adjousta qu'avant que de partir d'Ayglun elle avoit curieusement visité tous les livres que feu Mʳ de Flayosc y avoit fait porter, mais qu'elle n'y en avoit point trouvé qui eust vostre

---

[1] Autographe. Collection de M. Paul Arbaud, à Aix, en Provence. En tête de la lettre on a mis ce titre : *De la formation des sels.*

[2] L'évêque de Digne était alors Pierre de Verceil ou Versailles qui succéda à Bertrand Raoul, mort en février 1432, et qui fut transféré sur le siège de Meaux en octobre 1439.

chiffre, lequel vous aviez pris la peine de luy moustrer. Je luy dy que vous en aviez mesme presté quelques uns à monsʳ de Flayosc qui n'avoint point vostre chiffre, et principalement des Espagnols et que si elle me faisoit la faveur de me les laisser voir, je les pourrois bien recognoistre. Elle me repartist qu'il n'y en avoit point d'Espagnols, et sur tout en matière d'histoire comme je luy avois dit, et sur ce que je luy avois fait comprendre que je sçavoy que monsʳ de Flayosc tenoit la pluspart de ses livres dans un cabinet en ceste ville, elle adjousta qu'elle les visiteroit et que si elle en rencontroit point qui vous appartinst, elle me les consigneroit, mais jamais elle ne m'accorda, ou plustost ne me respondist point sur la veüe que je luy avoy demandé de jetter sur lesdits livres. Je ne sçay quelle jalousie elle en a, ou si elle a peur que j'y descouvre le martyrologe dont je vous ay parlé autresfois, et qu'elle m'a autresfois nié d'avoir jamais veu parmi les livres de son feu mary, bien que par ce que j'ay appris des gens mesme de nostre chapitre il ne puisse vraysemblablement estre ailleurs que là.

Au reste un peu avant que de recevoir ledit manuscrit j'avoy receu vostre despesche de la fin du mois passé, qui certainement m'avoit ravy, voyant combien le temps vous avoit esté favorable pour *l'observation de l'Eclipse*[1], et combien vous n'aviez point apprehendé une si longue veille et tant de travail pour l'observer exquisement. De vray cella me sert d'une extreme consolation dans le peu de faveur que le ciel m'a despartie en ceste occasion, puisque par vostre soin et labeur je pourray si advantageusement suppleer à ce qui me manque. Et je suis bien aise d'avoir laissé quatre ou cinq pages en blanc après la description de ce peu que j'ay veu, pour y inserer à ma mode vostre observation, au lieu que j'avois destiné ce vuide pour ce que je pourrois apprendre d'ailleurs, comme n'ayant point le courage de m'imaginer que vous eussiez peu voir grand'chose. J'attendray donc avec un peu d'impatience tout ce qu'il vous plairra de m'en envoyer,

---

[1] Ces mots et tous les autres mots soulignés l'ont été par la main de Peiresc.

et cependant je vous diray que je ne suis pas moins satisfait que Monsieur le Prieur de la Vallete de cest echantillon dont il vous a pleu de me faire part. Nous en colligeons[1] qu'*il ne faut point absolument s'en fier aux tables, soit pour la precision des mouvemens, soit pour les differences de longitude* puis qu'au lieu que *les Eclipses du printemps ont communement retardé,* celle-cy au contraire *a si fort advancé,* qu'au lieu de 28 *minutes* temporanées *de difference en longitude* que donnent les tables de Keppler entre le meridien d'*Uranibourg* et celluy d'*Aix* ou de Marseille, *il s'y en trouve plus de* 5o. En telle sorte qu'en vain nous avoit l'Ephemeride fait esperer que la ☾ [lune] se coucheroit en nostre horizon encore eclipsée, et qu'en vain vostre monde eust esté sur la montaigne de Ste Aventure sur le lever du soleil quand mesme il eust fait beau temps. L'une des choses que j'attends *de voir en la suite de vostre observation*, c'est s'il n'y aura point *de temps marqué* pour quelqu'une *des quatre phases que j'ay remarquées* cependant que la ☾ s'obscurcissoit, et principalement *pour la derniere,* lors de laquelle (qui fust de sept doigts et demy) je pense de vous avoir marqué que j'ay trouvé avoir esté *deux heures sept minutes.* À tout le moins est-ce celle que je tiens la plus asseurée; pour les autres je trouve *qu'à cinq doigts il estoit* 1 *h.* 54 *min.* À *six doigts* [ici des développements astronomiques]...... Pour ce que vous avez recogneu *qu'il y a bien à dire d'observer avec la lunette ou avec la simple veüe* la chose est bien tellement considerable qu'elle fait environ *un doigt de difference,* c'est à dire emporte quelques *cinq minutes de temps,* ce que j'ay marqué par ma derniere lettre à *Schickard* sur la conjecture que j'ay eüe qu'il ne se sert point de noz lunettes de longue veüe pour discerner les phases qu'il remarque et qu'il nous envoye. Je pardonne bien au surplus à Monsr de la Vallete de ne vous avoir point tenu compagnie, mais pour mons^r de Barjemon de vous avoir respondu *juga boum emi*, etc., je ne puis presque me tenir de dire mittite illum in tenebras exte-

---

[1] Nous avons déjà vu que sous la plume de Gassendi cela veut dire : Nous en concluons.

[1635] ET DE GASSENDI. 543

riores. Cependant je vous baise tres humblement les mains et suis tousjours,

Monsieur,

vostre tres humble, tres affectionné et tres obligé serviteur,
GASSEND.

À Digne, ce iij de septembre 1635[1].

CXXXI
À MONSIEUR, MONSIEUR GASSEND,
DOCTEUR EN Ste THEOLOGIE, PREVOST DE L'EGLISE CATHEDRALE DE DIGNE,
À DIGNE.

Monsieur,

C'est à mon trez grand regret que me voicy encores en arrerages à faulte d'une bonne heure de loisir, pour revoir et remettre en bon ordre ce que la precipitation et necessité du temps avoit faict escrire parfoys trop confusement en la suitte des observations de l'ecclypse, dont le progrez de l'ombre alloit si viste sur le corps de la Lune qu'à peine le pouvions nous suyvre, et avoir prins et couché par escript la haulteur d'une estoille fixe, et tout quante quand la description de la phase apparante, cependant qu'on prenoit la haulteur de la Lune que la face en sembloit non seulement alterée, mais notablement changée, de sorte que c'estoit à recommancer. Au deffault de cez Messieurs qui chercherent des excuses, nous eusmes une trez bonne assistance du bon pere Theophile Minuti qui veult estre de la confrairie, et a bon courage d'aller faire quelque digne et importante observation aux

---

[1] Autographe de la collection de M. Alfred Morrison, esquire (Londres). Communiqué par M. Thibaudeau à M. Henri Berr, professeur au lycée Buffon, lequel a bien voulu partager avec moi sa bonne fortune, de même qu'il a bien voulu me faire profiter de ses trouvailles dans la collection de Victor Cousin. À cette lettre est joint un billet en langue latine d'une autre écriture (peut-être Boulliau), billet entièrement astronomique et où les chiffres sont plus nombreux que les mots.

lieux mesmes où peuvent avoir observé cez grands hommes de l'Antiquité, si vous luy en voulez donner les dimissoires, en sorte que soubs vostre bon plaisir il me prestera son nom à ce coup. Aussy bien tenoit-il, comme on dict, l'un des bouts de la corde.

Garrat manioit le grand quadran de fer et escripvoit de sa main les haulteurs qu'il y prenoit, lesquelles un aultre escripvoit concurramment ailleurs, et y adjoustoit la description des phases que dictoit celuy qui avoit l'œuil dans la meilleure lunette, tandis que deux aultres tenoient comme conterolle avec chascun sa lunette à l'œuil, pour y verifier si celui qui dictoit la description de la phase, voyoit la mesme chose qu'eulx, ou si la differance en estoit considerable ou non. J'estime qu'il y aura des observations de touts les temps et moments que vous demandez, ou bien prez; mais je ne sçay pourtant si vous pourrez bien vous en satisfaire. Car aprez un ou deux doigts, et tout au plus jusques à trois du diamettre eclipsé ou illuminé de rechef, mon œuil ne pouvoit pas bien commodement determiner l'estimation des 4. ou des 5, ou des 7, ou des 8 dans la precipitation et diligence qui y escheoit, et me sembloit plus commode, ce semble, de marquer la proportion de la circonferance breschée de l'ombre, ou restante en clarté, et quelquefoys j'y mettoys l'une et l'aultre, mais il me sembloit que je desroboys mieux cette proportion là de la circonferance que celle de l'estimation des portions du diametre, où je rencontray un aultre grand inconveniant vers la fin de l'ecclypse, en ce que la Lune s'approchant de l'orizon, s'agrandissoit tellement que ce que j'avoys prins pour un doigt au commencemant de l'ecclypse, n'estoit quasi pas un demy-doigt en ce temps là. Ce qui estoit cappable de me confondre plus que la portion de la circonferance. Combien que tout à la fin j'avois de la peine à voir tout le globe de la Lune dans la lunette d'un seul coup d'œil pour son aggrandissement occidental. Mais vous ne laisrez pas d'y trouver possible vostre compte en toute façon, et de suppleer noz manquements par la suitte et proportion des unes aux aultres. Le pix est que sur la fin les fixes nous manquants, tant par les nües qui les couvroient que par l'arrivée du jour, nous ne peusmes

avoir que les differantes haulteurs de la Lune, et vous avez mesmes
veu qu'en l'une des principales epoques une nüe nous avoit desrobé
la Lyre. Il en fallut prendre une aultre lors incogneüe, que nous
avons enfin trouvé devoir estre une qui ne pouvoit pas estre à la haulteur escripte, parce qu'elle estoit au droict d'un clocher, où ayant depuis porté le quadran un peu aprez avoir prins la mesme haulteur de
la Lyre que nous avions marquée auparavant, il s'est trouvé que la
precipitation avoit faict regarder à contre sens sur le quart de cercle
de fer pour en prendre les nombres, et avoit fait prononcer 12 pour
21, par le moyen de quoy tout revient à son deub, et c'est l'estoille
du dos du Cigne, à mon advis, qui parut en cet endroict là dans cet
instant.

Au reste vous verrez par la lettre ci-joincte de Mr Bouillaud que les
nües l'ont quasi aultant incommodé comme vous pour les commancements et principales epoques desquelles il n'a que le recouvrement
de lumiere, mais il en tire pourtant de si belles consequances de ce
peu qu'il a veu que j'en suis ravy, et m'imagine qu'il auroit bien
faict d'aultres discours, s'il eusse esté là où nous estions. Tant est que
j'estime que vous serez merveilleusement aise de voyr qu'il ayt rencontré la phase des sept doigts d'observation comme vous, ce qui abregera bien la peine de vostre calcul, en faisant la comparaison de l'une
à l'aultre, la differance d'un demy doigt de plus ou de moings estant
bien difficile à estimer à l'œuil, s'il n'y a d'autres adminicules de la circonferance. Or puisque vous avez eu tant de patience, je vous supplie
de l'avoir encores jusques à mecredy que je prendray le loisir de revoir le cayer de Garrat, et le vous envoyeray incontinant pour l'examiner, et voir s'il y aura rien qui puisse estre à vostre usage. Aujourd'huy j'ay receu une lettre du cardinal Bagni qui me dict avoir donné
charge à Bologne, à Naples et à Cesena au Chiaramonte, d'observer
cette ecclypse, et qu'il m'en envoyera les observations. L'ordinaire d'Avignon passa hier, et reviendra dans 15 jours, Dieu aydant, tout chargé,
comme je pense, de cez observations, car ses lettres seront de Rome
du jourd'huy seulement. Le P. Kirser m'escript aussy qu'il l'observera

pour l'amour de vous, et en attendant, aprez vous avoir remercié de la peine envers Madame de Spinouse, je demeureray,

Monsieur,

vostre, etc.

DE PEIRESC.

À Aix, ce 8 septembre au soir 1635[1].

CXXXII

À MONSIEUR, MONSIEUR DE PEIRESC,
ABBÉ ET SEIGNEUR DE GUISTRES,
CONSEILLER DU ROY EN SA COUR DE PARLEMENT DE PROVENCE,

À AIX.

Monsieur,

Si bien monsieur Signoret nostre organiste que vous avez desja veu me vinst advertir hier au soir de son despart à ce matin, je ne vous escrivis point neantmoins à l'heure mesme, parce que je m'allois mettre à table, ny encore apres souper, parce qu'oultre que ce n'est pas mon ordinaire, je fus d'ailleurs diverty à faire reparer un insigne tort que l'un des officiers de ce siege m'avoit foit, en permettant à mes parroissiens de la Clape de faire sequestrer mes grains decimaux sous pretexte de certaines reparations qu'ils disent vouloir faire, et ce sans m'avoir oüy, en telle sorte que n'en sachant rien j'y avois envoyé dez hier au matin des hommes avec du bestail qui s'en retournerent à vuide. Je ne me suis point non plus mis à escrire dez le grand matin, bien que je soye debout des avant les troiz heures[2], tant parce que j'ay achevé de donner ordre à ceste affaire la, que parce que j'ay fait une courvée dont je ne suis tout presentement de retour que sur les six heures et demie, et dont vous ne serez pas fasché d'apprendre des nou-

---

[1] Bibliothèque nationale, fonds françois, 12772, fol. 171. Autographe.

[2] C'était là chez Gassendi une vieille habitude. On lit dans le *Journal* de son secrétaire La Poterie (*Documents inédits sur Gassendi*, p. 39) : « son estude principale estoit le matin, se levant tous les jours dès trois ou quatre heures..... »

velles, sur la parole que monsieur Signoret me donna hier au soir d'attendre de partir pour l'amour de vous et de moy jusques à sept heures et davantage s'il estoit necessaire; or la courvée que j'ay faicte, ç'a esté à S¹ Vincent, ce monastere des Mathurins ou Peres de la S¹ᵉ Trinité que vous pouvez vous souvenir d'avoir veu au haut de ceste montaigne¹ au pied de laquelle est nostre eglize cathédrale *extra muros*². Ç'a esté parce que devant Mercure commencer de paroistre du costé du Levant environ ces jours cy et y ayant une montaigne avec un rocher fort haut qui nous couvre cest endroit la icy à la ville, j'ay voulu esprouver si je ne le verroy point paroistre du dit monastere qui pour son assiete a l'horizon beaucoup plus libre, en telle sorte que l'endroit auquel j'attendoy le compaignon n'est pas davantage occupé par des montaignes esloignées, que vous avez à Aix haute la Montaigne ou Rocher de S¹ᵉ Aventure³ environ laquelle aussi je croy que ç vous paroistra. Je ne l'ay au reste point sceu descouvrir, ny ceux qui estoient avec moy non plus, bien que nous ayons tous regardé fort attentivement à l'endroict où il devoit estre selon l'ephemeride, sçavoir est à environ la mesme distance du cœur du Lion vers le Levant qu'est le cœur du Lion de la plus claire qui est au col du mesme vers le Septentrion, en imaginant un angle droit fait en l'estoile du cœur par les lignes tirees vers luy du dit endroit et de l'autre estoile. J'ay esté un peu consolé en ne l'ayant point veu de ce que j'avois oublié de vous

---

¹ Le couvent des religieux trinitaires avait été fondé dans les dernières années du xv° siècle. (Chanoine Fernud, *Histoire et géographie des Basses-Alpes*, p. 105.)

² L'ancienne cathédrale, appelée Notre-Dame-du-Bourg, classée parmi les monuments historiques, fut élevée dans le xi° siècle, sur l'emplacement de l'église bâtie dans le iv° siècle par les saints évêques Domnin et Vincent. (*Id., ibid.*, p. 109.)

³ La montagne de Sainte-Aventure n'est autre que celle de Sainte-Victoire, qui domine le paysage d'Aix, au levant, et qui se nomme en langue provençale *Santo Venturi*. L'ermitage qui la couronnait était un ancien couvent de Camaldules, remplacé de nos jours par une croix monumentale, portant sur ses quatre faces des inscriptions en latin, en grec, en français et en provençal. Un pèlerinage annuel y attire de nombreux visiteurs. Les ruines du couvent appartiennent, comme la montagne elle-même, à M. le marquis d'Isoard-Vauvenargues, neveu du cardinal de ce nom. (Communication de M. Léon de Berluc Perussis.)

donner avis par ma derniere, d'en advertir Garrat, bien que par adventure il s'en sera bien apperceu de luy mesme; à tout evenement monsieur Signoret m'a promis de vous rendre encore demain au soir ceste lettre, sur ce que je l'ay prié de le faire, afin que si Garrat ne s'estoit point pris garde de cette apparition de ☿ jusques à present, il vous plaise de le luy dire pour luy faire jetter les yeux de ce costé là dez aprez demain matin. Je m'asseure qu'il aura fait quelques bonnes observations sur ces rencontres considerables de la Lune avec Mars qui en fut presque baisé samedy, et avec ♃ qui luy fust tout contre dimanche pour ne rien dire des approches de ♃ et de ♀ qu'il faisoit encore extremement beau voir à ce matin comprennant entre deux le cœur du ♌ presque en pareille distance, à sçavoir ♃ de 2 degrés 22 minutes et ♀ de 2° 16'. Ainsi la face de l'Orient sera merveilleusement belle à ces jours suivans quand on verra tout d'une suite ces quatre planetes ♂ ♃ ♀ ☿ avec les estoiles du Lion. Mais voicy revenir monsieur Signoret pour prendre ceste lettre et j'apprehende d'abuser plus longuement de sa courtoisie. Ainsi je n'escriray point pour ce coup à monsieur Luillier, mais par adventure se rencontrera il quelque autre commodité entre icy et la fin de la semaine pour le faire. Si par cas fortuit je n'en rencontroy point, vous pourriez seulement, pour ne vous donner pas la peine de luy escrire, luy faire addresser ceste lettre, parce que pourveu qu'il voye de mon charactere[1] ce luy est assés. Or je me recommande tres humblement à l'honneur de voz bonnes graces, en demeurant tousjours,

Monsieur,

vostre tres humble, tres affectionné et tres obligé serviteur,
GASSEND.

À Digne, ce 11 de septembre 1635.

(Observation marginale de la main de Peiresc:)
Il l'a observé fort à souhait la matinée du 12 et l'eusse possible veu

Pour *écriture*.

le 11 s'il ne se fust endormy, dont il eust bien des reproches le mesme jour car il l'avoit cherché dez le 10ᵐᵉ sans l'avoir veu paroistre[1].

CXXXIII

À GASSENDI.

Monsieur,

La Durance n'estant pas navigable, nostre ordinaire est eschoüé. C'est pourquoy vous n'aurez poinct de lettres du costé de Paris pour ce coup, mais en revanche vous en aurez de Rome de la part de Mʳ de Fontenay-Bouchard, qui me prie de vous faire voir ce *Crisis* contre le pauvre Puteanus[2] que vous aviez desja veüe icy, et possible plustost. Il est bien empesché de ses contenances, car tantost il vouldroit succeder à Mʳ Suarez (à cette heure evesque de Vaison) pour la charge de la bibliotheque du cardinal Barberin, tantost il vouldroit estre à Mʳ de Nouailles, Ambassadeur ordinaire, et j'ay peur qu'en aspirant à touts les deux, il ne perde l'un et l'aultre[3]. Nous avons icy Mʳ Petit qui nous promet d'y estre tout ce moys Dieu aydant; il est tousjours plus modeste et plus honneste; il va donner les *Loix Attiques*, et ne s'est peu desprendre tout ce jour d'huy de la lecture d'un ancien Pere grec, Ms. sur Sᵗ Mathieu, dont nous ne sçavons pas le nom, d'aultant qu'il y manque le commencement, et jusques au quatriesme chappitre de Sᵗ Mathieu, et encores un peu de la fin du dernier chappitre. L'escritture est de cinq à six cents ans environ. Il vous honnore grandement[4] et si vous estiez homme de parole pour l'advenir aussi bien que pour

---

[1] Bibliothèque nationale, fonds français, 9536, fol. 234. Autographe.

[2] Erycius Puteanus (Van de Putte) déjà mentionné en ce volume ainsi que dans les précédents.

[3] Peiresc avait deviné juste : Bouchard ne fut ni bibliothécaire du cardinal Barberini, ni secrétaire de l'ambassade du comte de Noailles. Il finit pourtant par être attaché à la maison du cardinal en qualité de secrétaire des lettres latines.

[4] Gassendi n'honorait pas moins Samuel Petit et il a également célébré, dans la vie de Peiresc, sa vertu et son érudition, *raram virtutem eruditionemque* (lib. IV, année 1629, p. 335).

le passé et le present, vous ne differeriez pas plus avant dans l'automne pour nous venir revoir, afin de compenser en sa personne ce qui manque à toute la ville, sur quoy je demeure,

Monsieur,

            vostre, etc.

            DE PEIRESC.

A Aix, ce 18 septembre 1635[1].

CXXXIV

À MONSIEUR, MONSIEUR GASSENDI,

DOCTEUR EN Ste THEOLOGIE, PREVOST DE L'EGLISE CATHEDRALE DE DIGNE.

À DIGNE.

Monsieur,

J'ay faict rendre tout ce que vous m'ordonniez par la vostre du 18me excepté le pacquet de Mr Luillier qui s'en ira par le prochain ordinaire Dieu aydant. J'ay bien du regret d'avoir tant differé de vous envoyer chose que vous attendez avec plus de sollicitude qu'elle n'en sçauroit meriter. Je ne sçay d'où sortent les occasions non preveües pour nous embarrasser tous les jours de plus en plus. Vous ne tarderez pourtant guieres plus, Dieu aydant, et si je puis avoir quelque heure aujourd'huy, ce sera pour le premier, et Garrat nous envoyera son Mercure, sitost qu'il ne le verra plus, afin que vous le puissiez envoyer à Mr Schikard plus tost que plus tard, avec l'Eclipse.

J'ay receu enfin un pacquet de lettres de M^r le Lieutenant de Forcalquier[2] pour Mr Vendelin; si vous y vouliez joindre un mot pour

---

[1] Bibliothèque nationale, fonds français, 12772, fol. 173. Autographe.

[2] Sur André Arnaud, ou mieux d'Arnaud, l'auteur des *Joci*, voir le recueil Peiresc-Dupuy (t. I, p. 159; t. III, p. 717); mais voir surtout la fine et savante notice de M. L. de Berluc Perussis sur *Wendelin en Provence* (Digne, 1890, in-8°). L'agréable autant que précise érudition du biographe nous a fait aussi bien connaître le lieutenant général de la sénéchaussée de Forcalquier que le précepteur des enfants de ce gentilhomme.

l'animer à l'execution de sa promesse de nous venir voir, vous obligerez bien ledict sʳ Lieutenant et tous ses amys, sinon il fauldra attendre vostre commodité comme vous attendez celle de voz amys et serviteurs plus patiemment qu'ils ne meritent. L'ordinaire de Rome passa hier, et me laissa afforce lettres sans aulcune de ceulx qui pouvoient avoir recueilly des observations de l'Eclipse, dont je fus bien marry, car les plus fraisches estoient du 7 septembre. Possible viendront-elles par Lyon. Sinon il fauldra attendre à un moys ou à six semaines d'icy, auquel temps j'espere qu'en toute façon nous en debvrons avoir. Cependant nous avons apprins par ceste despesche le deces du pauvre Mʳ Raphaelis à Rome[1], dont Mʳ de la Ferriere qui l'a traicté durant six semaines m'escript tout le destail par une lettre du 7 de ce moys[2], auquel jour il deceda. Messieurs du chappittre en ayants eu le vent, esleurent en sa place le R. P. du Chesne de l'Oratoire, qui est en Guienne, mais j'estime que le Pape y aura pourveu, la vacance estant advenüe en cour de Rome. Le dict sʳ de la Ferriere m'escript d'avoir anatomisé un cheval de Mʳ l'Ambassadeur[3], et y avoir trouvé la vessie remplie d'urine, d'où il argumente que le remede prattiqué pour la suppression aux chevaux, pourroit par un peu de chattouillement irriter la faculté expulsive. Il me parle d'une grotte prez de Civita-Vecchia dans laquelle des ladres et verollez incurables s'estants couchez une nuict touts nuds ont esté guaris par un estrange remede de certains serpens vellus qui leur vont succer les playes et en les laischant ou avec l'haleine les mettent en estat de guarison[4]. Mʳ Menestrier alloit pour en apporter quelque relation plus exacte au cardinal Bagni. Le cavalier del Pozzo m'envoye la relation en espagnol de ce blessé des espines de prunier qui avoit produit des marques d'une plante espineuse en son corps, et m'envoye le dessein de l'une de ses espines. Je

---

[1] C'était un ecclésiastique d'Aix dont le nom revient souvent dans la correspondance de Peiresc qui lui a adressé une seule lettre. Du moins n'en conserve-t-on qu'une parmi les minutes de l'Inguimbertine (reg. II, fol. 466).

[2] Encore une lettre perdue du docteur agenais !

[3] Le comte de Noailles.

[4] Ce singulier récit fut plus tard démenti, comme nous allons le voir.

vous envoyeray le tout, Dieu aydant, en son temps, et demeure tousjours,

Monsieur,

vostre, etc., et meilleur amy,

DE PEIRESC.

À Aix, ce 21 septembre 1635[1].

CXXXV

À MONSIEUR, MONSIEUR DE PEIRESC,
ABBÉ ET SEIGNEUR DE GUISTRES,
CONSEILLER DU ROY EN SA COUR DE PAARLMENT DE PROVENCE,

À AIX.

Monsieur,

Je receu avant hier le pacquet de Monsieur Luillier venu par le dernier ordinaire. Desja auparavant j'avoy receu celluy qui estoit venu par le precedent avec la lettre qu'il vous avoit pleu donner à Mʳ Signoret nostre organiste, qui en me randant vostre despesche m'engagea à vous remercier, comme je fay de tout mon cœur de la faveur que vous luy avez faite en faisant appeller sa cause. Il ne faut point s'il vous plaist que vous vous pressiez de m'envoyer vostre observation touchant l'Eclipse derniere, je la recevray asses tost quand ce sera sans vostre incommodité. Ce que je regrette le plus, c'est d'avoir laissé esgarer le fueillet dans lequel vous m'aviez fait marquer les quatre points principaux, mais c'est là un trait de ma negligence ordinaire. Pour empescher que ces papillottes ou plumetifs de mes observations ne s'esgarent plus j'ay commencé despuis quelque temps d'escrire le tout en une main de papier toute entiere que j'ay cousue et couverte d'un parchemin à ce dessein. Et à propos d'esgarement, je souhaitte bien qu'avant l'ouverture vous ayez eu quelque heure de loisir pour voir si ce

---

[1] Bibliothèque nationale, fonds français, 12772, fol. 115. Autographe.

chetif cahier de physique se seroit peu retrouver, non pas que je regrettasse la peine de le refaire, mais parce que je n'en sçaurois venir à bout pour avoir perdu toutes les particulieres memoires et sur tout des passages des anciens autheurs sur lesquels je l'avoy basty. Pour les observations de Mercure, les nuées ont esté si importunes durant quelques jours, que je n'ay sceu voir ce planete à souhait despuis le 20me de ce mois qu'avant hier au matin 25e. Si le sieur Garrat a esté plus heureux que cella, en telle sorte qu'il me puisse fournir quelque supplement, j'en seray tres aise. Nous eusmes icy des esclairs, tonnerres et pluyes de mesme que vous durant la mesme nuit du 20e au 21e. Nous en eusmes encore hier au soir avec un vent fort impetueux qui a continué avec la pluye durant presque toute la nuit, et principalement à St Vincent où à bonne heure me prist la pluye sur l'entrée de la nuit en y arrivant. Je n'avoy point encore pensé d'escrire à Mr Vendelin sur l'opinion que j'avoye et qui me continüe encore si ce n'est que vous m'en guerissiez qu'il n'est pas possible de luy faire tenir des lettres dans le païs où il est, attendu l'estat des choses. Oultre ce qu'il a deziré par la lettre que vous avez veüe d'apprendre des nouvelles de l'Eclipse qu'il attendoit au mois d'aoust aussi bien que nous, et que je dois attendre de luy donner, jusques à ce que je sçache si vous vous donnerez la peine de luy escrire vous mesme vostre observation ou si vous me voudrez laisser le soin de la luy communiquer apres l'avoir receüe. J'ay bien regretté la mort du pauvre Mr Raphaelis. Il ne devoit guiere moins attendre de ce voyage attendu son eage, ses incommoditez, le païs et la saison, que ce qui luy est arrivé, mais oblatus est quia ipse voluit. Je tien avecques vous que le pape aura pourveu à son benefice, mais si rien oblige celluy qui aura la provision de ceder son droit à celluy que le chapitre a choisy, ce sera l'obligation attachée audit benefice si ce n'est que ce ne soit point un Italien ny quelqu'un qui soit pourveu à la poursuite et requisition de monsieur l'ambassadeur ou de monsieur le cardinal de Lion mesme.

Je vous baise tres humblement les mains de la part qu'il vous a pleu de me faire de ces curiositez observées par monsieur de la Ferriere et par Mᵣ le cavalier del Pozzo. Elles sont tres considerables et j'en feray bien mon profit. Cependant, pour ne perdre pas l'occasion du despart de monsieur le conseiller de Gaubert auquel je vais envoyer par un garçon expres ma despesche, et pour incontinent apres aller faire collation et partir de là gaigner la montaigne, je vais finir apres avoir tres humblement salué madame de Valaves, monsieur le Baron et madame la Baronne en demeurant tousjours,

Monsieur,

vostre tres humble, tres affectionné et tres obligé serviteur.

GASSEND.

À Digne, ce 27 de septembre 1635 [1].

CXXXVI
À PEIRESC.

Monsieur,

Ayant appris le passage de ces bons peres par ceste ville, je n'en ay pas voulu perdre l'occasion pour vous faire ce mot et en accompaigner la lettre que je viens d'escrire à Monsieur Luillier. C'est encore pour vous dire que je me mettray à escrire à Monsieur Schickard incontinent après que le sieur Garrat m'aura communiqué ses observations de Mercure pour les joindre aux miennes. La derniere que j'en ay peu faire à cause des nuées est du 25ᵐᵉ du mois passé, le ciel ne m'ayant point despuis esté favorable jusques au premier de ce mois auquel jour ce planete ne fust plus veu en estat de pouvoir estre observé. L'on m'a proposé une voye d'accommodement pour mon affaire, lequel, s'il pouvoit réüssir, je seroy non seulement paisible dans mon benefice, mais encore deschargé de pension. L'accident arrivé aux Mées est cause qu'il n'en aura pas esté parlé plus avant, mais j'espere qu'au premier jour nous en pourrons renoüer le traitté. Cepen-

---

[1] Bibliothèque nationale, fonds français, 9536, fol. 236. Autographe.

dant la chose est secrette et je ne vous en touche ce mot qu'afin qu'elle ne vous soit point ignorée dez sa naissance. Je m'en vay en escrire le detail à Monsieur le prieur de la Vallete qu'il vous pourra communiquer si toutesfois ces bons religieux n'arrivent point si tost pour prendre ma despesche. C'est en demeurant tousjours,

Monsieur,

vostre tres humble, tres affectionné et tres obligé serviteur.

GASSEND.

À Digne, ce IV d'octobre 1635.

Voyla ces bons peres arrivés, ce sera donc pour une autre fois que j'escriray à Mʳ de la Valette pour avoir son advis du tout[1].

CXXXVII

À PEIRESC.

Monsieur,

Je ne vous fay ces lignes à la haste que pour accompagner une petite despesche à Monsieur Luillier et vous dire que j'ay receu l'observation du pere Kircser faite à Rome. Je n'ay point encore eu le loisir de l'examiner, mais je le feray dez demain Dieu aidant pour en faire part au bon homme Schickard auquel j'ay commencé d'escrire depuis que j'ay eu receu les observations de Mercure par le sieur Garrat. J'auroy continué s'il m'eust aussi envoyé l'observation de l'Eclipse toute entière, mais en ayant à tout le moins les points principaux, je ne lairray pas de poursuivre sauf d'adjouster après le reste ou par la mesme lettre ou par une autre en laquelle il faudra faire part au bon homme d'autres choses. Par adventure aussi sera-il arrivé quelque chose encore du costé d'Italie ou d'ailleurs, et pour le plus tard nous pourrons faire le supplément du tout après que ☿ aura paru et disparu tant le soir que le

---

[1] Bibliothèque nationale, fonds français, 9536, fol. 238. Autographe.

matin dans les deux ou trois mois suivans. Je n'ay point manqué de cercher la lettre de Mʳ Galilei touchant l'invention du pere Linus, mais asseurement elle n'est point demeurée icy et je la vous ay sans doute renvoyée avec un grand fagot d'autres. Je seroy bien regretteux qu'elle fust perdue, parce que je n'ay point aussi retenu de memoire de l'invention du mesme Galilei approchante à mon advis de celle de l'autre. Mais il se pourra faire que vous la rencontriez quelque jour quand vous y penserez le moins. L'entremetteur de mon affaire est encore absent à Aix pour le sujet que je vous ay dit autresfois, c'est pourquoy toutes choses demeurent. . . . .[1] comme moy toujours,

Monsieur,

vostre tres humble, tres affectionné et tres obligé serviteur.
GASSEND.

À Digne, ce 20 d'octobre 1635[2].

CXXXVIII

À MONSIEUR, MONSIEUR GASSEND,
DOCTEUR EN Sᵗᵉ THEOLOGIE ET PREVOST DE L'ÉGLISE CATHEDRALE DE DIGNE,

À DIGNE.

Monsieur,

Je suis bien honteux d'avoir fait de si longs arrérages avec vous, et que non seulement je doibve responce à deux de voz lettres, mais que je ne vous aye encore peu envoyer tout plain d'aultres lettres d'amys que j'avois envie de vous communiquer, et le petit verbal de l'eclipse derniere, pour raison de quoy je n'ay point d'excuse. Aussy n'en sçaurois-je employer que la seule confiance en vostre bonté que j'ay estimée assez grande pour excuser toutes les faultes que peut commettre un vostre serviteur, quand bien il abuseroit de vostre courtoisie, comme je

---

[1] On trouve ici un mot illisible; illisible même pour le plus habile des paléographes que je ne puis nommer, mais que sûrement tout le monde reconnaîtra.

[2] Bibliothèque nationale, fonds français. 9536, fol. 239. Autographe.

recognois ingenüement d'avoir faict quoyqu'à mon grand regret. Il est vray que depuis quelque temps il ne m'a pas manqué d'occupations fascheuses et cappables de mettre bien à l'espreuve la constance humaine à supporter les morsures des serpents domestiques que l'on a pris peine à norrir[1], ayant eu puisqu'il plaist à Dieu en la maison de ceans depuis hier à la suitte de la sollicitation de quelques jours precedents un acte d'ingratitude et impiété dont l'on n'avoit point encore ouy parler de plusieurs siecles et qui me faict apprehender, pour peu de vie qui me puisse rester en l'ame, d'en avoir encore trop pour ne pas en voir le chastiment exemplaire que Dieu luy reserve indubitablement.

Je receus hier au soir afforce lettres d'Italie revenues d'Avignon où l'ordinaire les avoit passées par quelque equivoque entre lesquelles je ne doubte point qu'il n'y aie quelque observation de l'eclipse, mais je n'ay pas encore peu prendre le tems de voir ce que c'est, me trouvant alicté, et si celluy que Mr Besson m'a dict estre prest à partir m'en donne quelque heure de loysir, je seray bien ayse d'y chercher des objectz qui me puissent divertir des aultres plus fascheuses considerations. Cependant vous aurez le pacquet ordinaire de Mr Luillier avec une petite lettre que je crois estre de Mr Hortensius puisque je la vois accompagnée de deux exemplaires d'un sien libvre *de Oculo*, dont je vous envoye l'un, comme je vous envoyay l'aultre pour le livre de Primirosius contre Arvœus de circulatione sanguinis[2], lequel je suis chargé d'envoyer à Rome avec le volume de insectis[3], et deux opuscules de Verulamius[4] en langage anglois; mais j'attendray que vous ayez faict de celluy là, vous priant de ne point escripre de l'éclypse à Mr Schi-

---

[1] Peiresc applique à son ingrat neveu la comparaison classique du serpent réchauffé dans le sein du bienfaiteur qu'il va mordre.

[2] Primerose était un savant d'origine écossaise qui mourut à Bordeaux en 1660. Voici le titre complet de son traité : *Exercitationes et animadversiones in librum Harvœi de circulatione sanguinis* (Londres, 1630, in-4°).

[3] Le livre de Mouffette. Voir recueil Peiresc-Dupuy, t. III, p. 137, 319, 626.

[4] De François Bacon, baron de Vérulam, si souvent mentionné dans le recueil Peiresc-Dupuy.

kard que vous n'ayez receu tout ce que je vous en envoyeray à la premiere commodité, sur quoy je demeureray,

Monsieur,

vostre, etc., et meilleur ami,

DE PEIRESC.

À Aix, ce 25 octobre 1635[1].

CXXXIX

À PEIRESC.

Monsieur,

Tout en ouvrant la despesche et le livre qu'il vous a pleu de m'envoyer, cest homme amené icy par Monsieur Taxil m'est venu dire qu'il partoit pour Aix, ayant desjeuné et tout. Je l'ay prié d'attendre un petit quart d'heure pour me donner le loisir de parcourir le dit livre afin de le vous r'envoyer, puis que vous dezirez de luy faire passer les monts et que le messager d'Avignon doit passer par Aix dans la semaine suivante, durant laquelle mesme je ne suis point asseuré de trouver d'autre commodité à cause de la foire que nous avons en l'autre d'apres. J'ay donc desja jetté legerement les yeux sur ce livre et ne trouve pas que l'autheur[2] soit si habile homme qu'il doive entrer en comparaison avec celluy contre qui il escrit, bien que par adventure au fonds il ait quelque sorte de raison. J'aimeroys bien mieux voir ce que luy doit desja avoir reparty l'autre. Il est vray que je n'ay pas eu le moyen de voir et moins d'examiner tout ce que cestuy-cy a dit. Je vous r'envoye donc le livre avec mille remerciemens pour la continuation de tant de faveur. Je n'ay point continué ma lettre à Schickard parce que j'ay creu necessaire de voir prealablement vostre observation de l'eclipse toute entiere pour la pouvoir mieux conferer avec celle de M⟨r⟩ Bouillaud

---

[1] Bibliothèque nationale, fonds français, 12772, fol. 177. De la main d'un secrétaire. —
[2] Il s'agit de Primerose, mentionné dans la lettre précédente.

et la mienne. Desja si M* Bouillaud a esté exacte comme je le croy et s'il y eust quelque mesconte en l'observation de Monsieur Midorge de l'année 1628, ces observations icy concourent fort à nous remettre, je veux dire ceste ville au mesme meridien ou peu s'en faut que celluy de Tubinge, de quoy nous estions en mesfiance nonobstant les deux ou trois eclipses précédemment observées à Tubinge et en ce païs cy. Vous m'obligerez donc s'il vous plaist de m'envoyer au plus tost toute la suite de vostre observation, quelle confusion qu'il y puisse avoir, parce que je ne lairray pas de desbrouiller et bien comprendre le tout. Pour l'observation de Rome, elle n'est pas de trop grande asseurance, encore neantmoins vaut elle mieux que pas rien. Je regrette bien fort que cest homme icy qui s'impatiente desja bien fort ne me donne point le loisir d'escrire un mot à Monsieur Luillier, mais vous m'obligerez s'il vous plaist de luy faire faire un mot d'excuse.

Je demeure toujours,
Monsieur,

vostre tres et (sic) serviteur,
GASSEND.

À Digne, ce 27 d'octobre 1635[1].

CXL

À MONSIEUR, MONSIEUR GASSEND,
DOCTEUR EN Ste THEOLOGIE ET PREVOST DE L'ÉGLISE CATHEDRALE DE DIGNE,
À DIGNE.

Monsieur,

Je viens de recepvoir vostre lettre du 27ᵉ avec le libvre de Primerosius, où je suis bien marry que vous n'ayez plus trouvé de subject de satisfaction. Il n'y avoit rien qui pressast si fort de le renvoyer, car je pensois vous avoir mandé que s'il n'alloit par cet ordinaire, il attendroit

---

[1] Bibliothèque nationale, fonds français, 9536, fol. 176. Autographe.

l'aultre. Mais puisqu'il n'est pas homme à se comparer à Harvœus, il n'y a rien à regretter. J'ay depuis veu quelques unes de mes lettres d'Italie, parmy lesquelles j'ay trouvé que le cardinal Barberin m'envoye un petit abbregé de la mesme observation du P. Athanase [Kircher] pour l'eclypse derniere, et une aultre que vous estimerez bien mieux, je m'asseure, parce qu'il a prins les haulteurs de quelques estoilles fixes. Mais il ne se nomme point, et le cardinal mesmes ne le nomme pas non plus. J'ay faict extraire les parolles de sa lettre, afin que vous voyiez à quoy il en est. J'ay trouvé dans un aultre pacquet du cardinal Bagni une observation de Naples d'un Espagnol qui dict avoir mesuré la haulteur de la Lune avec un bel instrument, mais il ne parle poinct d'avoir prins la haulteur d'aulcune estoile, et neantmoins faict un calcul fort particulier; mais j'ay peur qu'il l'aye prins sur les suppositions de quelques tables astronomiques puisqu'il parle de la fin de l'eclypse à 3 minuttes soubs l'orison; ce qu'il ne pouvoit pas voir, et toutesfois il allegue un mathematicien present. Il y a un autre papier dans lequel il y a trois differentes observations faites à Rome, l'une par le P. Incofer (qui est celluy dont le P. Athanase disoit avoir esté assisté), l'aultre par le P. Grimberger qui avoit si souvent assisté le P. Scheiner, et un troisiesme qui n'a pas voulu estre nommé. Mr Naudé m'a escript une grande et longue lettre de je ne sçay combien de feuilles[1] dont je n'ay peu lisre que la 1re, où il est dict que le Camillo Glorioso de Naples a observé et rapporté quelques parolles du commancement de l'observation et des dimensions qu'il voulut prendre des haulteurs d'Adébaram[2] mais il n'en met point la mesure que l'on luy promet avec le calcul fort exacte dudict Camillo Glorioso. Il attend encore l'observation

---

[1] C'est assurément la lettre qui, dans le fascicule XIII des *Correspondants de Peiresc*, n'occupe pas moins de seize pages (98 à 114). Les observations de Camillo Glorioso y sont mentionnées (p. 99). Cette lettre, dans la copie de la Méjanes, porte une date inexacte : 28 septembre 1636. J'ai proposé (p. 114) de substituer 1635 à 1636. Ma proposition de 1887 est justifiée par la date de la présente lettre, Peiresc, le jour où il l'écrivait, ayant reçu récemment celle que Naudé lui adressait de Rieti un mois auparavant.

[2] *Sic* pour *Aldebaran*.

de l'Argoli de Padoüe, estimant que tout cela viendra par le prochain ordinaire dans une 20ᵉ de jours, tandis que je verray de vous faire envoyer les nostres, bien marry du retardement et de la peine où vous tient ceste attente, demeurant,

Monsieur,

vostre, etc.
de Peiresc.

À Aix, ce 28 octobre 1635[1].

CXLI

À MONSIEUR, MONSIEUR GASSEND,
DOCTEUR EN Sᵗᵉ THEOLOGIE ET PREVOST DE L'ÉGLISE CATHEDRALE DE DIGNE,
À DIGNE.

Monsieur,

Voz charitables remonstrances m'ont grandement consolé dans le sentiment de mon affliction, dont je ne vous avoys pas desduict le subject, jugeant bien que vous le devineriez aisement, en ayant veu les preparatifs de si longue main, et ayant trouvé si peu de disposition en celuy que j'ay tant obligé[2], de m'en tesmoigner tant soit peu de gratitude. Il avoit eu assez de temps pour cuver son vin, et songer à se recognoistre, mais il est toujours allé de mal en pix, et vous n'en sçauriez rien imaginer de pire que ce qu'il a faict.

Je suis bien aise que vous soyez donné la peine d'escrire au bon P. Mercene. J'envoyeray vostre lettre à Mʳ Luillier pour la luy faire tenir, et tascheray de la lisre avant qu'elle parte d'icy par le courrier si je peus, vous faisant ce mot à la desrobée des visites qui m'assassinent dans mon lict, afin d'accompagner les lettres cy-joinctes de Rome

---

[1] Bibliothèque nationale, fonds français, 12772, fol. 360. Autographe.

[2] C'est l'occasion de rappeler que plus tard Gassendi eut, à son tour, beaucoup à se plaindre des procédés du neveu de Peiresc. Voir *Documents inédits de Gassendi*, p. 18.

sur la grotte des serpents, où vous verrez la differance des relations *de visu* à celles *de auditu*, et je demeureray,

Monsieur,

vostre, etc. et plus cordial amy,

DE PEIRESC.

À Aix, ce 5 novembre 1635 [1].

CXLII

À MONSIEUR, MONSIEUR GASSENDY,

DOCTEUR EN Ste THEOLOGIE ET PREVOST DE L'EGLISE CATHEDRALE DE DIGNE.

À DIGNE.

Monsieur,

Je viens de recevoir vostre despesche du IXme par un honneste homme qui me dict s'en retourner encor à ce soir, ce qui me faict incontinant asseoir sur mon lict pour prendre la plume, et avant que vous respondre vous advertir qu'inesperement faisant remüer des pilles de mes papiers à Corberan pour chercher un livre que Mr du Puy me demande, d'où aultresfoys Mr de Cordes avoit extraict le Journal du Roy Henri III qu'il fit imprimer[2], je vis paroistre dez mon lict vostre cahier des *5 sens de nature*[3] que je recogneux à la forme, et en effect c'estoit le mesme Corberan qui m'advoüa de l'avoir mis au lieu mesme où il l'avoit depuis couvert d'aultres pilles, à mesure qu'il cherchoit quelque aultre chose pour moy. Je suis si aise de ceste trouvaille que de long temps je ne le fus tant, et vous respons que cela m'a faict saige pour choses pareilles à l'advenir, et le vous renvoyeroys bien volontiers par le present, si je

---

[1] Bibliothèque nationale, fonds français, 12772, fol. 182.

[2] On sait que la première édition du *Journal de Henri III*, par *Un audiencier de la Chancellerie de Paris* (Pierre de l'Estoile) fut donnée par Pierre Dupuy à Paris, en 1621, in-4°.

[3] C'est ce que Gassendi, dans une lettre précédente, en réclamant ce manuscrit, appelait son traité de physique.

pensoys qu'en fussiez pressé. Mais m'imaginant que ce n'est que pour le remettre en son rang que vous en estes en peine, puisque vous ne m'avez pas encore mandé d'avoir reprins le train que vous interrompistes pour la poursuitte de vostre procez tant de temps y a, je me flatte jusques là que vous ne trouverez pas mauvais que je le retienne encore quelques jours, s'il vous plaict, comme je vous en supplie, pour voir si je pourroys prendre le loysir de le lisre bout à bout bien attentivement, comme je le desireroys à cette heure que les aultres experiances que nous avons faictes nous peuvent donner entrée à mieux comprendre voz règles et maximes, et pour chercher de nouveaulx divertissements à l'object domestique si disposé à me fascher, dans les suittes de l'affaire dont Mr de Saint Martin vous a entretenu[1], lequel veritablement vous en peult dire plus que tout aultre comme le seul plus sage et qui fut choisy comme le plus digne de toutes les enquestes pour estre honoré de leur deputation, et pour aller faire la proposition aux chambres assemblées de leur part d'un reglement de la discipline du Palais, luy qui est si bien discipliné, et si amateur de l'ordre et de l'honneur du charactere des officiers de la Cour, aussy bien que de celuy de sa maison, où il se porta avec la vehemence et l'impatiance qui a produict de si beaux effects dans le palais et dans la maison d'un de ses confreres. Mais puisque sa sœur avoit tant travaillé de son costé envers ma niece pour la mettre en mauvaise humeur contre nous et que son beaufrere m'avoit rendu en Cour touts les mauvais offices possibles pour y flatter la passion aveuglée de mon neveu, et pour le porter à la follie qu'il a faicte esclorre, en vengeance de vostre affaire, ce dict-il, mais plustost en esperance d'obtenir sa subrogation en ma place de xiime pour entrer en la compensation des 5 o W^{æ} de feuilles [*sic*; probablement *de tailles*] anuellement, il estoit bien raisonnable que M^r de St Martin y mist encores la main à sa mode pour couronner l'œuvre et faire mieulx parler de luy en recognoissance des bons offices que luy et toute sa maison avoient receus de nous et de la nostre en mille occurrances et de

---

[1] Nous avons vu plus haut que François Trichard, seigneur de Saint-Martin, avait été reçu conseiller au parlement d'Aix en mai 1629.

la grace non meritee qui luy avoit esté faicte de si fraische datte, ayant esté assisté pour collegue en sa deputation d'un aultre personage, qui n'est pas de gueres moings de marque, à sçavoir le sʳ de Gordon, qui s'est signalé en tant d'aultres violances et faicts heroïques, comme il croid, et qui se faict tant d'honneur de sa robbe, tant est, dicts-je, que Mʳ de Sᵗ Martin pouvoit bien vous desduire au vray la procedure dont estoit question, puisqu'il avoit esté si avant du conseil, pour ne dire complot, et monopole ourdy de si longue main, et qu'au refus de touts les aultres qui avoient un peu de pudeur, il fallut recourir à luy pour exploicter de si loüables entreprinses qui ont tant faict discourir le monde, et augmenter la reputation qu'il s'estoit acquise entre les gents d'honneur et de discretion qui en sont demeurez si scandalisez et si mal satisfaicts de toute la Compagnie, que j'ay grand subject d'en regretter l'interest general plus que le mien particulier, pour lequel vous avez fort bien deviné que peu de chose estoit cappable de me faire prendre la resolution qui y peult escheoir; mais pour ne pas abandonner le public qui a esté si oultragé en ma personne, il me fault malgré moy prester le nom et le collet pour en tirer la reparation telle qui s'en peult esperer en ce siècle, et c'est ce qui me tient en peine et soucy, veuille je ou non, en attendant ce qui s'y pourra faire pour faire cognoistre à cez jeunes gents leur tort et leur debvoir envers leurs anciens. Cependant comme il est bien difficile de ne ressentir quelque attainte d'inquiétude, je m'en deffends le plus que je peus, et affecte touts les divertissements cappables de m'esloigner. Mon sesjour dans le lict durant xviii ou xx jours n'ayant pas empesché que nous n'ayions faict faire en nostre presence la dissection d'un œil de chevreuil que noz gents de Rians avoient pris à la chasse dans noz boys, où nous trouvasmes, sammedy dernier, le miroir concave du fonds avec sa teinture et lustre metallique argentin, accompagné des couleurs de l'opale ou nacre de perle admirables, mais entre la bulbe de l'œil et les paulpieres, il y avoit comme aux aigles une membrane garnie d'un cartilage en forme de ressort cappable de recouvrir la prunelle de l'œil et s'y estendoit en sens oblique ou en escharpe, comme à l'aigle, venant de vers le bas des narrines en hault vers les oreilles, et estoit blanche bordée de noir, comme celle du renard, et quasi du tout pareil au renard, qui avoit aussy la bordeure noire, et sur qui nous avions par deux foys trouvé ce ressort ou bandage de cartilage de differante forme, au rombe spherique des cartilages de l'aigle, et de ceulx du chat, dont ils recouvrent la prunelle de leurs yeulx par le dedans de leurs paulpieres. Nous vismes encore l'œil de coc d'Inde, et voulions voir celuy de lievre, mais la compagnie qui survint nous en envia le plaisir, qui fut differé à une aultre foys, et la compagnie m'ayant laissé, le temps s'estant addoucy, je commancay de me lever un peu du lict, car mes petits accez de fiebvre double tierce avoient cessé au xive la nuict de jeudy au vendredy que j'eus le plus long de touts les precedants, mais au xv et xvie et cette nuict au xviime je n'en ay comme poinct eu de ressentiment quoyqu'hier je fus à la messe, et debout une bonne partie du jour, comme je faicts estat de me lever tantost, Dieu aydant, au bon du jour. Ayant un peu recouvré de someil depuis quelques jours et consequament de quietude d'esprit, je n'eus pas meshuy de mal de teste durant tout mon xivme accez, comme devant, quoyque plus long que les aultres, ce qui me fit esperer la cessation d'iceulx à l'advenir, qui s'en est ensuyvie si à souhaict avec un peu plus d'appetit et de vigueur.

Au reste, je receus 3 exemplaires de la harangue d'Hortensius, de sorte qu'il m'en est demeuré deux sans y penser, car je n'en pensoys avoir retenu qu'un, mais il y aura bon remede Dieu aydant. Je ne l'ay pas encores leu, car de me la faire lire par d'aultres, je ne sçay si cela me suffiroit, la lecture d'aultruy n'estant bonne que pour des choses qui ne veulent pas tant d'attention que les matieres de mathematiques, où il faut poser le pied un pas aprez l'aultre sur le ferme, comme quand on grimpe par des lieux scabreux, et non pas courir ne marquer mesmes le pas ordinaire.

Je viens de me faire representer les deux exemplaires de ce livret, où j'ay trouvé vostre nom et celuy de Mr Valoys escript de la main de l'autheur; c'est pourquoy je vous les envoye touts deux, sauf de recouvrer de vous le troisiesme tout à loisir, ou peult-estre retiendray-je le vostre pour y jetter les ieulx, si je peux, en attendant le mien. Quant au Ptolemée d'Allatius, vous le pouvez retenir tout à faict, car j'en ay receu deux de Hollande, et oubliay de le vous dire, en le vous envoyant, n'en voulant pas envoyer en Italie pour ne faire tort audict Allatius qui le voudra presenter luy-mesmes.

J'aymeroy bien mieulx qu'il eust trouvé une semblable paraphrase sur l'*Almageste*, ou quoyque ce fust en cette matiere, plustost qu'en celle du Quadripertite. Je vous envoye la lettre de Mʳ Luillier pour y voir les observations du sʳ Boulenger sur ses propres ieulx. Le P. Celestin de Sᵗᵉ Liduine m'escript du 5 aoust qu'il preparoit une bonne observation de l'eclipse lors prochaine, et y vouloit engaiger d'aultres de ses amys intelligents en cette sorte de science, et un qui m'escript de Leyde du 23 aoust, m'escript qu'il y avoit deux navires en leur port qui feroient voile dans quelque temps par lesquels j'attends cez observations, comme le P. Agathange m'en a promis du Cayre. Nous aurons, je m'asseure, la semaine prochaine au retour de l'ordinaire de Rome, celles de Camillo Glorioso et de l'Argoli. Cependant je verray de ranger la nostre, si j'ay un peu de relasche sur pied, et demeure,

Monsieur,

vostre, etc. et plus cordial amy,

DE PEIRESC.

À Aix, ce XII novembre 1635[1].

CXLIII

À MONSIEUR, MONSIEUR DE PEIRESC,
ABBÉ ET SEIGNEUR DE GUISTRES,
CONSEILLER DU ROY EN SA COUR DE PARLEMENT,

À AIX.

Monsieur,

J'ay receu vostre despesche et leu vostre lettre du 12ᵉ de ce mois avec une grande consolation, premierement pour ce que j'ay appris

[1] Bibliothèque nationale, fonds français, 12772, fol. 184. Autographe.

que vous avez commencé de recouvrer la santé et de sortir non seulement du lict, mais encore de la chambre et de la maison mesme et d'ailleurs de ce que je me suis imaginé la satisfaction avec laquelle vous avez eu aggreable de vous descharger comme dans mon sein d'une partie du desplaisir que ces Messieurs vous ont voulu donner [1]. Ils ont certainement tesmoigné qu'ils estoient jeunes et avoient peu de cognoissance de vous et d'eux mesmes. Mais ce n'est pas là ce qui m'a estonné. Ç'a esté la disposition en laquelle se sont trouvé les plus vieux d'adherer à leurs propositions, en ne considerant point ce qu'on dit communement hodie mihi cras tibi. Toutesfois en cella il n'y a rien que d'humain, et pour vostre particulier la chose n'en peut que reussir à vostre plus grande gloire. Ce n'est point que je considere la reparation que vous en pourriez obtenir. Il ne m'appartient point de vous rien dire la dessus, puis que vous prevoyez trop mieux les peines ausquelles ce soin vous peut engager, et le succès que peut avoir une entreprise de ceste importance. Je considere seulement qu'avec la reputation en laquelle vous estes l'on prendra ce traittement pour une preuve infaillible de l'eminence de vostre vertu, comme n'estant rien qu'un ordinaire effect de l'envie, qui fait que les hommes ne peuvent souffrir les approches de ceux dont leur imperfection releve le merite oultre ce que tousjours on s'advisera bien mieux de ce que vous valez, quand on s'estonnera de quoy ces gens n'en auront point fait davantage d'estime, comme ce grand personnage là disoit autresfois qu'il aimoit bien mieux que la posterité demandast pourquoy il n'avoit point esté consul, que si elle demandoit pourquoy il l'avoit esté[2]. Pour moy je m'imagine que vous qui avez de si prez et si longuement approché de la personne et eu tant de cognoissance de la vertu de monsieur du Vair, vous deviez souvent proposer l'accident de sa disgrace, et penser que de tout ce qu'il a dit, escrit et fait en sa vie dans ces grandes charges qu'il a possedées, il n'y a rien qui tourne plus à sa gloire, et qu'on

---

[1] MM. de Saint-Martin et de Gordon, qui soutenaient, ainsi que nous l'avons vu dans la lettre précédente (p. 563 et 564), la très mauvaise cause du neveu de Peiresc.

[2] Le mot a été redit, de nos jours, à propos d'une décoration.

puisse moins oublier que cest esloignement des sceaulx, dans lesquels tout le monde sçait combien il usoit[1] en homme de bien. C'est un grand point que de souffrir pour l'esclat de la vertu, pour ce que les mesmes moyens dont les envieux s'efforcent de la ternir, sont les eschellons de la gloire, qui l'accompaigne, malgré eux, en telle sorte qu'il faut qu'avec le temps la malice mesme l'adore. Ce que je dy, Monsieur, non pas pour rien adjouster aux reflexions que vous faites bien mieux vous-mesme que je ne sçaurois penser, mais seulement pour vous tesmoigner comme quoy je vay par fois resvant, pour me remettre du contre-coup que vostre desplaisir m'a donné. Loüé soit Dieu de quoy la chose estant arrivée, lorsque vous estiez desja dans le lit, et aviez besoin de soulagement, vostre mal n'en a point empiré, et vous avez donné ceste preuve de vostre genereuse vertu, que ce qui eust esté capable d'allitter quelque autre, vous a remis vous sur pied. Vous m'avez d'ailleurs ravy en voyant que ceste secousse ne vous a point empesché de continuer de sens rassis ces speculations naturelles dont il vous a pleu me faire part, et dont je vous suis tousjours plus redevable. Je suis regretteux que si vous prennez la peine de jetter les yeux sur ce cahier que vous avez retrouvé vous n'en receviez point la satisfaction que vous en pouvez attendre; pour le surplus, vous le garderez autant qu'il vous plairra, parce que je n'en ay point presentement à faire, et toute la peine en laquelle j'en estoy, c'estoit parce que s'il eust esté perdu je desesperois presque de me redonner la peine non pas de faire les mesmes raisonnemens, mais de refueilletter tous les autheurs dont j'y ay recueilly les passages, apres en avoir entierement perdu tous les brouillons et memoires. Ainsi il ne faut point douter que je n'aye esté extremement aise de quoy vous l'avez retrouvé apres la curieuse recherche que nous en avions faite autresfois, et que ma joye n'ait esté plus que redoublée par cette grande exultation dans laquelle vous avez esté et laquelle sans doute vous estoit divinement reservée en une saison en laquelle vous aviez besoin de quelque joye extraordi-

---

[1] Peiresc par inadvertance a écrit *vusoit*.

naire. Au reste je vous vay r'envoyer, Monsieur, premierement vostre exemplaire de l'oraison d'Hortensius, laquelle sans doute vous prendrez plaisir de lire, bien qu'en toutes choses cest honneste homme ne soit point d'accord avec nous. Je tascheray de prendre l'occasion de luy faire un mot de responce entre icy et l'autre ordinaire, marry que sa lettre soit desja de vieille date, car elle est du 15º de juillet, et que je n'aye point receu son observation de l'eclipse de Lune qui arriva au mois de mars, comme il me marque qu'il me l'à envoyée. Il se plaint extrememement du peu de soin qu'ont les gens de ce païs la des bonnes estudes, et il voudroit bien estre à Paris, mais il ne sçait pas combien sont rares ceux qui aiment, honorent et protégent la vertu aussi bien en France qu'ailleurs, et combien de gens de lettres il y a eu à Paris mesme qui ont prisé les Holandois au desadvantage de nostre nation quand ils ont appellé chez eux Mr de Saulmaise. Je vous r'envoye en second lieu la lettre de Mr Naudé, du contenu de laquelle j'ay bien à la verité un peu esté surpris, mais non pas au point que vous pourriez croire, car monsieur Diodati et monsieur Bouchard vous pourront tesmoigner comme quoy m'ayant demandé avec candeur le sentiment que j'avoy du bon pere[1] pour le peu de frequentation que j'en avoys eüe chez vous, je leur ay dit quelque chose d'approchant de la teneur de ceste lettre, mais avec de tels addoucissemens, que luy mesme quand il auroit veu mes responces n'auroit point eu tout le sujet du monde de s'en offenser. En un mot je pense que monsieur Naudé escrit bien comme un homme qui est un peu oultré[2], et dont le phlegme n'a point tout à fait temperé la bile, mais apres tout je crois qu'il y a plus de raison de son costé que de l'autre, et je le cognois d'ailleurs si naïf qu'il ne diroit point ces choses là si elles n'estoint veritables. Je vous r'envoye encore les lettres de monsieur de la Ferriere, dans lesquelles je presume de n'avoir pas mal deviné la vraye cause de l'allittement[3], ou

---

[1] Campanella, contre lequel Gabriel Naudé avait écrit un violent acte d'accusation. Voir dans le fascicule XIII des Correspondants de Peiresc la lettre déjà citée du 28 septembre 1635 (p. 98-114).

[2] Non pas *un peu oultré*, mais excessivement.

[3] Action de prendre le lit. Ce mot, dérivé

du r'engregement du mal et en fin de la mort du pauvre Mʳ Raphaelis. Il avoit autresfois trouvé mauvais de quoy j'avoys refusé d'approcher de ces puissances[1], mais je m'asseure qu'il a bien recogneu avant que de mourir combien c'est une chose douce que de vivre maistre de soy-mesme et hors de ces precieuses chaines[2]. Je vous r'envoye aussi les lettres de Mʳ le cardinal Bagni et de monsieur le cavalier del Pozzo avec la copie de la lettre Espagnole touchant la germination du prunellier sur l'estomach de ce jeune homme, la pittura del germoglio, mais je retien la copie françoise que j'ay trouvée avec, pour la mieux considerer, et encore la lettre de monsieur Menestrier dont je n'ay point eu le loisir jusques icy de faire aucun extrait, comme aussi les copies de voz lettres et du pere Campanella lesquelles je m'imagine que vous avez en partie fait faire pour moy.

Tousjours,
Monsieur,

vostre tres humble et tres affectionné serviteur,
GASSEND.

À Digne, ce 16 de novembre au soir 1635.

J'oublivis de vous dire, Monsieur, comme un de ces moines de Sᵗ Vincent[3] m'est tantost venu dire qu'il croyoit d'avoir veu à ce matin quelque espece de comete. Je ne l'en croy pas, parce que le ciel ayant esté tout nuageux il se peut estre mesconté sur quelque rayonnement de nuée. Je l'ay neantmoins chargé d'y prendre garde demain au matin attendu principalement que l'endroit où son pretendu phenomene a

---

de *aliter*, est écrit *alictement* par Robert Estienne (1549). Voir le *Dictionnaire général de la langue française*, par MM. Hatzfeld, Darmesteter et Thomas.

[1] Les *puissances* de la cour romaine.

[2] Phrase à rapprocher du récit fait par Bougerel (p. 124), d'après une confidence de Gassendi lui-même en une lettre à Gabriel Naudé, du refus opposé par le philosophe à un grand personnage de Paris qui voulait l'avoir toujours sous son toit et à sa table, lui assurant, en outre, une pension de trois mille livres. Gassendi aima mieux garder son indépendance.

[3] La montagne sur laquelle s'élevait, à Digne, le couvent des Trinitaires, où Gassendi avait fait diverses observations astronomiques.

paru nous est caché icy à la ville par les montaignes voisines. Cependant Mercure qui doit reparoistre dans 4 ou 5 jours se recommande bien à M⁰ Garrat[1].

CXLIV

À MONSIEUR, MONSIEUR GASSENDY,
DOCTEUR EN Sᵗᵉ THEOLOGIE ET PREVOST EN L'ÉGLISE CATEDRALE DE DIGNE,
À DIGNE.

Monsieur,

Je receuz l'aultre jour sur le point de l'ordinaire, ce me semble, vostre derniere despesche du 16ᵉ accompagnée d'un pacquet pour Paris que je fis acheminer bientost aprez, et de toutes ces lettres et aultres papiers qu'il vous avoit pleu me renvoyer, sans que j'aye depuis sceu prendre le temps de vous escripre à mon ayse en responce de tous les chefs contenuz en vostre lettre, comme c'eust esté de mon desir et de mon debvoir, parce que j'ay esté occupé ces deux ou trois jours durant le peu de temps que je puis desrober aux visites (dont on m'accable tout le jour ceans) à escripre en ce païs de Levant pour extorquer du P. Michel Ange cappucin les observations de l'ecclypse derniere qu'il y a faictes à ma priere et à ma consideration sans neantmoins s'estre encore peu resouldre à les bailler au P. Celestin, ne de me les envoyer luy mesme, luy ayant mis tant de gentz sur les bras pour les luy arracher des mains, que je ne pense pas qu'il s'en puisse deffendre. Cependant vous verrez cy-joint l'extraict de ce peu que m'en ont escript sur le credit de leur memoire ledict P. Celestin et le sʳ Balthazar Claret, qui faict profession d'apothiquaire, mais qui est neantmoings curieux des mathematiques, jusques à sçavoir fort bien faire des plans. Ce qui presuppose que facilement il pourroit faire des observations celestes, s'il vouloit s'y adonner comme je l'en ay prié. Vous verrez

---

[1] Bibliothèque nationale, fonds français, 9536, fol. 177. Autographe.

qu'il s'accorde fort bien avec le P. Celestin au commencement, mais qu'à la fin il y a certaine petite difference du temps qu'ils cesserent d'observer, car le P. Celestin cessa de plus voir la Lune à travers les brouillardz et l'ombre de l'ecclypse, lorsqu'elle avoit encores cinq degrez et demy de haulteur sur l'orizon, et l'aultre continua jusques à ce qu'elle n'en avoit plus que quatre possible parce qu'il avoit la veüe meilleure et plus penetrante pour la discerner ecclypsée derriere les brouillards et dans le plus grand jour. Aussi atteste-t-il de l'avoir veüe plus longuement toute ecclypsée que le P. Celestin, à compter depuis les 50 minutes aprez 4 heures jusques à ceste derniere observation de 4 degrez de haulteur, de sorte qu'il n'y a peut estre pas tant d'incompatibilité de l'une à l'aultre, si on exclud le temps de ceste doubteuse lumiere que le P. Celestin presuppose avoir duré jusques à 5 heures precises. Le mal est qu'ilz n'ayent point marqué de cez haulteurs des estoilles fixes sur lesquelles se pouvoit asseoir le meilleur fondement de tout, et crois bien que tost ou tard nous les aurons quoyque possible ces P. capucins se fassent un peu tirer l'oreille; mais neantmoins vous ne laisrez pas d'avoir encore un peu de plaisir de voir qu'on aye marqué la haulteur de la Lune 2 ou 3 foys, laquelle joincte à la rencontre de 5 ou 6 horologes à roües pourra aulcunement suppléer à la deffectuosité des plus grandes certitudes, en attendant qu'on les puisse tirer de la dimension de cez estoilles fixes, et quand mesmes il y pourroit avoir quelque sorte d'erreur au calcul, la difference est neantmoins si grande du temps que l'ecclypse a commencé là ou icy pour une si notable distance des lieux que la comparaison en est merveilleusement agreable, esperant que nous ne tarderons pas d'avoir les observations d'Ægypte et m'estonne que l'ordinaire de Rome ne soit passé dez hier ou aujourdhuy, par lequel j'attendois les observations qui sont encores en arriere du costé d'Italie, tant de Naples que de Padoüe et ailleurs. J'oubliois de vous dire que je me suis bien plaint à eulx de ce qu'ilz n'ont point marqué le point du Soleil levant, et la haulteur du corps du Soleil à quelques heures suyvantes, pour voir comment leurs horologes estoient adjustées, et à l'heure meridienne, principalement pour en juger la haulteur du pole, et crois qu'ilz en seront plus soigneux à l'advenir, Dieu aydant, pour vostre satisfaction et celle du public. Vous voyez qu'ilz me demandent quelques libvres qui leur puissent servir d'addresse, et je crois qu'une foys pour toutes, il fauldroit vous resouldre d'en faire un petit libvret exprez pour servir d'instruction à ceux qui vouldront observer en païs estrange, lequel je feray imprimer volontiers pour en envoyer par tous les coings du monde où je pourray trouver commerce.

J'aurois bien d'aultres choses à vous disre en remerciement de voz charitables et fraternelles remonstrances et exhortations, et pour vous supplier de diminüer un peu la trop bonne mesure que vous me faictes de l'opinion que vous avez prise de moy, à laquelle je sçay bien de n'avoir pas de quoy respondre, mais ce seroit une matière de trop long discours, et trop capable de vous ennuyer aprez tout ce que dessus, oultre que la compagnie qui me vient surprendre me contraint de clorre sans pouvoir venir aux aultres chefz de vostre lettre, et sans mesmes vous pouvoir parler d'une despesche que je viens de recevoir de Mʳ Boulliau concernant nos observations optiques, laquelle je n'ay pas encore peu voir non plus que vostre cahier à mon grand regret qui est encore plus grand pour raison des arreraiges des observations de l'eclypse; mais je me suis tousjours flatté et consolé sur le retardement de la reception des aultres observations plus importantes avec lesquelles s'en pouvoit faire la plus digne comparaison; mais je suis à la veille d'en avoir plus de commodité que devant, avec l'ayde de Dieu, et possible en mesme tems quelque bonne raison de l'oultrage qu'on m'avoit voulu faire, ce qui me servira, s'il vous plaist, d'excuse legitime de la prorogation du delay que je vous demande encores pour quelques jours. Cependant Garrat n'a pas laissé de chercher la comette toutes les matinées et le retour de vostre Mercure les soirées. Et je demeureray,

Monsieur,

vostre, etc., et plus cordial amy,

DE PEIRESC.

Aix, ce 23 novembre 1635.

Vous aurez vostre pacquet de Mʳ Luillier par le frere de Mʳ Besson qui sera, si je puis, porteur de la presente. Vous ne me dites rien de l'observation du P. Estienne Autoul, minime, sur l'apparition du Soleil levant à travers les ondes de la mer, ce qui meriteroit bien une particuliere disquisition.

Depuis avoir escript, ayant trouvé une demye-heure inesperement pour jetter un coup d'œil sur la despesche de Mʳ Bouilliau et ses arraisonnements optiques, où il a joint son advis sur la derniere question du P. Mercenne, j'ay creu qu'il vauldroit mieux vous envoyer le tout dez à present, et que nous aurions tout loysir d'en attendre vostre advis avant que je luy puisse faire responce. Mais je vous diray cependant que par mes experiences je ne puis pas demeurer d'accord avec luy de tout plein de ses maximes, sur quoy il fauldra un plus long discours.

Je ne sçay si je vous ay dict que j'ay receu du Levant l'histoire des plantes en arabe d'Ebenbitar que j'ay envoyée à Mʳ de Saulmaise, lequel y trouve tout le Dioscoride et une partie du Theophraste et de bien bonnes corrections[1], et maintenant il m'est arrivé à Marseille un gros volume de l'histoire des animaulx en arabe selon l'ordre de l'alphabet arabe dont ces peuples orientaux font grande estime, et dont on ne m'a pas nommé l'autheur. C'est pourquoy je voudrois bien sçavoir s'il n'est point exprimé dans le catalogue que vous feistes imprimer des livres arabes de Mʳ Golius que je n'ay pas sceu retrouver parmy mes papiers[2] tenant le lict, comme je faictz la pluspart du temps. Si par hazard vous en aviez un exemplaire double de reste, vous me feriez plaisir de me l'envoyer. J'oubliois de vous dire que mercredy nous passasmes en conversation grandement agreable une bonne partie de l'apres disnée à voir l'anatomie des deux yeux d'un petit cheval que nous trouvasmes bien grands, et dont tout le vitree estoit quasi reduit

---

[1] Rappelons qu'il s'agit là du traité des simples par Ibn el-Beïthar, dont la traduction française remplit la première partie des tomes XXIII et XXVI des *Notices et extraits des manuscrits*. Voir sur cet ouvrage le recueil Peiresc-Dupuy, t. III, p. 4, 398.

[2] *Catalogus variorum librorum quos ex Orienti advenit* (sic, peut-être *attulit*), *et in publica bibliotheca Leydense deposuit Jacobus Golius* (Paris, 1631).

en eau, et le cristallin grandement large et de figure platte comme une lantille un peu plus par devant neantmoins que par derriere, et attaché par un costé comme quasi celluy du thon par ses oreilles. L'Orizon y estoit fort apparent au droict du nerf optique, et le lustre metallique au dessus dudict Orizon avec une teinture de fort beau verd, et des petitz rameaux qui sembloient des veines vertes plus parfaictement peintes de verd que le reste. Ilz n'avoient point de targe ne de ressort comme le renard et le chevreuil entre les paupieres et la bulbe de l'œuil, mais ils avoient une bordeure noire aux extremitez du blanc de l'œuil d'une façon extraordinaire à tous les aultres que nous avions veu. Enfin on apprend tousjours quelque chose de nouveau en cez operations et experiences.

Le pauvre Cameleon est encores vivant, et mangea une quinzaine de vers de farine mardy dernier, mais il a jeusné depuis lors et nous donne bien de la peine à le garentir du grand froid. Il couche la nuict dans le lict de mon homme en un petit panier, il ne semble pas souffrir comme le jour que nous le mettons dans un vase enterré dans du fumier observant tousjours des choses bien remarquables qui seroient de trop long discours. Je pense que si nous le pouvions sauver l'hyver, nous y apprendrions des merveilles, tant est qu'il ne nous manque pas des divertissements.

L'on m'a envoyé de Guistres une vieille lettre du 29ᵉ aoust, portant que le dimanche 26 sur le soir il avoit faict un si grand vent qu'il avoit abbattu la pointe du pignon de mon Eglise et ruiné tous les toitz ne s'estant veu de memoire d'homme rien de si impetueux. Si vous aviez marqué la constitution du temps en ce mesme jour là, il en faudroit faire la comparaison. Il me semble que le landemain qui fut la veille de l'eclypse, nous eusmes icy le temps couvert et le vent marin du costé de Labesche[1], sy je ne me trompe[2].

---

[1] Du côté du sud-ouest. Voir sur le vent appelé Labech en langue provençale le recueil Peiresc-Dupuy (t. III, p. 434).

[2] Bibliothèque nationale, fonds français, 12772, fol. 246. De la main d'un secrétaire.

CXLV

À MONSIEUR, MONSIEUR DE PEIRESC,
CONSEILLER DU ROY EN SA COUR DE PARLEMENT DE PROVENCE,
À AIX.

Monsieur,

J'ay receu les despesches de Paris qu'il vous a pleu de m'envoyer, et sur tout celle qui pour sa grosseur et pesanteur doit bien avoir embarrassé la vostre, mais il ne faut pas que je vous en die autre chose ny que je vous explique la peine en laquelle Monsieur Luillier s'en est voulu mettre. Vous m'avez ravy de m'apprendre que vous ayez receu une observation faite à Alep, de l'eclipse derniere. Elle pourra estre d'une grande utilité, si elle a esté faite un peu exactement, et si peu que ce soit, tousjours ne sera-ce point une chose trop contemptible[1]. Quand vous m'aurez fait la faveur de m'en faire part, je la rangeray avec les autres, et apres nous envoyerons le tout au bonhomme Schickard, auquel je ne me suis point empressé d'achever d'escrire sur ce que Monsieur Diodati m'a marqué une chose bien aisée à comprendre qui est que l'on ne sçauroit maintenant donner ny avoir des nouvelles de ce païs la. Cependant nous pourrons encore avoir veu ⚥ si le bon Dieu veut que la disposition de l'air qui vous a si fort surpris reçoive du changement. Je retien encore tout ce qu'il vous a pleu de m'envoyer de la susdiste eclipse, et vous r'envoye seulement la lettre de Mr Menestrier touchant son voyage vers la grotte des Serpens, avec la relation mise en françois de la germination du prunelier, en la poitrine de ce pauvre jeune homme, en retenant copie de ce qu'il y a de principal, par ce que certainement ce sont là deux choses dignes de tres grande consideration. Nous avons icy en noz estuves quelque chose d'approchant de cette grotte là; pour le fait du prunelier, la chose est presque sans exemple, bien que Monsieur Liret ait recueilli des choses bien mer-

---

[1] Trop à dédaigner, de *contemptibilis*.

veilleuses touchant la naissance des plantes ou choses vegetables, sur les corps des animaux, en un traitté expres qu'il a fait sur ce sujet, sed de his alias. Puisque Mr Tornatoris fera quelque sejour à Aix, je vous supplie de faire cercher à loisir ce que vous pourrez avoir de Scholiastes sur les poetes grecs, pour les luy donner à m'apporter ou faire tenir, pour ce que en attendant de me remettre tout à bon dans mes premieres estudes (ce que je ne pourray guere faire qu'à Paris) l'envie m'a pris d'en voir le plus que je pourray, et pleust à Dieu eussiez vous l'Eustathius[1] de quoy toutesfois je me mesfie, mais quoy qu'il en soit ce pouvant estre ceux que vous aurez. Je suis tousjours,

Monsieur,

vostre tres humble, affectionné et obligé serviteur,

GASSEND.

De Digne, ce 23 de novembre au soir 1635[2].

CXLVI

À MONSIEUR, MONSIEUR GASSEND,

DOCTEUR EN Ste THEOLOGIE ET PREVOST EN L'ÉGLIZE CATHEDRALLE DE DIGNE,

À DIGNE.

Monsieur,

Je receus hier au soir vostre petit pacquet du xxiii tout à temps pour pouvoir charger Mr Besson de deux volumes de l'Eustatyus sur l'Hiade

---

[1] C'est-à-dire le savant grammairien Eustathe de Constantinople, archevêque de Thessalonique, l'auteur des commentaires sur l'Iliade et l'Odyssée, qui renferment tant d'extraits des scoliastes antérieurs. — Le *Manuel du libraire* (t. III, col. 277) mentionne deux éditions des commentaires d'Eustathe, celle de Rome, 1542-1550, en quatre volumes in-fol. (édition originale) et celle de Bâle, 1559-1560, en trois volumes in-fol. On verra dans la lettre suivante que Gassendi avait tort de craindre que Peiresc ne possédât pas Eustathe. On y verra aussi que l'édition prêtée à Gassendi était celle de Bâle, une des plus belles productions des presses de Forben. — Bougerel (p. 164) parle d'une lettre du 3 janvier 1636 sur Eustathe : « Gassendi lisoit depuis longtemps Eustathius; il étoit degouté de toutes ses notes grammaticales; ensuite il fut tellement charmé du texte, qu'il ne le quitta pas qu'il ne l'eût fini. » On trouvera cette lettre plus loin (n° CLILX), sous la date du 8 décembre 1635.

[2] Bibliothèque nationale, fonds français,

et sur l'Odicee, n'ayant peu trouver le troisiesme qui s'est esgaré je ne sçays où à mon grand regret. Je feray chercher si quelqu'un l'aura pour le vous envoyer. Cependant je vous envoye encore six ou sept volumes de cez poetes grecs avec des scholiastes grecs, marry que le Nicandre soit imperfect, et de n'avoir rencontré les aultres plus à souhaict. Mais ce grand vent ne m'a guieres permis d'estre hors du lict. Si vous voulez d'aultres commentateurs latins, je vous en pourray fournir encores quelques pieces; et si vous voulez le Ms. de l'Iliade d'Homere avec les scholies de Porphyre et aultres, et la glose interlineaire en rubrique, je le vous envoyeray trez volontiers, car Mr de Mezeriac me l'a renvoyé, et si je trouve que celluy qui se veult charger des aultres se veuille charger de celluy la, je luy bailleray encores puisque vous estes sur ceste sorte d'estude, car je serois bien fier s'il vous avoit peu servir de quelque chose. Au reste, j'ay à me plaindre grandement de l'excedz de voz liberalitez, et de la quantité de beaux fruictz dont vous nous avez voulu combler, que j'ay trouvez trez excellentz, mais ilz ne peuvent estre que trez mal employez en la maison de ceans qui est un gouffre d'ingratitude, et où tout ce qui ne se mange dans 24 heures est perdu, et jetté comme dans la mer. De quoy je suis si honteux et si confus que je ne scay quel tesmoignage vous en donner, tandis que je me vois destitué de tout moyen de vous rendre aulcune revanche condigne de voz bienfaictz. Je voulois en retenir une *seille*[1] ou deux tout au plus, et que Mr Tornatoris disposast des aultres, mais il n'y a point eu de moyen de le persuader à cela, dont j'ay esté bien fasché et mortiffié, ne pouvant souffrir qu'avec impatience que vous vous soyez mis en si grande despence pour une personne qui ne le vault pas, qui vous est desja si obligée d'ailleurs. L'ordinaire de Rome n'est pas encore passé, et je crains bien fort qu'il n'ayt esté arresté par les chemins, si ce n'est qu'on l'aye voulu retarder d'une sepmaine, oultre celle qu'il avoit desja esté

9536, fol. 178. Autographe. Signalons dans la collection Dupuy, volume 688, f° 89, une lettre de Gassendi à Peiresc écrite de Digne le dernier jour de novembre 1635. Original.

[1] Un seau s'appelle une *seille* en langage provençal. Le mot est pris ici dans le sens de mesure de capacité, l'équivalent de ce que contient un seau ordinaire.

retardé en Avignon. Il me tarde de le voir venir pour avoir les observations de l'eclypse de l'Argoli de Padoüe et du Glorioso de Naples, afin que vous les puissiez joindre aux aultres precedentes. Mais je suis bien en plus grande impatience de l'arrivée du navire Anglois qui est attendu d'heure à aultre du costé d'Alexandrie pour avoir l'observation du Grand Cayre, et voir si le P. Agathange n'aura point esté plus heureux que le P. Celestin. Ce qu'attendant, je demeureray,

Monsieur,

vostre etc., et cordial amy,
DE PEIRESC.

À Aix, ce 25 novembre 1635[1].

CXLVII

À MONSIEUR, MONSIEUR GASSEND,
DOCTEUR EN Ste THEOLOGIE, PREVOST EN L'ÉGLISE CATHEDRALLE DE DIGNE,
À DIGNE.

Monsieur,

L'ordinaire de Rome qui passa hier ne me laissa poinct de lettres du cardinal de Bagny, ne de Mr Naudé, mais parmi plusieurs aultres il y eut un vieux pacquet du cavalier del Pozzo, du 12 octobre, pour accompagner l'observation du Camillo Glorioso que ledict s^r Naudé l'avoit prié de me faire tenir, laquelle je vous envoye m'asseurant que vous la verrez plus volontiers que toutes les autres, et qu'y trouverez plus de bonne matiere quoy qu'il aye oublié des choses que je n'eusse pas creu qu'il eust deub oublier, car ayant prins la haulteur d'Aldebaran diverses foys, il ne s'est pas advisé de prendre celle du corps de la Lune, pour ne sçavoir de quelle partie d'iceluy prendre sa dimension, laquelle eust peu confirmer par sa concurrance la mesure de l'estoille et suppleer dans l'aurore et dans le jour le deffault de la disparution des estoilles,

---

[1] Bibliothèque nationale, fonds français, 12772, fol. 188. Autographe.

en la suitte et progrez de l'eclipse. Il a marqué une grande serenité partout, sans cotter s'il y avoit aulcun vent sensible de quelque part, et a supposé la haulteur du pole de 41 degrez, sans avoir dict d'en avoir rien observé, et sans en avoir rien particularisé, ce que je luy feray demander en escrivant la semaine prochaine.

Mais je croys bien que vous prendrez plaisir de voir son exactesse à cotter la grandeur de son quart de cercle, et encores plus l'ambiguité où il se trouva au commancement de l'eclipse sur une faulce ombre primitive qui s'effaçoit dans la lunette sans avoir recogneu la cause que vous avez si dignement descouverte des faulx rayons de lumiere, non réelle sur le bord, ou au delà du vray bord du corps lunaire, dont l'ingenuité m'a esté bien agreable, bien qu'il n'a pas trop precisement exprimé la qualité particuliere de la differance d'observer à plein œuil, ou par la lunette, sur quoy il le fauldra faire expliquer, et si lors de la totale obscurité et du recouvrement de lumiere, il tenoit la lunette ou non pour en prendre le moment, et le rapporter à son observation de l'estoille. Ces inconveniants à des persones mesmes du mestier, faict voir la necessité qu'il y a de faire imprimer un petit livret qui puisse dezabuser les gents doctes de cez vieilles maximes abusives, et servir d'adresse aux plus simples, pour observer dezhorsmais ce qu'il fault, et pour n'y rien obmettre, s'il est possible, des principales circonstances, auquel cas je vouldroys bien vous supplier, s'il estoit loisible d'y faire cotter entr'aultres choses de quel œuil on observe soit par la lunette, ou par le quart de cercle, car je suis tousjours plus confirmé par mes experiances journalieres en l'opinion que j'ay conceüe de la notable differance et fallace que cela peult faire, et que cela faict actuellement, quoyque veuille dire Mr Bouillaud, et croys fermement que tost ou tard vous le toucherez au doigt.

Sur quoy je vous diray en passant que hier seulement m'estant levé du lict pour faire quelques tours par ma chambre, et ayant voulu caresser un peu mes petitz rossignols, qui estoient sur la table de ma chambre dans leurs cages d'ozier, lorsque je retournay vers mon lict, je m'aperceus en dirigeant ma veüe en terre sur le plancher de ma chambre, où je faisois ombre de mon corps, que je voyois fort distinctement touts les barreaux d'ozier desdictes cages, quoyqu'ils ayent perdu la pluspart de leur blancheur primitive, car il y a tantost deux ans qu'elles sont faictes, et toutefoys elles n'avoient pas esté esclairées du rayon du soleil quand je les avois regardées. Voire le soleil ne donnoit pas lors sur le chassis de ma chambre qui n'estoit pas trop esclairé non plus à cause de la verdure de la vigne qui y est encor en estat, et assez opaque. Ce que je trouvay nouveau en mes ieulx, où je n'avoys encores veu peindre ou imprimer et retenir hors de la presence de l'object d'aultres images que celles qui avoient conceu une si grande clarté, comme faict le chassis esclairé de la reverberation du soleil, ou du rayon mesmes de la lumiere de cet astre, de sorte que je fus ravy de voir que l'image des barreaux de cez deux cages me suyvoit partout où il y avoit un peu d'ombre ou d'obscurité, comme faict l'image de la rondeur ou du disque du soleil quand on y a miré dedans, et me dura deux tours de ma chambre. Ce qui me fit trouver plus croyable que je n'avoys pensé d'abbord, ce que Mr Cassagne m'escrivoit autresfoys des especes qu'il conservoit en ses ieulx les unes sur les autres, sans m'avoir distingué de celles qui sont si lumineuses d'avec les aultres, car je ne l'avoys verifié jusques à hier que des lumineuses. Mais à cette heure en voilà d'aultres qui le sont beaucoup moings, la couleur de cet osier estant d'un blanc si salle qu'il est comme roussastre. Voire il me sembla une foys ou deux qu'à travers les barreaux j'entrevis le ventre ou la poictrine de l'un de mes roussignols, qui n'est que de couleur grise tant soit peu tirant au blanchastre, et voulois reiterer l'observation et l'experiance, mais je fus surprins de compagnie qui m'en osta le moyen, et fut si long temps avec moy que j'oubliay de le faire jusques à ce qu'il n'estoit plus temps, le jour ayant manqué. Tout ce que je vous remarqueray de plus que l'ordinaire est que je me sentoys les ieulx moittes plus que de coustume et y portoys le mouchoir pour les seicher assez souvent, soit que le froid en fust la cause, ou bien la posteure que j'avoys tenüe dans mon lict, où je ne suis guieres gisant durant le jour que mes ieulx ne larmoyent plus que si j'estois assis. Voila une digression plus longue que je ne la pensoys faire; mais je sçay bien que vous m'excuserez.

J'oublioys de vous dire concernant l'ecclipse que dans la lettre du s^r cavalier del Pozzo, j'ay apprins le nom de celuy qui n'estoit pas nommé aux observations de Rome que l'Em. Card^l Barberin m'avoit envoyées, de laquelle je faysois plus d'estat que des aultres, parce qu'il y alleguoit la dimension de la haulteur de quelque estoille et que c'est un jeune homme de bonne *voglia*[1] nommé Gasparo Berti de qui on pourra disposer librement à l'advenir, dont je ne manqueray pas d'accepter les offres, et de l'engager à observer les eclipses de l'année prochaine, et de n'y rien obmettre de ce qu'il fault, et de nous envoyer à l'advance des observations de la haulteur du soleil au solstice prochain, et de l'estoille polaire en mesme temps durant les 3 ou 4 jours plus voisins devant et aprez. Et fault voir si on le pourroit desbaucher ou allecher à faire des observations ordinaires et d'entreprendre de celles du Mercure et de la Lune avec les fixes pour voir s'il y auroit des parallaxes considerables; en un besoing il seroit bien homme à pouvoir passer en Levant avec Mr du Coudray qui est quasi resolu (mais il ne desire pas qu'il s'esvente) de prendre la subrogation de sa persone à Mr de Thou, qui s'est fort raffroidy de ce voyage. Or ce seroit une belle chose qu'un galant homme allast en Levant faire de cez belles observations sans vous en donner la peine à vous, et vous exposer à tant de dangers et de perils qu'il y a à courir. Je luy donneray tant de courage que je pourray, mais mandez-moy, je vous prie, ce que vous jugez de son observation, et comment elle vous satisfaict, s'il est possible, entre cy et huict jours, car je crains que l'ordinaire d'Avignon ne repasse lors, son retardement dernier n'ayant esté que sur le chemin de Gênes icy. Garrat avoit fort bien veu et observé Mercure devant hier; le jour precedant, le grand vent ne luy laissa pas prendre des mesures que de sa seule haulteur sur l'orizon de 3 degrez, et faillit à renverser le cart de cercle plusieurs foys. Je

---

[1] Volonté.

n'ay encore sceu s'il fit rien hier au soir que le temps estoit couvert et bien venteux aussy.

J'attends encore l'observation de l'Argoli et celle du Cayre, esperant qu'elles viendront enfin, et que je m'acquitteray aussy de mon devoir tost ou tard. Vous me dictes que la grotte de voz bains a bien du rapport à celle des serpents, ce qui me faict vous dire que la chose meriteroit bien un peu d'expériance et de relation de vostre main, car les aultres qui en ont voulu parler n'ont pas vostre genie.

J'avoys voulu bailler le Ms. d'Homere glosé à Mr Tournatoris; mais il le trouva de trop gros volume pour cette foys là. Il s'en trouvera quelque autre. Je n'ay encore peu retrouver l'aultre volume de l'Eustathius, ne ceans, ne ailleurs. Je chercheray encores, et les aultres poetes grecs, et seray à jamais,

Monsieur,

vostre, etc. et cordial amy,
DE PEIRESC.

A Aix, ce 23 novembre 1635.

Je n'ay poinct veu le traicté du Liret des Vegetables qui naissent sur des animaulx, et sçaurois volontiers quel libvre c'est pour le faire venir[1].

CXLVIII

À GASSENDI.

Monsieur,

J'ay receu la vostre du dernier, et y trouvant en teste que Mercure vous estoit eschappé, ce jour là, voulant sçavoir si Garrat avoit esté plus heureux, j'ay trouvé que non, à mon grand regret et au vostre. Il l'a observé par troys foys à ce soir, et assez souvent les precedantes

---

[1] Bibliothèque nationale, fonds français, 12772, fol. 190. Autographe.

soirées. Je suis bien aise que vous ayez receu l'Eustathius au moings les deux volumes envoyez, et qu'ayez desja trouvé le temps de lire une 20taine de feuillets de l'Iliade. Vous aurez depuis receu quelques aultres petits volumes d'aultres scholiastes grecs d'aultres poetes et à ce matin par un muletier Mr Tornatoris vous a envoyé le volume Ms. de l'Iliade, où je vouldroys bien que vous eussiez le texte entier de Porphyre sur Homere, mais je crains qu'il n'y en aura que bien peu d'articles des scholies marginales qui soient de luy, où son nom est exprimé, n'y ayant pas d'apparance que le reste soit tout de luy, puisqu'il se trouve nommé, non en teste de quelque livre seulement, mais par cy par là. Pleust à Dieu y eussiez vous trouvé quelque bonne maxime de la philosophie ancienne, car je ne doubte pas que les poetes n'en ayent inseré quelque chose partout où ils ont peu pour accreditter leurs poemes et les leur faire avoir en plus grande veneration. Or puisque vous faictes cette estude particuliere je vous supplie si, en chemin faisant, vous rencontrez rien qui puisse concerner les mysteres philosophiques qu'ils affectoient de cacher dans leurs sortileges et superstitions, mesmes dans leur trepied, et dans les figures du triangle de lignes courbes enfermé dans le cercle, d'en faire quelques petites cottes en un cahier à part pour l'amour de moy. Comme aussy si vous rencontriez rien des mysteres qu'ils pouvoient cacher dans les jeux des astragales et des tesselles, et dans les nombres et proportions des poincts qui y estoient marquez, vous me feriez bien plaisir de le cotter pareillement, à part, et concernant les noms des mesures et des vases plus notables, et des monoyes ou des poids.

Je pense bien que vous vous souvenez d'avoir veu une grisaille sur la porte de ma chambre tirée du vase blanc et bleu du cardinal Barberin, qui semble appartenir à l'histoire troyenne, mais nous n'y pouvons bien appliquer un serpent que tient en son gyron une femme à demy couchée par terre dont vous rencontrerez sans doubte la clef, si ne l'avez desjà, et de quelques chevaulx que menoient en laisse personnellement Achille et cez aultres heroz de cez bandes troyennes ou grecques. Mais mon intention n'est pour tant pas que pour cela vous retardiez voz estudes plus utiles, ains seulement un coup de plume dans les livres mesmes pour plus de facilité que je parcourray par aprez.

J'ay veu fort volontiers ce que vous me dictes de la solution du sr Bouillaud. Vous verrez par le paquet qui accompagne le Ms. de l'Iliade quelques lettres du bon P. Mercene qui donne la mesme solution, ce me semble, et se trouve bien loin de son compte comme l'aultre à ce que je puis voir par les subdivisions que vous faictes d'un ciron en tant de portions. Ce qui destruict toutes leurs suppositions avec la realité corporelle que vous presupposez aussi en la lumiere.

Mes lettres pour le Levant sont parties depuis jeudy avec un fort bon vent Dieu mercy, et y a apparance qu'elles feront bon voyage. Nous attendrons vostre advis sur le phenomene du P. Minime qui avoit creu, ce semble, de voir le disque du soleil à travers les ondes de la mer, avant qu'il fust levé reellement sur l'Orizon, et d'y avoir veu les deux navires ennemys, non seulement pour lors, mais aussy quand le vray soleil se leva. Ce fut ce qui me fit vous envoyer cette lettre, pour voir ce qui vous en sembleroit. Vous aurez maintenant une lettre d'Angleterre que Mr Luillier m'a faict envoyer par Mr Bourdelot, où j'ay bien admiré la longueur de la vie de ce vieillard de 152 ans[1], et de cez aultres de la notice de Mr Luillier ou de ses parents. Mais j'attendray bien plus impatiamment vostre advis sur les lettres du bon P. Mercene de sez nouvelles experiances, et de celles de son Feuillant pour les mouches estranglées par les araignées que l'on faict revivre quand on veult[2].

Il y eut une pluye de toiles d'aragnée à Ieres et au terroir d'allentour les 24 et 25 octobre par un temps serain dont j'attends une information, ou enqueste sommaire authentique. Nostre cameleon vit encores et mange non seulement des vers de farine, mais de la chair bouillie tant de blanc de chappon que de moutton. Nous y descouvrons

---

[1] L'Anglais Thomas Par. Voir recueil Peiresc-Dupuy, t. III, p. 419.

[2] Voir au sujet de ces mouches ressuscitées le récit du P. Mersenne dans une des dernières lettres du fascicule XIX des *Correspondants de Peiresc*.

tousjours quelque chose de joly, mais le discours en seroit trop long pour une veille de mardy, et je demeure,

Monsieur,

vostre, etc. et cordial amy,
DE PEIRESC.

À Aix, ce 3 decembre au soir 1635[1].

CXLIX

À PEIRESC.

Monsieur,

Je receu hier au soir vostre despesche du 3 de ce mois, et n'avois receu que le jour precedent celle du 29° du passé, en telle sorte que je n'ay point eu le moyen de vous r'escrire asses à temps pour l'ordinaire de Rome touchant l'observation du sieur Gasparo Berti ou Beoli (je n'ay pas bien peu lire ce surnom); ce sera donc pour l'ordinaire du mois prochain s'il plaist à Dieu, et surtout si la bonne fortune veut que vous ayez encore eu des nouvelles du Caire, parce qu'en ce cas là j'aurois peu prendre deux ou trois jours pour calculer et ranger toutes ces observations, afin d'en tirer ce qui sera possible, et l'envoyer à Schickard avec les observations qui auront cependant esté faites de Mercure. Je le veis et observay encore hier au soir, quoy que parmy des grands nuages et brouillards, et hors du 30 du mois passé et du 6° de cestuy cy, il ne s'est point passé de soir sans que je l'aye attaché, despuis le 26 qui fut le premier jour auquel je le veis et peu observer. Je n'ay guière peu continüer despuis ma derniere [lettre] la lecture de l'Eustathius pour divers destourbiers[2] que me donnent journellement les affaires de nostre chapitre; en telle sorte que je n'ay pas mesme encore achevé le premier livre qui est de 162 pages. En tout ce que j'ay veu,

---

[1] Bibliothèque nationale, fonds français, 9536, fol. 192. Autographe. — [2] Voir sur le mot *destourbier* une note du recueil Peiresc-Dupuy, t. I, p. 103.

il y a fort peu d'observations philosophiques, et voyant que cest autheur ne rapportoit point les opinions et la doctrine des anciens aux endroits où il en avoit principalement occasion, sans mentir j'en ay esté un peu desgousté, en recevant d'ailleurs de l'ennuy de ces longues discussions et remarques grammaticales qui font le principal corps de son commentaire. Ce n'est pas que je luy en sçache mauvais gré, puis que c'estoit là son genie (quoy que par la preface il eust desja fait esperer quelque chose de plus) et que ceux qui font principalement estat de la Grammaire ont de quoy y trouver merveilleusement leur compte. Mais pour moy qui ne m'arreste point tant à cela, je ne sçay si j'auray la patiance de continuer bien avant, et de lire tout de suite autre chose que l'Odyssée, puis qu'aussi bien il n'y a qu'un volume, pourveu que comme ceste piece doit estre presque toute de la philosophie morale je recognoisse d'en pouvoir profiter davantage que de tous ces grands discours qu'il y a sur l'Iliade. Quoy que j'en lise je ne manqueray point d'y remarquer tout ce que je rencontreray approchant de vostre memoire ou que je croiray d'ailleurs estre de vostre goust, bien qu'à la verité je n'espere pas d'y trouver grand'chose, et si je ne presumoy de le faire vous pouvez bien penser que vostre seule consideration me feroit devorer le tout; s'il y a quelque chose à attendre touchant le triangle des lignes courbes inscrit dans un cercle, c'est bien plus tost du Tzezes qui estoit mathématicien, ce sera certes la cause que je le parcourray tout, puis qu'il vous a pleu de me l'envoyer sur l'Hesiode. J'ay receu le Porphyre sur Homere bien conditionné, mais je n'ay point encore eu du temps pour en voir grand chose. J'ay seulement remarqué que l'escriture en est assez difficile à lire, et que si je n'avoy d'ailleurs le texte du poete pour m'en apprendre l'entiere lecture, j'auroy peine d'en venir à bout, à tout le moins en beaucoup d'endroitz. Si monsieur l'advocat du Roy present porteur n'eust party que jusques à demain, j'auroy peu respondre au pere Mersenne, mais puis qu'il veut aller coucher aux Mées et partir incontinent après avoir desjeuné, il faudra que je le remette à une autre saison. Aussi bien voicy le second coup de nostre grand'messe qui m'advertist de rompre icy, et me contenter de vous prier de me croire tousjours,

Monsieur,

vostre tres humble, tres affectionné et tres obligé serviteur,

GASSEND.

À Digne, ce 8ᵐᵉ jour de decembre 1635.

Je suis bien regretteux de laisser beaucoup de choses à vous dire, mais ce sera pour une autre fois s'il plaist à Dieu [1].

CL

À MONSIEUR, MONSIEUR DE PEIRESC,
ABBÉ ET SEIGNEUR DE GUISTRE,
CONSEILLER DU ROY EN SA COUR DE PARLEMENT DE PROVENCE,
À AIX.

Monsieur,

Je fermay l'aultre jour si precipitamment mon pacquet que je m'advisay d'y inclurre toute autre chose que ceste lettre que je vous avoy escrite. Je vouloy une fois retenir la copie de celle que Mʳ Bourdelot vous avoit envoyée, mais je m'imaginay qu'il ne vous en demeureroit par adventure point, ayant desja r'envoyé l'original. Ce fust en me contentant d'admirer ceste grande vieillesse de 152 ans qui me feit souvenir de ce que Mʳ de Bagarris l'antiquaire [2] m'avoit autresfois dit, et qui m'a despuis esté confirmé par un honneste homme de ceste ville qui a profité de l'exemple, touchant un certain Armenien agé de 130 ans et qui se disoit avoir encore son pere agé de 160. Et encore de ce qu'on escrit des Toupinemboulx qu'ils vivent les 8 et 9 vingts ans, et qu'en l'age de cent ans les femmes y ont encore les enfans pendus à leurs mamelles, de quoy m'estant voulu esclaircir de quelques uns qui y

---

[1] Bibliothèque nationale, fonds français, 12772, fol. 247. Autographe. — [2] Pierre-Antoine de Rascas, sieur de Bagarris. Voir le fascicule XII des *Correspondants de Peiresc* (Aix, 1887).

avoint fait du sejour, comme quoy on avoit peu tirer cognoissance de cette longue vie, puis que noz hommes n'en pouvoint pas estre tesmoins oculaires, il me souvient qu'on me dit qu'oultre ce que ces pauvres gens tiennent conte de leurs années par des nœuds qu'ils font à certaines chordes, ils monstrent la pluspart estant parvenus à l'extresme vieillesse leur huitiesme descendant, en telle sorte qu'à donner 20 ans d'une generation à l'autre[1] il y auroit tousjours là huitvingts ans. Je n'ay point encore à ce coup icy le loisir de r'escrire au pere Mersenne soit pour la solution du probleme et autres, soit pour ses livres de la musique, parce que comme vous sçavez je ne les ay point encore veus. Despuis la precedente lettre escritte, je n'ay pas beaucoup advancé en la lecture de l'Eustathius. Je vous diray seulement qu'ayant un peu resvé sur la grisaille qui est sur la porte de vostre chambre, il m'a semblé que ce pourroit bien estre la reconciliation d'Achille avec Agamemnon, telle qu'Homere la descrit Iliad. τ. à tout le moins s'il est vray comme il me semble d'en avoir quelque memoire qu'il y ait un autel avec un heros sacrifiant, qui seroit Agamemnon et un corps mort pliant par des femmes qui seroit celluy de Patrocle plaint par Briseis et ces autres; pour les chevaux menez en lesse ce pourroint estre ceux qu'Agamemnon donna à Achille pour l'appaiser, et qu'Ulysse feit conduire par ceux qui sont venus là du pavillon d'Agamemnon à celluy d'Achille, mais que pourroit vouloir dire ce serpent dans le gyron d'une femme? certes cella m'arreste parce qu'ayant voulu voir le passage il ne s'y en est rien trouvé. Seroit-ce point par adventure seulement pour signifier que ceste femme estant Briseis Agamemnon ne l'avoit point touchée et s'en estoit abstenu tanquam a facie Colubri, estant veritable qu'il en feit le serment en ceste action là, et que ce fust pour cella qu'il feit le susdit sacrifice. J'appresterois bien à rire à quelque autre si je luy escrivois cette pensée, mais à vous il est permis et sur tout à moy de tout dire. Il est encore fait mention là de Trepieds, et à propos de cella j'ay

---

[1] Vingt ans ne paraissent pas suffisants. D'après les calculs généralement acceptés, la moyenne de vie, pour chaque génération, serait d'un peu plus d'une trentaine d'années, de 33 à 35.

voulu voir si vostre manuscrit diroit point quelque chose sur ces vingt trepieds que Vulcan fabriquoit dans le livre precedent (c'est σ) lorsque Thetis l'alla trouver pour avoir des nouvelles armes pour son fils, mais je n'y ay rien trouvé, quoy qu'il soit fait mention entre autres choses dans le texte qu'il y avoit au dessous d'un chascun χρύσεα κύκλα par adventure des boulettes ou petites roües pour faire aller ces trepieds automates, qui devoient entrer et sortir de la sale d'eux mesmes. Et à propos de ceste sale, Homere l'appelle ἀγῶνα, comme s'il vouloit à mon advis dire qu'elle fust de forme ronde. Et sur tout s'il est veritable que ἀγών signifiant non seulement les exercices, jeux et combats publiques, mais encore le lieu où tels exercices se font, ainsi dit quasi ἀ γωνία comme n'ayant point d'angles, et estant par consequent rond. Ce que je remarque seulement en cas que la chose peut aucunement faire sur le propos de Trepieds dont vous m'avez escrit. Je m'estois aussi attendu que vostre manuscrit dit quelque chose sur le mot d'Astragale qui est Iliad. ξ, mais il n'en parle point non plus, et si l'on trouvoit les autres volumes de l'Eustathius il est vraysemblable qu'il y en auroit plustost quelque chose, ou à tout le moins sur le subject des susdits Trepieds. À ce que je puis comprendre il n'y a pas grand chose qui me puisse servir en toutes les notes qui sont dans ce manuscrit, quoyque la pluspart soint de Porphyre. Il y en a aussi plusieurs tirées d'Eustathius, entre autres, comme vous pouvez avoir remarqué. Je me suis dispensé pour randre ceste piece un peu traittable de cotter les livres par simple lettre au haut de chasque feuillet, et ç'a esté ce qui m'a fait remarquer et regretter qu'il y manque l'ω ou dernier livre. Or moy je ne manqueray jamais d'estre,

Monsieur,

le tout vostre,
GASSEND.

À Digne, ce 15 decembre 1635.

Monsieur,

Je n'ay point sceu retrouver la lettre escrite au pere Minuti. Je ne sçay si je ne vous l'avois point envoyée. Mais à tout cas il se faudra mieux esclairer de l'affaire par celluy là mesme qui l'avoit escrite. Je vous r'envoye celle de Guistres. Ici nous eusmes en ce jour et heure là un peu d'abrech mais presque imperceptible [1].

CLI

À GASSENDI.

Monsieur,

Je receus avant-hier vostre pacquet du 4ᵉ de ce mois sans vous en pouvoir accuser à mon grand regret la reception par celluy mesmes qui en avoit esté le porteur. J'envoyay hier à Mʳ Luillier la lettre qu'il y avoit pour vous et ne receuz que hier au matin un sien pacquet pour vous par l'ordinaire qui a esté retardé ceste foys de 4 jours, à cause, dict-on, que le courrier s'est noyé au chemin entre Paris et Dijon. Je me conjoüis bien fort avec vous du bon estat de vostre santé, et de la doulceur et tranquilité dont vous joüissez pour voz estudes, ne vous pouvant assez dignement remercier de la souvenance et du soing que vous avez prins de me cotter tous cez beaux passages d'Homere, tant sur les trepieds et mesures que sur les astragales, dont je sçauray fort bien faire mon proflict, Dieu aydant, si je puis avoir le temps de les examiner à ma mode. En revanche je vous diray que j'ay recouvré un vieux manuscrit du couvent de Sanctus Oriensius de la ville d'Auch en Gascongne, compilé environ le temps de la race de Charlemagne, où il y a un chapitre entier de 10 ou 12 ecclypses de soleil recueillies ensemble qui sont, je m'asseure, inserées dans les chroniques du mesme siecle, mais cette sorte de recueil m'a semblé digne de vostre curiosité [2]. Il y a de plus 3 ou 4 chapitres sur les dimensions des espaces

---

[1] Bibliothèque nationale, fonds français, 9536, fol. 249. Autographe.

[2] Voir sur ce manuscrit le recueil Peiresc-Dupuy, t. III, p. 430. — «Le manuscrit d'Auch est celui qui est à la Bibliothèque nationale, n° 456 du fonds latin, nouv. acq. Aux détails donnés sur ce manuscrit dans le Catalogue des manuscrits des fonds Libri et

et capacitez de la terre, et du rapport qu'il y peut avoir avec lez cieulx, tant sur les propositions d'Eratosthenes que sur celles de Macrobe, de Felix Capella et aultres, qui ont employé pour cet effect des vases mesurez, où je voudrois bien que vous eussiez rencontré quelque chose qui ne fusse pas tant du commun pour vostre satisfaction. Je le vous envoye avec priere de me le renvoyer le plus tost que vous pourrez, afin que j'en puisse faire part à Dom Polycarpe pour les Archevesques d'Aups (sic) qui y sont mentionnez et puis à M⁺ du Chesne pour en inserer dans ses volumes des historiens de France quelques petitz articles de la race de Charlemagne, et quelques petits supplements du 10ᵉ siecle qui ne seront possible pas inutiles pour l'histoire de la Gascongne. Il y a mesme un chapitre des poidz et des vieilles notes d'iceulx dont je me pourray bien prevalloir en quelques articles. Il y a tout un traicté d'astronomie d'un certain Ericicus dont le nom m'estoit incongneu. Mais je crains bien avec tout cela qu'il n'y aye rien qui vaille à vostre usaige. M⁺ Naudé m'escript de la fin de novembre que l'Argoli n'avoit point encore envoyé son observation de l'ecclipse derniere, et que Leo Allatius avoit opinion que ledict Argoli feisse difficulté de l'exhiber, à cause des incompatibilitez qu'il y avoit rencontrées avec les fondementz de ses propres Ephemerides dont il estoit aprez de faire imprimer la continuation jusques en l'an 60. Il adjouste que le cardinal Bagny m'avoit encores envoyé une aultre observation faicte par un mathematicien d'Ancone que je n'avois pas encore receue, estimant qu'elle viendra quelque jour par la voye de Lyon, si elle n'arrive la sepmaine prochaine par celle de Genes. Je vous envoyerois volontiers sa lettre, si je luy avois faict responce, afin que vous la veissiez conjoinctement avec celle de M⁺ de la Ferriere pour comparer ce qu'ilz disent tous deux du boys fossile, et possible feray-je mieux de vous l'envoier en toute façon, avec priere de me la renvoyer la premiere, car

Barrois, p. 80-84, il convient d'ajouter cette particularité, que ledit manuscrit a été conservé à la bibliothèque de Carpentras, sous le n° 279, jusqu'au jour où il fut enlevé par Libri. Cela résulte du témoignage formel de Waitz, consigné dans les *Monumenta Germaniœ historiœ*, etc., III, 171 (volume publié en 1839) ». (Communication de M. L. Delisle.)

aussy bien ne respondrions-nous de 15 ou 20 jours en ce païs la. Si je puis mesmes rencontrer une lettre du cavalier del Pozzo, je vous l'envoyeray presentement pour vous faire voir ce qu'il adjouste du progrez de ceste plante de prunelier qui a fleuri et produict des feuilles sur l'estomac de ce pauvre Espagnol dans lequel elle s'est enracinée. Il m'avoit mesme envoyé le petit bourgeon original dont vous aviez veu le dessein que je seray bien ayse que vous puissiez voir en original aussy. J'ay oublié le nom de l'auteur que vous m'aviez nommé, et que vous dictes avoir traité *ex professo* des plantes qui naissent sur des corps vivantz[1], duquel j'ay bien envie de faire faire un peu de recherche pour le voir quelque jour, s'il est possible. C'estoit Mr Piscatoris qui avoit donné l'advis à Garat de vostre petit traicté de la musique dont il vous accusera maintenant la reception, et je ne laisray pas de prendre part à son obligation voyant ce que vous faictes pour luy, en consideration principalement de ce qu'il est de nostre maison. J'ay receu le traicté *ex professo* sur ceste matiere de la musique tiré du manuscrit d'Erasmus Orycius de Mr Golius que j'ay envoyé à Rome au s^r Doni, mais durant 10 ou 12 jours que je l'ay gardé ceans, j'en ay fait transcrire par Bouis une coppie suyvant le desir qu'en avoit le bon P. Mercenne. Mais je ne le luy ay pas voulu envoyer que vous ne l'ayez veu. Vous y excuserez et suppleerez, s'il vous plaist, les faultes s'il y en a. Je vous envoye par mesme moyen l'edition d'Henry Estienne de ce que Plutarque avoit escript de la vie d'Homere, que vous trouverez plus correct, je m'asseure, que tout ce que vous en avez veu. C'est ce mesme volume que j'avois envoyé à Mr de Mezeriac, et que je ne vous avois pas envoyé à vous pour n'y avoir pas des scholies grecques que vous me demandiez. Car la coppie qu'on avoit commencé de transcrire dans la bibliotheque du Roy ne fut jamais achevée ne poursuyvie, depuis qu'on se fut apperceu de l'edition d'Henri Estienne. Je suis infiniment ayse que vous ayez descouvert de si belles choses dans cez escriptz de Plutarque, et puisque vous les posseddez si fort maintenant, je vou—

---

[1] Cet auteur s'appelait Liret (voir plus haut, lettre CXLVII).

drois bien que vous eussiez marqué sur mon exemplaire de l'edition d'Henry Estienne que je vous envoye les endroictz où vous voudrez faire commencer chascune des 4 parties de ce bel ouvrage, puisque le vieulx tiltre de l'indice des œuvres de Plutarque y est si convenable, et au contraire que celluy qui y est maintenant de la vie d'Homere y est si mal compatible, puisqu'il en dit moins que tous les aultres, estimant que ce soit la simplicité de quelque bon moyne qui aye affecté de joindre tout ensemble pour en augmenter le nombre des hommes illustres dont cest aultheur en avoit faict les vies. J'ay faict chercher partout où je me suis peu adviser les aultres volumes d'Eustatyus, sans qu'il s'en soit rien trouvé à mon grand regret. Si vous ne songiez d'aller bientost à Paris, je les envoyerois emprunter delà mesme, si besoin estoit pour vostre satisfaction. J'avois creu que M^r le president Guerin le deust avoir, mais il ne m'envoya qu'une edition d'Homere faicte à Basle que j'ay creu neantmoins vous debvoir envoyer à tout hazard pour ne rien obmettre de tout ce qui peult servir à voz grands desseins en la restitution de ceste premiere philosophie, et pour faire voir que ce n'estoit pas à tort que tant de grandz hommes avoient loüé les ouvraiges d'Homere, quoy qu'on l'aye voulu faire passer pour un resveur parmi ceux qui n'avoyent pas la capacité de comprendre l'excellence des mysteres qu'il y avoit cachez, vous felicitant par anticipation le plus que je puis de la descouverte que vous en avez faicte, je m'asseure, puisque vous avez commencé de vous y laisser charmer, ne voyant l'heure de participer à quelqu'une de cez belles notices[1] que vous y aurez acquises. Si ne fault il pas que je laisse de vous dire que j'ay receu une petite observation faicte au Cayre de la derniere eclypse, où vous ne trouverez pas certainement les punctualitez tant desirées, mais tousjours crois-je qu'elle ne sera pas du tout inutile, non plus que celle d'Alep, et qu'elle servira à l'advenir pour rendre les observateurs un peu plus exactes[2],

---

[1] Pour *connaissances*. — [2] *Sic*. Nous avons déjà vu (recueil Peiresc-Dupuy, t. I, p. 51) que Peiresc emploie toujours *exacte* pour *exact*.

suyvant la priere que je leur en ay faict par diverses voyes à trez tous. Le mal est que je ne vous ay point encores envoyé la nostre, tant j'ay eu de fascheux divertissementz depuis quelque temps en ça, qui ne me donnent guieres de relasche. Car à mesure que mon ingrat[1] voit qu'on luy oste des mains une sorte d'armes, il me saulte aux ieux d'un aultre costé, tant il s'est abbandonné, puisqu'il plaist à Dieu, à toute sorte d'ingratitude et de domestique impiété, ce qui me bourrelle merveilleusement l'ame et me la leve bien souvent de son assiette. Une action indigne qu'il me fit avant-hier, m'ayant mis dans une inquietude qui m'a faict esprouver une des plus rudes suppressions d'urine que j'eusse eu de long temps depuis plus de 40 heures en ça, jusques à maintenant qu'en dictant ceste lettre, par un bonheur inesperé, j'ay uriné sinon tout ce qu'il me falloit, assez neautmoings pour en avoir ressenty une grande consolation que j'attribue principalement au plaisir que j'ay trouvé de me divertir de cez fascheux objects pour me consoler un peu dans l'honneur de vostre entretien, sur quoy me trouvant desja au bout de tout le blanc de ma feuille, et remettant à Garrat de vous entretenir sur les observations qu'il a faictes de Mercure à ce coup icy une fois ou deux auparavant vous, je finiray demeurant,

Monsieur,

vostre, etc.

DE PEIRESC.

À Aix, ce 9 janvier 1636.

Monsieur, le P. Gaffarel s'en va faire un tour à Grenoble, et faict estat en revenant d'avoir le bien de vous voir en passant.

(*Au dos de la lettre:*)

Monsieur, j'ay faict transcripre par mon homme et par Bouis dans le manuscrit de Saintoin[2] le chapitre des eclipses soubz la race de

---

[1] C'est ainsi que Peiresc appelle son neveu. — [2] C'est-à-dire Saint-Orens, nom d'un célèbre monastère de la ville d'Auch.

Charlemagne, ensemble ceux du mesurage de la terre et de ses proportions avec les distances du Ciel, et vous envoie la coppie afin de vous soulager de la peine de les faire transcripre par d'aultres en cas que le veuilliez conferer et retenir afin de vous soulager d'aultant. Je serois bien fier si vous y aviez rencontré quelque chosette qui ne feust pas ailleurs, pour peu que ce fust. C'est le sr Faulchier de Puimichel, qui se dict ung peu vostre parent, frere de mon curé de Coutras[1], qui s'est voulu charger de tous cez libvres et paquetz pour l'amour de vous, dont je ne luy sçays pas moins bon gré que des pommes qu'il m'estoit venu porter[2]; mais il ne seroit pas vostre parent, s'il n'estoit pas dans l'honnesteté comme vous jusques à l'excedz. Il fauldra, s'il vous plaist, renvoyer le volume de Mr Guerin, qui est couvert de bazane rouge, le plustost que vous pourrez, s'il ne vous sert. Sinon, je luy diray que je le vous ay envoyé, et crois bien qu'il n'aura pas dezagreable que vous le reteniez pour quelque temps[3].

CLII
À GASSENDI.

Monsieur,

Ce ne fut qu'hier seulement que vostre pacquet du 11 me fut rendu par le P. Lanne et consequament trop tard pour l'ordinaire à mon grand regret. Ce sera par le prochain Dieu aydant que je feray tenir celle de Mr L'huillier, à qui j'avoys escript dez le precedant ordinaire le jour mesme de vostre depart. J'ay esté infiniment aise d'apprendre que vous ayez trouvé la santé de Mr Taxil en meilleur estat, et si

---

[1] Coutras (chef-lieu de canton du département de la Gironde, à 16 kil. de Bordeaux). La paroisse de Saint-Martin de Fronsac dépendait de l'abbaye de Guîtres, ce qui explique le pronom possessif employé par Peiresc pour désigner le curé Faulchier.

[2] Peiresc avait la passion des pommes, comme on le verra, au volume suivant, dans les premières lettres adressées à Denis Guillemin, prieur de Roumoules.

[3] Bibliothèque nationale, fonds français, 12772, fol. 195.

bien elle s'estoit un peu destraquée[1], tout cela se remettra bientost, et s'il vouloit venir manger quelques tranches de bons melons, il seroit aussi tost guary, et seroit grandement bien venu principalement s'il vous r'amenoit aprez vostre feste; car Mercure ne tardera pas de paroistre. Mʳ Chaine a differé son voyage au commancement du moys prochain, et Mʳ le Mareschal a la goutte à Cuers[2]. Garrat voulut observer devant hier le couvrement de l'estoille du Sagittaire, mais il dict que la Lune en estoit encores bien esloignée quand elle se coucha, de sorte qu'il n'aura peu estre veu que bien avant au ponant de nous. Il ne songea pas à la quadrature dont vous oubliastes de m'advertir, car je l'aurois engagé à y veiller. J'ay opportunement rencontré vos deux cahiers des sermons que je vis hier avec grande satisfaction, et vous en remercie trez humblement. Nous avons maintenant icy deux bons peres cappucins d'Orleans qui s'en vont en Alep, qui regrettent bien de ne vous avoir trouvé ceans, car ils estoient revenus de Marseille exprez pour avoir le bien de vous voir. Pour ne leur rompre la compagnie, je clorray la presente, aprez vous avoir felicité la veüe de cez belles chartes des Roys de Jerusalem et aultres Princes des bandes sacrées, dont Mʳ Gaillard m'a apporté des extraicts et des empreintes des seaulx d'aulcunes bien remarquables à mon gré. Le R. P. D. Polycarpe aura grand regret de ne les avoir veües. Le R. P. D. Gabriel m'a asseuré que dans peu de jours, il doibt commancer l'edition de deux volumes de son travail[3], et sur ce je demeure,

Monsieur,

vostre, etc., et meilleur amy,

DE PEIRESC.

À Aix, ce 14 aoust 1636.

---

[1] Cette santé *détraquée* se rétablit si bien que le chanoine Taxil put prononcer, vingt ans plus tard (14 novembre 1655), l'oraison funèbre de Gassendi auquel il succéda dans la charge de prévôt du chapitre de l'église cathédrale de Digne.

[2] La ville où le maréchal de Vitry subissait son attaque de goutte est mentionnée dans le recueil Peiresc-Dupuy (t. III).

[3] Cette édition ne fut pas commencée. Citons ici ces lignes de Bougerel (p. 123): «Dans le temps qu'on se flatoit de jouir du fruit de ses travaux, Dom Polycarpe disparut tout à coup, et l'on ne put avoir aucunes

J'ay baillé à Garrat les lettres de l'ordinaire et d'aultres que M⁰ le Président de la Roquette avoit données pour vous et pour une dame de voz quartiers; vous aurez les nouvelles cy-joinctes[1].

CLIII

À MONSIEUR, MONSIEUR GASSEND,
DOCTEUR EN S¹ᵉ THEOLOGIE ET PREVOST DE L'ÉGLISE CATHEDRALE DE DIGNE,
À DIGNE.

Monsieur,

Je receuz par des Jacopins vostre pacquet dont j'ay oublié la datte, assez à temps pour envoyer à la poste avant le partement de l'ordinaire celluy qui estoit addressé à M⁰ de Digne[2], et pour mettre soubz mon enveloppe celluy de M⁰ Luillier[3], à qui j'escripvis par mesme moyen en responce d'une fort obligeante lettre que j'avois receüe tant de luy que de M⁰ Chapelain conjointement[4], laquelle sera cy jointe. J'ay depuis receu parmy une quaisse de libvres de Paris un petit libvre adressé à vous et le portrait de M⁰ Luillier dont la phisionomie que je n'avois jamais veüe monstre bien la candeur, ingenuité et honnesteté de son humeur[5], dont je suis bien redevable tant à vous comme à luy. La

nouvelles de ses ouvrages et de ses recherches : ce n'a été que près d'un siècle après, que M. le président Thomassin de Mazaugues a été assez heureux pour acquérir son manuscrit des *Annales de l'église d'Avignon*.» Cet ouvrage est conservé dans la bibliothèque d'Inguimbert, à Carpentras. Voir la notice analytique que lui consacre Lambert dans le tome I du *Catalogue des manuscrits* de cette bibliothèque (p. 310-313).

[1] Bibliothèque nationale, fonds français, 12772, fol. 197. Autographe.

[2] C'était Louis Cæpissuchi de Bologne, frère et successeur d'Antoine, qui mourut en 1628 et fut remplacé par son neveu et coadjuteur Raphaël.

[3] François Luillier était lié avec Gassendi depuis l'année 1629 où «pour jouir plus souvent de sa conversation, comme le raconte Bougerel (p. 24), il voulut absolument le loger chez lui».

[4] On trouvera les deux lettres dans le fascicule XVI des *Correspondants de Peiresc* (Paris, 1889, p. 49-52, avec la date du 15 août 1636).

[5] Sur ce portrait, tant apprécié par Peiresc, voir la page 38 du fascicule déjà cité. J'ai rappelé, en une note mise au bas

presse qu'on me donne de delivrer ce paquet ne me permet pas de vous entretenir à souhaict, mais si fault il que je vous die que l'on nous a envoié de Rome le modelle du Scaphium antique[1] que M^r le Prieur de la Valette[2] examine depuis 3 ou 4 jours, et que nous avons icy Mr Melan, l'un des grandz peintres du siecle et le plus exacte graveur en taille doulce qui ayt encore esté[3], lequel revient de Rome aprez y avoir sesjourné une douzaine d'années[4], et avoit grande envie de vous voir et de graver vostre portraict en taille douce[5]. Nous l'avions quasi une fois persuadé Mr de la Valette et moy à entreprendre de graver et desseigner la Lune en taille douce qui seroit une oeuvre memorable à tout jamais, et si vous estiez icy avec les desseins que vous en avez desja par ordre et vostre bonne lunette, possible ne se pourroit-il pas deffendre de ceste louable entreprise qui seroit bien, je m'asseure, de vostre goust[6]; c'est pourquoi si vous pouviez venir, vous ne plaindriez pas vostre peine. Garrat[7] a observé à ce matin

de cette page, une intéressante remarque de Tallemant des Réaux (*Historiettes*, t. IV, p. 194) : «J'ay veu une stampe de Rabelais, faitte sur un portrait qu'avoit une de ses parentes, qui ressembloit à Luillier comme deux gouttes d'eau, car il avoit le visage chaffouin et riant comme Luillier.»

[1] Vase à boire, coupe, ayant la forme d'une nacelle.

[2] Joseph Gaultier, si souvent nommé dans la correspondance avec les frères Dupuy et si souvent nommé aussi dans la présente correspondance. Ce fut lui qui, comme l'a rappelé son reconnaissant disciple, excita Gassendi à s'appliquer aux observations astronomiques. Le prieur de la Valette était, en 1646, le plus ancien des amis de Gassendi, comme ce dernier le rappelle en lui dédiant l'Apologie contre J.-B. Morin : *Ad venerabilem senem Josephum Gualterium, priorem Vallettæ, amicorum antiquissimum*, apologie qui ne fut publiée qu'en 1649 (in-4°), par les soins de Barancy et de Neuré.

[3] Sur Claude Mellan, dont Peiresc fait un si bel éloge, voir les *Lettres aux frères Dupuy*, passim, et le fascicule XVI des *Correspondants de Peiresc*, surtout p. 37, note 1.

[4] Mellan aurait donc séjourné à Rome de 1624 à 1636.

[5] On n'ignore pas que Mellan réalisa ce projet et que les portraits de Gassendi et de Peiresc sont au nombre des plus beaux de tous ceux que l'on doit à l'admirable artiste.

[6] Nous avons à la Bibliothèque nationale, au département des estampes, les images de la lune que Peiresc fit graver par Mellan.

[7] Sur Antoine Garrat, ce bon serviteur qui aida Peiresc et Gassendi dans leurs observations astronomiques et que ce dernier a mentionné avec reconnaissance sous le nom d'*Agarrat* (*De vita Peireskii*, p. 573),

par trois fois vostre Mercure par dessus la Lune. Venus est maintenant bien cornüe. Et ne pouvant la faire plus longue, je demeure,
Monsieur,

vostre, etc.
DE PEIRESC.

D'Aix, ce 29 aoust 1636.

L'ordinaire n'est pas encores arrivé, mais le present porteur ne veult pas retarder son partement[1].

CLIV

À MONSIEUR, MONSIEUR GASSEND,
DOCTEUR EN Ste THEOLOGIE ET PREVOST DE L'ÉGLISE CATHEDRALE DE DIGNE,
À DIGNE.

Monsieur,

J'ay aujourd'huy veu Mr Robert, et receu de la main de Mr Besson vostre lettre du 8me avec les extraicts de Rians dont je vous suis bien redevable, et consequament à cez Messieurs de Valloys et Feraud, notaires, et au s^r Gastinel procureur à qui appartient le registre sur lequel ils ont esté extraicts et collationnez, et si je puis leur rendre des preuves de ma gratitude et recognoisçance de leur honnesteté, il ne tiendra pas à moy que je ne m'en revanche. Vous les en pouvez asseurer de ma part, et que si la commission alleguée va avant, je ne les oublieray pas. Mais comme je ne doubte poinct que cez Messieurs les notaires ne soient aussy honnestes comme vous dictes, je crains bien que l'aultre n'aye voulu quelque indemnité, ou quelque fruict de son fonds, et vous supplie de ne me le pas celer, et d'agreer que je fasse le remboursement qui y peult escheoir.

---

voir, à la suite de l'étude de M. Léopold Delisle sur *Un grand amateur français du XVIIe siècle*, le testament déjà plusieurs fois cité, p. 31.

[1] Bibliothèque nationale, fonds français, vol. 12772, fol. 7. La signature seule est de la main de Peiresc.

[1636]

Quant à l'anatomie de la vessie du cheval, je pensois vous avoir communiqué une lettre que M`r` de la Ferriere m'escripvit de Rome où il descript la dissection qu'il avoit faict faire d'un cheval mort en l'escuyerie de M`r` le Comte de Nouailles[1], où ils trouverent la vessie fort grande et fort spatieuse, de sorte que le bon homme feu M`r` d'Esparron[2] s'en debvoit estre fié au dire d'aultruy, et pour nostre mallier[3] où l'on avoit practiqué de fourrer le doibt par le fondement pour lui r'ouvrir le trou de la racine de la verge, il fault dire que l'operation se faisant par le boyeau sans que le doibt entre dans la vessie, l'effect ne laisse pas de reuscir à souhaict par la correspondance de cez parties, car M`r` de la Ferriere adjoustoit que le col de la vessie se va inserer dans le canal de la verge. J'ay receu une aultre lettre du 4`me` où vous me parliez de voz premieres observations de ce voyage de Mercure vers l'Oriant, dont j'avoys esté bien aise. Garrat a bien faict plusieurs observations quand le temps a esté serain, et je croys qu'il n'aura pas obmis celle qui vous a manqué du 8`me` encores qu'il en aye obmis quelqu'une, ayant esté destourné la nuict pour assister M`r` Melan à desseigner la Lune[4], ce qui le rendoit plus paresseux le matin. Mais je pense bien qu'il ne pourra plus guieres paroistre, et vouldroys bien que cela cessant vous peussiez faire un tour icy bas pour l'amour de moy, n'osant vous importuner, mais vous m'obligeriez bien fort en l'occasion qui se presente, et par

---

[1] L'ambassadeur de France auprès de la cour de Rome.

[2] Sur Charles d'Arcussia, sieur d'Esparron de Pallières, voir le recueil Peiresc-Dupuy, t. I, p. 490, 491 et t. III, p. 721.

[3] Cheval qui porte la malle, cheval de brancard.

[4] Bougerel dit (p. 172-173): «Il y avoit long-temps que Gassendi pressoit Peyresc de faire peindre les differentes phases de la lune, et toutes les varietéz apparentes qu'on remarque dans cet astre, avec le secours du telescope: Peyresc en avoit écrit à Galilée qui lui avoit fait part de ses observations, de sorte qu'il n'attendoit qu'un peintre qui eût assez de patience. Il arrêta d'abord Claude Salvat, Auvergnac, qui revenoit de Rome; peu de temps après, le fameux Claude Melan passant par Aix, Peyresc l'arrêta aussi pour le même sujet. Son dessein étoit de donner une sélénographie qui eut été d'un grand usage pour la physique et pour l'astronomie. Gassendi annonce à Galilée ce travail et lui promet le premier exemplaire.» Conférez Gassendi, *De vita Peireskii*, p. 440-441.

mesme moyen vous frapperiez un grand coup au dessein de graver la Lune, auquel nous avons quasi insensiblement engagé Mr Melan, de qui il ne fault guieres faire de capital pour Paris, car le Roy d'Angleterre, à qui est mort un excellent graveur qu'il avoyt bien aymé, le demande et le sçaura bien mieux appoincter et retenir que tout nostre monde de deça. Vous pourriez aussy donner vostre advis sur le Scaphium antique où Mr le Prieur de la Valette a desja descouvert de bien belles choses, mais comme il agit avec tant de peine, vous y pourriez bien contribuer d'aultres bonnes choses avec vostre littérature sur les instances que je vous en feroys à l'un et à l'autre. Je vous garde un œuil du poisson empereur et 8 cameleons vivants de differantes couleurs qui ne vouldront possible pas vivre ou se porter si bien en hiver comme à cette heure; l'un desquels se mit en ruth au goust des vermisseaux en sorte que je vis jamais rien de ma vie de plus admirable, car il monstra par le costé droict son sexe masculin fort gros, fort long, fort rouge, et par le costé gauche son sexe feminin de mesme couleur, mais comme un champignon percé et aulcunement divisé, qui est possible l'une des plus rares observations de choses de ceste nature. Nous croyions du commancement qu'il fusse crevé, mais lui voyant rengaisner tantost l'un, tantost l'autre, et l'ayant depuis veu des plus gaillards de touts, quoyque non des plus gros, il falloit bien juger que c'estoit aultre chose. Mais par dessus tout cela, j'ay quelque aultre chose à vous dire bien plus importante et pressante et qui ne vous retardera pas de plus de 4 ou 5 jours, si vous estiez si pressé de vous en retourner. Que si vous vous resolvez de venir, je vous supplie que ce soit plustost que plus tard. Mon frere est à Boysgency et s'en vient par Rians, n'ayant peu quitter Mr le Mareschal plus tost que le 6me de ce moys aprez l'entreveüe de cez generaulx qui se fit à Antibe et Villefranche les 3 et 4me fort à souhaict, et le lendemain nostre armee navale sortit du port de Villefranche pour aller suyvre en Italie les 37 galeres espagnoles ou aultre desscin, de sorte que vous pourrez trouver icy mon frere. Si vous venez, n'oubliez pas vostre bonne lunette et voz portraicts de la Lune, pour les comparer à ceux du sieur Melan, et me tenez tousjours,

Monsieur,

vostre, etc.

DE PEIRESC.

A Aix, en haste, ce 12 septembre 1636, l'ordinaire n'estant encor arrivé[1].

CLV

À MONSIEUR, MONSIEUR GASSEND,
DOCTEUR EN SAINTE THEOLOGIE, PREVOST DE L'EGLISE CATHEDRALE DE DIGNE,

À AIX,

EN LA MAISON DE M^r LE CONSEILLER DE PEIRESC, DEVANT LA TRESORERIE PREZ LE PALLAIX.

Monsieur,

Nous arrivasmes hier au soir à l'entrée de la nuit en ce lieu de Sallon fort heureusement, Dieu mercy, ayant trouvé les chemins fort beaux du hault de la montée d'Avignon jusques à demy lieüe d'icy où nous avons esté mieux logez et couchez que je ne m'attendoys. Mr Gailhard nous leut l'Apologie d'Apulée[2] dans le carrosse, qui nous fit trouver le chemin court, où nous trouvasmes la double Venus Celeste toute vertueuse de vostre E[picure], et l'emanation de ses especes visibles avec une infinité de gentilesses que je goustay bien aultrement que quand je l'avoys veue aultres foys que je n'estoys rien moings que ce qu'il falloit. Nous n'avons pas trouvé icy de nouvelles de M^r le Premier Presidant[3], et nous en allons voir si en Arles nous en aurons davantage[4], priant Dieu qu'il vous tienne en sa saincte garde.

J'avoys oublyé un mot en escrivant à Mr Holstenius que j'ay adjousté par supplément. Je vous prie de le faire mettre soubs l'enveloppe du

---

[1] Bibliothèque nationale, fonds français, 12772, fol. 199. Autographe.

[2] Par l'humaniste anglais Jean Price ou Du Pris. Voir le recueil Peiresc-Dupuy, t. III, p. 50.

[3] Le nouveau premier président Joseph Du Bernet, sur lequel on peut voir le recueil Peiresc-Dupuy, t. III, de la page 547 à la page 691, *passim*.

[4] Voir sur le séjour de Peiresc à Arles le même recueil, t. III, p. 600.

volume de l'Ammian que Corberan fera addresser au cardinal Barberin, et je demeure,

Monsieur,

vostre, etc.
DE PEIRESC.

À Sallon, ce 6 novembre 1636[1].

CLVI

À MONSIEUR, MONSIEUR GASSEND,
DOCTEUR EN Ste THEOLOGIE, PREVOST DE L'ÉGLISE CATHEDRALE DE DIGNE,

À AIX.

Monsieur,

Je vous avoys escript de Sallon, et envoyé ma lettre par un honneste homme que nous rencontrasmes sur le chemin qui nous avoit donné les premieres nouvelles de l'arrivée de M^r le Premier Presidant en Arles, qui nous promit de les vous donner aussy. Je pense qu'il l'aura faict. Je pense aussy que Pierre sera de retour de Boysgency, et aura apporté les licts de soye que j'avoys demandez à Mlle Lombard[2], et qu'on aura mis le rouge dans la chambre de Madame la Premiere Presidante[3] à main droicte en y entrant contre les fenestres de la rüe, ainsi que Madame la P. Presidante l'Ayné l'avoit logé avec une ruelle derriere la porte de ladicte chambre et des chaires rouges et un grand tapis de pied soubs ladicte ruelle, et que pour cet effect, l'on y aura basty un chalict exprez de ceulx de la maison aprez l'avoir bien nettoyé des punaises. Si cela n'estoit faict, et qu'il se puisse faire, il n'y fauldroit pas perdre du temps, car je croys qu'on partira d'icy aprez desjuner pour estre là sur le tard, aujourdhuy sammedy 8me, si Madame la Presidante qui se trouvoit un peu mal hier au soir, en a esté soulagée comme elle esperoit, car si elle se trouvoit plus mal, je

---

[1] Bibliothèque nationale, fonds français, 12772, fol. 201. Autographe. — [2] Personne chargée de la direction du ménage de Peiresc. — [3] Marguerite de Sevin, déjà plusieurs fois nommée dans le recueil Peiresc-Dupuy.

pense que Mʳ l'Archevesque ne la laisroit poinct partir aujourdhuy[1], de quoy nous ne tarderons pas d'estre esclaircys. Si le lict d'amarante estoit venu, on le pourroit mettre à la petite chambre ou cabinet de Monsieur, au bout de la salle, derriere la cheminée, avec les chaires de velours amarante; mais il fault moyenner que dans la chambre joignante celle de Madame il y aye deux licts et que plus tost l'on en mette un dans le petit garderobe ou cabinet joignant sur des bancs, s'il ne s'en trouve d'assez petit ou assez bas et commode pour cela.

Ma sœur[2] avoit un petit lict de camp garny de damas rouge, qui seroit le vray faict, si Mʳ de Bouc ne l'a porté quant et luy. Sinon il y en auroit un chez nous assez petit avec une imperiale de taffetas verd, qui ne seroit pas mauvais si Corberan le trouve. Et en ce cas l'autre lict de taffetas verd venu de Marseille pourroit estre tendu au grand lict de la mesme seconde chambre. Mʳ d'Agut m'avoit offert six chaires de velours verd qui auroient peu servir si l'on les a faict porter sur les lieux, comme je vous prie le faire ordonner au plus tost et me tenir,

Monsieur,

pour vostre, etc.
DE PEIRESC.

À Sallon, ce 8 novembre 1636[3].

CLVII

À MONSIEUR, MONSIEUR GASSEND,
DOCTEUR EN SAINTE THEOLOGIE, PREVOST DE L'EGLISE CATHEDRALE DE DIGNE,
À AIX.

Monsieur,

Je vous prie d'aller voir Mʳ l'Archevesque[4] et luy dire que j'ay faict sçavoir à Monsʳ le Pʳʳ President qu'il m'avoict dict de vouloir venir au

---

[1] Jaubert de Barrault figure lui aussi dans le recueil qui vient d'être cité.

[2] La femme du premier président de la Cour des comptes, Henri de Seguiran, seigneur de Bouc.

[3] Bibliothèque nationale, fonds français, 12772, fol. 203. Autographe.

[4] Il s'agit ici de l'archevêque d'Aix, Louis de Bretel.

devant de luy, dont j'ay recogneu qu'il se tiendra bien honnoré et obligé et je pense qu'ils en demeureront bien satisfaicts reciproquement l'un et l'autre. J'estime que ce sera aujourd'huy que nous partirons d'icy aprez desjeuner, et demeureray toujours,

Monsieur,

vostre, etc.,

DE PEIRESC,

à Sallon, ce samedy matin 8 novembre 1636[1].

CLVIII

À MONSIEUR, MONSIEUR GASSEND,
DOCTEUR EN Ste THEOLOGIE, PREVOST DE L'ÉGLISE CATHEDRALE DE DIGNE,
À DIGNE.

Monsieur,

Vostre petit pacquet du 15 vint hors du temps de l'ordinaire qui partit le 14, mais le prochain portera vostre lettre pour Mr Luillier à qui Mr de Champigny escripvit à vostre place par le dernier ordinaire. Garrat m'avoit bien dict qu'il attendoit Mercure, et qu'il le chercheroit, mais je doubte qu'il se soit levé assez matin pour cela, comme il ne se souvint pas du passage de la Lune prez de l'estoille du Scorpion dont vous ne m'aviez rien dict, car possible l'aurois-je esveillé. Voz papiers d'Avignon sont enfin venus, et s'en vont à vous, avec les lettres de Paris de deux ordinaires. Cependant M^r le chanoine de Barjemon[2] a esté mis hier en possession de la prevosté de St Saulveur, comme resignataire du feu s^r Pellicot qui n'a duré que cinq jours. Le chappitre le vouloit eslire en se despartant absolument de sa resignation et provision, ce qu'il accordoit d'accepter sans prejudice de ses droicts, comme avoient faict ses devanciers. Mais ces faux freres vouloient rompre pour

---

[1] Bibliothèque nationale, fonds français, 12772, fol. 205. Copie moderne. Au dos est écrit : « 8 novembre 1636, n° 5. — L'original de cette lettre est dans la collection des autographes de M. Requien à Avignon: celle-ci en est un fac-similé. »

[2] Le futur évêque de Sisteron, déjà nommé en ce volume (page 305).

avoir pretexte de faire leur acte d'election concertée deux jours devant
en faveur de M^r l'Evesque de Senez[1]. C'est une longue histoire que
vous sçaurez et admirerez en son temps. Tant est qu'il est en actuelle
possession, et les aultres qui avoient prins possession au nom d'un
absent sans procurations, sans acceptation, sans provisions, sans prebstre
commissaire, sans que le possesseur fusse mort, ont voulu supprimer
les choses mal faictes, et recommancer par une nouvelle election aprez
la vacance par mort, et ont envoyé querir des provisions en Avignon.
Le sacristain a resigné en mesme temps à un sien neveu, et aujourdhuy
l'on l'a mis en possession, et dict-on que l'archediacre a pareillement
resigné à un frere, du second lict, fort jeune, qui sera installé bientost,
de sorte que dans l'an toutes les 4 dignitez auront changé.

Mardy, les Espagnols des Isles firent sortie de 300 hommes, et sur-
prinrent bien les nostres en plain midy, mais ils furent courageusement
repoulsez avec perte de 90 des leurs, et entr'aultres troys de leurs
chefs qu'ils estiment bien. La nuict du mecredy au jeudy, l'ennemy
parut avec 14 galeres et quelques brigantins, mais il trouva l'armée
navale rangée en battaille qui avoit enceint les isles, en sorte que n'y
trouvants entrée opportune, ils s'en retournerent à Mourques[2] sans
avoir rien hazardé. Vous aurez noz nouvelles. Mr de Champigny est à
Arles pour une sedition du Pont que le peuple a voulu brusler, en
haine de ce qu'il s'en estoit enfoncé quelque batteau trop chargez de
peuple accouru pour voir passer une chaine de cent Turcs. Il taschera
par mesme moyen d'obtenir quelque secours de bledz ou de pouldres,
et sera icy dans deux ou 3 jours, et je demeureray,

Monsieur,

vostre, etc.
DE PEIRESC.

À Aix, ce 18 apvril 1637[3].

---

[1] Louis Duchaîne siégea de 1623 à 1671.

[2] Nous avons déjà vu que Mourgues était alors le nom de la capitale de la principauté de Monaco.

[3] Bibliothèque nationale, fonds français, 12772, fol. 208. Autographe. — On a publié dans les *Annales des Basses-Alpes, Bulletin de la Société scientifique et littéraire des Basses-Alpes*, 1er trimestre de 1885,

CLIX
À PEIRESC.

Monsieur,

En attendant de vous escrire plus amplement après le retour de l'homme que je me suis dispensé de vous addresser, et qui par adventure

sous le titre de *Lettres inédites de Peiresc à Gassendi*, un document extrait des Archives de l'ancien chapitre de Digne et qui doit trouver place ici. En avril 1637, Étienne Bain, de Digne, fut poursuivi et saisi pour avoir commis un vol sacrilège dans l'église de Notre-Dame-du-Bourg. Comme cette église était du ressort de la prévôté, Gassendi, pour maintenir les droits juridictionnels que lui donnait son titre de prévôt, le fit comparaître par-devant la justice de la maison seigneuriale du Bourg, qui le condamna, le 24 avril 1637, à l'amende honorable, au fouet et au bannissement. Bain interjette appel du jugement rendu, tandis que, de son côté, le procureur général fait appel *a minima* par-devant la Cour d'Aix. Gassendi écrit à son ami Peiresc, qui lui répond en ces termes :

«Monsieur,

«Les difficultés que fit hier le bon M⁺ le procureur général Gantez, à faulte de résolution, ont esté vainquues ce matin au rapport de M⁺ le doyen qui a rapporté l'arrest qui sera cy joinct pour empescher qu'il ne soit pas permis au lieutenant [sans doute au *lieutenant* de juge au siège de Digne] de prendre congnoissance des appellations de vos officiers en cas de peine inflictive. Ce que vous auriez interest de faire juger une fois pour toutes pour l'establissement du privilège de vostre juridiction sur le bourg de vostre ville. J'ay bien du regret que cela pourroit vous estre de quelque coustance sur l'execution, mais l'importance de la consequence vous debvra consoler : et possible n'y en aura il pas tant qu'on en pourroit apprehender.

, «Au reste, je viens de recevoir de Paris une boitte en fer blanc avec un portraict pour vous, que je vous garderay jusques à vostre venue ; mais il y avoit des livres que j'ay creu vous debvoir envoyer, puisque M⁺ Royon monstroit bonne volonté à s'en charger, de crainte que le retardement de vostre response ne portast prejudice à quelqu'un de vos amis. Vous aurez par mesme moyen le pacquet du dernier ordinaire, dont je me dispensay [*me permis*] de rompre l'enveloppe pour chercher s'il y avoit point de lettres de M⁺ Luillier à M⁺ de Champigny et fus mortifié de n'y en avoir point trouvé, mais beaucoup plus une demie heure aprez, quand Madame de Champigny m'envoya donner un beau filz qu'elle venoit de mettre au monde pour le servir à baptesme, où j'eusse eu bon besoing de vostre secours ; mais je n'estois pas assez heureux pour le meriter. J'envoye vostre lettre à M⁺ Luillier et luy escriptz, ce que j'ay desja faict à M⁺ de Champigny, que ce pauvre enfant est bien miserable d'estre né en un si chetif païs et d'estre tombé entre les mains d'un si chetif parrain. M⁺ de Champigny est toussera arrivé bien inopportunement soit à cause de l'audience du lundy, soit à cause de vostre despesche du mardy, j'ay cependant voulu me servir de l'occasion de cest honneste ecclesiastique qui est un Mʳ Richard du costé de Colmars[1] en son passage par ceste ville, pour vous addresser un extrait du concordat que je fey avant hier avec ma partie. Vous n'aurez point s'il vous plaist desaggreable que j'y enferme une pistolle pour sa confirmation. Si vous y faisiez de la ceremonie je n'oserois point une autre fois me donner une pareille liberté, et vous sçavez comme quoy j'ay souffert de la langueur pour la derniere expedition par la seule crainte que j'avois cue que vous me voulussiez constraindre à abuser de l'exces de vostre bonté pour ne pas dire prodigalité en mon endroit. Je croy que la piece arrivera asses à temps entre voz mains pour estre envoyée par le courrier qui doit passer sur le jours du costé de Cannes et se porte fort bien, Dieu merci. Vostre homme attend le sceau et je demeure,

«Monsieur,

«vostre trez humble et trez obeissant serviteur,

« DE Pᴇɪʀᴇꜱᴄ.

«Je saluë trez humblement Mʳ de Borriene, comme font Mʳ Melan et toute la maison vous, Monsieur, de tout leur cœur. J'oubliois de vous dire que j'envoyay à Mʳ Luillier vostre 2ᵉ cahier.

«A Aix, ce 28 avril 1636.

«C'est Mʳ Fulconis qui a dressé l'enquête à mon desceu [insu] et qui l'a faict rapporter à ce matin avant que je fusse au palais, où j'auroys empêché en un besoing vostre intervention : mais cela a été faict à leur mode et pensant bien faire. Ce que vous excuserez, s'il vous plaict, et ma faulte d'avoir laissé trop agir tout ce monde. Car j'avoys et pouvoys avoir faict tout ce qui pouvoit suffire en prevenant Mʳ le pt [président] Mounier, et ne m'attendoys pas à toute cette procedure, que j'ay esté bien surprins de voir en la forme que je l'ay veue presentement, en voulant clore vostre pacquet. »

(De la main d'un secrétaire :)

L'éditeur de ce document dit (p. 237) : « Cette lettre fut probablement, sinon la dernière, du moins l'une des dernières de Peiresc à Gassendi. » Ce fut sans doute l'avant-dernière, car nous n'en avons trouvé qu'une seule dont la date soit postérieure.

[1] Commune des Basses-Alpes, sur la rive gauche du Verdon, à 50 kilomètres de Castellane et à 75 de Digne. Voir une petite monographie de Colmars dans l'*Histoire et Géographie des Basses-Alpes* de M. le chanoine Féraud, 3ᵐᵉ édition, Digne, 1890, p. 274-277. Nous avons déjà trouvé Colmars dans une des précédentes lettres de Gassendi, où sont mentionnées les sources intermittentes de cette localité.

commencement du mois dont nous sommes à la veille, et que nous en pourrons avoir la confirmation entre icy et la S¹ Jean. Je m'en vay addresser un pareil extrait à monsieur Luillier afin qu'il fasse dresser et passer un arrest d'expedient au parlement de Paris, pour mieux establir toutes choses, et faire apprehender à qui voudroit remuer quelque chose d'en aller faire la poursuite en ce païs la. Si monsieur le Prieur de la Vallete vous va point voir avant que vous ayez escrit à Rome, vous lui pourrez, s'il vous plaist, faire voir ce que c'est afin que s'il trouvoit que la piece deust estre conceüe en autres termes nous eussions le moyen de la refaire selon qu'il le jugeroit à propos. Je m'en vay aussi empacquetter l'extrait du concile tenu en Avignon in prioratu sancti Rufi l'an 1326 tiré du livre de noz statuts que le R. P. Dom Polycarpe avoit deziré et y adjouster un mot de lettre si tant est que ce prestre qui s'en est allé desjeuner m'en donne le loisir. C'est ce qui me presse de finir, en me suffisant d'adjouster icy mes trez humbles et ordinaires recommandations et de continuer à me dire ce que je continue d'estre, c'est à dire,

Monsieur,

vostre trez humble, tres affectionné et tres obligé serviteur,

GASSEND.

À Digne, ce dernier jour d'avril au matin 1637[1].

CLX

À MONSIEUR, MONSIEUR GASSEND,

DOCTEUR EN Ste THEOLOGIE, PREVOST DE L'ÉGLISE CATHEDRALE DE DIGNE,

À DIGNE.

Monsieur,

J'ay receu voz deux despesches du dernier avril et 2 de ce moys, et ay faict voir à M^r le Prieur de la Valette vostre concordat dont il est

---

[1] Bibliothèque nationale. Fonds français, 9536, fol. 251. Autographe.

plainement satisfaict. Je l'envoyeray à Rome vendredy prochain Dieu aydant, mais ce ne sera pas sans mortification de la pistole que vous avez voulu y joindre. Mʳ de Barjamon a eu vostre paquet, et vouloit vous envoyer homme exprez pour vous conjurer de le venir secourir au besoing sur les accommodements qu'on luy offre de la part de son competiteur, où il a peine de se resouldre sans vostre bon conseil[1]. J'envoyeray vostre pacquet à Dom Polycarpe à la Grande Chartreuse, où il est allé pour son chappitre[2], ayant occasion de luy escrire pour chose pressante là où il est. Je feray voz excuses à Madame de Champigny[3] et envoyeray voz lettres à Mʳ Luillier. Des Isles on nous mande qu'il y a dix canons en batterie sur la contrescarpe du fossé, qui debvoient commancer à joüer dez hier au matin, et croyoit-on qu'ils seroient obligez de capituler dans 24 heures. Ainsin soit-il. Mecredy passé fut faicte l'entrevoue de Mʳ le conte d'Harcourt et de Mʳ le Mareschal à la plaine de la Napoule, presents Messʳˢ de Lauzon et de Champigny. Mʳ le Prince vint en cette Province, et a voulu s'en excuser, mais il n'a peu. L'on ne sçait pas encor le jour precis de son partement, et je demeure,

Monsieur,

vostre trez humble et trez obeissant serviteur et fidele amy,

DE PEIRESC.

À Aix, ce 4 mai 1637[4].

---

[1] Nous avons vu qu'il s'agissait de la prévôté du chapitre de Saint-Sauveur, l'église cathédrale d'Aix.

[2] C'est la dernière mention faite dans les documents de l'époque de ce savant annaliste, dont la brusque disparition restera, sans nul doute, à jamais mystérieuse et inexplicable.

[3] Gassendi, très lié avec la famille de Champigny, avait probablement été invité aux fêtes du baptême du nouveau-né, filleul de Peiresc, et n'avait pu y assister.

[4] Bibliothèque nationale, fonds français, 12772, fol. 210. Autographe. Six semaines après avoir écrit à son *fidèle ami*, Peiresc mourut entre ses bras, et la tendre affection qui avait été un des charmes de sa vie vint encore adoucir ses derniers moments.

APPENDICE.

UNE NOUVELLE LETTRE DE PEIRESC À BORRILLY[1].

À MONSIEUR, MONSIEUR BORRILLY,
SECRETAIRE ORDINAIRE DE LA CHAMBRE DU ROY,

À AIX.

Monsieur,

J'ay receu deux de voz lettres avec les deux vieilles plaques desquelles je faictz cas et en feroys davantage si l'autre armoirie qui y avoit esté cy devant ne s'estoit perdüe, mais je vous suis cependant bien redevable et aprez avoir faict portraire l'armoyrie[2] qui y est restée je vous la renvoyeray avec la grosse medaille barbare, dont je pense en avoir eu de semblables de vous mesmes autres foys.

Je vous remercie encores des offres que vous avez faictes à Mⁱ le Prieur de Roumoules de luy exhiber voz deux registres et m'estonne qu'il y ayt trouvé tant de difficulté[3]. Si vous m'en pouviez prester une coupple, j'auroys bientost recogneu et verifié tout ce qui se peult pour le regard et les vous r'envoye-

---

[1] Cette lettre, qui figurait, sous le n° 145, dans un catalogue d'autographes vendus par Eugène Charavay, le 10 mars 1892, avait été achetée par un des plus distingués bibliophiles de Paris, M. A. de Naurois, qui, avec une générosité de sentiments bien digne d'un descendant du grand Racine, s'est empressé de la donner à la Bibliothèque nationale où elle a pris place, à côté de ses sœurs, dans le manuscrit français 15205.

[2] Très distinctement *armoyrie*, comme non moins distinctement deux lignes plus haut *armoirie*.

[3] Ce passage nous donne le nom (Denis Guillemin) du *bonhomme* et du *pauvre homme* dont Peiresc avait parlé dans sa lettre à Borrilly, du 23 mars 1632 (p. 44).

roys incontinant. Excusez moy de cette peine et me commandez en revanche comme,

Monsieur,

vostre trez humble et obligé serviteur,
DE PEIRESC.

À Beau[gentier], ce 7 mars 1632¹.

¹ Autographe. 1 page in-8° avec cachets. Peiresc a écrit au bas de la lettre le nom du destinataire : *Borrilly*, mais sur l'adresse, un secrétaire a transformé le nom Borrilly en *Bowrilly* et le mot *secretaire* en *seqreterc*.

TABLE DES MATIÈRES[1].

	Pages.
AVERTISSEMENT	I-IV
Lettres à Borrilly, publiées (au nombre de 38) d'après les autographes de la Bibliothèque nationale.	1-58
Appendice. — *Lettre à Borrilly*, d'après une copie de l'Inguimbertine.	59-60
Lettres à J.-J. Bouchard, publiées (au nombre de 46) d'après les autographes de la Bibliothèque de l'École de médecine de Montpellier.	61-176
Lettres de Peiresc à Gassendi et de Gassendi à Peiresc, publiées (au nombre de 160 : 101 de Peiresc et 59 lettres de Gassendi) d'après les autographes de la Bibliothèque nationale, de la Bibliothèque Victor Cousin, à la Sorbonne, et de diverses collections particulières, et pour quelques documents, d'après des copies de l'Inguimbertine et de la Méjanes.	177-611
APPENDICE. — *Une nouvelle lettre de Peiresc à B. Borrilly*.	613-614

[1] On trouvera la table par ordre alphabétique des noms de lieux et de personnes mentionnés dans le présent tome et dans les deux tomes suivants, à la fin du tome VI, où elle embrassera la seconde série du recueil, comme la table du tome III embrasse la première série, et comme la table du tome IX embrassera la dernière série.

www.ingramcontent.com/pod-product-compliance
Lightning Source LLC
Chambersburg PA
CBHW060359230426
43663CB00008B/1324